Romance de Formação

CONSELHO EDITORIAL

Beatriz Mugayar Kühl – Gustavo Piqueira – João Angelo Oliva Neto
José de Paula Ramos Jr. – Lincoln Secco – Luís Bueno
Luiz Tatit – Marcelino Freire – Marco Lucchesi
Marcus Vinicius Mazzari – Marisa Midori Deaecto
Paulo Franchetti – Solange Fiúza
Vagner Camilo – Wander Melo Miranda

Romance de Formação
CAMINHOS E DESCAMINHOS DO HERÓI

Marcus Vinicius Mazzari
&
Maria Cecilia Marks

Organizadores

Ateliê Editorial

Copyright © 2020 by Autores

Direitos reservados e protegidos pela Lei 9.610 de 19 de fevereiro de 1998.
É proibida a reprodução total ou parcial sem autorização, por escrito, da editora.

Dados Internacionais de Catalogação na Publicação (CIP)
(Câmara Brasileira do Livro, SP, Brasil)

Romance de Formação: Caminhos e Descaminhos do Herói
/ Marcus Vinicius Mazzari, Maria Cecilia Marks (orgs.). –
Cotia, SP: Ateliê Editorial, 2020.

ISBN 978-65-5580-007-4
Vários autores
Bibliografia

1. Análise Literária 2.Bildungsroman 3. Ensaios –
Coletâneas 4. Ensaios – História e crítica 5. Palestras e
conferências I. Mazzari, Marcus Vinicius. II. Marks, Maria
Cecilia.

20-38169   CDD-807

Índices para catálogo sistemático:

1. Ensaios: Estudos literários   807

Maria Alice Ferreira – Bibliotecária – CRB-8/7964

Direitos reservados à
ATELIÊ EDITORIAL
Estrada da Aldeia de Carapicuíba, 897
06709-300 – Granja Viana – Cotia – SP
Tel.: (11) 4702-5915
www.atelie.com.br | contato@atelie.com.br
facebook.com/atelieeditorial | blog.atelie.com.br

2020

Printed in Brazil
Foi feito o depósito legal

Sumário

Nota Editorial – *Maria Cecilia Marks* 11

Prefácio – *Marcus Vinicius Mazzari* 13

MARCUS VINICIUS MAZZARI
Os Anos de Aprendizado de Wilhelm Meister: "Um Magnífico
Arco-Íris" na História do Romance 21

MARIA CECILIA MARKS
No Meio da Travessia – Aproximações e Diferenças na Formação
de Wilhelm Meister e de Riobaldo 43

WILMA PATRICIA MAAS
Goethe, o *Meister*: A Experiência Artística como Narrativa da Falha . . 61

JOSÉ FERES SABINO
Romance Psicológico: Um Relato da Deformação do Eu 81

MARIA AUGUSTA DA COSTA VIEIRA
Cervantes: Dom Quixote e Sancho Pança – Fragmentos de uma
Aprendizagem Deleitosa 97

RAFAEL ROCCA DOS SANTOS
E. T. A. Hoffmann e a (Anti)formação Parodística 117

SANDRA GUARDINI VASCONCELOS
Philip Pirrip: As Grandes e as Perdidas Ilusões *133*

PAULO BEZERRA
Um Adolescente à Procura de Seu Eu *155*

MARCOS NATALI
Aspectos Elementares da Insurreição Indígena: Notas em Torno
a *Os Rios Profundos*, de José María Arguedas *179*

JEAN PIERRE CHAUVIN
Isaías Caminha: Romance de Formação? *195*

GUNTER KARL PRESSLER
Aprendizagem e Fracasso do Jovem Alfredo: Dalcídio Jurandir e o
Romance Moderno de Formação na Amazônia Oriental *217*

WALNICE NOGUEIRA GALVÃO
Os Miseráveis e a Causa do Povo. *235*

ALEXANDRE BEBIANO DE ALMEIDA
"Para Governar a França, É Preciso Mão de Ferro": As Ideias Feitas
no Romance de Flaubert *249*

LUÍS BUENO
Prontos de Nascença: A Formação do Homem Brasileiro de Elite
em Machado de Assis *267*

WILLI BOLLE
Crise do Romance – Crise de um País: *Berlin Alexanderplatz*,
de Alfred Döblin *303*

EDUARDO DE ASSIS DUARTE
O *Bildungsroman* Proletário de Jorge Amado. *325*

HORST ROLF NITSCHACK
Quarup: Uma Educação Sentimental pelo Povo. *349*

MÁRIO LUIZ FRUNGILLO
Um Herói de Duas Faces – Sobre as Ambiguidades do Impostor
Felix Krull *371*

SUMÁRIO

DANIEL R. BONOMO
Romances de Formação de Romance: Camilo Castelo Branco
e a Trilogia de *Onde Está a Felicidade?* 391

GLORIA CARNEIRO DO AMARAL
Formação de Duas Jovens Esposas. 409

CINTIA ACOSTA KÜTTER
Balada de Amor ao Vento, de Paulina Chiziane: *Bildungsroman*
Feminino 429

VALÉRIA SABRINA PEREIRA e HELMUT GALLE
A Formação do Indivíduo em Tempos do Darwinismo.
O Romance *O Pescoço da Girafa*, de Judith Schalansky. 453

MONA LISA BEZERRA TEIXEIRA
A Educação pela Linguagem em *Perto do Coração Selvagem* e
A Maçã no Escuro. 477

ÉRICA GONÇALVES DE CASTRO
"Uma História das Ideias em Vez de uma História do Mundo" –
A Dimensão da Formação em *O Homem Sem Qualidades* 493

FLAVIO QUINTALE
James Joyce e o Romance de Formação: *Um Retrato do Artista
Quando Jovem*. 515

FÁBIO DE SOUZA ANDRADE
O Último Cigarro, o Primeiro Lápis: A Vida como Rascunho em
A Consciência de Zeno, de Italo Svevo 533

Sobre os Autores. 561

Nota Editorial

Este livro remonta a um ciclo de dezesseis palestras proferidas na Biblioteca Mário de Andrade, na cidade de São Paulo, entre março e junho de 2013. Cinco anos depois vários textos das palestras foram reunidos em dois números da revista *Literatura & Sociedade* – do Departamento de Teoria Literária e Literatura Comparada da Faculdade de Filosofia, Letras e Ciências Humanas da Universidade de São Paulo – dedicados ao gênero romance de formação (*Bildungsroman*).

Para o presente livro, 21 textos publicados então na revista foram revisados e ampliados pelos seus autores. A eles somaram-se cinco novos ensaios, contemplando romances da literatura alemã (Karl Philipp Moritz), portuguesa (Camilo Castelo Branco) e brasileira (Antônio Callado, Lima Barreto, Machado de Assis).

A sequência com que os ensaios são apresentados neste volume procura observar no geral uma ordem temática, a fim de favorecer o diálogo entre as argumentações críticas e entre os próprios romances analisados. Após o bloco introdutório, relacionado mais diretamente à obra paradigmática de Goethe, seguem ensaios dedicados a romances anteriores a *Os Anos de Aprendizado de Wilhelm Meister* assim como à primeira paródia do recém-criado gênero *Bildungsroman*. Em seguida vêm ensaios que vinculam o conceito de formação a questões sociais ou políticas. Os blocos subsequentes agrupam-se em torno de temas como fracasso e desilusão, afinidades com o gênero picaresco, formação feminina e, ainda, a formação impregnada por um alto grau de reflexividade (Robert Musil, James Joyce, Italo Svevo).

Para concluir esta Nota, gostaríamos de registrar nossos agradecimentos aos autores dos ensaios aqui enfeixados, assim como a todos que contribuíram para a realização deste volume, que publicamos na expectativa de intensificar o interesse que o gênero fundado por Goethe no final do século XVIII vem despertando no Brasil.

MARIA CECILIA MARKS

Prefácio

[...] tudo o que nos sucede deixa rastros em nós, tudo contribui imperceptivelmente para nossa formação.

JOHANN WOLFGANG VON GOETHE[1]

Assim se forma o homem
Ao dizer sim, ao dizer não
Ao golpear, ao ser golpeado
Ao se associar aqui, ao se associar ali
Assim se forma o homem, ao se transformar
E assim surge sua imagem formada em nós
Ao se assemelhar a nós e ao não se assemelhar a nós

BERTOLT BRECHT[2]

Este volume contempla um gênero romanesco que, tendo se constituído na Alemanha do final do século XVIII, ramificou-se para inúmeras outras literaturas, dentro e fora do continente europeu. Trata-se do chamado "romance de formação" (*Bildungsroman*), que tem seu paradigma e protótipo em *Os Anos de Aprendizado de Wilhelm Meister*, narrativa em oito livros que Johann Wolfgang von Goethe (1749-1832) publicou entre os anos de 1795 e 1796. Conforme se poderá ler em alguns dos ensaios aqui enfeixados, a expressão *Bildungsroman* não provém do autor desse romance em que, no entanto, o substantivo *Bildung* ("formação") ocorre dezenas de vezes. A expressão tampouco foi usada por Friedrich Schiller (1759-1804), que foi o primeiro

---

1. Johann Wolfgang von Goethe, *Os Anos de Aprendizado de Wilhelm Meister*, Livro VII, capítulo 1. "[...] *alles, was uns begegnet, läßt Spuren zurück, alles trägt unmerklich zu unserer Bildung bei*".
2. Bertolt Brecht, "*So bildet sich der Mensch / Indem er ja sagt, indem er nein sagt / Indem er schlägt, indem er geschlagen wird / Indem er sich hier gesellt, indem er sich dort gesellt / So bildet sich der Mensch, indem er sich ändert / Und so entsteht sein Bild in uns / Indem er uns gleicht und indem er uns nicht gleicht*".

leitor e crítico dos *Anos de Aprendizado*, ou por Hegel (1770-1831), que ao discorrer sobre o "Romanesco" (*Romanhafte*) em sua *Estética* se orienta de maneira inequívoca pelo romance goethiano. O pioneirismo na cunhagem dessa designação de gênero coube a Karl Morgenstern (1770-1852), que numa série de conferências proferidas na Universidade de Dorpat – atualmente Tartu, capital da Estônia – ressaltou o significado crucial da ideia de "formação" não só para o herói Wilhelm Meister, mas também para seu criador e, não menos importante, para os leitores. Com efeito, logo na conferência inaugural, em 12 de dezembro de 1819 ("Sobre a Essência do Romance de Formação"), Morgenstern se mostra plenamente consciente de estar usando o termo *Bildungsroman* pela primeira vez na história da literatura:

> Ele deverá se chamar *romance de formação*, em primeiro lugar por causa do seu assunto, porque ele representa a formação do herói em seu começo e em seu desenvolvimento, até um certo estágio de aperfeiçoamento; mas, em segundo lugar, também porque, exatamente através dessa representação, ele fomenta a formação do leitor, numa medida mais ampla do que qualquer outra espécie de romance.

Se foi, contudo, na longínqua Estônia que o termo *Bildungsroman* veio a lume, sua efetiva consolidação e difusão na história e teoria do gênero que tem no *Dom Quixote* seu primeiro grande representante deve-se a Wilhelm Dilthey (1833-1911), que em seu estudo *Schleiermachers Leben* (*Vida de Schleiermacher*), de 1870, chamou *Bildungsromane* "àqueles romances que constituem a escola de Wilhelm Meister. [...] A obra de Goethe mostra aperfeiçoamento (*Ausbildung*) humano em diversas etapas, configurações e fases de vida". E três décadas depois, em sua clássica obra *Das Erlebnis und die Dichtung* (*A Vivência e a Poesia*), Dilthey buscou uma apreensão mais abrangente do que seria de fato a "escola de Wilhelm Meister" ao referir-se a uma incipiente tradição romanesca que tinha por protagonista um jovem movido por aspirações semelhantes às nutridas pelo herói goethiano:

> [...] como ele [esse jovem] ingressa na vida num alvorecer feliz, procura por almas afins, encontra a amizade e o amor, mas também entra em conflito com a dura

realidade da vida e assim, sob as mais variadas experiências, vai amadurecendo, encontra-se a si mesmo e conscientiza-se da sua tarefa no mundo.

Se nas primeiras décadas após a publicação dos *Anos de Aprendizado* a descendência de Wilhelm Meister não difere muito da constelação criada por Goethe e teoricamente delineada por Morgernstern e Dilthey nas passagens citadas, no decorrer dos séculos XIX e XX – num movimento que se prolonga até o século XXI, conforme mostra exemplarmente o ensaio sobre o romance de Judith Schalansky *O Pescoço da Girafa*, publicado em 2011 – essa descendência passará por inúmeras metamorfoses, também com o advento de personagens femininas, negras e proletárias, como figuram em romances abordados neste volume.

Os critérios pelos quais se pode atribuir o termo *Bildungsroman* a uma narrativa são cambiantes e isso se reflete na diversidade de tipologias que temos desse gênero, como a apresentada em 1972 por Jürgen Jacobs em sua monografia *Wilhelm Meister und seine Brüder* (*Wilhelm Meister e seus Irmãos*), ou a que Rolf Selbmann propõe em 1994 em *Der Deutsche Bildungsroman* (*O Romance de Formação Alemão*), ou ainda, recuando algumas décadas, a tipologia esboçada por Mikhail Bakhtin num estudo publicado no Brasil na coletânea intitulada *Estética da Criação Verbal*[3]. Mas até mesmo a mera designação de gênero não é ponto pacífico entre críticos, historiadores e teóricos de literatura, pois ao lado de *Bildungsroman* encontramos também "romance de educação" (*novel of education, roman d'éducation*), "romance de aprendizagem" (*apprenticeship novel; roman d'apprentissage*) e "romance de desenvolvimento" ou de "evolução", como Wolfgang Kayser traduz para o português o substantivo composto alemão *Entwicklungsroman*[4].

---

3. Uma síntese de várias tipologias surgidas até o ano de 2007, quando Ortrud Gutjahr publica um estudo sobre romances de formação protagonizados por mulheres, incluindo-se imigrantes – o romance *Die Brücke vom Goldenen Horn* (*A Ponte do Chifre de Ouro*, 1988), da escritora turco-alemã Emine Sevgi Özdamar –, pode ser encontrada no capítulo "Metamorfoses de Wilhelm Meister: *O verde Henrique* na história do *Bildungsroman*", em Marcus Vinicius Mazzari, *Labirintos da Aprendizagem – Pacto Fáustico, Romance de Formação e Outros Temas de Literatura Comparada*, São Paulo, Editora 34, 2010, pp. 93-158.

4. Wolfgang Kayser desenvolve suas considerações sobre o "romance de evolução" (*Entwicklungsroman*) no segmento dedicado ao gênero romanesco no último capítulo, "A Estrutura do Gênero", do manual

O espectro em que se inserem as múltiplas tipologias do modelo narrativo inaugurado no final do século XVIII com *Os Anos de Aprendizado de Wilhelm Meister* reveste-se, portanto, de extraordinária amplitude e num de seus extremos situa-se a concepção *stricto sensu*, que considera como *Bildungsromane* tão somente as obras surgidas na chamada "Era de Goethe", a qual se estende *grosso modo* entre os anos de 1770 e 1832. No limite, essa concepção tenderia a estabelecer um "cânone mínimo", para aludir ao sugestivo título do estudo publicado por Wilma Patricia Maas em 1999, ou seja, a única obra que conduz a trajetória formativa do herói a um final harmonioso e produtivo, que supostamente deve caracterizar um "romance de formação", seria o próprio paradigma goethiano. De certa perspectiva, essa concepção encontra respaldo no Georg Lukács de *A Teoria do Romance* (1916), ao afirmar que todo romance "verdadeiramente grande" – da envergadura do *Dom Quixote* ou do próprio *Wilhelm Meister*, citando dois exemplos estudados pelo crítico húngaro – permanece como "única objetivação realmente significativa de seu tipo". No outro polo do mencionado espectro tipológico teríamos uma concepção *lato sensu* do gênero em foco, a qual norteou a composição da presente coletânea. Essa concepção foi assumida pelo próprio Lukács em seus textos marxistas posteriores à *Teoria do Romance*, como no ensaio de 1939 sobre o suíço Gottfried Keller – autor de *O Verde Henrique*, um dos mais relevantes *Bildungsromane* do século XIX –, em que afirma:

Considerado de maneira mais ampla e abstrata, quase todo romance burguês moderno e significativo contém a história de uma educação. [...] As obras de Balzac e Stendhal são romances de educação nesse sentido mais amplo e geral[5].

Análise e Interpretação da Obra Literária, São Paulo, Martins Fontes, 1976, pp. 399-406, especialmente p. 403. Na versão alemã desse manual – *Das sprachliche Kunstwerk*, publicada, como a portuguesa, em 1948 – a mesma argumentação sobre o *Entwicklungsroman* aparece no capítulo "Das Gefüge der Gattung". O próprio Bakhtin emprega o termo russo *roman vospitanija* como correlato à designação alemã *Erziehungsroman*. Ver o ensaio "O Romance de Educação e sua Importância na História do Realismo", publicado na União Soviética em 1979, incluído na coletânea póstuma *Estética da Criação Verbal*, São Paulo, Martins Fontes, 2011. Um excelente aproveitamento da teoria do romance bakhtiniana encontra-se no ensaio de Cecilia Marks que integra este volume: "No Meio da Travessia – Aproximações e Diferenças na Formação de Wilhelm Meister e de Riobaldo".

5. Franco Moretti orienta-se igualmente por uma concepção *lato sensu* desse gênero visto como "forma simbólica" da modernidade: *O Romance de Formação*, tradução de Natasha Belfort Palmeira, São

PREFÁCIO

Também o romancista austríaco Robert Musil, como se poderá ler no ensaio sobre *O Homem Sem Qualidades*, referiu-se a uma "formação em sentido mais abrangente", correlata à imensa "plasticidade orgânica do homem", o que alargaria consideravelmente, na concepção musiliana, as fronteiras do "romance de formação".

Desse ângulo não há por que fechar a descendência de Wilhelm Meister a heróis como Philip Pirrip, o pequeno Pip de *Grandes Esperanças*, romance apresentado por Sandra G. Vasconcelos como a "versão dickensiana das *Ilusões Perdidas*" de Balzac); o adolescente dostoievskiano Arkádi M. Dolgorúki; Jean Valjean de Victor Hugo; o próprio "homem sem qualidades" Ulrich e tantas outras figuras, masculinas e femininas, que desfilam neste volume: Stephen Dedalus, de James Joyce; Zeno Cosini, de Italo Stevo; Franz Biberkopf, de Alfred Döblin; a Joana do primeiro romance de Clarice Lispector; Riobaldo de *Grande Sertão: Veredas*; Alfredo, herói do moderno "romance de formação na Amazônia Oriental", de Dalcídio Jurandir; o Antônio Balduíno de Jorge Amado, apresentado como "um dos primeiros, senão o primeiro herói negro da literatura brasileira"; ou ainda o menino Ernesto dos *Rios Profundos* de José María Arguedas, com sua formação cindida entre o mundo do homem branco de ascendência espanhola e a cultura quéchua; a moçambicana Sarnau (*Balada de Amor ao Vento*), de Paulina Chiziane; a alemã Inge Lohmark (*O Pescoço da Girafa*), professora de biologia e educação física numa escola de província na antiga República Democrática Alemã.

Antes, porém, de se deparar com essas e outras personagens inseridas em processos formativos (na "travessia" pela "matéria vertente", na linguagem rioboaldiana), o leitor terá pela frente dois ensaios dedicados a romances que podem ser vistos na ascendência dos *Anos de Aprendizado*: *Anton Reiser*, cujas três primeiras partes são publicadas por Karl Philipp Moritz (1756-1793) entre 1785 e 1786 (a quarta e última vem a lume em 1790), e *O Engenhoso Cavaleiro D. Quixote de La Mancha*. Na verdade, a inclusão dessas duas obras

---

Paulo, Editora Todavia, 2020. O original italiano é de 1986: *Il Romanzo di Formazione. Goethe e Stendhal, Puškin e Balzac, Dickens e Flaubert. La Gioventù come Forma Simbolica della Modernità nella Narrativa Europea*. Um tanto discutíveis são, porém, alguns pressupostos de Moretti, como reservar a designação original *Bildungsroman* apenas ao *Wilhelm Meister* e ao romance de Jane Austen, *Orgulho e Preconceito* (*Pride and Prejudice*, 1813).

nada tem de arbitrário, pois o *Anton Reiser*, do qual Goethe foi um dos primeiros leitores, antecipa uma vertente do *Bildungsroman* que avultará com grande força no século XX, sobretudo com a experiência das duas grandes guerras e do fascismo (cite-se aqui *A Montanha Mágica*, de Thomas Mann, ou *O Tambor de Lata*, de Günter Grass): a vertente da derrelicção, do fracasso, da deformação ou "não formação", como se formula no fecho do ensaio de Luís Bueno sobre a obra romanesca de Machado de Assis.

Quanto ao romance espanhol, que Maria Augusta Vieira, no ensaio "Cervantes: Dom Quixote e Sancho Pança – Fragmentos de uma Aprendizagem Deleitosa", aborda justamente sob o aspecto do aprendizado e, portanto, da formação, deve-se assinalar que sua aproximação aos *Anos de Aprendizado* foi proposta já por contemporâneos e interlocutores de Goethe, como Friedrich Schlegel ou o filósofo Schelling. Uma das afinidades entre essas obras exponenciais da literatura mundial – contribuições magnas da Espanha e da Alemanha ao romance europeu – reside na perspectiva narrativa: do mesmo modo como o narrador cervantino, também o de Goethe assume onisciência em terceira pessoa e se imiscui frequentemente na história com comentários irônicos que relativizam o rumo pretensamente "teleológico" e bem-sucedido da formação do protagonista. E vale lembrar que também Georg Lukács, do ponto de vista histórico-filosófico de sua *Teoria do Romance*, apontou para um parentesco entre as aventuras que povoam as trajetórias de Wilhelm Meister e de D. Quixote ao caracterizar o romance goethiano de educação (*Erziehungsroman*, termo que deixa transparecer o apreço do filósofo húngaro pela *Estética* de Hegel) enquanto síntese entre os tipos narrativos "idealismo abstrato", representado pelo *Quixote*, e "romantismo da desilusão", cujo posterior paradigma seria *A Educação Sentimental* de Flaubert, romance igualmente contemplado neste volume[6].

---

6. Um dos possíveis pontos de apoio para se desenvolver a aproximação entre o *D. Quixote* e o *Wilhelm Meister* pode ser vislumbrado na ironia com que os narradores de Cervantes e Goethe nos contam a estada de seus heróis nos castelos da duquesa e do duque espanhóis (entre os capítulos XXX e LVII do Segundo Livro) e do conde e da condessa alemães, sobretudo nos sete primeiros capítulos do livro III, quando toda a companhia teatral de Wilhelm Meister é submetida a um tratamento humilhante por parte da nobreza, em episódios que resvalam pelo cômico.

Este volume coloca, portanto, nas mãos do leitor brasileiro um panorama multifacetado do tipo romanesco que representa uma extraordinária contribuição de Goethe à "literatura mundial" (*Weltliteratur*), conceito que ele próprio lançaria cerca de três décadas após o surgimento dos *Anos de Aprendizado*[7]. Se em sentido lato o *Bildungsroman* revela vigorosa presença nas mais diversas literaturas, isso se deve certamente, conforme mostram os ensaios aqui enfeixados, à força de atração que o tema da "formação" do indivíduo, do desenvolvimento de suas potencialidades, sempre exerceu (e continua exercendo) sobre romancistas, levando-os a colocar em cena personagens em processo de amadurecimento, aprendizagem, educação, não importando se as respectivas "trajetórias de formação" confluem para um desfecho positivo ou se sucumbem à "prosa adversa das relações sociais", para concluir com essa formulação da *Estética* hegeliana.

MARCUS VINICIUS MAZZARI

---

7. Entre as várias declarações do velho Goethe sobre o surgimento de uma *Weltliteratur* encontra-se uma conversa com Johann Peter Eckermann datada de 31 de janeiro de 1827, que se conclui com as palavras: "Literatura nacional não quer dizer muita coisa nos dias de hoje; chegou a época da literatura mundial e cada um deve atuar agora no sentido de acelerar essa época". Também em duas cartas (20 de julho de 1827 e 1º de janeiro de 1828) dirigidas a Thomas Carlyle, que em 1824 publicara sua tradução (*Wilhelm Meister's Apprenticeship*) do romance fundador do gênero *Bildungsroman*, Goethe discorre sobre o advento da literatura mundial.

Marcus Vinicius Mazzari

Os Anos de Aprendizado de Wilhelm Meister: "Um Magnífico Arco-Íris" na História do Romance

> *A primavera aparecera em todo seu esplendor; uma tempestade prematura, que havia ameaçado todo o dia, abateu-se impetuosamente sobre as montanhas; a chuva dirigiu-se para o campo, o sol reapareceu brilhante e sobre o fundo cinza descortinou-se um magnífico arco-íris.*
>
> Johann Wolfgang von Goethe[1]

A Estética de Georg W. F. Hegel, que enfeixa as preleções ministradas pelo filósofo entre 1820 e 1829 na Universidade de Berlim (e anotadas pelos ouvintes), apresenta no segmento dedicado ao "romanesco" (*das Romanhafte*) uma célebre reflexão sobre o gênero literário que tem no *Dom Quixote* seu primeiro grande representante. Se é verdade que as explanações hegelianas não empreguem o termo "romance de formação" (*Bildungsroman*) de maneira explícita, elas não apenas se orientam inequivocamente pelo paradigma dessa modalidade narrativa (*Os Anos de Aprendizado de Wilhelm Meister*) como também resumem a estrutura fundamental de um "romance de formação", tomado em sentido lato, com clareza maior do que a alcançada por Karl Morgenstern (1770-1852), que entrou na história literária como aquele que cunhou efetivamente a designação *Bildungsroman*[2]. Lançando a ideia do "confronto educativo" do herói romanesco com a realidade (que viria a ser

---

1. Goethe, *Os Anos de Aprendizado de Wilhelm Meister*. As citações do romance são tomadas à tradução de Nicolino Simone Neto, São Paulo, Editora 34, 2020 (3ª ed. revisada). A passagem em epígrafe encontra-se na abertura do Livro VII, p. 405. O presente ensaio retoma, em larga medida, formulações que desenvolvi no prefácio a essa edição do romance goethiano.
2. Ver Prefácio desta coletânea.

tão cara a Georg Lukács), Hegel observa na síntese histórico-filosófica desse segmento de sua *Estética*: "Mas, essas lutas no mundo moderno não são outra coisa senão os anos de aprendizagem, a educação dos indivíduos na realidade constituída e, com isso, adquirem o seu verdadeiro sentido. Pois o fim desses anos de aprendizagem consiste em que o indivíduo apara suas arestas, integra-se com os seus desejos e opiniões nas relações vigentes e na racionalidade das mesmas, ingressa no encadeamento do mundo e conquista nele uma posição adequada"[3].

Todavia, o primeiro grande leitor dos *Anos de Aprendizado de Wilhelm Meister* não foi Hegel ou Morgenstern, mas justamente Friedrich Schiller, que via até então no romancista, como se pode ler em seu tratado sobre *Poesia Ingênua e Sentimental* (1795), tão somente o "meio-irmão" do poeta[4]. Acompanhando a gênese dos *Anos de Aprendizado* por meio dos manuscritos que Goethe lhe enviava, Schiller desempenhou papel de alta relevância para a composição do romance, mesmo quando não deixava de exprimir suas ressalvas numa série de cartas que merecem integrar qualquer antologia teórica sobre o gênero "romance". Tome-se como exemplo a longa carta datada de oito de julho de 1796: "Se eu ainda tenho algo a censurar no conjunto, então seria o fato de que, com toda a seriedade profunda e grandiosa que vigora em cada parte, e pela qual a obra atua tão poderosamente, a imaginação parece brincar de maneira demasiado livre com o todo". E em 20 de outubro do ano seguinte:

Há claramente muita coisa da tragédia no Meister; estou falando do intuitivo, do incompreensível, do subjetivamente maravilhoso, o qual se coaduna bem com a profundidade e a obscuridade poéticas, mas não com a clareza que deve vigorar no romance e que neste, de fato, vigora de forma tão primorosa.

---

3. Quanto a Hegel (e à obra citada), vale assinalar que seu primeiro curso sobre Estética foi ministrado em Heidelberg em 1818. As preleções foram retomadas e retrabalhadas nos subsequentes cursos berlinenses, os quais se estenderam até o semestre de inverno 1828-1829.

4. Numa passagem do tratado, Schiller escreve: "Aquilo que o próprio poeta, o casto discípulo da musa, pode permitir-se, não deveria ser consentido ao romancista, que é apenas seu meio-irmão e ainda toca demasiadamente a terra?" (*Poesia Ingênua e Sentimental*, tradução e apresentação de Márcio Suzuki, São Paulo, Iluminuras, 1991, p. 80).

Por ocasião desta última carta, porém, o romance já havia sido publicado e o impacto que causou sobre a vida literária e cultural alemã pode ser aferido pela resenha pioneira de Friedrich Schlegel, que fala da absoluta impossibilidade de julgá-lo segundo um conceito convencional de gênero: seria "como se uma criança quisesse apanhar a lua e os astros com a mão e guardá-los em sua caixinha". E pouco depois, num dos "Fragmentos" publicados na revista *Athenäum* (principal porta-voz do Romantismo alemão), Schlegel irá caracterizar *Os Anos de Aprendizado* como uma das três grandes "tendências" da era moderna, ao lado da *Doutrina da Ciência*, de J. G. Fichte, no plano filosófico e, no plano histórico, da Revolução Francesa.

Com uma maestria que encontra poucos paralelos na literatura mundial, Goethe narra nos oito livros que compõem *Os Anos de Aprendizado* (ou sete, considerando o caráter largamente autônomo das "Confissões de uma Bela Alma", que ocupam todo o Livro VI), o percurso de vida do protagonista Wilhelm Meister ao longo de mais ou menos dez anos, desde a primeira juventude até o limiar da maturidade. Não é tarefa fácil reconstituir com precisão a dimensão espacial e temporal em que se desenrola o enredo dessa obra povoada de atores itinerantes, aventureiros, burgueses, nobres, poetas e artistas, membros de uma sociedade secreta etc. – *grosso modo* pode-se dizer apenas que a aprendizagem do herói tem lugar entre os anos de 1770 e 1780, no interior da Alemanha. Aventuras, como já sugerido, não faltam no romance, assim como encontros e desencontros amorosos, de tal forma que Wilhelm – após um relacionamento trágico com a atriz Marianne (narrado ao longo do Livro I) e de algumas outras ligações efêmeras (a também atriz Philine; uma bela condessa; por fim, Therese) – tem sua trajetória coroada pela união com a "amazona" Natalie, o que enseja o belo desfecho dessa obra, caracterizada pelo próprio autor, cerca de trinta anos após sua publicação, como uma de suas produções "mais incalculáveis", para a qual quase chegava a faltar-lhe a chave[5].

---

5. Goethe pronunciou essas palavras na longa conversação com Johann Peter Eckermann datada de 18 de janeiro de 1825. *Conversações com Goethe nos Últimos Anos de sua Vida 1823-1832*, tradução de Mario Luiz Frungillo, São Paulo, Editora Unesp, 2016, p. 146. A caracterização do romance como obra incomensurável é precedida de elucidativos comentários sobre a recepção do romance por Schiller: "Nas cartas que me enviou se encontram as mais importantes observações e opiniões sobre o *Wilhelm Meister*".

Extraordinária é também sua dimensão enciclopédica, com reflexões sobre os gêneros épico e dramático (que despontam já nos primeiros capítulos, que narram a infância do menino apaixonado pelo teatro de marionetes, e são depois condensadas e magistralmente integradas ao enredo no sétimo capítulo do Livro v); com os seus momentos de intenso lirismo (as canções de Mignon – entre elas a que se abre com o verso que Gonçalves Dias deu como epígrafe à sua "Canção do Exílio": "Conheces o país em que florescem os limoeiros" – e do Harpista, as duas personagens italianas e românticas); também com episódios que constituem verdadeiro compêndio das manifestações teatrais do século xviii: marionetes, funâmbulos, companhias itinerantes, mistérios e autos religiosos, encenações na corte, o teatro profissional em suas várias facetas, Racine e o teatro clássico francês ou ainda, *last but not least*, o amplo e profundo complexo sobre o teatro de Shakespeare, em especial *Hamlet*, o que levou James Joyce à seguinte alusão em seu *Ulysses*: "– E temos, não temos?, essas páginas sem-preço do *Wilhelm Meister*? Um grande poeta sobre um grande poeta irmão. Uma alma hesitante armando-se contra um mar de dificuldades, dilacerada por dúvidas conflitantes, como se vê na vida real"[6].

Todo o Livro vi é composto, como já mencionado, por uma narrativa largamente autônoma, as "Confissões de uma Bela Alma", em que se conta a história de uma "formação" feminina e de fundo religioso, mais propriamente "pietista". Nos dois últimos livros (vii e viii) abre-se espaço para questões sociais, precisamente nos trechos que giram em torno da Sociedade da Torre (*Turmgesellschaft*) e de suas ideias reformistas.

Em alguns momentos do romance parece ser o próprio Goethe que toma a palavra para expor suas concepções filosóficas, como no quinto capítulo do Livro viii, em que Jarno lê ao herói sentenças da "carta de aprendizagem de Wilhelm Meister" e, nisso, parece relativizar o sentido da "formação" individual: "Só todos os homens juntos compõem a humanidade; só todas as forças

---

6. Trecho citado na tradução de Antônio Houaiss, Rio de Janeiro, Civilização Brasileira, 1975, p. 209. No original: "And we have, have we not, those priceless pages of Wilhelm Meister? A great poet on a great brother poet. A hesitating soul taking arms against a sea of troubles, torn by conflicting doubts, as one sees in real life". Em contrapartida T. S. Eliot, em seu ensaio "Hamlet and his Problems" (1919), acusa Goethe de ter contribuído, ao lado de S. T. Coleridge, para uma excessiva valorização do drama hamletiano, que em sua visão carece de correlatos objetivos (*objective correlatives*) esteticamente eficientes.

reunidas, o mundo. Com frequência, estas se encontram em conflito entre si, e enquanto buscam destruir-se mutuamente, a natureza as mantém unidas e as reproduz"[7].

Não foi, todavia, como romance social, filosófico ou de teses estético-literárias, nem como romance de viagens, aventuras ou de amor que *Os Anos de Aprendizado* conquistaram o seu lugar na literatura universal, mas sim – sem deixar de ser tudo isso – enquanto protótipo e paradigma do *Bildungsroman*, como já era ponto assente, na virada do século XIX para o XX, a um crítico como Wilhelm Dilthey[8]. Com efeito, se nos *Sofrimentos do Jovem Werther* o substantivo "coração" recorre em incontáveis variações e se o motivo fundamental do *Fausto* reside no verbo "aspirar" (*streben*), o *Wilhelm Meister* está do começo ao fim pontilhado pelo termo *Bildung* ("formação"), para alguns autores de tradução tão complexa quanto a palavra grega *paideia* ou a latina *humanitas*[9].

Mas de que modo o conceito e o ideal de "formação", tal como concebido no período clássico, são integrados por Goethe ao enredo romanesco?

---

7. Esse mesmo Jarno reaparecerá nos *Anos de Peregrinação de Wilhelm Meister* sob o significativo nome de Montan, já que se tornou mineralogista e engenheiro de minas. Em uma conversa que tem, no início do romance, com Wilhelm (que por sua vez também se especializará na profissão de médico), Jarno/Montan anuncia o advento da era das especializações. À observação de seu interlocutor de que a formação universal sempre foi considerada necessária e vantajosa, seu antigo mentor replica: "Ela também pode ser assim, mas a seu tempo. Pluralidade prepara realmente o elemento no qual o unilateral pode atuar e a este foi dado agora suficiente espaço. Sim, chegou o tempo das unilateralidades; feliz aquele que o compreende e age nesse sentido para si e os outros. [...] Limitar-se a um ofício é a melhor coisa. Para o intelecto mais reduzido sempre haverá um ofício, para o mais amplo haverá uma arte, e o melhor, quando ele fizer uma coisa, estará fazendo tudo, ou, para ser menos paradoxal, na coisa que é feita corretamente ele enxergará o símile de tudo o que é feito corretamente" (tradução minha).

8. Para Dilthey, em seu livro de 1906 *Das Erlebnis und die Dichtung* (*A Vivência e a Poesia*), romances de formação são aqueles que, desde o Wilhelm Meister, colocam em cena um jovem que "ingressa na vida num alvorecer feliz, procura por almas afins, encontra a amizade e o amor, mas também entra em conflito com a dura realidade da vida e assim, sob as mais variadas experiências, vai amadurecendo, encontra-se a si mesmo e conscientiza-se da sua tarefa no mundo". Essa tentativa de definição encontra-se no capítulo dedicado ao romance epistolar *Hipérion* (publicado em dois volumes em 1797 e 1799), de Friedrich Hölderlin, que alguns críticos também consideram como *Bildungsroman*.

9. Rolf Selbmann abre seu estudo *O Romance de Formação Alemão* com a constatação: "O conceito 'formação' (*Bildung*) é uma palavra intraduzível, mas a coisa [*Sache*] não o é. [...] A palavra grega *paideia*, a latina *humanitas*, diferenciavam a própria comunidade social perante os bárbaros" (*Der deutsche Bildungsroman*, Stuttgart/Weimar, Metzler, 1994). Tradução minha.

Cumpre assinalar, em primeiro lugar, que "formação" não é um mero sinônimo para "cultura", "instrução", "erudição" etc. Buscar sua "formação" significa também buscar uma desenvoltura nos assuntos mundanos, fazer novas experiências, aproximar-se o máximo possível de uma (sempre inatingível, porém) "maestria de vida". "Formação" não significa, portanto, apenas adquirir novos conhecimentos, mas também redimensionar o já sabido, passar em revista, criticamente, as opiniões, os juízos e "pré-juízos", conceitos e "pré-conceitos" e, desse modo, estar inserido num processo de contínuas transformações.

Como exemplo, gostaria de destacar um episódio do final do Livro V. Wilhelm desenvolveu profunda amizade com a atriz Aurelie, irmã de Serlo, personagem inspirado num grande diretor teatral de Hamburgo (norte da Alemanha), Friedrich Ludwig Schröder, que foi muito importante para a formação teatral do próprio Goethe[10]. Aurelie conta a Wilhelm a história de sua infeliz relação amorosa com um certo Lothario, que no momento em que decide abandoná-la, passa a escrever-lhe cartas em francês. Essa suposta tática do amado faz Aurelie enveredar por uma comparação entre a língua alemã e a francesa, que não por acaso, segundo a moça preterida, tem em seu vocabulário o adjetivo *perfide*:

> Porque, para reservas, meias-palavras e mentiras, o francês é uma língua excelente, uma língua pérfida! Não encontro, com a graça de Deus, nenhuma palavra em alemão para expressar em toda sua amplitude o significado de *perfide*. Nosso lastimável "desleal" [*treulos*, no original] é, comparado com ele, uma criança inocente. Ser pérfido é ser infiel com prazer, arrogância e alegria maligna. Oh, que invejável a cultura de uma nação que sabe expressar numa única palavra matizes tão sutis! O francês é com razão a língua do mundo, digna de ser a língua universal, para que todos possam através dela enganar-se e mentir uns aos outros![11]

---

10. Ao sintetizar a carreira teatral de Serlo, o narrador caracteriza o palco principal de sua atuação, o Norte (Hamburgo), como aquela parte da Alemanha *"gebildet, aber bildlos"*, algo como "formada, mas sem formas" (isto é, "imagens"). Essa alusão à rejeição de imagens sacras no Norte protestante revela o maciço investimento narrativo, nos *Anos de Aprendizado*, no termo *Bildung* e todas suas derivações (nesse detalhe: *gebildet*, particípio passado do verbo formar, *bilden*, e o adjetivo *bildlos*).

11. Goethe, *Os Anos de Aprendizado de Wilhelm Meister*, pp. 332-333.

Aurelie morre pouco depois de ter desempenhado com brilhantismo o papel principal numa encenação da tragédia *Emília Galotti* de Lessing, que estreou em 1772. Trata-se, contudo, de uma morte voluntária, praticamente um suicídio, embora mais sutil do que o cometido pela heroína de Lessing. Pouco antes de morrer, Aurelie escreve uma carta ao antigo amado e encarrega Wilhelm de fazê-la chegar às mãos de Lothario. E assim o jovem Wilhelm desaparece de nossa vista no final do Livro v, cavalgando ao encontro de Lothario, com a carta no bolso e memorizando um duro discurso de incriminação para o momento em que se visse frente a frente com esse homem concebido como um *perfide*.

Mas eis que, ao chegar à propriedade de Lothario, Wilhelm depara-se com uma pessoa inteiramente diferente da imagem que preconcebera em seu íntimo; encontra um homem de mentalidade aberta, cosmopolita e democrática (durante anos participou da campanha de Independência dos Estados Unidos), não só imbuído de aguda consciência social, mas também vigorosamente engajado em reformas, sobretudo numa ampla e profunda reforma agrária – um homem, enfim, que desempenhará papel crucial na formação subsequente do herói.

O terrível discurso de condenação fica sem efeito e, além disso, pouco depois vem à tona que, na verdade, caberia a Lothario o direito de proferir severa reprovação perante Wilhelm, em virtude de uma infeliz brincadeira que causou profundo transtorno ao conde, marido de uma irmã de Lothario[12]. Ao revelar ao herói esse parentesco, Jarno responde às suas envergonhadas perguntas ("Como posso aparecer diante dele? Que irá dizer?") com as palavras: "Que ninguém deve atirar uma pedra contra o outro, nem deve compor longos discursos para envergonhar as pessoas, a menos que queira proferi-los diante do espelho"[13].

Essa experiência é de importância fundamental no processo formativo do jovem, e também para os leitores encerra um ensinamento e a advertência de não se entregar cegamente a juízos e opiniões de segunda mão, pois desse modo pode-se facilmente cair vítima de preconceitos. Todavia, a essa experiência no plano mundano corresponde uma equivalente no plano artístico. Até meados do Livro III o herói não conhece de Shakespeare senão opiniões

---

12. *Idem*, Livro III, décimo capítulo, p. 193.

13. *Idem*, p. 416.

recebidas de outras pessoas. Mas tem grande admiração pelo teatro de Racine, o que lhe vem a calhar quando fica sabendo, no oitavo capítulo desse livro, que Racine é também o autor favorito do príncipe, de quem almeja obter apoio para sua trupe. À pergunta que Jarno – atuando nessa etapa do enredo como espécie de secretário do príncipe (e como membro secreto da Sociedade da Torre) – faz-lhe sobre Shakespeare, Wilhelm responde de maneira desdenhosa: "tudo que ouvi dizer dessas peças não me despertou a curiosidade de conhecer mais a fundo esses monstros estranhos, que parecem ultrapassar qualquer verossimilhança, quaisquer conveniências"[14].

Entretanto, após ser apresentado pelo próprio Jarno aos "monstros" do dramaturgo inglês, Wilhelm lerá os seus dramas em extremo arrebatamento, como em transe. O preconceito inicial é, assim, superado e o jovem recebe uma revelação crucial em sua existência, superior a tudo o que até então vivenciara. Goethe parece transferir a seu personagem o impacto que ele próprio sofreu ao ter o primeiro contato com Shakespeare, tal como relata num exaltado discurso de homenagem redigido aos 22 anos de idade:

Já a primeira página que li me fez cativo dele por toda a vida e ao terminar a primeira peça, fiquei como um cego de nascença a quem uma mão prodigiosa restitui a visão instantaneamente. Sentia minha existência ampliada por algo infinito, da maneira mais intensa possível, e essa luz com a qual eu não estava acostumado me provocava dores na vista[15].

Aprender, aperfeiçoar-se, desenvolver-se, enfim "formar-se" significa tanto aprender coisas novas, como também relativizar e redimensionar o já

---

14. *Idem*, p. 184. O prestígio de que Racine e Corneille gozavam na Alemanha do século XVIII, especialmente em círculos aristocráticos, refletia-se também na apreciação de Shakespeare, cujas peças já haviam sido caracterizadas por Voltaire (*Lettres philosophiques ou Sur les Anglais*, 1734) como "des monstres brillants" (e Hamlet como "*une pièce grossière et barbare*"). Também o afrancesado Frederico, o Grande fala, em seu escrito de 1780 *De la littérature allemande*, das "abominables pièces de Shakespeare". Os parâmetros franceses levaram o rei a uma visão igualmente depreciativa da literatura alemã contemporânea, e *Götz von Berlichingen* (1773), drama goethiano do período Tempestade e Ímpeto, é considerado uma "imitation détestable de ces mauvaises pièces anglaises".

15. Esse discurso hínico, intitulado "Zum Shakespeares-Tag" ("Para o Dia de Shakespeare"), foi redigido em 14 de outubro de 1771. Ainda em 1813 Goethe escreve o ensaio, dividido em duas partes, "Shakespeare und kein Ende" ("Shakespeare e Nenhum Fim"), ao qual acrescenta uma terceira parte no início de 1816.

sabido; significa não considerar valores ou princípios como dogmas, e sim colocá-los à prova na realidade com espírito sempre aberto. Mas haveria, além disso, alguma especificidade à qual se deve a posição que os historiadores da literatura atribuem de modo unânime a esses *Anos de Aprendizado*, ou seja, a de obra fundadora de um novo gênero romanesco?

Numa longa carta que Wilhelm Meister, no terceiro capítulo do Livro v, escreve a seu cunhado Werner logo após receber a notícia da morte do pai (o velho comerciante Meister), encontra-se a passagem: "Para dizer-te em uma palavra: formar-me plenamente, tomando-me tal como existo, isto sempre foi, desde a primeira juventude e de maneira pouco clara, o meu desejo e a minha intenção"[16].

Essa passagem exprime com clareza uma ideia central do romance, que norteia os movimentos e as decisões do herói. Movido desde os anos juvenis pela aspiração de desenvolver suas potencialidades e alcançar assim formação plena e harmônica, Wilhelm dá um passo inicial nesse sentido ao recusar, no primeiro dos oitos livros que compõem o romance, os ideais e caminhos burgueses preestabelecidos. Contudo, se até então o único conteúdo de seu projeto formativo consistia na rejeição dos negócios paternos, esse projeto adquire, no Livro v, contornos mais nítidos. Os meios que irão possibilitar-lhe a concretização de suas aspirações referem-se à vida artística: Wilhelm comunica ao cunhado (e, por extensão, a toda sua família) a decisão de engajar-se numa companhia teatral.

A incongruência entre a carreira burguesa que ele deveria assumir, voltada para o acúmulo de capital e propriedades, e o forte impulso de aprimoramento explicita-se já no início da carta, quando o herói, em alusão a observações anteriores de Werner sobre fabricação de ferro e administração de terras, pergunta: "De que me serve fabricar um bom ferro, se o meu próprio interior está cheio de escórias? E de que me serve também colocar em ordem uma propriedade rural se comigo mesmo estou em desordem?" Em seguida vem a sentença paradigmática e fulcral do romance ("formar-me plenamente, tomando-me tal como existo"), na qual Wilhelm enfatiza a importância vital que a ideia de formação sempre teve para sua existência e sugere ter encontrado finalmente os meios para concretizá-la. Mediante a atividade teatral ele

16. Tradução minha.

espera não só propiciar a expansão plena de suas potencialidades, mas também contribuir para a criação de um futuro "Teatro Nacional", ao encontro assim de um forte anseio democrático-burguês da época, defendido em escritos teóricos de Lessing, Schiller e outros. Desse modo, ele exprime igualmente a aspiração de exercer influência imediata sobre a nação alemã, atuando na "esfera pública"[17]. Tal meta desponta com toda nitidez no final da carta, após a análise da condição do nobre e do burguês na sociedade a que pertence e na qual busca realizar-se. Apresenta a opção pelo teatro como o único caminho de que dispõe para atingir seu objetivo, uma vez que não pertence à nobreza. Subjaz, portanto, a essas considerações epistolares de Wilhelm Meister a plena consciência do "abismo" social que separava então a nobreza da burguesia e que já despontara em passagens anteriores do romance. Ao delinear, por exemplo, a forte atração que se estabelece entre o herói e uma jovem e bela condessa, que se revelará mais tarde como irmã de Lothario, o narrador descreve nos seguintes termos o jogo de olhares que se põe em cena:

Assim como duas sentinelas inimigas que, através de um rio que as separa, conversam tranquila e alegremente, sem pensar na guerra em que seus respectivos lados estão implicados, assim também a condessa trocava com Wilhelm olhares significativos através do abismo extraordinário do nascimento e do nível social, e cada um de seu lado acreditava poder entregar-se em segurança a seus sentimentos[18].

E é justamente essa constituição social, descrita aqui em imagens bélicas, que oferece o pano de fundo para as reflexões desenvolvidas na carta que Erich Auerbach, no 17º capítulo de *Mimesis*, apresenta como proeminente fragmento da "grande confissão" (*Bruchstücke einer großen Confession*) que Goethe, como formulado numa passagem de *Poesia e Verdade*, realizava em suas criações literárias[19]. Eis como o jovem filho de comerciantes enxergava

---

17. Por isso Jürgen Habermas, em seu estudo de 1962 *Mudança Estrutural da Esfera Pública*, edição brasileira de 2014, editora Unesp, analisa essa carta no excurso "O Fim da Esfera Pública Representativa, Ilustrado com o Exemplo de Wilhelm Meister".

18. Goethe, *Os Anos de Aprendizado de Wilhelm Meister*, Livro III, oitavo capítulo.

19. "Foi assim que comecei a seguir aquele rumo do qual nunca mais conseguiria me desviar ao longo de toda minha vida: transformava em imagem, em poema tudo aquilo que me alegrasse e me atormentasse, ou que me ocupasse de algum modo. E, fazendo isso, resolvia as questões comigo mesmo, ora me

sua situação na sociedade alemã da época e os meios que lhe possibilitariam superar os impasses de sua existência:

> Fosse eu um nobre e bem depressa estaria suprimida nossa desavença; mas, como nada mais sou do que um burguês, devo seguir um caminho próprio, e espero que venhas a me compreender. Ignoro o que se passa nos países estrangeiros, mas sei que na Alemanha só ao nobre é possível uma certa formação geral, e pessoal, se me permites dizer. Um burguês pode adquirir méritos e desenvolver seu espírito a mais não poder, mas sua personalidade se perde, apresente-se ele como quiser. [...]
>
> Se, na vida corrente, o nobre não conhece limites, se é possível fazer-se dele um rei ou uma figura real, ele pode, portanto, apresentar-se onde quer que seja com uma consciência tranquila diante dos seus iguais, pode seguir adiante, para onde quer que seja, ao passo que ao burguês nada se ajusta melhor que o puro e plácido sentimento do limite que lhe está traçado. Não lhe cabe perguntar: "Que és tu?" e sim: "Que tens tu? Que juízo, que conhecimento, que aptidão, que fortuna?" [...] Aquele pode e deve brilhar, este só deve existir e, se pretende brilhar, torna-se ridículo e de mau gosto. [...]
>
> Por tal diferença culpa-se não a arrogância dos nobres nem a transigência dos burgueses, mas sim a própria constituição da sociedade; se um dia alguma coisa irá modificar-se, e o que se modificará, importa-me bem pouco; em suma tenho de pensar em mim mesmo tal como estão agora as coisas, e no modo como hei de salvar a mim mesmo e conseguir o que para mim é uma necessidade indispensável.
>
> Pois bem, tenho justamente uma inclinação irresistível por essa formação harmônica de minha natureza, negada a mim por meu nascimento. [...] Mas não vou negar-te que a cada dia se torna mais irresistível meu impulso de me tornar uma pessoa pública, de agradar e atuar num círculo mais amplo. Some-se a isso minha inclinação pela literatura e por tudo quanto está relacionado com ela, e a necessidade de cultivar meu espírito e meu gosto, para que aos poucos, também no deleite dessas coisas sem as quais não posso passar, eu tome por bom e belo o que é verdadeiramente bom e belo. Já percebes que só no teatro posso encontrar tudo isso e que só nesse

---

obrigando a reformular minha compreensão do mundo, ora fazendo sossegar em mim minhas tantas inquietações. Ninguém tinha maior necessidade de um dom como esse do que eu mesmo, que vivia sendo constantemente arremessado de um extremo ao outro pela força de minha própria natureza. Portanto, todas as coisas que dei a público não são mais que fragmentos de uma grande confissão" (Goethe, *Poesia e Verdade*, tradução de Maurício M. Cardozo, São Paulo, Editora Unesp, 2017, p. 343).

elemento posso mover-me e cultivar-me à vontade. Sobre os palcos, o homem forma-do aparece tão bem pessoalmente em seu brilho quanto nas classes superiores [...][20].

Essa longa carta, na qual Wilhelm expõe suas concepções e seus ideais, pode ser vista idealmente como espécie de manifesto programático do romance de formação, pois nela se formulam motivos fundamentais do gênero, como os de Autonomia (formar-se a si mesmo), Totalidade (formação plena) e, por fim, no último parágrafo reproduzido, Harmonia (a "inclinação irresistível" por formação harmônica). A expansão plena e harmoniosa das potencialidades do herói (artísticas, intelectuais e também físicas), a realização efetiva de sua totalidade humana é projetada no futuro e sua existência apresenta-se como um "estar a caminho" rumo a uma maestria de vida que Goethe, no entanto, representa menos como meta que possa ser efetivamente alcançada do que como direção a ser seguida.

As possibilidades e os limites de tal realização são refletidos no romance, sendo que a meta (inalcançável) de formação plena, autônoma e harmônica se apresenta como contraste à imagem do protagonista ainda não desenvolvido ou "formado". Articula-se assim a tensão, inerente às várias modalidades de romance de formação, entre o real e o ideal – ou então, como formulado por Hegel em outra passagem antológica de sua *Estética*, entre a "prosa das relações" e a "poesia do coração"[21]. Enquanto elementos constitutivos do *Bildungsroman*, esses dois polos revelam-se complementares, pois sem apoiar-se na respectiva realidade histórica o ideal de formação permaneceria vazio e abstrato. A carta que Wilhelm escreve ao cunhado, com suas referências à realidade alemã da época, é exemplar nesse sentido, mesmo que não enverede por uma perspectiva crítica, como ressalta Auerbach no ensaio mencionado. Seu ideal ou utopia de formação pressupõe como pano de fundo a sociedade alemã da segunda metade do século XVIII, a qual dita a "prosa" das relações sociais. É significativo observar que, nesse momento de sua trajetória forma-

---

20. Goethe, *Os Anos de Aprendizado de Wilhelm Meister*, pp. 284-286.
21. "O romance, no sentido moderno, pressupõe uma realidade já ordenada como prosa. [...] Uma das colisões mais comuns e mais apropriadas para o romance é, por isso, o conflito entre a poesia do coração e a prosa adversa das relações sociais" (*Ästhetik*, Berlim/Weimar, Aufbau, vol. II, terceira seção ("As Artes Românticas"), 3º capítulo ("A Poesia"), pp. 326-585, citação à p. 452).

tiva, o herói não considera qualquer perspectiva de transformação na constituição social, identificada por ele como responsável pela situação vigente. A utopia de aperfeiçoamento interior, de desdobramento de suas potencialidades refere-se tão somente à sua pessoa, já que toda a realidade exterior não é considerada senão enquanto elemento já dado e invulnerável à ação humana.

Contudo, essa concepção marcadamente individualista de formação vigora apenas nos cinco primeiros livros dos *Anos de Aprendizado*, os quais correspondem, *grosso modo*, à primeira versão do romance, que Goethe redigiu entre os anos de 1777 e 1785 sob o título *A Missão Teatral de Wilhelm Meister*[22]. O que separa esse complexo narrativo que gira em torno do mundo do teatro, e que acaba ficando com a "parte do leão" no enredo romanesco, dos dois últimos livros não são apenas as "Confissões de uma Bela Alma" desdobradas no Livro VI, mas também – no tocante à vida pessoal de Goethe – a viagem empreendida pela Itália entre setembro de 1786 e abril de 1788. As inúmeras experiências feitas "no país em que florescem os limoeiros" (no verso de Mignon), em particular o contato com a arte clássica, deixaram seu reflexo também na trajetória de Wilhelm Meister, substancialmente redimensionada após o retorno do poeta a Weimar. Nessa nova fase de trabalho Goethe faz o protagonista vivenciar uma tomada de consciência que o leva, por fim, à superação de suas aspirações artísticas e, consequentemente, de seu diletantismo. E se Wilhelm Meister se conscientiza, nos dois últimos livros, da falta de vocação para o teatro, algo semelhante acontecera na Itália com o próprio Goethe, que até então acalentava o projeto de tornar-se pintor. No contato direto com os velhos mestres italianos, essa aspiração é reconhecida como equivocada e o viajante toma então a decisão em prol de uma carreira literária, que norteará toda sua vida posterior: "Minha longa temporada em Roma

---

22. Após a publicação dos *Sofrimentos do Jovem Werther* (1774), Goethe deu início, em fevereiro de 1777, a esse segundo projeto romanesco, tendo redigido seis livros até novembro de 1785. (O plano para a continuação da obra e partes do sétimo livro não se conservaram.) Após ter integrado e refundido esse material nos cinco primeiros livros dos *Anos de Aprendizado*, Goethe destruiu os manuscritos. No ano de 1910, porém, uma cópia foi encontrada no espólio de Barbara Schultheß (1745-1818), que foi recebendo cada um dos seis livros logo após sua conclusão. Hugo von Hofmannsthal teceu elucidativos comentários sobre a "copiadora" Barbara Schultheß e sobre o próprio manuscrito romanesco no ensaio "'Wilhelm Meister' in der Urform" ("Wilhelm Meister na Forma Primitiva"), *Gesammelte Werke in 10 Bänden, Reden und Aufsätze I (1891-1931)*, Berlim, S. Fischer Verlag, 1986.

teve o mérito de permitir que eu renunciasse ao exercício das artes plásticas", lemos no trecho "Roma, 22 de fevereiro" de sua *Viagem à Itália*[23].

Nesse contexto valeria citar um trecho do livro *Salto Mortale* (2018), em que Michael Jaeger apresenta *Os Anos de Aprendizado de Wilhelm Meister* como elaboração literária do renascimento vivenciado por Goethe durante suas experiências italianas:

> [...] ele [o romance] traça o retrato de um jovem tomado pelo imenso desejo de tornar-se artista e ator [...]; prisioneiro, porém, do sonho romântico de possuir uma missão teatral, ele erra ao longo de toda uma juventude e tão somente no final do romance encontra o caminho que, do mundo imaginado das pretensões patéticas, conduz de volta à vida efetiva. Os trabalhos preliminares para esse romance, para a reelaboração da *Missão Teatral de Wilhelm Meister* em *Os Anos de Aprendizado de Wilhelm Meister*, começam na Itália. E essa grande confissão terá prosseguimento, na imagem da biografia de Wilhelm, até a alta velhice – até *Os Anos de Peregrinação de Wilhelm Meister*. Estes são publicados, em sua segunda versão, em 1829 e, com isso – de maneira significativa, se poderia dizer –, no mesmo ano em que Goethe conclui suas recordações italianas com *A Segunda Temporada Romana*[24].

No âmbito específico da estrutura narrativa dos *Anos de Aprendizado*, o divisor de águas entre os dois complexos narrativos – entre, por assim dizer, a "missão teatral" e a "missão social" do herói – são, como já indicado, as "Confissões de uma Bela Alma", que ocupam todo um livro. Pois se até então a formação perseguida por Wilhelm se mostrava indissociável da esfera do teatro, com a abertura do Livro VII, iluminada pela imagem de um "magní-fico arco-íris", ela passa a sofrer transformações profundas, como de resto

---

23. *Viagem à Itália*, tradução de Wilma Patricia Maas, São Paulo, Editora Unesp, 2017, p. 557.

24. *Salto Mortale. Goethes Flucht nach Italien* (*Salto Mortal. A Fuga de Goethe para a Itália*), Wüzburg, Königshausen & Neumann, 2018 – citação nas páginas 96-97. No capítulo que dedica aos *Anos de Aprendizado* em sua monografia *Goethe – O Eterno Amador*, João Barrento destaca em particular, entre as experiências italianas de Goethe, o contato com K. P. Moritz, autor do romance *Anton Reiser*, cujas três primeiras partes são publicadas nos anos de 1785 e 1786: "Em Itália, será desde logo impor-tante a confrontação com um dos primeiros 'romances de artista' alemães, o *Anton Reiser* do amigo e protegido Karl Philipp Moritz, que leva Goethe a tomar consciência de que o mero diletantismo artístico não pode servir de base a uma formação humana, tal como ele começava já a idealizá-la para sua personagem" (João Barrento, *Goethe – O Eterno Amador*, Lisboa, Bertrand Editora, 2018, p. 94).

toda sua visão de mundo. Essas transformações se dão em larga escala sob o influxo da Sociedade da Torre, cujo papel no enredo narrativo só se elucidará plenamente nos derradeiros capítulos, descortinando-se então, retrospectivamente, uma nova dimensão de leitura. Opera-se assim, como consequência dessa surpreendente virada na narrativa, uma relativização da ideia inicial (bastante individualista) de formação, que passa a ser entendida a partir desse momento não apenas no sentido de um desdobramento gradativo de inclinações e potencialidades do indivíduo, no sentido de uma enteléquia, mas principalmente enquanto processo de socialização, de interação entre "eu" e mundo, entre o indivíduo particular e a sociedade – ou, na expressão metafórica de Hegel, entre a "poesia do coração" e a "prosa das relações".

De importância essencial para a modificação por que passam as concepções de Wilhelm são as conversas que ele tem ao longo do romance sobre temas como arte, destino, acaso, felicidade etc. Um exemplo: no 17º capítulo do Livro I, Wilhelm encontra um desconhecido durante uma caminhada noturna e logo enveredam por uma conversa sobre arte, a qual desemboca imperceptivelmente numa discussão sobre o destino. Durante esse encontro, o desconhecido, que reaparecerá no Livro VII, contrapõe-se às ideias de seu interlocutor e, pela primeira vez no enredo romanesco, expõe princípios básicos da filosofia da Torre:

> A trama deste mundo é tecida pela necessidade e pelo acaso; a razão do homem se situa entre os dois e sabe dominá-los; ela trata o necessário como a base de sua existência; sabe direcionar, conduzir e aproveitar o acaso. [...] Infeliz aquele que, desde a sua juventude, habitua-se a querer encontrar no necessário alguma coisa de arbitrário, a querer atribuir ao acaso uma espécie de razão. [...] Só posso regozijar-me com o homem que sabe o que é útil a si e aos outros, e trabalha para limitar o arbitrário. Cada um tem a própria sorte nas mãos, como o artista tem a matéria bruta, com a qual ele há de modelar uma figura. Mas ocorre com essa arte como com todas: só a capacidade nos é inata; faz-se necessário, pois, aprendê-la e exercitá-la cuidadosamente[25].

No nono capítulo do Livro II, Wilhelm trava contato, novamente de maneira insciente, com outro membro da Sociedade da Torre, que surge então

---

25. Goethe, *Os Anos de Aprendizado de Wilhelm Meister*, p. 83.

sob a figura de um pastor de aldeia, durante uma viagem de barco feita pela companhia teatral de Laertes. O ponto de partida para a conversa é a arte e, mais particularmente, o teatro. De repente, estão discutindo as mesmas questões anteriores, numa transição que ocorre sempre de modo orgânico, em vista do papel desempenhado pela arte e pelo teatro no projeto de formação inicial. O suposto pastor insiste na importância da razão humana e combate a concepção de destino e acaso apresentada pelo seu jovem interlocutor. Com isso o diálogo anterior é retomado e desenvolvido. À opinião de Wilhelm, de que somente as pessoas que possam contar com os favores do acaso poderão realizar-se na vida, contrapõe-se o pastor:

> O destino é um preceptor excelente, mas oneroso. Eu preferiria ater-me à razão de um mestre humano. O destino, a cuja sabedoria rendo total respeito, tem no acaso, por meio do qual age, um órgão muito canhestro. Pois raras são as vezes em que este parece realizar com acerto e precisão o que aquele havia determinado[26].

Embora a Sociedade da Torre exerça influência decisiva sobre o herói, sua formação resulta igualmente do contato com as várias pessoas que cruzam o seu caminho ao longo do romance: convivendo com todos os tipos sociais, realizando as mais variadas experiências, sua formação vai aos poucos ganhando forma. Nesse amplo espectro, os dois polos estão representados, por um lado, pelos membros da Torre e, pelo outro, pelas figuras do harpista e de Mignon. Essas duas personagens românticas e italianas (e ligadas por um vínculo surpreendente, que ficará claro apenas nos capítulos finais) encarnam de forma radical concepções que aqueles buscam combater em Wilhelm. O harpista, levando ao extremo a ideia da fatalidade, confessa a Wilhelm o motivo de seu desespero: "A vingança que me persegue não é a do juiz terreno; pertenço a um destino implacável". Guiadas por uma espécie de liberdade incondicionada e, ao mesmo tempo, aprisionadas por uma nostalgia tão profunda quanto indefinida (cuja origem, no entanto, se esclarece no final do enredo), as duas personagens "românticas"

---

26. Goethe, *Os Anos de Aprendizado de Wilhelm Meister*, p. 128.

contrapõem-se frontalmente às teorias da Torre. Quando Wilhelm decide ocupar-se da formação de Mignon, a criança retrai-se com as palavras: "Já estou formada o suficiente para amar e sentir tristeza. [...] A razão é cruel, o coração é melhor".

Quanto a Wilhelm Meister, sua caminhada ao longo do romance, repleta de equívocos, mas sempre sob a influência de mentores invisíveis, leva-o à superação de suas tendências iniciais e, por conseguinte, de seu diletantismo artístico. Na medida em que avançam sua compreensão das relações sociais e o processo de autoconsciência, o herói vai também se distanciando do teatro. O ponto de viragem ocorre paradoxalmente no Livro v, quando sua carreira atinge, com a encenação do *Hamlet*, o ápice. Então se lhe torna claro, após brilhante *performance* no papel principal, que o teatro por si só não é capaz de oferecer-lhe respostas em sua busca, pois se subordina a um complexo mais amplo de valores humanistas. Wilhelm compreende, ao mesmo tempo, que seu entusiasmo pelo palco sempre esteve intrinsecamente relacionado à rejeição pelas formas de vida burguesa que lhe estavam determinadas. Conscientiza-se – graças, sobretudo, às conversas com Jarno e o Abade (Abbé) – de que, em todos os papéis que representasse, ele estaria no fundo representando a si mesmo e a seu diletantismo. Dessa perspectiva a opção pelo teatro se revela um grande equívoco, mas ao mesmo tempo se lhe torna igualmente claro que esse equívoco representou uma etapa necessária em sua trajetória. Sofrendo Wilhelm todas as consequências da decisão errada para depois, na etapa seguinte, superá-la de modo consciente, o desenvolvimento rumo à nova concepção de formação humanista realiza um avanço objetivo. É essa extraordinária inflexão que Goethe conferiu à ação romanesca após sua experiência italiana (e na qual podemos enxergar uma ilustração épica para o conceito hegeliano de *Aufhebung*, que mescla em si o sentido de superação e conservação) que levou um crítico como Georg Lukács a caracterizar *Os Anos de Aprendizado* como o mais legítimo "romance de educação: seu conteúdo é a educação dos homens para a compreensão prática da realidade". E para citar outra passagem que revela o apreço do crítico húngaro por essa obra: "Assim, [Goethe] coloca no centro deste romance o ser humano, a realização e o desenvolvimento de sua personalidade, com uma clareza e concisão que dificilmente um outro escritor haverá conseguido em alguma outra obra da literatura universal"[27].

Essa compreensão "prática" da vida social decorre essencialmente da influência que os membros da Sociedade da Torre exercem, de maneira aberta ou velada, sobre Wilhelm, em especial os mencionados Jarno e Lothario, com seu projeto de reforma agrária (terceiro capítulo do Livro VII), taxação das grandes fortunas da nobreza (segundo capítulo do Livro VIII) e outras medidas muito avançadas para a própria época (e não só)[28]. Influência crucial sobre o herói emana também do Abade, que se ocupa prioritariamente de questões pedagógicas. E é justamente este que entrega ao herói sua "Carta de Aprendizagem", que contém sentenças de cunho genérico, mas no fundo com referências às circunstâncias concretas de sua trajetória. Em uma estante, o jovem encontra um pergaminho intitulado "Os Anos de Aprendizado de Wilhelm Meister", ao lado de outros pergaminhos que ostentam o mesmo título, mas trazendo os nomes de Lothario, Jarno e demais membros da sociedade.

O Abade revela-lhe então que a cada passo de sua vida, a cada decisão tomada, ele estava sendo observado e apoiado, mesmo em se tratando, do ponto de vista da Torre, de um passo falso, de uma decisão equivocada. Explicita-se assim um ponto fulcral da pedagogia posta em prática pelo Abade:

Não é obrigação do educador de homens preservá-los do erro, mas sim orientar o extraviado; e mais, a sabedoria dos mestres está em deixá-lo sorver plenamente seu erro. Quem só saboreia parcamente seu erro, nele se mantém por muito tempo,

---

27. Esse ensaio de Lukács, redigido em 1936, encontra-se reproduzido na edição brasileira dos *Anos de Aprendizado* mencionada na nota 1, citações às páginas 587 e 592.

28. No terceiro capítulo do Livro VII, Goethe faz Lothario articular uma crítica tão sutil quanto aguda ao fanatismo religioso ao comentar as imensas doações que o conde fazia à comunidade evangélica em Herrnhut (Igreja dos Irmãos Morávio, fundada pelo também conde von Zinzendorf, 1700--1760) em prol da salvação de sua alma. Esses recursos, argumenta Lothario, deveriam ser aplicados antes em obras sociais, para ajudar na construção de um "paraíso na Terra": "Meu cunhado, por exemplo, doa seus bens, enquanto pode aliená-los, à comunidade dos irmãos hernutos, e, agindo assim, crê favorecer a salvação de sua alma; tivesse ele sacrificado uma pequena parte de seus rendimentos, teria feito felizes muitos homens e podido criar para ele e para os outros um paraíso na Terra".

alegra-se dele como de uma felicidade rara; mas quem o esgota por completo, deve reconhecê-lo como erro [...].

Em sua visão, o desenvolvimento da personalidade humana só é possível na medida em que forças existentes no interior de cada indivíduo sejam despertadas e estimuladas a uma atividade fecunda, a um confronto intenso com a realidade objetiva.

E então é anunciado ao neófito, durante essa solenidade iniciatória, o término de seus anos de aprendizagem: "Estás salvo e a caminho de tua meta. Não te arrependerás de nenhuma de tuas loucuras, tampouco sentirás falta delas; não pode haver para um homem destino mais venturoso. [...] Os teus anos de aprendizagem terminaram; a natureza te absolveu". Contudo, o fato de que, após esse pomposo ritual de iniciação que fecha o Livro VII, o herói mergulhe numa crise tão mais profunda mostra apenas que o intrincado processo formativo configurado no romance se dá de forma descontínua, marcada tanto por avanços como por recuos e reveses. E não poucas vezes o narrador, acompanhando com distanciamento irônico o meândrico desenvolvimento de Wilhelm Meister, parece tratá-lo como um "miserável cachorro", como se exprimiu o próprio Goethe lançando mão de um epíteto muito mais drástico do que "filho enfermiço da vida" (como Thomas Mann se refere a Hans Castorp na *Montanha Mágica*) ou "pobre menino do destino" (o Riobaldo, de *Grande Sertão: Veredas*)[29].

Consequentemente pode-se afirmar que uma compreensão adequada do que vem a ser de fato um *Bildungsroman* deve levar em conta a relação irônica que o narrador goethiano estabelece com o protagonista nessa

---

29. Goethe designou Wilhelm Meister como "pobre cachorro" numa conversa registrada pelo chanceler von Müller em janeiro de 1821: "mas apenas com personagens como essas que se podem mostrar claramente o jogo inconstante da vida e as incontáveis e diversas tarefas da existência, e não com caracteres sólidos e já formados". No romance *O Verde Henrique*, de Gottfried Keller (sexto capítulo do Livro III), a bela Judith diz ao herói em formação palavras que caracterizam seu comportamento de modo fulminante (e no sentido das expressões citadas): "Considere que, quando a gente se presume a pessoa mais desenvolta, aí sim acaba se revelando um asno". ("Denke daran, wenn man am gescheitesten zu sein glaubt, so kommt man am ehesten als ein Esel zum Vorschein!")

obra fundadora da mais importante tradição romanesca da literatura alemã, começando pelo fato de dar o nome "Meister" (Mestre) a uma personagem que jamais atingirá uma "maestria" de vida[30]. Portanto, o gênero criado por Goethe com *Os Anos de Aprendizado de Wilhelm Meister* não se distingue por conduzir o herói a uma superação definitiva de seus dilemas ou ainda, formulando de maneira mais geral, a uma superação das insuficiências da condição humana, conforme assinalou Walter Benjamin no quinto segmento do ensaio "O Narrador" em alusão aos versos do "*Chorus Mysticus*" que fecham a tragédia *Fausto*: "É justamente no romance de formação que o insuficiente se torna acontecimento"[31].

Nessa perspectiva podemos conceber como pertencente à tradição narrativa fundada por Goethe todo romance que faz seu herói aspirar, mesmo que intuitiva ou inconscientemente, a "buscar minha plena formação, tomando-me tal como existo", para glosar mais uma vez as célebres palavras de Wilhelm Meister – romances, portanto, que colocam em cena personagens em busca de autocompreensão, em processo de amadurecimento, aperfeiçoamento, aprendizagem, num confronto educativo com a realidade, não importando se o "caminho de formação" (*Bildungsweg*) narrado conflui para um desfecho relativamente bem sucedido ou se termina com a derrocada do protagonista.

Apenas 22 anos após a morte de Goethe, Gottfried Keller começava a publicar um proeminente exemplo dessa vertente do fracasso: trata-se da primeira versão de *O Verde Henrique*, com seu desfecho "escuro como cipreste, em que tudo seria sepultado", conforme uma anotação preliminar do autor suíço. Com essa obra, que pode ser considerada um dos mais importantes

---

30. Por esse motivo Wilhelm fecha a carta acima comentada (terceiro capítulo do Livro v) comunicando a seu cunhado que prosseguirá na carreira teatral sob um cognome, não só para preservar a família burguesa como também pela consciência de não fazer jus ao nome "Meister" (Mestre): "Não queiras discutir comigo a esse respeito, pois, antes que me escrevas, já terei dado tal passo. Por conta dos preconceitos dominantes, trocarei meu nome, porque me sinto, ademais, embaraçado em me apresentar como Meister". Na primeira versão do romance (*A Missão Teatral de Wilhelm Meister*) ele adota o nome *Geselle*, que na esfera dos ofícios ficava entre o mestre (*Meister*) e o aprendiz (*Lehrling*).

31. Benjamin alude aos versos "*Das Unzulängliche,/ Hier wird's Ereignis*" pronunciados pelo *Chorus Mysticus* no final do *Fausto II*: "O insuficiente,/ torna-se aqui acontecimento", em tradução literal (Walter Benjamin, "O Narrador. Considerações sobre a Obra de Nikolai Leskov", em *Magia e Técnica, Arte e Política: Ensaios sobre Literatura e História da Cultura*, São Paulo, Brasiliense, 2008, p. 202).

Bildungsromane em todas as literaturas, Gottfried Keller se alinha entre os inúmeros romancistas que, ao longo do século XIX, viram-se compelidos a estabelecer um diálogo com esses *Anos de Aprendizado* a que o próprio Keller se referiu, numa carta de 26 de junho de 1855, como "o livro mais sedento de realidade de toda a literatura mundial".

Mas também para romancistas do século XX, o *Wilhelm Meister* permaneceu um paradigma vivo, bastando lembrar Günter Grass que, com o seu gnomo Oskar Matzerath (eu-narrador do romance *Die Blechtrommel, O Tambor de Lata,* 1959), prismatiza a tradição do *Bildungsroman* à luz da experiência histórica do fascismo e da Segunda Guerra Mundial. Nesse mesmo contexto podem-se citar vários outros títulos, como o romance de formação proletária *A Estética da Resistência* (1975-1981), de Peter Weiss, ou *Extinção – Uma Derrocada* (1986), em cuja estrutura narrativa Thomas Bernhard inseriu múltiplas alusões a elementos característicos do *Bildungsroman.*

Antes de todos esses romances veio, porém, aquele que muitos consideram o maior romance de formação e desenvolvimento do século XX: *A Montanha Mágica,* em que Thomas Mann narra a trajetória do "filho enfermiço da vida" Hans Castorp ao longo de sete anos, até seu desaparecimento nas "tempestades de aço" da Primeira Guerra Mundial. Embora confluindo, à semelhança do *Verde Henrique,* para um desfecho catastrófico, *A Montanha Mágica* foi conscientemente concebida à luz da tradição narrativa criada por Goethe, conforme indicam palavras do próprio romancista de Lübeck (e filho da brasileira Júlia da Silva Bruhns): "E que outra coisa seria de fato o romance de formação, a cujo tipo pertencem tanto o *Wilhelm Meister* como *A Montanha Mágica,* senão uma sublimação e espiritualização do romance de aventuras?"

O paradigma do "romance de formação e desenvolvimento" (*Bildungs- und Entwicklungsroman*) – a contribuição mais especificamente alemã à história do romance ocidental – visto, portanto, também como romance de aventuras! Mas essa visão não surpreenderá a ninguém que percorrer as movimentadas páginas desses *Anos de Aprendizado* que irradiaram sua influência constitutiva sobre praticamente todas as literaturas ocidentais. Por conseguinte, também sobre nossa literatura, o que nos permite concluir estas considerações, na chave interpretativa lançada por Thomas Mann, com uma menção a *Grande Sertão: Veredas,* esse grande romance brasileiro povoado de aventuras que se sublimam e depuram numa busca de sentido para a experiência individual. Pois se é legítimo sustentar – como fizeram Anatol Rosenfeld e Paulo Rónai – que, pelo pacto encenado nas "Veredas-Mortas", Riobaldo revive o drama de Fausto em meio a rudes jagunços, não menos legítimo será enxergar no "pobre menino do destino" de que nos fala Guimarães Rosa um Wilhelm Meister do sertão brasileiro[32].

---

32. Em texto publicado já em 1956, "Três Motivos em *Grande Sertão: Veredas*", Paulo Rónai observava: "O mito atávico do pacto com o Demônio é revivido nele [Riobaldo] sob forma convincente, como experiência possível dentro da nossa realidade". E Anatol Rosenfeld, em suas "Reflexões sobre o Romance Moderno" (1969): "o herói de *Grande Sertão: Veredas*, de Guimarães Rosa, revive o drama de Fausto em pleno sertão brasileiro". No primeiro capítulo do volume *Labirintos da Aprendizagem*, discuti os vínculos da trajetória de Riobaldo com a tradição fáustica e a do romance de formação e aprendizagem (*Labirintos da Aprendizagem – Pacto Fáustico, Romance de Formação e Outros Temas de Literatura Comparada*, São Paulo, Editora 34, 2010).

MARIA CECILIA MARKS

No Meio da Travessia – Aproximações e Diferenças na Formação de Wilhelm Meister e de Riobaldo

*O real não está na saída nem na chegada: ele se dispõe
para a gente é no meio da travessia.*

JOÃO GUIMARÃES ROSA

O pensador russo Mikhail Bakhtin construiu um referencial teórico relevante acerca das obras de Dostoiévski e de Rabelais. *Problemas da Poética de Dostoiévski* e *A Cultura Popular na Idade Média e no Renascimento – O Contexto de François Rabelais* são títulos fundamentais para a pesquisa não só desses romancistas como também para a compreensão da história da arte literária no Ocidente. O terceiro grande escritor ao qual se dedicou o ensaísta foi Goethe, que, conforme biógrafos de Bakhtin, "desempenhou papel imenso no pensamento do crítico russo durante toda a sua vida"[1]. Contudo, enquanto as obras sobre Dostoiévski e Rabelais foram publicadas na íntegra – a primeira em 1929 e, revisada pelo autor, em 1963; a segunda em 1965 –, do livro sobre Goethe, escrito entre 1936 e 1938, restaram apenas fragmentos. Os originais chegaram a ser entregues para a editora, mas a deflagração da Segunda Guerra Mundial interrompeu o processo e o texto integral desapareceu[2]. Com o título "O Romance de Educação e sua Importância na História do Realismo" foram publicados postumamente, na coletânea *Estética da Criação Verbal*[3],

---

1. Katerina Clark e Michael Holquist, *Mikhail Bakhtin*, São Paulo, Perspectiva, 1998, p. 290.
2. *Idem*, p. 335.
3. Mikhail Bakhtin, *Estética da Criação Verbal*, tradução de Paulo Bezerra, São Paulo, Martins Fontes, 2011. Publicado originalmente na União Soviética em 1979.

três fragmentos arrolados entre os materiais preparatórios do livro, os quais indicam ser "Goethe e o romance de educação" o tema central da obra[4].

Como é frequente em Bakhtin, no plano desse trabalho ele privilegia a contextualização histórica, iniciando por uma visão abrangente, que compreende amplos períodos e abarca as raízes da constituição e evolução da forma romanesca, para depois restringir a análise, desenhando uma tipologia de romances de formação, cujas variações podem se mesclar, assim como se altera o "grau de assimilação do tempo histórico real"[5]. São estes os tipos de romance de formação mencionados por Bakhtin: o de natureza cíclico-idílica, em que se apresenta a sucessão das fases da vida e as transformações decorrentes da idade; o que supera a simples divisão etária e descreve a trajetória do herói do idealismo juvenil ao pragmatismo da maturidade, tido pelo ensaísta como o tipo clássico de romance de formação; o biográfico ou autobiográfico, que leva em conta as condições de vida e os acontecimentos para a formação do indivíduo; o didático-pedagógico, em cujo cerne se encerra claramente uma proposição dessa espécie. Por fim, cita aquele que considera ser o mais importante tipo de romance de formação: "Nele, a formação do homem se apresenta em indissolúvel relação com a formação histórica. A formação do homem efetua-se no tempo histórico real com sua necessidade, com sua plenitude, com seu futuro, com seu caráter profundamente cronotópico"[6].

Nesse sentido, a formação se dá em perspectiva histórica, com a dinâmica da formação individual ocorrendo em interação com um mundo também em transformação, o que leva a um desenvolvimento cujos resultados não são particulares, pois acontece concomitante e reflexivamente a um movimento coletivo. Para Bakhtin, esse é o tipo de romance de formação realista, em que o herói que se forma reflete a imagem do homem numa época de transição histórica em um lugar determinado, aspecto relevante em *Os Anos de Aprendizado de Wilhelm Meister*[7] e em importantes romances de formação, entre

---

4. *Idem*, conforme Nota do tradutor, p. 441.

5. *Idem*, p. 220

6. *Idem*, p. 221

7. Johann Wolfgang von Goethe, *Os Anos de Aprendizado de Wilhelm Meister*, tradução de Nicolino Simone Neto, São Paulo, Editora 34, 2006. No posfácio dessa edição consta o ensaio em que Georg Lukács também ressalta a perspectiva histórica desse romance, porém de um prisma diferente da vi-

os quais incluímos *Grande Sertão: Veredas*, abordado em chave comparativa nesta análise.

Conforme aponta Marcus Mazzari, a narrativa de Guimarães Rosa, apesar de oscilar entre o fáustico e a formação, pode ser considerada um legítimo exemplar de romance de formação e desenvolvimento, uma vez que coloca "em primeiro plano a trajetória de um homem pelas vicissitudes e contradições da realidade, [...] sofrendo revezes e amadurecendo paulatinamente no sentido de uma conscientização de seu papel no mundo"[8].

ORIGENS E HISTÓRIA

Embora o caminho traçado por Riobaldo siga, em linhas gerais, o roteiro de formação prototípico – a saída da casa do pai, as aventuras e experiências adquiridas na estrada, as quais configuram o período de aprendizado, e, por fim, a reconciliação com a realidade assumindo a condição paterna herdada –, destacamos dois pontos em que esse percurso se distancia daquele descrito pelo herói paradigmático do romance de formação, com implicações no próprio processo de desenvolvimento do protagonista. O primeiro deles é a origem de Riobaldo, bem diferente da de Wilhelm Meister, o que assinala distinções de ordem histórica entre as épocas e os lugares onde se passam os respectivos enredos. Assim, mesmo sendo ambas as narrativas deliberadamente marcadas por um esfumaçamento de datas, fatos e referências históricas precisas, tais dados da biografia de cada um dos heróis, assim como muitos outros detalhes e caracterizações distribuídos ao longo dos romances, contribuem para contextualizar as obras no tempo e no espaço de uma realidade passível de ser identificada pelo leitor. Isso significa que os autores não se furtaram a integrar ao cenário e à trama conflitos e contradições peculiares

são de Bakhtin, relacionando-o diretamente com transformações decorrentes da Revolução Francesa. Já Erich Auerbach, em *Mimesis* (São Paulo, Perspectiva, 2002, p. 400), posiciona-se contrariamente, considerando que em *Os Anos de Aprendizado de Wilhelm Meister* "o mundo da classe média repousa diante dos olhos do leitor numa calma quase atemporal".

8. Marcus Vinicius Mazzari, *Labirintos da Aprendizagem – Pacto Fáustico, Romance de Formação e Outros Temas de Literatura Comparada*, São Paulo, Editora 34, 2010, p. 90.

ao local e ao momento histórico, embora não se atenham a episódios da realidade imediata. Também prepondera o processo interior dos protagonistas, que privilegia a percepção temporal e espacial vivenciada pelos heróis. De qualquer forma, "por trás da totalidade do romance está essa grande totalidade real do mundo e da história"[9].

A despeito da consciência que Wilhelm tem das limitações socialmente impostas à sua condição burguesa, ele não é de "escuro nascimento"[10] como Riobaldo, que passou a infância como agregado da família Guedes. Depois de perder a mãe, é recebido na fazenda São Gregório, onde vive "na lordeza"[11], mas ainda em situação de amparo, agora por parte do padrinho Selorico Mendes, que, todavia, proporciona ao protagonista acesso à formação escolar básica, além de incentivá-lo a desenvolver habilidades bélicas. Quando Riobaldo descobre que o protetor é, na verdade, seu pai biológico, foge da casa paterna, motivo bem diverso do sentimento de busca por formação, conforme explicita Wilhelm na carta em que declara a sua escolha pelo teatro: "Para dizer-te em uma palavra: instruir-me a mim mesmo, tal como sou, tem sido obscuramente meu desejo e minha intenção, desde a infância"[12]. Dessa forma, enquanto Wilhelm abandona uma vida estável e previsível à procura de uma alternativa ao seu destino burguês, firmemente delineado pela condição familiar, de acordo com a estrutura social, Riobaldo, cuja origem está na classe mais humilde, deixa a casa paterna levando consigo a dolorida revelação da ascendência até então obscura, acompanhada de uma sensação de não pertencimento: "Aquela hora eu queria só gente estranha, muito estrangeira, estrangeira inteira!"[13], diz o protagonista, expressando não só a vergonha e necessidade de se libertar do fato recém--revelado, mas também uma identificação com aqueles de origem e destino desconhecidos, de frágeis raízes, à deriva, como ocorre consigo. Esse sen-

---

9. Mikhail Bakhtin, *Estética da Criação Verbal*, p. 249.
10. João Guimarães Rosa, *Grande Sertão: Veredas*, Rio de Janeiro, José Olympio, 1976, p. 35.
11. *Idem*, p. 95.
12. Goethe, *Os Anos de Aprendizado de Wilhelm Meister*, p. 284. Em *Labirintos da Aprendizagem*, p. 109, Marcus Mazzari utiliza a seguinte tradução desse trecho: "Para dizer-te em uma palavra: formar-me plenamente, tomando-me tal como existo, isto sempre foi, desde a primeira juventude e de maneira pouco clara, o meu desejo e a minha intenção".
13. Guimarães Rosa, *Grande Sertão: Veredas*, p. 96.

timento de perceber-se estranho em um grupo e estrangeiro em um lugar, de se sentir diferente dos demais jagunços, persiste, evidenciando-se em seu discurso e em vários episódios da trama, inclusive atuando como força propulsora para o seu desenvolvimento e influenciando suas escolhas.

Mesmo se tratando de classes sociais distintas, podemos considerar esses dados biográficos dos protagonistas indicadores do aguçado sentido de tempo histórico dos autores, pois configuram a condição particular de origem dos heróis em conexão com a realidade, com os valores e as circunstâncias correntes nos respectivos locais e épocas, condição essa plena de significados e reverberações da situação social e política em que se dá a formação. Especialmente em *Os Anos de Aprendizado de Wilhelm Meister*, essa caracterização é determinante para o desenrolar da história, mas também em *Grande Sertão: Veredas* a menção à filiação do protagonista é oportunidade para o autor pontuar, ainda que de forma sutil, o fenômeno da migração da população pobre no Brasil e o consequente desenraizamento e abandono da família.

Órfão de conhecença e de papéis legais, é o que a gente vê mais, nestes sertões. Homem viaja, arrancha, passa: muda de lugar e de mulher, algum filho é o perdurado. Quem é pobre, pouco se apega, é um giro-o-giro no vago dos gerais, que nem os pássaros de rios e lagoas. O senhor vê: o Zé-Zim, o melhor meeiro meu aqui, risonho e habilidoso. Pergunto: – "Zé-Zim, por que é que você não cria galinhas-d'angola, como todo o mundo faz?" "– Quero criar nada não..." – me deu resposta: – "Eu gosto muito de mudar..." Está aí, está com uma mocinha cabocla em casa, dois filhos dela já tem. Belo um dia, ele tora. É assim. Ninguém discrepa[14].

A elucidação da conjuntura de infância, ou seja, do contexto embrionário da formação dos heróis, é exposta na parte inicial das obras. Wilhelm relata para sua amada Mariane, com enlevo e riqueza de detalhes acerca do ambiente doméstico burguês em que vivia, episódios que enfatizam o seu gosto pelo teatro desde tenra idade. Já Riobaldo, dono de uma memória prodigiosa, afirma recordar tudo da fase de meninice. "Boa foi. Me lembro dela com

---

14. *Idem*, p. 35.

agrado; mas sem saudade. Porque logo sufusa uma aragem dos acasos"[15]. A despeito da disparidade das condições, o exemplo demonstra o caráter cronotópico das obras, que contam com muitas outras passagens capazes de contextualizar historicamente o enredo e, consequentemente, trazer à tona "a imagem do homem na literatura"[16] em determinado período, sem se valer de menções históricas diretas. No caso de *Os Anos de Aprendizado de Wilhelm Meister*, Bakhtin faz uma analogia da representação profunda, mas não óbvia, dos fundamentos socioeconômicos, políticos e morais no romance com a pulsação das montanhas, conforme uma ideia do próprio Goethe de que a atividade imperceptível das montanhas interferiria no clima. "Em *Wilhelm Meister*, esse fundo dos alicerces do mundo começa a pulsar como os maciços no exemplo citado, e essa pulsação determina o movimento mais superficial e a mudança dos destinos humanos e das concepções humanas"[17].

Tomado das ciências exatas, o termo cronotopo significa, literalmente, tempo-espaço. O conceito aparece no trabalho sobre Goethe e posteriormente foi desenvolvido por Bakhtin na sua Teoria do Romance[18]. No "esboço relativamente concluído sobre o tempo e o espaço nas obras de Goethe"[19], publicado em *Estética da Criação Verbal*, o teórico russo frisa a capacidade visual, a acuidade ao contemplar o espaço e o senso de concretude do escritor, que conseguia "ler os *indícios do curso do tempo* em tudo"[20], ilustrando com relatos do poeta sobre sua viagem à Itália e outros textos autobiográficos. Bakhtin afirma que essa é a ideia de formação para Goethe, processo que não se limita ao homem, pois o observa na natureza e em tudo o que é transformado por mãos humanas, em uma continuidade ininterrupta, de maneira a ver o passado no presente e este no futuro.

---

15. *Idem, ibidem.*
16. Mikhail Bakhtin, *Teoria do Romance II – As Formas do Tempo e do Cronotopo*, tradução de Paulo Bezerra, 2018, São Paulo, Editora 34, p. 12. Trata-se de nova tradução, com base nos textos definitivos estabelecidos pelos herdeiros da obra de Bakhtin – Serguei Botcharov e Vadim Kójinov – de capítulos que integraram anteriormente o volume *Questões de Literatura e de Estética – A Teoria do Romance*, São Paulo, Hucitec.
17. Mikhail Bakhtin, *Estética da Criação Verbal*, p. 231.
18. *Idem*, p. 440. Nota do tradutor Paulo Bezerra.
19. *Idem*, p. 441. Nota do tradutor Paulo Bezerra.
20. *Idem*, p. 229, grifo do autor.

Um artista como Goethe, por exemplo, tende para a série em formação. Procura perceber todas as contradições existentes como diferentes etapas de um desenvolvimento uno, tende a ver em cada fenômeno do presente um vestígio do passado, o ápice da atualidade ou uma tendência do futuro[21].

Em *A Teoria do Romance II – As Formas do Tempo e do Cronotopo*, Bakhtin retoma e desenvolve o conceito de cronotopo. Sem perder a abrangência da ideia tal como se apresenta no texto acerca da obra de Goethe, delimita a representação da relação entre tempo e espaço à artisticamente assimilada na literatura. Assim, cronotopos são unidades de conteúdo-forma que aliam, de forma indissolúvel, aspectos de tempo e espaço e possibilitam o andamento do enredo. "Eles são os centros organizacionais dos acontecimentos basilares que sedimentam o enredo do romance. Nos cronotopos atam-se e desatam-se os nós do enredo"[22].

Dois tipos de cronotopo fundamentais e interligados, frequentes na representação literária desde a Antiguidade, são constitutivos dos romances em análise: o cronotopo do encontro e o cronotopo da estrada[23]. Tanto Wilhelm quanto Riobaldo passam seus anos de aprendizado na estrada, transitando pelo país natal, pois não se trata aqui de aventuras em paisagens exóticas, e ambos são marcados por encontros decisivos para o desenrolar do enredo. Bakhtin destaca a enorme importância do motivo do encontro, em que são indissociáveis as noções de tempo e de espaço – para que o encontro ocorra é preciso que os elementos estejam no mesmo momento em um único lugar – e pode se caracterizar por forte intensidade emocional. O cronotopo da estrada também reflete com muita clareza a unidade indis-

---

21. Mikhail Bakhtin, *Problemas da Poética de Dostoiévski*, tradução de Paulo Bezerra, 5. ed., Rio de Janeiro, Forense, 2010, p. 31. Tal pensamento coaduna-se com um aspecto do conceito de carnavalização, elaborado por Bakhtin a partir do estudo da obra de Rabelais. O teórico enfatiza a ambivalência das imagens da morte e do nascimento, pois o velho traz em si o novo e o novo ainda faz parte do velho. Nesse sentido, a permanência se dá pela impermanência, pela morte do ser que sobrevive no novo ser. "Onde há morte, há também nascimento, alternância, renovação" (Mikhail Bakhtin, *A Cultura Popular na Idade Média e no Renascimento – O Contexto de François Rabelais*, São Paulo, Hucitec, 2008, p. 359). Assim, o conceito de carnavalização reforça a dinâmica em que se aliam os polos negativo e positivo, morte e vida, não havendo, portanto, polaridade estática, mas movimento e transformação constantes.
22. Mikhail Bakhtin, *A Teoria do Romance II – As Formas do Tempo e do Cronotopo*, p. 226.
23. *Idem*, pp. 28-29.

solúvel tempo-espaço, podendo trazer as marcas do transcurso do tempo histórico e sinais da época[24].

Os encontros no romance costumam ocorrer na "estrada". A "estrada" é o lugar predominante dos encontros casuais. Na estrada (a "grande estrada") cruzam-se num ponto espaçotemporal os caminhos percorridos no espaço e no tempo por uma grande diversidade de pessoas – representantes de todas as classes e condições sociais, crenças religiosas, nacionalidades, faixas etárias. Aí podem encontrar-se por acaso aqueles que normalmente estão separados pela hierarquia social e pela distância espacial, aí podem surgir quaisquer contrastes, diferentes destinos podem encontrar-se mutuamente e entrelaçar-se[25].

ACASO E DESTINO

Neste ponto, tangenciamos outro aspecto em que as trajetórias formativas dos heróis se distanciam. O caminho de Riobaldo, do nascimento ao período de andanças, ocorre de maneira aleatória, ao sabor do acaso e do destino. Já Wilhelm, mesmo argumentando em favor desses dois fatores, tem encontros que não são casuais, embora ele desconheça que sua formação está sendo guiada. Nesses contatos aparentemente fortuitos com pessoas que depois se revelarão responsáveis por seu desenvolvimento, Wilhelm é contestado a respeito do valor que dá ao destino.

A trama deste mundo é tecida pela necessidade e pelo acaso; a razão do homem se situa entre os dois e sabe dominá-los; ela trata o necessário como a base de sua existência; sabe desviar, conduzir e aproveitar o acaso, e só enquanto se mantém firme e inquebrantável é que o homem merece ser chamado um deus na Terra[26].

Firme e inquebrantável não se mostra o herói goethiano e tampouco chegará a ser o hesitante Riobaldo, ambos atormentados por dúvidas, questionamentos e conflitos interiores. Contudo, enquanto este se autodefine "um

---

24. *Idem*, p. 219.
25. *Idem*, p. 218.
26. Goethe, *Os Anos de Aprendizado de Wilhelm Meister*, p. 83.

pobre menino do destino"[27] – sintagma em que os termos se reforçam mutuamente para dar corpo à ideia de que o personagem foi sempre levado pelas circunstâncias, o que também justificaria seus atos –, Wilhelm demonstra, desde cedo, um interesse, um propósito, uma aptidão. "Acreditava entender o claro sinal do destino que, através de Mariane, lhe estendia a mão para arrancá-lo àquela arrastada e inerte vida burguesa, da qual há muito desejara se libertar. [...] Não tinha mais dúvida alguma de que fora destinado para o teatro"[28].

Questão perene na literatura, o destino da vida humana está no centro dos romances de Goethe e de Guimarães Rosa. O primeiro, que escreveu *Os Anos de Aprendizado de Wilhelm Meister* sob os influxos revolucionários de uma época de intensa transição para a sociedade europeia, busca mostrar a possibilidade de limitar o arbítrio do destino por meio da razão e do desenvolvimento das potencialidades humanas, visando à evolução individual em prol também da coletividade, de acordo com pressupostos humanistas. Eis outra manifestação do educador de Wilhelm:

O destino – replicou o outro, sorrindo – é um preceptor excelente, mas oneroso. Eu preferiria ater-me ao julgamento de um mestre humano. O destino, a cuja sabedoria rendo total respeito, tem no acaso, por meio do qual age, um órgão muito canhestro. Pois raras são as vezes em que este parece realizar com acerto e precisão o que aquele havia determinado[29].

Já Guimarães Rosa salienta a ambiguidade, a inconstância da vida e as forças imponderáveis, externas e internas, com as quais o ser humano defronta-se permanentemente. Ele expõe teses como as "pessoas ainda não foram terminadas"[30] e "tudo é e não é"[31], ressaltando a impossibilidade de completude e a precariedade da condição humana – instável, inacabada e inapreensível –, tão bem metaforizada na imagem do rio, em seu movimento perpétuo,

---

27. Guimarães Rosa, *Grande Sertão: Veredas*, p. 16.
28. Goethe, *Os Anos de Aprendizado de Wilhelm Meister*, p. 50.
29. *Idem*, p. 128.
30. Guimarães Rosa, *Grande Sertão: Veredas*, p. 20.
31. *Idem*, p. 12.

sempre novo e nunca repetido. Tantos anos depois dos acontecimentos, Riobaldo ainda pergunta a si mesmo e ao seu interlocutor:

> Por que foi que eu conheci aquele Menino? O senhor não conheceu, compadre meu Quelemém não conheceu, milhões de milhares de pessoas não conheceram. O senhor pense outra vez, repense o bem pensado: para que foi que eu tive de atravessar o rio, defronte com o Menino? [...] Deveras se vê que o viver da gente não é tão cerzidinho assim?[32]

Aqui não há espaço para o utópico projeto educativo da Sociedade da Torre – que acompanhou Wilhelm durante seu aprendizado –, mas a chamada para uma reflexão sobre quanto o destino pode ter de aleatório e de volitivo em cada circunstância que se nos apresenta; como somos levados por paixões e pulsões e, animais racionais, agimos emocionalmente, sendo conduzidos pelo afeto às nossas escolhas; quanto a realidade é cambiante e fugidia. "De noite o destino da gente às vezes conversa, sussurra, explica, até pede para não se atrapalhar o devido, mas ajudar. Crendice? Mas coração não é meio destino?"[33] Uma síntese que aproxima as posições dos dois autores – Goethe direcionado para a razão, a despeito da sensibilidade de seu personagem; Guimarães Rosa ressaltando a vulnerabilidade emocional a que o ser humano está sujeito, e ambos traçando o longo arco de desenvolvimento dos respectivos protagonistas – é proposta por Marcus Mazzari como "um 'estar a caminho' rumo a uma maestria ou sabedoria de vida, que Goethe representa todavia menos como meta a ser efetivamente alcançada do que como direção ou referência a ser seguida"[34].

Nesse sentido, a formação não se completa, prossegue ao longo da vida, como se pode constatar no reflexivo Riobaldo, que, ao baldear de uma margem à outra a sua história, aprimora a compreensão da existência humana, mesmo diante da impossibilidade de abarcar todos os seus mistérios. Essa concepção é reforçada por uma palavra-chave do romance, que acaba por se constituir quase em conceito elaborado pelo autor: travessia[35]. Assim se inicia o percurso de aprendizagem

---

32. *Idem*, p. 86.
33. *Idem*, p. 302.
34. Marcus Vinicius Mazzari, "Apresentação", em Johann Wolfgang von Goethe, *Os Anos de Aprendizado de Wilhelm Meister*, p. 14.
35. A palavra travessia, que encerra o romance, é usada pelo autor outras vinte vezes, e a radical *travess*, compondo verbo ou outra classe de palavra, aparece 65 vezes ao longo do texto. A etimologia do verbo

de Riobaldo, na primeira juventude, ao atravessar o rio São Francisco com o Menino, episódio que se constitui em verdadeiro rito de passagem, como são iniciáticas a experiência daquela noite em que ouviu a Canção de Siruiz e a transposição do Liso do Sussuarão. Desse modo, qualquer processo de aprendizado pode ser caracterizado como uma travessia, pois o indivíduo passa de um estado a outro através da experiência e da reflexão a respeito do vivido. Contudo, o transcorrido entre uma condição ignara, em que a pessoa se encontra em estado de desconhecimento ou dúvida – algo indistinguível ou enigmático, envolto em "neblina"[36], como Riobaldo enxerga Diadorim –, e o descortinar, lentamente intuído ou de ocorrência abrupta, do contexto e das conexões que tal fato estabelece com a trajetória do sujeito tem consequências inexoráveis. Ao alcançar a outra margem, ele já será outro, pois o percurso dessa vivência o transforma não deixando possibilidade de retorno à condição anterior. "Será que tem um ponto certo, dele a gente não podendo mais voltar para trás? Travessia de minha vida. Guararavacã – o senhor veja, o senhor escreva"[37].

A narrativa de *Grande Sertão: Veredas*, em que o protagonista faz um balanço da própria vida, é pontuada de eventos dessa natureza, a começar pela citada travessia do rio São Francisco, passando pela instrução formal, pela intuição de ser filho bastardo, pelo reencontro com o Menino, pela descoberta do amor, pelo pacto, por cruzar o Liso do Sussuarão e pela revelação da identidade de Diadorim, passagens essas que podem ser definidas como *travessias de aprendizagem*.

APRENDIZADO PELO AMOR

O sofrimento provocado pelo amor – "uma dura escola"[38], conforme qualifica o narrador goethiano – e pela morte do ser amado é relevante no percurso de aprendizado de ambos os heróis. A paixão e a dor por ela causada

---

atravessar vem do latim *trānsversāre*, no sentido de "remexer através", mas também se aproxima do advérbio *trānsverse*, "de través, obliquamente" e do verbo *trānsverto*, que pode significar "mudar em, transformar".

36. Guimarães Rosa, *Grande Sertão: Veredas*, p. 22.
37. *Idem*, p. 220.
38. Goethe, *Os Anos de Aprendizado de Wilhelm Meister*, p. 32.

promovem transformações que podem redundar em uma jornada de amadurecimento e autoconhecimento. Após o violento golpe ocasionado pela morte e revelação da verdadeira identidade de Diadorim, o herói de *Grande Sertão: Veredas* ultima o jagunço Riobaldo e se "desapodera"[39], sai errante pelos caminhos, adoece, perde os sentidos e a memória – "Eu estava um saco cheio de pedras"[40]. No entanto, é essa experiência solitária de consternação e tristeza profunda, com seu potencial transformador, que proporciona a ruptura capaz de levar o protagonista a avaliar sua trajetória e galgar um novo patamar de consciência. Assim, o processo de formação ocorre ininterrupta e gradualmente, por meio de tais vivências complexas e excepcionais, mas também pelas cotidianas e intuitivas, que se acumulam e se conectam, dando sentido à vida. Tal processo, portanto, não acontece de forma "cerzidinha", pois quase sempre percorre rotas inesperadas para levar a objetivos que, no final, podem se revelar distantes daqueles inicialmente imaginados. "Eu atravesso as coisas – e no meio da travessia não vejo! – só estava era entretido na idéia dos lugares de saída e de chegada. Assaz o senhor sabe: a gente quer passar um rio a nado, e passa; mas vai dar na outra banda é num ponto muito mais embaixo, bem diverso do em que primeiro se pensou"[41]. Conjunto imagético semelhante é usado por Goethe para ilustrar o momento em que Wilhelm é orientado a ler Shakespeare, o que influenciará no seu desenvolvimento e elevará o seu conhecimento da arte dramática.

Por vezes, estando próximo de uma evolução de suas forças, de suas capacidades e de seus conceitos, o homem cai numa perplexidade da qual pode facilmente livrá-lo um bom amigo. Assemelha-se então a um andarilho que, não longe de seu albergue, cai na água; se alguém lhe esticasse de pronto a mão e o puxasse para a terra, tudo não teria passado de um banho, ao passo que, se ele próprio tivesse se livrado por si só e saído na outra margem, teria feito um longo e penoso desvio rumo a seu objetivo determinado[42].

Para Wilhelm, o sofrimento decorrente da morte da amada também é significativo, mas essa fatalidade é amenizada pela revelação de ela ter lhe

---

39. Guimarães Rosa, *Grande Sertão: Veredas*, p. 455.
40. *Idem*, p. 457.
41. *Idem*, p. 30.
42. Goethe, *Os Anos de Aprendizado de Wilhelm Meister*, p. 184.

deixado um filho, do qual não tinha conhecimento até então. Feliz com o horizonte que se abre diante de si por essa nova vida, com "o sentimento de pai"[43], encerra a etapa de seus anos de aprendizado e então expressa o verdadeiro sentido da formação, conforme Bakhtin atribui a Goethe e semelhante ao conteúdo das citações acima:

> Tudo que pensava plantar devia crescer ao encontro do menino, e tudo que estabelecesse devia durar por várias gerações. [...]
> – Oh, que inútil severidade da moral, quando a natureza, a seu modo amoroso, nos forma para tudo aquilo que devemos ser! [...] Pobre de toda forma de cultura que destrói os meios mais eficazes da verdadeira formação e nos indica o fim, ao invés de nos tornar felizes no caminho, propriamente![44]

Nesse momento de mudança de condição, em que, como pai, deve estar apto a dar respostas ao filho que está descobrindo o mundo, Wilhelm sente "a necessidade de se instruir sendo convocado para ensinar"[45], para em seguida perceber que "na verdade era mais o menino que o educava do que ele ao menino"[46]. Também Riobaldo declara: "Mestre não é quem sempre ensina, mas quem de repente aprende"[47] e no final da narrativa, quando reencontra Zé Bebelo, ouve deste: "– A bom, eu não te ensinei; mas bem te aprendi a saber certa a vida..."[48] Assim colocadas, ensinar e aprender são ações que "são as quase iguais"[49], parodiando a resposta do Compadre meu Quelemém à questão crucial de Riobaldo, se vendeu ou não a alma ao diabo.

Tal dialética remete a outro conceito bakhtiniano, uma vez que demonstra quão dialógico é o aprendizado. Considerada por Paulo Bezerra a "quintessência da teoria bakhtiniana do discurso"[50], a concepção de dialogismo é fulcral no pensamento do ensaísta russo e ultrapassa os limites do romance, abarcando a

---

43. *Idem*, p. 479.
44. *Idem, ibidem*.
45. *Idem*, p. 475.
46. *Idem*, p. 480.
47. Guimarães Rosa, *Grande Sertão: Veredas*, p. 235.
48. *Idem*, p. 459.
49. *Idem*, p. 460.
50. Paulo Bezerra, "Prefácio – Uma Obra à Prova do Tempo", em Mikhail Bakhtin, *Problemas da Poética de Dostoiévski*, p. v.

sua feitura, na relação autor-personagem; a sua recepção, na relação obra-leitor, podendo-se incluir aqui o diálogo entre autores por meio de suas obras; e se constituindo também na vida da palavra no dia a dia de indivíduos reais.

As relações dialógicas – fenômeno bem mais amplo do que as relações entre as réplicas do diálogo expresso composicionalmente – são um fenômeno quase universal, que penetra toda a linguagem humana e todas as relações e manifestações da vida humana, em suma, tudo o que tem sentido e importância[51].

Riobaldo, cujo talento pedagógico fora notado pelo professor das primeiras letras[52], iniciou a vida autônoma dando aulas a Zé Bebelo[53], com o qual estabeleceu um convívio que transcendeu a tarefa didática, pois se configurou de forma dialógica no sentido da aprendizagem mútua. Riobaldo admira a inteligência, o tirocínio e a capacidade expressiva desse chefe, que se torna um modelo para ele e de quem absorve importantes lições de vida[54]. Em diversas circunstâncias, pautava suas ações questionando-se qual seria a atitude de Zé Bebelo diante da situação, e teve oportunidade de demonstrar a sagacidade e habilidade retórica aprendidas com o líder em episódios como o julgamento do próprio Zé Bebelo e, em uma reviravolta do enredo, ao confrontar com este e lhe tomar o poder. Mas, por fim, foi no reencontro dos dois, após transcorrida a história, que Zé Bebelo conduziu Riobaldo àquele que se tornou seu mentor espiritual, o kardecista Compadre meu Quelemém, citado ao longo da narrativa. Além desses dois preceptores, há ainda Diadorim, que dialógica e amorosamente ensina Riobaldo não só o valor da coragem, mas também a se lembrar da bondade da mãe[55]; a adotar hábitos de higiene e cuidados pessoais[56]; até a amar Otacília, quando se põe a descrever o imaginado futuro casamento em que não há lugar para ele, Diadorim[57]; e, recorrentemente, a apreciar as belezas da natureza:

---

51. Mikhail Bakhtin, *Problemas da Poética de Dostoiévski*, p. 47.
52. Guimarães Rosa, *Grande Sertão: Veredas*, p. 89.
53. *Idem*, p. 99.
54. Ver Marcus Vinicius Mazzari, *op. cit.*, pp. 82-83.
55. Guimarães Rosa, *Grande Sertão: Veredas*, p. 34.
56. *Idem*, p. 113.
57. *Idem*, pp. 285-286.

NO MEIO DA TRAVESSIA – APROXIMAÇÕES E DIFERENÇAS...

O Reinaldo mesmo chamou minha atenção. O comum: essas garças, enfileiran-tes, de toda brancura; o jaburu; o pato-verde, o pato-preto, topetudo; marrequinhos dançantes; martim-pescador; mergulhão; e até uns urubús, com aquele triste preto que mancha. [...]

Até aquela ocasião, eu nunca tinha ouvido dizer de se parar apreciando, por pra-zer de enfeite, a vida mera deles pássaros, em seu começar e descomeçar dos vôos e pousação. Aquilo era para se pegar a espingarda e caçar[58].

Esse tipo de aprendizado informal e constante decorre da "natureza dia-lógica do pensamento humano"[59], resulta da interação de consciências em diálogo, de maneira que o discurso reverbera a palavra do outro e provo-ca uma réplica, que por sua vez ecoa na outra consciência, a qual reage em consonância ou dissonância, provocando um entrelaçamento das próprias palavras com as alheias e repercutindo na consciência com desdobramentos nos discursos. Fenômeno afim é descrito por Riobaldo: "a opinião das outras pessoas vai se escorrendo delas, sorrateira, e se mescla aos tantos, mesmo sem a gente saber, com a maneira da idéia da gente!"[60]. É dessa forma dialógica que ele aprende o passo a passo para fazer o pacto, ouvindo conversas, per-guntando a companheiros, inteirando-se de detalhes e observando o pactário Hermógenes.

Em *Os Anos de Aprendizado de Wilhelm Meister*, essa formação aleató-ria e inevitável, efeito da interação dialógica de consciências, soa um tanto negativa na voz do narrador, que condena o comportamento de Wilhelm de procurar conhecer opiniões e experiências de terceiros, por meio de conver-sações ou livros, e as valorizar excessivamente, "o que vinha sempre dar em erro. [...] retendo infelizmente dessa maneira tanto o falso quanto o verda-deiro, [...] perdendo assim sua natural maneira de pensar e de agir ao seguir no mais das vezes luzes estranhas como se fossem estrelas-guias"[61]. Por outro lado, é justamente o fato de não assimilar um ensinamento, de se fechar a uma palavra alheia, que salva da morte o pequeno Felix, filho de Wilhelm.

58. *Idem*, p. 111.
59. Mikhail Bakhtin, *Problemas da Poética de Dostoiévski*, p. 98.
60. Guimarães Rosa, *Grande Sertão: Veredas*, p. 349.
61. Goethe, *Os Anos de Aprendizado de Wilhelm Meister*, p. 280.

Órfão de mãe desde o nascimento e ainda sem saber quem era o pai, o menino vivia sob os cuidados da atriz Aurelie, que, atormentada por uma frustração amorosa, era impaciente e intolerante com a criança. Esta retribuía com um comportamento agitado e desobediente, como o hábito de beber água diretamente da garrafa, o que irritava sobremaneira Aurelie. Em uma circunstância trágica, supõe-se que o menino tenha bebido o líquido envenenado que estava em um copo, o que ele mesmo confirma, pois conhece a regra de boas maneiras, mas mentia por temer censura e punição. Na realidade, ele havia ingerido o conteúdo da garrafa que estava junto ao copo e não continha veneno. Assim, a atitude de não aderir a uma norma de educação, de não ser "educado", evita a fatalidade e preserva a vida do garoto.

Nesse sentido, a formação pode se dar quase "às avessas", como também fica patente na trajetória do personagem Serlo. O desenvolvimento desse ator, admirado por Wilhelm e detentor de um talento dramático inato, começa com maus-tratos na infância, pois o pai acreditava nos efeitos pedagógicos das surras. Jovem e tecnicamente evoluído na arte da imitação, foge da casa paterna e, durante suas peripécias, vivencia outras experiências de natureza violenta, porém apresentadas de forma paródica, em imagens que dialogam com a obra de François Rabelais[62]. Serlo iniciou representando farsas picarescas, depois assumiu a organização de mascaradas clericais em um convento, saindo-se muito bem ao interpretar papéis cada vez mais importantes em peças religiosas e "finalmente, como Salvador do mundo, mereceu ser escarnecido, flagelado e pregado na cruz"[63], o que foi feito com "excessiva naturalidade"[64] por alguns dos figurantes. Para vingar-se destes, planeja um estratagema e os espanca na cena do Juízo Final, atirando-os ao inferno. Mais adiante, Serlo foi acolhido pela sociedade Os Filhos da Alegria, cujos integrantes eram "homens sensatos, espirituosos e cheios de vida, que compreendiam muito bem que a soma de nossa existência, dividida pela razão, nunca é exata, restando sempre uma estranha fração"[65]. Para darem vazão a essa "perigosa fração",

---

62. François Rabelais, *Gargântua e Pantagruel*, Belo Horizonte, Itatiaia, 2003.
63. Johann Wolfgang von Goethe, *Os Anos de Aprendizado de Wilhelm Meister*, p. 265.
64. *Idem*, p. 266.
65. *Idem, ibidem.*

uma vez por semana "comportavam-se como loucos, castigando-se reciprocamente mediante representações alegóricas daquilo que, durante os outros dias, haviam observado de insensato neles próprios e nos outros"[66]. Nessas ocasiões, Serlo podia exercer com liberdade seu talento para a imitação e sua verve mordaz, o que o tornou imprescindível para as atividades da excêntrica sociedade. Em Rabelais, são muitas as cenas de surras, espancamentos e despedaçamentos, assim como são importantes a loucura e personagens loucos. Conforme analisa Bakhtin, ambos os elementos exercem papel fundamental em um sistema de imagens carnavalizado, como o criado pelo escritor francês, em que o desmascaramento, o destronamento e a morte do que é velho e ultrapassado pressupõem o surgimento de algo novo.

Serlo segue em busca de aperfeiçoar sua arte "assimilando características de todas as obras e de todos os atores"[67] e aprendendo "a representar com naturalidade cada vez maior e ao mesmo tempo a fingir"[68]. Obtém sucesso crescente, a despeito do cinismo decorrente da "íntima frialdade de sua índole"[69]. A dedicação e o empenho para receber o aplauso incondicional do público acabaram por transformá-lo em um consumado ator, capaz de transmitir "verdade, liberdade e espontaneidade" em suas apresentações, ao passo que no contato interpessoal mostrava-se "artificial e dissimulado"[70]. Diferentemente de Wilhelm, que encarava com extrema seriedade o trabalho teatral, buscando "fixar regras explícitas, definir o justo, belo e bom e o merecedor de aplauso"[71], Serlo agia com certa displicência, porém "sabia, por meio de uma história ou de uma facécia, apresentar a explicação mais completa e satisfatória, instruindo ao mesmo tempo em que distraía seus ouvintes"[72].

Desse modo, Goethe pontua o seu paradigmático romance de formação com episódios que problematizam a questão e a relativizam, abrindo o leque de possibilidades interpretativas. "Tudo que nos acontece deixa-nos rastros,

---

66. *Idem, ibidem.*
67. *Idem,* p.267.
68. *Idem,* p. 268.
69. *Idem, ibidem.*
70. *Idem,* p.269.
71. *Idem, ibidem.*
72. *Idem, ibidem.*

tudo contribui, ainda que de maneira imperceptível, para nossa formação"[73], diz o preceptor de Wilhelm, afirmação que corrobora o aspecto dialógico da aprendizagem. Também Riobaldo estabelece um intenso diálogo consigo mesmo, com a sua história, com o seu tempo, com o seu lugar e com a humanidade e as ideias com as quais conviveu, percorrendo uma trajetória de desenvolvimento que, ao contrário de visar a um fim, estende-se e se aprofunda. "Vivendo, se aprende; mas o que se aprende, mais, é só a fazer outras maiores perguntas"[74].

Chamado por Günter Lorenz de "*Wilhelm Meister* do sertão"[75], o próprio Guimarães Rosa enumera as etapas de sua formação: "Como médico conheci o valor místico do sofrimento; como rebelde, o valor da consciência; como soldado, o valor da proximidade da morte..." E acrescenta a diplomacia, o trato com cavalos, vacas, religiões e idiomas como os elementos que configuram seu mundo interior[76]. Para o autor, *Grande Sertão: Veredas* significou "o término de um desenvolvimento e, ao mesmo tempo, algo que um dia, espero, levar-me-á à meta final"[77]. Entretanto, haverá final para o autor e para os leitores de uma narrativa que se encerra com o símbolo do infinito? Que com sua prosa poética abre caminhos para que cada um possa encontrar o "homem humano" em seu caminho de aprendizado? Assim, consideramos *Grande Sertão: Veredas* um romance de formação e de transformação ao propor uma travessia que não tem ponto de partida nem de chegada, pois é uma fonte contínua e inesgotável de autodescoberta e autorreflexão.

---

73. *Idem*, p.406.

74. Guimarães Rosa, *Grande Sertão: Veredas*, p. 312.

75. Günter Lorenz, "Diálogo com Guimarães Rosa", em João Guimarães Rosa, *Ficção Completa*, Rio de Janeiro, Nova Aguilar, 1995, vol. 1, p. 35.

76. *Idem*, pp. 31-32.

77. *Idem*, p. 58.

WILMA PATRICIA MAAS

Goethe, o *Meister*: A Experiência Artística como Narrativa da Falha

Friedrich Schlegel, em sua exemplar resenha de *Os Anos de Aprendizado de Wilhelm Meister*, afirma que o romance é o gênero literário capaz de conter em si todos os outros, a prosa e a poesia, a crítica e o ensaio. Para Schlegel, o romance de Goethe é um indicador de caminhos, um marco da modernidade, "um romance romântico por excelência", apontando assim para a carga semântica que o termo assumira então.

O *Meister* de Goethe, consolidado pela história literária como o paradigma do "romance de formação", concentra, de fato, diferentes tipos de discurso, tanto na forma, que por vezes se aproxima do ensaístico e "avança devagar", como diria Goethe sobre o gênero épico, quanto no conteúdo dos diversos temas que o narrador (e o protagonista em sua trajetória) percorrem.

O encontro com a esfera da arte é um dos mais significativos, pois, além de permitir ao leitor a familiarização com muitas das questões estéticas da época, permite que se acompanhe a trajetória do protagonista, o jovem ingênuo que o próprio Goethe chamara uma vez de "pobre diabo".

A formação estética de Wilhelm Meister dá-se de maneira semelhante ao percurso do próprio Goethe, que dez anos antes fugira para a Itália para realizar seu desejo de se tornar pintor. Sob esse aspecto, o texto de *Viagem à Itália* pode ser lido como a narração da experiência da falha. Tischbein, depois Hackert, Kniep e Reiffenstein revezam-se como companheiros de jornada e mestres de desenho e pintura; dentre as muitas promessas que Goethe fizera aos amigos que deixou em Weimar, estava a de levar consigo esboços do próprio punho[1]. No entanto, a partir da segunda temporada romana, são frequentes no texto as alusões a um progressivo afastamento, em direção ao reconhecimento final da falta de talento. Em 21 de dezembro de 1787, Goethe escreve de Roma a Charlotte von Stein:

> O fato de eu me entregar ao desenho e estudar arte, em vez de se mostrar como obstáculo à minha prática poética, é-lhe favorável. É preciso escrever pouco e desenhar muito. Quero comunicar-te meu conceito de artes plásticas. Ainda que não seja independente, é promissor, pois é verdadeiro e indica sempre o caminho adiante. A razão e a influência dos grandes mestres é inacreditável. *Se, quando cheguei à Itália, senti-me renascer, agora posso dizer que se inicia meu verdadeiro processo de educação.* Até agora só te enviei tentativas levianas e sem consequências. Desta vez mando por meio de Thurneisen um pacote que te deixará feliz. As melhores coisas são de outros artistas[2].

Goethe chegara a Roma em 1º de novembro de 1786. Nas cartas que escreve ao Duque Karl August, a Charlotte von Stein e a Herder, que serviram de base para o texto publicado em *Viagem à Itália*, diz Goethe ter sido tomado, nos últimos anos, por uma "espécie de doença", da qual só poderia ser curado pela visão e pela presença. "Agora posso confessá-lo: nos últimos tempos, mal podia olhar para um livro em latim, mal podia ver o desenho de uma região italiana. O desejo de conhecer esta terra estava mais do que maduro"[3].

Assim como Wilhelm Meister, que pensa encontrar na dedicação ao teatro o caminho para a "formação universal", Goethe verá na experiência italiana o meio para expandir sua formação artística em direção às artes plásticas. Ao longo dos vários meses que passa ali, a pintura, a modelagem em gesso de partes anatômicas do corpo humano, a pintura sobre gemas e vidro, as fre-

---

1. Durante a temporada italiana, Goethe produziu cerca de 900 desenhos. Uma pequena parte dessa coleção pode ser acessada pela internet em www.goethezeitportal.de.
2. Johann Wolfgang von Goethe, *Viagem à Itália*, tradução de Wilma Patricia Maas, São Paulo, Editora Unesp, 2017, p. 487, grifo meu.
3. *Idem*, p. 147

quentes visitas às diferentes coleções artísticas privadas e aos grandes museus comporão seu repertório de aprendizado, o exercício da contemplação em presença. Em agosto de 1787, Goethe fala da "esperança de poder produzir algo": "Sofri realmente um processo de renovação e aprendizado. Sinto que a soma de minhas forças se concentra, e tenho a esperança de conseguir ainda produzir algo. Tenho refletido seriamente sobre a pintura de paisagem e arquitetura, tenho também me arriscado eu próprio em alguma coisa, de modo que agora quero ver até onde isso pode me levar"[4].

Cerca de um mês depois, pensando já nos tesouros que levará de volta à Alemanha, Goethe dirá: "Entre tanta coisa boa que trarei comigo [...] quando voltar, estará, acima de tudo um coração feliz, capaz de desfrutar a ventura do amor e da amizade que me dedicam. *Nunca mais terei de empreender algo que esteja além de minhas habilidades, algo frente ao qual me debato apenas, sem conseguir criar nada*"[5].

A afirmação, de caráter dúbio, pois é difícil decidir se Goethe fala em relação ao passado, quando se debatia "sem conseguir criar nada" ou se mantém a asserção para o futuro, para a ocasião da volta à Alemanha, quando estará então desobrigado de fazê-lo, remete a um adendo, acrescentado ao mês setembro de 1787:

Espíritos ambiciosos e cheios de energia não se contentam com o prazer, eles exigem conhecimento. Este os leva à atividade independente, e, se essa também é bem-sucedida, sentem por fim que não são capazes de julgar nada que também não sejam capazes de produzir. O homem não tem, entretanto, noção disso, e daí resultam aspirações errôneas, que se tornam tão mais angustiantes quanto mais a intenção seja honesta e clara. Por esse tempo, começaram a surgir em meu espírito dúvidas e suposições. [...] *Pois logo tive que reconhecer que o desejo e a intenção de minha estada aqui dificilmente poderiam ser realizados*[6].

Por fim, é preciso lembrar que, poucas páginas adiante, nos adendos do mês de outubro do mesmo ano, Goethe prometerá notícias sobre si, deman-

---

4. *Idem*, p. 487.
5. *Idem*, p. 439, grifo meu.
6. *Idem*, p. 487, grifo meu.

dadas pelos amigos, dizendo que tivera "oportunidade de refletir muito sobre mim e sobre os outros, sobre o mundo e a história", e que "tudo estará por fim compreendido e finalizado no *Wilhelm [Meister]*".

Em abril de 1788 Goethe deixará a Itália em um estado melancólico-elegíaco, do qual dará notícia nas últimas páginas de *Viagem à Itália* servindo-se dos *Tristia* de Ovídio, que, "assim como eu, teve de deixar Roma em uma noite de luar". Precedida de "alguns dias num estado de perplexidade", essa disposição de ânimo é despertada tanto pela certeza de que a Itália, mesmo em uma segunda viagem realizada poucos anos depois, jamais será a mesma "que deixei imerso em dor"[7].

Mas se o próprio texto do autor reconhece a falha quanto ao desejo de se tornar ele mesmo pintor e desenhista, onde residiria então seus renascimento e formação do olhar, como ele próprio já afirmara?

"DA ALEMANHA, A DISFORME, PARA A ITÁLIA, A RICA EM FORMAS"

A experiência italiana, que se estende de agosto de 1786 a abril de 1788, começou em Verona, passando por Veneza, Ferrara, Roma, Nápoles, Sicília e novamente Roma. Em cada uma dessas cidades, assim como nos pequenos povoados nos quais Goethe passou por vezes não mais do que algumas horas, a busca foi sempre a de se confrontar imediatamente com o solo, o relevo e a arquitetura do lugar. Em Verona, Goethe toma contato, pela primeira vez, com um monumento significativo da Antiguidade, o Anfiteatro. Suas primeiras observações levam logo a perceber que as grandes massas arquitetônicas, nunca antes avistadas, causam-lhe o impacto da desmedida: "Assim que entrei, melhor dizendo, quando de cima dei a volta ao edifício, pareceu-me estar vendo algo enorme e ao mesmo tempo não estar vendo nada"[8].

---

7. Johann Wolfgang von Goethe, *Sämtliche Werke nach Epochen seines Schaffens*, Muniche, Carl Hanser Verlag, 1985, p.85.

8. Goethe, *Viagem à Itália*, p. 55.

Também em Pádua se repete a mesma impressão. Ao visitar a sala de audiências do Conselho Municipal, chamado de *Augmentativum Salone*, Goethe dirá que se trata de um espaço de tamanho descomunal, "também impossível de ser reproduzido na memória, mesmo a mais recente". Com cerca de 300 pés de comprimento, 100 pés de largura e 100 pés de altura, produz uma sensação singular. Goethe nunca vira tamanho espaço recoberto por uma abóbada. "É um espaço infinito e ao mesmo tempo contido e circundado por algo"[9].

Alguns meses mais tarde, já em Roma, em 2 de fevereiro de 1787, Goethe será finalmente capaz de articular a visão das grandes massas arquitetônicas à paisagem natural, como se pode depreender da seguinte passagem:

> Não se tem ideia da beleza de um passeio por Roma à luz do luar até que se tenha feito a experiência. Tudo o que é particular e único é engolido pelas grandes massas de luz e sombra, e apenas as imagens mais gerais se apresentam ao olho. O Coliseu oferece uma vista particularmente bela. [...] *As colossais paredes sobressaíam-se, escuras*; nós nos encontrávamos nas grades e observávamos o fenômeno da lua alta e clara. A fumaça adensava-se, atravessando as paredes, aberturas e buracos, enquanto a lua a iluminava, assim como à névoa. A visão foi preciosa. *É assim que se deveria ver o Panteão, o Capitólio e outras grandes ruas e praças.* Assim, o sol e a lua, do mesmo modo que o espírito humano, têm aqui uma ocupação muito diferente daquela que têm em outros lugares, *aqui, onde à sua vista oferecem-se massas colossais e ainda assim bem formadas*[10].

No texto acima, Goethe consegue associar no mesmo parágrafo os adjetivos "colossal" e "belo", pela primeira vez. Colossal, que muitas vezes traduz *ungeheuer*, monstruoso, tem aqui esse último sentido atenuado, operando assim aquela aproximação que, do sublime inapreensível, permite que se chegue ao belo.

A percepção das formas é o que guia Goethe. Nos primeiros dias em Veneza, Goethe confessa saber-se "atrasado nesses conhecimentos", referindo-se aos conhecimentos arquitetônicos[11]. "Mas haverei de progredir, pois agora

9. *Idem*, p. 79.
10. *Idem*, p. 197, grifo meu.
11. *Idem*, p. 107.

ao menos conheço o caminho. Palladio abriu-o para mim, assim como o caminho para toda arte e para a vida"[12]. Goethe refere-se sempre a seu conhecimento anterior dos objetos da Antiguidade, assim como à sua experiência com a arquitetura e estatuária nórdica, comparando-os ao que vê agora na Itália. Um episódio é particularmente significativo, pois faz lembrar a antiga admiração pelo estilo gótico, expressa no ensaio "Sobre a Arquitetura Alemã". Ao observar um fragmento do entablamento do templo de Antonino e Faustina, exposto na Casa Farsetti em Roma, Goethe dirá que

> [...] a presença proeminente dessa magnífica forma arquitetônica me faz recordar o capitel do Pantheon em Mannheim. Decerto são diferentes de nossos pobres santos encurvados e dispostos uns sobre os outros em cima das mísulas ao gosto da decoração gótica, de nossas colunas em forma de cachimbos, de nossas torrezinhas pontudas e nossas flores de ferro. *De tudo isso estou livre para sempre, Deus seja louvado!*[13]

Ora, a declaração não deixa pairar dúvidas sobre o que pensa agora o "cimério" a respeito da arquitetura e decoração góticas, admiradas no ensaio de 1772. Ao longo do texto de *Viagem à Itália*, Goethe manterá essa perspectiva, responsável por legar à crítica a ideia da transformação de Goethe em um "clássico" também nas artes plásticas. A capacidade de encontrar o belo nas formas desmedidamente grandes, colossais mesmo, como o anfiteatro de Verona, assim como a reorientação do antigo pendor para o gótico nórdico em direção à arquitetura clássica e renascentista são índices mais do que suficientes para que se possa efetivamente reconhecer uma "crise mais feliz" (Schiller) em Goethe. Poucos anos mais tarde, a trajetória de Wilhelm Meister ilustrará, não sem ironia, um percurso paralelo, que não teve bom termo. Goethe saberá, mais uma vez, transformar sua experiência pessoal em um relato teleologicamente organizado, uma espécie de testemunho de um processo de cultivo do gosto em direção à arquitetura clássica e renascentista.

Mais complexo, no entanto, será o relato de sua própria formação como pintor. Já desde a infância na casa paterna em Frankfurt, Goethe teve contato com a arte, seja por meio dos quadros encomendados pelo pai aos pintores

---

12. *Idem*, p. 106.
13. *Idem*, p. 107, grifo meu.

doméstico, seja por meio das gravuras que o pai trouxera da Itália. A presença do Conde Thoranc, oficial que fora hospedado na casa de Frankfurt durante a ocupação francesa, foi favorável à familiarização de Goethe, ainda criança, com os processos de elaboração dos quadros, pois Thoranc contratou alguns pintores da cidade para produzir telas que levaria depois consigo. Um dos projetos do Conde despertam no menino a noção de harmonia de formas, ainda que de maneira inversa. O Conde contrata diferentes artistas para compor uma tela única:

> Diante disso, [o Conde] teve então uma nova ideia, que acabaria resultando em uma operação um tanto esdrúxula. Pois como um pintor era mais hábil com as figuras em primeiro plano, outro com as de segundo plano e à distância, um terceiro com as árvores e um quarto com as flores, o conde se perguntava se não seria possível unir todos esses talentos numa mesma tela, e, assim, produzir obras perfeitas. [...] Como o resultado final fosse sempre imprevisível, as telas simplesmente não agradavam quando prontas[14].

Goethe tem, assim, a oportunidade de vivenciar uma espécie de *work in progress*, no qual não deixa mesmo de prestar sua própria contribuição. Ainda que o resultado final tenha sido pífio e imperfeito, é justamente essa noção que possibilitará ao Goethe adulto julgar um quadro a partir da noção de conjunto, como fará muitas vezes na Itália. Um dos testemunhos mais eloquentes dessa capacidade de ver o todo ao mesmo tempo em que mantém a atenção ao detalhe é o relato que Goethe faz de sua visita à igreja vizinha de San Vicenzo e San Anastasio, uma construção do século VII, restaurada no século XIII, na qual se encontram afrescos provavelmente executados pelo pintor Marco Antonio Raimondi, segundo diferentes desenhos de Rafael.

O interior da igreja é pouco decorado e quase negligenciado, utilizado apenas em raros dias de missa, quando então é limpo e arejado. Seu ornamento mais nobre consiste na pintura de Cristo e seus apóstolos, reproduzidos em sequência nos pilares da nave, em tamanho natural, a partir de um desenho de Rafael. Esse espírito extraor-

---

14. Johann Wolfgang von Goethe, *De Minha Vida – Poesia e Verdade*, tradução de Maurício Cardozo dos Santos, São Paulo, Editora Unesp, 2017, p. 140.

dinário, que em outras ocasiões representou esses homens santos reunidos e trajados de maneira uniforme, caracterizou-os de modo particular aqui, onde cada um aparece como um objeto único, não como se estivessem seguindo o Senhor. Representou cada um deles, depois da Ascensão, tendo de enfrentar e sofrer seu próprio destino, individualmente. [...]. Rafael fez um uso sutil de tudo que nos chegou pela tradição e pelas Escrituras a respeito do caráter, posição social, ocupação, vida e morte de cada um dos apóstolos, *criando assim uma série de figuras que, sem se parecerem umas com as outras, possuem uma relação intrínseca.* Vamos comentá-las uma a uma, de modo a chamar a atenção de nosso leitor para essa interessante coleção[15].

A longa descrição dos apóstolos com seus atributos, que em geral apontam para o instrumento com que foram martirizados, assim como os gestos, que Goethe interpreta de acordo com a função de cada um deles na história do cristianismo, é ao mesmo tempo singular e geral, detendo-se nos traços particulares de cada figura e simultaneamente salientando elementos comuns, como as dobras das vestes, o comprimento dos cabelos e a postura. Goethe chega mesmo a salientar um expediente visível apenas aos olhos treinados do observador de arte, o momento em que a figura representada (Jesus Cristo) ergue as vestes,

[...] formando belas dobras sobre o corpo, [que] não se manteriam um momento sequer nessa posição, mas cairiam imediatamente. Talvez Rafael tenha suposto que a figura houvesse puxado para cima e segurado as vestes com a mão direita e que, naquele momento preciso, ergueria o braço para abençoar e as deixava cair. *Seria um belo exemplo do belo expediente artístico de sugerir a ação imediatamente anterior pelo seu efeito ainda perceptível nas dobras do tecido*[16].

O ensaio, reproduzido no texto de *Viagem à Itália*, foi publicado também no *Deutscher Merkur*, em 1789.

Um outro ponto a ser destacado é o desenvolvimento da relação entre arte e artesanato, assim como entre arte e técnica. Em Frascati, Goethe frequentou a oficina do Conselheiro Reiffenstein, junto a outros artistas e arte-

---

15. Goethe, *Viagem à Itália*, pp. 491-492, grifo meu.
16. *Idem, ibidem.*

GOETHE, O *MEISTER*: A EXPERIÊNCIA ARTÍSTICA...

sãos. "Estou muito feliz aqui, desenhamos, pintamos, colorimos e colamos de manhã à noite. Arte e artesanato são produzidos *ex professo*"[17]. Ali, Goethe aprenderá a técnica da encáustica[18], assim como a produção de cópias de gemas ou moedas em pasta de vidro. Chega mesmo a relatar todo o processo de fabricação, que "resultava sempre no surgimento de uma pequena obra de arte, que alegrava o artesão que a fizera com as próprias mãos"[19].

No entanto, Goethe continua perseguindo aquilo que considera seu "verdadeiro impulso", que consiste em "aperfeiçoar ao máximo a mão e o olho por meio da reprodução da natureza e dos objetos artísticos". O texto da viagem italiana é permeado com declarações que expressam o desejo do narrador de se apropriar, por meio da reprodução, da imensa coleção de imagens que vê e começa a compreender:

Ardo em desejo de me apropriar disso tudo e percebo que meu gosto se refina na mesma medida que minha alma compreende mais os objetos. Se em vez de tanta conversa, pudesse ao menos enviar algo bom! [...] Só espero agora que chegue também o tempo da perfeição[20].

Sabe-se, no entanto, que o tempo da perfeição nunca chegou para Goethe como artista plástico. Nos anos seguintes, já em Weimar, não deixará o interesse pelas artes plásticas, chegando a promover concursos de pintura e desenho dos quais participarão nomes como Philipp Runge e Caspar David Friedrich. É também por meio de Runge que Goethe fará a transição do interesse da forma para a cor, passo que antecederá a redação da *Doutrina das Cores*. De aspirante e aprendiz de pintor a apoiador das artes e juiz dos jovens artistas românticos, do entusiasmo pela imitação das formas clássicas a um pensamento especulativo, essa é a trajetória que se pode depreender do período da viagem italiana até cerca de 1806, data da correspondência entre Goethe e Runge. Do projeto falhado de se tornar ele mesmo um artista das formas,

---

17. *Idem*, p. 440.
18. Técnica de pintura conhecida desde a Antiguidade, na qual as cores são misturadas à cera e então aquecidas. É ainda especialmente empregada na restauração de obras na Itália.
19. Goethe, *Viagem à Itália*, p. 448.
20. *Idem*, p. 440.

Goethe construirá seu projeto da investigação da física das cores, perfazendo assim uma espécie de aprendizado pelo erro, processo pelo qual também passará Wilhelm Meister.

A FORMAÇÃO ESTÉTICA DE *WILHELM MEISTER*

O estado de melancolia e perplexidade com que Goethe deixa Roma abater--se-á sobre o neófito Wilhelm Meister nas últimas páginas do romance de Goethe. Instado a se decidir sobre acompanhar o grupo na imigração para a América, deixando assim a terra natal, e, mais do que isso, seus projetos frustrados e inconclusos de formação universal e dedicação ao teatro, Wilhelm Meister, ao contrário de Goethe, deixará de ser protagonista de sua própria trajetória na narrativa que se segue, *Os Anos de Peregrinação de Wilhelm Meister*. Ali, o personagem se torna uma espécie de factótum, um elemento de ligação entre os diferentes episódios, ainda que se possa dizer qual seja seu paradeiro; da formação universal almejada em *Os Anos de Aprendizado*, Meister se decidirá pela formação especializada, tornando-se cirurgião. Meister deixa de almejar a *Bildung* inicial, passando então a contentar-se com a *Ausbildung,* a especialização. A sentença de legitimação desse processo de transformação da formação universal na especialização e na técnica será proferida pela personagem Jarno, a mesma que, em *Os Anos de Aprendizado*, apresentara a Wilhelm as obras de Shakespeare. A escolha de Jarno para essa função é bastante significativa, uma vez que tal leitura provocara grande abalo na sensível e instável personalidade do jovem Meister, que passara então a se acreditar definitivamente destinado ao teatro e à formação de um público capaz de apreciá-lo.

Logo se percebe que os caminhos de Meister são antes sendas tortuosas que levam ao erro do que estradas firmes e seguras que levam diretamente a seus objetivos. Pode-se mesmo dizer que o romance de Goethe faz uso de uma espécie de "pedagogia inversa", que permite ao neófito que "sorva de taças repletas de seu erro"[21] esgotando-as.

---

21. Johann Wolfgang von Goethe, *Os Anos de Aprendizado de Wilhelm Meister,* tradução de Nicolino Simone Neto, São Paulo, Editora Ensaio, 1994, p. 480.

Acompanhamos aqui especialmente os momentos em que, no romance de Goethe, Meister confronta-se com sua educação estética, tanto nas artes cênicas quanto nas artes plásticas.

O TEATRO COMO POSSÍVEL INSTÂNCIA DE FORMAÇÃO

No romance de Goethe, a atividade teatral está intimamente associada ao projeto de aquisição de uma formação geral, universal[22]. Em busca de se tornar uma "pessoa pública", Wilhelm Meister verá no teatro o único palco sobre o qual o burguês pode ser e atuar, em vez de apenas conformar-se com "a consciência do limite que lhe está traçado"[23]. É no teatro que encontrará, pela primeira vez, a possibilidade de "suster-se como o nobre se sustém". A possibilidade da assim chamada "formação universal", aquela capaz de desenvolver no homem seus talentos inatos até atingir o grau de perfeição, está vedada a Wilhelm Meister por conta de sua origem. A atividade teatral deverá substituir a esfera do "grande mundo". É sobre o palco que o jovem Meister acredita poder alcançar o burilamento de suas capacidades, de seus afetos, de sua aparência, pois "sobre os palcos, o homem culto aparece tão bem pessoalmente em seu brilho quanto nas classes superiores"[24].

A par disso, é preciso lembrar aqui que, à época da redação do *Meister*, a obra de Shakespeare ainda era pouco popular na Alemanha, embora Wieland já tivesse começado suas traduções em 1762. Mais ou menos à mesma época, Lessing vira-se obrigado a defender, na *Dramaturgia de Hamburgo*, a obra shakespeariana frente às obras do neoclassicismo francês, que então ganhavam a simpatia de um público ainda incipiente.

---

22. O conceito de formação universal foi claramente definido por Wilhelm von Humboldt em "Ideen zu einem Versuch die Gränzen der Wirksamkeit des Staaten zu bestimmen" ("Ideias para uma Tentativa de Demarcação dos Limites de Atuação do Estado"), de 1792: "O verdadeiro objetivo do homem é a formação mais elevada e mais adequada de suas faculdades em um todo. A liberdade é condição imprescindível para essa formação" (Wilhelm von Humboldt, *apud* R. Vierhaus (org.), em *Geschichtliche Grundbegriffe. Historisches Lexikon zur politisch-sozialen Sprache in Deutschland*, s.l.p., Klett-Cotta, 1984, p. 521).

23. Goethe, *Os Anos de Aprendizado de Wilhelm Meister*, p. 291.

24. *Idem, ibidem.*

Algo semelhante se dá na narrativa de Goethe. A primeira menção a Shakespeare é feita durante uma apresentação teatral que deveria apresentar uma peça francesa. Na ocasião, Wilhelm chega a louvar Racine e Corneille. Jarno sugere a leitura de Shakespeare e se encarrega de enviar os livros a Wilhelm. Estes causam grande impacto, como sugere o seguinte parágrafo: "Nesse estado de ânimo recebeu os livros prometidos e, em pouco tempo, como se pode presumir, arrebatou-o a torrente daquele grande gênio, conduzindo-o a um mar sem fim, no qual rapidamente se esqueceu de tudo e se perdeu"[25].

Aprofundando-se cada vez mais na leitura de Shakespeare, Meister decide encenar *Hamlet* com sua companhia de atores ambulantes. Ao ingressar, em meio às suas peregrinações, na companhia teatral de Serlo, Meister impõe como condição a encenação de Hamlet "por inteiro e sem cortes". Depois de longa discussão entre ambos, que toma boa parte do Livro v, chega-se ao consenso: Meister identifica duas vertentes na composição da obra: "a primeira, refere-se às grandes e íntimas relações das personagens e dos acontecimentos, aos poderosos efeitos derivados dos caracteres e atos dos protagonistas, sendo alguns destes excelentes, e irretocável a sequência em que se apresentam". Tais elementos, segundo o protagonista de Goethe e diretor amador de teatro, são aqueles que "não podem ser alterados por nenhuma espécie de adaptação [...] e que [...] têm levado quase todas as pessoas ao teatro alemão". Mas Wilhelm Meister distingue ainda uma outra vertente na composição do texto de Shakespeare: trata-se das "relações exteriores das personagens, pelas quais elas são levadas de um lugar a outro ou ligadas dessa ou daquela maneira por acontecimentos fortuitos".

Depois de enumerar algumas dezenas dessas circunstâncias, como as agitações na Noruega, a guerra com o jovem Fortimbrás, assim como o regresso de Horácio a Wittenberg e o desejo de Hamlet de partir para lá, Meister acrescenta que "todas estas são circunstâncias e eventos que poderiam dar amplitude a um romance, mas que prejudicam extremamente a unidade desta peça em que sobretudo o herói não tem um plano, e que são muito defeituosos". É assim que Meister chega a delinear uma espécie de "encenação corretiva" do texto de Shakespeare, na qual "o espectador não tem que imaginar nada

---

25. *Idem*, p. 175.

mais; todo o resto ele vê, todo o resto se passa sem que sua imaginação tenha de correr o mundo inteiro"[26].

A adaptação sofrida pelo texto de Shakespeare dentro da narrativa aponta para a descendência hamletiana do próprio herói de Goethe, que assim como o príncipe dinamarquês "não tem um plano". As circunstâncias da vida de Meister, semelhantes às das personagens que ele encontra ao longo de sua trajetória, são unidas por "fios tênues e frouxos", a ponto de o narrador goethiano empreender grande esforço, no capítulo final de *Os Anos de Aprendizado de Wilhelm Meister*, para atar todos eles.

A estreia de *Hamlet* é bem-sucedida, transcorrendo sem incidentes. Estes, no entanto, acontecem já no dia seguinte, como um prenúncio. Um incêndio ameaça a sobrevivência da trupe teatral e destrói seus alojamentos. Ainda assim, os ensaios de *Hamlet* continuam. A trupe encena ainda *Emilia Galotti*, a peça de Lessing que, como se sabe, é a leitura de outra personagem de Goethe, antecedendo a tragédia final do *Werther*. O papel destinado a Wilhelm, nessa nova encenação, é o do príncipe tirano. Wilhelm é tomado por dúvidas quanto ao papel, mas é ajudado por Serlo, que assumira o posto de diretor: "Wilhelm sentia-se agora quase desesperado com seu papel, mas Serlo veio de novo em sua ajuda, transmitindo-lhe as mais sutis observações sobre os

---

26. Cabe lembrar aqui que 24 anos antes, no "Discurso para o Dia de Shakespeare", Goethe defendera exatamente o contrário, no que diz respeito às regras de unidade de ação e lugar: A comparação entre as peças de Shakespeare e própria produção literária (à época, ainda menos do que incipiente), já está presente no "Discurso para o Dia de Shakespeare", que um Goethe ainda muito jovem dá a público em 1771. Ali, em perfeita coerência com a perspectiva de Lessing sobre a necessidade de se criar um "teatro alemão" mais adequado ao exercício da imaginação e livre da artificialidade do teatro francês, Goethe confessa que "a unidade de ação" lhe parece "amedrontadora" e que "as unidades de ação e tempo [são] pesadas algemas de nossa imaginação", reconhecendo a "injustiça praticada pelos senhores das regras" capazes de "aleijar tantos espíritos livres". É ainda no "Discurso para o Dia de Shakespeare" que se encontra famosa exortação: "Franceses! O que quereis com toda essa roupagem grega, ela vos assenta muito grande e muito pesada". Certo de que "o gosto degenerado" de sua época não é capaz de afastar a névoa que recobre a visão dos contemporâneos, o jovem Goethe, sabendo-se homem de seu tempo, inclui-se entre eles: "Muitas vezes envergonho-me diante de Shakespeare, pois pode ocorrer que, à primeira vista, eu pense que eu mesmo teria feito de maneira diferente. Logo, porém, reconheço que sou um pobre pecador, que a natureza, em Shakespeare, é sábia, e que meus caracteres são meras bolhas de sabão, movidos por caprichos romanescos".

detalhes e preparando-o de tal maneira que, no decorrer da apresentação, *a menos aos olhos do público,* parecia um príncipe verdadeiramente refinado"[27].

É preciso lembrar aqui que a personagem Serlo, o diretor da companhia à qual Wilhelm associou-se, está, a essa altura da narrativa, empenhado em transformar a trupe em um negócio rentável, sem o conhecimento de Wilhelm. Em comum acordo com Melina, outro membro do grupo, conspira contra o primeiro, a fim de transformar a trupe em um teatro de ópera. Melina chega mesmo a zombar, "sem muita sutileza, *dos ideais pedantes de Wilhelm, de sua arrogante pretensão de educar o público, ao invés de se deixar educar por ele*"[28].

Melina recupera aqui um mote frequente na narrativa, a ideia do "mestre aprendiz". Meister se deixa levar a cada uma dessas instâncias de aprendizagem, sem que efetivamente chegue a tirar maior proveito delas do que a "educação pelo erro"; sua maestria consiste antes em adquirir consciência de que nada sabe, que se encontra em pleno processo de aprendizado.

A experiência teatral termina de modo trágico. Aurelie, amiga de Wilhelm e irmã de Serlo, que fazia o papel de Orsina na peça de Lessing (e que representara Ofélia no *Hamlet* de Meister), atua desta vez de um modo patológico e exagerado:

> Na representação, abriu todas as eclusas de sua dor pessoal e o interpretou de um modo tal que nenhum poeta teria podido imaginar no primeiro fogo da inspiração. Os aplausos desmedidos recompensaram seu doloroso desempenho; mas terminada a representação, ao irem buscá-la, encontram-na semidesfalecida numa poltrona[29].

A atriz, que encontrara em Orsina, como ela também uma amante rejeitada, uma forma de expressar sua melancolia e abandono, morre poucos dias depois, devido a uma pneumonia. É preciso salientar aqui dois equívocos que podem ser deduzidos dos comentários do narrador, assim como do comportamento das personagens. O primeiro reside no fato da escolha de Wilhelm Meister para representar o papel do Príncipe, em *Emilia Galotti*. Meister, cuja

---

27. Goethe, *Os Anos de Aprendizado de Wilhelm Meister*, p. 344, grifo meu.
28. *Idem*, p. 343, grifo meu.
29. *Idem, ibidem.*

ingenuidade e pouca experiência de vida caíram à perfeição para o personagem Hamlet, pouco tinha de malícia, orgulho e autoridade para representar o Príncipe. Isso fica claro no comentário do narrador reproduzido acima, evidenciado ainda pelo fato de Wilhelm ter sido instruído para o papel por Serlo, que, a essa altura, não queria o sucesso nem da peça encenada nem do ator; a par disso, a representação emocionada e patológica de Aurelie, que faz do palco o lugar de exposição da própria dor por ter sido abandonada pelo amante, é um exemplo evidente, entre vários outros presentes na narrativa de Goethe, da confusão e do mal-estar que "uma engenhosa, animada e bem intencionada obra poética"[30] pode provocar. A sentença final é dada por um dos "formadores" de Wilhelm, Jarno, que por fim se revela um dos membros da Sociedade da Torre, instância que acompanhara, secretamente, a trajetória do protagonista. Já no penúltimo livro que compõe a narrativa, dirá Jarno: "Ademais [...] penso que o senhor deve abandonar de vez o teatro, para o qual não possui nenhum talento"[31].

Ainda no que diz respeito à experiência teatral, é preciso lembrar que Aurelie, que incorpora ao mesmo tempo a Ofélia de Shakespeare e a Orsina de Lessing, encontrará, em seus últimos dias de vida, um alívio para sua "natureza violenta e obstinada". Wilhelm, de posse do manuscrito da narrativa que toma todo o livro VI e que ficou conhecida como "Confissões de uma Bela Alma", lê o conteúdo daquele para a amiga, que "serenou prontamente". Trata-se da narrativa da canonisa, personagem inspirada por Susanne von Klettenberg. Ali se narra a trajetória afetiva e religiosa de uma jovem que se afasta progressivamente das relações mundanas em direção ao isolamento, ao mesmo tempo em que se afasta também de uma fruição estética primitiva e sentimental em direção a um gosto "clássico", sustentado pela capacidade de contemplar a arte para além do conteúdo das imagens e do apelo fácil dos ícones religiosos, como era comum ao pietismo de então.

O Livro VI, narrativa que aparentemente é deslocada da estrutura do romance, introduz assim, ainda que indiretamente, um tópico importante, a contribuição de Schiller para o romance de Goethe. Como se sabe, Schiller

30. *Idem*, p. 120.
31. *Idem*, p. 458.

teve acesso aos manuscritos, que Goethe lhe enviava para comentários, antes de enviar finalmente ao editor. A correspondência trocada entre ambos dá conta dessa colaboração, que nem sempre ocorreu sem controvérsias, tendo sido a causa mesmo de um estremecimento na relação entre os dois autores.

O FILHO DOENTE DO REI E A EDUCAÇÃO ESTÉTICA DE SCHILLER

No Livro I de *Os Anos de Aprendizado de Wilhelm Meister* dá-se um diálogo entre Meister e um desconhecido, que depois se dá a conhecer como o homem que intermediou a venda da coleção de arte do velho Meister, avô do protagonista. O forasteiro descreve a coleção como dotada de "quadros magníficos, dos melhores mestres; ao se examinar sua coleção de desenhos, mal se podia crer nos próprios olhos; entre seus mármores havia alguns fragmentos inestimáveis [...]" [32]. Lembra-se então de que Meister possuía um quadro favorito, do qual o jovem, então com dez anos, "não queria se desfazer de modo algum". Wilhelm, que ainda tem na memória a lembrança viva do quadro, reponde: "É verdade! Representava a história do filho enfermo do rei, consumido de amor pela noiva de seu pai". À observação do desconhecido de que não se tratava propriamente da melhor pintura, era mal composta e num estilo amaneirado, Meister responderá: "– Não entendia e ainda não entendo dessas coisas; o que me agrada num quadro é o tema, não a arte" [33]. Tal declaração é dada logo às primeiras páginas do romance. O quadro voltará à cena no penúltimo livro, mais de quatrocentas páginas adiante, por ocasião da leitura da "carta de aprendizado", o documento lido a Meister por um dos emissários da Sociedade da Torre, justamente o homem que atuara na venda da coleção de arte do velho Meister: "Não me reconhece? Não gostaria de saber, entre outras coisas, onde se encontra atualmente a coleção de obras de arte de seu avô? [...] Onde poderá languescer agora o enfermo filho do rei?" [34]

---

32. Goethe, *Os Anos de Aprendizado de Wilhelm Meister*, São Paulo, Editora Ensaio, 1994, p. 62.
33. *Idem*, p. 63.
34. *Idem*, p. 480.

GOETHE, O *MEISTER*: A EXPERIÊNCIA ARTÍSTICA...

Algumas páginas adiante, ao reencontrar a obra, Wilhelm o considera ainda "mais encantador e tocante"[35].

O que isso quer dizer? Ao adentrar por fim o convívio das pessoas que, segundo a lógica da narrativa, teriam sido secretamente seus mentores, os enviados da Sociedade da Torre, e que têm então a posse da coleção do avô, seria de se esperar que Meister recuasse na sua apreciação temática e emocional, uma vez que a própria associação de homens sábios já havia declarado "o fim de seus anos de aprendizado"[36], sob o qual se entende também o aprendizado estético.

Na carta enviada a Goethe em 9 de julho de 1796, Schiller vai referir-se exatamente a esse episódio:

> Tenho ainda algo a lembrar sobre o comportamento de Wilhelm na sala do passado, quando ele entra nela pela primeira vez com Natalie. *Para mim, ainda há muito do antigo Wilhelm, que, na casa do avô prefere ficar com o filho doente do rei, e o qual o desconhecido encontra num caminho tão equivocado. Também aqui ele permanece quase que exclusivamente no conteúdo das obras de arte, na minha opinião, poetiza demais com isso.* Não seria aqui o momento de mostrar o começo de uma crise mais feliz nele, *de apresentá-lo não como um conhecedor – pois isto é impossível – mas como um observador mais objetivo?*[37]

A concepção de Schiller, que estava sendo então desenvolvida nas *Cartas Sobre a Educação Estética*, sustenta um tipo de fruição que privilegia, antes de tudo, a forma em uma obra de arte. Na carta de número 22 Schiller afirma que "numa obra de arte verdadeiramente bela, a forma é tudo; é somente pela forma que se age sobre o homem como um todo, ao passo que o conteúdo visa apenas a forças particulares. O conteúdo, por sublime e amplo que seja, age sobre o espírito sempre como limitação, e somente da forma se pode esperar a verdadeira liberdade estética"[38].

No romance de Goethe, esse posicionamento acaba sendo deslocado. Não será Meister, o mestre-aprendiz, que logrará configurar o "estado estético"

---

35. *Idem*, p. 508.
36. *Idem*, p. 483.
37. Friedrich Schiller, *Sobre a Educação Estética*, São Paulo, Herder, 1963, p. 87, grifo meu.
38. *Idem*, p. 105.

schilleriano, o que acabaria por legitimar o fim de seus anos de aprendizado. Como já se delineou acima, a concepção de Schiller pode ser recuperada em pelo menos dois momentos. Um deles é a narrativa da Bela Alma, no Livro VI. Ali, a canonisa afirma preferir, ao fim de sua trajetória de isolamento e afastamento dos objetos simbólicos que estimulam a fé, "os cantos latinos eclesiásticos" aos "cânticos piedosos, com os quais as boas almas, frequentemente com a voz roufenha, creem louvar a Deus". Os primeiros, sem pretender "a assim chamada edificação, elevavam-me de modo mais espiritual e me faziam feliz". Também no que diz respeito às artes plásticas a Bela Alma reconhecerá o valor moral de uma arte que não se entrega à fantasia:

> [...] antes descobriremos que aquele cujo espírito anseia por uma [formação] moral tem todas as razões para educar ao mesmo tempo sua mais fina sensibilidade, a fim de não correr o risco de despencar do alto de sua moral, entregando-se às tentações de uma fantasia desregrada e chegando ao caso de degradar sua natureza mais nobre mediante o prazer em brincadeiras insípidas, quando não em algo ainda pior[39].

A personagem Natalie, associada à Bela Alma por afinidades de parentesco, dará voz, por sua vez, a uma concepção sobre a música que tanto coincide com a defesa do canto gregoriano quanto se junta ao imperativo dado pelos homens sábios da Sociedade da Torre:

> *O teatro nos perverte totalmente*; a música nele só serve por assim dizer aos olhos, ela acompanha os movimentos, não as emoções. *Nos oratórios e nos concertos perturba-nos sempre a figura do músico*; a verdadeira música é somente para o ouvido; uma bela voz é o que se pode pensar de mais universal, e se o limitado indivíduo que a produz se põe diante de nossos olhos, destrói o puro efeito dessa [universalidade] ... *aquele que para mim canta deve ser invisível; sua figura não deve seduzir-me nem extraviar-me*[40].

Todas as passagens acima levam a pensar que as concepções de Schiller sobre a possibilidade de conformação moral do caráter, por meio da liberda-

---

39. Goethe, *Os Anos de Aprendizado de Wilhelm Meister*, p. 399.
40. *Idem*, p. 528, grifo meu.

de de determinação gerada pelo estado estético, estão presentes no romance de Goethe, mas não configuradas em seu protagonista. A crítica da década de oitenta do século xx levantou várias hipóteses sobre a possibilidade de que a narrativa de Goethe não trate exatamente da formação de Wilhelm Meister, mas sim de outra ou de outras personagens. De fato, os últimos momentos de Meister no livro viii alternam-se entre o desespero e a indecisão. "[...] Abalado, transtornado pelas paixões mais violentas"[41], Meister despede-se da narrativa sem ter adquirido sua independência pessoal, sem saber o valor das experiências que angariou e sem uma confirmação das decisões que pesam sobre seu destino, como o casamento, a emigração para a América ou qualquer outra decisão pessoal. Desse modo, a ausência de um evento que marcasse por fim o reconhecimento de sua formação estética não chega a surpreender. As palavras finais sobre o gosto e a apreciação da arte cabem ao Marquês, personagem italiano, e ao Abade, sábio venerando da Sociedade da Torre. Ao comentário do primeiro, que lamenta a ausência de fundamento e de boa execução nas artes, além do mau gosto do público em geral, o Abade responderá:

> Sim, e assim se formam reciprocamente o amador e o artista; o amador busca apenas um prazer geral e indeterminado; a obra de arte deve agradá-lo pouco mais ou menos como uma obra da natureza, e os homens creem que os órgãos com que se desfruta uma obra de arte formaram-se por si mesmos, como a língua e o palato, que se julga uma obra de arte como se julga uma comida. [...] Quão difícil é o que parece tão natural: *contemplar em si e por si mesma uma bela estátua, um excelente quadro, escutar o canto pelo canto, admirar o ator no ator, encantar-se com um edifício por sua própria harmonia* [...][42].

O trecho acima parece ecoar o texto das *Cartas sobre a Educação Estética*, segundo as quais "numa obra de arte verdadeiramente bela, o conteúdo nada pode fazer, a forma é tudo"[43].

---

41. *Idem*, p. 582.
42. *Idem*, pp. 554-555.
43. Friedrich Schiller, *Sobre a Educação Estética*, p. 22.

O próprio Wilhelm Meister, protagonista da narrativa, passa ao largo, portanto, do aprofundamento de sua educação estética. Vê, mas não consegue ultrapassar o limite de sua subjetividade, sua fruição artística é interessada, contingente. A experiência com as artes plásticas deu em falha, assim como a experiência teatral.

JOSÉ FERES SABINO

Romance Psicológico:
Um Relato da Deformação do Eu

I

Thomas Mann afirma no ensaio "A Arte do Romance", de 1953 – resultado de uma conferência para estudantes na Universidade de Princeton –, que a contribuição alemã para a arte narrativa europeia é o romance de educação (*Erziehungsroman*) e o de formação (*Bildungsroman*). E o livro inaugural dessa contribuição é o romance *Os Anos de Aprendizado de Wilhelm Meister* de Johann Wolfgang Goethe, publicado em duas partes nos anos de 1795 e 1796. Hoje sabemos que a origem dessa obra foi um texto intitulado "A Missão Teatral de Wilhelm Meister", escrito entre 1777 e 1785, que Goethe havia abandonado e veio a retomá-lo apenas após sua viagem à Itália (1786-1788).

Quando Goethe, em novembro de 1786, chega a Roma, lá já se encontrava outro poeta alemão, Karl Philipp Moritz, que pisara alguns meses antes em solo italiano e ali também permaneceria até o final de 1788. O primeiro encontro pessoal dos dois ocorreu entre os dias 17 e 20 de novembro de 1786. Goethe, em seu relato *Viagem à Itália*, registra que Moritz, o autor que havia chamado sua atenção com *Anton Reiser* e *Viagem de um Alemão pela Inglaterra* (1782), era "um homem íntegro e muito bom, cuja presença nos dá gran-

81

de alegria"[1]. Para Moritz, por sua vez, a inesperada sorte de poder desfrutar do convívio com um autor admirado era a realização de um sonho de juventude.

Entre 1785 e 1786, Moritz já havia publicado as três primeiras partes de seu romance *Anton Reiser* – viria a publicar a quarta e última só em 1790. Quando, portanto, *Os Anos de Aprendizado de Wilhelm Meister* é editado, a língua alemã já tinha oferecido outra contribuição à arte narrativa, a saber, o *Anton Reiser*, que leva o seguinte subtítulo: *Um Romance Psicológico* (*ein psychologischer Roman*).

Embora *Os Anos de Aprendizado de Wilhelm Meister* ocupe na literatura um lugar equivalente ao que a *Crítica da Razão Pura* ocupa na filosofia, ou seja, um monumento cultural, estas linhas advogam que, concomitante ao romance de formação, surge também outra contribuição alemã à arte narrativa: o romance psicológico.

II

O ensaio de Thomas Mann sobre a arte narrativa é uma resposta àqueles que veem o romance como uma espécie de decadência da epopeia. Celebrando o *epos*, ele enfatiza com júbilo que o romance descende dessa arcaica forma de narrar. Mesmo Walter Benjamin, que insiste na diferença entre dois modos de narrar, o contar histórias[2] e o romance, reconhece que ambos possuem uma origem comum na epopeia, diferenciando-se cada qual pelo uso da memória[3].

A fim de singularizar a atividade do romancista, Thomas Mann busca, em Schopenhauer, um princípio que possibilitou "ao romance trilhar um caminho humanamente relevante"[4]:

---

1. Johann Wolfgang von Goethe, *Viagem à Itália*, São Paulo, Companhia das Letras, 1999, pp. 170-171.
2. Em vez de traduzir o clássico ensaio de Walter Benjamin "Der Erzähler" por "O Narrador", João Barrento optou por "O Contador de Histórias", aduzindo duas razões: por um lado, "o contador de história" está mais próximo da intenção do ensaio (recuperar uma forma narrativa mais próxima da tradição oral) e, por outro, a nova denominação se diferencia da categoria "narrador", que pode ser aplicada a todo aquele que narra.
3. Walter Benjamin, *Linguagem, Tradução, Literatura* (*Filosofia, Teoria e Crítica*), edição e tradução de João Barrento, Belo Horizonte, Autêntica, 2018, p. 155.
4. Thomas Mann, *Travessia Marítima com Dom Quixote. Ensaios sobre Homens e Artistas*, tradução de Kristina Michahelles e Samuel Titan, Rio de Janeiro, Zahar, 2014, p. 140. Os termos citados em alemão

ROMANCE PSICOLÓGICO: UM RELATO DA DEFORMAÇÃO DO EU

Um romance será de espécie tão mais elevada e nobre quanto mais vida interior e menos vida exterior representar; e essa relação, enquanto marca característica, acompanhará todas as gradações do romance, desde *Tristam Shandy* até o romance mais grosseiro e cheio de ação de bandidos ou cavaleiros. *Tristam Shandy*, naturalmente, quase não tem ação; assim como quase não tem ação a *Nova Heloísa* e o *Wilhelm Meister*! Até o *Dom Quixote* tem relativamente pouca ação, e principalmente bastante insignificante e visando mais a brincadeira – e esses quatro romances são o ápice do gênero. Observamos ainda os maravilhosos romances de Jean Paul e vejamos quanta vida interior fazem passear na base de uma estrita vida exterior. Mesmo os romances de Walter Scott ainda têm muito mais vida interior do que exterior, sendo que essa última aparece sempre apenas com a intenção de movimentar a primeira, enquanto nos maus romances existe por si só. A arte consiste em trazer o maior movimento possível para a vida interior ao custo mais reduzido possível em termos de vida exterior; pois no fundo é a vida interior o objeto do nosso interesse [*denn das innere ist eigentlich der Gegenstand unseres Interesses*]. A tarefa do romancista não é narrar grandes acontecimentos, e sim tornar interessantes episódios pequenos[5].

Em *Anton Reiser*, a característica fundamental é a interiorização (*Verinnerlichung*). Essa ideia já aparece no prefácio à primeira parte do romance, de 1785, onde se lê que "não se deve esperar uma variedade de personagens num livro que conta sobretudo a história *interior* (*innere* Geschichte) do homem"[6]. Deve-se concentrar a *vorstellende Kraft* (*a força de representação*) para aguçar o olhar da alma sobre si mesma.

Ainda no mesmo prefácio, encontramos também a tarefa do romancista – "tornar interessantes episódios pequenos" –, quando o autor escreve: "Quem conhece o curso das coisas humanas e sabe que, no desenrolar da vida, aquilo que inicialmente parecia pequeno e insignificante pode muitas vezes se tornar

---

foram retirados da versão original do ensaio, em Thomas Mann, *Deutschland und die Deutschen. Essays 1938-1945*, Frankfurt am Main, S. Fishcer Verlag, 1996.

5. *Idem*, p. 141.

6. Karl Philipp Moritz, *Anton Reiser. Ein psychologishcer Roman*, Herausgegeben von Horst Günther, Frankfurt am Main, Insel Verlag, 1998; *Anton Reiser. Um Romance Psicológico*, tradução de José Feres Sabino, São Paulo, Carambaia, 2019, p. 8.

bastante importante não se incomodará com a aparente insignificância de certas situações narradas aqui"[7].

Quanto às duas marcas características do romance – interiorização e atenção aos episódios pequenos –, o *Anton Reiser* possui, portanto, ambas. Com isso, essa obra recebe as credenciais para participar da tradição inaugurada pelo *Dom Quixote*.

O que, porém, dá especificidade a esse romance que o poeta Heine declarou ser "um dos mais importantes monumentos" daquela época?[8]

III

Ao proferir a aula inaugural da cadeira de história do pensamento helênico e romano no Collège de France, Pierre Hadot, seguindo a tradição estabelecida desde o século XVI, homenageou o filólogo Pierre Courcelle que, em seus estudos sobre *As Confissões* de Santo Agostinho, compreendia esse livro não como um testemunho autobiográfico, mas como uma reflexão teológica sobre a natureza do pecado. O princípio que o guiava era simples: deve-se "interpretar um texto em função do gênero literário ao qual pertence"[9].

A conexão entre o romance e a história interior já tinha aparecido num livro publicado em 1774, *Versuch über Roman* [*Ensaio sobre o Romance*], do escritor e estudioso da literatura Friedrich von Blanckenburg, em que se recomendava que o romance apresentasse o desenvolvimento e a formação de um personagem através de seus muitos encontros, levando em conta a interioridade do protagonista.

Em termos de resposta temporal, essa virada para o interior não provém apenas do âmbito literário. Desde o começo do século XVIII, alguns filósofos, e um dos primeiros em solo alemão é Christian Wolff, buscam construir uma

---

7. *Idem, ibidem.*

8. Heinrich Heine, *Contribuição à História da Religião e Filosofia na Alemanha*, tradução de Márcio Suzuki, São Paulo, Iluminuras, 1991, p. 79.

9. Pierre Hadot, *Elogio da Filosofia Antiga*, tradução de Flávio Fontenelle Loque e Loraine Oliveira, São Paulo, Edições Loyola, 2012, pp. 11-12.

psicologia empírica para aumentar a compreensão da alma humana e de suas operações.

Segundo esse autor, as "coisas que dizem respeito à psicologia empírica se fazem conhecer pela atenção àqueles fatos de que nos tornamos conscientes em nossa alma", destacando que "aquilo que versa sobre a alma humana" é estabelecido na psicologia empírica pela experiência[10].

Moritz, entre os anos 1783-1793, foi não só um dos fundadores da primeira revista de psicologia da Alemanha, a *Magazin zur Erfahrungseelenkunde*, como seu principal editor. As datas indicam que a revista e o romance *Anton Reiser* têm nascimento simultâneo e permanecem imbricados.

O intuito da revista era produzir um acervo de relatos de casos e observações de eventos traumáticos, distúrbios, sonhos de indivíduos, guiados por um único critério: atenção aos fatos. Para isso, Moritz exortava "os cientistas de todas as especialidades e as pessoas de todas as condições sociais a enviar para publicação relatos que pudessem contribuir para o conhecimento da psique humana"[11].

Mesmo acreditando que o adoecimento da alma se dá pela perturbação da harmonia das faculdades da alma, Moritz jamais prescreveu uma regra universal de saúde. Para ele, se cada ser humano desenvolve suas capacidades de maneira singular, cada qual traz consigo tanto a medida de suas capacidades quanto a de sua saúde. O dever recai apenas no cuidado de olhar caso a caso.

IV

O título completo da *Revista de Psicologia Experimental* era *Gnothi s'auton oder Magazin zur Erfarungsseelenkunde*. Anthony Krupp sugere que Moritz, ao intitular seu romance *Anton Reiser*, tinha em mente esse "*Gnothi s'auton*" (conhece a ti mesmo) e a paronomásia entre "*auton*" e "Anton"[12].

---

10. Christian Wolff, *Psicologia Empírica. Prefácios e Prolegômenos*, tradução de Márcio Suzuki, São Paulo, Editora Clandestina, 2018, p. 9.

11. Márcio Suzuki, "Posfácio", em *Anton Reiser. Um Romance Psicológico*, p. 552.

12. Anthony Krupp, "Karl Philipp Moritz's Life and Walks", em Anthony Krupp (Hrsg.), *Karl Philipp Moritz: Signaturen des Denkens*, Amsterdam/New York, Rodopi, 2010, p. 13.

O "conhece a ti mesmo" – máxima que convida a uma vida interior – tem origem na Antiguidade, no oráculo délfico, e atravessa toda a história da filosofia. Na obra de Moritz, é usado tanto no campo da psicologia quanto no da literatura. Mas, em ambos os casos, o intuito é o mesmo: sondar o coração humano para recolher cenas formadoras da individualidade.

Esse *topos* está ligado também aos exercícios espirituais, que designam práticas "de ordem física, como regime alimentar; discursiva, como o diálogo e a meditação; ou intuitiva, como a contemplação, mas todas são destinadas a operar modificação e transformação no sujeito que as pratica"[13].

A leitura pode provocar essa transformação tanto para o leitor do *Anton Reiser* quanto para o personagem principal. É a leitura que lhe abre um mundo muito mais rico e intenso do que o de sua vida real, e passa a ser desde então um dos primeiros mecanismos de compensação para sua triste e pobre circunstância de vida[14]. A leitura deslocava o menino Anton do mundo real para o da fantasia.

V

A denominação "romance psicológico" sofreu incompreensões já à época da publicação do *Anton Reiser*. É o que se depreende do segundo prefácio do livro em que o autor, para esclarecer certos equívocos, sente-se obrigado a "esclarecer que aquilo que chamei, por motivos que considerei fáceis de adivinhar, *um romance psicológico* é, no sentido mais próprio da palavra, *uma biografia* e, até em suas mínimas nuances, uma das mais verdadeiras e fiéis representações de uma vida humana, como talvez jamais tenha existido"[15].

O romance é, então, uma biografia que narra as desventuras do menino Anton, circunscritas a um período de sua vida – dos 7 aos 20 anos. Ao res-

---

13. Pierre Hadot, *op. cit.*, p. 21.

14. "Quando meu caminho é áspero demais para os meus pés, ou íngreme demais para as minhas forças, saio dele para uma trilha macia e aveludada, que a fantasia semeou de botões-de-rosa de prazer; e, tendo dado algumas voltas por ela, volto revigorado e refeito". Laurence Sterne, *Uma Viagem Sentimental através da França e da Itália*, tradução de Bernardina da Silveira Pinheiro, Rio de Janeiro, Nova Fronteira, 2002, p. 108.

15. Karl Philipp Moritz, *Anton Reiser. Um Romance Psicológico*, p. 132.

saltar que se trata de uma das mais fiéis e verdadeiras representações de uma vida humana, Moritz abre espaço para que o romance seja tratado também como uma autobiografia. É o que pensa um dos editores de sua obra, Martin Disselkamp, para quem o romance é a tentativa "de constituir e salvar literariamente a própria individualidade mediante o acerto de contas com medidas violentas sofridas por sua própria educação"[16].

Embora haja vários elementos da própria vida de Moritz (que, por exemplo, como Reiser, teve uma educação sectária, pietista e quietista), o autor parece estar mais interessado em, por um lado, experimentar no espaço do romance o mesmo que está fazendo na *Revista de Psicologia Experimental* – relatar um caso de vida adoecida[17] –, e, por outro, a fim de seguir à risca sua poética (não deixar a imaginação do leitor se dispersar em busca da suposta realidade dos fatos narrados), tirar do romance o caráter autobiográfico e acentuar o de vidas possíveis. O uso da palavra "biografia" não implica, portanto, em narrar uma vida exemplar, mas sim "tornar uma vida instrutiva"[18].

A concomitância dos projetos – revista e romance – revela que, para falar da alma humana, há somente duas maneiras: testemunho e poesia. Novalis mostrará em seu romance *Henrique de Ofterdingen*[19] que a poesia é o modo mais apropriado de falar das emoções humanas, forjando a imagem da alma como uma caverna subterrânea em que o "eu" é sua porta de entrada e o poeta aquele que é capaz de penetrá-la[20].

---

16. Martin Disselkamp, *Três Lições sobre a Mitologia de K. P. Moritz*, tradução de Juliana Ferraci Martone e Márcio Suzuki, São Paulo, Editora Clandestina, 2017, p. 15.

17. Em sua introdução à nova edição das *Confissões* de Santo Agostinho, Lorenzo Mammì faz uma observação que aproxima biografia e doença, o que permitiria uma filiação entre as *Confissões* e o *Anton Reiser*: "O eu biográfico em sentido moderno, personalidade singular que passa por um processo de formação, não é um conceito antigo. Quando surge, no final da Antiguidade, é no registro da doença" (Santo Agostinho, *Confissões*, tradução do latim e prefácio de Lorenzo Mammì, São Paulo, Penguin Classics Companhia das Letras, 2017, p. 25). Nesse sentido, pode-se considerar o romance uma *patografia*.

18. Márcio Suzuki, "Posfácio", em *Anton Reiser. Um Romance Psicológico*, p. 551.

19. Novalis, *Heinrich von Ofterdingen*, Frankfurt am Main, S. Fischer Verlag, 2011 (e-book).

20. Laurence Sterne, em *Uma Viagem Sentimental Através da França e da Itália* (1768), nos legou outra ótima imagem da alma humana e da originalidade de cada ser humano: "concebo cada belo ser humano como um templo, e prefiro penetrar nele e ver os desenhos originais e esboços livres nele pendurados, a ver a própria transfiguração de Rafael" (Sterne, 2002, p. 105).

Moritz defende a mesma postura no ensaio "O Poeta Trágico", em que homenageia o sábio Shakespeare. Nele o poeta é descrito como aquele que é dotado de uma força específica – elasticidade da alma –, o que lhe permite tanto ser arrebatado pelos objetos quanto ser seu senhor. Além disso, ele observa que, na velhice, o autor de *Hamlet* se retira da luz da glória exterior, porque sua alma era dotada de uma abundância infinita e iluminadora.

A particularidade do romance psicológico é esse mergulho profundo e radical na alma humana. Foi justamente a radicalidade da investigação do si-mesmo (*Selbstforschung*) que chamou a atenção de alguns escritores contemporâneos. Para Peter Handke[21], embora Moritz fosse mais novo que Goethe, dá a impressão de ser o mais velho, pela agudeza e dureza com que trata a si mesmo. Georges--Arthur Goldschmidt[22] observa que raramente a experiência de ser um humano foi abarcada com tal agudeza e descrita com tal precisão. Por fim, Arno Schmidt[23] diz que o *Anton Reiser* é um livro que nenhum outro povo da Terra possui.

VI

O uso da terceira pessoa para narrar a história interna de Anton introduz uma perspectiva narrativa – uma distância entre autor e personagem – que permite ao primeiro um ponto de vista de onde possa assistir ao desenrolar de uma vida.

Parafraseando o que Moritz havia escrito sobre o belo[24], podemos dizer que toda vida humana, considerada como um todo existente por si, é dotada de um ponto de vista por meio do qual o singular se apresenta primeiramente em sua necessária relação ao todo, tornando claro que na vida não há nada de supérfluo

---

21. Peter Handke, "Der Selbstmassregler. Zu Karl Philipp Moritz", *Mündliches und Schriftliches. Zu Büchern, Bildern und Filmen,* Frankfurt am Main, Suhrkamp, 2007, pp. 109-110.

22. Georges-Arthur Goldschmidt, "Die beflügelte Wahrnehmung des Leidens. Zu Karl Philipp Moritz' Roman 'Anton Reiser'", em Heide Hollmer (Hrsg.), *Karl Philipp Moritz*, München, 1993, Text + Kritik, 118/119, pp. 24-34.

23. Arno Schmidt, "Die Schreckensmänner Karl Philipp Moritz zum 200. Geburtstag", *Die Schreckensmänner Funk= Essays 2,* Frankfurt am Main, Fischer Verlag, 1999.

24. Ver o ensaio "Linhas Fundamentais para uma Teoria Completa da Bela Arte", de Moritz, em José Feres Sabino, *Ensaios de Karl Philipp Moritz: Linguagem, Arte, Filosofia,* 2009, Dissertação de Mestrado (FFLCH-USP), pp. 117-118.

nem nada que falte. Essa ideia reaparece também no segundo prefácio do romance com a imagem dos fios soltos de uma vida, o material que a narrativa irá trançar.

Enquanto nos primeiros capítulos de *Os Anos de Aprendizado do Wilhelm Meister*[25] Goethe apresenta ao leitor as duas paixões do personagem – Marianne e o teatro, destacando o papel do amor como sentimento fundamental para a entrada na vida –, o narrador do *Anton Reiser* começa por descrever um local em que vivem os praticantes do quietismo, assinalando que essa doutrina religiosa pregava a perda do amor próprio, a despersonalização, a saída de si e a entrada no nada.

O sr. de F., assim se chamava o fidalgo, morava ali tão isolado de todos os outros moradores, tão isolado da religião, dos costumes e hábitos do lugar quanto sua casa era separada deles por um muro alto que a cercava por todos os lados.

Aquela casa era como uma pequena república fechada em si, regida decerto por uma constituição completamente diferente da que havia por todo o país. Toda a criadagem da casa, até o mais humilde serviçal, era composta de pessoas cujo empenho se dirigia, ou parecia se dirigir, unicamente a entrar de novo em seu *nada* (como Madame Guyon o denominava), a *mortificar* todas as paixões e a extirpar toda *singularidade*[26].

O pai de Anton, adepto do quietismo, desde cedo cria seu filho enfatizando a importância da abdicação do eu para que a obra divina fosse nele realizada. A constelação religiosa presente na casa de sua infância – pai quietista e mãe pietista – provoca uma verdadeira guerra entre os pais e fornece os primeiros "fundamentos" da alma do menino, que se sentia oprimido já desde o berço.

Os primeiros sons que seu ouvido escutou e que seu entendimento nascente compreendeu foram insultos e maldições recíprocos do casal, que se achava ligado por laços indissolúveis.

Embora tivesse pai e mãe, ele foi abandonado pelos dois já na infância, pois não sabia a quem deveria se unir, a quem se agarrar, já que ambos se odiavam e ele estava tão próximo de um quanto do outro.

---

25. Johann Wolfgang von Goethe, *Os Anos de Aprendizado de Wilhelm Meister*, tradução de Nicolino Simone Neto, São Paulo, Editora 34, 2017.
26. Karl Philipp Moritz, *Anton Reiser. Um Romance Psicológico*, p. 11, grifos do autor.

[...] Quando entrava na casa dos pais, entrava numa casa de insatisfação, ira, lágrimas e lamentos[27].

O abandono provoca a primeira virada do personagem para dentro de si, que resulta num primeiro afastamento da realidade. Esse afastamento – produzido porque "jamais recebeu os afagos de pais carinhosos, nem mesmo o sorriso recompensador deles após um pequeno esforço de sua parte"[28] – marca talvez a especificidade do "romance psicológico", expressão que por si só não indicaria nenhuma inovação em termos narrativos, visto que outros romances também poderiam ser assim classificados. É o caso do romance *Tristam Shandy*[29], de Laurence Sterne, cuja narrativa está assentada no impacto que certos acontecimentos produzem na alma do personagem e o narrador quer remontar às opiniões (o que de fato perturba a alma humana) que presidiram sua chegada ao mundo.

No *Anton Reiser*, o narrador quer trazer à tona justamente as vivências da infância que produzem as primeiras impressões desagradáveis, que jamais são apagadas da alma (ficam recalcadas no inconsciente)[30]. Essas impressões fazem da alma um ponto de encontro de pensamentos sombrios – que a filosofia é incapaz de remover.

VII

Seria o romance psicológico também um romance de formação? Que ambos assentem raízes no romance de aventura é o que Thomas Mann já havia

27. *Idem*, p. 16.
28. *Idem, ibidem*.
29. Laurence Sterne, *A Vida e as Opiniões do Cavalheiro Tristram* Shandy, 2. ed., tradução, prefácio e notas de José Paulo Paes, São Paulo, Companhia das Letras, 1998.
30. Jacques Rancière, no livro *O Inconsciente Estético*, apresenta a estética como um novo regime do pensamento da arte, cujo interesse é justamente esse saber outro, onde o *logos* encontra o *pathos*. Sua hipótese é que o pensamento freudiano do inconsciente só é possível com base no pensamento estético. "A psicanálise é inventada quando filosofia e medicina se colocam reciprocamente em causa para fazer do pensamento uma questão de doença e da doença uma questão de pensamento" (Jacques Rancière, *O Inconsciente Estético*, tradução de Mônica Costa Netto, São Paulo, Editora 34, 2015, p. 26).

sugerido. Com um detalhe, trata-se, agora, não de uma aventura, mas de uma viagem pela alma humana.

Se adotarmos, porém, uma das primeiras definições do romance de formação, a de Karl Morgenstern, podemos estabelecer dois pontos em relação ao romance *Anton Reiser*. De acordo com Morgenstern, esse tipo de romance representa, por um lado, a formação do herói em seu começo e em seu desenvolvimento, até certo estágio de aperfeiçoamento, e, por outro, exatamente devido a essa representação, fomenta a formação do leitor, numa medida mais ampla do que qualquer outra espécie de romance.

Quanto ao segundo aspecto defendido por Morgenstern, não há dúvida que, ao contar a vida de Anton, o narrador produz, sim, no leitor, uma possibilidade de formação – o que fica claro nos prefácios, por exemplo, no da primeira parte, em que se lê: "[...] ao menos do ponto de vista pedagógico, nunca será completamente inútil o empenho de fixar a atenção do homem mais sobre si mesmo e tornar a sua existência individual mais importante para ele"[31].

Quanto ao primeiro aspecto, o narrador mostra que Anton recebe instruções intelectuais, mas tudo aquilo está desligado dele – seu esforço é conseguir, por meio dos estudos, que alguém o veja, o reconheça. O romance de Moritz parece indagar exatamente o contrário: o que impede ou trava o desenvolvimento do menino?

Tendo vivido uma infância miserável, tanto materialmente quanto sentimentalmente, o livro perscruta e revela, nas primeiras páginas, que a falta de recepção por parte dos pais de Anton o "larga" do lado de fora da vida.

Aquilo que Günther Anders reconhece em Kafka, parece ter sido inaugurado com o *Anton Reiser*: "ao passo que os romances do mundo burguês interpretam a incorporação progressiva no mundo como 'educação', o mundo, em Kafka, é descrito de fora, e a incorporação, como um malogro. O herói *não* pertence ao mundo"[32]. Como as primeiras experiências de Anton foram as da exclusão, humilhação e falta de amor, sua alma começa a ser moldada de

---

31. Karl Philipp Moritz, *Anton Reiser. Um Romance Psicológico*, p. 8.
32. Günther Anders, *Kafka: Pró & Contra*, 2. ed., tradução, posfácio e notas de Modesto Carone, São Paulo, Cosac Naify, 2007, p. 31.

maneira côncava. Ele se volta ainda mais para o interior, e o "eu" que resulta disso é inseguro e com fortes tendências ao desprezo de si.

VIII

Se a alma de Anton Reiser é côncava, esgotada pelo sofrimento e fincada na insegurança, a de Wilhelm Meister, por ter tido circunstâncias mais felizes, é convexa. Cada uma engendra um tipo de consciência. A de Wilhelm é capaz de reger sua formação, afirmar que se formará plenamente, que levará em conta a sua individualidade no processo formativo, ao passo que a de Anton, melancólica, descobre que não pode fugir de si mesmo, que humilhado e pobre não tem como sair de si. É por essa descoberta que se dará sua individualidade.

Dos três sentidos que podemos elencar para o sentido de formação goethiano – autonomia, totalidade e harmonia[33] –, o personagem Anton não alcança nenhum. No entanto, essas três direções são preconizadas pelo narrador, que, nos prefácios, chama a atenção do leitor para uma valoração da própria existência, para uma harmonia resultante da composição dos fios soltos de uma vida e para um olhar a vida como um todo. Daí a necessidade de ser uma autobiografia em terceira pessoa, pois a distância permite uma peregrinação pelos profundos sofrimentos da alma e só assim, porque não teme o espinho, pode conseguir apanhar a rosa[34].

IX

Como o menino Anton foi oprimido, como lhe foi negada uma existência própria positiva, ele começa a nutrir-se do *the joy of grief* (o deleite das lágrimas), da dor, da melancolia, passando a sentir-se inseguro e a odiar-se, sentimentos que, desde sua infância, estavam arraigados em seu coração.

---

33. Conforme Marcus Mazzari. Ver neste volume o ensaio "*Os Anos de Aprendizado de Wilhelm Meister*: 'Um Magnífico Arco-Íris na História do Romance'", pp. 21-42.
34. A frase de Moritz, de seu *Neues ABC Buch*, que fecha o livro, é: "Quem quer apanhar a rosa, não pode temer o espinho" (Karl Philipp Moritz, *Neues ABC Buch*, München, Kunstmann Verlag, 2000).

Quando, certo fim de tarde, ele caminhava pelas ruas, descobre, pelos sentimentos "negativos", que não pode fugir de si:

[...] triste e irritado – o sol já se punha, mas ainda não estava tão escuro que não pudesse ser visto por ninguém – e o olhar das pessoas lhe era insuportável porque acreditava ser objeto de escárnio e de desprezo delas.

Havia um vento úmido, havia uma mistura de chuva com neve – toda sua roupa estava encharcada – de repente surgiu nele o sentimento de *que ele não podia fugir de si mesmo*.

E com esse pensamento ele se sentiu como se uma montanha lhe caísse em cima – procurou com todas as forças se erguer, mas era como se o fardo de *sua existência* o forçasse para baixo.

Teria de se levantar e se deitar consigo todo santo dia – a cada passo, seu odiado si-mesmo seguiria se arrastando com ele[35].

A descoberta da existência está vinculada à fidelidade ao si-mesmo, que, por sua vez, encerra uma ideia de limitação da existência. Essa ideia surge no ensaio "Bem-aventurança de Estar em Casa – Fruição da Bela Natureza", em que Moritz ressalta que a existência sempre acontece em pequenos espaços. No quarto, entre as "quatro paredes se concentram também as principais cenas da bem-aventurança humana, que em vão têm sido buscadas no mundo lá longe, nos mares e nas regiões mais distantes"[36]. É na limitação que se encontra a verdadeira felicidade.

No *Anton Reiser*, Moritz retoma a tópica da limitação da existência – que é a própria poética do romance: atentar-se para as cenas aparentemente insignificantes e narrar a viagem interior, a exploração introspectiva. Acontece, porém, que esse pequeno círculo em que sua existência se desenrola é um espaço do qual ele foi expulso. Com a sensação que carrega consigo de não pertencimento – que é constante em qualquer espaço pelo qual passou (casa dos pais, escolas, oficinas, teatro etc.) –, esse mundo sempre lhe aparece asfixiante.

Um dos primeiros instrumentos – junto com as brincadeiras infantis – para transcender essa pobreza do mundo real (pobreza de vitalidade e mate-

---

35. Karl Philipp Moritz, *Anton Reiser. Um Romance Psicológico*, p. 283.
36. *Idem*, p. 133.

rial) é a leitura. Em tudo o mais – escola, igreja, poesia, teatro –, ele sempre buscará uma maneira de ser visto, de ser reconhecido, de ampliar o estreito círculo de sua vida. Outra maneira que ele encontra para essa ampliação é caminhar na natureza. Para isso, precisa sair da cidade – que à época eram cidades fechadas – para alcançar a natureza e dali contemplar o local de seus sofrimentos.

A leitura desempenha um duplo papel: ao mesmo tempo em que lhe faculta a descoberta do mundo interior (leituras religiosas) e uma maneira de transcender sua realidade (leituras literárias), também pode ser fonte de alienação da vida. O encerramento dentro de si pode desembocar no solipsismo e na loucura.

O que o redime disso é a centralidade da dor – que ele descobre muito cedo, quando, para vencer sua fome real, tenta ler alguns salmos da Madame Guyon a fim de se desprender de seu eu. A dor limita a existência do indivíduo ao seu próprio corpo.

Numa cena em que o personagem relembra o gesto de dar a mão, desata toda uma reflexão sobre o contato com outro ser humano e a descoberta da corporeidade:

> Pelo hábito diário, nos esquecemos enfim de que temos um corpo, sujeito igualmente a todas as leis de destruição do mundo material, como um pedaço de madeira que serramos ou cortamos, e que se movimenta segundo as mesmas leis de qualquer outra máquina física construída pelo homem. – A destrutibilidade e materialidade de nossos corpos se torna viva para nós apenas em certas ocasiões – e levamos um susto conosco quando de repente sentimos que acreditávamos ser alguma coisa que realmente não somos, e somos em vez disso algo que tememos ser. Quando damos a mão a alguém, e simplesmente vemos e tocamos o corpo, quando não temos uma ideia de seus pensamentos, então a ideia de corporeidade se torna mais viva do que pela observação de nosso próprio corpo, que não podemos separar dos pensamentos por meio dos quais nós o representamos, e assim o esquecemos com esses pensamentos[37].

Assim como no trecho anterior a existência surgia para ele dos sentimentos de ódio e melancolia, agora surge pela corporeidade, que, diferentemente

---

37. *Idem*, p. 315.

de uma roupa encharcada, não podemos nos desfazer dela. Daí a importância de sair do sofrimento para que a alma se torne um lugar de bem-estar.

X

Se, por um lado, podemos ler o romance *Anton Reiser* como uma apresentação da melancolia, por outro, há nele também a apresentação da humilhação. E tanto a primeira quanto a segunda são causadoras de um estado que o narrador designa paralisia da alma (*Seelenlähmung*).

O contexto em que é mencionado esse estado está ligado a um episódio de humilhação – das que sofreu, foi a que mais o ofendeu. Num certo Natal, Anton foi acusado injustamente pela senhora que o hospedava de ter tentado comer as guloseimas que decoravam a árvore de Natal. A acusação é erguida contra ele, porque, para ela, Anton não tentara segurar a árvore que havia caído no chão quando ela entrara na sala, mas, ele, quando a viu, apavorado, tinha tirado as mãos da árvore:

Ela deixou bem clara essa suspeita desonrosa para Reiser; e como ele poderia se livrar dela? Não tinha testemunha. E as aparências estavam contra Reiser. A mera possibilidade de que se pudesse nutrir tal suspeita contra ele já o humilhava perante a si mesmo; ele estava naquele estado em que desejamos, por assim dizer, desaparecer ou ser completamente aniquilados num instante.

Um estado que pode produzir uma espécie de paralisia da alma, do qual depois não se consegue sair com tanta facilidade. Sentimo-nos, nesses momentos, como que aniquilados, e daríamos a vida para poder nos ocultar do mundo. A autoconfiança, que é essencial à atividade moral, assim como a respiração o é para o movimento corporal, recebe um golpe tão violento que dificilmente volta a se recuperar[38].

Essa talvez seja uma das questões mais fundamentais do romance: a perda da autoconfiança (*Selbstzutrauen*). Sem ela o protagonista não consegue pôr fim à luta travada em sua alma, a da verdade com a ilusão, do sonho com a realidade. "Ele tinha certo sentimento das coisas reais do mundo à sua volta

38. Karl Philipp Moritz, *Anton Reiser. Um Romance Psicológico*, p. 182.

e não queria renunciar completamente a elas, pois sentia a vida e a existência tão bem como os outros seres humanos"[39]. Era, no entanto, ao mesmo tempo arrastado para o mundo da fantasia, onde "poderia respirar mais livremente e encontrar-se em seu elemento"[40].

Moritz, desde os primórdios até o fim de sua vida (morreu com apenas 36 anos), exerceu a atividade docente em escolas (Potsdam e Berlim), na Real Academia de Belas Artes e Ciências Mecânicas e na Academia Militar de Berlim. O prefácio da terceira parte do *Anton Reiser* é endereçado aos professores e educadores como um alerta: talvez as cenas da juventude do protagonista narradas naquela parte contenham algumas sugestões para que eles sejam "mais cuidadosos no tratamento de alguns de seus alunos e mais justos ao julgá-los"[41]. Como autor, como editor, professor e pensador, Moritz esteve voltado para o desenvolvimento emocional do ser humano, sem o qual não se adquire a independência pessoal.

A ênfase no psicológico, porém, não perde de vista o ambiente externo, no qual determinada humilhação lhe foi impingida, no qual sofreu exclusão, no qual passou fome, no qual foi explorado. Aliás, *Anton Reiser* foi considerado um dos grandes documentos do cotidiano das classes baixas na Alemanha do século XVIII. O romance narra as vicissitudes que desalojaram o menino Anton do mundo real. Ao leitor é apresentado exatamente esse desalojamento, ou melhor, a contradição entre o mundo exterior e o interior.

No decurso de uma vida, deve-se levar em conta a primeira infância para tornar-se aquilo que se é.

---

39. *Idem*, p. 412.
40. *Idem, ibidem.*
41. *Idem*, p. 254.

MARIA AUGUSTA DA COSTA VIEIRA

Cervantes: Dom Quixote e Sancho Pança – Fragmentos de uma Aprendizagem Deleitosa

hacerse poeta, según dicen, es
enfermedad incurable y pegadiza
MIGUEL DE CERVANTES[1]

"Hay escritores, hay críticos y hay escritores-críticos. Cervantes fue uno de estos últimos." Assim Riley inicia um de seus derradeiros artigos sobre a obra de Miguel de Cervantes, publicado em 1998, junto com uma série de estudos críticos de outros autores que antecedem uma edição do *Quixote*[2]. Por meio dessa afirmação, o cervantista britânico explicita de forma enfática o pensamento nuclear de sua obra crítica dedicada a Cervantes, isto é, o de que o processo de invenção de dom Miguel brota de uma intensa conexão entre capacidade imaginativa e reflexão crítica.

Como diz Riley, o próprio *Quixote* pode ser entendido como um texto de crítica literária em um sentido muito particular, o que não significa que exista na obra cervantina uma ordenação clara acerca de sua poética. Na realidade, os princípios adotados encontram-se dispersos e explicitam-se por meio da voz de personagens, pelos comentários do narrador, pela arquitetura desafiadora da narrativa, enfim, por uma série de estratégias poéticas e retóricas harmonicamente integradas. Ou seja, por meio da leitura

---

1. Miguel de Cervantes, *Don Quijote*, I, 6.
2. "Teoría Literaria", em Miguel de Cervantes, *Don Quijote*, dir. Francisco Rico, Barcelona, Instituto Cervantes / Ed. Crítica, 1998, p. CXXIX. Todas as citações da obra em espanhol partem dessa edição.

da obra, o leitor usufrui não apenas do que se narra, mas também de como se narra.

Neste breve ensaio, pretende-se apresentar alguns aspectos relacionados com a formação do herói e para isso iniciamos com ideias acerca de como teria sido a formação intelectual de Cervantes combinada com detalhes de sua biografia e com alguns dos princípios poéticos vigentes na época, norteadores de sua narrativa. Com a preocupação de focalizar especialmente o *Quixote*, será privilegiada a relação que se estabelece entre o cavaleiro e seu escudeiro, que pode ser entendida como um exercício de louvor à amizade, algo tão valorizado em toda a obra cervantina.

RETRATO DO ARTISTA

Embora a obra de Miguel de Cervantes tenha cruzado terras e mares em seus quatro séculos de existência, o retrato do autor do *Quixote* traz lacunas que não permitem visualizar com detalhes sua história de vida. Ao contrário do que ocorre com alguns escritores do mesmo período, Cervantes praticamente não deixou vestígios que dessem margem a conclusões sobre sua biografia. Além de narrativas em prosa, de poesias e de obras dramáticas, não deixou escritos que dessem ao menos alguns rumos precisos acerca de suas orientações poéticas como o fez, por exemplo, Lope de Vega, quando escreve *El Arte Nuevo de Hacer Comedias* (1609) – uma sistematização dos princípios de composição e de representação cênica por ele adotados desde as últimas décadas do século XVI. Tampouco deixou registros de cartas ou polêmicas travadas com poetas contemporâneos como ocorreu com Luis de Góngora, que manteve substanciosa correspondência com alguns de seus detratores. Cervantes não abriu espaço para esse tipo de especulação, apesar de alguns biógrafos ansiosos por conclusões precipitadas ensaiarem cruzamentos, às vezes fantasiosos, entre vida e produção artística. O que o autor do *Quixote* nos deixou, no entanto, é decisivo: uma obra que narra histórias nunca antes imaginadas, repletas de indagações e controvérsias sobre o modo de ser do que hoje – em um sentido amplo – entendemos por literatura.

Não se sabe ao certo se Cervantes chegou a ter estudos regulares em seus anos de formação: há a suposição de ter tido algum contato com o colégio dos jesuítas em Sevilha e muito provavelmente frequentou, por volta dos vinte anos, o Estudio Público de Humanidades de la Villa de Madrid, onde os alunos recebiam a preparação necessária para o ingresso na Universidade de Alcalá. Nessa ocasião, teria sido aluno de Juan López de Hoyos, um religioso antijesuíta de orientação erasmista que, em determinado momento, o apresenta como sendo seu "caro y amado discípulo". Embora não seja possível detalhar sua formação escolar, o que transparece em sua obra é a ideia de ter sido um grande leitor, provavelmente similar ao narrador do *Quixote*[3], que afirma sobre si mesmo ser "aficionado a ler, aunque sean los papeles rotos de las calles"[4]. Simultaneamente, parece ter sido muito atraído pela arte da escritura, como menciona uma de suas personagens – a sobrinha do cavaleiro – acerca daqueles que escrevem: "hacerse poeta, según dicen, es enfermedad incurable y pegadiza"[5].

É certo que a biografia de Cervantes traz uma série de hiatos. Nem sequer seu retrato mais difundido poderia ser considerado autêntico. Retrato em que se estampa um rosto iluminado, linhas alongadas e olhar profundo, nariz fino, levemente adunco, boca pequena encoberta em parte por um espesso bigode que se confunde com a barba, ambos arrematados por um protuberante rufo. Na verdade, a autoria desse retrato foi atribuída a Juan de Jáuregui, pintor e poeta sevilhano, provavelmente amigo de Cervantes, porém, ao que parece, o suposto quadro teria desaparecido, restando apenas uma cópia, hoje conservada na Real Academia Espanhola, em Madrid. Assim, o retrato do autor do *Quixote* impresso em muitas páginas de sua obra paira no horizonte das incertezas, tanto no que diz respeito à autenticidade do retratista quanto às verdadeiras feições do retratado.

---

3. As citações em português relativas ao *Quixote* foram retiradas de Miguel de Cervantes Saavedra, *O Engenhoso Fidalgo D. Quixote de La Mancha*, tradução de Sergio Molina, São Paulo, Editora 34, 2002 (Primeiro Livro) e 2007 (Segundo Livro).

4. Cervantes, *Don Quijote*, 1998, I, 9. "[...] sou aficionado a ler até pedaços de papéis pelas ruas", Cervantes, *D. Quixote*, 2002, Primeiro Livro, cap. IX., p. 133.

5. Cervantes, *Don Quijote*, 1998, 6. "[...] fazer-se poeta, que, segundo dizem, é doença incurável e contagiosa" (Cervantes, *D. Quixote*, 2002, p. 103).

Para surpresa de seus leitores, o próprio Cervantes – ou aquele que assume a primeira pessoa no prólogo às *Novelas Exemplares* – constrói o seu próprio retrato. Após anunciar sua falta de entusiasmo para redigir a presente prefação devido aos problemas que enfrentou com a publicação do prólogo relativo à primeira parte do *Quixote*, lamenta-se da falta que lhe faz um amigo capaz de gravar na primeira página do livro a sua figura. O autor imagina um amigo hipotético que se encarregaria de fazer constar um texto descritivo a seu respeito, isto é, uma mescla de retrato e biografia, de modo que desse a conhecer aquele que, como diz, propagou tantas invenções na "praça do mundo". Ao lado de vários fatos que compõem sua biografia como as obras que publicou, a batalha memorável em que atuou e a marca indelével que daí decorreu, isto é, a mão esquerda privada dos movimentos, surge a descrição em tom burlesco de suas próprias feições que permitem ao leitor delinear seus traços fisionômicos.

Como supostamente esse não seria um texto de sua autoria, justifica-se o uso das aspas, apesar da constante autoironia e do tom aparentemente distanciado e irreverente em meio a um discurso pseudolaudatório.

Este que veis aquí, de rostro aguileño, de cabello castaño, frente lisa y desembarazada, de alegres ojos y de nariz corva, aunque bien proporcionada; las barbas de plata, que no ha veinte años que fueron de oro, los bigotes grandes, la boca pequeña, los dientes ni menudos ni crecidos, porque no tiene sino seis, y ésos mal acondicionados y peor puestos, porque no tienen correspondencia los unos con los otros; el cuerpo entre dos extremos, ni grande, ni pequeño, la color viva, antes blanca que morena, algo cargado de espaldas, y no muy ligero de pies; este, digo, que es el rostro del autor de *La Galatea* y de *Don Quijote de la Mancha*, y del que hizo el *Viaje del Parnaso*, a imitación del de César Caporal perusino, y otras obras que andan por ahí descarriadas y quizá sin el nombre de su dueño, llámase comúnmente Miguel de Cervantes Saavedra. Fue soldado muchos años, y cinco y medio cautivo, donde aprendió a tener paciencia en las adversidades. Perdió en la batalla naval de Lepanto la mano izquierda de un arcabuzazo, herida que aunque que parece fea, él la tiene por hermosa, por haberla cobrado en la más alta ocasión que vieron los pasados siglos, ni esperan ver los venideros, militando debajo de las vencedoras banderas del hijo del rayo de la guerra, Carlo Quinto, de felice memoria[6].

---

6. As citações relativas à edição espanhola procedem de: *Novelas Ejemplares*, Ed. de Jorge García López, Barcelona, Editorial Crítica, 2001, pp. 16-17. A tradução ao português procede de: *Novelas Exemplares*,

É importante ter em conta que nos tempos de Cervantes os textos não eram criados a partir de critérios baseados na subjetividade ou na espontaneidade do autor. Ao contrário, a escrita era algo regrado que se originava de convenções presentes em tratados de poética e de retórica e também em textos que circulavam, cada vez mais, graças às facilidades criadas por meio da impressão de livros. A partir dessas convenções, o autor deveria ajustar sua capacidade inventiva. No caso específico da descrição de pessoa, havia um repertório de atributos que deveriam ser respeitados, fossem eles destinados ao elogio ou à vituperação[7].

A descrição das feições cervantinas citada no prólogo às *Novelas* é conduzida na direção do engrandecimento, seja por meio de elogios ao homem das armas, que atuou bravamente na memorável batalha de Lepanto, seja pela exaltação ao homem das letras, por ter escrito *La Galatea*, o *Don Quijote* e *Viaje del Parnaso*. A reunião dessas duas atividades, isto é, as armas e as letras, correspondia à idealização de uma vida plena, tendo em conta a concepção humanista da existência. No entanto, o autorretrato parece desmerecer o próprio autor ao compor uma figura, no mínimo, duvidosa.

Além das virtudes evidenciadas por ter aprendido a encontrar "paciência diante das adversidades" e da menção a alguns de seus traços físicos que ressaltam sua jovialidade e inteligência como "olhos alegres", "testa lisa e desem-

---

tradução de Ernani Ssó, São Paulo, Cosac Naif, 2015, p. 33: "Este que vedes aqui, de rosto aquilino, de cabelo castanho, testa lisa e desembaraçada, de olhos alegres e nariz curvo, embora bem-proporcionado; as barbas de prata, que não faz vinte anos eram de ouro, os bigodes grandes, a boca pequena, os dentes nem miúdos nem numerosos, porque tem apenas seis, e estes em más condições e piores disposições, porque não se encaixam uns com os outros; o corpo entre dois extremos, nem grande nem pequeno, de cor viva, mais branca que morena; as costas meio castigadas e não muito ligeiro de pés – este, digo, é o rosto do autor de *A Galateia* e de *Dom Quixote de la Mancha*, e do que escreveu a *Viagem do Parnaso*, à imitação da de César Caporal Perusino, e de outras obras que andam extraviadas por aí, talvez sem o nome de seu dono. Chama-se comumente Miguel de Cervantes Saavedra. Foi soldado muitos anos e escravo cinco e meio, quando aprendeu a ter paciência nas adversidades. Na batalha naval de Lepanto perdeu a mão esquerda com um tiro de arcabuz, ferida que, mesmo que pareça feia, ele considera bela, por tê-la conseguido na mais memorável e alta ocasião que os séculos passados viram, nem esperam ver os futuros, militando sob as bandeiras vitoriosas do filho do raio da guerra, Carlos v, de feliz memória."

7. *Retórica a Herenio*, Introducción, traducción y notas de Salvador Núñez, Madrid, Gredos, 1997, Libro III, pp. 171-190; de Elena Artaza, *Ars Narrandi en el Siglo XVI Español. Teoría y Práctica*, Bilbao, Universidad de Deusto, 1989, pp. 186-203.

baraçada", há referências que ficam a meio caminho entre o encômio e o vitupério, sobretudo quando se refere ao "nariz adunco" – possível indicação de sua origem judaica, algo nada recomendável em tempos de Contrarreforma –, atenuada pela qualificação "bem proporcionado"; aos "dentes mal postos" e "pior dispostos"; às "costas encurvadas" e à sua disposição física já limitada como se evidencia por meio da menção aos "pés não muito ligeiros".

Enfim, trata-se de um retrato que se sustenta por meio da inteligência, da juventude, da dedicação às armas e às letras e, ao mesmo tempo, carrega o peso da velhice e da decadência física, deixando ao leitor o esboço de uma imagem cômica produzida pela incongruência de seus próprios traços. Afinal, como bem lembra Cervantes em tom jocoso, ainda no prólogo das *Novelas Ejemplares*, "pensar que dicen verdad los tales elogios es disparate, por no tener punto preciso ni determinado las alabanzas ni los vitupérios"[8]. Além do mais, o artifício usado nesse fragmento do prólogo ultrapassa a figuração e aponta para um procedimento que se reitera em outros prólogos cervantinos quando o autor utiliza a primeira pessoa. Longe de servir como base documental para traçar eventualmente algumas linhas mestras de sua biografia ou de seu pensamento, a composição desses textos é bem mais complexa e não permite conclusões apressadas. A presença desse suposto "amigo" introduzido no prólogo das *Novelas Exemplares*, quem se encarregaria de traduzir em palavras sua imagem esculpida, é um recurso recorrente que aparece nos prólogos cervantinos quando, dirigindo-se ao leitor e usando a primeira pessoa num registro supostamente referencial, Cervantes acaba multiplicando as vozes, desdobrando-se em um "ele" que emite opiniões a seu próprio respeito. Como diz Jean Canavaggio, em seus prólogos Cervantes apresenta-se em constante *mise en scène* de si mesmo, num movimento em que se revela e se oculta simultaneamente, dificultando a configuração precisa do retrato do escritor[9]. Sendo assim, os traços esfumados do autorretrato são o resultado de um procedimento que tem muito

---

8. Cervantes, *Novelas Ejemplares*, 2001, p. 17. "[...] é um disparate pensar que tais elogios dizem piamente a verdade, já que nem as louvações nem os vitupérios têm exatidão nem fundamento" (Cervantes, *Novelas Exemplares*, 2015, p. 34).

9. Jean Canavaggio, *Cervantes: Entre Vida y Creación*, Alcalá de Henares, Centro de Estudios Cervantinos, 2000.

a ver com sua poética e, provavelmente, muito pouco com o seu semblante na vida real.

Muitas vezes seus biógrafos trataram de sublinhar nuances de sua história de vida privilegiando a figura do "gênio" submetido à precariedade das condições materiais, como se houvesse uma relação direta e proporcional entre a estreiteza material e a propalada genialidade do autor. Certamente, a vida de Cervantes parece não ter sido fácil, como é condição própria dos humanos, no entanto, seria no mínimo temerário chegar a conclusões que dizem mais dos anseios ou da imaginação do biógrafo do que do próprio biografado, ou que estabelecem uma rede de causalidades entre vida e obra, confundindo o autor com sua personagem quixotesca, por exemplo, com a perspectiva de adivinhar, interpretar ou justificar quais teriam sido os movimentos mais subjetivos presentes na composição de determinados episódios.

Apesar das lacunas biográficas, talvez seja o caso de destacar uma das feições do artista que deixa marca indelével em sua obra: os laços de extrema simpatia que estabelece com seu leitor, convertendo sua escritura em momentos primorosos de reflexão e entretenimento. No prólogo às *Novelas Exemplares*, como quem trata de situar o lugar que ocupa a leitura em meio à variedade do dia a dia, diz: "[…] no siempre se está en los templos; no siempre se ocupan los oratorios; no siempre se asiste a los negocios, por calificados que sean. Horas hay de recreación donde el afligido espíritu descanse"[10].

"ESCRIBO COMO HABLO"

Não é raro encontrar um leitor que, após empreender a leitura do *Quixote*, fique surpreso ao constatar a capacidade comunicativa do texto cervantino, apesar dos quatro séculos que nos separam. Essa suposta facilidade de leitura não deve ser entendida, no entanto, como o resultado de um exercício que prima pela espontaneidade na escritura, como se a obra fosse fruto de

---

10. Cervantes, *Novelas Ejemplares*, 2001, p. 18. "[…] nem sempre se está nos templos; nem sempre se ocupam os oratórios; nem sempre se lida com negócios, por mais importantes que sejam. Há horas de recreação, para que o espírito aflito descanse" (Cervantes, *Novelas Exemplares*, 2015, p. 34).

uma escritura desatada. Na realidade, essa aparente naturalidade é fruto de um conjunto de artifícios que supõe um trabalho criterioso de composição.

No século XVI ibérico, os escritores, de modo geral, passaram a adotar um preceito que consistia em fazer com que os textos escritos reproduzissem a língua falada. Além do propósito de dignificá-la e de elevar o castelhano ao patamar de uma língua culta, havia também a ideia de conceder à língua escrita mais naturalidade, precisão, clareza e simplicidade. É preciso ter em conta que, na época, a língua castelhana tratava de conquistar um estatuto próprio e ainda era bem recente e pouco difundida a publicação de sua primeira gramática, escrita por Antonio de Nebrija e publicada em 1492. Alguns autores se empenhavam em escrever seus textos nessa língua, e não em latim, como ocorria na maior parte das vezes, e nesse caso a buscada naturalidade se associava também ao uso da língua castelhana como sendo "natural". Ou seja, o "escribo como hablo" se associava não apenas à naturalidade na escrita, mas também à utilização da língua romance, isto é, o castelhano.

Esse preceito circulou no universo social do século XVI e aparece como um dos temas de discussão em uma obra que teve grande circulação na sociedade de corte intitulada *O Cortesão* (1528), de autoria de Baldassare Castiglione, um italiano que frequentou tanto o mundo cortesão italiano como também a corte espanhola. Um dos tópicos defendidos na obra diz respeito à ideia de que o texto escrito deveria corresponder à fala, criando assim o consenso em torno da ideia de que "escrever é um modo de falar", o que coincide com o preceito do "escribo como hablo"[11].

Poucos anos após a publicação de *O Cortesão*, isto é, entre 1535 e 1536, Juan de Valdés redige uma verdadeira apologia à língua castelhana nos moldes do diálogo humanista sob o título *Diálogo de la Lengua*, que será conhecido em forma de manuscrito apenas na segunda metade do século XVI. Nessa obra estão presentes não apenas a defesa da língua vernácula frente ao latim como também a importância da naturalidade quanto ao estilo, em detrimento de toda e qualquer afetação, considerada uma prática criticada e rejeitada por alguns pensadores. Como aparece no *Diccionario de Autoridades*, a afetação

---

11. Ver de Baldassare Castiglione, *El Cortesano*, traducción de Juan Boscán, Ed. de M. Pozzi, Madrid, Cátedra, 1994, Libro I, p. 152.

correspondia a um vício e surgia quando havia um cuidado exagerado que se traduzia em obras, palavras ou adornos.

No entanto, é preciso ter em conta que, ao invés do que aparentemente poderia parecer, a naturalidade no estilo não correspondia à noção de um discurso espontâneo que brotava livremente. Ao contrário, supunha ponderação, cálculo, enfim, uma criteriosa operação racional que previa a recorrência a variados artifícios que, por sua vez, resultavam numa aparência de naturalidade. O conceito do "escribo como hablo" condiz com o preceito da *perspicuitas* da retórica clássica, retomado por Juan Luis Vives em sua *Arte Retórica* e definido como "uma descrição muito evidente que atrai aquele que ouve como se a coisa estivesse presente"[12]. Desse modo, a clareza (ou a perspicuidade) era considerada uma das virtudes da elocução, enquanto a obscuridade e a afetação não passavam de um vício.

Quando Cervantes publica a primeira parte do *Quixote*, em 1605, essa tendência já começava a ceder espaço para uma orientação divergente, que tratava de alargar a distância entre *res* e *verba*, entre as palavras e as coisas, com a perspectiva de se chegar a uma forma poética que privilegiasse a capacidade *engenhosa* de penetrar nos assuntos da forma mais distante e inesperada, tratando de extrair das coisas, por meio das palavras, suas propriedades mais ocultas.

Cervantes, que publica toda sua obra nas duas primeiras décadas do século XVII, com exceção de *La Galatea*, foi um dos últimos representantes da orientação que tinha em mente o princípio do "escribo como hablo", tão própria do século XVI. Tendo em mãos esse dado, é instigante ler o *Quixote*, uma obra que tem como eixo de sustentação o longo diálogo entre o cavaleiro e seu escudeiro, entre o letrado e o analfabeto, observando as inúmeras situações narradas e as ponderações feitas pelas personagens acerca da língua falada e da língua escrita. Além disso, Cervantes não apenas optou por uma escrita pautada pela "naturalidade" como também soube ridicularizar como Erasmo, em *Elogio da Loucura* (1509), a afetação no estilo e o pedantismo como modo de produzir a aparência de erudição.

---

12. Juan Luis Vives, *El Arte Retórica*, Introducción de Emilio Hidalgo-Serna, traducción y notas de Ana Isabel Camacho, Barcelona, Anthropos, 1998, p. 223.

Por outro lado, o conjunto de seus possíveis leitores foi também uma constante preocupação em sua obra, em especial na composição do *Quixote*, em que tudo se inicia pela leitura e pela construção de uma personagem que, antes de mais nada, é vítima de seu próprio hábito de ler.

ALGUNS PRINCÍPIOS POÉTICOS

É muito provável que Cervantes tenha tido contato não apenas com algumas poéticas vigentes na Itália, sobretudo nos cinco anos em que viveu em Nápoles, mas também com preceptivas espanholas e, entre elas, a *Philosophía Antigua Poética* de López Pinciano[13], publicada em 1596, a qual retoma essencialmente as ideias da *Poética* de Aristóteles e da *Arte Poética* de Horácio. Além do mais, a leitura dos clássicos gregos e latinos fazia parte do repertório dos letrados, assim como a leitura dos textos contemporâneos; algo que se observa na obra cervantina por meio de um intenso diálogo que se estabelece com variadas formas discursivas, orais e escritas, a começar pelo próprio dom Quixote, que tem como seu modelo os livros de cavalaria.

A trajetória do cavaleiro, ao lado de seu escudeiro, sem dúvida, reúne uma variedade desses "diálogos" que ocorrem em situações nas quais são retomadas várias das formas em uso, como as chamadas novelas sentimental, mourisca, pastoril, picaresca, os contos breves, os provérbios, o romanceiro, o diálogo humanista, enfim, um amplo repertório de textos que circulavam sob a forma escrita e, em alguns casos, também sob a forma oral. Mas além de se criar situações narrativas nas quais essas formas textuais são parodiadas ou simplesmente retomadas, as próprias personagens muitas vezes dialogam sobre a arte poética e sobre obras em geral, fazendo com que em várias ocasiões alguns dos princípios de composição poética apareçam como objeto de discussão em meio à matéria narrativa. Afinal, e de modo muito particular, o *Quixote* pode ser considerado como uma obra que versa sobre o que hoje designamos "literatura" num sentido amplo, envolvendo a invenção e dispo-

---

13. Alonso López Pinciano, *Philosophía Antigua Poética*, Ed. de Alfredo Carballo Picazo, Madrid, Consejo Superior de Investigaciones Científicas, 1973.

sição da fábula, o diálogo com variados gêneros, os processos de enunciação e o complexo da recepção.

A obra de Cervantes – e de modo muito especial o *Quixote* – apresenta várias reflexões em meio à narração acerca dos princípios de composição adotados como se o narrador dialogasse implícita e explicitamente com personagens, com o suposto autor, com o tradutor, com os próprios leitores e consigo mesmo sobre os rumos a seguir e sobre a composição de episódios já narrados, fazendo com que o leitor seja convidado a refletir não apenas sobre o que se narra, mas também sobre o modo de narrar. Como menciona no prólogo às *Novelas Exemplares*, Cervantes projetava sua obra de ficção como um jogo, que nos dias de hoje corresponderia a uma mesa de bilhar na qual os jogadores seriam o autor e o leitor. Como diz, "Mi intento ha sido poner en la plaza de nuestra república una mesa de trucos, donde cada uno pueda llegar a entretenerse, sin daño de barras, digo, sin daño del alma ni del cuerpo, porque los ejercicios honestos y agradables antes aprovechan que dañan"[14].

Assim, é plenamente possível ler a obra cervantina e, em especial, as andanças de dom Quixote e Sancho, como um amplo debate que incide fundamentalmente sobre os variados usos da linguagem, sobre os conceitos de imitação e de verossimilhança que supunham, entre outras coisas, o que hoje poderíamos entender como sendo um diálogo entre verdade poética e verdade histórica.

A verossimilhança era considerada como elemento imprescindível na elaboração da fábula e esta, por sua vez, deveria ser entendida como uma imitação. Caso não o fosse seria considerada inverossímil, correndo o risco de ser classificada como um disparate, equiparado às fábulas *milesias*, isto é, aos relatos breves e fictícios produzidos na região de Mileto, na Grécia antiga, que tinham a preocupação primordial de deleitar. Nesses relatos poderiam intervir tanto pessoas quanto animais, seres animados quanto inanimados sujeitos a acontecimentos mágicos ou sobrenaturais. Na época, as fábulas *milesias* eram equiparadas aos livros de cavalaria, muitas vezes julgados inveros-

---

14. Cervantes, *Novelas Ejemplares*, 2001, p. 18. "Minha intenção foi colocar na praça de nossa república uma mesa de bilhar, onde cada um pode se divertir, sem prejuízo dos sapeadores; digo, sem prejuízo da alma nem do corpo, porque os exercícios honestos e agradáveis são mais proveitosos que prejudiciais" (Cervantes, *Novelas Exemplares*, 2015, p. 34).

símeis, o que gerava críticas radicais ao gênero, como aparece com frequência no *Quixote* por meio de debates "literários" travados entre personagens. Da mesma forma, renomados moralistas censuravam essas obras por considerá--las mal escritas por não respeitarem os critérios da verossimilhança e por incitarem ao ócio e ao puro deleite.

A verossimilhança na composição da fábula era, portanto, uma condição fundamental e, como dizia López Pinciano em sua *Philosophía Antigua Poética,* uma fábula inverossímil seria como uma ação que não imita coisa alguma. No entanto, se por um lado a fábula deveria ser semelhante à verdade, fingindo de forma plausível, por outro, deveria também provocar a admiração (*admiratio*) no sentido de surpreender e impressionar o leitor ao apresentar acontecimentos novos e raros, algo não visto e jamais ouvido, de modo a propiciar o deleite. Nesse caso, o poeta deveria harmonizar em sua fábula duas orientações aparentemente contrárias, isto é, compor uma fábula que fosse verossímil e que ao mesmo tempo provocasse admiração. Assim, nos tempos de Cervantes, a composição da fábula exigia uma complexidade capaz de articular esses dois princípios simultaneamente, despertando no leitor um grande estímulo por algo excepcional sem sair, no entanto, dos parâmetros da verossimilhança. Ao ler o *Quixote,* o leitor poderá comprovar as inúmeras vezes em que o narrador, o suposto autor árabe – Cide Hamete Benengeli – e mesmo as personagens se referem à "verdade" do que se narra e também à "admiração" que determinada ação, acontecimento ou fala poderia despertar.

Não apenas a verossimilhança e a admiração eram fundamentais na fábula. O deleite e o ensinamento também eram requisitos imprescindíveis. Segundo a *Arte Poética* de Horácio, também retomada por Pinciano, o deleite por si só seria prejudicial, uma vez que não possibilitaria o ensinamento e conduziria o leitor ao espaço da pura fantasia, alheio a seu próprio mundo, como ocorria nas fábulas *milesias* ou nas novelas de cavalaria que transitavam por terras distantes e imaginárias, povoadas por elementos maravilhosos. Em um mundo em que os vícios representavam constante ameaça para as virtudes, era fundamental que o princípio do *utile dulce* estivesse presente na composição da fábula, isto é, que o deleite viesse sempre acompanhado de algum ensinamento.

Assim, verossimilhança e admiração, deleite e ensinamento eram alguns dos componentes fundamentais da fábula – para utilizar a terminologia de

Pinciano –, que embora parecessem combinações contraditórias, caberia ao autor encontrar o ponto de equilíbrio entre elas, construindo, por meio de artifícios da linguagem, narrativas que fossem verossímeis, admiráveis, deleitáveis e edificantes.

O *Quixote*, assim como outras obras cervantinas, encena o jogo das regras de composição em uso e, por mais "admiráveis" que sejam as aventuras do cavaleiro, o texto se atém aos parâmetros da verossimilhança por meio da criação de variados artifícios, entre eles, as frequentes intervenções de Sancho Pança questionando a autenticidade das aventuras de seu amo.

DOM QUIXOTE E SANCHO PANÇA

As duas personagens – provavelmente uma das duplas mais cativantes que a literatura já produziu – são construídas por meio de um amplo diálogo que acompanha toda a obra, em meio a várias aventuras. A convivência entre ambos supõe intercâmbio de ideias apesar das frequentes divergências, o que não impossibilita uma profunda admiração mútua entremeada por reiteradas críticas recíprocas. Desde o momento em que Sancho passa a fazer parte das andanças de dom Quixote, é surpreendente ver o diálogo que vai sendo construído entre eles, sendo o escudeiro um rústico lavrador e analfabeto ao lado de um cavaleiro letrado que parece não ter feito outra coisa na vida a não ser ler livros e refletir sobre eles. De certo modo, seria possível entender a obra como sendo a narração da história de uma grande amizade entre o cavaleiro e seu escudeiro, ponderada por vários ângulos segundo as vicissitudes de cada um. Uma história que de um modo geral encontra nas loucuras do cavaleiro as situações mais admiráveis e nas ponderações de Sancho, as mais verossímeis; em ambos, momentos de grande deleite e, ao mesmo tempo, de grande ensinamento.

Na realidade, Sancho não teve a oportunidade de acompanhar os primeiros passos de dom Quixote quando este sai pela primeira vez de sua aldeia, levando armas e vestimenta similar às dos cavaleiros andantes e quando é armado cavaleiro por um suposto castelão ficando, portanto, autorizado a fazer uso das armas sempre em defesa dos princípios da cavalaria. Ao não presenciar essa cena de velado escárnio que se dá em uma hospedagem – e não em um castelo – com a atuação de um estalajadeiro de viés pícaro – e não de um castelão –, Sancho não poderia supor em que condições seu amo se fez cavaleiro andante. Quando passa a integrar a narração, já no capítulo VII da primeira parte, ele tem em mente o governo de uma suposta "ínsula" que seu amo lhe prometera para o dia em que tivesse conquistado fama e reconhecimento. Sendo assim, Sancho não tem ideia das loucuras do cavaleiro e somente aos poucos vai tratando de conhecer seu modo de funcionamento.

O respeito e a admiração que ele tem em relação a dom Quixote lhe dificultam, inicialmente, se contrapor às suas loucuras, embora sinta a responsabilidade de adverti-lo quanto a seus equívocos: moinhos não são gigantes, carneiros não são exércitos, estalagens não são castelos. Somente no capítulo XX da primeira parte, Sancho se dá conta de que é impossível convencê-lo e contrapor-se a ele por meio de seus próprios argumentos e, sendo assim, encontra outro modo para poder, ele também, dirigir a ação segundo seus interesses. Sancho descobre que pode enganar seu amo, quando assim lhe convém, e se mostra plenamente eficiente em sua estratégia. A partir de então, ganha outro estatuto e fica mais senhor de sua ação, chegando, inclusive, a indagar dom Quixote sobre o modo como os escudeiros costumavam receber seus salários, se por empreita ou por jornada; pergunta esta que causa certa perturbação no cavaleiro ao se dar conta de que sua autoridade deveria se alicerçar em bases mais firmes.

As consequências desse crescimento de Sancho são fundamentais para o desenvolvimento da narrativa, tanto da primeira quanto da segunda parte da obra, sobretudo no que diz respeito às relações estruturais que envolvem a sem par Dulcineia. Com a interferência e manipulação progressiva de Sancho no que diz respeito a vários temas e alguns encaminhamentos da ação que ele acaba determinando, a Dulcineia merece atenção especial, pois ela própria, graças à intervenção do escudeiro, escapa das mãos do cavaleiro, que já não tem poderes para interferir em seu destino. O que desencadeia de modo decisivo esse empoderamento de Sancho – para utilizar um termo tão recorrente nos dias de hoje – ocorre no capítulo X da segunda parte, quando Sancho inventa o encantamento da dama etérea em uma rústica lavradora. Os personagens leitores da primeira parte da obra, que intervêm na segunda parte, mais precisamente, o bacharel Sansão Carrasco e os duques, aproveitarão ao máximo o encantamento de Dulcineia idealizado por Sancho para a produção de momentos desafiadores para o cavaleiro, repletos de burlas, de admiração e comicidade.

Enfim, como bem adverte o autor no prólogo da primeira parte da obra, tão importante é o cavaleiro quanto seu escudeiro e, dirigindo-se ao leitor, conclui a prefação afirmando: "[...] quiero que me agradezcas el conocimiento que tendrás del famoso Sancho Panza, su escudero, en quien, a mi parecer, te doy cifradas todas las gracias escuderiles que en la caterva de los libros vanos de caballerías están esparcidas"[15].

Na realidade, desde o início dom Quixote considera Sancho como seu companheiro, com quem, ao longo de suas andanças, vai construindo uma grande amizade. Além de instruir seu escudeiro sobre os passos, a ação e os princípios da cavalaria andante, dom Quixote evidencia uma preocupação educativa em relação a Sancho no que diz respeito a seu modo de agir, de pensar e sobretudo no que se refere a seu modo de falar. São inúmeras as vezes em que o repreende pelo uso desenfreado de provérbios quando os mesmos não coincidem com o tema em questão, ou quando, ao narrar um conto breve, Sancho se estende em digressões e ditados populares, perdendo o fio da narrativa. Enfim, o cavaleiro, além de lutar pela restituição dos princípios da cavalaria e do restabelecimento de uma outra ordem no mundo, se empenha com o rigor devido na formação de seu escudeiro.

Essa missão de dom Quixote fica evidente em inúmeros momentos da obra, no entanto, no capítulo xii da segunda parte, o diálogo entre eles se torna especialmente cômico, embora evidencie os progressos do escudeiro. Nesse momento, Sancho diz ter aprendido muito com seu amo e acaba produzindo metáforas versáteis ao estabelecer diversas ordens de analogia. Na véspera eles haviam tido um grande desentendimento com um grupo itinerante de atores e dom Quixote, que se dizia um admirador da arte dramática, lamenta o ocorrido. Começa a tecer comentários sobre a representação teatral, a

---

15. Cervantes, *Don Quijote*, 1998, Prólogo: "[...] quero que me agradeças o conhecimento que terás do famoso Sancho Pança, seu escudeiro, em quem, no meu entender, te dou cifradas todas as graças escudeiras que na caterva dos vãos livros de cavalaria estão dispersas" (Cervantes, *D. Quixote*, 2002, p. 36).

cenografia e a ilusão de verdade que uma cena é capaz de produzir, como se estivesse introduzindo seu escudeiro na arte especular da representação, evidenciando os benefícios que a "comédia" traz para a república, "poniéndonos un espejo a cada paso delante, donde se veen al vivo las acciones de la vida humana"[16]. E a propósito, diz a Sancho:

> [...] ninguna comparación hay que más al vivo nos represente lo que somos y lo que habemos de ser como la comedia y los comediantes; si no, dime: ¿no has visto tú representar alguna comedia adonde se introducen reyes, emperadores y pontífices, caballeros, damas y otros diversos personajes? Uno hace el rufián, otro el embustero, este el mercader, aquel el soldado, otro el simple discreto, otro el enamorado simple; y acabada la comedia y desnudándose de los vestidos della, quedan todos los recitantes iguales[17].

Sancho simplesmente retruca afirmando já ter visto representações de comédias, mas dom Quixote deseja ir mais adiante em sua reflexão e se arrisca a estabelecer uma analogia entre a arte da representação e a própria vida, que ao chegar ao seu fim ou ao se deparar com a morte, se desfaz de suas fantasias e é conduzida para a sepultura igualando todos os mortais. A essas alturas, julgando-se senhor da situação, Sancho arrisca-se a avaliar a originalidade da comparação que seu amo acaba de enunciar e lança mão de outra analogia que equipara a representação dramática e a vida humana ao jogo de xadrez:

> – Brava comparación – dijo Sancho –, aunque no tan nueva, que yo no la haya oído muchas y diversas veces, como aquella del juego del ajedrez, que mientras dura el juego cada pieza tiene su particular oficio, y en acabándose el juego todas se mezclan, juntan y barajan, y dan con ellas en una bolsa, que es como dar con la vida en la sepultura[18].

---

16. Cervantes, *Don Quijote*, 1998, 2, XII. "[...] pondo-nos um espelho defronte a cada passo, onde se veem ao vivo as ações da vida humana" (Cervantes, *D. Quixote*, 2007, p. 162).

17. Cervantes, *Don Quijote*, 1998, 2, XII. "[...] nenhuma comparação há que mais ao vivo nos represente o que somos e o que havemos de ser como a comédia e os comediantes. Se não diz-me: já não viste representar alguma comédia onde se veem reis, imperadores e pontífices, cavaleiros, damas e outros vários personagens? Um faz de rufião, outro de embusteiro, este de mercador, aquele de soldado, outro de simples discreto, outro de enamorado simples. E acabada a comédia e despindo-se dos vestidos dela, ficam todos os atores iguais" (Cervantes, *D. Quixote*, 2007, p. 162).

18. Cervantes, *Don Quijote*, 1998, 2, XII: "– Brava comparação – disse Sancho – se bem não tão nova que eu não a tenha ouvido muitas e diversas vezes, como aquela do jogo de xadrez, que enquanto dura o jogo

A essas alturas, dom Quixote se surpreende com o progresso do escudeiro que evidencia um refinamento em sua capacidade intelectual capaz de se expressar por meio de novas comparações. É o mestre que não pode deixar de apreciar os avanços de seu discípulo: "– Cada día, Sancho [...] te vas haciendo menos simple y más discreto"[19]. Cabe destacar que a "discrição" era considerada uma das qualidades mais desejáveis na época, algo que evidenciava uma habilidade especial para o discernimento nas mais variadas situações presentes na vida social[20]. Ao considerar os progressos de Sancho rumo à discrição, o cavaleiro lhe faz um grande elogio. O mais interessante é que o escudeiro se entusiasma com a avaliação de seu amo e lança mão de nova comparação – agora voltada para a relação entre eles dois –, de modo que o diálogo elevado até então estabelecido entre ambos resvala para o baixo, produzindo uma analogia cômica e consequentemente uma quebra burlesca:

– Sí, que algo se me ha de pegar de la discreción de vuestra merced – respondió Sancho –, que las tierras que de suyo son estériles y secas, estercolándolas y cultivándolas vienen a dar buenos frutos. Quiero decir que la conversación de vuestra merced ha sido el estiércol que sobre la estéril tierra de mi seco ingenio ha caído; la cultivación, el tiempo que ha que le sirvo y comunico; y con esto espero de dar frutos de mí que sean de bendición, tales que no desdigan ni deslicen de los senderos de la buena crianza que vuesa merced ha hecho en el agostado entendimiento mío[21].

Dom Quixote, equiparado agora ao esterco que adubou a mente engenhosa de Sancho, nada mais tem a dizer a não ser achar graça nas palavras do

---

cada peça tem seu particular ofício, e em se acabando o jogo todas se misturam, juntam e baralham, e dão com elas num saco, que é como dar com a vida na sepultura" (Cervantes, *D. Quixote*, 2007, p. 162).

19. Cervantes, *Don Quijote*, 1998, 2, XII: "– A cada dia, Sancho – disse D. Quixote –, te vais fazendo menos simples e mais discreto" (Cervantes, *D. Quixote*, 2007, p. 162).

20. Sobre o conceito de "discrição" na obra de Cervantes, ver, de minha autoria, *A Narrativa Engenhosa de Miguel de Cervantes*, São Paulo, Edusp/Fapesp, 2012.

21. Cervantes, *Don Quijote*, 1998, 2, XII: "– Ora, um pouco da discrição de vossa mercê me houvera de pegar – respondeu Sancho –, pois as terras que por si são estéreis e secas, estercando-as e cultivando-as vêm a dar bons frutos. Quero dizer que a conversação de vossa mercê tem sido o esterco que sobre a estéril terra do meu seco engenho tem caído; a cultivação, o tempo que faz que lhe sirvo e comunico; e com isto espero dar de mim frutos que sejam de benção, tais que não desdigam nem deslizem das sendas da boa criação que vossa mercê tem feito no sáfaro entendimento meu" (Cervantes, *D. Quixote*, 2007, pp. 162-164).

escudeiro: "Rióse don Quijote de las afectadas razones de Sancho, y parecióle ser verdad lo que decía de su enmienda, porque de cuando en cuando hablaba de manera que le admiraba [...]"[22].

Todo esse diálogo ocorre após o encantamento de Dulcineia inventado por Sancho dois capítulos atrás – um artifício para livrar-se de uma mentira dita a seu amo, ainda na primeira parte, quando afirmou ter entregue a carta do cavaleiro a sua dama. Mentira sobre mentira, assim seguirá Sancho até que mais adiante, em pleno palácio dos duques, terá que pagar caro por todas as sucessivas trapaças até então realizadas. Apesar disso, Sancho a cada momento se mostra mais preparado para enfrentar as agruras da vida de escudeiro de um cavaleiro andante muito singular.

São vários os momentos em que a convivência entre ambos os protagonistas oferece especial interesse em consonância com uma organização narrativa que se ajusta aos princípios estabelecidos pela poética vigente. E, para concluir, vale retomar as palavras de Sancho quando, no capítulo xxxiii da segunda parte, em conversa reservada com a duquesa e suas damas e tendo já recebido a oferta do governo de uma "ínsula", ela põe em risco suas pretensões de governador por considerá-lo louco, uma vez que ele segue piamente a outro louco. Nesse momento, Sancho explicita da forma mais humana e discreta sua fidelidade a dom Quixote, por mais que essa atitude virtuosa possa inviabilizar o seu tão pretendido governo:

[...] no puedo más, seguirle tengo; somos de un mismo lugar, he comido su pan, quiérole bien, es agradecido, diome sus pollinos, y, sobre todo, yo soy fiel, y, así, es imposible que nos pueda apartar otro suceso que el de la pala y azadón. Y si vuestra altanería no quisiere que se me dé el prometido gobierno, de menos me hizo Dios, y podría ser que el no dármele redundase en pro de mi conciencia, que, maguera tonto, se me entiende aquel refrán de "por su mal le nacieron alas a la hormiga", y aun podría ser que se fuese más aína Sancho escudero al cielo que no Sancho gobernador[23].

---

22. Cervantes, *Don Quijote*, 1998, 2, xii: "Riu-se D. Quixote das afetadas razões de Sancho, mas pareceu-lhe ser verdade o que dizia da sua emenda, pois de quando em quando falava de maneira que o admirava [...]" (Cervantes, *D. Quixote*, 2007, pp. 162-164).

23. Cervantes, *Don Quijote*, 1998, 2, xxxiii: "[...] não posso outra coisa, tenho que seguir com ele: somos do mesmo lugar, comi do seu pão, lhe quero bem, é agradecido, me deu os seus jericos, e por cima de tudo eu sou fiel, e por isso é impossível que nos possa separar outra coisa que não seja a pá da terra. E

Enfim, Sancho aprendeu com seu amo que nessa vida mais vale a amizade que as veleidades do poder político e social, por mais que a expectativa de se tornar governador tenha sido o motor de seus dias errantes ao lado de dom Quixote, vagando por uma Espanha que já vislumbrava em seus horizontes momentos de uma crise profunda e duradoura.

se vossa altanaria não quiser que se me dê o prometido governo, de menos me fez Deus, e pode ser que o não receber redunde em prol de minha consciência, pois apesar de tolo bem entendo aquele ditado que diz 'por seu mal nasceram asas à formiga', e até pode ser que mais asinha chegue ao céu o Sancho escudeiro que o Sancho governador" (Cervantes, *D. Quixote*, 2007, p. 411).

RAFAEL ROCCA DOS SANTOS

E. T. A. Hoffmann
e a (Anti)formação Parodística

E. T. A. Hoffmann experimentou diversos temas em voga em seu tempo nos seus romances, contos, textos e ensaios (por exemplo, as invasões napoleônicas e descrições de batalhas, aspectos subjetivos da loucura e da ebriedade, duplos e intrigas envolvendo assassinatos), e também em sua produção pictográfica e na música, que gozava à época de um grande prestígio como forma de expressão primeira do "espírito artístico". Tratando de temas populares e elevados a um só tempo, mesclados de uma maneira sutil, Hoffmann bebeu de incontáveis fontes para o desenvolvimento de suas narrativas. Assim, temos o "romance da individualidade artística" (*Künstlerroman*), como no ciclo *Kleisleriana*; o romance "noturno", ou que explora o lado oculto, secreto e misterioso da natureza humana, embebido nas teorias nascentes da psicologia, tais como a de G. H. Schubert, precursor de Freud (*Visões Sobre o Lado Noturno das Ciências Naturais*, de 1808); *Märchen*, ou contos maravilhosos *lato sensu*, como *Meister Floh* ou o substrato de *O Vaso de Ouro*; o romance de mistério e assassinato, prefigurador do moderno romance policial, como *A Senhorita de Scuderi*, assim como partes de *Os Elixires do Diabo*; e o romance cíclico, emoldurado, que compõe o quadro de *Os Irmãos Serapião*, cuja estrutura remonta ao *Decameron*.

Pode-se perceber que as atividades de Hoffmann são multifacetadas, incorporando escritos teóricos sobre música e literatura, elucubrações e discussões filosóficas candentes em sua época, aspectos do fantástico e do maravilhoso, e até mesmo uma dimensão que prenuncia uma estética realista, como em *A Janela de Esquina de Meu Primo*, última obra publicada, a qual contém o germe do romance citadino que influenciou escritores posteriores, entre eles Baudelaire e Poe. Em meio a tão diversas produções, aquele considerado o maior autor alemão, Johann Wolfgang von Goethe, também se vê presente nas obras de Hoffmann, podendo-se afirmar, inclusive, ser uma expressiva fonte para alguns de seus textos mais importantes.

É possível, por exemplo, enxergar aspectos do *Fausto* em *As Aventuras da Noite de São Silvestre*, particularmente na cena de assinatura de um pacto com o diabo na quarta parte da narrativa. A obra *Os Sofrimentos do Jovem Werther* transparece em algumas passagens ainda impregnadas do que veio a ser chamado na história da literatura alemã de "sentimentalismo" (*Empfindsamkeit*), próprio do período pré-romântico *Sturm und Drang* ("Tempestade e Ímpeto"), a exemplo de *Sofrimentos Peculiares de um Diretor de Teatro*. Uma dessas fontes goethianas, especialmente para os romances que Hoffmann escreveu, foi a obra *Os Anos de Aprendizado de Wilhelm Meister*, "cânone mínimo" do romance de formação tipicamente alemão, que surge como base e substrato para a obra *Reflexões do Gato Murr*, de 1819-1821.

O presente ensaio pretende realizar uma incursão por essa obra de E. T. A. Hoffmann, identificando traços e especificidades do romance de formação tendo como fonte o romance goethiano, e analisar como Hoffmann utilizou o conceito de "formação" de maneira a tecer uma crítica à sociedade burguesa de sua época. Antes, porém, a fim de melhor compreender como a obra de Goethe está presente na de Hoffmann e apresentar a relação entre os autores, a primeira parte deste ensaio versará sobre as relações literárias entre eles. Entender essas relações permitirá uma melhor visão do romance de formação em Hoffmann e da forma pela qual ele modulou literariamente seus princípios básicos a fim de conferir um tom irônico, cômico e satírico a um conceito de elevada envergadura em Goethe.

GOETHE E HOFFMANN

Uma análise preliminar dos escritos privados de Hoffmann, ou seja, sua troca de cartas e seu diário, possibilita entrever uma leitura atenta das obras de Goethe publicadas até o momento de sua morte, em 1822. A própria data de falecimento do autor, antes da de Goethe (1832), já nos permite eliminar algumas fontes diretas, tais como *Os Anos de Peregrinação de Wilhelm Meister* (1821 e 1829, em segunda versão), o *Fausto II* (1832), a versão posterior da *Novela* (1828) e de parte de sua produção lírica. Não há indícios de que Hoffmann e Goethe tenham trocado cartas.

Goethe é mencionado vinte e duas vezes na correspondência hoffmanniana e cinco vezes em registros de diário. Nessas ocasiões, Hoffmann faz referência a trabalhos seus utilizando a obra de Goethe como referência. São alusões por vezes cômicas ou tomando as obras goethianas como subtexto para a montagem de operetas e de peças musicais. Por exemplo, Hoffmann pede a Jean Paul Richter, em agosto de 1801, notícias de comentários de Goethe acerca da musicalização da peça *Scherz, List und Rache*, transformada em uma pequena opereta[1].

As principais obras de Goethe mencionadas por Hoffmann em suas cartas são a peça *Götz von Berlichingen, Fausto, Os Sofrimentos do Jovem Werther, Os Anos de Aprendizado de Wilhelm Meister* e *Poesia e Verdade*. Percebe-se por essa breve listagem e pelas menções nas cartas que a obra de Goethe sempre esteve presente nas considerações de Hoffmann ao escrever seus próprios textos, e que tais leituras podem ser inferidas pela presença de alusões e intertextualidades. Em especial, destaca-se a menção a várias tragédias e *Singspiele*

---

1. O texto da carta de Jean Paul a Goethe é o seguinte: "O muito honrado senhor [Goethe] recebe aqui a opereta 'List, Scherz und Rache' [*sic*] que me foi entregue por um músico em Berlin [Hoffmann] para que eu a levasse ao Senhor com o pedido de Sua leniência a fim de [obter] Seu julgamento e uma amostra através de encenação". Friedrich Schnapp, *E. T. A. Hoffmanns Briefwechsel*, Vol 1, Darmstadt, Wissenschaftliche Buchgesellschaft, 1967, p. 157, para notícia da carta de Hoffmann a Jean Paul, e Friedrich Schnapp (org.), *E. T. A. Hoffmann in Aufzeichnungen seiner Freunde und Bekannten*, München, Winkler-Verlag, 1974, p. 739, para a carta de Jean Paul a Goethe. Tradução minha. Não se tem notícia, no entanto, de que Goethe tenha tecido comentários sobre a composição. Jean Paul morou em Weimar entre 1798 e 1800, até um ano antes, portanto, da data da missiva de Hoffmann a Jean Paul.

de Goethe, obras do gosto especial de Hoffmann devido à sua atividade de compositor em diversos teatros e casas de ópera na Alemanha e na Polônia.

Porém, não se podem entrever facilmente, a julgar pelas entradas em seu diário, considerações ou análises extensas, ou até mesmo manifestações explícitas, sobre a estrutura dos romances goethianos ou mesmo uma valoração, especialmente no que tange ao tema deste ensaio, do romance de formação como gênero ou de *Os Anos de Aprendizado de Wilhelm Meister*. Sabe-se, por duas referências, que Hoffmann havia lido e estudado o romance (essas referências são menções nas cartas de 6 de março de 1806 e de 23 de dezembro de 1808) e que as reflexões resultantes dessa leitura estão presentes em seu romance *Reflexões do Gato Murr*, quando analisado em sua estrutura. Contudo, Hoffmann não escreveu ensaios ou textos de crítica literária, a não ser breves considerações no âmbito de seus próprios textos ficcionais em função da própria concepção de composição vigente à época; considerações mais significativas, no entanto, não podem ser encontradas.

Da mesma forma, a relação inversa, ou seja, manifestações de Goethe sobre textos de Hoffmann, não é muito prolixa. As principais indicações do contato de Goethe com a obra de Hoffmann se dão também por menções em cartas, entradas em seu diário, conversas registradas com diversos interlocutores e por meio de duas resenhas a textos de crítica literária que abordam obras alemãs pela pena de autores ingleses (notadamente suas duas resenhas sobre textos de Thomas Carlyle e de Walter Scott).

Devido a suas próprias concepções literárias e inclinações poetológicas, não se pode afirmar que Goethe tivesse um pendão para textos que versassem sobre o maravilhoso, o fantástico e demais variantes. É possível citar, por exemplo, uma conversa com Friedrich von Müller, datada de 1823:

À tarde na casa de Goethe para encontrar Cotta, que ceou em sua residência... Ottilie fez-se presentear com o espólio do velho Senhor Hoffmann em meio às mais graciosas bizarrices.

"Quem não tem espírito não acredita em espíritos, logo também não acredita nas propriedades espirituais dos escritores", disse Goethe em relação à reimpressão[2].

---

2. Friedrich Schnapp (org.), *E. T. A. Hoffmann in Aufzeichnungen seiner Freunde und Bekannten*, p. 743; "reimpressão", aqui, provavelmente da biografia de Hoffmann por Julius Eduard Hitzig (dono de uma editora em Berlin e assíduo frequentador do salão berlinense de Rahel Varnhagen). Tradução minha.

Também não se pode averiguar com precisão se Goethe estava falando de si mesmo ao pronunciar essa sentença, tendo em vista que sua espiritualidade ainda é tema de debate entre os estudiosos. No entanto, pode-se perceber, em sua própria obra, um distanciamento do tipo de escrita que Hoffmann e outros (tais como Ludwig Tieck) praticavam contemporaneamente.

Goethe mencionou Hoffmann explicitamente em uma carta para o duque Carl August von Sachsen-Weimar, que lhe havia enviado um exemplar de *Meister Floh* (*Mestre Pulga*) de Hoffmann. Após tê-lo lido[3], Goethe responde ao duque no dia seguinte com as seguintes palavras, que merecem ser reproduzidas aqui em sua totalidade:

> Sua Alteza Real
>
> me propiciou bastante divertimento por meio da benevolente comunicação do livro que vai remetido, de modo muito agradecido; foi a primeira coisa que li de Hoffmann, e não é de se negar que a maneira maravilhosa como ele associa o local mais conhecido e as circunstâncias mais usuais, até mesmo comuns, a incidentes improváveis, impossíveis, tem um certo encanto do qual não se pode escapar.
>
> O fato de que o livrinho obteve uma notoriedade provisória e suspeita foi muito proveitoso ao editor; só irá decepcionar muito aqueles leitores que esperavam algo de insidioso ali. O autor é prudente demais para atrofiar uma certa carreira mediana de escritor, pela qual tem tanto sucesso, por meio de algum descuido[4].

Vê-se que, ao menos no que tange à obra *Meister Floh*, Goethe tivera uma boa impressão do texto de Hoffmann. É possível que precisamente essa obra tenha caído nas mãos de Goethe devido a uma intensa disputa judicial que envolveu esse texto. Acusado de vilipendiar a moral vigente da época ao tecer críticas veementes à sociedade burguesa, alguns trechos do livro foram censurados. O duque Carl August von Sachen-Weimar, cuja relação com Goethe foi bastante próxima, ao enviar um exemplar da obra para ele em 10 de abril de 1822, anexa uma carta na qual diz:

---

3. Lê-se no diário de Goethe, na entrada de 11 de abril de 1822, um dia, portanto, após o recebimento da carta e do exemplar do livro de Hoffmann: "Meister Floh de Hoffmann", o que indica uma possível leitura.

4. Friedrich Schnapp (org.), *E. T. A. Hoffmann in Aufzeichnungen seiner Freunde und Bekannten*, p. 742. Tradução minha.

A *opus* que vai acompanhando [esta] foi confiscada pelo magistrado de Frankfurt ainda antes da impressão por requisição do emissário prussiano em Darmstadt, Otterstedt. Otterstedt deve ter viajado por causa desse assunto a Berlim, de onde ainda não voltou. Depois, esse confisco foi revogado *in publico*, e foi contestada a notícia de que o *autor*, um certo Hofmann [*sic*] em Berlim, teria sido preso e posto sob investigação. Dizem que a obra seria uma sátira sanguessuga [referência ao personagem príncipe-sanguessuga] ao ínclito tribunal de Mainz. Essa reputação fez reviver muito interesse pela obra. Tomada nesse sentido, tive de rir bastante daquilo, mas também da própria obra, que é muito alegre e bem arranjada, especialmente por causa da escolha da conhecida *localidade*[5].

O texto integral, contendo as partes consideradas impróprias, foi publicado somente em 1906[6].

Em outra instância, Goethe recomenda a seu secretário particular Johann Peter Eckermann inteirar-se de tudo o que estava sendo produzido na Alemanha a fim de que obtivesse uma cultura geral sólida: "[...] Você deve recuar e observar o que os Schlegel pretendiam e realizaram, e então o senhor deve ler todos os autores mais novos, Franz Horn, Hoffmann, Claure, assim por diante [...]" (conversa de 3 de dezembro de 1824).

Ainda que Hoffmann não tenha conhecido Goethe pessoalmente[7], nem trocado correspondência direta com ele, vê-se que os dois autores haviam lido, embora em proporções diversas, as obras um do outro. Mesmo que não se possa afirmar haver algum aspecto da obra de Hoffmann em Goethe, tendo em vista o distanciamento deste da literatura considerada fantástica produzida à época, o contrário pode ser afirmado. Hoffmann utilizou diversos conceitos desenvolvidos nas obras de Goethe em sua própria produção. Um deles, em especial, será abordado aqui: o romance de formação.

---

5. *Idem*, p. 741. Tradução minha.

6. Todd Kontje, *Private Lives in the Public Square: The German* Bildungsroman *as Metafiction*, University Park, The Pennsylvania State University Press, 1992, p. 154.

7. O filho de Goethe, August von Goethe, e sua esposa conheceram Hoffmann em Berlin, no dia 22 de maio de 1819. Esse encontro foi relatado pelo filho ao pai em carta escrita no mesmo dia: "Sábado, 22 de maio... Ao meio-dia estivemos na casa de Nicoloviussen com [o escultor Christian Daniel] Rauch e o escritor Hoffmann e surgiram histórias particularmente engraçadas de *Werner*, o qual ambos conheciam bem [...]", em Friedrich Schnapp (org.), *E. T. A. Hoffmann in Aufzeichnungen seiner Freunde und Bekannten*, p. 741. Tradução minha.

O GATO E A FORMAÇÃO PARODÍSTICA

Tomemos os seguintes trechos do romance escrito pelo gato Murr como ponto de partida para a análise do romance de formação em Hoffmann.

– Meu bom irmão Murr, sorte sua eu tomar a iniciativa de visitá-lo na clausura. Você corre o maior dos perigos que um gato jovem e valente dotado de espírito nos miolos e vigor nos membros pode correr, ou seja, o perigo de virar vilão, um abominável filisteu.

Você alega que as ciências o absorvem sobremaneira, não lhe restando tempo útil para estar com outros gatos. Desculpe, irmão, isso não é verdade! Seu aspecto definitivamente não é de um estudioso, de um rato de biblioteca, mas, ao contrário, você está gordo e ensebado. Creia, essa vida desgraçada e confortável que você leva o deixa preguiçoso e lerdo. Você vai se sentir bem diferente se tiver de compartilhar nossa luta para obter uns parcos restos de peixe ou caçar passarinho. [...]

Confessei com franqueza ao amigo Muzius que não entendia patavina da expressão filisteu, não sabia seu significado. [...]

... dizer o seguinte. Um gato filisteu, por sedento que esteja, começa a lamber o prato de leite pelas bordas para não lambuzar o bigode e a barba, mantendo a etiqueta, pois o decoro é mais importante que a sede. Se você visita o gato filisteu, ele vai lhe oferecer toda a sorte de coisas que possui, jurando amizade, mas mal você se despede e ele, às escondidas, come depressa e sozinho todas as delícias que ofertara.

O gato filisteu sabe achar, graças a seu tato seguro e infalível, o melhor lugar possível para se estirar confortável e agradavelmente. Vangloria-se de suas qualidades, esmiúça e rende graças a Deus por não ter nada do que se queixar, pois é bem dotado de virtudes. Expõe, com grande loquacidade, como galgou tão boa posição e tudo que fará para melhorá-la. Mas, se você quiser falar de si, de sua sorte menos favorável, então o gato filisteu cerra os olhos e as orelhas e finge estar dormindo, ou ronca.

O gato filisteu lambe com zelo o pelo para ficar lustroso e sedoso, e não atravessa, nem quando está caçando ratos, uma poça de água sem sacudir as patas a cada passo, com a finalidade de conservar a imagem de impecável e elegante, independentemente do contratempo, ainda que isso lhe custe a presa.

O gato filisteu foge e evita o menor perigo, e se você estiver em um e pedir ajuda, entre sagradas afirmações de apoio amigável, ele vai lamentar que, justo naquele instante, suas obrigações não permitem socorrê-lo. Em geral, tudo aquilo que o gato filisteu diz ou faz depende de mil considerações. Ele será, por exemplo, polido e educado ante o pequeno poodle que lhe mordeu a cauda dolorosamente, para não se enfrentar com um membro da corte, cuja proteção logrou conquistar, e aproveita-se da noite ardilosa para lhe unhar o olho. No dia seguinte, lamenta de coração com o querido amigo cachorrinho, e deplora a maldade dos pérfidos inimigos. Aliás, essas cautelas se assemelham a uma armadilha capciosa, dando ao gato filisteu a chance de sempre escapulir no momento em que você imagina tê-lo flagrado. O gato filisteu permanece, de preferência, sob a estufa do seu lar, onde se sente protegido, pois o telhado lhe provoca vertigem.

Eis, portanto, meu caro amigo Murr, o caráter do gato filisteu, e esse é seu caso [...][8]

O personagem central das reflexões de vida no romance de Hoffmann é o gato Murr, um felino que se vê um grande entusiasta da alta cultura letrada e artística, como era corrente na aristocracia ainda reinante na Alemanha no momento da composição do romance (1819-1821). O principal propósito na escrita da narrativa é apresentar aos destinatários da obra autobiográfica, ou seja, outros gatos, os verdadeiros passos para que se tornem indivíduos com espírito mais elevado e ganhem proeminência em meio ao mundo de cães, que povoam o romance, e humanos, que existem, em sua concepção, apenas para garantir uma tranquila subsistência necessária à elevação espiritual dos felinos. O tom cômico que está presente em toda a narrativa propicia uma ambientação irônica que levará a questionar toda a apresentação da formação do gato, ainda mais se comparada ao relato das peripécias do compositor Johann Kreisler, cuja narrativa está entremeada ao texto, porém que não será tematizada neste ensaio.

Os trechos acima transcritos fazem parte do terceiro capítulo da segunda parte do romance, conforme disposta pelo "editor" da obra (o próprio Hoffmann). Intitulado "Die Lehrmonate", "os meses de aprendizado", o capítulo, que contém uma evidente referência aos "Lehrjahre", "anos de aprendizado", do romance

---

8. E. T. A. Hoffmann, *Reflexões do Gato Murr*, tradução de Maria Aparecida Barbosa, São Paulo, Estação Liberdade, 2013, pp. 242-243 para o primeiro trecho, e pp. 258-259 para o segundo trecho.

de Goethe, é central para compreender as concepções de formação que estão sendo apresentadas e discutidas por um amigo do protagonista.

Durante todo o seu relato, Murr está preocupado com a elevação espiritual que se dá através da arte e do acúmulo do aprendizado intelectual tendo por finalidade "a formação para o mundo" (tradução da expressão "*Bildung für die Welt*" no romance). Para tanto, segundo ele, desde os primórdios da infância, tendo toda a infraestrutura para tanto – casa, comida, conforto, afeto –, entrega-se ao ofício que os demais animais consideram ser próprio apenas aos seres humanos: primeiramente a caligrafia, que é dominada precocemente como um trampolim para o mundo da cultura letrada, e em seguida o acesso à biblioteca de seu dono e às conversas que ele tem com seus amigos, representantes ou não do mundo cultural apreciado por Murr. O aprendizado é, no entanto, puramente livresco, tendo em vista que o felino se entrega apenas às atividades que estão dentro de sua, digamos assim, zona de conforto. Esse aprendizado é, no entanto, como o demonstra a progressão do romance, um puro decorar de títulos de obras e de frases feitas baseadas em estereótipos, esvaziando o significado que têm no mundo letrado. Para adquirir o conhecimento necessário, Murr passa bastante tempo, sedentário, na biblioteca de seu dono humano, reforçando o aspecto do conforto e da distância dos baixios do mundo porta afora[9].

Há uma analogia com duas personagens do *Fausto* de Goethe: a partir do texto de Murr, pode-se lembrar a diferença entre Fausto e Wagner. Enquanto o primeiro é convidado a realizar experiências para ter uma melhor compreensão do que é o mundo em seus diversos matizes, Wagner entrega-se ao estudo cientificista e livresco, que abrange apenas os livros presentes nas bibliotecas e os domínios do saber já estabelecidos pelas convenções intelectuais da tradição. Murr ocupa, poder-se-ia dizer, nessa analogia, a posição de Wagner no tocante ao acesso ao conhecimento.

Os frutos dessa analogia podem ser aprofundados no episódio em que Murr abandona pela primeira vez o conforto de sua moradia e parte para conhecer, acompanhado de um cachorro e depois por outros gatos, o "grande mundo", aquele que está fora de seu pensamento imediato e de sua vivência

---

9. Jürgen Jacobs, *Wilhelm Meister und seine Brüder*, München, Wilhelm Fink Verlag, 1972, p. 148.

habitual. Logo Murr descobre que esse mundo é repulsivo, muito diferente das belas descrições de viagem que lera em obras escritas e do ambiente intelectual do qual ele julga ser membro. Um profundo choque é impresso na mente de Murr, que chega a sofrer fisicamente devido à falta de conhecimento mundano, que é o trunfo dos gatos de rua. As alegadas "esperteza" e "habilidade" dos gatos são pouco desenvolvidas em Murr, ainda que antes ele tenha se julgado "formado para o mundo".

Essa "formação para o mundo" é precisamente um dos pontos centrais do romance goethiano. Uma formação que se propusesse a ultrapassar, ou mesmo entender e delimitar, a rígida diferenciação de classes sociais – a burguesia e a nobreza – pelo acúmulo de experiências e de conhecimentos práticos e teóricos sobre o funcionamento das coisas é um dos aspectos aspirados por Wilhelm Meister expostos na sua conhecida carta ao cunhado Werner[10]. Comparativamente, pode-se dizer que o gato Murr, nesse aspecto, propõe-se a eliminar as barreiras existentes entre o gato formado e intelectualizado e o mundo imaginário ao seu redor, superando até mesmo a espécie humana, tendo em vista que um dos seus prefácios é dirigido exatamente a este último público. Nesse sentido, a formação pretendida pelo gato é a formação que a burguesia nutria pelo conhecimento universal, pelo que vai além das imposições de nascimento, segundo um mundo ligado à razão preconizado pelo então recente Iluminismo. O fim pretendido dessa formação é uma "harmonia e [a]o conhecimento de si e do mundo", segundo formulação de Wilma Patricia Maas[11]. Wilhelm Meister aprenderá as limitações à sua formação, e o gato Murr, aparentemente, ainda que a vida lhe ofereça resistência, permanecerá entranhado no universo das ideias: não chegará a compreender completamente quais são os limites que lhe são impostos pelo mundo real, talvez porque se sinta superior a ele.

A tal "formação para o mundo" de Murr possui, portanto, falhas. O processo de obtenção dos conhecimentos necessários para enfrentar o mundo

---

10. Citada em Marcus Vinicius Mazzari, "Metamorfoses de Wilhelm Meister: *O Verde Henrique* na Tradição do *Bildungsroman*", em *Labirintos da Aprendizagem – Pacto Fáustico, Romance de Formação e Outros Temas de Literatura Comparada*, São Paulo, Editora 34, 2010, p. 109.

11. Wilma Patricia Maas, *O Cânone Mínimo: O* Bildungsroman *na História da Literatura*, São Paulo, Editora Unesp, 2000, p. 27.

tal como ele se apresenta na realidade é permeado por leituras sem um nexo nítido entre elas, sem uma compreensão sistematizada de qualquer assunto em sua abrangência. Em comparação com o romance goethiano, em que uma sociedade secreta observa e conduz o protagonista discretamente, mesmo em suas falhas, a uma direção já estabelecida desde o início, as experiências de Murr e suas leituras são apresentadas como obras do acaso traduzidas por encontros, descobertas de livros e de teorias das artes, entre outras, que não têm realmente um direcionamento e uma sistematização claros ou conscientes. O relato dessas descobertas se aproxima, inclusive, de um aspecto picaresco, tradição romanesca que advém da Espanha moderna. A formação conforme Murr a busca é, por isso, parcialmente aleatória, ao jugo do imprevisto, não firmando, ao contrário do que afirma o narrador, uma sólida base. Lendo a atitude de Murr a partir de uma análise da literatura feita por Franco Moretti no ensaio *O Burguês*[12], a formação do felino parece ser aquela do acúmulo de conhecimentos envolvidos numa aura de erudição, ou seja, um pseudointelectualismo que não possui valor para uma compreensão clara das verdadeiras "concepções de vida" (conforme o título do romance em alemão, *Lebensansichten des Katers Murr*) pelas quais o narrador observa e entende o mundo. Nas palavras de Jürgen Jacobs, "nada mais são do que tentativas esforçadas de imputar a si mesmo um sentimento de vida elevado e valorizar banalidades por meio de um halo verbal"[13].

É precisamente sobre essa falha na formação de Murr que seu amigo, o gato Muzius, fala no trecho transcrito acima, central para a discussão relativa às concepções de formação do protagonista do romance. Muzius identifica no Murr em formação as características da pequena burguesia nascente tanto na Alemanha como em outros países. A identidade de tal classe social é identificada ali com o filisteu[14], palavra que tomou o sentido, no século XIX, de

---

12. Franco Moretti, *O Burguês entre a História e a Literatura*, São Paulo, Três Estrelas, 2014.

13. Jürgen Jacobs, *Wilhelm Meister und seine Brüder*, p. 148. Tradução minha.

14. Rüdiger Safranski, em sua obra de divulgação do Romantismo, apresenta, às páginas 182 e 183, uma descrição daquilo que diversos autores românticos, entre eles Hoffmann, Schleiermacher e Novalis, entendiam por "filisteu". Muitas das características ali elencadas estão presentes na descrição de Muzius: "filisteu é todo aquele que se dedica completamente à utilidade", "o 'filisteu' se torna o símbolo do homem normal por excelência", "conservar uma distância segura é decisivo para o filisteu", "seres sem transcendência", "permanecer previsíveis", "evitam conhecer-se mais profundamente",

um indivíduo que leva uma vida pequena, sem grandes aventuras ou sustos, voltada ao utilitarismo, sob uma perspectiva individualista. Hoffmann utiliza esse termo em diversas obras atribuindo um tom irônico e cômico a fim de criticar a posição do indivíduo que não persegue aspirações maiores do que ser útil, ter conforto (palavras-chave identificadas por Franco Moretti[15]) e, por consequência, estabilidade. É precisamente porque Murr procura se adequar completamente a esse modelo de formação, comum na Alemanha de então, ao mesmo tempo que pretende, em certo nível, a liberdade do artista, que se dá o caráter paródico do romance[16].

O fato de Murr não conhecer o termo que se aplica a ele ("filisteu") indica o afastamento que tem do mundo e o pouco conhecimento que tem de si mesmo. "Pessoalmente", a "ciência" ocupa a posição central de seus aprendizados, não tendo importância primária a experiência de vida como forma de obter o conhecimento prático do mundo real. De maneira didática, Muzius explica alguns dos traços que compõem o caráter do gato que está se tornando um filisteu graças ao seu afastamento do mundo ao redor. Em resumo, o gato filisteu é acomodado, preso ao conforto, prepotente, individualista, narcisista, preocupado com a opinião alheia como forma de medida de *status* social, covarde e hipócrita, conforme se depreende das características mencionadas no excerto. Muzius enxerga essas características em maior ou menor grau em Murr, e indica-lhe, mediante os vocábulos que emprega para descrever sua vida ("clausura" e "desgraçada"), que aquele era precisamente "seu caso".

Murr, no entanto, não é propriamente um ser que sabe estar fraudando seu processo formativo e passando aos outros a imagem de um gato culto e com espírito elevado para obter algum tipo de vantagem sobre os demais seres que

---

"o filisteu não sabe o que é", entre outros, em Rüdiger Safranski, *Romantismo: uma Questão Alemã*, tradução Rita Rios, 2. ed., São Paulo, Estação Liberdade, 2010, pp. 182 e 183.

15. Aproximando-se da metodologia utilizada por Raymond Williams, Franco Moretti, no citado ensaio *O Burguês entre a História e a Literatura*, utiliza palavras-chave para identificar tendências e traçar condensações teóricas sobre o assunto sendo tratado. Para o burguês, que encontra grande similaridade com o "filisteu" alemão, Moretti identifica as seguintes palavras-chave: "útil", "eficiência", "conforto", "sério", "influência", *"earnest"* (traduzido como "franco") e *"roba"* (palavra que ocorre no romance *Os Malavoglia* de Giovanni Verga, significando largamente "bens" e "propriedades").

16. Rolf Selbmann, *Theater im Roman: Studien zum Strukturwandel des deutschen Bildungsromans*, München, Wilhelm Fink Verlag, 1981, p. 110.

povoam o livro. Murr acredita que sua disposição elevada é nata, de maneira que não constitui um subterfúgio para expedientes pouco éticos. A atitude se aproxima ao ar aristocrata que, conforme mencionado anteriormente, impera ainda na Alemanha do início do século XIX, ar que mudará rapidamente no decorrer desse século, em que a burguesia, notadamente no período conhecido como *Biedermeier*, tomará algumas rédeas da produção romanesca.

O que Muzius identifica em Murr é, por assim dizer, o oposto da aspiração à "formação universal" preconizada por Wilhelm Meister no romance de Goethe. A importância da experiência de vida, da ação, é ressaltada nas viagens e nos caminhos pelos quais o protagonista goethiano passa, ainda que orientado sub-repticiamente pela Sociedade da Torre. Murr, por outro lado, descobrirá somente ao final do romance que os demais indivíduos da sociedade são também capazes de transmitir conhecimentos e que destes se pode extrair aprendizagem (no caso, mediante a orientação dada por uma famosa cachorra), ainda que mantenha até o fim o ideal de formação intelectual, tentando não sucumbir às pressões sociais e abandonar seu ideal de educação.

Manuel Bandeira, no poema "Pensão Familiar", publicado em *Libertinagem*[17], descreve uma cena pacata em uma casa tipicamente burguesa (diríamos filisteia) e exemplifica a típica vida dessa classe por meio da imagem de gatos que estão confortáveis ("espapaçados ao sol") em meio à preguiça e à falta de atividade própria a esse tipo de vida. Bandeira fecha o poema com o seguinte verso: "– É a única criatura fina na pensãozinha burguesa", referindo-se ao gato. Evidentemente, a adjetivação da imagem do gato como fino, ou seja, que segue uma etiqueta e age com "bons modos", é uma caricatura do próprio burguês, personificado nas atitudes do animal. Este, humanizado e tornado o personagem principal em uma obra na qual, de outra forma, predominariam humanos, oferece outro ponto de vista para o todo, ou seja, o de atitudes animais reconhecíveis nos próprios seres humanos. Em Hoffmann, esse ponto de vista alterado incrementa a comicidade pretendida na obra, intensificando a sátira ao nascente mundo burguês.

---

17. Agradeço a Rafael Tahan, atualmente pesquisador de literatura brasileira contemporânea na FFLCH--USP, a sugestão do poema de Bandeira.

Portanto, o romance de Hoffmann instaura seu teor parodístico logo em seu início ao colocar em cena, como protagonista, não um humano filisteu, mas um gato que se torna filisteu. O gato é a imagem da (pequena) burguesia e também o elemento de substituição que compõe o traço de paródia que o romancista desenvolve. Tomando como antecessoras outras narrativas literário-biográficas, tais como as *Confissões* de Rousseau (autor mencionado seis vezes por Murr), obras iluministas como as de Sterne, às quais podem ser encontradas alusões na história de Murr, vê-se que Hoffmann pretende utilizar obras literárias contemporâneas consideradas marcos do pensamento[18] a fim de expor o uso que delas foi feito por parte da sociedade, notadamente pela burguesia, e criticar tal uso por meio da transposição cômica de um narrador humano para um narrador animal, utilizando o gato como o símbolo dessa apropriação e, derradeiramente, de modo similar a outros casos, como símbolo do burguês, do filisteu.

A ideia de Murr de que pode se distanciar do mundo "profano" e "selvagem" dos felinos normais crendo estar se elevando acima do "normal" dos gatos por meio da aquisição de conhecimento letrado, habilidade própria dos humanos, apresenta-se invertida: o que ocorre com Murr é precisamente a falsa "formação para o mundo", adentrando a zona "abominável" (nas palavras de Muzius) do filisteísmo, que é repulsiva até mesmo para os animais.

A descrição da formação do gato pode ser considerada, portanto, como uma paródia da formação discutida na obra-mestra *Os Anos de Aprendizado de Wilhelm Meister*. Não parece, no entanto, que Hoffmann tenha proposto ridicularizar o sentido de formação (*Bildung*) em si, ou até mesmo o próprio romance de formação goethiano enquanto gênero, contrapondo-se às ideias de Goethe acerca do processo de construção de um indivíduo; parece, mais, expor e satirizar uma formação que era identificada como corrente na sociedade alemã, derivada do recente Iluminismo, porém que era falsa, que levava

---

18. Uma menção honrosa para o romance de formação parodístico é *Flegeljahre* (1804) de Jean Paul, autor que influenciou Hoffmann de diversas maneiras, fornecendo matéria-prima para o desenvolvimento de outros motivos tais como o importante motivo do duplo. O crítico alemão Gerhard Mayer afirma que esse romance de Jean Paul inaugura uma tradição de antirromances de formação, sem, no entanto, se aprofundar nesse texto (Gerhard Mayer, *Der deutsche Bildungsroman: Von der Aufklärung bis zur Gegenwart*, Stuttgart, J. B. Metzler, 1992, pp. 116-117).

fatalmente a uma maior acomodação do indivíduo em sua zona de conforto (literal e metafórica) e a uma falsa percepção entre o artista e o mundo, que afinal é o tema central de toda a produção hoffmanniana.

CONSIDERAÇÕES FINAIS

A obra *Reflexões do Gato Murr* é rica em temas e motivos que podem ser explorados pelos mais diversos ângulos. Estão incluídas nela concepções sobre arte, o artista, escrita literária e música que o próprio autor praticava em suas obras. O leitor atento pode perceber diversas intertextualidades presentes nos comentários de Murr, e também na narrativa do compositor Kreisler (personagem que não foi abordado neste ensaio), com obras contemporâneas, resultando na criação intratextual de profícuas discussões sobre concepções de mundo e de vida.

Procurou-se aqui descrever e analisar um desses aspectos presentes no romance de Hoffmann: o uso que o autor fez do romance de formação, cujo paradigma e protótipo havia sido recém-publicado na Alemanha, e que iria influenciar profundamente concepções de educação, suscitando também uma série de reflexões sobre o incipiente romance realista que se desenvolveria na Alemanha nas décadas subsequentes.

O gato Murr, ao descrever suas concepções de vida, personifica uma crítica feita por Hoffmann ao filisteísmo crescente na sociedade alemã da época por meio do relato de uma formação pseudointelectualizada, sem rumos definidos e sem uma sistematização que lhe desse uma base de sustentação sólida. Essa formação, no entanto, é valorizada por Murr, que acredita já possuir em si, desde seu nascimento e devido à condição felina, as qualidades suficientes para ser a criatura de espírito elevado que pretende alcançar. De fato, ao pôr um gato em cena, ao invés de um burguês humano, Hoffmann intensifica o caráter satírico e cômico, além de profundamente irônico, de sua trajetória e da falsa "formação para o mundo", atingindo com suas críticas o modelo clássico e iluminista predominante no pensamento da época e adotado pela incipiente (pequena) burguesia alemã como modelo ideal para uma suposta formação ampla e significativa para a vida em sociedade.

Com a expressiva intertextualidade entre os "meses de aprendizado" de Murr e os "anos de aprendizado" de Wilhelm Meister, Hoffmann cria uma relação parodística com o romance de Goethe ao afirmar sua importância teórica para a literatura e as concepções educacionais da época, porém criticando o modo como o conceito de "formação" estava sendo empregado socialmente, ou seja, para a exaltação dos valores mesquinhos da nascente (pequena) burguesia alemã.

Para além da paródia, também é possível dizer que estamos diante de um antirromance de formação tendo em vista a anulação dos pressupostos goethianos de formação e a inversão de valores de uma educação e de um desenvolvimento que se pretendiam fundamentais para a existência humana em sociedade. O gato representa, portanto, um herói problemático que se torna, ao final da descrição de seu desenvolvimento, um herói risível, nas palavras de Jürgen Jacobs, e que não atinge e jamais poderia atingir seus elevados objetivos precisamente porque suas premissas são invertidas desde o início.

SANDRA GUARDINI VASCONCELOS

Philip Pirrip:
As Grandes e as Perdidas Ilusões

INTRODUÇÃO

Em 10 de junho de 1870, ao render um tributo a Charles Dickens, cuja morte ocorrera no dia anterior, o jornal *The Times* resumia em editorial a relação que a nação havia estabelecido com um de seus mais importantes romancistas:

> Foi repentinamente arrebatado de nós aquele que jovens e velhos, onde quer que a língua inglesa seja falada, se acostumaram a considerar como um amigo pessoal. Charles Dickens não vive mais. A perda de tal homem é um acontecimento que faz as expressões comuns de pesar parecerem frias e convencionais. Ela será sentida por milhões como nada menos que um luto pessoal[1].

Desaparecia, assim, o escritor que havia penetrado todos os estratos sociais e cuja obra havia feito a Inglaterra rir e chorar, e havia exposto a bon-

---

1. "One whom young and old, wherever the English language is spoken, have been accustomed to regard as a personal friend is suddenly taken away from among us. Charles Dickens is no more. The loss of such a man is an event which makes ordinary expressions of regret seem cold and conventional. It will be felt by millions as nothing less than a personal bereavement" (*The Times*, Friday, June 10, 1870. Quando não indicado de outro modo, todas as traduções são minhas).

133

dade e a força das pessoas simples, mas também a miséria e a ganância de uma sociedade em transformação. Desde a década de 1840, quando surgiu na cena literária e passou a traduzir as conquistas, os dilemas e as contradições de um país às voltas com mudanças substanciais em sua organização econômica e social, Charles Dickens (1812-1870) personificou na sua própria trajetória a crença na mobilidade social e no sucesso pelo esforço pessoal que a ideologia burguesa vendeu como um sonho viável a todos os indivíduos de talento. Espécie de porta-voz das esperanças e desilusões de seu tempo, ele havia se tornado uma instituição e da extensão de sua fama dá testemunho um de seus pares, George Gissing, o romancista responsável por um dos primeiros estudos críticos sobre o autor de *Oliver Twist*: "Suponho que, por pelo menos vinte e cinco anos de sua vida, não houve um lar de língua inglesa no mundo [...] no qual seu nome não fosse tão familiar quanto o de qualquer conhecido e no qual uma alusão às personagens criadas por ele deixasse de ser compreendida"[2].

Dickens iniciou sua carreira literária com *Sketches by "Boz"* (1836) mas foi *The Pickwick Papers*, publicado em dezenove fascículos entre março de 1836 e outubro de 1837, que o tornou popular e também lhe valeu o reconhecimento como escritor. Graças à produção seriada, que lhe permitia acompanhar a reação do público leitor e, se necessário, introduzir modificações no enredo ou no desenvolvimento das personagens, essas primeiras obras já traziam as marcas que fariam sua fama: a comicidade e a idiossincrasia de suas criaturas, humor, melodrama, certo viés satírico e crítica social. Por trás do otimismo e do enaltecimento da inocência que parecem sobressair em sua produção, desenha-se um sombrio cenário vitoriano, no qual se entreveem as carências, as aflições e as iniquidades que caracterizaram sua época.

Charles Dickens fez parte de uma nova geração de romancistas que surgiu no final da década de 1840[3] e iria responder, cada um à sua maneira, a uma sé-

---

2. "I suppose that for at least five-and-twenty years of his life, there was not an English-speaking household in the world [...] where his name was not as familiar as that of any personal acquaintance, and where an allusion to characters of his creating could fail to be understood" (George Gissing, *Charles Dickens – A Critical Study*, New York, Dodd, Mead and Company, 1898, p. 305).

3. As observações e comentários a seguir reproduzem os argumentos de Raymond Williams, na "Introdução" a *The English Novel from Dickens to Lawrence*, London, The Hogarth Press, 1987. Dessa geração, fizeram parte as irmãs Brontë, William M. Thackeray, Elizabeth Gaskell, entre alguns outros.

rie de transformações que já vinham ocorrendo na Inglaterra desde o final do século XVIII e geraram um "novo tipo de consciência", decorrente de um sentimento generalizado de crise. Na esteira da Revolução Industrial, o processo de industrialização e a crescente urbanização, resultado da migração das zonas rurais para o meio urbano e do consequente crescimento das cidades[4], introduziram mudanças substanciais no modo de vida inglês. Se, por um lado, inúmeras instituições de uma cultura urbana foram criadas naqueles anos, como music-halls, parques públicos, jornais, museus e bibliotecas, por outro lado, laços comunitários se romperam e a cultura tradicional do povo inglês se desintegrou, dando lugar a uma nova realidade e a um novo tipo de experiência. Em uma sociedade estratificada e hierárquica, eclodiu ainda uma luta pela democracia, que reivindicava direitos civis e políticos para as "classes médias", ao mesmo tempo que um movimento operário conhecido por Cartismo [*Chartism*] clamava por uma reforma parlamentar que incluísse o sufrágio universal masculino; o voto secreto em cédula; eleições anuais; a igualdade de direitos eleitorais; a eleição de representantes da classe operária no parlamento; a remuneração para os parlamentares.

Longe de alterar apenas as formas externas do cotidiano, essas grandes mudanças sociais e históricas modificaram também sentimentos e experiências interiores, que o romance irá explorar ao figurar as crises de seu próprio presente. Emergia, assim, uma nova "estrutura de sentimento", nos termos de Raymond Williams, da qual alguns romances publicados entre 1847 e 1848 foram altamente representativos. Segundo o crítico, aqueles dois anos testemunharam não apenas o surgimento daquela geração de romancistas que, graças à consciência das mudanças na sociedade inglesa, irá buscar caminhos originais, desafiantes e inovadores, mas também a transformação do romance na "principal forma da literatura inglesa". Compelidos pela necessidade de compreender as alterações no modo de vida, esses romances se voltarão para a sondagem da substância e do sentido de comunidade e da consciên-

---

4. A Inglaterra assistiu, ao longo dos séculos XVIII e XIX, à expansão das cidades industriais ao Norte, a um significativo aumento populacional (de cinco milhões de habitantes em 1700 para quase nove milhões, por volta de 1800), e a um crescimento expressivo de Londres, que contava com quase um milhão de habitantes no início do século XIX e havia se tornado a capital mundial em população e riqueza.

cia histórica das crises de seu presente imediato. No contexto da transição de uma sociedade predominantemente rural para uma sociedade predominantemente urbana, as relações entre experiência e comunidade tornaram-se cada vez menos transparentes e mais complexas, assim como as supostas verdades "universais" foram se mostrando cada vez mais particulares. Para aquela geração, as pressões e os distúrbios não constituíram uma fôrma, que gerou uma forma, mas foram muitas vezes vividos como uma crise da experiência, sugerindo-lhes novas direções para o romance, o qual irá se defrontar com um problema de ponto de vista e de uma nova consciência histórica e incorporar uma percepção da sociedade não somente como "a portadora mas como a criadora ativa, a destruidora ativa, dos valores das pessoas e das relações"[5].

Apesar do preconceito e do desprestígio que ainda rondavam o romance, como gênero literário e obra de arte, sua constante consolidação ao longo do século XIX fará dessa forma literária tão aberta o instrumento ideal para responder aos fatos de seu tempo e para lidar com esses novos sentimentos e dinâmicas, ao figurar de modo cada vez mais patente a história da vida contemporânea. A vida em sociedade apresentava um nível de complexidade, desarmonia, anonimato e de diversidade de valores que se opunha ao sentimento de comunidade que presidia, pelo menos teoricamente, o cotidiano dos habitantes da zona rural. O "colapso" de uma cultura tradicional ainda ligada à comunidade rural – modelo da Inglaterra pelo menos até o século XVIII – foi acompanhado do surgimento de uma "cultura comercial", ligada à vida urbana, enquanto se mantinha uma "cultura da minoria", de traços mais aristocráticos. Dickens vai trilhar o caminho do meio, entre esses dois impulsos, aproveitando-se tanto dessa cultura de extração mais erudita quanto dessa cultura dita comercial.

A Inglaterra, de modo geral, e Londres, em particular, haviam se tornado um foco de contrastes e de contradições: de um lado, a extraordinária acumulação de riqueza e o excepcional progresso, graças aos frutos da Revolução Industrial, e, de outro, a pobreza assustadora, contraste que Dickens fará visível no conjunto de sua obra. Atento à existência desse fosso, o historiador e ensaísta britânico Thomas Carlyle, de quem Dickens foi interlocutor e amigo, havia exposto o que denominou de "o problema da condição da Inglaterra"

---

5. Raymond Williams, *The English Novel*, p. 26.

em dois de seus livros, *Chartism* (1840) e *Past and Present* (1843)[6], dando ao Conservador Benjamin Disraeli o argumento para descrever um país dividido em "duas nações":

Duas nações, entre as quais não há relação ou solidariedade; que são tão ignorantes dos hábitos, pensamentos e sentimentos uma da outra como se morassem em zonas diferentes ou fossem habitantes de planetas diferentes; que têm uma criação diferente, se alimentam de comida diferente, se orientam por regras diferentes de boas maneiras e não são governadas pelas mesmas leis. "Você fala de —" disse Egremont, hesitante. "OS RICOS E OS POBRES"[7].

A expressão – "duas nações" – passava a se referir às gritantes disparidades entre ricos, pobres e trabalhadores, as quais se traduziam, para esses últimos, em condições de vida extremamente indignas e degradantes, fartamente registradas em fotos, relatos e testemunhos. Essa é a "estrutura de sentimento" que dará como fruto uma obra como a de Dickens, um escritor imerso na cultura urbana de seu tempo que, tematizando de forma sutil as rupturas em relação ao senso de comunidade, será o primeiro grande romancista da Inglaterra urbana. Dickens foi fundamental no processo de renovação do gênero ao beber das fontes da "cultura popular" e incorporá-la, fazendo dela um uso criativo, por exemplo, em *The Pickwick Papers* (1837), que traz à cena o mundo do jornalismo, ou em *Hard Times* (1854), que tem como um dos núcleos o mundo do circo, ou melhor, um grupo de personagens que são trabalhadores circenses. Não é de se surpreender, portanto, que Londres tenha se tornado tão central em sua produção, como pano de fundo, como personagem e como fio que atravessa a existência de sua numerosa galeria de criaturas. A cidade é a nova realidade que o romancista introduz como cenário e matéria e que demanda, para sua apreensão, dada a diversidade

---

6. Thomas Carlyle, *Chartism*, London, James Fraser, 1840; *Past and Present*, London, Chapman and Hall, 1843.

7. "'Two nations; between whom there is no intercourse and no sympathy; who are as ignorant of each other's habits, thoughts, and feelings, as if they were dwellers in different zones, or inhabitants of different planets; who are formed by a different breeding, are fed by a different food, are ordered by different manners, and are not governed by the same laws.' 'You speak of –' said Egremont, hesitantly. 'The Rich and the Poor'" (Benjamin Disraeli, *Sybil, or The Two Nations* [1845], Oxford, Oxford University Press, 1998, p. 66).

do objeto e do ambiente físico, um novo tipo de observação e método, que a revela ao mesmo tempo como fato social e paisagem humana.

Como repórter parlamentar e atento observador da vida londrina, a qual relatou em vinhetas reunidas em *Sketches by "Boz"* (1836), Dickens teve contato direto com os problemas da metrópole, graças ao hábito de percorrer suas ruas e perambular tanto pelas regiões mais abastadas quanto pelas mais miseráveis. Em sua longa carreira de escritor – além de autor de contos e de quinze romances (sendo o último inacabado), foi fundador e editor de duas revistas semanais (*Household Words* e *All the Year Round*) –, atuou como um comentarista social, criticando os males e as injustiças da sociedade vitoriana, e como defensor de reformas nos sistemas legal e educacional, e nas condições de moradia dos pobres, entre outras.

Esses temas, sobretudo os maus-tratos a crianças, a injusta estrutura de classes e a crueldade do Governo e da Lei, atravessam a trama de *Grandes Esperanças*[8], um romance da última fase de Dickens, no qual o enredo paradigmático do *Bildungsroman* – que acompanha os anos de formação do protagonista desde a infância até a maturidade, isto é, o caminho da inocência à experiência, com suas lutas, crises e iluminações – ganha tons mais sombrios, na medida em que essa é uma narrativa não de realização e de triunfo, como *David Copperfield* (1850), mas de perda e vazio. Certa jovialidade, alegria e otimismo que transpareciam na obra de juventude dão lugar à desilusão e ao sentimento de que as promessas de mobilidade social em uma economia capitalista não iriam necessariamente se cumprir. O jogo produzido pelo duplo sentido de *"expectations"*, termo usado hoje para se referir a "uma forte crença de que algo irá acontecer" [expectativa] mas que remete também ao significado arcaico de "perspectivas de herança"[9], acaba por lançar uma luz irônica sobre a trajetória do herói do romance que, em seu processo de amadurecimento, verá suas apostas malograrem e suas "grandes esperanças" se provarem "grandes ilusões". À medida que Pip se dá conta de que terá de conformar seus sonhos, expectativas e esperanças

---

8. Charles Dickens, *Grandes Esperanças*, tradução de Paulo Henriques Britto, São Paulo, Penguin Classics Companhia das Letras, 2012 (*Great Expectations*, New York, W.W. Norton & Company, 1999). Publicado em fascículos no periódico *All the Year Round* entre dezembro de 1860 e agosto de 1861 e em livro em 1861.

9. Expectation: 1. a strong belief that something will happen or be the case; 2. one's prospects of inheritance (archaic) (cf. *Oxford English Dictionary*).

PHILIP PIRRIP: AS GRANDES E AS PERDIDAS ILUSÕES 139

às possibilidades (limitadas) que a vida lhe oferece, sua trajetória se configura como a versão dickensiana das *Ilusões Perdidas*.

GRANDES ESPERANÇAS

Como argumentam alguns estudiosos, o enredo de *Grandes Esperanças* se organiza em torno das três fases de desenvolvimento do herói – infância, juventude e maturidade – que costumam estruturar o *Bildungsroman* inglês. Sondagem de um homem de meia-idade a respeito dos seus anos de formação, o romance urde uma complexa trama entre o ponto de vista do adulto e o do menino que, com cerca de sete anos, abre a narrativa e começa a contar sua história, na tentativa de decifrar sua origem e definir sua identidade. O pequeno órfão, criado "com a mão" pela irmã cruel e pelo afetuoso cunhado, o ferreiro Joe Gargery, surge em cena no cemitério, onde busca visualizar, nas lápides, o retrato de sua família:

[...] Minhas primeiras impressões vívidas e abrangentes da identidade das coisas, creio eu que as vivenciei numa memorável tarde fria e úmida, já perto do anoitecer. Nessa ocasião descobri com certeza que aquele lugar lúgubre, coberto de urtigas, era o campo-santo; e que Philip Pirrip, paroquiano de lá, e também Georgiana, esposa do acima, estavam mortos e enterrados; e que Alexandre, Bartholomew, Abraham, Tobias e Roger, filhos pequenos dos dois, também estavam mortos e enterrados; e que o descampado escuro e plano que se estendia além do campo-santo, pontuado por diques e outeiros e porteiras, com algumas cabeças de gado esparsas a pastar, era o charco; e que a linha plana e cor de chumbo mais além era o rio; e que aquele pasto selvagem e longínquo de onde vinha o vento era o mar; e que o serzinho estremecendo de medo de tudo isso, e começando a chorar, era Pip[10].

A oscilação do foco narrativo, evidente na alternância entre a perspectiva e linguagem infantil e o ponto de vista do adulto, entrelaça esses dois planos, em que a inocência e a descoberta do mundo pela criança são revividas pelo Pip maduro, cuja capacidade de decodificação e interpretação dos fatos é fru-

---

10. Charles Dickens, *Grandes Esperanças*, 2012, p. 34.

to da distância e da experiência, que lhe permitirá esse jogo entre passado e presente: "Desde aquele tempo, já muito distante agora, com frequência me ocorre o pensamento de que poucas pessoas sabem quantos segredos guardam as crianças sob o impacto do terror"[11]. Assim, pequenos detalhes, comentários ou avaliações se intrometem no fio do texto e indicam a intervenção dessa outra voz que marca o hiato entre os dois tempos. O parêntese em "[c]omo jamais vi meu pai nem minha mãe, e nunca vi retrato deles (pois que viveram muito antes do tempo das fotografias)"[12] é indício claro de que o menino nasceu bem antes da invenção de Daguerre e da primeira impressão fotográfica em papel, realizada por Fox Talbot em 1839, fatos que só o adulto Pip poderia ter testemunhado. É ao experiente Pip que soa "estranha" a imagem formada pelo menino, a partir do formato das letras na pedra, de que o pai "teria sido um homem quadrado, robusto, moreno, com cabelos negros crespos"[13]. Certo tom de comicidade tinge o fraseado, característico do modo de expressão infantil, não apenas quando se refere à mãe como "também Georgiana Esposa do Acima", repetindo *ipsis litteris* a inscrição na lápide, mas quando, no charco junto ao rio, um "homem assustador" o ameaça e o vira de cabeça para baixo enquanto lhe esvazia os bolsos. Do ponto de vista do menino, "Quando a igreja se endireitou – pois ele [o homem] foi tão repentino e forte que a fez virar de ponta-cabeça diante de mim, e vi o campanário debaixo de meus pés – quando a igreja se endireitou, como eu dizia, dei por mim sentado numa lápide alta, tremendo, enquanto ele devorava o pão com avidez"[14].

Não escapa ao leitor o contraste entre o olhar inocente da criança, sua condição de orfandade e o mundo da violência e do crime que se materializa diante dele na figura do condenado, em busca de comida e de uma lima para libertar-se das correntes que o agrilhoavam. Nesse descampado, em um dia invernal, o acaso propicia a Pip um encontro que se tornará decisivo em sua vida com o homem por quem comete seu primeiro delito, ao ter de furtar de casa o que o condenado exige e passar depois a ser consumido pelo sentimen-

---

11. *Idem*, p. 48.
12. *Idem*, p. 33.
13. *Idem, ibidem*.
14. *Idem*, p. 35.

PHILIP PIRRIP: AS GRANDES E AS PERDIDAS ILUSÕES

to de culpa. Em polvorosa com a notícia da perseguição policial a dois criminosos em fuga, que acabam sendo recapturados, a família de Pip se reúne com amigos, vizinhos e parentes para a festa de Natal, durante a qual o assunto vem à tona, aprofundando a noção de falta por parte do menino. A atmosfera fria, lúgubre e sinistra do cemitério dá lugar, nessa segunda cena, ao espaço da casa e da forja, onde o calor do fogo queimando na lareira e a imagem paternal de Joe Gargery encarnam o lugar de refúgio para Pip. No entanto, sob esse abrigo potencialmente acolhedor a sra. Joe exercita sua tirania, cólera e aspereza, acentuando o peso de consciência de Pip, que se debate entre o medo dos castigos da irmã e o terror das ameaças do "homem com ferro na perna". Essas primeiras experiências tocam, dessa maneira, em questões de identidade, de maus-tratos e punição, e incluem um confronto com a lei e o crime cujo alcance a pouca idade do menino o impede de compreender. Da perspectiva da construção da narrativa, enquanto elas deixam marcas no processo de formação da personagem, também definem os rumos da trama que começa a se desenhar nesses capítulos iniciais.

Ainda na primeira fase, outro evento crucial, com consequências indeléveis na vida de Pip, será o encontro com Estella, a protegida da rica sra. Havisham, proprietária da misteriosa Casa Satis. Convidado a ser o companheiro de brincadeiras da arrogante e insensível menina, que zomba dele e o trata com desdém – "um trabalhadorzinho boçal e desajeitado" –, Pip, entretanto, fica fascinado por ela e passará a encher-se de fantasias e a almejar a ascensão social, renegando, por fim, sua origem humilde e a condição de aprendiz de ferreiro. Quando recebe o comunicado inesperado de que é o beneficiário de uma fortuna, por parte de um benfeitor anônimo, Pip pode enfim começar a realizar seu sonho de se tornar um cavalheiro (*gentleman*) para poder um dia casar-se com Estella.

O final da primeira parte, que encerra o período da infância do protagonista e narra sua partida para a cidade grande, é memorável, graças à capacidade de Dickens de produzir suspense e expectativa. Se, por um lado, esse é o momento da difícil despedida – "cheguei a pensar, com uma dor no coração, se não devia saltar quando parássemos para trocar os cavalos e voltar a pé, para passar mais uma noite em casa e me despedir melhor no dia seguinte"[15] –,

---

15. Charles Dickens, *Grandes Esperanças*, 2012, p. 234.

o agora rapazinho deixa para trás a aldeia, Joe e a amiga Biddy, e segue em frente convicto de que "[...] todas as névoas haviam se dissipado solenemente, e o mundo se abria para mim"[16].

A técnica bifocal, que possibilita a oscilação do ponto de vista e sinaliza a coexistência dos dois planos temporais, se mantém ainda na segunda fase[17], voltada para a juventude do herói no seu processo de descoberta e de aprendizagem de uma nova vida, com seus desafios e desenganos. Ainda que sua primeira percepção da metrópole não seja nada favorável – "embora me assustasse a imensidão de Londres, creio que teria me ocorrido uma impressão vaga de que a cidade era feia, torta, estreita e suja"[18], é ali que Pip julga que suas "grandes esperanças" irão se realizar. Acreditando que a rica sra. Havisham é sua fada-madrinha, um Pip já adolescente vai experimentar uma vida de ócio e despreocupação, certo de que está destinado a ser um cavalheiro, se casar com Estella e ocupar um lugar de destaque na sociedade. Sob a responsabilidade do seu guardião, o advogado Jaggers, Pip inicia seu aprendizado, tendo como tutor Matthew Pocket, que o informa que ele não receberá um treinamento profissional, mas, ao contrário, será educado para desfrutar da companhia de jovens prósperos. É no contato com os inúmeros membros da família Pocket, os alunos, e o meio jurídico em torno de Jaggers que Pip vai aprender as regras do convívio social e diversificar seu círculo de amizades. Toda essa etapa da jornada de Pip, com a relativa ampliação do seu universo e contato com a pluralidade da vida na metrópole e com uma sociedade de classes, poderia, potencialmente, ter-lhe proporcionado a oportunidade de moldar o caráter, de amadurecer, mas, ofuscado pela ambição de tornar-se um cavalheiro, ele apenas mergulha mais fundo no esnobismo e na conduta egoísta e perdulária que o leva a contrair dívidas cada vez maiores. Emblemático, nesse período, é seu absoluto esquecimento e afastamento do cunhado Joe, seu grande companheiro e amigo durante a infância, cuja visita certa feita lhe causa apenas um profundo desconforto.

16. *Idem, ibidem.*
17. No início da segunda fase, o narrador acentua mais uma vez a distância que separa o passado e o momento da escrita: "Nós, britânicos, naquela época tínhamos certeza de que constituía traição duvidar que tudo que havia de nosso era sempre o melhor. [...] (Charles Dickens, *Grandes Esperanças*, 2012, p. 238).
18. Charles Dickens, *Grandes Esperanças*, 2012, p. 238.

De longa história na tradição inglesa, o conceito de *gentility*[19] esteve vinculado ao nascimento nobre, à distinção social e à riqueza, assim como aos valores de uma elite que gozava de *status* e dos privilégios do ócio. Embora essencialmente social, tratava-se de uma categoria que envolvia ainda noções como civilidade, refinamento das maneiras e elevação moral. Durante a Era Vitoriana, período de acomodação social e política entre a aristocracia e as classes médias, a redefinição do conceito tornou-se objeto de debate, em meio às incertezas entre os vitorianos a respeito do significado de *gentlemanliness* em uma sociedade mais aberta, na qual a mobilidade e o enriquecimento passaram a possibilitar a muitos aspirar a esse *status*. Ideais de respeitabilidade, a centralidade da ideia de cavalheiro, a necessidade de autodefinição desses setores médios, a relação entre *gentility* e virtude, o senso de responsabilidade inerente à condição de cavalheiro serão todos temas que, de diferentes perspectivas, romancistas como William M. Thackeray, Anthony Trollope e Dickens irão abordar[20].

Como *Grandes Esperanças* deixa evidente, para Dickens essa é uma questão problemática pela tensão inerente entre *status* herdado e *status* adquirido e por sua relação com o dinheiro, problema dramatizado na trajetória do protagonista do romance. Do mesmo modo que para os aristocratas, a fortuna não chega às mãos de Pip por mérito ou esforço próprio; a crença de que ela é suficiente para superar a origem humilde e conceder-lhe o desejo de ser cavalheiro o levará a operar uma cisão entre a superioridade social e a moral que a condição de *gentility* implica. A ascensão de Pip se dá às custas de pequenas traições e atos de deslealdade e, ironicamente, torna-se possível porque suas "grandes esperanças, se um dia forem realizadas, descobre-se que existem por causa de uma realidade sórdida, oculta. O real não é a *gentility* da vida de Pip, mas os navios-prisão e o assassinato e os ratos e a deterioração dos porões do romance"[21]. Por outro lado, no empenho dele por aperfeiçoamento pessoal,

---

19. Termos como *gentility* e *gentlemanliness* serão mantidos no original pela dificuldade de correspondente apropriado em português. No caso de *gentleman*, adoto a tradução utilizada na edição brasileira do romance.

20. Para uma discussão aprofundada desse assunto, ver Robin Gilmour, *The Idea of the Gentleman in the Victorian Novel*, London, George Allen & Unwin, 1981.

21. Lionel Trilling, "Manners, Morals, and the Novel", *The Liberal Imagination*, New York, New York Review Books, 2008, p. 211, "great expectations which, if ever they are realized, are found to exist by reason of a sordid, hidden reality. The real thing is not the gentility of Pip's life but the hulks and the murder and the rats and decay in the cellarage of the novel".

desde as lições de Biddy e as aulas na escolinha da aldeia, apreende-se a determinação de superar as carências decorrentes de suas circunstâncias. Emaranhado no mito do *self-made man*, tão caro a uma sociedade na qual a consciência de classe só se acentua, sobrevive mais esse resquício do mundo aristocrático – uma ambivalência que Pip encarna, em sua busca por um sinal de distinção, e que Dickens expõe ao proporcionar ao herói o bônus do cultivo pessoal sem seu ônus.

A segunda fase da trajetória do herói centra-se, sobretudo, no seu processo de aprendizagem, com a expansão de seus horizontes geográficos, sociais e humanos. Com Matthew e Herbert Pocket, ele começa a obter a educação considerada adequada a um cavalheiro. Contudo, sem objetivos intelectuais, culturais ou espirituais, passa a viver uma vida fútil e sem rumo, parecendo julgar que, para ser um cavalheiro, bastam sinais exteriores, como roupas de boa qualidade, boas maneiras e o sotaque dos bem-nascidos. Nesse período, aprende também a esbanjar e, com a maioridade e o poder de decisão sobre o uso do dinheiro, acaba por contrair dívidas. G. Robert Stange pondera que Pip "ascende socialmente, porém, como age por cálculo e não por caridade instintiva, seus valores morais deterioram à medida que seu traquejo social melhora"[22].

O que pareceria ser um caminho largo e desimpedido para a realização de suas aspirações, no entanto, experimenta uma inflexão quando a verdade da origem de sua fortuna vem à tona. Em uma tempestuosa noite londrina, seu destino muda dramaticamente com a volta do condenado que o menino Pip havia encontrado no charco e a revelação de que Abel Magwitch, e não a sra. Havisham, é o verdadeiro responsável pelas "esperanças" do protagonista. Recém-chegado da Austrália, para onde havia sido enviado com a exigência de nunca mais retornar à Inglaterra, sob pena de morte, Magwitch desafia a lei e confronta o perigo para procurar seu protegido e dar-se a conhecer como seu verdadeiro benfeitor:

"[...] fiz um cavalheiro de ti! Fui eu que fez isso! Eu jurei naquele tempo que se algum dia eu ganhasse um guinéu, que fosse, esse guinéu havia de ser teu. Jurei ades-

---

22. G. Robert Stange, "Expectations Well Lost: Dickens's Fable for his Time", em Arnold Kettle (ed.), *The Nineteenth-Century Novel. Critical Essays and Documents*, London, Heinemann, 1976, p. 127. "He rises in society, but since he acts through calculation rather than through instinctive charity, his moral values deteriorate as his social graces improve."

pois, que se algum dia eu fizesse especulação e enricasse, tu havias de enricar também. Vivi uma vida dura, pra que tu vivesses na moleza; me matei de trabalhar pra tu não precisar trabalhar. [...]

Olha aqui, Pip. Eu sou teu segundo pai. Tu é meu filho – és mais pra mim que qualquer filho. Eu guardei dinheiro só pra que pudesse gastar. [...] Eu te vi muitas vez, que nem que te vi naquele charco, no meio da neblina. "Que Deus me mate mortinho!", eu dizia todas as vez – e saía da cabana pra dizer isso a céu aberto –, "se, adespois que eu ganhar minha liberdade e ganhar dinheiro, eu não fizer daquele menino um cavalheiro!" E foi o que eu fiz. [...][23]

À primeira vista, o ato de Magwitch soa apenas como um gesto de generosidade e retribuição, que contrasta com o confesso horror de Pip, mas logo se verá que sua ação não foi desinteressada, pois a ela se mistura sua visão do menino como um objeto adquirido: "Eu dizia pros meus botão: 'Se eu não sou um cavalheiro, e se ainda não tenho estudo, eu sou o dono de um. Vosmicês todos têm gado e terra; qual de vosmicês tem um cavalheiro bem criado em Londres?'"[24] "Mais uma vez, ele tomou-me pelas duas mãos e encarou-me com um ar de quem admira sua propriedade: [...]"[25].

No seu contentamento de ver Pip transformado em cavalheiro, Magwitch não percebe a repugnância e o choque que sua presença provoca no rapaz. A reaparição do "forçado" tem um efeito devastador sobre Pip. Aturdido, apavorado, ele reage com vergonha da rudeza de Magwitch e vê caírem por terra todas as suas fantasias a respeito da sra. Havisham e das intenções dela em relação a ele. Assalta-o ainda um profundo sentimento de culpa e dor por ter abandonado Joe por causa do forçado: "Só faltava mesmo isto: o desgraçado, depois de me desgraçar com suas cadeias de ouro e prata por tantos anos, arriscara a própria vida para me ver, e era eu que a protegia agora! Se ele me inspirasse amor e não horror; se ele me inspirasse muita admiração e afeição, em vez de uma repugnância fortíssima, não teria sido pior do que era"[26].

---

23. Charles Dickens, *Grandes Esperanças*, 2012, p. 439.
24. *Idem*, p. 441
25. *Idem*, p. 457.
26. *Idem*, pp. 442-443.

O que se segue, a partir desse comentário, é uma espécie de resumo em nove parágrafos de toda a ação do romance no que diz respeito ao percurso de Pip até ali. A segunda fase se fecha nesse momento climático, com um Pip consciente "do [seu] comportamento desprezível", atormentado pelo medo, que o faz recordar e reviver o episódio longínquo da infância, e pelos erros. As velas e a lareira apagadas no aposento, o vento, a chuva e "a escuridão negra e espessa" que circundam Pip quando ele acorda no outro dia apenas reforçam a atmosfera de ameaça e o estado interno do protagonista, assim como a dramaticidade da cena.

Abre-se a terceira fase com a nova complicação na trama, que exige de Pip providências para encobrir o regresso de Magwitch (agora sob o nome de Provis) e precauções para evitar sua prisão. Em meio às medidas práticas – "o dinheiro compra peruca pra disfarçar, e polvilho pra pôr no cabelo, e óculos, e roupa preta – culote, essas coisa"[27] – e à procura de uma pensão, manifesta-se o tumulto interior do protagonista, cujo relato refere preocupações, sobressaltos, desalento, angústia, transtornos. Ciente do risco que corre, ao abrigar um forçado e vir a ser responsável por sua morte, Pip, com a ajuda do amigo Herbert, passa a traçar um plano para tirar Magwitch da Inglaterra. A confissão do condenado sobre sua origem, seu passado e suas relações com a sra. Havisham e Estella, a conversa de Pip com a proprietária da Casa Satis, na qual novas revelações vêm à tona, o ataque de Orlick contra Pip, a tentativa de fuga de Magwitch, que termina com sua prisão – tudo vai operando uma transformação em Pip. O movimento que o levara do charco para a Casa Satis e depois para Londres se constitui em uma jornada de contato com o sofrimento e de confronto com dilemas morais e éticos, com a "nódoa de prisão e crime" o envolvendo desde seu primeiro encontro com o fugitivo, o furto da lima e da comida, a morte da sra. Joe com a arma que forneceu a Orlick, o desprezo por Joe e pela ferraria. Essas experiências e descobertas têm consequências para Pip, cujo choque e horror gradativamente dão lugar ao processo de reconsideração das certezas que haviam norteado sua vida e o levam a tomar consciência de que os valores que havia abraçado não fariam dele um cavaleiro. Movido pelo remorso, o protagonista toma para si o cui-

---

27. *Idem*, p. 456.

dado de Magwitch na prisão, onde o foragido irá acabar morrendo, certo de que o rapaz veio a aceitá-lo mais agora do que em sua fase de prosperidade:

> Pois agora a repugnância que ele [Magwitch] me inspirava havia desaparecido por completo, e naquela criatura perseguida, ferida e acorrentada que tomava minha mão na sua eu via apenas um homem que pretendera ser meu benfeitor, e que fora afetuoso, grato e generoso para comigo com muita constância durante anos. Eu via nele apenas um homem que fora muito melhor do que eu fora para com Joe[28].

A terceira parte é a da expiação da culpa, em que Pip vai lentamente aprendendo a conviver com Magwitch, a acolhê-lo e ajudá-lo, em que ele retoma os princípios de humanidade e irmandade dentro dos quais fora criado para que, de certa maneira, possa se reencontrar com Joe e também reparar seus erros por ter menosprezado a figura desse homem simples e rústico, mas de grande coração. A resolução de todos os nós e conflitos e o processo de reparação principiam com o reconhecimento da humanidade de Magwitch e com a recusa por Pip do dinheiro de seu benfeitor e de qualquer auxílio da sra. Havisham. Ameaçado de encarceramento ele próprio em razão de suas dívidas, Pip adoece e é, por sua vez, cuidado por Joe, que acabará por quitar-lhe os débitos. O processo de reparação culmina com a doença, em que a febre, o delírio, o sofrimento físico – com essa sugestão de morte simbólica – vão possibilitar a elevação dessa personagem para um outro patamar do qual ele sairá mais experiente, mais preparado para enfrentar as vicissitudes, e menos envolto pela fantasia de ascensão social e riqueza que nutrira durante parte da sua infância e, sobretudo, durante a adolescência e primeiros anos de maturidade.

A narrativa se encaminha para o final com a morte da sra. Havisham, o casamento de Joe e Biddy, a morte do marido de Estella e a partida de Pip para o Cairo, onde ele irá trabalhar na firma de Herbert. No seu retorno, anos depois, em visita a Joe e Biddy, ele conhece o filho deles, o pequeno Pip. Na repetição do apelido, na verdade um palíndromo, fica sugerida certa circularidade – isto é, um movimento circular do enredo –, no sentido de que, no desfecho do romance, ao fim dessa longa trajetória, quando Pip já se tornou

---

28. Charles Dickens, *Grandes Esperanças*, 2012, p. 606.

um homem de meia-idade e já perdeu suas ilusões, surge essa nova personagem, o filho do cunhado que é também chamado de Pip. Insinua-se, assim, uma espécie de continuidade que se concretizará quando Pip, já velho, partir dessa vida e ela for continuada por esse outro Pip, criado em um ambiente de carinho, amor, compreensão e cuidados, portanto sob outras circunstâncias, com outra história de vida.

Na terceira fase, os sonhos e as esperanças todos vão caindo por terra e Pip precisa, portanto, encontrar formas de viver naquele mundo, ganhar sua própria sobrevivência e se transformar em um homem. Nessa trajetória, ele vai vivendo esse processo de aprendizado, essa confrontação, esse embate com os limites postos pela vida de um lado, pela sociedade do outro, e pelos próprios valores que vão sofrendo transformações. O romance termina com o reencontro de Pip e Estella, o qual deixa em aberto a possibilidade da realização amorosa, pondo em cena as duas personagens que, mais maduras e experientes, e redimidas pelo sofrimento, podem almejar um futuro comum, sugerido pela metáfora que fecha a narrativa – "as névoas vespertinas se dissipavam agora, e naquela extensão de luz tranquila que elas me revelavam, não vi nenhuma sombra de um adeus a Estella"[29]. Essa promessa de felicidade é uma concessão de Dickens à recomendação de seus amigos Wilkie Collins e Edward Bulwer-Lytton[30], que o convenceram a reescrever a versão original, bastante melancólica e sombria, segundo a qual Pip e Estella se reencontram apenas brevemente, sem nenhuma chance de futuro e de vida conjunta para os dois. Pessimista, esse desfecho sugeria que nenhuma das aspirações de Pip iria se realizar: nem a ascensão social, nem o amor – absolutamente nada. Desde a publicação do romance, a crítica se dividiu quanto aos méritos dos dois finais e o próprio Dickens considerava que a mudança fora para melhor. John Forster, seu biógrafo, alinhou-se com os partidários da primeira versão, que, segundo ele, "parece ser mais consistente com o curso, assim como o

---

29. *Idem*, p. 655.

30. Em carta a seu biógrafo, John Forster, datada de 1º de julho de 1861, Dickens escreveu sobre a mudança: "Incluí um pequeno trecho tão agradável quanto possível e não tenho nenhuma dúvida de que a história ficará mais aceitável devido à alteração". "I have put in as pretty a little piece of writing as I could, and I have no doubt the story will be more acceptable through the alteration" (John Forster, *The Life of Charles Dickens*, London, Chapman & Hall, vol.. II, 1904, p. 361).

desenvolvimento, do relato"[31], razão pela qual ela acabou sendo preservada. Argumentos em defesa do segundo final perdem igualmente a força diante de uma apreciação como a de George Bernard Shaw, o qual julgava que o romance "É um livro sério demais para ser trivialmente feliz. Seu início é infeliz; seu meio é infeliz; e o final feliz convencional é um ultraje"[32].

UM ROMANCE DE FORMAÇÃO

Escrito por um narrador de meia-idade, decorridos os acontecimentos que marcaram sua existência, o relato de Philip Pirrip é um instrumento de autoanálise e reflexão. Seu empenho em retraçar os caminhos percorridos desde a infância, em examinar seu passado, é, ainda, um exercício de interrogação de sua identidade, de sua situação no mundo. Órfão, criado sob o signo da punição e da falta de amor, o protagonista se indaga quem é e interpreta sua origem a partir das inscrições nas lápides, como se ali estivessem encarnadas a paternidade e a família, que mal conheceu. Essa é apenas uma das faces das identidades fraturadas que Pip se esforçará por unificar à medida que reconstrói sua trajetória. No retrato de sua meninice, estão refletidas algumas das questões que ocuparam Dickens não apenas na obra ficcional, mas também na atuação como jornalista, preocupado com os problemas prementes de sua época, como o sistema educacional, saúde, saneamento, entre tantos. A consciência da pobreza, da precariedade de condições de vida e trabalho das classes baixas gerou no escritor o reconhecimento de que era preciso reformar a sociedade. O clamor por reformas, que marcou sua intervenção no debate público, foi também um fio subjacente na ficção, que não se furtará a expor os impasses e as inequidades de seu próprio tempo sob forma narrativa.

Em seu exame retrospectivo, Pip traz à tona uma série de situações e experiências que tocam diretamente no nervo de uma sociedade desigual, na qual começa a ficar evidente que a promessa das duas revoluções – a Fran-

---

31. John Forster, *op. cit.*, p. 361.
32. George Bernard Shaw, Introduction to *Great Expectations*, em Harold Bloom (ed.), *Charles Dickens*, New York, Chelsea House, 2006, p. 68. "[The novel] is too serious a book to be a trivially happy one. Its beginning is unhappy; its middle is unhappy; and the conventional happy ending is an outrage on it."

cesa e a Industrial – de abertura das carreiras ao talento[33] não iria se cumprir para todos. A crise de 1848, que na Inglaterra assumiu a forma da luta pela democratização encetada a partir da década de 1830 ("a agitação cartista", nas palavras de Hobsbawm), apenas revelou que a construção do mundo burguês se dava às custas da exclusão de camadas significativas da população. No romance, uma visão pessimista põe em xeque o aparato ideológico que vendia a ideia de que empenho e esforço seriam suficientes para a realização das aspirações e alimentava, de certa forma, a engrenagem da sociedade capitalista. Por meio de Pip, Dickens mostra os limites concretos impostos pelas forças históricas e expõe as contradições de seu tempo, ao fazer seu protagonista participar de três esferas diversas: o meio humilde e carente da infância, o ambiente de ociosidade e fausto da juventude, e a vida industriosa e sóbria da maturidade – "Trabalho muito para ter o suficiente, de modo que... Sim, vivo bem"[34].

A pobreza de Pip, sua orfandade, as condições materiais de vida na zona rural, a falta de oportunidades são fatores que determinam as chances precárias para um menino cheio de potencial em uma situação de poucos meios. Emblema do destino das crianças pobres, Pip é salvo por uma solução mágica, porém, e embarca em uma trajetória marcada por falsos valores. Por meio dela, Dickens traça um contraste entre o conceito tradicional de cavalheiro como aquele privilegiado por riqueza, *status* e tempo livre e o de cavalheiro como aquele dotado de integridade moral, contribuindo, dessa maneira, para um dos debates centrais desse tempo de mudanças. Nas relações entre as várias personagens, embora não sublinhados, se dão a ver os antagonismos de classe, enquanto a força destrutiva das instituições transparece na representação do sistema penal no romance.

O aprendizado de Pip será longo e crivado de sofrimento e sua história, revista da perspectiva da distância temporal, possibilitará o enfrentamento da verdade e a reflexão tanto sobre os acontecimentos que marcaram sua vida como sobre questões de maior abrangência, como na cena do julgamento do fugitivo, na qual ele testemunha a desumanidade dos ritos e processos legais:

---

33. Ver Eric Hobsbawm, *A Era das Revoluções. Europa 1789-1848*, Rio de Janeiro, Paz e Terra, 1977.
34. Charles Dickens, *Grandes Esperanças*, 2012, p. 654.

PHILIP PIRRIP: AS GRANDES E AS PERDIDAS ILUSÕES   151

Naquela época, era habitual (como fiquei sabendo a partir da terrível vivência daquelas sessões) dedicar o último dia da sessão à leitura das sentenças, e causar grande efeito terminando com a sentença de morte. Não fosse a imagem indelével que ficou gravada na minha memória, eu mal conseguiria acreditar, no momento em que escrevo estas palavras, que vi trinta e dois homens e mulheres levados diante do juiz para receber tal sentença juntos[35].

Os ataques de Dickens aos males da sociedade do seu tempo não constituem um programa político; ao contrário, eles nascem de uma visão humanista que aposta na possibilidade de regeneração, de perdão, na vontade e bondade inerente aos homens. Alvo de críticas pelo ar caricatural e pela falta de profundidade na caracterização psicológica de muitas de suas personagens, pelo recurso ao melodrama, pela representação das personagens femininas como seres frágeis e unidimensionais, o romance de Dickens deu voz às crises que marcaram sua época, encarnando-as em seus diversos protagonistas, expostos cada um deles a um difícil aprendizado em sua caminhada rumo à maturidade.

Apesar da relutância por parte de alguns estudiosos em aceitar que o paradigma do *Bildungsroman* tenha cruzado fronteiras linguísticas e culturais, esse é um conceito que foi apropriado pela crítica de língua inglesa para discutir uma série de romances que se centram sobre o processo de aprendizagem ou de formação de seus protagonistas e sobre sua socialização; termos como *novel of education, novel of apprenticeship* ou *coming-of-age novel* tornaram-se correntes para designar o subgênero que tem em seu núcleo uma narrativa que encena a jornada da personagem do estado de inocência para o de experiência e em que o choque entre a poesia do coração e a prosa do mundo encontra alguma forma de reconciliação. Nele, se inscreveriam romances como *Tom Jones* de Henry Fielding, *Jane Eyre* de Charlotte Brontë, *David Copperfield* e *Grandes Esperanças* de Dickens, com a ressalva de que, embora mantenha alguma semelhança com seu correlato alemão, a forma assumiu alguns traços específicos ao se aclimatar na Inglaterra.

Sem pôr em xeque o destino final do protagonista no romance de formação, que prevê sua adequação ao mundo, o diferencial no caso inglês parece

---

35. *Idem*, pp. 619-620.

residir na relação intrínseca que se estabelece entre as expectativas do herói e o sistema de classes. Para Franco Moretti, de modo geral, o *Bildungsroman* inglês é antes um romance de preservação que de iniciação, na medida em que confere à "infância dos heróis, se não sempre ao seu nascimento, [...] uma proeminência emblemática e duradoura", em uma cultura que se caracteriza pela estabilidade e conformidade[36]. Para ele, os dois principais modelos, *Tom Jones* e *David Copperfield*, e a variante feminina, *Jane Eyre*, confirmam o padrão narrativo do *status* herdado em uma sociedade em que os valores aristocráticos ainda têm força e são moeda corrente. Nos três, cuja estrutura narrativa mantém nexos evidentes com o conto de fadas, atribuem-se contornos aristocráticos ao tema burguês da mobilidade social, com a revelação da verdadeira origem de seus protagonistas ao final. Para além do direito de herança – não apenas propriedade ou pecúnia – é do direito à identidade que se trata, direitos ambos cuja restauração é "um ato de justiça".

Pip retém uma concepção de cavalheiro calcada na classe social, no prestígio e no dinheiro. Mesmo que a possibilidade de mobilidade social invalide a teoria do *status* herdado, ele deseja ambos. Suas expectativas estão intrinsecamente ligadas a essa fantasia e o advogado parece reforçá-la quando comunica ao menino o que o destino lhe reserva: "Fui instruído a comunicar-lhe", disse o sr. Jaggers, apontando o dedo para mim, de lado, "que ele vai herdar uma bela propriedade. Ademais, o atual dono da propriedade em questão deseja que ele seja imediatamente retirado de suas atuais circunstâncias e deste lugar, e passe a ser criado como um cavalheiro – em suma, como um jovem com grandes esperanças"[37].

Porém, segundo Moretti, *Grandes Esperanças* funciona como um contra-modelo, uma vez que "[...] quando Pip descobre-se com uma fortuna sem qualquer mérito moral próprio, a única solução é tirá-la dele, até o último centavo, por meio do sortilégio legal de praxe"[38]. O acesso ao dinheiro e a

---

36. Franco Moretti, *The Way of the World. The Bildungsroman in European Culture*, transcrição de Albert Sbragia, London, Verso, 2000, p. 182, "the heroes' childhood, if not always their birth, is granted an emblematic and lasting prominence".
37. Charles Dickens, *Grandes Esperanças*, 2012, p. 206.
38. Franco Moretti, *op. cit.*, p. 187, "when Pip finds himself with a fortune without any particular moral merit, the only solution is to take it away from him, down to the last penny, via the usual legal witchcraft".

vida ociosa na metrópole não lhe abrem o caminho do aprendizado, mas, ao contrário, transformam-no em um esnobe, até sua descoberta, após a doença, de que suas "esperanças" ruíram. Pip atinge a maturidade graças à perda de suas ilusões e à compreensão de que os verdadeiros valores se encontram na amizade e na lealdade. O romance foi descrito, na verdade, como um conto de fadas virado do avesso, pois ele subverte o enredo da identidade oculta, aquele em que o herói descobre que sua origem biológica está em uma classe social mais alta[39]. Ainda que, como no *Bildungsroman*, a jornada da juventude à maturidade tenha como desfecho a aceitação adulta da condição humana, neste caso

> É verdade que Pip ascende através das divisões de classe, mas igualá-lo [...] a jovens como Julien Sorel, que sobem pela garra e talento, dá uma ideia errada. A palavra "esperanças" é explícita e apropriada; no círculo de cavalheiros em que Pip foi posto aguarda-se e aceita-se o destino. Dinheiro é o que conta, mas ganhar dinheiro é vulgar; em primeiro lugar, um jovem distinto deve possuir riqueza, ou obtê-la passivamente. Esta é a principal razão para as fábulas recorrentes na ficção setecentista e oitocentista de identidades descobertas e testamentos ocultos – recebe-se a herança, mas na verdade se a possuía durante todo o tempo[40].

Ainda que implique perdas, a acomodação de Pip ao seu destino sugere que não há mais lugar para certas ilusões na ordem social vitoriana e representa a síntese possível entre o mundo e o processo de formação do indivíduo. As convenções do conto de fadas são minadas pelo recurso ao esvaziamento, à negação, o que injeta no romance uma boa dose de realismo. Se Pip confunde o papel da sra. Havisham com o de fada-madrinha, ao leitor não escapa

---

39. Goldie Morgentaler, "Meditating on the low: A Darwinian Reading of *Great Expectations*", *Studies in English Literature, 1500-1900*, vol. 38, n. 4, Nineteenth-Century, pp. 707-721.

40. Ross H. Dabney, *Love and Property in the Novels of Dickens*, Berkeley and Los Angeles, University of California Press, 1967, pp. 137-138. "It is true that Pip rises through class lines, but to equate him... with young men like Julien Sorel, who drive upward on nerve and talent is quite misleading. The word 'expectations' is explicit and appropriate; in the circle of gentility where Pip has been placed one waits for one's destiny and accepts it. Money is what counts, but making money is vulgar; a genteel young man must have wealth to begin with or acquire it passively. This is one reason for the recurrent fables in eighteenth- and nineteenth-century fiction of discovered identities and suppressed wills - one gets the inheritance, but actually one had it all along."

que se trata de uma figura decadente que, por causa de desilusões na sua vida pessoal e amorosa, congelou o tempo, metaforizado no seu vestido de noiva em farrapos, nos relógios da casa paralisados. A fortuna de Pip, longe de ser resultado de um passe de mágica, ou de um direito de nascença, tangencia o mundo do crime e se torna uma ameaça e um risco, ao levar seu beneficiário a um passo do abismo. Diferentemente de Tom Jones, David Copperfield ou mesmo Jane Eyre, portanto, que, superados os reveses, são restituídos a seu lugar de direito na ordem social, Pip, desfeitas as quimeras, liberta-se das presunções aristocráticas e aceita o que a sociedade pode lhe oferecer. Torna-se um homem médio, um representante de uma classe média, em uma sociedade móvel e cheia de fissuras e contradições.

PAULO BEZERRA

Um Adolescente à Procura de Seu Eu

Na década de 1860, período em que escreveu *Crime e Castigo* e *O Idiota*, Dostoiévski acalentou um projeto de romance centrado em um herói capaz de encarnar simultaneamente características da personagem de romance e da personagem da tradição hagiográfica. Entre 1869 e 1870 chegou até a conceber o título para esse romance: *A Hagiografia de um Grande Pecador* (*Jitiô vielíkovo griéchnika*). Tratava-se de algo deveras singular: a imagem do herói fugia à costumeira objetividade, ao dado meramente biográfico e psicológico, concentrava-se na superfície de sua consciência. A ênfase da intenção recaía sobre a imagem ética da personagem, cuja individualidade se revelaria na busca de sua essência humana e na conquista de uma posição na vida. O dado hagiográfico era de cunho ontológico, razão pela qual a narrativa deveria partir da tenra infância do herói, representando cada fase da vida com suas devidas peculiaridades: amabilidade e veracidade dos sentimentos na infância; sensualidade, presunção, inexperiência e orgulho na adolescência; beleza dos sentimentos, vaidade e falta de confiança em si mesmo na fase juvenil; e ecletismo dos sentimentos, autoestima, descobrimento de seu valor e dos seus objetivos, franqueza e amplitude de ideias na mocidade. Em suma, muitos dos ingredientes do romance de formação da tradição do *Bildungsroman* alemão. Dostoiévski não realizou esse projeto, mas aproveitou algumas de suas ideias em seus romances. Contudo, foi em *O Adolescente* que ele as tomou como modo de estruturação da narrativa, que representou uma guinada na forma do seu romance. Por seu sentido e sua configuração, a adolescência é uma questão de geração, e Dostoiévski a incluiu em seu projeto de construção de *O Adolescente*.

A IDEIA DE GERAÇÃO

A ideia de mudança, crescimento e formação já está contida na estrutura semântica do substantivo adolescente (*podróstok* no original) e em sua relação com a ideia de geração. Na obra de Dostoiévski, a onomástica e os títulos são todos intencionais e fazem parte de sua estratégia de composição, de sua poética. *Podróstok* é um substantivo dos mais comuns na língua russa, mas sua semântica aponta para uma associação imediata com a ideia de crescimento, de formação. Ele deriva do verbo *podrastat* (подрастать), que significa crescer ou ir crescendo, e deste verbo forma-se o particípio presente *podrastáyuschii*, isto é, crescente ou em crescimento. Este particípio, agregado ao substantivo *pokolénie*, isto é, geração, forma a expressão *podrastáyuschee pokolénie* (подрастающее поколение), que é o equivalente russo de nova geração, mas que, literalmente, significa geração em crescimento, em formação. Já o próprio substantivo *podróstok* é formado pela agregação da preposição *pod* (isto é, sob, debaixo de, que traduz, entre outras coisas, a condição de algo ou alguém que foi colocado debaixo de algo ou está sob o efeito de algum processo) com o substantivo *rost*, que significa crescimento, fortalecimento, desenvolvimento e aperfeiçoamento, isto é, engloba, sozinho, todas as etapas do processo de formação. Completa-se o termo com o acréscimo do sufixo *ok*, formador de substantivo. A fusão da preposição *pod* com o substantivo *rost* implica uma ideia de movimento: Dostoiévski põe seu herói *pod rost* (isto é, em crescimento, em movimento, em formação), e nesse crescimento-formação ele percorre toda a narrativa. Um fato bem sintomático: há em russo uns vinte sinônimos de *podróstok*, como os mais aproximados *maloliétok*, *nessoverchenoliétnii* e *pareniók*, mas Dostoiévski preferiu justamente *podróstok* por ser este mais consentâneo com a sua ideia do romance e o clima em que sua narrativa se desenvolve.

Ao ler *O Adolescente*, um leitor atento da obra de Dostoiévski logo percebe que esse romance difere de todos os outros pela forma de sua construção, pois se estrutura sobre a ideia de educação e formação, coisa até então ausente na vasta obra de Dostoiévski, cujas personagens já entram prontas na cena romanesca. Além disso, é o único romance do autor narrado coerentemente em primeira pessoa (*Humilhados e Ofendidos* também o é, mas sem a consistência composicional de romance que se verifica em *O Adolescente*), e esse procedimento construtivo permite a Dostoiévski afastar-se o máximo da narração, delegando a Arkádi Makárovitch Dolgorúki, nome do adolescente que dá título ao romance, a tarefa de "escrever minha autobiografia"[1]. Essa técnica composicional dá mais objetividade e verossimilhança à narrativa, uma vez que Arkádi narra em primeira pessoa, isto é, "de dentro", do mais recôndito de sua própria experiência, as múltiplas peripécias vividas em seu processo de crescimento, dando um tom pessoal aos lances da narrativa, escolhendo a seu bel prazer os acontecimentos que ora revive com pesar e ressentimento, ora procura analisar. Assim, como narrador principiante, empreende um registro meio atabalhoado de suas primeiras experiências no colégio e no pós-colégio, e o faz a partir de Petersburgo, para onde o pai biológico, Andriêi Pietróvitch Viersílov, o convida por carta para assumir um emprego privado como secretário do velho príncipe Sokólski.

NARRADOR ENTRE DOIS TEMPOS

Tomando Petersburgo como espaço da narrativa, Arkádi produz um cronotopo sumamente condensado, concentrando no tempo da enunciação apenas alguns meses de sua vida, parcos, porém cruciais, mas tudo em interação umbilical com os fatos essenciais ocorridos nos dezenove anos de sua vida moscovita de interno e colegial. Como os acontecimentos narrados são alimentados por uma única fonte – a cosmovisão subjetiva do narrador –, o tom da narração é predominantemente subjetivo, pessoal, o narrador seleciona para narrar aqueles acontecimentos que marcaram a sua vida de interno e

---

1. Fiódor Dostoiévski, *O Adolescente*, tradução de Paulo Bezerra, São Paulo, Editora 34, 2015, p. 9.

colegial: as humilhações sofridas por parte da direção do colégio e dos colegas "filhos de condes e senadores"[2] por ele não ser um igual; a visita da mãe, seu constrangimento com o traje simples que ela vestia e a trouxinha de guloseimas que lhe trouxera; sua tentativa de escondê-la por vergonha dos colegas e da direção do colégio e a posterior confissão envergonhada de amor à mãe a sós no quarto. Na distância dos vinte anos, o narrador, implacável consigo mesmo como um verdadeiro narrador dostoievskiano, descreve aquele seu comportamento com uma censura velada. Contudo, a sensação mais forte que ficou daqueles idos foi a do menino ressentido, que aos dez anos vê o pai pela primeira vez e só o reencontra aos vinte já em Petersburgo. Seus diálogos com Viersílov trazem a marca daquele ressentimento, a mágoa de pertencer a uma família casual, razão por que esboça inconscientemente um ajuste de contas com o pai real, é grosseiro e agressivo e até mesmo desajustado em seus diálogos com ele, e tão desajustado que frequentemente passa da animosidade agressiva a um embevecimento pueril com o pai. A grosseria também se manifesta nos diálogos com sua fada madrinha, Tatiana Pávlovna, sua real mantenedora e maior responsável por sua educação e formação do início ao fim do romance e também pelo projeto de levá-lo à universidade ao término do romance. Sua agressividade se estende inclusive à mãe, a quem ama de verdade, mas censura por seu servilismo perante Viersílov. Tudo isso gera momentos de instabilidade na narração de Arkádi, que, como narrador principiante, registra acontecimentos pregressos com a impaciência, as vacilações discursivas, as imprecisões e lacunas de pensamento e de linguagem que costumam caracterizar o discurso de um adolescente, especialmente do nosso narrador, que procura exorcizar os fantasmas que povoam o seu passado e carrega em sua alma ressentimentos e animosidade até contra si mesmo. Apesar de seus vinte anos, Arkádi ainda acasala em seu ser rompantes daquele adolescente ressentido, inquieto, e assim a narrativa se desenvolve num movimento pendular entre o hoje e o ontem. Desse modo, com a sofreguidão de quem guarda algo entalado e precisa desabafar, ele abre sua narrativa: "Sem conseguir me conter, dei início à história dos meus primei-

2. *Idem*, p. 350.

ros passos pela vida"[3]. Portanto, da casa dos seus vinte anos ele experimenta, registra e atualiza as sensações do menino que vê o pai pela primeira vez aos dez, fica extasiado, mas não sabe que tipo de sentimento o pai nutre por ele, sabe apenas que é um filho bastardo, um *"simplesmente Dolgorúki"*[4], e essa dubiedade de sua filiação deságua na condição de menino revoltado e carente de uma imagem sólida do pai em sua formação, contagiando o narrador, que, numa inconsciente tentativa de ajustes de contas com Viersílov, constrói uma imagem deste profundamente ambígua. Viersílov é, de fato, uma figura profundamente ambígua, e ele mesmo diz a Arkádi que é capaz de experimentar ao mesmo tempo dois sentimentos diametralmente opostos. Essas incertezas em relação ao pai formam na alma do adolescente um conjunto de desencontros que marcam a sua personalidade, provocando em sua formação um movimento pendular entre polos morais opostos, num desdobramento, numa "dualidade" que ele qualifica como "uma das causas centrais de muitas de minhas imprudências cometidas no ano, de muitas torpezas, até de muitas baixezas e, subentende-se, de minhas tolices"[5]. O crítico Nikolai Tchirkóv, autor de um notável estudo sobre Dostoiévski, define esses vaivéns do comportamento de Arkádi como uma "antinomia entre o social e o antissocial"[6] presente na alma do adolescente, e é ela que leva Arkádi aos vinte anos a oscilar entre atos humanitários e nobres, como a tentativa de amparar a menininha Arínotchka, a pura cafajestice e o envolvimento com vigaristas como Stebielkóv e Lambert, além de outras derrapagens morais igualmente graves.

Assim, o narrador nos oferece um processo lento, gradual e zigueza-gueante de definição de sua autoconsciência aos vinte anos de idade, às turras com a vida e à procura de seu próprio espaço. Tudo isso transcorre sob um *leitmotiv*: a procura do pai como elemento essencial do processo de seu amadurecimento e consolidação de sua personalidade. Tudo isso se conclui em Petersburgo, onde Arkádi passa finalmente a conviver com sua família, ou seja, com a mãe, que havia visto apenas umas três vezes em sua vida, com

---

3. *Idem*, p. 9.
4. *Idem*, p. 11, grifo do autor.
5. *Idem*, p. 22.
6. Nikolai Maksímovitch Tchirkóv, *O Estilo de Dostoiévski (O stile Dostoevskovo)*, Moscou, Ed. Naúka, 1966, p. 207.

Viersílov, que vira uma única vez, e com a irmã Liza, que só agora conhece, e também com uma variegada gama de tipos sociais e concepções ético--filosóficas por vezes diametralmente opostas. Nesse caldo de culturas ele vai se tateando como persona, e para tanto os constantes diálogos que travará com Viersílov (bem como as duras reprimendas de Tatiana Pávlovna) serão fundamentais, mas ainda não definitivos para o encontro com seu próprio eu.

EM CONTIGUIDADE COM A ATUALIDADE EM FORMAÇÃO

Segundo Mikhail Bakhtin, o romance é o único gênero nascido em plena luz do dia histórico, é um gênero em formação, e só um gênero em formação é capaz de dar conta de uma realidade em formação. Em 1861 a servidão feudal é abolida na Rússia, criando-se, assim, as bases reais para a constituição de uma sociedade efetivamente capitalista. Dostoiévski escreve *O Adolescente* em 1876, quando o novo sistema completava oficialmente quinze anos, ou seja, entrava em sua adolescência, era um sistema econômico em formação. Assim, um narrador adolescente em formação fala de um sistema adolescente em formação. O ano de 1876 é um período de aceleração do desenvolvimento do jovem capitalismo russo. Portanto, a época da escrita do romance coincide com a escalada ampla e profunda do poder do dinheiro em todas as esferas da vida econômica, social e cultural da Rússia, o que arrasta, num desvario incontido, todos os segmentos sociais de alto a baixo: nobres, plebeus, gente honrada e gente desclassificada, todos metidos no mesmo balaio e movidos pela sede de dinheiro, do ganho a qualquer custo, das apostas de grandes somas em casas de jogo, da agiotagem em larga escala à especulação em todas as suas formas. Esse clima de caos e desordem atinge particularmente a nobreza, que, apesar de ainda manter o controle do Estado, sua decadência moral transparece com nitidez em representantes de linhagens mais antigas e tradicionais como a dos príncipes Sokólski. Serguiêi, o mais jovem representante desse clã, com quem Arkádi mantém uma relação de amizade, mete-se em companhias de vigaristas de toda espécie, frequenta o carteado e várias casas de jogo, é preso por falsificação de promissórias e outros crimes e termina louco.

É nesse clima de instabilidade geral, desordem e caos que Dostoiévski cria seu herói adolescente com a incumbência de narrar sua própria história, assim como a de sua família. Como é frequente em Dostoiévski, a história de Arkádi Dolgorúki tem afinidade com as narrativas folclórica e romanesca: a história do enjeitado, com a diferença de que Arkádi goza da proteção de Tatiana Pávlovna, uma espécie de parente rica e sua fada madrinha, que custeia suas despesas pessoais e sua manutenção no colégio; ele é filho biológico do nobre e senhor de terras Andriêi Pietróvitch Viersílov, mas filho legal de Makar Ivánovitch (também aparece como Ivánov) Dolgorúki e Sófia Andrêievna, servos de Viersílov e legalmente casados. Se em 1876 Arkádi está com vinte anos, então nasceu em 1856, ainda durante o regime de servidão, no qual vigorava o direito irrestrito do bárin (isto é, senhor de terras e de servos) sobre as almas, como eram chamados os servos na Rússia durante esse regime. No leito de morte, o pai de Sófia Andrêievna, que na ocasião estava com dezoito anos, pediu a Makar, então com cinquenta, que cuidasse de sua filha e a desposasse. E assim foi feito. Pouco tempo depois, Viersílov, viúvo e com vinte e cinco anos de idade, chega à sua fazenda, lá conhece Sófia Andrêievna já casada oficialmente com o jardineiro servo Makar Ivánov Dolgorúki, os dois se apaixonam, encontram-se às escondidas, mas o caso acaba vindo à tona. Então, mesmo apaixonado por Sófia Andrêievna, mãe de Arkádi, Viersílov usa do direito de senhor. Chama Makar ao seu escritório e, numa conversa reservada e tensa (na qual chorou no ombro de Makar, segundo contou a Arkádi), decide-se que Sófia ficará com ele, Viersílov. Na condição de servo, não resta a Makar senão aceitar o fato como natural. Ele deixa a fazenda de Viersílov e torna-se um peregrino, um errante. E por ele considerar natural o arranjo de Viersílov com Sófia Andrêievna, dá-se um fato bastante peculiar: de onde quer que esteja em suas errâncias pela Rússia ou Viersílov e Sófia se encontrem, seja na Rússia, seja no estrangeiro, Makar sempre se comunica por carta com "a nossa mui amável e respeitada esposa Sófia Andrêieva" e "os nossos amáveis filhinhos"[7] e, em anos intercalados, passa religiosamente uma semana em casa, isto é, na casa de Sófia Andrêievna. A princípio Viersílov chega a ter medo de Makar, como ele mesmo confessa, mas depois se habitua e pas-

---

7. Dostoiévski, *O Adolescente*, p. 20.

sa até a conversar com ele. Mas antes de partir, Makar arranca de Viersílov a promessa de desposar Sófia quando for possível.

A FAMÍLIA CASUAL

Viersílov, nobre de linhagem antiga, esbanjou três heranças, está falido, tem um casal de filhos de seu primeiro casamento com a nobre Fanariótova, os filhos não moram com ele, como é de praxe, mas com seus familiares; assim ele agiu a vida inteira com todos os seus filhos, legítimos e ilegítimos. Tampouco lhes devota afeto ou preocupação relevante. Vive, mas em residências diferentes, com a ex-serva Sófia Andrêievna, com quem tem igualmente um casal de filhos – Arkádi e Liza –, mas ao mesmo tempo é apaixonado pela nobre e rica Catierina Nikoláievna Akhmákova, com quem alimenta a intenção de casar-se. Assim, Viersílov integra o rol daquilo que na Rússia ficou conhecido como família casual ou família por acaso, ou seja, uma família constituída por nobres de linhagem com representantes de camadas socialmente inferiores, inclusive de servos. Às vezes esses nobres têm mais de uma família, como acontece com Viersílov, e vez por outra juntam duas e até três famílias constituídas com servas e as mantêm em suas aldeias, longe das famílias legalmente constituídas. Viersílov difere deles, pois sempre viveu em torno de Sófia Andrêievna, ainda que morando em casas diferentes. Dostoiévski vê nessas uniões casuais um fenômeno de massa que alimenta a desordem e o caos e caracteriza o desequilíbrio social e moral de uma nobreza decadente. Superar a condição de filho de família casual é um desafio a ser vencido no processo de amadurecimento do adolescente Arkádi.

Viersílov vive com Sófia Andrêievna, tem um casal de filhos com ela, mas é apaixonado por Catierina Nikoláievna Akhmákova, filha do velho príncipe Sokólski, pela qual Arkádi também se apaixonou na primeira vez em que a viu em casa de seu pai. Catierina vive na busca angustiante de um documento que a compromete seriamente perante o pai. Aproveitando-se da convalescença do velho após uma grave crise de saúde no exterior, seguida de uma súbita propensão a esbanjar dinheiro a torto e a direito, ela escreve ao advogado Andrónikov, consultando-o quanto à possibilidade de interditar juridi-

UM ADOLESCENTE À PROCURA DE SEU EU

camente o pai. O velho recupera-se, Andrónikov morre subitamente, deixando a carta em mãos desconhecidas. Catierina teme que esse documento chegue ao conhecimento do pai, que poderá deserdá-la. Daí a sua angústia, sua procura desesperada pelo documento. Ela imagina que está com Viersílov, mas está com Arkádi, que o recebera de Mária Ivánovna, senhora que o acolhera em Moscou logo após sua saída do colégio. Arkádi costurara o documento no bolso lateral interno do seu casaco e anda sempre com ele muito bem guardado.

Assim, pai e filho são apaixonados pela mesma mulher, e o desfecho desse problema terá grande importância na relação de Arkádi com Viersílov, bem como na consolidação de seu amadurecimento, pois esta está ligada também à consolidação da união de sua mãe com Viersílov e, por conseguinte, de sua família.

Portanto, fruto da paixão do jovem senhor Viersílov por sua serva Sófia Andrêievna, Arkádi é entregue desde pequeno aos cuidados de estranhos para o conforto de Viersílov, passa a viver como um excluído "quase logo depois do meu nascimento"[8] e chega aos vinte anos praticamente "sem ter visto minha mãe, salvo nuns dois ou três acasos passageiros"[9], assim como vira Viersílov uma única vez quando tinha dez anos, o que não fora culpa da mãe mas da arrogância de Viersílov com as outras pessoas, razão pela qual "esse homem continua sendo até hoje um completo enigma para mim"[10]. Da decifração desse enigma depende a consolidação da personalidade de Arkádi. Este é educado inicialmente no internato do senhor Touchard, um francês filho de sapateiro, mas que, desde tempos imemoriais, trabalhava em Moscou como professor de francês e inclusive detinha títulos. Era um homem profundamente inculto, que conseguira se afirmar na Rússia. O internato é um microinferno, onde o menino é constantemente ridicularizado e humilhado por sua condição de filho bastardo, que, na falta do apoio e da imagem masculina do pai, sente-se, como o Sérgio de *O Ateneu* do nosso Raul Pompeia, "possuído de certa necessidade... de amparo"[11]. Por isso, chega até a servir

8. *Idem*, p. 20.
9. *Idem*, p. 21.
10. *Idem*, p. 10.
11. Raul Pompeia, *O Ateneu*, 9. ed., Rio de Janeiro, Ed. Francisco Alves, 1993, p. 54.

passivamente de criado ao dono da instituição, que o humilha de várias maneiras, mais de uma vez lhe bate no rosto e o transforma em lacaio, assim como o faz seu colega Lambert, que também o maltratava e teria papel de destaque em seu amadurecimento pelos péssimos exemplos que lhe dá. Toda essa experiência vivida no internato terá grande importância psicológica para a sua formação, pois a condição de bastardo deixa marcas profundas em sua psique e o faz sentir seu amor-próprio constantemente ferido.

A essa susceptibilidade ferida acrescenta-se algo bastante bizarro: Arkádi Makárovitch Dolgorúki é filho bastardo, mas tem o sobrenome do príncipe Yúri Dolgorúki, oriundo de uma das mais antigas dinastias da Rússia, que reinou no principado de Súzdal-Rostóv entre 1125 e 1157, foi cognominado Dolgorúki, isto é, o de braços longos, por sua política de expansão territorial que o levou a fundar Moscou em 1147, conquistar Kíev em 1149, tornar-se grão-príncipe e ali reinar primeiro de 1149 a 1151 e depois de 1155 a 1157, ano de sua morte. Assim, Arkádi Makárovitch traz em sua imagem a combinação ambígua de filho do servo Makar Dolgorúki, mas com sobrenome de um príncipe da mais alta linhagem e dinastia. Sempre que é apresentado a alguém e menciona seu sobrenome Dolgorúki, ouve a pergunta: – Príncipe Dolgorúki? – a qual responde: Não: *simplesmente* Dolgorúki. Esse "*simplesmente* Dolgorúki" é fonte de sua permanente sensação de humilhado e irritação, acentua sua carência de identidade e o faz mergulhar em seu *mythos da procura* – para usar um conceito de Northrop Frye[12] –, da procura de si mesmo e do pai Andriêi Pietróvitch Viersílov, sobrenome de que ele precisa como marca de sua identidade social e para poder dar satisfação a si mesmo e àqueles que lhe jogam na cara que ele não é um Viersílov. Por outro lado, há por trás dessa bizarrice outro aspecto profundamente aviltante para Arkádi, pois lhe tira a condição de pertencer de fato a uma família: tem sobrenome de príncipe, mas é filho ilegítimo do nobre Viersílov, de quem não pode usar o sobrenome por ser filho legal de um ex-servo. Logo, não tem identidade social, é filho de uma "família casual"[13], o que o mantém num clima de profunda humilhação, que é reiterada como uma cantiga monótona e agourenta sempre que ele tem de

12. Northrop Frye, *Anatomia da Crítica*, São Paulo, Cultrix, 1973.
13. Dostoiévski, *O Adolescente*, p. 589.

pronunciar o *"simplesmente* Dolgorúki". Daí ele afirmar ser raro alguém ter "sentido tanta raiva de seu sobrenome como eu senti em toda a minha vida"[14]. Isto acentua de forma até angustiante a falta que Viersílov fizera na formação da personalidade e do caráter de Arkádi. "Em cada sonho que eu tinha desde criança havia a presença dele; girava em torno dele, acabava reduzido a ele"[15]. Mas Viersílov era pura ausência em sua vida, e essa ausência acabou sendo responsável pela ambiguidade que se instalou na alma do menino: "Não sei se o odiava ou se o amava, mas ele preenchia todo o meu futuro, todos os meus cálculos para a vida – e isto aconteceu por si só, acompanhou o meu crescimento"[16].

A busca da superação dessas ambiguidades ("Não sei se o odiava ou se o amava") é parte da luta de Arkádi pelo preenchimento de sua maior lacuna, e o que se vê ao longo do romance é o adolescente na busca angustiante e conflituosa de um pai ("deem-me o Viersílov todo, deem-me meu pai... eis o que eu exigia"[17]), mas de um pai real, diferente daquele que ele vira e sentira em sua solitária infância; de um pai que o orientasse, um pai mais presente na vida dele e da família. Daí a necessidade de sua luta por Viersílov como luta por si mesmo, por superar suas próprias ambiguidades, e essa luta terá de dar-se numa interação dialógica capaz de resolver uma questão que Bakhtin coloca como um axioma: "Eu não posso passar sem o outro, não posso me tornar eu mesmo sem o outro; devo encontrar a mim mesmo no outro, encontrar o outro em mim"[18]. A certa altura da narrativa, Arkádi diz que precisava do próprio Viersílov por toda a sua vida, do homem inteiro, do pai, e que esse pensamento já penetrara em seu sangue, já era parte da luta para preencher as lacunas de sua formação.

Em Petersburgo, pai e filho vão estabelecendo pouco a pouco uma relação dialógica ampla e profunda. Viersílov é culto e tolerante, sabe ouvir Arkádi e respeitá-lo como indivíduo, e aos poucos os diálogos vão sendo enriquecedo-

14. *Idem*, p. 11.
15. *Idem*, p. 23.
16. *Idem, ibidem.*
17. *Idem*, p. 129.
18. Mikhail Bakhtin, *Estética da Criação Verbal*, tradução de Paulo Bezerra, Ed. Martins Fontes, São Paulo, 2003, p. 342.

res para Arkádi e para o próprio Viersílov, e assim os dois vão se conhecendo melhor e interagindo. Viersílov, apesar de economicamente falido, recusa o ganho de uma causa milionária nos tribunais depois de descobrir que a parte vencida merecia mais a vitória do que ele. Isto fascina Arkádi, que, se já o admirava, passa a admirá-lo cada vez mais, a amá-lo com fervor e a ver-se correspondido em seu amor. Porém, como ele é o narrador de sua própria história, o tempo da enunciação do agora cruza-se em seu registro com o tempo das lembranças da pré-adolescência, alimentado pelas sensações redivivas do enjeitado, e a imagem ambígua que desde então ele carregava do pai torna a aflorar, devolvendo-o àquele clima de ressentimento que fora responsável por sua tendência ao isolamento e a um individualismo exacerbado que constantemente o levava a querer recolher-se à sua "carapaça"[19]. Assim, o Arkádi de dez anos continua vivíssimo no Arkádi de vinte, que se arrasta nesse movimento pendular até o fim do romance.

Desde meus tempos de estudo nas classes inferiores do colégio, assim que algum colega me ultrapassava em ciências, em respostas penetrantes ou em força física, imediatamente eu deixava de falar e andar com ele. Não que o detestasse ou desejasse seu fracasso; simplesmente me afastava porque esse é o meu caráter[20].

E então se recolhia à sua "carapaça" no "mais intenso estado contemplativo"[21]. Nessa solidão contemplativa, e mesmo a despeito das humilhações que sofrera no internato e no colégio, fantasiava uma espécie de superioridade, pois desde as suas primeiras fantasias, isto é, desde a infância, não podia imaginar-se "senão em primeiro plano, sempre e em todas as circunstâncias da vida"[22]. Mas como chegar a esse primeiro plano e vencer tão corrosivo ressentimento e tamanha solidão? Só descobrindo uma ideia salvadora que o livrasse da necessidade de laços afetivos com familiares ou com outras pessoas, e ele chegou a essa ideia, que chama de "ideia-refúgio". Vejamos os preâmbulos dessa ideia e em que ela consiste.

---

19. Dostoiévski, *O Adolescente*, p. 22.
20. *Idem*, p. 95.
21. *Idem, ibidem.*
22. *Idem*, p. 96.

[...] resolvi em Moscou desistir de todos eles (isto é, de seus familiares – p.b.) e me recolher definitivamente à minha ideia. É assim mesmo que escrevo: "recolher-me à minha ideia", porque esta expressão pode significar quase todo o meu pensamento principal – aquilo para que vivo neste mundo. [...] Na solidão de minha vida longa e sonhadora em Moscou, ela se formou em mim ainda no sexto ano do colegial e desde então não me abandonou talvez por um único instante. Absorveu toda a minha vida. Antes dela eu já vivia sonhando, desde minha infância tenho vivido num reino fantasioso de certa tonalidade; mas com o surgimento dessa ideia central e absorvente meus sonhos ganharam consistência e desaguaram de vez numa forma determinada. [...] Tendo concluído o colegial, tive a imediata intenção de romper radicalmente não só com todos os meus, mas, se fosse preciso, até com o mundo inteiro, apesar de estar apenas na casa dos vinte anos[23].

Portanto, navegando num mar desprovido de afeto e amizade verdadeira, ele chega ao seu porto: "minha ideia é meu refúgio"[24]. Mas que ideia?

A IDEIA E SEU SENTIDO

O cerne de minha ideia, o cerne de sua força residia em que o dinheiro é o único caminho que conduz até uma nulidade ao *primeiro plano*. Talvez eu não seja sequer uma nulidade, mas sei, por exemplo, pelo que vejo no espelho, que minha aparência me prejudica porque tenho um rosto ordinário[25]. Mas se eu fosse rico como Rothschild, quem se preocuparia com o meu rosto e quantos milhares de mulheres não voariam para mim com sua beleza, bastando apenas que eu assobiasse? Estou até convencido de que elas mesmas acabariam me achando belo, e com toda sinceridade. É possível que eu até seja inteligente. Se eu fosse um poço de sabedoria, logo encontrariam na sociedade alguém que fosse um poço e meio, e eu estaria perdido. Mas, se eu fosse Rothschild, esse sabichão, poço e meio de sabedoria, significaria alguma

---

23. *Idem*, p. 21.
24. *Idem*, p. 62.
25. É recorrente neste romance o emprego do termo *ordinárnost* (russificação do termo latino *ordinarium*), com o qual Dostoiévski enfatiza o medíocre, o habitual, o comum, o desprovido de originalidade. Em sua tradução, optamos ora por mediocridade, ora por medíocre (N. do T.).

coisa a meu lado? Ora, aí nem sequer o deixariam abrir a boca! Sou talvez espirituoso; mas vamos que a meu lado eu tivesse Talleyrand[26], Piron[27] – então estaria eclipsado: mas fosse eu um pouquinho Rothschild, o que seria feito de Piron e talvez até de Talleyrand? O dinheiro, evidentemente, é um poderio despótico, mas ao mesmo tempo é a suprema igualdade e nisto reside sua força principal. O dinheiro nivela todas as desigualdades![28]

De início o dinheiro se apresenta a Arkádi como uma forma de compensação do sentimento de inutilidade que ele experimenta ao considerar-se "uma nulidade". Por outro lado, o dinheiro também se apresenta como uma espécie de forra pela condição de filho bastardo e excluído do seio da família, já que fora deixado à guarda de estranhos pouco tempo depois de seu nascimento e mais tarde confinado no internato de Touchard, onde fora forçado a conviver em condição de inferioridade com filhos de príncipes e senadores e Viersílov, seu pai biológico, nunca o visitara e a mãe o fizera uma única vez. Se o dinheiro tudo resolve, qualidades essenciais como talento, habilidades para o trabalho e até a beleza são coisas secundárias perante esse poder maior.

Por conseguinte, Arkádi expõe uma filosofia do dinheiro como símbolo do poder total, como o elixir mágico capaz de operar o milagre de conduzir "até uma nulidade" ao topo da hierarquia social, estética e inclusive intelectual, pois um zé-ninguém pode chegar ao "primeiro plano", o feio converter-se em belo, o ignorante virar proeminência intelectual a ponto de eclipsar um Talleyrand e um Piron, em suma, graças ao alcance ilimitado do "poder despótico" do dinheiro chega-se àquela condição aventada por Karl Marx, segundo a qual quem domina economicamente uma sociedade domina política e ideologicamente e constrói de si a imagem que melhor lhe aprouver, nivelando a seu bel prazer todas as desigualdades. Para tanto basta ser um Rothschild, símbolo maior do capitalista e da extrema autoafirmação de Arkádi. Ademais, essa filosofia do dinheiro é a filosofia da época, o espírito da época, e ele interioriza o espírito de seu tempo, o próprio tempo e o ritmo frenético de sua sociedade, acalentando uma ideia: tornar-se um Rothschild.

---

26. Charles-Maurice de Talleyrand-Périgord (1754-1868), famoso diplomata francês (N. do T.).
27. Alexis Piron (1689-1773), poeta, autor de comédias e óperas cômicas (N. do T.).
28. Dostoiévski, *O Adolescente*, p. 96.

Com este fim, resolve economizar meticulosamente cada copeque que sobra do dinheiro que lhe enviam em nome de Viersílov e por muito tempo matuta sobre a melhor maneira de aplicar suas economias. Não quer apenas estar *pari passu* com o sistema econômico de seu tempo e acompanhar seu ritmo de desenvolvimento: quer, sobretudo, superá-lo, e procura fazê-lo apoiado numa filosofia do dinheiro, capaz de reverter valores e hábitos socioculturais, neutralizando as diferenças entre castas. O vigarista Lambert traduz à perfeição essa filosofia e esse espírito ao aconselhar Arkádi a dar o golpe do baú e, assim, mudar ao mesmo tempo de condição social e linhagem nobiliárquica.

[...] e quanto ao fato de não teres nome, hoje em dia não se precisa de nada disso: é só meteres a mão na bolada que vais crescer, crescer, e dentro de dez anos serás tamanho milionário que deixarás toda a Rússia em polvorosa; então, para que precisarias de nome? Na Áustria pode-se comprar um título de barão[29].

Desse modo, estarão superadas todas as desigualdades.

Assim, Arkádi expõe a filosofia de seu tempo, do dinheiro e de seu poder, do universo ilimitado que ele descortina perante os homens. Ser um James Rothschild, o superbanqueiro a quem até o czar da Rússia e o papa de Roma deviam dinheiro, não significava ser apenas um capitalista, mas o maior capitalista: significava ser um déspota das finanças, alguém capaz de ultrapassar todos os limites humanos e geográficos, não reconhecer a superioridade de ninguém, destruir todas as barreiras e anular todos os méritos e hierarquias que distinguem e separam os homens em seu cotidiano, nivelando tudo por baixo, porque "O dinheiro [...] é um poderio despótico, mas ao mesmo tempo é a suprema igualdade e nisto reside sua força principal. O dinheiro nivela todas as desigualdades!"[30]

Arkádi não queria o poder sobre a canalha trêmula como Raskólnikov, não queria o simples poder – *vlast* como sinônimo de governo –, queria o poderio, isto é, *mogúchestvo*, palavra que significa ao mesmo tempo poder enorme e influência e libera o indivíduo para fazer o que lhe der na telha. Inclusive não precisar de ninguém, "recolher-se" tranquilamente "à sua carapaça", sem

29. *Idem*, p. 468.
30. *Idem*, p. 96.

precisar prestar contas a ninguém, como afirma reiteradamente, pois em toda a vida tivera "sede de poderio, de poderio e isolamento"[31], porque essa é a via para atingir algo superior: "a consciência solitária e tranquila da força! Eis a mais plena definição de liberdade! [...] Sim, a consciência solitária da força é fascinante e bela. Tenho a força, e estou tranquilo. Os raios estão nas mãos de Júpiter, logo, ele está tranquilo"[32].

Portanto, o dinheiro não só libera o indivíduo de eventuais compromissos de sociabilidade e afetividade ao lhe dar a "consciência solitária da força" e o direito a recolher-se "à sua carapaça"; o dinheiro leva seu detentor a superar a ordem social e humana e projetar-se à ordem cósmica na condição de um novo Júpiter; o detentor do dinheiro é o novo deus da sociedade em formação, e vive sua ataraxia no meio de notas e moedas-raios. Como em Dostoiévski o presente sempre olha para o futuro e o particular vive continuamente na fronteira do universal, quatro décadas depois da publicação de O Adolescente os raios do novo Júpiter caíram sobre a terra europeia, espalhando as chamas que redundaram no grande incêndio da primeira guerra mundial. Sinal do novo mundo em formação.

A consciência do poder infinito do dinheiro está clara. Agora o próprio narrador descreve sua experiência de "acumulação primitiva" para chegar a ser um novo Rothschild. Note-se que Arkádi expõe essas ideias mesmo depois de iniciados os seus diálogos com Viersílov.

ACUMULAÇÃO PRIMITIVA E EDUCAÇÃO DO INVESTIDOR

Arkádi enumera uma série de qualidades essenciais para a formação do futuro capitalista e sua técnica para lucrar, baseada nos pilares obstinação e continuidade; a obstinação de acumular, ainda que centavos, acaba dando imensos resultados (aqui o tempo nada significa) desde que aliada à forma mais simples, porém *contínua* de lucrar: seu sucesso é matematicamente assegurado. É preciso querer e ser capaz até de mendigar, caso não haja nenhum

---

31. *Idem*, p. 95.
32. Dostoiévski, *O Adolescente*, p. 97.

outro jeito de lucrar; uma vez mendigando, é mister ser obstinado e não esbanjar os primeiros centavos recebidos com um pedaço de pão a mais para si mesmo ou sua família; passar a pão e água, e não comer mais de duas libras e meia de pão preto por dia; resistir a gastar com comida, ainda que prejudicando um pouco o estômago; saber querer o bastante para atingir o objetivo. "É nisto, repito, que consiste toda a 'minha ideia' – o resto são ninharias"[33].

É preciso economizar, e uma forma adequada é viver na rua e, em caso de necessidade, dormir nos abrigos noturnos, onde, além da pousada, ainda fornecem um pedaço de pão e um copo de chá. Depois de juntar uma boa soma, seguir duas regras principais: a primeira é não arriscar com nada; a segunda, lucrar forçosamente por dia qualquer quantia acima do mínimo gasto com a manutenção para que a acumulação não seja interrompida por um só dia. Uma vez conseguida uma boa acumulação, saber lucrar: no lucro está a independência, a paz de espírito, a clareza do objetivo.

Assim ele consegue acumular cem rublos como capital inicial de giro. Para multiplicá-lo, vira açambarcador de rua, especulador com ações, e de negócio em negócio vai construindo sua formação como jovem investidor. Insiste que para chegar a esse ponto é preciso ter caráter e agir forçosamente sozinho.

Ora, o problema da formação não é apenas de discurso, mas também e sobretudo de prática, de ação. Arkádi narra sua primeira experiência no mundo dos negócios. Vai a um leilão, arremata por dois rublos e cinco copeques um velho álbum de família, coisa imprestável em termos de investimento e condenada a encalhar. Mas aparece um comprador, que lamenta ter se atrasado, pergunta a Arkádi por quanto ele comprara o álbum e este lhe responde: "Dois rublos e cinco copeques"[34]. Começa uma negociação entre os dois. Para o interessado, o álbum tinha valor afetivo, para Arkádi, era apenas mercadoria. Arkádi estabelece o preço de dez rublos para o álbum, o interessado reclama do lucro exorbitante que o vendedor almeja, mas acaba comprando o álbum, sem, no entanto, deixar de criticar Arkádi.

33. *Idem*, p. 88.
34. *Idem*, p. 53.

– Convenhamos que isso é desonesto! Dois rublos e dez, hein?

– Por que desonesto? É o mercado.

– Que mercado há nisso? – (*Estava zangado.*)

– Onde há procura, há mercado; se o senhor não procurasse, eu não o teria vendido nem por quarenta copeques[35].

É uma confissão sórdida de Arkádi, mas ele apenas cumpre as leis do negócio capitalista: tudo formal, frio, segundo as normas do mercado, sem nenhuma participação na afetividade do outro. É o primeiro teste do adolescente em seu processo de experimentação como especulador de leilões. O diálogo entre os dois ilustra à perfeição o espírito da época que Arkádi incorpora à sua personalidade, o qual Bakhtin atribui ao comportamento do herói no romance de formação: "O tempo se interioriza no homem, passa a integrar a sua própria imagem, modificando substancialmente o significado de todos os movimentos do seu destino e da sua vida"[36].

A dinâmica desse tempo interiorizado em Arkádi o levará ao experimento de outras formas de obtenção de lucro e acumulação mais consentâneas com o sentido de sua ideia inicial de tornar-se um Rothschild. Isto corresponde integralmente ao espírito do etos burguês que norteia seu projeto, como ele mesmo reconhece mais tarde:

[...] naquela época eu já estava depravado; já me era difícil abrir mão de uma refeição de sete pratos num restaurante, de Matviêi, da loja inglesa, da opinião do meu perfumista, bem, de tudo isso. Já então eu tinha consciência disso mas dava de ombros; hoje, porém, coro ao descrevê-lo[37].

Assim, na segunda parte do livro ele desiste de seu projeto inicial de lenta "acumulação primitiva" e, num frenesi incontido, entra de corpo e alma no universo da jogatina, passa por várias casas de jogo e acaba fazendo sua opção pela roleta de um indivíduo de sobrenome Ziérschikov, um capitão de cavalaria reformado. Em suma, Arkádi faz sua descida ao inferno da jogatina num

---

35. *Idem, ibidem.*
36. Mikhail Bakhtin, *Estética da Criação Verbal*, pp. 221-222.
37. Dostoiévski, *O Adolescente*, p. 299.

autêntico rito de passagem no qual é um neófito, ganha muito dinheiro na roleta, porém, como desconhece o perfil moral e psicológico dos frequentadores desse recinto, sofre o seu *sparagmós*, quando "heroísmo e ação eficaz... estão predestinados à derrota"[38]: é roubado, denuncia o ladrão, mas é ele que acaba sendo acusado de roubo, sofre um grande vexame público, é humilhado, revistado, chamado publicamente de ladrão e expulso. Em seu despedaçamento, revela aqueles aspectos sombrios de sua personalidade ainda inacabada, gritando para os presentes: "Vou denunciar todo mundo, a roleta é proibida pela polícia! [...] pois fiquem vocês todos sabendo que adivinharam – não sou apenas um ladrão, sou também um delator!"[39]. Nesse despedaçamento, vem à tona a antinomia do social e do antissocial referida por Tchirkóv: passam-lhe pela cabeça a ideia do crime ("o crime me rondava naquela noite e só por acaso não se consumou"[40]), a da baixeza da delação – "tornar-me [...] um verdadeiro delator, e enquanto isso ir me preparando devagarzinho e um dia mandar tudo de repente para o espaço, destruir tudo, todos, culpados e inocentes" – e a ideia de suicídio: "então me matar"[41].

Sai perambulando pela rua, encontra um depósito de lenha, ocorre-lhe a ideia de provocar um incêndio ("mandar tudo para o espaço"), sobe em seu muro com o intuito de provocar um incêndio, cai, fica horas a fio adormecido sobre a neve e assim é encontrado por Lambert, que o leva para a sua casa. Lá ele passa a noite delirando e, no delírio, diz coisas disparatadas, dá a entender que esconde um documento capaz de comprometer alguém, e Lambert, com seu faro canino para negócios escusos, pressente aí uma oportunidade para chantagem e começa a assediar sorrateiramente Arkádi. Alphonsine, companheira de Lambert, retira a carta do bolso interno do casaco de Arkádi e a substitui por uma folha de papel de carta em branco. Trata-se da famosa carta a que já me referi. Lambert se aproveita do documento para chantagear Catierina e envolve Arkádi na trama, que só não se concretiza graças à intervenção de Viersílov.

---

38. Northrop Frye, *Anatomia da Crítica*, p. 190.
39. Dostoiévski, *O Adolescente*, p. 348.
40. *Idem, ibidem.*
41. *Idem*, p. 349.

OS "DOIS PAIS" E O AMADURECIMENTO DE ARKÁDI

O vexame sofrido em público na roleta de Ziérschikov, as muitas horas passadas na neve e seus desdobramentos em casa de Lambert produzem um efeito profundo em Arkádi, que cai doente, passa nove dias acamado em estado inconsciente, numa espécie de morte ritual, da qual sai "renascido, mas não emendado"[42]. Então encontra seu "pai legal", Makar Ivánovitch, com quem entabula um diálogo que o levará ao conhecimento de uma nova "sabedoria", que completará a contribuição recebida dos diálogos até então travados com Viersílov e será conclusiva para o aperfeiçoamento da sua personalidade. Vejamos primeiro o resultado desses diálogos.

Arkádi, que começa sua história com uma relação ambígua de envolvimento e desconfiança com a nobreza russa (seu amigo Kraft considera o russo um povo inferior) e acalentando seu projeto individualista burguês de tornar--se um Rothschild, recebe de Viersílov uma importante contribuição para superar esse individualismo por meio de pelo menos duas considerações teóricas. 1. Uma utopia da nobreza como categoria superior dos homens. Apesar de decadente em termos econômicos e sociais, ela poderia continuar sendo uma casta superior enquanto preservadora da honra, da luz, da ciência e de uma ideia suprema, formando assim a "categoria superior dos homens [...] [e uma] reunião exclusiva dos melhores"[43], único meio de preservar-se. 2. A Idade de Ouro como era da igualdade, da fraternidade e da plena felicidade. Para Viersílov a Idade de Ouro é a era do "amor de toda a humanidade"[44], encarna a "ideia russa superior", "um tipo de sofrimento universal por todos"[45], ideia, aliás, muito cara ao próprio Dostoiévski. No futuro haveria uma Idade de Ouro sem Deus nem religião, na qual as pessoas, livres da pressão das antigas formas sociais e religiosas de vida, só contariam com suas próprias forças e representariam tudo umas para as outras. A ideia da imortalidade e do amor por um Deus salvador seria substituída e canalizada para toda a

42. *Idem*, p. 367.
43. *Idem*, p. 234.
44. *Idem*, p. 489.
45. *Idem*, p. 490.

natureza, o mundo e as pessoas, que então passariam a amar a terra e a vida conforme tomassem consciência de sua transitoriedade e de sua finitude. Sua nova relação com a natureza seria a fonte de novos conhecimentos e de novas formas de amar o próximo, algo como um amor universal entre os homens. Na nova organização social, as pessoas "trabalhariam umas para as outras, e cada uma entregaria a todas tudo o que era seu e só com isso seria feliz"[46]; a família, tema tão caro a Arkádi, se basearia numa fraternidade coletiva.

Na terceira parte do livro Makar Ivánovitch, a quem, segundo Arkádi, sua mãe respeitava "não menos que a um deus"[47], reaparece já ancião, um típico andarilho russo, que, numa espécie de mito do eterno retorno, volta para morrer no seio da "família". Homem do povo (*prostolyudín*), Makar é uma espécie de homem natural *à la* Dostoiévski, um símbolo vivo de amor à vida e da alegria de viver, que encara sua finitude física com a absoluta naturalidade de quem, consciente de ter vivido bem a vida, acredita em sua continuidade através do amor que há de nutrir por ela além-túmulo, pois acha que "haverá amor até depois da morte"[48]. É aquele tipo que "se entrega voluntariamente por todos", entrega inclusive "seu próprio eu", como escreve Dostoiévski em "Socialismo e Cristianismo", e por essa razão pode proclamar sem artificialismo: "Para os velhos, os túmulos, para os moços, a vida"[49].

Makar tem uma sabedoria profunda, não tirada dos livros mas vivenciada na experiência prática e voltada para a vida, diferente daquelas pessoas que, como ele diz, "estudam desde que o mundo é mundo", mas não se sabe "o que aprenderam de bom para tornar o mundo a morada mais maravilhosa e alegre e repleta de toda sorte de alegria"[50]; uma concepção de amor verdadeiro pelas pessoas e pela natureza que Arkádi nunca vira no meio social em que circulava; uma afetividade que este só sentira em sua mãe, e ainda assim de forma muito tímida. De toda essa cosmovisão de Makar decorre um ideal de beleza que o próprio Arkádi procurava entre as pessoas com quem convivia em seu meio social, mas só encontrou nesse velho representante do povo,

---

46. Dostoiévski, *O Adolescente*, p. 493.
47. *Idem*, p. 18.
48. *Idem*, p. 380.
49. *Idem*, p. 374.
50. *Idem*, p. 394.

que funde em sua personalidade uma profunda sabedoria popular com uma simplicidade quase infantil.

Depois das longas conversas com Viersílov, o diálogo com Makar Ivánovitch era o elemento que faltava a Arkádi para superar certas mazelas de sua formação, o individualismo burguês, a superação da fantasia com Rothschild e as futilidades daí decorrentes. Num dos diálogos com Makar, o velho repete Mateus a seu modo e lhe sugere um antídoto contra todos esses sonhos burgueses: distribuir tudo o que tem e tornar-se servo de todos os homens, pois assim ele se tornaria muito mais rico, alcançaria uma felicidade que não se traduziria em roupas caras nem no orgulho causado pela inveja dos outros, mas no amor multiplicado ao infinito, que atingiria o mundo inteiro. O fim de tudo isso seria uma comunidade de iguais, uma fraternidade universal. Em resumo, o velho apenas explica com exemplos práticos o que Viersílov tentara explicar de forma abstrata com a utopia da nobreza e a Idade de Ouro. Arkádi fica extasiado, diz que não gosta dos seus familiares e quer abandoná-los (como já prometera em diversos momentos da narrativa) porque eles não conhecem a beleza que ele, Arkádi, buscara de forma vaga em toda a sua vida, e declara ao velho que "o esperava talvez há muito tempo"[51], está contente com ele e quer segui-lo seja lá para onde ele for. O toque de amor que o velho irradia ajuda-lhe a refinar e aprimorar a alma ainda em processo de amadurecimento, porém falta algo que distingue essencialmente Makar de todas as pessoas com quem Arkádi já convivera e traduz aquilo que ele procurou por toda a vida e não encontrou em Viersílov e em mais ninguém do seu entorno nobre. Numa conversa geral no leito de morte de Makar, na qual o médico qualifica o velho como um "errante no bom sentido"[52], Arkádi assegura: "errantes somos antes nós dois e todos os que aqui estão, e não esse velho, com quem nós dois ainda temos o que aprender, porque ele tem algo de *sólido* na vida, ao passo que nós, independentemente de quantos somos, não temos nada de sólido na vida"[53]. Resumindo, Makar tem a solidez que falta a todo o entorno de Arkádi, a todos os outros oriundos de uma nobreza que

---

51. Dostoiévski, *O Adolescente*, p. 380.
52. *Idem*, p. 392.
53. *Idem*, p. 392, grifo meu.

Dostoiévski apresenta numa crise profunda e que, por isso, não pode oferecer a Arkádi o ponto de equilíbrio de que ele necessita para consolidar seu aperfeiçoamento, sua formação. Ademais, a identificação de Arkádi com Makar simboliza uma questão essencial no pensamento de Dostoiévski: o restabelecimento da ligação do intelectual com o povo que, segundo o romancista, fora rompida depois das reformas de Pedro, o Grande.

Assim, Arkádi termina o romance amadurecido, amando e sendo amado por Viersílov e mantendo uma relação afetiva equilibrada e mais objetiva com ele ("sepultei Viersílov e o arranquei de meu coração"[54]), a mãe e a irmã Liza, numa promissora relação afetiva com Catierina Akhmákova e acalentando com Tatiana Pávlovna seu projeto de ingresso na universidade – porto final de sua viagem de formação, livre da fantasia burguesa de tornar-se um Rothschild e vendo superada sua condição de filho de uma família casual, pois Viersílov, depois de todos os contratempos que marcaram sua trajetória na narrativa, termina vivendo com Sófia Andrêievna como uma família aparentemente normal e o romance tem um final feliz, bem similar ao final que Marcus Mazzari ressalta em seu estudo de *Os Anos de Aprendizado de Wilhelm Meister*.

Durante muito tempo *O Adolescente* permaneceu à margem de uma definição como gênero ou modalidade de romance. Nikolai Tchirkóv foi o primeiro estudioso de Dostoiévski a situá-lo na tradição do romance europeu de educação. Hoje é lugar comum na fortuna crítica de Dostoiévski na Rússia considerar *O Adolescente* como romance de educação. Para mim, educação e formação são formas paralelas ou sinonímicas de tratamento de um mesmo tema.

Há, entre *O Adolescente* de Dostoiévski e *Os Anos de Aprendizado de Wilhelm Meister* de Goethe, grandes afinidades estéticas e filosóficas, e uma delas é o fato de os dois serem profundamente dialógicos, mas isto é tema para outra reflexão.

---

54. *Idem*, p. 399.

MARCOS NATALI

Aspectos Elementares da Insurreição Indígena: Notas em Torno a *Os Rios Profundos*, de José María Arguedas[1]

Na cadeia de significantes associados à palavra *formação* aparecem algumas das figurações dadas ao problema da origem e do destino, desde um termo como *conformação* (que pode se referir tanto ao ato de dar forma a algo quanto ao gesto de se submeter a um modelo ou plano prévio) a uma palavra como *deformação* (que descreve uma mudança de forma ou aspecto, uma desfiguração, a deturpação de um sentido ou forma anterior). Até *informação*, mais árida e aparentemente mais distante desse território inicial, inclui a possibilidade de uma *transformação*, provocada nesse caso pela aquisição de um novo dado ou saber. E assim a expressão *formação* vai nos remetendo rapidamente a uma série de movimentos arrebatadores, difíceis de delimitar e controlar, apontando para o passado e o futuro. Afinal, se não é simples determinar quando e onde teria começado um processo qualquer de formação, tampouco é fácil assegurar que uma formação já se encerrou, chegando a seu fim, a

---

1. Uma primeira versão deste trabalho foi apresentada na Biblioteca Mário de Andrade em 2013, como parte de uma série de conferências sobre o romance de formação organizada por Marcus Mazzari e Murilo Marcondes de Moura, a quem agradecemos mais uma vez aqui. O título que as notas recebem nesta versão ampliada é uma homenagem ao livro *Elementary Aspects of Peasant Insurgency in Colonial India*, do historiador Ranajit Guha.

179

começar pelo problema do lugar de enunciação e da perspectiva necessários para nomear e definir algo como tendo sido, justamente, um processo formador. Já está previsto na noção de formação um lugar ou um ponto de vista além da formação.

Perguntas como essas, que são essencialmente arqueológicas e escatológicas, exigindo uma teoria da teleologia que dê conta da complexidade de seu funcionamento, insistem em retornar sempre que se trata de pensar o singular conjunto de textos deixados pelo escritor peruano José María Arguedas, mesmo agora, mais de 50 anos após a sua morte, ocorrida em 1969. A possibilidade mesma do encerramento – de uma obra, de um povo, de uma cultura, de uma língua, de uma vida – é um espectro que assombra essa produção, em mais de uma maneira. Nela uma nova extinção parece estar sempre prestes a ocorrer, a suceder outra que já teria acontecido e que teria nos deixado, nessa temporalidade além do fim, incapazes até de perceber o que, afinal, foi perdido. No caso do livro específico que disparou estas notas – *Los Ríos Profundos*, romance de 1958 traduzido ao português como *Os Rios Profundos*[2] –, uma leitura que começasse por seu estranho e nebuloso final encontraria o adolescente Ernesto, aos seus 14 anos, caminhando entre montanhas peruanas sem que se saiba bem aonde se dirige – e então termina o relato. O desfecho da história não define os destinos de várias personagens e linhas narrativas centrais para o romance, e a leitora deixará o livro desconhecendo, por exemplo, o paradeiro de Dona Felipa, líder do motim em que mulheres pobres do povoado de Abancay, sublevadas, se apoderaram de um depósito ilegal de sal e distribuíram o alimento entre a população; ignorará inclusive se Dona Felipa sobreviveu. Tampouco saberá se a febre tifoide de fato acometeu os camponeses indígenas da região, embora o possível alastramento da doença tenha ocupado dezenas de páginas perto do final do romance.

Nisso o desenlace elusivo da narrativa retoma uma sugestão decisiva do romance: o embate entre diferentes segmentos da sociedade peruana é, fundamentalmente, uma disputa pelo futuro. É o que se depreende da aparição, em momentos críticos do romance, de falas que se remetem ao porvir, em discursos

---

2. José María Arguedas, *Los Ríos Profundos*, México, Losada, 1998; *Os Rios Profundos*, tradução de Josely Vianna Baptista, São Paulo, Companhia das Letras, 2005.

proféticos pronunciados por personagens como Ernesto – o narrador mestiço criado entre índios, depois deixado no colégio interno de Abancay –; Palacios – menino oriundo de uma comunidade indígena e colega de Ernesto no colégio – e o porteiro da escola, em fala já próxima das últimas páginas do livro. Essas profecias estão relacionadas ao destino de Felipa e, consequentemente, ao da rebelião que reivindicava acesso dos camponeses ao sal que estava sendo distribuído apenas ao gado da região. A *chichera* (vendedora de *chicha*, bebida fermentada feita de milho) Felipa escapa do povoado de Abancay pouco antes da chegada do exército peruano, cujas tropas haviam sido enviadas para reprimir a insurgência. Como não é encontrada, tem início, quase que imediatamente, o rumor de que um dia voltará ao povoado, dessa vez acompanhada de uma legião de índios amazônicos, revivendo antiga espera andina pelo regresso de Atahualpa.

A esperança pelo retorno, que ecoa longa tradição de rumores semelhantes, fora motivo de censura explícita do sacerdote local em sermão após a retomada da cidade pelo exército:

> O populacho está levantando um fantasma para atemorizar os cristãos. [...] E essa é uma farsa ridícula. Os colonos de todas as fazendas têm a alma inocente, são melhores cristãos do que nós; e os *chunchos* [índios amazônicos] são selvagens que nunca passarão os limites da selva. E se, por obra do demônio, eles vierem, a flecha não poderá com os canhões. É preciso recordar Cajamarca...![3]

Na referência a Cajamarca, rememora-se o massacre de 1532, episódio sangrento da conquista dos incas pelos espanhóis, em enunciação do desejo de que todo conflito futuro seja apenas a repetição dos conflitos passados, tendo portanto um desfecho idêntico: a derrota indígena. Em contraste, narrações do porvir como a de Ernesto, que tem o rio como testemunha, afirmam enfaticamente a sobrevivência de Felipa, chegando a fazer dela a destinatária de sua fala: "Você é como o rio, senhora", diz Ernesto, para então defini-la como potência futura: "Ninguém vai alcançá-la. *Jajayllas*! E você voltará. Verei seu rosto, que é poderoso como o sol do meio-dia. Vamos queimar, incendiar!"[4]

---

3. José María Arguedas, *Os Rios Profundos*, p. 215.
4. *Idem*, p. 207.

Para quem especula, seja com tremor, seja com temor, a respeito do regresso, será preciso antever a reação que se terá diante da volta. Como responder ao porvir? Para Ernesto, a aparição do rosto de Felipa, com sua força solar, seria a ocasião para a invenção de uma nova coletividade, da qual ele fará parte, como revela na pessoa pronominal utilizada no presságio: "Vamos queimar, incendiar!" Já em outros trechos do romance, o próprio futuro parece se tornar um falante, como no *huayno* quéchua cantado pelo mestre Oblitas na *chichería* local:

não chore ainda,
ainda estou vivo,
voltarei para você,
eu voltarei.
Quando eu morrer,
quando eu desaparecer
você vestirá luto,
aprenderá a chorar.

Continuando, em seguida:

Ainda estou vivo,
o falcão vai lhe falar de mim,
a estrela dos céus vai lhe falar de mim,
ainda voltarei,
ainda voltarei[5].

---

5. *Idem*, pp. 230-231. Em espanhol e em quéchua, cujos versos aparecem lado a lado na versão original, lê-se:

amarak wak´aychu,	*no llores todavía,*
k´ausak´rak´mi kani,	*aún estoy vivo,*
kutipamusk´aykin.	*he de volver a ti,*
vueltamusk´aykin.	*he de volver.*
Nok´a wanuptiyña,	*Cuando yo me muera,*
nok´a ripuptiyña	*cuando yo desaparezca*
lutuyta apaspa,	*te vestirás de luto,*
wak´ayta yachanki.	*aprenderás a llorar.*
[...]	*[...]*
Kausarak´ mi kani,	*Aún estoy vivo,*
alconchas nisunki,	*el halcón te hablará de mí,*

Muito poderia ser dito sobre a intricada temporalidade desse *ainda* que se repete ao longo dos versos, em apelo para que se adie ao menos um pouco o pranto, como se não fosse certo que já tivesse chegado a hora do começo do luto. Projetando o choro ao futuro, o advérbio busca estender o presente. (Construções semelhantes aparecerão em diversas obras de Arguedas, como num poema que declara que Tupac Amaru não está morto. É também a inscrição que Arguedas pede que seja gravada, em quéchua, em seu túmulo: *ainda estou vivo*.)

Nesse quadro, em que a possibilidade de um porvir radicalmente diferente demanda dos sujeitos um posicionamento político no presente, será importante, para a formação particular de Ernesto, perceber, com tristeza e desengano, como Antero, até então dos colegas mais próximos a ele no internato, se coloca diante da perspectiva da volta dos indígenas insurgentes. Antero havia contado que quando criança chorara vendo os índios da fazenda de seu pai sendo castigados e lembrara de ter compartilhado com a mãe sua compaixão pelos índios que o pai mandava açoitar, dizendo, durante essa rememoração, que "Quando a gente é criança e ouve, assim, choro de gente grande, em tumulto, como uma noite sem saída o coração sufoca; sufoca, fica apertado para sempre"[6]. Para Ernesto, a expectativa era que o sofrimento de Antero ao ver os índios maltratados, quando criança, iria levá-lo, na adolescência, à solidariedade com os sublevados. E, no entanto, ante a possibilidade da volta de Dona Felipa, com o risco de os índios das fazendas decidirem se aliar a ela, a resposta de Antero é uma ameaça violenta, provocando o desconcerto de Ernesto:

– Irmão, se os índios se rebelassem, eu iria matando um por um, fácil – disse.

– Não entendo você, Antero! – respondi, espantado. – E por que você disse que chorava?

– Chorava. Quem não choraria? Mas é preciso dominar bem os índios. Você não consegue entender porque não é dono[7].

---

luceros nisunki,	*la estrella de los cielos te hablará de mí,*
kutimusk´rak´mi,	*he de regresar todavía,*
vueltamusak´rak´mi.	*todavía he de volver.*

(José María Arguedas, *Los Ríos Profundos*, pp. 224-225).

6. José María Arguedas, *Os Rios Profundos*, p. 198.

7. *Idem*, p. 199.

Além da consolidação, por Ernesto, de algo como um saber triste, o que se escuta no diálogo é uma teoria a respeito da formação dos poderosos, o filho do fazendeiro tendo aprendido a recalcar a compaixão que sentira na infância, numa pedagogia da crueldade que oferece inclusive um discurso a justificar a necessidade da violência. Para Ernesto, nessa vivência do cotidiano do internato, vai se esboçando a imagem de uma comunidade que tem como elemento constitutivo a exclusão e a discriminação, como se para ele fosse esta, afinal, a principal lição a ser tirada de sua formação no colégio.

Não é fortuito que as diferenças – entre Ernesto e Antero (mais tarde, em outro episódio, Antero perguntará: "Escute, Ernesto, o que é que há? [...] Quem você odeia?"[8]), mas também entre eles e os demais – surjam justamente diante da pressão simbólica e prática exercida por uma rebelião. Ao longo da história peruana, insurreições de diversos tipos e alcances criariam pressão sobre os referentes locais, isto é, pressão sobre o modo como era descrita a população indígena do país[9]. Como ocasião em que se exige reconhecimento e representação, a rebelião indígena é sempre também um acontecimento discursivo, e no romance isso se transforma num problema estrutural, colocando em questão o modo narrativo adotado diante da revolta e levando a uma espécie de fenomenologia da revolta popular, com a exposição detalhada, atenta e solidária de diferentes momentos e episódios dentro da insurgência indígena: sua preparação, suas tensões internas, seus movimentos de avanço e recuo, as negociações internas e externas. O relato inclui, por exemplo, a descrição entusiasmada da "imensa alegria" que toma a população ao perceber o avanço da rebelião, tanto que, ao atravessar o povoado carregando sacos de sal que pretendiam levar aos colonos da fazenda, o que cantam é uma música de carnaval[10]. Até as mulas, diz o narrador, mesmo carregadas de sal, trotam com alegria, seguindo o ritmo da melodia.

As rebeliões indígenas no Peru do começo do século xx exigirão do discurso público uma reorganização e a criação de novos conceitos, levando fi-

---

8. *Idem*, p. 125.
9. Ver, por exemplo, Antonio Cornejo Polar, *O Condor Voa*, tradução de Ilka Valle de Carvalho, Belo Horizonte, Ed. ufmg, 2000; e, Horacio Legrás, *Literature and Subjection*, Pittsburgh, University of Pittsburgh Press, 2008, sobretudo seu estudo da revolta em *Yawar Fiesta* (pp. 204-211).
10. José María Arguedas, *Os Rios Profundos*, pp. 130-131.

nalmente a um pensador como José Carlos Mariátegui nos anos 1920[11]. Como reflexão sobre a formação – nacional, nesse caso – a rebelião é significativa por expressar o desejo de inserir no marasmo da história um acontecimento novo, um evento provocado por outro tipo de agência ou sujeito, contornando inclusive a ideia da transformação como resultado de um progresso lento e gradual, como seria o pedagógico. A acusação comum em rebeliões de que os insurgentes estariam a serviço de alguma figura oculta busca trazer de volta para a pedagogia – e para as noções de manipulação, controle etc. – a imagem gerada pela revolta, como se não fosse possível os revoltosos agirem por conta própria.

A insistência na persistência do conflito e o ceticismo em relação às soluções harmônicas e sintetizadoras, ambos presentes no romance *Os Rios Profundos*, ganham importância se lembrarmos que a partir do livro *Yawar Fiesta*, publicado em 1941, Arguedas passa a ser visto no Peru como a esperança de unificação da dualidade nacional, uma polarização ainda mais marcada do que a de outros países hispano-americanos[12]. Nas tradições literárias desses países, incluída a peruana, o romance de formação tendia a fundir formação individual e nacional, e isso desde aquele que é frequentemente considerado o primeiro romance hispano-americano: *El Periquillo Sarniento*, do mexicano Fernández de Lizardi, romance publicado por entregas durante a guerra de independência, no qual o nascimento de uma nação nova aparece como desfecho inevitável[13].

No caso específico do Peru, observa Legrás, a fraqueza relativa do Estado peruano durante longos períodos fez com que suas instituições, em particular a escola, tivessem alcance limitado, diluindo os esforços de doutrinamento nacionalista, permitindo a consolidação da polarização entre litoral e montanha, entre espanhóis e índios, e enfraquecendo a solução dos modelos hibridistas, necessários para o nacionalismo em sociedades heterogêneas. Mas quando o Estado se fortalece, ganha alento o projeto político que concede direitos em troca de sujeição[14], oferta análoga àquela que Arguedas enxergará na

---

11. Ver, entre outros, o estudo de Horacio Legrás, *op. cit.*, p. 201 e *passim*.

12. *Idem*, p. 204.

13. Felipe Oliver, "De la Formación del Sujeto al Sujeto Apestado: La Novela del Aprendizaje en Hispanoamérica", *Itinerarios: Revista de Estudios Lingüísticos, Literarios, Históricos y Antropológicos*, n. 13, p. 181, 2011.

14. Horacio Legrás, *op. cit.*

literatura, entendendo o projeto literário – sobretudo o projeto literário indigenista, mas não só ele – como um movimento fundamentado na sujeição indígena.

É nessa configuração que a manutenção de resquícios ou lembranças do conflito cultural e histórico entre espanhóis e índios aparece em Arguedas como uma esperança, pois só o reconhecimento da continuação do confronto, mesmo que em forma residual, poderá levar à constatação de sobrevivências além da derrota.

Diante desse conjunto de problemas, não surpreende que a tradução se torne questão central na obra de Arguedas, como é o caso também nesse *Os Rios Profundos*. No romance estará presente, em mais de um trecho e de diferentes maneiras, a tensão linguística, reforçando a hipótese de que a obra do autor deve ser lida como um longo e angustiado experimento de procedimentos para lidar com o conflito linguístico e cultural. Atravessam o romance tentativas de construção de um lugar de enunciação complexo e móvel no qual o narrador é tanto mediador, tradutor e antropólogo quanto informante nativo e objeto de estudo. Em cena próxima do início do romance, por exemplo, frente à possibilidade de ter que duelar com outro interno do colégio, Ernesto, descobrindo-se incapaz de rezar ao Deus cristão em busca de proteção, dirige-se à divindade de sua aldeia (K'arwarasu), quando então se sente encorajado e fortalecido. A transformação do destinatário da comunicação – de Deus a K'arwarasu – é responsável pela transformação emocional de Ernesto, embora a estrutura interna do romance mantenha o contrato inicial, com o narrador, o próprio Ernesto, explicando em seguida em tom neutro e imparcial, no idioma das ciências sociais, o funcionamento de sua própria crença:

O K'arwarasu é o *Apu*, o deus regional de minha aldeia nativa. Tem três picos nevados que se erguem sobre uma cadeia de montanhas de rocha negra. Está cercado por vários lagos em que vivem garças de plumagem rosada. O falcão é o símbolo do K'arwarasu. Os índios dizem que na Quaresma ele sai como uma ave de fogo, do mais alto cume, e vai à caça de condores, e que lhes rasga o dorso, fazendo ouvir seus gemidos, e que os humilha. Voa, brilhando, relampejando sobre as semeaduras, pelas estâncias de gado, e depois afunda na neve. Os índios invocam o K'arwarasu apenas nos grandes perigos[15].

---

15. José María Arguedas, *Os Rios Profundos*, p. 110.

É esse narrador antropólogo e informante que levará Ángel Rama a identificar três vozes narrativas no interior do romance: Ernesto adolescente, com 14 anos, testemunha dos acontecimentos; Ernesto adulto, recordando o período do colégio interno; e um terceiro narrador, que com a voz de um antropólogo explica e traduz o sentido das experiências formadoras.

O romance, escrito ao longo de um período de 15 anos em que Arguedas trabalhou intensamente como etnógrafo em diferentes municípios da região andina, é também a exploração daquilo que, diante dos impasses que atravessavam esse cenário, a literatura poderia oferecer e representar, como possibilidade de abertura, dados os limites próprios à antropologia. Além de uma mudança no modo de produção, a literatura pareceria oferecer a esperança da introdução de outra perspectiva, um ponto de vista interditado nos textos antropológicos. Veja-se como "Cusco", artigo antropológico de 1947, descrevia os muros da cidade andina com o tom distanciado comum às ciências sociais: "Os conquistadores cristãos ergueram os arcos e colunas de suas moradias e templos sobre os muros índios. E desse modo, Cusco se converteu em um monumento arqueológico e histórico cujo semblante mágico perturba e comove, pois contém a língua humana de todos os tempos em sua forma mais perdurável e universal: a arquitetura"[16]. É dessa perturbação final, e de uma língua anterior à conversão da pedra em monumento de um humanismo impreciso, que Arguedas ensaiará se aproximar através da escrita literária, esboçando um foco narrativo que, em vez de categorizar e descrever a comoção provocada pelos muros, terá a pedra como seu destinatário e ouvinte, o que ocorre logo nas primeiras páginas de *Los Ríos Profundos*.

A questão inevitável é em que medida todo informante não é já um antropólogo, dada sua necessidade de dialogar com os enviados da cultura dominante, precisando, portanto, conseguir imaginar o que desejam saber, reconhecendo-os como destinatários. No caso do protagonista de *Los Ríos Profundos*, a situação ganha contornos particularmente dramáticos: Ernesto não pertence nem a um, nem a outro universo; órfão de um, como diz, é lançado "por cima do muro" ao outro. Se no colégio Ernesto é arremessado a ou-

---

16. Citado em Amy Nauss Millay, *Voices from the Fuente Viva: The Effect of Orality in Twentieth-Century Spanish American Narrative*, Lewisburg, Bucknell University Press, 2005, p. 98.

tro espaço epistemológico – o da língua paterna e pública – a outra, anterior, também não era propriamente uma língua "materna": órfão de mãe, Ernesto passara a viver com os índios na fazenda da nova esposa do pai, descrevendo seu lugar no *ayllu* em que viveu como o de um "refugiado".

Desse modo, o lugar de enunciação do narrador estará constantemente em deslocamento, passando não só de uma língua a outra – do quéchua ao espanhol, do espanhol ao quéchua – e de um a outro grau de mistura entre elas, mas mudando também de interlocutor e objetivo, a "comunicação" deixando de ser o único alvo. Acrescenta-se assim mais um elemento formal ao impasse geral: a questão não será só como falar, mas também, *quem me ouvirá?* – como pergunta Ernesto. Quem saberá ouvir o que tenho a dizer? A obra de Arguedas está atravessada por esse dilema, em diversos níveis, desde a forma ao conteúdo de seus textos, com diferentes soluções propostas para o problema da tradução, incluindo as seguintes: notas de rodapé; traduções no corpo do texto, entre parênteses; paráfrases, em espanhol, das expressões quéchuas; explicações antropológicas em vez de traduções (como com o *zumbayllu*); comentários do narrador sobre as dificuldades da tradução; colunas paralelas na mesma página, justapondo quéchua e espanhol; uso da sintaxe de uma língua (o quéchua) em outra (o espanhol); palavras quéchuas interrompendo a narração em espanhol; ausência de qualquer tradução ou explicação.

A particularidade de Arguedas, contrastando com a tendência dominante em escritores hispano-americanos dos anos 1950 e 1960, estará não apenas na incerteza em relação à possibilidade de uma inclusão bem-sucedida da formação subalterna em epistemologias gerais – essa dúvida será compartilhada por alguém como Vargas Llosa, por exemplo, levando a uma conclusão muito diferente. A singularidade de Arguedas será ter chegado a duvidar inclusive da *desejabilidade* dessa inserção, mesmo dadas as parcas alternativas disponíveis. Assim, além das táticas já elencadas, haverá também ao longo da obra arguediana numerosos momentos de silenciamento e ocultamento. Se, afinal, um dos desafios da obra parece ser dar forma insistentemente à tese de que os indígenas possuem uma perspectiva própria, não há como seu próprio projeto criativo não assumir, em situações cruciais, contornos negativos. Se a possibilidade da existência de uma cosmovisão própria for levada a sério, o problema da "expressão" ou "representação" dessa visão de mundo não terá

ASPECTOS ELEMENTARES DA INSURREIÇÃO INDÍGENA... 189

como contornar a questão do *modo* de sua apresentação, a cosmovisão sendo inseparável da forma e da língua utilizadas. Quando se narra essa conjuntura através de um romance, em algum momento se chegará ao reconhecimento de que o próprio gênero é já um elemento constitutivo de uma cosmovisão particular, e uma possivelmente hostil à nativa – de que modo e até que ponto é o que restará determinar.

Nada disso facilita a tradução de romances como *Los Ríos Profundos* ou *El Zorro de Arriba y el Zorro de Abajo* a outras línguas, uma vez que não há uma única língua a ser transposta[17]. A tradução se torna impossível num sentido concreto, político ao mesmo tempo que linguístico, pois a materialidade do texto é composta justamente pela resistência à tradução, a versão precisando então sinalizar na sua textura o fracasso da empreitada tradutória. Naquilo que se lê nas páginas de *Los Ríos Profundos* há comumente mais de uma camada linguística, como nos trechos em que é evidente que diálogos que na folha estão em espanhol se referem a conversas que aconteceram em quéchua. "*Seguimos hablando en quechua*", avisa o narrador, sobre o diálogo com o peregrino Jesús Warank'a Gabriel, para então reproduzir a conversa da seguinte maneira:

– ¿Ese canto es de Paraisancos?
– No. De Lucanamarca es. Un mozo, volviendo de la costa, lo ha cantado. Él lo ha hecho, con música del pueblo. Lo oí, aquí, desde la calle y he entrado. Yo, pues, soy cantor[18].

Aqui, como em outros trechos – "Pero de mi hermano su canto es, fuerte.", "Yo peregrino; andando vivo" – a estrutura frasal se afasta daquilo que é usual em espanhol, com os verbos colocados ao final das orações, como é comum em quéchua. Na primeira tradução do romance ao português, feita em 1977 por Gloria Rodriguez, temos as seguintes versões, nas quais a simultaneidade espanhol-quéchua que caracteriza o original desaparece: "O canto de meu irmão é forte...", lê-se, ou "Sou andarilho; vivo de um lugar para

---

17. Ver a tradução de Rômulo Monte Alto para *El Zorro de Arriba y el Zorro de Abajo*, em José María Arguedas, *A Raposa de Cima e a Raposa de Baixo*, Belo Horizonte, Ed. UFMG, 2016.
18. José María Arguedas, *Los Ríos Profundos*, p. 228.

outro"[19]. Já na tradução mais recente, de Josely Vianna Batista, busca-se a reprodução da construção híbrida: "De meu irmão seu canto é, forte". E "Eu peregrino; andando vivo"[20].

Em outro trecho, após um colega lhe pedir que escreva uma carta a Salvina, uma menina da cidade de Abancay, Ernesto se pergunta: "Como começaria a carta?"[21] Pensando nas meninas da aldeia, complementa: "Que distância existia entre seu mundo e o meu?"[22] Inicialmente se mantém confiante na possibilidade da travessia: "Eu sabia, apesar de tudo, que podia atravessar essa distância, como uma seta, como um carvão aceso que sobe. A carta que devia escrever para a adorada do Markask'a chegaria às portas desse mundo". E então, "como quem entra num combate" começa a redigir a carta, até que "um repentino descontentamento, uma espécie de aguda vergonha, fez-me interromper a redação da carta. Apoiei meus braços e a cabeça sobre a capa do caderno; com o rosto escondido parei para escutar esse novo sentimento. 'Aonde você vai, aonde você vai? Por que não continua? O que o assusta, quem cortou seu voo?'"[23] Diante do impedimento, o adolescente então imagina, como destinatárias da carta, meninas indígenas de seu povoado, perguntando-se: "E se elas soubessem ler? Se eu pudesse escrever para elas?"

A pergunta – quais seriam os efeitos de serem outras as leitoras? – está presente em muitos textos de Arguedas, marcando o desenvolvimento das diversas táticas tradutórias empregadas nas obras. Como seria diferente sua obra se fossem outros seus leitores implícitos, no Peru dos anos 1950 e 1960, se fossem outras as condições materiais? No romance, as destinatárias imaginadas que destravam a escrita são "Justina ou Jacinta, Malicacha ou Felisa; que não tinham madeixas nem franja, nem usavam tule sobre os olhos. E sim tranças negras, flores silvestres na fita do chapéu... 'Se eu pudesse escrever para elas, meu amor brotaria como um rio cristalino; minha carta poderia ser como um canto que vai pelos céus e chega a seu destino'"[24]. A recepção

---

19. José María Arguedas, *Os Rios Profundos*, tradução de Gloria Rodriguez, São Paulo, Paz e Terra, 1977.
20. José María Arguedas, *Os Rios Profundos*, 2005.
21. *Idem*, p. 99.
22. *Idem*, p. 101.
23. *Idem*, p.102.
24. *Idem, ibidem*.

e a leitura determinam as condições de possibilidade da obra. Entretanto, o exercício de imaginação não será suficiente, exigindo ainda mais um salto: "Escrever! Escrever para elas era inútil, imprestável. 'Ande, vá esperá-las nos caminhos, e cante! E se fosse possível, se eu pudesse começar isso?' E escrevi: '*Uyariy chay k'atik'niki siwar k'entita...*'"[25].

O devaneio de Ernesto leva-o a ultrapassar inclusive os limites da escrita, imaginando a transformação de sua carta em canção. Conceber a mudança do leitor empírico é portanto suficiente para levá-lo a passar do espanhol ao quéchua e a escrever uma nova carta, em forma de canto, que o romance irá reproduzir apenas parcialmente, primeiro em quéchua, depois em espanhol. A própria canção em quéchua cuja letra é reproduzida no romance de modo fragmentário é, também no nível temático, sobre a tentativa de envio de uma mensagem, nesse caso levada por um beija-flor: "*escucha*" – pede o enunciador à sua ouvinte – escute o que diz o beija-flor; em seguida dirigirá sua preocupação ao pássaro, que ele imagina já cansado após a longa viagem.

Revisemos todas as operações que ocorrem no trecho:

1. o episódio começa com uma carta, a ser escrita por Ernesto, a pedido de Antero, para Salvina; Ernesto começa a escrevê-la em espanhol, buscando uma linguagem que julga adequada ao cortejo adolescente;

2. a redação é repentinamente interrompida, após uma cisão na voz do autor da carta, que começa a escutar indagações que vêm de um outro dentro de si – "Aonde você vai, aonde você vai? Por que não continua? O que o assusta, quem cortou seu voo?" – perguntas que desatam a capacidade de escuta do narrador (escuta de si): "Depois dessas perguntas, voltei a me escutar ardentemente";

3. são imaginadas destinatárias alternativas para a carta (moças indígenas andinas);

4. a mudança no endereçamento por sua vez leva à aproximação entre carta e canção, escrita e canto: "minha carta poderia ser como um canto que vai pelos céus e chega a seu destino" – com a fusão anunciando o cumprimento de um destino;

---

25. *Idem, ibidem*. Para uma discussão do conflito linguístico no romance, ver Ligia Karina Martins de Andrade, *Nas Margens da Palavra – O Silêncio: Uma Estratégia de Controle e Organização do Conflito em Arguedas*, Dissertação de Mestrado, Universidade de São Paulo, 2004.

5. a fantasia então esbarra num limite empírico – a incapacidade de leitura das moças – que ameaça desfazer a confluência entre carta e canto;

6. volta então a segunda voz de Ernesto, nesse diálogo interno, estimulando-o a cantar mesmo assim, à espera de suas destinatárias: "Ande, vá esperá-las nos caminhos, e cante!"; a continuidade da escrita só é possível se o escritor imagina estar cantando, em exercício que no entanto é matizado ao começar com uma formulação condicional: "E se fosse possível, se eu pudesse começar isso?";

7. aquilo que Ernesto parece finalmente escrever, e que no romance aparece entre aspas, está em quéchua ("Uyariy chay k'atik'niki siwar k'entita..."), mas esse texto também será interrompido, com a volta do espanhol, numa versão para os versos em quéchua;

8. todo o processo será obstruído definitivamente pelo choro de Ernesto, que faz com que se interrompa a criação, que já é difícil dizer se é escrita ou canto: "Não foi um choro de sofrimento nem de desespero. Saí da sala ereto, com um orgulho seguro; como quando cruzava a nado os rios de janeiro carregados da água mais pesada e turbulenta. Caminhei por alguns instantes no pátio empedrado"[26].

Mas também esse estado de atordoamento altivo será quebrado em seguida pelo badalar do sino do colégio, que convoca os internos para o refeitório. O que terá lugar lá é outra cena de leitura, igualmente carregada de tensão, desta vez em espetáculo público e sem tanto espaço para desvios. Ernesto é chamado para ler em voz alta, diante de todos, *El Manual de Urbanidad y Buenas Costumbres*, um conjunto de normas de boas maneiras escrito em 1853 por Manuel Antonio Carreño, conhecido popularmente como *Manual de Carreño*.

A necessidade de cada uma dessas passagens – de um idioma a outro, entre gêneros e situações de enunciação distintas – e o destaque dado a cada um desses giros, que lembram a turbulência das revoltas que também cortam o romance sugerem que estamos distantes da simples recuperação de uma cultura através de sua inserção em uma forma alheia, como por vezes pareceu crer a fortuna crítica de Arguedas. A própria obrigatoriedade dos procedimentos de tradução, operados em alguma medida a contragosto, sublinha os

---

26. José María Arguedas, *Os Rios Profundos*, p. 103.

limites impostos pelas condições materiais da sociedade, algo que Arguedas reconhecia e lamentava, dizendo poder apenas sonhar com um público de leitores quéchua-falantes, grupo restrito no Peru do período.

Nesse romance em que o problema do destinatário (e do destino) e a preocupação com o rumo das falas são uma obsessão, para começar a escrever como se deseja não é suficiente a decisão individual, sendo necessário passar do *escrever sobre* ao *escrever para* – e finalmente ao *falar com*[27]. O modelo parece ser próximo da assembleia indígena, à qual o romance dedica muitas páginas, e onde em meio ao aparente caos é possível que um pensamento chegue, como se diz, "a seu destino". No motim camponês que ocupa boa parte da narrativa a partir daí, a líder comunitária, ao falar, se detém por um momento, junto com a multidão, esperando que as palavras sigam seu caminho, "como se fosse preciso guardar um instante de silêncio para que as palavras da *chichera* chegassem a seu destino"[28]. Em outro exemplo notável, o do pião *zumbayllu*, Ernesto pergunta: "Se eu o fizer dançar, e soprar seu canto na direção de Chalhuanca, será que ele chega aos ouvidos de meu pai?" Antero responde:

Chega, irmão! Para ele não existe distância. [...] Você primeiro fala com um de seus olhos, diz qual é sua missão, dá seu rumo, e depois, quando ele estiver cantando, sopra devagar na direção que quiser; e continua a lhe dar sua missão. E o *zumbayllu* vai cantar no ouvido de quem o espera. Experimente, agora![29]

Mais tarde, já menos confiante, Ernesto desconfiará que o *zumbayllu* que estivera escondido em seu bolso durante uma missa teria perdido seus poderes ao ser inadvertidamente abençoado pelo padre. As possiblidades, portanto, quando existem, são precárias e inconstantes, todo potencial sendo vulnerável a forças contrárias de diversos tipos.

Por essas e outras, *Os Rios Profundos* chegou a ser lido pela crítica como *Bildungsroman* fracassado, em aproximação que poderia ser produtiva desde

---

27. Ver a respeito Alberto Moreiras, "O Fim do Realismo Mágico: O Significante Apaixonado de José María Arguedas", *A Exaustão da Diferença*, tradução de Eliana Lourenço de Lima Reis e Gláucia Renate Gonçalves, Belo Horizonte, Ed. UFMG, 2001, pp. 221-248.

28. José María Arguedas, *Os Rios Profundos*, p. 128.

29. *Idem*, pp. 160-161.

que se considerasse que a definição de sucesso, nesse caso, não é simples. A pergunta, mais uma vez, seria: como e onde se encerra um romance de formação? Onde acaba o desenvolvimento, passando-se a outra coisa? Nos modelos de integração comuns no romance de formação hispano-americano de meados do século xx, o ponto de chegada seria a unidade, a síntese, a convivência harmônica entre as partes. Entretanto, se é possível dizer que com o ingresso de Ernesto no colégio interno o que parecia se delinear era de fato a formação de uma identidade híbrida, sintética e mestiça, não é nada claro que o reconhecimento dos limites desse projeto, que é parte crucial do programa nacionalista latino-americano, não seja bem-vindo, ao menos desde a perspectiva que este ensaio tentou imaginar.

Assim, se na incitação à lembrança dos episódios de Cajamarca exprime-se o desejo de evitar que ocorra um novo acontecimento, buscando-se a repetição de uma conquista pensada como livre de diferença ou resto, nesses anseios indígenas recuperados por Arguedas busca-se conservar para a conquista o caráter de acontecimento ainda inconcluso, um processo parcialmente em aberto. Em outras palavras, o que se propõe é a hipótese de que a formação do Peru é um roteiro inacabado, podendo portanto ainda ser alterado. Para Arguedas, a questão em aberto para o mundo quéchua é a própria possibilidade de sobreviver, e não o triunfo, que no confronto continuado com a cultura dominante não parece mais estar disponível. Nesses termos, diante da pergunta sobre a colonização ter chegado ao fim, a resposta desejada seria negativa, havendo alguma esperança no reconhecimento de que ela ainda está em curso. Em disputa está então não exatamente o desfecho ou a realidade da conquista espanhola e da dominação *criolla*; tampouco há a afirmação da instauração de uma nova ou contra-hegemonia, que tenha superado a colonial. Aparentemente modesta, embora com consequências significativas, a tarefa apresentada parece ser aquela formulada por Arguedas de diversas maneiras em outros textos: continuar a disputar a forma e o sentido da derrota.

JEAN PIERRE CHAUVIN

Isaías Caminha:
Romance de Formação?

Qual não foi minha alegria ao ver surgir saltitante o filho de Isaías, da estatura de um anão, com seu cajado de pastor, seu surrão e sua funda, e ouvi-lo dizer: "Ó poderoso rei e senhor dos senhores! Não desfaleça o coração de ninguém por causa dele".

JOHANN WOLFGANG VON GOETHE[1]

Os dois jovens julgavam a sociedade tanto mais soberanamente quanto mais baixo se achavam nela colocados, pois os homens esquecidos se vingam da humildade de sua posição pela altivez do olhar.

HONORÉ DE BALZAC[2]

PERSONA

Seria tentador afirmar que o clarão projetado pela obra de Machado de Assis, durante e após a sua existência, teria obscurecido uma plêiade de escritores de talento, especialmente aqueles situados entre as décadas de 1880 (quando *Memórias Póstumas de Brás Cubas* apareceu em folhetim) e 1908, quando saiu o *Memorial de Aires*. Esse também pode ter sido o caso de Afonso Henriques de Lima Barreto, cuja obra foi examinada com alguma desconfiança pela historiografia literária brasileira, pelo menos até a década de 1950. Isto é, o escritor

---

1. Johann Wolfgang von Goethe, *Os Anos de Aprendizado de Wilhelm Meister*, tradução de Nicolino Simone Neto, São Paulo, Editora 34, 2009, p. 31.
2. Honoré de Balzac, *Ilusões Perdidas*, tradução de Ernesto Pelanda e Mário Quintana, São Paulo, Círculo do Livro, s.d., p. 43.

levou pelo menos trinta anos para ser avaliado de modo mais coerente e de um ponto de vista não exclusivamente estético ou ideológico.

José Veríssimo foi um dos primeiros a mencionar o nome do autor – o que aconteceu em 1907[3], graças ao aparecimento da revista *Floreal*, com dois capítulos de *Recordações do Escrivão Isaías Caminha* – publicado na íntegra somente dois anos depois. Curiosamente, passados três anos, o crítico fez ressalvas à produção barretiana em geral, ao encarecer a negligência do escritor quanto à correção gramatical e vícios estilísticos e, no quesito fabular, o "defeito grave" do "personalismo"[4]. Após Veríssimo, começaram a aparecer críticos partidários de Lima Barreto, como era o entusiasta Tristão de Ataíde. Em 1919, ano de lançamento do *Gonzaga de Sá*, Alceu de Amoroso Lima afirmava que o protagonista do romance seria: "[...] um velho irmão do Conselheiro Aires, que encara o mundo sem preconceitos, com um amor entranhado pelos humildes e sofredores, e uma íntima queda pelo paradoxo engenhoso"[5].

Para além da costumeira (e nem sempre justa) comparação com a prosa machadiana, uma das interpretações da obra barretiana atribuía ao escritor maior interesse nos temas abordados que na fatura literária propriamente dita – hipótese que vem sendo contestada há décadas, como já indicava a análise de Carlos Nelson Coutinho, em 1974[6], e se encontra formulada es-

---

3. O artigo de José Veríssimo sobre a *Floreal* apareceu no *Jornal do Commercio* em 9 de dezembro de 1907.

4. "[Lima Barreto] É pessoalíssimo, e, o que é pior, sente-se demais que o é" (José Veríssimo *apud* Talía Guzmán-González, "Men in Their Wor(l)ds: *Recordações do Escrivão Isaías Caminha* and *Vida e Morte de M. J. Gonzaga de Sá*", em Lamonte Aidoo e Daniel Silva (eds.), *Lima Barreto: New Critical Perspectives*, Lanham, 2014, p. 203).

5. Tristão de Ataíde [Alceu Amoroso Lima], "Um discípulo de Machado", Rio de Janeiro, *O Jornal*, 18.6.1919, p. 15. A aproximação proposta por Tristão de Ataíde é discutível: Marcondes Aires, o Conselheiro machadiano, não é tão isento quanto Gonzaga de Sá, como pretendia o crítico.

6. "[...] a criação de um novo realismo, adequado aos novos tempos, não podia se fazer a partir de Machado, mas implicava na necessidade de um rompimento com a sua herança. Mais corretamente: o desenvolvimento da herança realista de Machado de Assis requeria, paradoxalmente, o completo abandono de sua temática, de seu estilo e de sua visão do mundo. A nova realidade impunha um estilo menos sereno, menos 'equilibrado', no qual as preocupações 'artísticas' não mais podiam ocupar lugar dominante" (Carlos Nelson Coutinho, "O Significado de Lima Barreto na Literatura Brasileira", em Carlos Nelson Coutinho *et al.*, *Realismo & Antirrealismo na Literatura Brasileira*, São Paulo, Paz e Terra, 1974, p. 15).

pecialmente nos estudos de Gilberto Mendonça Teles[7], a partir de 1990; de Carmem Lúcia Negreiros de Figueiredo[8], entre 1995 e 2017; de Eliane Vasconcellos, entre 1999 e 2008; e de José Osmar de Melo, em 2016 – que recorre à teoria do romance polifônico, concebida por Mikhail Bakhtin:

> A estrutura polifônica de *Recordações do Escrivão Isaías Caminha* revela-se já no título do livro, que remete para lados diametralmente opostos. Isaías aponta para o profeta bíblico, e Caminha, para o escrivão-mor da esquadra de Cabral. O próprio nome do personagem-protagonista já é portador de vozes dissonantes: uma, de denúncia; a outra, de conivência com o poder. Embora sendo portador de uma voz pendular, a posição do narrador não é de neutralidade face à realidade histórico--sociocultural brasileira. Graças à trajetória existencial de Isaías Caminha, o narrador denuncia a razão de o mulato e/ou negro não conseguir uma posição que lhe é de direito na sociedade[9].

De todo modo, dentre os tópicos que obsedavam o romancista, destacava-se a falta de solidariedade entre os homens de seu tempo. Esse aspecto parecia guardar ligação com as complexas relações de interesse entre suas personagens, mal distribuídas numa sociedade ciosa das aparências e no

7. "Gilberto Mendonça Teles escreve que para se compreender melhor a função sintetizadora de Lima Barreto é preciso recorrer à imagem de um rio – 'espécie de narrativa natural, estirada entre as nascentes e uma foz que se perde nos horizontes da recepção cultural'. Para ele, a obra de Machado de Assis [...] ocupou a margem 'direita' desse 'rio', com sua narrativa 'elitizada' e culta 'que desembocou triunfalmente no século XX, reunindo em si a força de toda uma tradição de temas, de técnicas e de linguagem que deram ao romance a sua melhor originalidade'. Por outro lado[,] a obra de Artur Azevedo foi-se desdobrando ou foi-se acumulando na margem 'esquerda', um tanto esquecida da crítica mas com grande aceitação popular. [...] Essas duas margens se 'fecham' em 1908, com a morte dos dois escritores. A seguir a estreia de Lima Barreto, em 1909[,] vai operar uma fusão estilística entre a linguagem 'sublimada' de Machado de Assis e o 'baixo' coloquialismo de Artur Azevedo" (Eliane Vasconcellos, "Nota Editorial", *Lima Barreto. Prosa Seleta*, Rio de Janeiro, Nova Aguilar, 2008, pp. 11-12).

8. Para a pesquisadora, seria possível "[...] pensar o romance *Recordações do Escrivão Isaías Caminha* como uma crítica ao próprio gênero romance e sua possibilidade de narrar, concomitante e coerente à expressão da crise do sujeito, num efervescente contexto cultural que diluiu as marcas rígidas de tempo e espaço, nas primeiras décadas do século XX" (Carmem Lúcia Negreiros de Figueiredo, "Lima Barreto e o Romance: Crítica e Crise", *Revista Teresa*, n. 14, 2014, p. 142).

9. José Osmar de Melo, "A Questão Literária em *Recordações do Escrivão Isaías Caminha*, de Lima Barreto", em Carmem Negreiros, Fátima Oliveira e Rosa Gens (orgs.), *Belle Époque: Crítica, Arte e Cultura*, Rio de Janeiro/São Paulo, Faperj/Intermeios, 2016, p. 198.

modo de falar, mas tremendamente violenta no trato entre as classes, como a emblemática figura do diretor de *O Globo*[10]. Antonio Arnoni Prado observa com precisão que, dos seus romances,

> [...] *Vida e Morte de M. J. Gonzaga de Sá* é talvez o que melhor se enquadre naquela vertente que um autor como Mário de Andrade chamou um dia "romances de desistência", ou seja: romances claramente marcados pela recusa da ação, pela distância crítica amadurecida nos bastidores da elocução, mais que pelo pitoresco da matéria narrada e pela animação épica[11].

A mesma falta de solidariedade seria tão ou mais explicitamente representada nas crônicas, durante a sua irregular colaboração em jornais de pequeno e médio porte – sediados não exclusivamente no Rio de Janeiro – especialmente entre 1918 e 1922. Na década de 1960, Astrojildo Pereira observaria, a esse respeito, que:

> Sem ser um panfletário profissional, [Lima Barreto] imprimia a muitos dos seus artigos a feição de áspera crítica política e social, e fazia da sátira de costumes uma arma permanente de combate. São as mesmas características que se encontram na sua obra de ficção e que nos seus artigos aparecem, naturalmente, de modo mais direto e desnudo. E eu acredito que não se pode aprofundar o conhecimento e a compreensão da sua obra de ficção sem se conhecer e compreender as reflexões e memórias que nos deixou sob a forma de artigos e crônicas de jornal[12].

Um dos primeiros a proceder a cuidadoso levantamento das qualidades da obra barretiana, sem reduzi-la a supostas deficiências de sintaxe, ví-

---

10. "A conversa tinha cessado quando o Diretor penetrou na sala. Era o dr. Ricardo Loberant, um homem muito alto e muito magro, anguloso, com um grande bigode de grandes guias, louro, de um louro sujo, tirando para o castanho, e um olhar erradio, cheio de desconfiança. Era um homem temido, temido pelos fortes, pela gente mais poderosa do Brasil, ministros, senadores, capitalistas; mas em quem, com espanto, notei uma falta de firmeza, de certa segurança de gestos e olhar, própria dos vencedores" (Lima Barreto, *Recordações do Escrivão Isaías Caminha*, em Carmem Lúcia Negreiros de Figueiredo e Célia Maria Ferreira, *Lima Barreto, Caminhos de Criação: Recordações do Escrivão Isaías Caminha*, São Paulo, Edusp, 2017, p. 220).
11. Antonio Arnoni Prado, "Ilusões da Modernidade em Tom Irreverente", em Lima Barreto, *Vida e Morte de M. J. Gonzaga de Sá*, São Paulo, Ática, 1997, p. 3.
12. Astrojildo Pereira, "Posições Políticas de Lima Barreto", em Astrojildo Pereira, *Crítica Impura*, Rio de Janeiro, Civilização Brasileira, 1963, pp. 37-38.

cios de estilo ou erros de composição[13], talvez tenha sido Francisco de Assis Barbosa. Sua biografia marca uma abordagem menos afeita ao rigor formalista e que, além disso, chamava atenção para os traços estilísticos na composição do escritor carioca. Ao proceder dessa maneira, ele se contrapunha à crítica mais rigorosa e sensibilizava os leitores para os percalços pessoais que o escritor atravessara: as dificuldades em família (agravadas com a internação de seu pai); o fato de não ter concluído o ensino superior; o inconformismo do burocrata; o reduzido círculo de amizades; a dificuldade em manter relações de afeto.

Acrescentem-se aos problemas domésticos de Lima Barreto o alcoolismo e a persistente dificuldade financeira, combinados ao relativo anonimato, este refletido na discreta recepção e comercialização de seus romances – para entendermos os enérgicos protestos que o romancista transferiu para seus narradores e personagens, de maneira que ficção e realidade pareciam se confundir:

Na sua aparente humildade, não era homem de se dobrar a ninguém. O orgulho doía-lhe mais que o estômago. E assim, as oportunidades que apareciam não foram aproveitadas, por inteiro, contribuindo apenas, a cada malogro, para aumentar-lhe o sentimento de revolta. [...] Dos obstáculos que sempre encontrou para ser o que exclusivamente desejou em toda a vida – um escritor – foi que nasceu a ideia de fazer uma revista literária. [...] Já então estariam escritos os primeiros capítulos do *Isaías Caminha*, cujo prefácio – será conveniente lembrar – traz a data de 12 de julho de 1905[14].

A despeito desses fatores, para certa crítica o saldo de sua obra era negativo, reforçado pelo teor, por vezes, confessional. As mágoas do autor teriam contagiado a sua galeria de personagens: a acidez seria um sintoma a eviden-

---

13. De acordo com Nicolau Sevcenko, "Lima insistia em que as preocupações gramaticais e estilísticas não deturpassem a naturalidade dos personagens, nem fantasiassem os cenários. A instância procedia, pois o período era dominado por duas vogas literárias que, ambas, convergiam para o estiolamento das produções artísticas, minando-lhes a vitalidade e calcificando o seu conteúdo e força de impacto. De um lado, o parnasianismo, oco e ressonante, representado sobretudo pelo formalismo exacerbado de Coelho Neto. [...] De outro, a linguagem castiça e empolada, representando o 'clássico', forma de composição calcada em expressões cediças e repontada de figuras de efeito, resultando numa algaravia anacrônica e de mau gosto, de amplo consumo dentre políticos, bacharéis e pretensos intelectuais" (Nicolau Sevcenko, *Literatura como Missão: Tensões Sociais e Criação Cultural da Primeira República*, 4. ed., 1. reimp., São Paulo, Brasiliense, 1999, p. 165).

14. Francisco de Assis Barbosa, *A Vida de Lima Barreto*, 5. ed., Rio de Janeiro, José Olympio, 1975, p. 152.

ciar o forte acento pessoal, o que empobreceria a qualidade do que produziu. Esquecia-se a célebre lição de T. S. Eliot, proferida em 1919: "A crítica honesta e a apreciação sensível não se dirige ao poeta, mas à poesia"[15]. Ora, bastaria examinar atentamente a "Breve Notícia" que abre o *Isaías Caminha* para concedermos menor impacto à instabilidade emocional do autor e desconfiarmos da suposta má qualidade de sua obra. Como repararam Carmem Lúcia Negreiros de Figueiredo e Célia Maria Ferreira, em alentado estudo à edição crítica do romance,

O prefácio ["Breve Notícia"] constitui um movimento de duplicação, com um texto dentro de outro, a produzir, simultaneamente, um desdobramento e a naturalização do processo de rememorar. Esse movimento se projeta sobre todo o romance, de maneira especular, com o auxílio de um narrador-autor, à margem da trama. A voz intrusiva do autor está presente no prefácio, apresentando trama e personagem e discutindo os desdobramentos da ação a narrar. Temos, assim, uma espécie de intriga secundária – a do autor e seu processo de narrar, com os recursos escolhidos para tornar seu relato convincente, além do histórico das edições da obra, com todos os seus percalços[16].

Lima Barreto tinha consciência da linguagem empregada em seus contos e romances. A simplicidade não decorria de incapacidade ou defeito na composição, nem se limitava ao desabafo ressentido de um homem em seu tempo e lugar; envolvia a estilização de um modo menos formal e castiço de expressar a língua do cotidiano. O artifício é que assegurava o "efeito de real", para empregar lição de Roland Barthes[17]. Essa perspectiva ganhou

---

15. T. S. Eliot, "Tradition and the Individual Talent", *Perspecta*, vol. 19, p. 39, 1982.
16. Carmem Lúcia Negreiros de Figueiredo e Célia Maria Ferreira, "Leitura Crítica: Crise do Romance, Crise do Sujeito, em *Recordações do Escrivão Isaías Caminha*", em Carmem Lúcia Negreiros de Figueiredo e Célia Maria Ferreira, *Lima Barreto, Caminhos de Criação: Recordações do Escrivão Isaías Caminha*, São Paulo, Edusp, 2017, p. 30.
17. "[...] il y a rupture entre le vraisemblable ancien et le réalisme moderne; mais par là-même aussi, un nouveau vraisemblable naît, qui est précisément le réalisme (entendons par là tout discours qui accepte des enunciations créditées par le seul référent)" [Há ruptura entre o verossímil antigo e o realismo moderno; mas, foi aí mesmo que também nasceu uma nova verossimilhança, que é precisamente o realismo (entendamos, por isso, todo discurso que aceita as enunciações creditadas por um único referente)] (Roland Barthes, "L'Effet de Reel", *Communications*, 11, 1968, p. 88).

força mais recentemente, como demonstra o estudo de João Adalberto Campato Júnior, de 2013, em que o pesquisador realça o caráter retórico do *Isaías Caminha*:

O caráter persuasivo das *Recordações* é posto em realce, entre os críticos de Lima Barreto, por Louzada Filho, que vê na personagem principal do romance a proposta de "comprovar, através da sinceridade da revolta, que não é inferior como o supõem os bacharéis brancos"; ou por Fantinati, que chama a mensagem de Isaías de suasória. Não é fora de propósito acentuar que, ao cabo do prefácio, Isaías, comentando sobre as *Recordações*, afirma não ser propriamente literato e não ter desejo de ter elaborado obra de arte, mas, de preferência, uma peça de defesa. Essa postura é típica de escritores que preferem a função pragmática ou moral da literatura à função estética da arte[18].

Nas *Recordações*, isso poderia ser ilustrado pelo contraste entre a linguagem empregada pelo gramático Lobo e pelo pseudoliterato Floc com a expressão menos rebuscada das demais personagens[19]. Por essas e outras razões, durante décadas interpretou-se a *obra* por intermédio do *homem* Lima Barreto ou percorreu-se direção contrária: "explicou-se" a ficção através de episódios biográficos, calcados em "fatos", na "realidade" social, na "intenção" do escritor. Como defendia Mikhail Bakhtin,

Entre todos os valores artísticos, o biográfico é o menos transgrediente à autoconsciência; por isso na biografia o autor está mais próximo do herói desta, os dois como que podem trocar de lugar, e por esta razão é possível a coincidência pessoal entre personagem e autor além dos limites do todo artístico[20].

---

18. João Adalberto Campato Júnior, *Lima Barreto: Retórica e Literatura Militante nas Recordações do Escrivão Isaías Caminha*, Curitiba, CRV, 2013, p. 32.
19. "Na redação, [Floc] era conhecido e respeitado como entendido em literatura e cousas internacionais. Ele e o Lobo, o consultor gramatical, eram os dois mais altos ápices da intelectualidade do Globo. Eram os intelectuais, os desinteressados, ficavam fora da ação ordinária daquele exército. Nunca se metiam nas polêmicas, não procuravam escândalos, não escreviam alusões. Eram os estandartes; as águias... Gregorovitch era a artilharia" (Lima Barreto, *Recordações do Escrivão Isaías Caminha*, p. 229).
20. Mikhail Bakhtin, *Estética da Criação Verbal*, tradução de Paulo Bezerra, 4. ed., São Paulo, Martins Fontes, 2003, p. 139.

Isso porque se dava (e ainda se dá)[21] maior crédito ao que Lima Barreto sustentava nos discursos em defesa do engajamento autoral, em que afirmava que a literatura era uma atividade politicamente orientada. Essa indistinção típica entre "autor empírico" e *persona* poética"[22] poderia ser atribuída ao prefácio que Lima Barreto escreveu para as *Recordações*:

Não sou propriamente um literato, não me inscrevi nos registros da livraria Garnier, do Rio, nunca vesti casaca e os grandes jornais da Capital ainda não me aclamaram como tal – o que sobra, me parece, são motivos bastante sérios, para desculparem a minha falta de estilo e capacidade literária[23].

É como se os pressupostos, métodos e objetivos da arte literária se imiscuíssem aos expedientes e convicções "pessoais" do escritor.

DEFORMAÇÃO

Em meio às discussões sobre as fronteiras entre a obra de arte e a biografia, um dos melhores ensaios sobre a ficção barretiana foi assinado por Osman Lins na década de 1970. A tese central envolve o "ilhamento" e a "inoperância dos atos de cada personagem sobre o próximo e sobre o meio"[24].

---

21. É o caso de Robert John Oakley, para quem "O escrivão obscuro e provinciano que rabisca sua autobiografia à noite, em segredo, e que, com uma única exceção, nada diz acerca de suas atividades e interesse[s] literários, é precisamente o mesmo rapaz solitário que trabalhou como contínuo em *O Globo*" (Robert John Oakley, *Lima Barreto e o Destino da Literatura*, São Paulo, Editora Unesp, 2011, p. 55). Nas palavras do narrador barretiano: "Eu não sou literário, detesto com toda a paixão essa espécie de animal. O que observei neles, no tempo em que estive na redação do *O Globo*, foi o bastante para não os amar, nem os imitar. São em geral de uma lastimável limitação de ideias, cheios de fórmulas, de receitas, só capazes de colher fatos detalhados e impotentes para generalizar, curvados aos fortes e às ideias vencedoras" (Lima Barreto, *Recordações do Escrivão Isaías Caminha*, p. 194).

22. Emprego a distinção sustentada por Paulo Sérgio de Vasconcellos, em detido exame que faz das formas líricas da Antiguidade. O pesquisador observa que ainda há acaloradas controvérsias em torno da "honestidade" de autores, especialmente quando versam sobre temas líricos (Paulo Sérgio de Vasconcellos, *Persona Poética e Autor Empírico na Poesia Amorosa Romana*, São Paulo, Editora Unifesp, 2016, especialmente o primeiro capítulo).

23. Lima Barreto, "Breve Notícia", *Recordações do Escrivão Isaías Caminha*, p. 129.

24. Osman Lins, *Lima Barreto e o Espaço Romanesco*, São Paulo, Ática, 1976, p. 37.

Para o romancista, o isolamento das figuras se combina a uma espécie de "crise" do narrador. Ao "insulamento" das personagens somar-se-ia a impossibilidade de se comunicarem, o que revelaria algo do mundo à margem em que viveu o próprio escritor. Para Osman Lins, "Lima Barreto inaugura na ficção brasileira, sem dar-se conta disso, segundo tudo indica, o tema da incomunicabilidade, tão caro à arte contemporânea, surgindo como um antecipador, um anunciador do nosso tempo e das nossas criações"[25]. No plano narrativo, o ensaísta percebe, com notável acuidade, que os conflitos não se efetivam já que são sistematicamente abrandados:

> [...] temos por vezes a impressão, com os hábitos formados em outras leituras e no teatro, de que algo se prepara contra a personagem e que esta[,] dentro em breve[,] será arrebatada numa intriga. Ameaças, no entanto, que logo se desfazem. [...] Há sempre qualquer coisa de solitário nos dramas; jamais se adensam e explodem[26].

Alargando o escopo, talvez pudéssemos sugerir que Isaías Caminha, Policarpo Quaresma, Gonzaga de Sá e Augusto Machado sejam as personagens mais densas e problemáticas da ficção barretiana. O jovem com esperanças de tornar-se doutor e ser reconhecido como jornalista; o homem maduro e ingênuo, cuja repentina lucidez vem assolada pela insanidade e assombrada pela violência do regime político; o velho que desperdiçou sua sabedoria na repetitiva repartição pública; um aprendiz.

Em contextos e graus diferenciados, trata-se de homens de papel desiludidos, cujas forças se voltam de maneira desconfiada para o poder da imprensa, os desmandos do governo e o caráter francamente utilitário das relações humanas. O jornalista frustrado[27] e o otimista ingênuo quase nunca empregam o seu potencial transformador, pois estão revestidos com a indumentária do favor pessoal e convivem com homens recheados de positivismo de segunda ordem, a par de ideias e modas importadas, a contrastar com o país agrário,

---

25. *Idem*, pp. 34-35.

26. *Idem*, pp. 51 e 54.

27. "Nada há tão parecido como o pirata antigo e o jornalista moderno: a mesma fraqueza de meios, servida por uma coragem de salteador; conhecimentos elementares do instrumento de que lançam mão e um olhar seguro, uma adivinhação, um faro para achar a presa" (Lima Barreto, *Recordações do Escrivão Isaías Caminha*, p. 215).

saudoso da escravidão e sem escolas. As assimetrias sociais combinam-se ao racismo estrutural, a reforçar o mal-estar provocado pelo romance. Durante a viagem para o Rio de Janeiro, Isaías vai até um bar e lá recebe a primeira seta envenenada com a discriminação em função da cor da pele:

> Servi-me e dei uma pequena nota a pagar. Como se demorassem em trazer-me o troco reclamei: "Oh! Fez o caixeiro indignado e em tom desabrido. Que pressa tem você?! Aqui não se rouba, fique sabendo!" Ao mesmo tempo a meu lado, um rapazola alourado, reclamava o dele, que lhe foi prazenteiramente entregue. O contraste feriu-me, e com os olhares que os presentes me lançaram, mais cresceu a minha indignação[28].

O sofrimento da personagem reside no violento contraste entre *logos* e *pathos*. Admirado pela professora da escola onde estudara, Isaías cria-se destinado a um grande destino na capital. Sabemos que suas expectativas não se realizam. O conhecimento perde a batalha para o sofrimento, o favorece o tom de denúncia[29] e o distancia dos gestos heroicos comuns à tradição literária da Antiguidade, nos termos de Georg Lukács:

> Ao sair em busca de aventuras e vencê-las, a alma desconhece o real tormento da procura e o real perigo da descoberta, e jamais põe a si mesma em jogo; ela ainda não sabe que pode perder-se e nunca imagina que terá de buscar-se. Essa é a era da epopeia. Não é a falta de sofrimento ou a segurança do ser que revestem aqui homens e ações em contornos jovialmente rígidos [...], mas sim a adequação das ações às exigências intrínsecas da alma[30].

---

28. *Idem*, p. 143.

29. "O tratamento sério da realidade quotidiana, a ascensão de camadas humanas mais largas e socialmente inferiores à posição de objetos de representação problemático-existencial, por um lado – e, pelo outro, o esgarçamento de personagens e acontecimentos quotidianos quaisquer no decurso geral da história contemporânea, do pano de fundo historicamente agitado – esses são, segundo nos parece, os fundamentos do realismo moderno" (Erich Auerbach, "Na Mansão de La Mole", *Mimesis: A Representação da Realidade na Literatura Ocidental*, 4. ed., São Paulo, Perspectiva, 1998, p. 440).

30. Georg Lukács, *A Teoria do Romance: Um Ensaio Histórico-filosófico Sobre as Formas da Grande Épica*, tradução de José Marcos Mariani de Macedo, São Paulo, Livraria Duas Cidades / Editora 34, 2000, p. 26. Lucien Goldmann aproximava Georg Lukács de René Girard, sob este aspecto: "As análises de René Girard, há quarenta anos de distância, coincidem frequentemente com as de Lukács. Também para ele o romance é a história de uma busca degradada (a que ele chama 'idólatra') de valores autênticos,

ISAÍAS CAMINHA: ROMANCE DE FORMAÇÃO?

Sob essa perspectiva, na ficção barretiana as raras personagens justas – supostamente mais próximas e identificadas à ética e concepção do mundo do próprio autor – contrastam com um bando de oportunistas, em geral bem-sucedidos política ou financeiramente. De acordo com Cavalcanti Proença:

> Lima Barreto, parece, dividia as pessoas em boas e más. [...] os que lhe inspiravam ternura, ele os queria sempre iguais e os caracterizava quase pelas mesmas palavras. Doçura e mansuetude, gestos de aves, luz no olhar. Mas a doçura é a grande qualidade, a constante que assinala, ao longo de todos os seus livros, os personagens bons, fictícios ou reais, as coisas, as paisagens, as ideias nobres[31].

Em uma mão, figuras discretas e mais silenciosas, a viver nos bastidores; em outra, o verborrágico professor de uma língua do Timor: iletrado que obtém, com o pomposo e nulo título de bacharel, maior crédito e respeito dos demais e, de quebra, o perdão de sua dívida pecuniária. No conto *O Homem que Sabia Javanês* o conhecimento dos homens pseudo-titulados é ridicularizado, principalmente quando empunhado como índice de distinção social por figuras comprometidas ideologicamente com o Império.

> – Senhor Castelo, quando salda a sua conta?
> Respondi-lhe então eu, com a mais encantadora esperança:
> – Breve...Espere um pouco...Tenha paciência...Vou ser nomeado professor de javanês, e...
> Por aí o homem interrompeu-me:
> – Que diabo vem a ser isso, senhor Castelo?
> Gostei da diversão e ataquei o patriotismo do homem:
> – É uma língua que se fala lá pelas bandas do Timor. Sabe onde é?
> Oh! Alma ingênua! O homem esqueceu-se da minha dívida [...][32].

---

por um herói problemático, num mundo degradado" (Lucien Goldmann, *A Sociologia do Romance*, tradução de Álvaro Cabral, 3. ed., São Paulo, Paz e Terra, 1990. p. 10).

31. Manuel Cavalcanti Proença, "Prefácio", em Lima Barreto, *Impressões de Leitura – Crítica*, São Paulo, Brasiliense, 1956, p. 30.

32. Lima Barreto, *Contos Completos*, São Paulo, Companhia das Letras, 2010, pp. 72-73.

Casada com a mediocridade, a tirania encontra atalhos na ficção barretiana. Daí os modos postiços de homens que se pretendem respeitáveis, acompanhados de discursos sem conteúdo que reproduzem lugares comuns[33]. A maior parte dessas figuras tem avidez por se destacar, seja pela maior participação na vida política, seja pelas páginas do jornal – principal via para a reverberação de si mesmas: "quem não aparece no jornal não aparecerá nem no livro, nem no palco, nem em parte alguma – morrerá. É uma ditadura", assinalava o sábio andarilho Gonzaga de Sá[34]. A questão é relevante e extrapola as páginas da ficção. Afinal, ela também diz respeito às mudanças que a imprensa atravessou, ao logo do Segundo Império. Carmem Figueiredo observou que, "À medida que se comercializa, a partir do século XIX, a imprensa se torna manipulável, pois se estabelece a correlação entre a venda da parte de anúncios e a venda da parte redacional. [...] Esses procedimentos davam ao jornal o caráter de uma empresa de economia privada destinada a obter lucros"[35].

Em reuniões, é frequente a alusão de uns e outros aos símbolos que carregam no dedo ou sobre os ombros. Ao anel de grau corresponde, de forma caricata, o gosto pelos epítetos que servem a elogiar o próprio portador de títulos e favores. Uns e outros parecem motivados a reafirmar sua casta, sua classe social, em defesa da manutenção da ordem, muitas vezes confundida com o abuso da autoridade, o mandonismo sem contestação. A manutenção das aparências é tema recorrente na ficção barretiana:

[Os bruzundangas] Só querem a aparência das coisas. Quando (em geral) vão estudar medicina, não é a medicina que eles pretendem exercer, não é curar, não é ser um grande médico, é ser doutor; quando se fazem oficiais do exército ou da mari-

---

33. O discurso de Leyva, iniciador do jovem Isaías nos segredos da capital do país, é tão rasteiro quanto emblemático desse modo tacanho de ver: "– Antigamente, todos os governantes tinham, ou antes, estavam ao par do saber de seu tempo, e só com a necessidade do estabelecimento de novas ciências – o que fez a especialização dos conhecimentos – deixaram tão salutar regra. Hoje, porém, graças ao sobre-humano cérebro de Comte – o maior talvez depois de Aristóteles – o saber voltou à unidade útil e moral dos outros tempos" (Lima Barreto, *Recordações do Escrivão Isaías Caminha*, p. 213).
34. Lima Barreto, *Vida e Morte de M. J. Gonzaga de Sá*, Cotia (SP), Ateliê Editorial, 2017, p. 114.
35. Carmem Negreiros Figueiredo, *Lima Barreto e o Fim do Sonho Republicano*, Rio de Janeiro, Tempo Brasileiro, 1995, p. 29.

nha, não é exercer as obrigações atinentes a tais profissões, tanto assim que fogem de executar o que é próprio a elas. Vão ser uma outra coisa, pelo brilho do uniforme[36].

O desfile de caricaturas poderia cumprir mais uma função: a de enaltecer, por contraste, a figura do protagonista Isaías Caminha. Desde as primeiras páginas do romance, temos a sensação algo desconfortável de que se trata de um sujeito cheio de complexos, que se relacionam: à sua paternidade (não custa lembrar que era filho de um padre), à sua etnia e à sua classe social. Em seu caso, o bom rendimento nos estudos parece ser a única rota, aparentemente segura e rentável, para além do ambiente limitado em que vive. As menções aos estudos; a decisão de viajar para a cidade grande; as barreiras que enfrenta durante a sua permanência no Rio de Janeiro; a relativa ascensão socioeconômica do protagonista são fatores que permitiriam discutir a filiação do romance ao *Bildungsroman*. Vale ressaltar que pesquisas que orbitam em torno de conceitos, aplicáveis em maior ou menor medida a determinadas obras, podem resvalar em imprecisões que, em vez de auxiliar na análise e interpretação do texto literário, podem criar óbices e apartá-lo do leitor. Examinemos como o conceito de *Bildungsroman* se aplica, em maior ou menor medida, a *Recordações do Escrivão Isaías Caminha*.

FORMAÇÃO

O primeiro nível de investigação sobre o conceito *Bildungsroman* passaria pela consulta a obras de referência sobre literatura, teoria literária e narratologia, a exemplo do *Dicionário de Termos Literários* de Massaud Moisés, publicado em 1974, onde se encontra a seguinte definição do termo: "Modalidade de romance tipicamente alemã, gira em torno das experiências que sofrem as personagens durante os anos de formação ou educação, rumo da maturidade"[37]. Também poderíamos recorrer ao *Merrian Webster's Encyclopedia of Literature*, de 1995, onde se lê tratar-se de "uma classe de novela da literatura alemã que lida

---

36. Lima Barreto, *Os Bruzundangas*, Rio de Janeiro, Garnier, 1998, p. 24.
37. Massaud Moisés, *Dicionário de Termos Literários*, 11. ed., São Paulo, Cultrix, 2002, p. 63.

com os anos de formação do protagonista"[38]. Outra definição, um pouco mais completa, pode ser encontrada na *Routledge Encyclopedia of Narrative Theory*, na edição reimpressa em 2008, onde afirma tratar-se de um gênero literário em que "um jovem deixa suas raízes provincianas por um ambiente urbano, para explorar suas capacidades intelectuais, emocionais, morais e espirituais"[39].

Dada a complexidade do conceito, é preferível discutir o romance de formação em outro patamar. Para isso, será mais produtivo recorrer ao que estudiosos do gênero têm a dizer, particularmente se a nossa intenção for reconstituir a arqueologia e o emprego do termo. Penso especialmente em Wilma Patricia Maas:

> Sob o aspecto morfológico, é relativamente fácil a compreensão do termo *Bildungsroman*. Por um processo de justaposição, unem-se dois radicais – (*Bildung* – formação – e *Roman* – romance) – que correspondem a dois conceitos fundadores do patrimônio das instituições burguesas. Cada um dos dois termos, entretanto, encontra-se atrelado a um complexo entrelaçamento de significados, apreensíveis apenas por meio de uma investigação de caráter diacrônico. *Bildung* e *Roman* são dois termos que entraram para o vocabulário acadêmico na segunda metade do século XVIII. A formação do jovem de família burguesa, seu desejo de aperfeiçoamento como indivíduo, mas também como classe, coincidem historicamente com a "cidadania" do gênero romance. Na Alemanha, é apenas no fim do século XVIII, quando nomes como Goethe passaram a se dedicar ao gênero, que o romance deixa de ser considerado literatura trivial e de má qualidade[40].

E em Marcus Mazzari, que reconstruiu a arqueologia do conceito:

> A difusão e a consolidação do termo *Bildungsroman* na história da literatura e da cultura devem-se de fato a Dilthey, que até 1961 passava também por aquele que teria plasmado a expressão no contexto do livro acima mencionado. Nesse ano, porém,

---

38. "A class of novel in German literature that deals with the formative years of the main character" (*Merrian Webster's Encyclopedia of Literature*, Springfield, MA, Merriam-Webster Inc., 1995, p. 139).

39. "[...] it depicts a young man abandoning provincial roots for an urban environment to explore his intellectual, emotional, moral and spiritual capacities" (cf. *Routledge Encyclopedia of Narrative Theory*, Abindgton, Routledge, 2008, p. 41).

40. Wilma Patricia Marzari Dinardo Maas, *O Cânone Mínimo: o* Bildungsroman *na História da Literatura*, São Paulo, Editora Unesp, 2000, p. 13.

Fritz Martini, renomado historiador da literatura alemã, publica o ensaio "O romance de formação: história da palavra e da teoria", demonstrando que na realidade o termo fora empregado pela primeira vez em 1810 por Karl Morgenstern (1770-1852), professor de estética, retórica e outras disciplinas na universidade de Dorpat (atual Tartu, capital da Estônia). Numa nota ao texto da conferência "Sobre o espírito e a relação de uma série de romances filosóficos", Morgenstern relaciona a criação do termo *Bildungsroman* com a primeira teoria do romance na tradição alemã, publicada em 1774 por Christian Friedrich von Blackenburg (1744-1796)[41].

Em que medida o conceito de *Bildungsroman* aplicar-se-ia ao romance barretiano? *Recordações do Escrivão Isaías Caminha* foi publicado por A. M. Teixeira & Cia. (ou melhor, pela Livraria Clássica de Lisboa, propriedade do próprio Antônio Maria). A capital da República chegava à maioridade, a carregar o bastião do império com outros nomes e formas de distinção.

Editado em 1909, o romance chegou ao público em um período conturbado de nossa história: em 1905 acontecera a Revolta da Vacina, movimento de resistência popular aos métodos compulsórios, empregados a mando da prefeitura do Rio de Janeiro. Em 1906, firmara-se a Convenção de Taubaté entre Minas Gerais, Rio de Janeiro e São Paulo. O acordo regulava o preço do café e representou capítulo decisivo na alternância de poderes entre São Paulo e Minas Gerais, que perdurou até 1930, enquanto durou a também chamada "República Café-com-Leite".

A julgar pelas informações de Francisco de Assis Barbosa, o romance poderia ser considerado parcialmente autobiográfico, sendo possível identificar com relativa facilidade os modelos de papel imitados à galeria de tipos humanos que circulavam, assim como Lima Barreto, entre o Passeio Público, a Rua do Ouvidor e o Flamengo. Por sinal, a mediocridade dos colegas de redação era notória e não poderia ficar sem registro.

No que diz respeito ao protagonista, Isaías perfaz trajetória inversa à do seu homônimo bíblico. Em lugar de profetizar o futuro, o jovem estava a remoer as agruras e contar moedas, já que a carta de recomendação do

---

41. Marcus Vinicius Mazzari, *Labirintos da Aprendizagem – Pacto Fáustico, Romance de Formação e Outros Temas de Literatura Comparada*, São Paulo, Editora 34, 2010, p. 97.

compadre Valentim ao Deputado (Dr. Castro) não surtira os efeitos prometidos. Retomemos o conceito de *Bildungsroman*. Seriam as *Recordações* um exemplar do gênero teorizado na Alemanha com um século de antecedência? Antes de o jovem partir em direção à cidade grande, ele enfatiza a importância que concedia à sua formação: "A minha energia no estudo não diminuiu com os anos, como era de esperar; cresceu sempre progressivamente. A professora admirou-me e começou a simpatizar comigo. De si para si (suspeito eu hoje), ela imaginou que lhe passava pelas mãos um gênio"[42].

Em princípio, a relevância atribuída aos estudos seria um elemento decisivo na caracterização das *Recordações* como romance de formação. Porém, diferentemente do que acontece em *Os Anos de Aprendizado de Wilhelm Meister*, publicado cento e treze anos antes, havia outro componente em questão: o racismo estrutural perpetuado pela sociedade brasileira. Enquanto o jovem Meister sonha com a carreira nos palcos, Isaías ambiciona a distinção social, materializada no diploma de bacharel. O título acadêmico supriria o preconceito racial e suplantaria o complexo social[43]:

Ah! Seria doutor! Resgataria o pecado original do meu nascimento humilde, amaciaria o suplício premente, cruciante e onímodo de minha cor... Nas dobras do pergaminho da carta, traria presa a consideração de toda a gente. Seguro do respeito à minha majestade de homem, andaria com ela mais firme pela vida em fora. Não titubearia, não hesitaria, livremente poderia falar, dizer bem alto os pensamentos que se estorciam no meu cérebro[44].

A dicção do narrador barretiano é dupla: em uma ele revive a capacidade de se surpreender com o que via, como sugere a passagem seguinte:

---

42. Lima Barreto, *Recordações do Escrivão Isaías Caminha*, p. 132.
43. De acordo com Zenir Campos Reis, "Lima Barreto soube encontrar em sociólogos europeus de orientação progressista, do final do século XIX e início do XX, apoio para suas reflexões sobre a falta de fundamento das doutrinas da superioridade racial do branco europeu, que produziria o nazismo, de nefanda memória. [...] Esse apoio teórico foi fundamental para a consolidação da forte consciência antirracista de Lima Barreto" (Zenir Campos Reis, "Lima Barreto Militante", *A Crônica Militante*, São Paulo, Expressão Popular, 2016, p. 17).
44. Lima Barreto, *Recordações do Escrivão Isaías Caminha*, pp. 138-139.

E essa sua admiração, se era de fato esse o sentimento do padeiro, pelos homens dos jornais levava-o a respeitá-los a todos desde o mais graduado, o redator-chefe, o polemista de talento, até ao repórter de polícia, ao modesto revisor e ao caixeiro do balcão. Todos para ele eram sagrados, seres superiores ou necessários aos seus negócios, pois viviam naquela oficina de Ciclopes onde se forjavam os temerosos raios capazes de ferir deuses e mortais[45].

Poucas linhas adiante, vem a desilusão do protagonista, frente ao imaginário equivocado que havia criado para si mesmo e os demais.

De manhã, pus-me a recapitular todos esses episódios; e sobre todos pairava a figura inflada, mescla de suíno e de símio, do célebre jornalista Raul Gusmão. O próprio Oliveira, tão parvo e tão besta, tinha alguma cousa dele, do seu fingimento de superioridade, dos seus gestos fabricados, da sua procura de frases de efeito, de seu galope para o espanto e para a surpresa[46].

Entre desprezos e até mesmo um safanão diante do público, Isaías Caminha vai parar na delegacia, onde será detido pelo delegado, que não crê no que diz e o atira à prisão. Depois, em diálogo mais ameno com o policial, outra dose da verdade vem à tona. Para viver melhor na cidade grande, era fundamental dispor de contatos, fossem eles políticos ou redatores de jornal:

– Você não tem relações aqui, no Rio, menino?
– Nenhuma.
– Mas ninguém? Ninguém?
– O meu conhecimento mais íntimo é o dr. Ivan Gregorovitch Rostoloff – conhece?
– Oh! Como não? Um jornalista, do *O Globo*[,] não é?
– Esse mesmo.
– Por que não me disse logo? Quando se está em presença da polícia, a nossa obrigação é dizer toda a nossa vida, procurar atestados de nossa conduta, dizer os amigos, a profissão, o que se faz, o que se não faz...[47]

45. *Idem*, p. 152.
46. *Idem*, p. 153.
47. *Idem*, p. 197.

Romance de formação? Ou romance deformador? Onde estão os ganhos de Isaías Caminha, deslumbrado e desiludido com a capital? "Comecei a admirar as sentenças literárias do Floc, as pilhérias do Losque, a decorar a gramática homeopática do Lobo e a não suportar uma leitura mais difícil, mais densa de ideias[,] mais logicamente arquitetada"[48].

No *Isaías Caminha*, a falta de talento geral era compensada por atenuantes que diziam respeito às relações sociais dos sujeitos, ou do título que também os carregava adiante[49]. Uma das cenas mais divertidas tem como mote o livro deixado por uma poetisa portuguesa de talento duvidoso, chamada Odalina. Eis a recomendação de Floc, o entendido em literatura, para Leporace, o pomposo diretor do jornal:

– Uma poetisa portuguesa de muito talento... Está de passagem e vem tratar de uma revista – "O Bandolim"... – Os versos são líricos, mas de uma pureza de sentimento e cheios de um acento pessoal de encantar... Eu não gosto da arte pessoal; a arte (tomou outra atitude) deve refletir o mundo e o homem, e não a pessoa... Penso como Flaubert... Vê só este:

Meu coração por desgraça
Entrou no meu pensamento
É como crime de faca
Que nunca tem livramento[50].

Embora *Recordações do Escrivão Isaías Caminha* contenha elementos que permitiriam aproximá-lo da tradição representada por Goethe, no final do

---

48. *Idem*, p. 240.
49. "N'*O Globo*, as coisas corriam assim. O secretário recebia o volume e dava-o a Floc. Quimera, romance, Abílio Gonçalves, lia Floc alto; e logo perguntava:
 – Quem é este Abílio Gonçalves?
 – Não conheces? É filho do Senador Gonçalves, de S. Paulo.
 Floc olhava outra vez o livro e voltava:
 – É formado?
 – É, retorquiu Leporace; é engenheiro de minas.
 – Hum! Fazia Floc com segurança, mudando a primitiva antipatia que se lia na contração dos lábios, para um breve sorrir de benevolência" (Lima Barreto, *Recordações do Escrivão Isaías Caminha*, pp. 288-289).
50. Lima Barreto, *Recordações do Escrivão Isaías Caminha*, p. 246.

século XVIII, seria difícil sustentar que se tratasse de um romance de formação característico. Diferentemente do que acontece com Isaías, as questões raciais não estavam no horizonte de Wilhelm Meister. Outra diferença fundamental reside no fato de Caminha não experimentar os eflúvios consoladores de uma paixão amorosa, como acontece ao jovem Meister, às primeiras páginas de sua biografia contada em terceira pessoa.

Por outro lado, em algumas passagens dos capítulos iniciais do *Isaías Caminha*, os ingredientes da *Bildung* poderiam ser parcialmente localizados:

Queria-me um homem do mundo, sabendo jogar, vestir-se, beber, falar às mulheres; mas as sombras e as nuvens começaram a invadir-me a alma, apesar daquela vida brilhante. Eu sentia bem o falso da minha posição, a minha exceção naquele mundo; sentia também que não me parecia com nenhum outro, que não era capaz de me soldar a nenhum e que, desajeitado para me adaptar, era incapaz de tomar posição, importância e nome[51].

Repare-se: os anseios de Isaías Caminha potencializam a constante frustração que o acompanha em sua jornada na capital da jovem e violenta república. Embora ele tivesse conseguido atuar no jornal, a sua trajetória sequer tangencia a vida glamurosa a que Meister divisara. É que, para Caminha, atuar na redação de *O Globo* tornou-se muito mais uma questão de fastio e sobrevivência, do que concretizar o sonho de fugir à vida planificada, simples e sem surpresas, que impulsionava o protagonista goethiano.

Não seria desmedido afirmar que Isaías está mais próximo do balzaciano Lucien Chardon (futuro Sr. de Rubempré). A começar pelo seu desempenho nos estudos:

Estimulado pelo pai, que, apaixonado pelas ciências naturais, o havia de logo iniciado nesse caminho, Lucien foi dos alunos mais brilhantes do colégio de Angoulême, onde estava no terceiro ano ao tempo em que Séchard ali terminava os estudos[52].

Honoré de Balzac havia pintado a sociedade francesa de modo bastante similar àquele descrito por Lima Barreto:

---

51. *Idem*, p. 322.
52. Honoré de Balzac, *Ilusões Perdidas*, p. 38.

Lucien foi, desde essa noite, violentamente introduzido na sociedade da Sra. de Bargeton. Foi, porém, aceito como uma substância venenosa que cada qual promete a si mesmo que há de expulsar submetendo-a aos reativos da impertinência[53].

Os retratos contornados pelo narrador implacável de *Ilusões Perdidas* também poderiam ser evocados, ao lermos o romance barretiano:

O marido de Amélie, a mulher que se apresentava como antagonista da Sra. de Bargeton, o Sr. de Chandour, que se chamava Stanilas, era um pretenso jovem, elegante ainda aos quarenta e cinco anos, cujo rosto parecia um crivo. A gravata era sempre atada à altura da orelha direita, outra que baixava em direção da fita vermelha de sua cruz. As abas de sua casaca apresentavam-se violentamente dobradas. O colete, muito aberto, deixava ver uma camisa estofada, engomada, fechada com alfinetes sobrecarregados de obras de ourivesaria[54].

Antes de frequentar os estreitos círculos da alta sociedade parisiense, o protagonista francês suportou incontáveis pilhérias. No mundo codificado, em que o modo de falar, vestir e atuar eram tão importantes quanto esconder fraturas morais, o futuro jornalista tinha que se haver com barões ágeis em desferir golpes verbais:

[...] De Marsay inclinou-se para Montriveau para lhe dizer ao ouvido, de maneira a ser ouvido pelo barão:

– Pergunte-lhe quem é este singular rapaz que tem o ar de um manequim vestido, à porta de um alfaiate.

Du Chatelêt falou por um momento ao ouvido do antigo companheiro, com o ar de quem renova conhecimento, e, sem dúvida, reduziu o rival a quatro pedaços.

Surpreendido pela vivacidade de espírito, pela finura com que aqueles homens formulavam suas respostas, por aquilo a que chamam dito agudo, frechada, e sobretudo pela desenvoltura das suas maneiras, Lucien sentia-se aturdido[55].

---

53. *Idem*, p. 70.
54. *Idem*, p. 91.
55. *Idem*, p. 181.

Quando, enfim, o jovem provinciano foi aceito pela elite francesa, novas complicações surgem. Levaria maior tempo até que ele pudesse ostentar luz própria: "Uma vez admitido no jornalismo e na literatura num pé de igualdade, Lucien percebeu as enormes dificuldades a vencer no caso de querer elevar-se: todos consentiam em tê-lo como igual; ninguém o queria como superior"[56].

Como se vê, as trajetórias de Wilhelm, Lucien e Isaías revelam particularidades, ainda que possamos classificar os romances dentro dos limites elásticos do *Bildungsroman*. Particularmente no exame comparativo entre Meister e Caminha, há mais elementos que os distanciam do que os aproximam. Seria desnecessário relembrar o elemento que mais diferencia as trajetórias do protagonista alemão e o narrador brasileiro. Para um, a paixão e os holofotes a iluminar o seu papel de destaque sobre o tablado; para outro, a sina de se imiscuir às figuras obscuras, a espremer-se na coxia até seu retorno à vida convencional e acanhada da província.

56. *Idem*, p. 418.

GUNTER KARL PRESSLER

Aprendizagem e Fracasso do Jovem Alfredo: Dalcídio Jurandir e o Romance Moderno de Formação na Amazônia Oriental

Fora de seitas e igrejas, a arte se oferecia como uma religião leiga e liberal, o meio por excelência da Bildung, no duplo sentido de "educação" e "formação". Sem ser didática, a literatura servia.

LUÍS COSTA LIMA[1]

"A Sagrada Escritura, a Bíblia, é a mãe de todos os romances de formação, do *Wilhelm Meister* até a virada de Joschka Fischer, [ex-] ministro das Relações Exteriores da Alemanha", diz um subtítulo da principal manchete do jornal alemão *Die Zeit*, de Hamburgo, do dia 27 de março de 2002.

O artigo do hebdomadário é interessante por induzir a três observações acerca do nosso tema: percebe-se que o título do romance de Goethe faz parte do conhecimento geral do leitor alemão, no mínimo daquele aluno de ensino médio – equivalente, para o público brasileiro, a *Memórias Póstumas de Brás Cubas*, de Machado de Assis, por exemplo –; no Brasil, a obra alemã foi introduzida no debate crítico há algum tempo. Percebe-se, também, que o termo *Bildungsroman* ("romance de aprendizado" ou "de formação") faz parte do conhecimento geral; e o terceiro ponto refere-se à relação literatura e sociedade (realidade) que se encontra implícita nesse subgênero do romance. Sabemos que Wilhelm Meister é um personagem fictício, enquanto Joschka Fischer, real. Este terceiro ponto já emergia no momento histórico

---

1. Luís Costa Lima, *Mímesis: Desafio ao Pensamento*, Rio de Janeiro, Civilização Brasileira, 2000, p. 371.

da implantação do conceito de *Bildungsroman* no debate da literatura crítica da Alemanha, uma vez que se estabelece então uma relação entre romance e (auto)biografia.

O termo *Bildungsroman* apareceu na Alemanha logo depois do romance *Wilhelm Meisters Lehrjahre*, de Johann Wolfgang von Goethe, publicado em duas partes nos anos de 1795 e 1796. Foi usado em vários artigos e conferências pelo filólogo e professor de estética e de história de arte Johann Karl Simon von Morgenstern (1770-1852). Sob o aspecto semântico, a segunda parte do cognato típico do idioma alemão é um internacionalismo de *Romance*; já a primeira parte, Bildung, é difícil de ser traduzida, podendo significar educação e/ou formação. Assim, o conceito "Bildung" identifica um processo de desenvolvimento, de se formar pessoal e profissionalmente. Contudo, há uma grande variedade de conotações que o termo recebeu no decorrer da história e do subgênero romanesco.

No contexto histórico em que se deu o processo de escolarização e formação profissional decorrente do avanço, na Alemanha, da classe burguesa (*Bürgertum*), cuja situação particular era ter poder econômico, mas não poder político, surge um novo tipo de romance no espírito iluminista e romântico. Nesse momento de mudança significativa no âmbito da economia e da política, expressa-se a necessidade de resolver o conflito entre a autoridade tradicional (aristocracia, clero), o indivíduo e a sociedade, marca das literaturas pré-romântica e romântica. Os primeiros romances de J.W. von Goethe representam a transição dessa literatura ao Realismo e manifestam a força e o desejo do indivíduo de se realizar. O ápice dessa forma literária como conciliação dos conflitos e contradições é o *Wilhelm Meister*; conciliar de maneira às ciências humanas buscarem cientificidade: identificar uniformidade, regularidade e legalidade (leis) no mundo concreto. Wilhelm Meister, personagem central e emblemático, torna-se cidadão (*Bürger*) exemplar da sociedade burguesa[2] depois de aprendidas as lições de vida, respeitando e considerando

---

2. A sociedade burguesa compreendida como sociedade capitalista em desenvolvimento como Karl Marx empregou o termo *bourgeoise*. Georg Lukács é um leitor dialético dessa relação configurada no romance de Goethe, conforme posfácio de *Os Anos de Aprendizado de Wilhelm Meister*, São Paulo, Editora 34, 2012, pp. 581-601.

os desvios necessários e formativos. O sexto livro, as "Confissões de uma Bela Alma", constrói a ponte entre as paixões da juventude e o pragmatismo-realismo do cidadão burguês moderno.

Entretanto, o que era válido no século XIX não permaneceu na virada do século XX; a sociedade moderna e industrializada não tem mais um herói clássico de formação como Wilhelm Meister, norteado pelos valores burgueses e pela autoridade absoluta da Maçonaria, da "Sociedade de Torre". *Henrique, o Verde*, personagem central e título do romance parcialmente autobiográfico de Gottfried Keller, já é um modelo mais prosaico da segunda metade do século XIX, enquanto outro suíço, Ulrich Bräker (1735-1798), foi esquecido, como também os romances e dramas de Friedrich Maximilian Klinger (1752-1831)[3]. Bräker criou um modelo de aprendizagem quase "pícaro" para o protagonista de seu romance, uma autobiografia romanceada muito antes da formação de uma sociedade moderna. Ele – o pobre homem ou o homem pobre de Toggenburg[4], no interior da Suíça – queria educação, queria sair para o mundo, do mesmo modo como, no século XX, o "herói" da região amazônica Alfredo, personagem central de nove romances de Dalcídio Jurandir (1909-1979).

Assim, a partir da trilha aberta pelo Romance de Formação de origem alemã, discorreremos sobre um tipo de "romance *moderno* de formação/educação" na literatura brasileira do século XX. O "romance *moderno* de formação" – note-se que o segundo termo não existe na crítica ou na teoria literária – não está em debate no campo acadêmico, mas resolveria muitos impasses da caracterização e atualização do conceito.

Em relação à discussão da particularidade desse subgênero (*Gattungsbegriff*), há uma longa história no debate alemão e europeu[5], com questões psicológicas ou estéticas marcando os estudos. O debate recente salienta a

---

3. Klinger nasceu em Frankfurt como Goethe e foi nomeado curador da Universidade em Dorpat, onde Morgenstern lecionou. Entre seus romances encontram-se personagens e temáticas como Orfeu e Fausto. O seu drama *Sturm und Drang* deu o nome ao movimento pré-romântico da literatura alemã.

4. *Der arme Mann von Toggenburg* (*O Pobre Homem de Toggenburg*) foi publicado no ano da revolução francesa, 1789, em Zurique, na Suíça. Ulrich Bräker, *Der arme Mann im Tockenburg*, Zürich, Diogenes, 1993.

5. Jürgen Jacobs e Martin Krause, *Der deutsche Bildungsroman: Gattungsgeschichte vom 18. bis zum 20. Jahrhundert*, München, C.H.Beck, 1989.

"refletividade da forma do narrar no desdobramento da estrutura do ficcional" (Monika Schrader) e as "funções das figuras do narrador e leitor" (Rolf Selbmann)[6]. O termo "Moderner Bildungsroman" ("Romance Moderno de Formação") apareceu em uma resenha de 2013 sobre o romance *Oranges Are not the Only Fruit* (1985), de Jeanette Winterson. O conceito evidencia a personalidade (Persönlichkeitsbegriff) e a experiência de vida que se revelam, cada vez mais, como indicativos de um "romance de formação". "O sentido de uma história de vida, o princípio, no qual tudo se resume, não se deixa compreender pelos dados empíricos, mas surge apenas como resultado de um confronto hermenêutico com o material da vida"[7].

A crítica literária brasileira, por sua vez, "se dispõe a reconhecer a existência de um *Bildungsroman* brasileiro", constata Wilma Patricia Maas[8], no seu trabalho pioneiro sobre o Romance de Formação no Brasil. Ela salienta o contexto histórico do romance e recorre a Renato Janine Ribeiro, que considera o romance de Goethe "em si mesmo uma obra constitutiva do mundo burguês"[9].

Em seu clássico estudo de 1916 (*A Teoria do Romance*), Georg Lukács já ressaltava a mudança significativa do romance e conceituava uma "transzendentale Obdachlosigkeit" ("desterro transcendental"[10]) na situação do sujeito na sociedade moderna. A peregrinação do "indivíduo problemático" se espelha na estrutura narrativa – o narrador onisciente-onipresente ("narrador *não-diegético*"[11]), na terminologia tradicional, se ausenta cada vez mais para

---

6. Rolf Selbmann, *Der deutsche Bildungsroman*, Stuttgart/Weimar, J. B. Metzler, 1994, conforme Jacobs e Krause, 1989, pp. 31-32, que se referem aos dois autores, Schrader e Selbmann, para apontar as mudanças do debate para abordagens mais narratológicas. O livro reúne a literatura básica até aquele momento sobre o conceito, conforme as atualizações bibliográficas e do debate feitas por Marcus Mazzari em *Labirintos da Aprendizagem – Pacto Fáustico, Romance de Formação e Outros Temas de Literatura Comparada*, São Paulo, Editora 34, 2010, pp. 93-158.

7. Jürgen Jacobs e Martin Krause, *Der deutsche Bildungsroman: Gattungsgeschichte vom 18. bis zum 20. Jahrhundert*, München, C.H.Beck, 1989, p. 21, tradução minha.

8. Wilma Patricia Maas, *O Cânone Mínimo: o* Bildungsroman *na História da Literatura*, São Paulo, Editora Unesp, 2000, p. 14.

9. *Idem, ibidem.*

10. Georg Lukács, *A Teoria do Romance: um Ensaio Histórico-Filosófico sobre as Formas da Grande Épica*, tradução, posfácio e notas de José Marcos Mariani de Macedo, 2. ed., São Paulo, Duas Cidades / Editora 34, 2009.

11. Wolf Schmid, *Elemente der Narratologie*, 3. ed., Berlin/Boston, De Gruyter, 2014, p. 83.

ceder espaço a um "narrador *diegético*" (a presença de um Eu-narrador) que, numa narrativa não linear, assume a responsabilidade, a relatividade e a subjetividade da narração. Vinte anos depois, em 1936, Lukács menciona Goethe como o exemplo paradigmático para o romance futuro. "Um legado muito atual, pois precisamente a configuração terna e harmoniosa e, ao mesmo tempo, sensível e plástica dos importantes desenvolvimentos espirituais e anímicos é uma grande tarefa que o realismo socialista tem de solucionar"[12].

Na mesma década de 1930, Dalcídio Jurandir escreveu seu segundo romance, *Marajó*, publicado somente em 1947. A obra aborda as possibilidades de um "nobre" ou burguês (o equivalente, em Goethe, a Lothario e Natalie) no sentido de buscar soluções sociais e políticas[13]. No caso de Dalcídio, perante a alternativa de seguir a herança e a tradição do coronelismo, o filho Missunga se revolta e ergue um projeto "socialista" chamado Felicidade.

> Missunga mandou o Epitânio da vila pintar uma tabuleta com letras azuis, pregada na seringueira diante do igarapé. Alaíde correu para ver, o que pôde foi contar quantas letras havia. Voltou-se para Missunga, os olhos muito abertos, interrogando.
>
> – O nome, sua boba, não adivinha?
>
> Segurando-a pela nuca, fez que ela virasse o rosto inteiro contra o sol e lhe gritou no ouvido, sob o espanto dos velhos cães famintos:
>
> – É Felicidade, ouviu? Felicidade. E você vai já-já aprender a soletrar este nome, está me ouvindo?
>
> Compreendia que estava gritando também para si mesmo[14].

---

12. Georg Lukács, *Posfácio [Goethe und seine Zeit]*, em Johann Wolfgang von Goethe, *Os Anos de Aprendizado de Wilhelm Meister*, São Paulo, Editora 34, 2012, p. 601. Em geral, Lukács caracteriza o romance como "epopeia do mundo abandonado por Deus", *i.e.*, o tipo de narrador correspondente, o onisciente-onipresente não combina mais com a forma de narrar. Mais tarde, em 1936, Lukács aproxima o *Wilhelm Meister* ao mundo do Realismo Socialista, com o termo "romance de educação", que visa a objetividade e rejeita a "atitude puramente interior" (cf. Marcus Mazzari, 2010, pp. 115-117).

13. Cf. Marcus Vinicius Mazzari, *Apresentação*, em Johann Wolfgang von Goethe, *Os Anos de Aprendizado de Wilhelm Meister*, São Paulo, Editora 34, 2012, pp. 11-14 e 19.

14. Dalcídio Jurandir, *Marajó*, 3. ed., Belém, Cejup, 1992, p. 119.

No entanto, fracassa o projeto e a revolta pessoal do jovem Missunga ("príncipe [...] uma palavra tipicamente africana"[15]). Dalcídio é realista e, quando o filho assume a herança do pai, ele se desfaz do apelido da infância e assume também seu verdadeiro nome: Manuel Coutinho. Depois desse romance ambientado no mundo dos coronéis, o escritor e militante Dalcídio considera mais apropriada e mais realista para um "romance de formação" a história de Alfredo, filho de um secretário municipal e de uma descendente de escravos.

Mesmo com todas as mudanças históricas do gênero e da estrutura narrativa, Rolf Selbmann considera como "instância obrigatória" de um *Bildungsroman* a presença da formação (escolar e/ou profissional), se não seria uma história de vida como no gênero romance em geral. Por que aparece, na crítica atual sobre os romances de Milton Hatoum[16], o termo romance de formação? Por que os personagens centrais, Raimundo (Mundo), que quer ser artista[17], como o Wilhelm Meister queria ser ator de teatro, e Martim, que está se formando numa situação política difícil, estão ligados pelo termo romance de formação? Três personagens em idades e condições diferentes – Meister é um homem trabalhando no negócio do pai e se apaixona pela atriz Mariane; Mundo desenha já com treze anos e, aparentemente, é a única coisa que lhe interessa; Martim conclui sua formação no exterior – estão ligados interpretativamente pelo conceito de "formação". Trata-se da presença da formação (escolar e/ou profissional), "instância obrigatória", conforme Selbmann, como marca desse tipo de romance?

No meio dessa história brasileira, um autor também do Norte foi esquecido: Dalcídio Jurandir, que escreveu com uma "disciplina religiosa" onze romances, entre 1929, ano do primeiro esboço, publicado em 1941, e 1978. São

---

15. Vicente Salles, "Chão de Dalcídio" (1978), em Dalcídio Jurandir, *Marajó*, 1992, pp. 365-381.

16. Sobre o romance *A Noite da Espera*, primeiro volume de uma trilogia, Milton Hatoum responde à pergunta do entrevistador: "É, de fato, um romance de formação... e com um fator externo, que foi a presença militar durante a ditadura, e o fator interno, que move o romance, o drama de Martim". *Hatoum inicia trilogia sobre a ditadura militar*, em *Magazine*, revista de *O Liberal*, Belém, 29 de novembro de 2017, p. 6. A contracapa do romance traz explicitamente o termo: "Este romance de formação – no qual as memórias do narrador são transcritas e repensadas em Paris – ecoa com força no nosso tempo".

17. Milton Hatoum, *A Noite na Sombra*, São Paulo, Companhia das Letras, 2017; *Cinzas do Norte*, São Paulo, Companhia das Letras, 2010 (3ª reimpressão), 2005.

eles: *Chove nos Campos de Cachoeira* (1941), *Marajó* (1947), *Três Casas e um Rio* (1958), *Linha do Parque* (1959), *Belém do Grão-Pará* (1960), *Passagem dos Inocentes* (1963), *Primeira Manhã* (1968), *Ponte do Galo* (1971), *Os Habitantes* (1976), *Chão de Lobos* (1976) e *Ribanceira* (1978).

Nove de seus romances trazem a figura de Alfredo, desde a idade de dez, onze anos, ainda aluno da escola do seu Proença, até os vinte, já como secretário em um município do interior. Nesse sentido, Dalcídio Jurandir supera os alemães, pois com nove romances chegou somente ao primeiro passo da formação do jovem Alfredo.

Filho do português Major Alberto Coimbra, secretário municipal, e da D. Amélia (o sobrenome nunca aparece), descendente de escravos, Alfredo vive em um vilarejo na Ilha de Marajó (PA). Imagina o ideal da formação escolar e, para realizar seu sonho, deve ir à cidade grande cursar o Liceu e o ginásio, depois seguir para o Sul, frequentar o Colégio Anglo-Brasileiro e, posteriormente, o Politécnico na então capital federal, o Rio de Janeiro. Esse desejo e seu fundo imaginativo são descritos nos dois primeiros romances protagonizados por Alfredo – *Chove nos Campos de Cachoeira* (1941) e *Três Casas e um Rio* (1958)[18] – e ainda estão presentes em *Belém do Grão-Pará* (1960)[19], romance que traz a mudança de Alfredo para Belém, realizada pelo esforço da mãe.

Que desânimo para Alfredo aquela escola do Proença. O seu Anglo-Brasileiro ia se desfazendo aos poucos, ou pelo menos, se esfumando. Já queria ficar ao menos em Belém, nalgum grupo escolar. Mas a escola de Proença com a Flor, D. Rosa, o recreio à tarde. [...] Tudo aquilo era justamente o anti-Anglo-Brasileiro. Tudo fazia para que Alfredo se encharcasse de sonho, de imaginações. [...] Agora, menino solitário, ia criando prevenção contra o mundo. [...] Faltava quem o compreendesse, o animasse, o ensinasse não só estudar como lhe mostrar a vida[20].

Alfredo quer sair da Ilha de Marajó para se formar em Belém. Desde o início, pensa e imagina a cidade e deseja a formação escolar completa: "Mas

---

18. Dalcídio Jurandir, *Três Casas e um Rio*, 3. ed., Belém, Cejup, 1994.
19. Dalcídio Jurandir, *Belém do Grão-Pará*, Belém/Rio de Janeiro, Edufpa/Casa de Rui Barbosa, 2004.
20. Dalcídio Jurandir, *Chove nos Campos de Cachoeira*, edição crítica de Rosa Assis, Belém, Unama, 1998, pp. 248-250.

Alfredo acorda com aquela cidade cheia de torres, chaminés, palácios, circos, rodas giratórias que lhe enchem o sonho e o carocinho. De olhos abertos para o telhado, pensa na sua ida para Belém. Seu grande sonho é ir para Belém, estudar"[21].

No romance polifônico de Dalcídio, surge a voz interna da mãe, que sabe do desejo do filho. "Amélia fica na janela, pensando em Eutanázio, na viagem de Alfredo. Seu Alberto sempre adiando. Não se movia. Os catálogos, na verdade, conspiravam contra a partida de Alfredo. Quem tinha de arrumar tudo era ela. Era ela. [...] Se pudesse botava no fogo todos os catálogos de seu Alberto. Todos"[22]. As referências culturais chegam em forma de antologias, catálogos e dicionários – até no interior do interior do mundo, na casa do Intendente Major Alberto Coimbra. Tornaram-se "referências exóticas". O pai mergulha nos seus catálogos, mas também eles abriram a Alfredo o mundo como aquela "caixa do cinema".

Mal anoiteceu, na varanda fechada e escura, começou a projeção. Alfredo viajava naqueles vidros coloridos, vestindo trajes estranhos, no Tirol ou na Índia, ora num trem, ora montando num urso de neve. Depois, uma casa alta, de telhado em bico, em meio de um bosque, com uns meninos na relva. A Alfredo pareceu um colégio, o seu colégio[23].

Depois de duas tentativas de fuga de Alfredo, a mãe, assustada, não espera mais o pai resolver a mudança do filho. "Sua mãe continuando a pilar o alho, exclamou: – Meu filho, tu vais, sim, pro colégio. [...] Meu filho, nós vamos embora. [...] Meu filho, te levo pra cidade"[24].

No final do romance *Três Casas e um Rio*, ele vai junto com a mãe para Belém. "A mãe lhe sorria, quieta como a fidelidade. Alfredo tocou-lhe o ombro e nele inclinou o rosto. Ah, se a sua mãe voltasse a sorrir como agora sorria, tranquila como estava naquela manhã da chegada a Belém"[25].

---

21. *Idem*, p. 188.
22. *Idem*, p. 270
23. Dalcídio Jurandir, *Três Casas e um Rio*, p. 29.
24. *Idem*, pp. 214-215.
25. *Idem*, p. 396.

Em *Belém do Grão-Pará* (1960) é desenhada a experiência do jovem na grande cidade. Alfredo deve se despedir das coisas simples e costumeiras do interior. Cortar os cabelos e ir de sapato. Ele se adapta – "Com outro quadro de honra no peito, Alfredo ganhou a amizade do Lamarão, um colega mais velho"[26] – e, hospedado na casa da família Alcântara, que depois da queda do senador Lemos também está próxima dos "covões", conhece os sonhos da filha Emilinha querendo subir de novo na escala social – no que fracassa. A família muda para uma casa na primeira rua, não por muito tempo, pois a casa está em ruínas:

A noite andando, Libânia tornou à Ala para avisar que ouviu novo estremecimento, desta vez no corredor da cozinha. [...] Fez ver: tinham que mudar aquela hora mesma. Para onde, não sabia, mas tinham. Pelo menos retirar a bagagem para a calçada, não no quintal, porque, conforme desabasse, não poderiam depois atravessar o entulho. [...] E o piano?[27]

No romance *Passagem dos Inocentes* (1963) é contada a trajetória de Alfredo no ensino fundamental, do início à conclusão do curso. Em *Primeira Manhã* (1968)[28] ele passa a frequentar o ginásio da elite da cidade, onde experimenta um constrangimento crescente; começa a sentir que está no lugar errado e se desilude com aquele sonho da formação. Além disso, sempre que volta de férias ao seu vilarejo, Alfredo se confronta com os colegas e sua amiga de infância Andreza. Ela está bastante crescida e

[...] em cima do cavalo em pelo, na malhada, na garupa de vaqueiro, comia nas trancas do curral a mal-assada das ferras, dum bezerro curou a bicheira. Cabeça tinha. Ia longe. O vaqueiro estoriava, abrindo um jenipapo mal maduro, como se abrisse aquela de quem falava. Alfredo tão zinho sentiu-se, ah, perdia a sua musculatura estudando em Belém e a endiabrada a virar moça nos atoleiros no meio de onça, dela a escola era um lombo de búfalo[29].

No entanto, os parentes e amigos da família do vilarejo apoiam e incentivam Alfredo a seguir em frente no caminho da formação.

---

26. Dalcídio Jurandir, *Belém do Grão-Pará*, p. 153.
27. *Idem*, p. 524.
28. Dalcídio Jurandir, *Primeira Manhã*, Belém, Eduepa, 2009.
29. Dalcídio Jurandir, *Passagem dos Inocentes*, Belém, Editora Falângola, 1984, p. 15.

– Estude, meu filho, que o saber é o único ouro. O meu quis não. Estudar? Quis não. Pulou na borda do "Gama Filho", era pelas águas mortas nem o meu-Deus-te-abençoe.

Salu torce o bigode como quem torce o desgosto. Alfredo via-lhe o anel de aço – para não ter nervoso.

– Você, meu bom camarada, pois estude. Cismei que aproveitar o estudo só a pessoa pobre. Tiro isso da cabeça não. Não vê o Dr. Campos? O Dr. Bezerra? O Dr. Lustosa? Aquele condenado em cima do búfalo, que veio da Inglaterra? O estudo na cabeça deles ricos, ganha maldição. O saber deles vira peçonha, sim[30].

Nos romances *Ponte do Galo* (1971), *Os Habitantes* (1976) e *Chão dos Lobos* (1976), o personagem Alfredo atravessa desiludido os anos de ginásio. Deslocando-se cada vez mais para a periferia da cidade, trabalha como professor particular e está mais "ausente do ginásio", até que, finalmente, o abandona e perde a ideia de se formar na escola para uma vida profissional e para o mundo. Nesse instante, articula-se a renúncia da formação tão desejada. Alfredo fugia para conseguir pressionar seus pais a encaminhá-lo para a cidade – e fugas de casa, por outros personagens centrais nos romances de Dalcídio e por diferentes motivos, expressam questões de formação. Missunga, o filho do fazendeiro no romance *Marajó* (1947), não quer se formar e Eutanázio, filho do primeiro casamento do Major Alberto, foge duas vezes, primeiro da casa paterna e, depois, do fracasso como "poeta" na cidade[31].

No penúltimo romance, *Chão dos Lobos* (1976), Alfredo "foge" da formação e compra uma passagem de navio para São Luís, mas segue até o Rio de Janeiro, trabalhando na cozinha do navio[32]. Na capital federal daquele tempo, ele tenta a sorte, mas só consegue ganhar dinheiro como lavador de pratos nos restaurantes do porto, em péssimas condições de trabalho. Um encontro casual com um conhecido político e fazendeiro da sua terra permite a volta a Belém e a promessa de um emprego como funcionário-secretário municipal no interior do Estado. Assim termina o romance:

---

30. Dalcídio Jurandir, *Ponte do Galo*, Editora Martins/MEC, 1971, pp. 24-25.
31. Sobre renúncia e fuga de Wilhelm Meister, ver Marcus Mazzari, *Labirintos da Aprendizagem*, pp. 80--81.
32. A própria situação biográfica do romancista.

– Ó seu Paula! Ó seu Paula!

– Mas seu menino! Que me anda fazendo, assim de maleta na mão, com cara de perdido neste colosso?

Neste colosso, perdido? Alfredo não vacilou: está rumo da Escola de Agronomia de Piracicaba.

[...] E isso deu a Alfredo:

– O senhor pode já-já me pagar a passagem de volta? Lá lhe saldo. Pode? Corre no cais, um cargueiro, pulou a bordo[33].

Em *Ribanceira* (1978), derradeiro romance de Dalcídio Jurandir, o jovem Alfredo, com mais ou menos 20 anos, volta do Rio de Janeiro para sua terra.

Aí a um passo me espera meu degredo, contam que lugar de abacate e febre. Meus vinte anos onde não é mais o mundo ao pé deste bicho rio que se cevou no dilúvio. [...] Aqui desembarco, não como no cais do Rio de Janeiro, descarregado nas muletas da Sem Nome e nos mais minguados quinze mil-réis deste mundo. Aqui Secretário o lavador de pratos do Café São Silvestre na Saúde. [...] Secretário quem volta a Belém, aquela tarde, com a cara no chão, e que fez por primeiro?[34]

Infelizmente, Dalcídio Jurandir não tinha mais tempo para escrever outros dez ou vinte romances — mas, queria ele abordar uma história linear de desenvolvimento? Escutemos o final do romance *Ribanceira*:

D. Dudu: – Queres café, menino?

Sai do banheiro, menino, menino – a mãe lá em Cachoeira na sombra da nuvem que avança sobre o chalé – menino, menino – apanha a xícara. [...] Novamente na pedra. Os santos na mesa. Quero abrir uma janela. Roçando a cabeça na palha do teto, o Santo Antônio: te desengana, meu filho, que não faço milagres. A máquina de costura, as três cadeiras velhas.

Novamente na pedra. Toda faca, nessa pedra, acha o seu gume?[35].

---

33. Dalcídio Jurandir, *Chão de Lobos*, Rio de Janeiro, Editora Record, 1976, p. 291.
34. Dalcídio Jurandir, *Ribanceira*, Rio de Janeiro, Editora Record, 1978, p. 9.
35. *Idem*, p. 330.

Quais são as possibilidades de o personagem do romance de formação tomar decisões autodeterminadas (*selbstbestimmt*), em vez de ser alienado (*fremdbestimmt*)? O papel do tipo de narrador é fundamental, assim como as entradas dos discursos próprios dos personagens, aquilo que Mikhail Bakhtin[36] entende como "arquitetura do romance" e sua "polifonia". No romance de formação, "seus temas não se resolvem na estrutura narrativa, se esta é determinada pela teleologia", salienta Klaus-Dieter Sorg[37] e aponta para a questão desse subgênero ficcional no seu desenvolvimento como romance moderno. Autodeterminação, medo da alienação, idiossincrasia e obediência e subordinação ao destino, no romance moderno, são representados e estão à mercê da interpretação. Se o debate sobre o *Bildungsroman*, na Alemanha, é difícil e multifacetado, imagine-se num contexto muito diferente de um país como o Brasil, com uma história de colonização e um sistema de formação escolar e profissional importado e dependente dos objetivos das classes dominantes, assim como de outros países e do governo federal. Uma situação social e política altamente alienada.

Levamos em consideração as "instâncias obrigatórias ou determinantes" (Selbmann) e seguimos uma definição do romance de formação de Jacobs e Krause:

Uma das características do romance de formação é que seu protagonista tem uma consciência mais ou menos explícita de passar não apenas qualquer série de aventuras, mas um processo de autodescoberta e orientação no mundo. Em regra, as ideias do herói sobre o objetivo de sua vida são inicialmente determinadas por erros e equívocos de julgamento e apenas correm-se a si mesmos à medida que seu desenvolvimento avança. As experiências típicas dos heróis de formação [*Bildungshelden*] são a distinção com os pais, os efeitos dos mentores e das instituições educacionais, os encontros com a esfera da arte, as aventuras eróticas, o autoteste em uma profissão e às vezes o contato com a vida pública. Os diferentes romances diferem enormemente no desenho e avaliação desses motivos. No entanto, ao se concentrar em um fim harmonioso, eles necessariamente adquirem uma estrutura teleológica[38].

---

36. Mikhail Bakhtin, *Problemas da Poética de Dostoiévski*, tradução de Paulo Bezerra, Rio de Janeiro, Forense Universitária, 2. ed., 1992.

37. Conforme Jürgen Jacobs e Martin Krause, *Der deutsche Bildungsroman: Gattungsgeschichte vom 18. bis zum 20. Jahrhundert*, München, C.H.Beck, 1989, pp. 34-35 (tradução minha).

38. *Idem*, p. 37, tradução minha.

Assim, podemos dizer que, na configuração e aplicação das características do romance de formação, as histórias se diferenciam devido às culturas e
épocas representadas. Podemos dizer que o personagem central do romance
Cinzas do Norte, Mundo, não "tem uma consciência mais ou menos explícita
[...] autodescoberta e orientação no mundo". Ele já "sabe" o que quer, desde
a adolescência, e as atitudes diante do pai, particularmente, expressam pura
revolta, diferentemente do narrador Lavo, que mostra compreensão, na descrição do pai de Mundo.

Nos romances de Dalcídio, o narrador não-diegético e, em vários momentos (pelo discurso indireto livre), envolvido e confundível com o personagem Alfredo, mostra essa consciência e sabe que deve passar por "um
processo de autodescoberta e orientação no mundo", mas sente a dissonância
entre seus sonhos e a vida real. "Mundo contingente e indivíduo problemático são realidades mutuamente condicionantes. [...] O perigo só surge quando o mundo exterior não se liga mais a ideias, quando estas se transformam
em fatos psicológicos e subjetivos"[39]. O Lukács da *Teoria do Romance*, de 1916,
está mais próximo do romance moderno do que o Lukács de 1936. Entretanto,
este percebe muito bem que "o *Meister* está ideologicamente na fronteira entre duas épocas [...] é um produto de uma crise de transição"[40].

A continuação da reflexão do Lukács de 1916 encontra-se em Erich
Auerbach e em Theodor Adorno, como ressalta Marcus Mazzari:

> Auerbach fala justamente da renúncia de escritores modernos à esperança de
> alcançar uma ordenação narrativa relativamente satisfatória no tratamento de "um
> conjunto de acontecimentos que se estende por espaços temporais maiores". [...]
> Supor que a existência individual e, no caso, a vida do herói romanesco possa seguir
> ainda uma ordem capaz de conduzir à individuação, como outrora o percurso de um
> Tom Jones ou de um Wilhelm Meister, seria não apenas incorrer no obsoleto, mas
> também reforçar a "fachada" de uma sociedade determinada pela reificação e pela
> alienação universais[41].

39. Georg Lukács, *A Teoria do Romance: Um Ensaio Histórico-Filosófico Sobre as Formas da Grande Épica*, p. 79.
40. Georg Lukács, *Posfácio [Goethe und seine Zeit]*, em Johann Wolfgang von Goethe, *Os Anos de
Aprendizado de Wilhelm Meister*, p. 598.
41. Marcus Mazzari, *Labirintos da Aprendizagem*, p. 20.

Dalcídio talvez sentisse desde o início de seu projeto literário essa melancolia do fracasso diante do mundo moderno. Ele apoia e assume em todos os romances o ideal da educação para a classe dos trabalhadores, articulado politicamente pela socialdemocracia e pelo partido comunista ("Bildung ist Macht" – Educação/formação é poder – uma fala programática de August Bebel, líder do partido socialdemocrata, foi o lema dos movimentos de trabalhadores), mas sentindo também a desilusão, desde o primeiro esboço, de 1929.

Voltou muito cansado. Os campos o levaram para longe. O caroço de tucumã o levara também, aquele caroço que soubera escolher entre muitos no tanque embaixo do chalé. Quando voltou já era bem tarde. A tarde sem chuva em Cachoeira lhe dá um desejo de se embrulhar na rede e ficar sossegado como quem está feliz por esperar a morte. Os campos não voltaram com ele, nem as nuvens nem os passarinhos e os desejos de Alfredo caíram como borboletas mortas. Mais longe já eram os campos queimados, a terra preta do fogo e os gaviões caçavam no ar os passarinhos tontos. E a tarde parecia inocente, diluída num sossego humilde e descia sobre os campos queimados como se os consolasse. Voltava donde começavam os campos escuros. Indagava porque os campos de Cachoeira não eram campos cheios de flores, como aqueles campos de uma fotografia de revista que seu pai guardava. Ouvira Major Alberto dizer à D. Amélia: campos da Holanda. Chama-se a prados[42].

Assim começa o romance *Chove nos Campos de Cachoeira* – "Voltou muito cansado" –; em seguida, na quarta frase: "Quando voltou já era bem tarde". Dessa forma, o advérbio de tempo indica, na superfície do narrado, o final da tarde através de uma descrição que nomeia o lugar do enredo (Cachoeira) e desemboca numa reflexão alegórica do personagem sobre a vida: "A tarde sem chuva em Cachoeira lhe dá um desejo de se embrulhar na rede e ficar sossegado como quem está feliz por esperar a morte". A palavra "tarde", mesmo com um pé fincado no presente, concorda semanticamente com "morte" e "cansado", ou seja, o jovem personagem já é velho psicologicamente. De todo modo, ele volta, então não é tarde demais. Com a volta começa a narrativa. Digamos que o narrador e o leitor estejam situados nessa saliência de expressão verbal do sentimento real do "já", um estar conformado do tempo avan-

---

42. Dalcídio Jurandir, *Chove nos Campos de Cachoeira*, p. 15.

çado – "era bem tarde" –, mas se sente um tom eufórico como esperança do não-acabado, pois a narrativa começará. O primeiro paralelismo do "voltar" enfatiza o advérbio da ação inicial de forma contraposta, "bem tarde", reforçado como locução adverbial: "já era bem tarde". O trecho, no final, combina tudo na mesma frase, o passado e o presente, pois a expressão de surpresa "já" (o tempo passou agora mesmo) e a conotação de decepção/frustração no verbo "era" desembocam num silêncio do dia que sabe do outro dia, do recomeço. Faltava só a chuva, chuva como símbolo da fertilidade, criação e, depois de uma "queimada de campos", de regeneração. O "princípio esperança"[43] faz parte da condição histórica do homem e é tão essencial na escrita de Dalcídio Jurandir como a "melancolia marxista"[44]. Alfredo, querendo ir para Belém, vive na esperança da renovação biográfica, vive na expectativa sufocante do triunfo da vontade de se formar no mundo e pelo mundo.

O discurso narrativo abre mão do narrador não diegético e está próximo do discurso indireto livre: "lhe dá um desejo [...] ficar sossegado como quem está feliz". A construção chama a atenção: "está feliz por esperar a morte". A figura retórica do paradoxo aplica-se muito na lírica para abrir o espaço do pensamento cruzado[45], da inquietação, da reflexão no meio de uma descrição

---

43. Ernst Bloch, *O Princípio Esperança*, tradução de Nélio Schneider e Werner Fuchs, Rio de Janeiro, Contraponto, 2005-2006.

44. Leandro Konder, *Walter Benjamin – O Marxismo da Melancolia*, 2. ed., Rio de Janeiro, Campus, 1989, Konder focaliza em Walter Benjamin o "Marxismo da Melancolia". A consciência revolucionária não pode se prosternar diante das representações usuais do passado. A crítica revolucionária do que está acontecendo implica a crítica revolucionária do que aconteceu. "Redenção do passado é revolucionamento do presente [...] coincidem, para Benjamin" (p. 8). A consciência das limitações de ação, a necessidade de não perder o passado, sua cultura e os costumes não tinham como evitar a melancolia. "Os meus livros ficaram como um instrumento de nostalgia, o registro de uma cultura que está sendo destruída pela invasão da Amazônia", disse Jurandir em entrevista de 1976 ("Um Escritor no Purgatório", em revista *Asas da Palavra*, n. 4, p. 29, junho de 1996, Unama). O que Konder constata para Benjamin vale para Jurandir: "era também um revolucionário, que não cedia à tentação da *acedia*, porque estava possuído pela paixão de contribuir para a transformação do mundo" (1989, p. 11).

45. O mais famoso exemplo na literatura de língua portuguesa é de Luís de Camões: "Amor é fogo que arde sem se ver / É ferida que dói e não se sente / É um contentamento descontente / É dor que desatina sem doer". Camões retomou a tradição de Francesco Petrarca, como o poeta alemão Martin Opitz que traduzia Petrarca: "Ch' i' medesmo non so quel ch"io mi voglio / E tremo a mezza state, ardendo il verno". Em alemão: "Ich weis nicht was ich wil / ich wil nicht was ich weis: Im Sommer ist mir kalt / im Winter ist mir heiß".

quase ingênua: "embrulhar na rede e ficar sossegado". O segundo cruzamento ocorre com a constatação descritiva de que a falta de chuva dá aquela vontade de ficar na rede, pois – numa leitura comum – uma tarde sem chuva permite sair e brincar, pensando no personagem central, que se revela logo como criança de mais ou menos dez, onze anos. O jovem está em cada momento, independentemente da época histórica, num romance de formação de modo explícito, está numa encruzilhada[46]. Na conversa entre Wilhelm e Werner sobre o útil e o prazeroso, Wilhelm fala de um achado:

> – Acaba de cair nas minhas mãos *O jovem na encruzilhada* [...] tirando um caderno dentre os demais papéis. [...] – Põe-no de lado, atira-o ao fogo! – respondeu Werner – O argumento não tem nenhum mérito. [...] Ainda me lembro de tua personificação do Comércio, de tua encarquilhada e deplorável sibila[47].

Como ressalta Lukács, Goethe expressa a "crise da transição"; Thomas Mann também "é uma das principais encruzilhadas de nossa época"[48]. O que vale para o "caso manniano", que "a Alegoria se expressa num painel, sem perder-se nos temidos pormenores deformantes"[49], completa o quiasmo poético da narrativa na encruzilhada de Dalcídio. "Toda faca, nessa pedra, acha o seu gume?" A figura da silepse na obra de Dalcídio pode ser lida no campo do discurso alegórico do romance moderno.

---

46. Mazzari, 2010, p. 51, identifica a encruzilhada do personagem central do *Grande Sertão: Veredas*. "'Eu caminhei para as Veredas-Mortas': se os passos de Riobaldo na encruzilhada são descritos de maneira minuciosa [...] o estatuto ontológico da cena não possui de modo algum a univocidade que se observa nos *Faustos* anteriores [...] a indeterminação que vinca todo o episódio do pacto".

47. Goethe, *Os Anos de Aprendizados de Wilhelm Meister*, São Paulo, Editora 34, 2012, p. 53.

48. Vamireh Chacon, *Thomas Mann e o Brasil*, Rio de Janeiro, Tempo Brasileiro, 1975, p. 13. Chacon traz, no capítulo sobre a recepção de Thomas Mann no Brasil (pp. 34-41), a crítica de Antônio Torres (p. 36), "residente em Hamburgo, para abrir outras perspectivas aos brasileiros diante do mestre alemão" e sobre o festejado Centenário da morte de Goethe: "Era 1932, a crise de 1929 chegava ao auge, o Nazismo batia à porta, o Stalinismo pairava nas fronteiras. Fome, Desemprego, Violência, Medo: o mundo de Georg Grosz e Kaethe Kollwitz irrompia com todo ímpeto". Silenciar ou festejar, isto foi a alternativa e a polêmica entre Thomas Mann e Jakob Wassermann. Para um escritor só existe uma resposta: escrever – mas como sair da encruzilhada? Dalcídio tinha 20 anos quando esboçou seu romance. Na década de 1930 entrou para a militância política e só retomou sua vocação de romancista em 1940.

49. *Idem*, p. 46.

Vamireh Chacon lembra da interpretação de Fausto Cunha para caracterizar o romance de formação.

Sem cair no Solipsismo de Joyce ou Proust. [...] Pois o "caráter dir-se-ia argumentativo, por sinal tão ostensivo em Robert Musil", e típico de "boa parte da moderna ficção de língua alemã", ainda nas palavras de Fausto Cunha, deriva das próprias raízes do romance tedesco: o *Entwicklungsroman* ou *Bildungsroman*, itinerário da formação de um ser humano, na encruzilhada de influências, recebidas e exercidas[50].

Chamar os romances modernos, com as características de formação ou de aprendizagem, de "romance de formação deformada" ou "antirromance de formação", como registrado por Mazzari[51], salva um ou outro romance para a tradição do *Bildungsroman*, mas não resolve o impasse conceitual. O termo "romance moderno de formação" indica que se trata de uma narrativa com as "instâncias obrigatórias" de desenvolvimento, aprendizagem e educação, daquele tempo da primeira metade de século XX e do pós-guerra, porque havia uma esperança política e humanista, posterior à barbárie da Segunda Guerra Mundial.

No contexto de uma sociedade pós-moderna do final do século XX e início do século XXI, isso se torna bem diferente, as guerras são permanentes e a qualidade de ensino e da formação geral humanista perde perante o ensino especializado e alienado para se alcançar a produtividade e eficácia do sistema capitalista global; formação (*Persönlichkeitsbildung*) substituída e desviada pelas redes sociais (Facebook, Twitter, Instagram, Tinder, Par Perfeito etc.). "Que tens tu? Que juízo, que conhecimento, que aptidão, que fortuna?"[52]

---

50. *Idem, ibidem.*

51. Marcus Mazzari, *Romance de Formação em Perspectiva Histórica – O Tambor de Lata de Günter Grass*, Cotia (SP), Ateliê Editorial, 1999, pp. 60 e seguintes.

52. Goethe, *Os Anos de Aprendizados de Wilhelm Meister*, p. 285.

WALNICE NOGUEIRA GALVÃO

Os Miseráveis e a Causa do Povo[1]

Sombre fidélité pour les choses tombées, Soit ma force et ma joie et mon pilier d'airain!

VICTOR HUGO[2]

É graças a *Os Miseráveis* (1862), a única de suas obras que parece mostrar perene vitalidade, que a popularidade de Victor Hugo sobrevive. Quase tudo o mais está praticamente esquecido, mas esse romance continua recebendo as atenções, quando não as paixões[3].

É, de longe, a mais popular e popularizada, a mais reeditada e adaptada até hoje, e em diferentes veículos: cinema, teatro, histórias em quadrinhos, musicais recentes. Em pleno fastígio da grande ficção realista de Balzac (então já falecido) e Flaubert, às vésperas de Zola, surge esse heterodoxo, tardio representante do romance romântico. A começar por sua extensão torrencial: na atual edição brasileira, dois volumes num total de duas mil páginas ou 500 mil palavras. Figurando entre os mais reeditados romances da literatura ocidental, atingiu leitores aos milhões, desde que a primeira edição logo se esgotou. Ao tempo do filme mudo já ganhava versões nas telas. E, além de peça

---

1. Agradeço à Fundação Perseu Abramo a autorização para reproduzir este ensaio sobre *Os Miseráveis*, que faz parte de um volume mais amplo: Walnice Nogueira Galvão (org.), *Victor Hugo – A Águia e o Leão – Escritos Políticos e Crítica Social*, São Paulo, Fundação Perseu Abramo, 2018.
2. Victor Hugo, *Les Châtiments*, VII, 17, 1853, "Ultima verba", versos 37-64.
3. David Bellos, *The Novel of the Century: The Extraordinary Adventure of Les Misérables*, Inglaterra, Particular Books/Penguin, 2017.

de teatro, também se transformou em musical, com imenso sucesso. Por tudo isso, e por ser veículo privilegiado para as ideias políticas de Victor Hugo, pede uma pausa atenta.

Ao lado do grande romance realista, o apogeu do romance-folhetim fora atingido pouco antes com *Os Mistérios de Paris*, de Eugène Sue, até hoje o mais famoso exemplo, publicado em capítulos diários de jornal entre 1842 e 1843. Desde sua época, atribuem-lhe poderes de arregimentação para a Revolução de 1848 – descontando-se o seu tanto de exagero. A calorosa reação do público de todas as classes, o fervor com que seguia as aventuras descabeladas, o mergulho na miséria que exigiu de seu autor: o fato é que Sue, de saída um dândi, foi sendo transformado por seu livro à medida que o escrevia. Quando terminou, era um socialista e um revolucionário, e o dândi arrependido foi eleito deputado em 1848.

O entrecho passa-se todo em Paris, e muito em seu *bas-fond*, ou seja, no submundo de lúmpens e marginais. Marx e Engels não o apreciaram, desancando-o em *A Sagrada Família*, chamando-o de sentimental e alienante. Mas a fórmula ali está: intriga mirabolante, cheia de suspense para obrigar à compra do jornal no dia seguinte, identidades secretas ou trocadas, falsas confidências, crianças roubadas na infância, vendetas intermináveis, irmãos inimigos, amores proibidos, papéis secretos, castidade em perigo, bons premiados e maus castigados. Assim também procede *Os Miseráveis*, acusando a sombra do modelo do romance-folhetim, em voga nesses anos.

Pode-se dizer que *Os Miseráveis* é um romance folhetinesco, apesar de não ter sido publicado em folhetins. Constitui um painel da História e da sociedade francesa de sua época, focalizando o período de convulsões da Monarquia de Julho, instalada em 1830, detendo-se mais precisamente no levante de 1832. Mas foi publicado bem depois, em 1862, sendo, portanto, contemporâneo de *Um Conto de Duas Cidades (A Tale of Two Cities)*, de Charles Dickens, uma raridade entre os romances por ter como assunto a Revolução Francesa. E duplamente raridade, porque o autor, afora ser estrangeiro, não praticava o romance histórico. Sua leitura abre oportunidade para reflexões sobre a representação do povo sublevado.

Como seria de esperar numa narrativa romântica, *Os Miseráveis* oferece um entrecho complicadíssimo, cheio de reviravoltas e revelações. Sem falar na desproporção entre as partes, já que é sujeito a vastas digressões.

Aquilo que Victor Hugo propõe no prefácio de sua peça de teatro *Cromwell* como estética para o drama burguês, vai pôr em prática igualmente nos romances: mistura de gêneros (tragédia com comédia); multiplicação dos espaços e dos tempos (abaixo a unidade de tempo e de lugar da convenção neoclássica para teatro); multiplicação da ação (abaixo a unidade de ação); multiplicação de personagens de diferentes estágios da sociedade (pobres, ricos, nobres, camponeses, operários, religiosos etc.); mistura de grotesco com sublime; incorporação de aspectos menos nobres da vida. As personagens, então, são em geral ou boas ou más, não havendo muita transição nem nuances entre elas.

Ao deflagrar a ação a partir de um episódio decisivo – o roubo de um pão para matar a fome –, o romance propõe-se a demonstrar a injustiça de um sistema inteiro que, a partir de um delito insignificante, vai-se encarniçar contra um pobre-diabo até mantê-lo no cárcere por 19 anos. Jean Valjean é, a essa altura e com essa escola, um bruto, mas uma série de acasos e de pessoas que o destino põe em seu caminho vai elevá-lo e conduzi-lo à redenção, interferindo em sua formação através do amor e da caridade. Boa parte do romance dedica-se a narrar essa aprendizagem: no conjunto, e sem atenuar as digressões, divisa-se um arcabouço de *Bildungsroman*.

Jean Valjean é o protagonista e o Inspetor Javert o implacável perseguidor, acreditando tanto na lei, que faz do desmascaramento de sua presa um objetivo de vida. Mas entre uma coisa e outra inúmeros incidentes ocorrem e inúmeras personagens intervêm.

Entre os bons figura em primeiro lugar o Bispo Myriel, que dá a Jean Valjean, que saiu da prisão e passa fome, uma chance, mentindo à polícia para protegê-lo, mesmo tendo sido por ele roubado. Esse ato de caridade vai transformar todo o futuro de Jean Valjean. Mais tarde vamos encontrá-lo prefeito de uma pequena cidade, cidadão virtuoso e atento aos pobres, empresário modesto que dá trabalho aos necessitados.

Entre os maus sobressaem Thénadier e sua família, simbolizando o pobre corrupto, ou que foi corrompido pela pobreza, que sobrevive explorando e exercendo seu sadismo sobre pobres desamparados, como Cosette, que mais tarde se tornará filha adotiva de Jean Valjean. Cosette vai formar com Marius, bondoso e sério, o casal romântico.

Esse, em grossos traços, é o entrecho de *Os Miseráveis*. Mas talvez o entrecho não seja o mais importante, e sim o sopro humanitário que percorre todo o romance.

O POVO NO ROMANCE – ANTECEDENTES

A grande novidade que Victor Hugo traz para o romance é a personagem coletiva *povo*.

Como se sabe, o povo não era assunto literário. O gênero épico se manifestava na epopeia aristocrática, a exemplo daquelas da Antiguidade, cujas personagens eram reis de cidades-estado, ou as da Idade Média, com seus príncipes, condes e barões.

Paralelamente, havia uma literatura popular sobretudo cômica e paródica, estudada por Bakhtin, com sagas cheias de humor frequentemente grosseiro, como a do *O Aventuroso Simplicissimus,* na Alemanha; ou a obra de Rabelais com *Gargântua* e *Pantagruel,* na França; ou a novela picaresca, na Espanha. Enquanto a epopeia ou a épica de herói se expressava em estilo elevado, a literatura popular era em estilo baixo, com incorporação do deboche e do baixo corporal. Nesse sentido, pode-se dizer que aquele que é considerado o primeiro romance, o *D. Quixote*, de Cervantes, abebera-se nas duas vertentes.

Mas houve a Revolução Francesa, e tudo mudou. Pela primeira vez na História uma classe foi apeada do poder. Até então, acreditava-se que isso era impossível, que havia razões inclusive da ordem do sagrado – o direito divino dos reis – para que a aristocracia fosse o estamento dominante e a monarquia a forma de governo decretada por Deus. A Revolução Francesa demonstrou o erro dessa concepção e não só derrubou a aristocracia como aboliu a monarquia e decapitou o rei. Do âmbito dos Estados Gerais, e mais exatamente do Terceiro Estado – uma combinação de várias camadas sociais, exceto nobreza e clero – sairia a nova classe dominante, a burguesia.

Só a partir de então o povo foi aparecendo como personagem literário.

O primeiro a chamar a atenção para tal fenômeno foi o historiador francês Michelet, um contemporâneo de Victor Hugo que escreveu livros interessantíssimos, em que reivindicava para o povo o papel de "agente da História".

Até então, os historiadores e as crônicas de governo davam o papel principal aos líderes, aos monarcas, aos príncipes, aos generais. Michelet afirma que nada disso correspondia à verdade e que quem fazia a História era o povo. Republicano ferrenho, defendia os ideais igualitários e de livre-pensamento da Revolução Francesa. Foi, por isso, quando da Restauração monárquica, destituído de sua cátedra no Collège de France, a qual nunca recuperou. É autor de monumentais tratados como uma *História Universal* em vinte volumes, uma *História da Revolução Francesa* etc. que são vastas realizações, mas também de livros de um volume só sobre assuntos que abriram caminho, como *As Mulheres* ou *A Feiticeira*.

Ora, Victor Hugo consagrou-se a fazer do povo o protagonista de sua ficção. *Os Miseráveis,* mas também *Nossa Senhora de Paris, Os Trabalhadores do Mar* e *O Noventa e Três,* devotam-se a esse projeto. É bom lembrar que Charles Dickens vai exercer esse papel na Inglaterra, escrevendo numerosos romances em que, em vez da vida nas cortes e nos castelos, o dia a dia dos pobres é representado. *Grandes Esperanças, Oliver Twist, David Copperfield* e muitos outros trazem à cena os horrores infligidos aos pobres pelas transformações violentas da Revolução Industrial.

Depois de Victor Hugo, já em pleno Naturalismo, Emile Zola assumirá o revezamento. *Germinal* é a crônica de uma greve de mineiros; *L'Assomoir* ou *A Taverna* é a história de um operário que mergulha na miséria e na bebida; e assim por diante. No Brasil, demorou um pouco. Houve tentativas de vários autores românticos e naturalistas, que se empenharam em delinear literariamente os diferentes "tipos humanos" espalhados pela vastidão do país. E os pobres só vão receber as honras de entrar na literatura como protagonistas pelas mãos de Aluísio de Azevedo em *O Cortiço* e de Euclides da Cunha em *Os Sertões,* já na virada para o século xx.

DE COMO O POVO PERTURBA O ROMANCE: O "PROJETO BURGUÊS"

O percurso interno do romance-padrão oitocentista pode ser assim resumido: os anos de aprendizagem de uma criança do sexo masculino que passa da adolescência à idade adulta através da descoberta do mundo, aí incluindo a educação de emoções e sentimentos, chegando a uma maturidade que implica em desilusão e aceitação. Ou seja, o mundo e os homens, bem como sua capacidade de ser um deles, aparecem ao final como diminuídos.

Divisa-se por trás disso tudo *o projeto burguês*. Ou seja, a questão se coloca não só no plano psicológico e existencial como parece ser o consenso, mas se trata, muito concretamente, de ascensão social, de "subir na vida", e é disso que o romance oitocentista fala.

Em certos autores o projeto burguês fica ainda mais claro. Em Balzac por exemplo, muito lúcido a respeito. Algumas de suas personagens são até hoje tomadas como paradigma dessa ascensão social a qualquer preço, em geral à custa da venalidade das consciências, que vão fazendo concessões uma atrás da outra. Mas igualmente à custa das mulheres: primeiro à custa da mãe e das irmãs, que ficam na província, mergulhadas na pobreza, gastando as mãos e as esperanças depositadas no herdeiro masculino. Costuram suas roupas, o pouco que têm ou que ganham com trabalhos manuais vai para sustentá-lo em Paris – que é onde estão as oportunidades. Em seguida, esses heróis entram para a corte de uma grande dama, e vão trocando de salão sempre por outro mais luzido. Tornam-se amantes de uma dama muito rica – e chegaram aonde queriam, agora têm uma plataforma para construir a carreira.

O melhor exemplo até hoje é Rastignac, que desponta em Paris, vindo da província, aos 21 anos, cheio de energia e ambição. Aparece em vários romances, a começar pelo *Pai Goriot* e depois secundariamente em outros. Rapidamente, enquanto sócio do marido de sua amante, a baronesa de Nucingen, torna-se banqueiro, conde e par-de-França, bem como ministro por duas vezes, até se casar com a filha de sua amante. Dizem que Balzac se inspirou na figura de Thiers, que fez um percurso semelhante até tornar-se presidente da República. Há vários outros em sua obra, inclusive em *As Ilusões Perdidas,* cujo protagonista, Lucien de Rubempré, percorre caminho semelhante. Mas Balzac é especial, porque se dedicou a estudar a circulação do dinheiro, isto é, por que meios e a que preço, para os bons sentimentos e a honestidade, o dinheiro passava de mãos em mãos. É nele que encontramos o estudo mais frio do projeto burguês, enquanto os demais escritores às vezes se deixam engambelar pela cortina de fumaça da ética ou dos laços familiares e sentimentais.

Tomemos Stendhal, por exemplo. É de sua autoria um dos mais bem realizados romances que se conhecem, *O Vermelho e o Negro:* Julien Sorel é outro até hoje tomado como exemplo. A perfeição desse romance, esteticamente falando, ajuda a entender melhor o que se passa na literatura. Desde a primeira cena, em que o vemos como um pequeno camponês pobre ajudando o pai, até sua ascensão como amante de damas da aristocracia, primeiro da província e depois de Paris, vamos acompanhando suas peripécias, admirando sua audácia e seu empenho fulgurante em conquistar o mundo. Até que termina na guilhotina devido a um crime cometido sob grande emoção – e que atrapalha seu projeto. Não subjugou suas emoções, refreando-as e dirigindo-as para um alvo único.

Julien Sorel era fruto da Revolução Francesa, assim como seu autor, que foi soldado nas guerras napoleônicas e depois disso andou exilado por longo tempo. E é preciso lembrar que foi a Revolução que tornou tudo possível, solapando a hierarquia rígida da sociedade, segundo a qual alguém nascia e morria na mesma posição de classe. Depois dela, tudo era possível, podia-se nascer plebeu e morrer imperador, como foi o caso de Napoleão, obscuro militar de baixa patente (*"le petit caporal"*) de obscura origem na pequena nobreza de uma obscura e remota província, a Córsega, que nem bem francesa era. E são célebres nas guerras da Revolução os "generais de 20 anos", que chegavam à patente graças exclusivamente a seus méritos: o próprio Napoleão tornou-se general aos 24 anos.

Os Miseráveis é mais simpático, em seu escopo e em seu âmbito bem mais amplo que o usual, mas no fundo também é um enredo de projeto burguês. Jean Valjean é o miserável que origina todo o romance, ao furtar um pão para matar a fome, por isso acabando nos trabalhos forçados por duas décadas. A desproporção entre o delito e a punição fala por si. Narrativa cheia de altos e baixos, com reviravoltas surpreendentes, diverge do movimento comum do romance da época que é só ascensional, tendo em vista a realização do projeto burguês. Mas vai terminar de novo no alto.

DESVIOS DE ROTA

O leitor vai-se deparar com muitas digressões, históricas umas, literárias outras. Cada uma das duas metades do romance é marcada por uma delas: a batalha de Waterloo na primeira metade (a morte da Revolução) e a Barricada de Paris na segunda metade (a ressurreição da Revolução).

As mesmas guerras napoleônicas deram ensejo a três notáveis batalhas literárias[4].

Em *Os Miseráveis* é Waterloo, a batalha em que a fase decisiva da Revolução Francesa chegou ao fim e Napoleão foi derrotado pela coalizão das forças monarquistas e reacionárias, em 1815. Foi o fim também da *Grande Armée*, o primeiro exército popular da História[5]. A importância histórica de Waterloo não se discute. Em compensação, a relação das personagens do romance com Waterloo é um fio tênue apenas, nem merece propriamente um episódio. No fim da digressão, o vilão Thénadier, que percorre o campo de batalha para pilhar pertences dos mortos e feridos, resgata o corpo inerte do pai de Marius (o herói romântico) que jaz sob um monte de cadáveres para despojá-lo, com isso salvando sua vida e ganhando sua gratidão, tão eterna quanto imerecida.

Em *A Cartuxa de Parma,* de Stendhal, trata-se da mesma Waterloo, de que Fabrício del Dongo, o protagonista, participa. Todavia, falta-lhe uma noção geral das forças em presença, já que fora levado até ali graças a seu entusiasmo por Napoleão. Fica claro que a ocupação napoleônica levara a modernidade às cidades da península italiana, que, sob dominação austríaca, viviam mergulhadas no pior atraso social: sua mãe e sua tia também eram fãs do imperador. Fabrício apenas vislumbra alguns dos lances, embora se empenhe na luta.

Em *Guerra e Paz,* de Tolstói, temos mais a batalha de Austerlitz, e um pouco menos a de Borodino. Na de Austerlitz, o conflito é visto pela perspectiva do príncipe André Bolkonski, ajudante de campo do comandante em

---

4. Antonio Candido, "Batalhas", *O Albatroz e o Chinês*, 2. ed. aum., Rio de Janeiro, Ouro sobre Azul, 2010.

5. Se considerarmos, talvez com excesso de rigor, que as hostes de Espártaco não eram a bem dizer um exército.

chefe das forças russas, o general Kutusov. Na de Borodino, Pedro Besukov é apenas um observador não beligerante; mas, ao acabar ajudando a carregar os canhões, é capturado pelos franceses, de modo que termina participando da Grande Retirada e seus horrores.

Em suma, a mesma experiência das guerras napoleônicas é crucial para a geração pós-revolucionária de escritores, que não viveu a Revolução Francesa mas chegou à maioridade em seguida[6]. Os três autores escrevem em meados do século XIX: já passou a Revolução, já passou Waterloo, já se instalou a Restauração. Mas a Revolução ainda é o evento determinante do enredo. Claramente, é também determinante na formação de suas personagens.

Teria Waterloo tanto valor para *Os Miseráveis* quanto a Revolução de 1848, de que Victor Hugo participou dilacerado por contradições e devido à qual entrou num processo vital sem volta que o arrastaria ao exílio por vinte anos? Certas datas podem esclarecer a questão e fincar algumas balizas.

A Monarquia de Julho e os motins populares de 1830 a 1832 fornecem explicitamente o enredo de *Os Miseráveis*. Mas Victor Hugo participou de 1848, revolução sobre a qual escreveu muitas coisas, e também de 1851, quando do golpe de estado de Luís Bonaparte. E é bem depois disso que surge *Os Miseráveis,* que sairia em 1862: já imbuído, portanto, dessa tremenda experiência, quando o escritor testemunhou pessoalmente o potencial criador das energias plebeias mas também viu as forças da ordem massacrando o povo nas ruas. E a barricada que elege como paradigma é uma das muitas de 1848, com sua data registrada no texto.

Falará, entretanto, de outras, compatíveis com o período do enredo, que é a Monarquia de Julho. Afora 1848, participou da resistência popular de três dias ao golpe de estado de Luís Bonaparte (culminando no massacre nas ruas de Paris no dia 4 de dezembro de 1851), pelo qual este se tornou ditador e mais tarde imperador. Espicaçado por esse último trauma, logo escreveria *Napoleão o Pequeno (Napoléon le Petit),* em 1852, e bem mais tarde *História de um Crime (Histoire d'un Crime),* em 1877, em que opera o exame minucioso das dezenas de barricadas erigidas pelo povo, conforme sua contagem nas ruas de Paris.

---

6. George Steiner, "The Great Ennui", *Bluebeard's Castle,* London, Faber & Faber, 1971.

No início do exílio e contemporâneo a *Napoleão o Pequeno,* escreveria sobre os mesmos eventos um dos mais notáveis livros de poesia política de toda a história da literatura, *Os Castigos (Les Châtiments),* de 1853, em que faz o balanço da Revolução Francesa e de tudo o que se seguiu, até o golpe.

Experiências como essas mudaram para sempre o rumo da vida do escritor. Quando regressa do exílio e participa em 1871 da Comuna de Paris, que lhe inspirou um livro de poemas, *O Ano Terrível (L´Année Terrible),* já é um tarimbado militante. Nisso seguiu o exemplo de numerosos intelectuais, escritores e artistas que aderiram à causa do povo, participando da Comuna, ombro a ombro com os *communards.*

A batalha de Waterloo constitui a maior digressão de *Os Miseráveis* e, embora crucial para a História, é pouco justificada para a continuidade do enredo. Mas há outras digressões, por exemplo, sobre um convento e uma ordem religiosa de freiras, historicamente bem informada e com reflexões sobre o que é ser freira; ou então outra, de trinta páginas, sobre *argot,* ou gíria, assunto importante em *Nossa Senhora de Paris (Notre-Dame de Paris),* de 1831, e um capítulo de *Os Miseráveis;* ou ainda sobre o sistema de esgotos da cidade, trecho mais conhecido. Mesmo quando tratam de freiras ou de gíria ou de esgotos, são sempre interessantes, sempre pertinentes, contribuindo para desenhar o mural histórico que está sendo montado.

Se aquilatarmos como essas digressões interferem no entrecho, concluiremos que Victor Hugo não resiste, dado seu perfil, a fornecer o quadro histórico a cada passo. Mas justamente esse afã de historiador faz o leitor compreender melhor a trajetória do protagonista – porque o que se passa com ele não é apenas da ordem da ficção mas está profundamente imbricado na História com H maiúsculo, e na história da França em particular.

AS BARRICADAS

Passemos à segunda grande digressão, a das barricadas em Paris. Em 1830, a insurreição derruba Carlos X e sobe ao trono Luís Filipe I. Este era filho de um revolucionário de 1789, representante eleito da nobreza nos Estados Gerais, jacobino que votara pela morte do rei e acabara guilhotinado no Terror. Por isso fora alcunhado "Filipe Égalité".

Mas o novo rei cairá também, em 1848, quando a revolução se alastra pela Europa inteira, que queria seguir o exemplo da França, extinguindo o Antigo Regime e tornando-se republicana.

Todo o romance converge e culmina nessa que é a maior digressão da segunda metade. Embora comece pela descrição da barricada de 1848, vai narrar a insurreição de 1832, deflagrada pelas exéquias solenes e cerimoniais do general Lamarque. Este, querido pelo povo, fora general de Napoleão e se destacara na defesa da Revolução e da França. O féretro, à medida que atravessa as ruas de Paris, vai acendendo as fagulhas de um descontentamento generalizado, até instalar-se o levante – que não durará mais que os dias 5 e 6 de junho. No fim dela, Jean Valjean interfere e salva a vida de Marius, subtraindo-o à repressão. O moleque Gavroche, personagem crucial, tomba morto, atingido por uma bala. Os líderes são executados por fuzilamento, ali mesmo ao pé da barricada, pela Guarda Nacional.

Após essa digressão, o romance, que a essa altura já se aproxima do fim, volta à corrente principal do entrecho, ou seja, à história de Jean Valjean.

Quanto aos inúmeros meandros da intriga, a ponto de desnortear o leitor, que ignora o que está acontecendo com o herói Jean Valjean ou com seu perseguidor, o Inspetor Javert, é preciso lembrar que o escopo do livro é traçar um retrato compassivo das lutas populares de seu tempo.

Apesar de tantos extravios do fio da narrativa típicos da forma romance quando ainda tateante – embora a essa altura já tivesse atingido a perfeição com o realismo de Stendhal, Balzac e Flaubert –, Victor Hugo nunca perde de vista que o mais importante é a concepção do povo como "agente da História".

Em suma, o romance começa pela batalha de Waterloo, que assinala, com a queda de Napoleão, o fim do processo que se iniciou em 14 de julho de 1789 com a Tomada da Bastilha. No arco que vai até as barricadas de 1832, no enorme capítulo que narra como a cidade de Paris se ergue numa sublevação, temos a ressurreição da Revolução Francesa, que, apesar de esfrangalhada pelas traições que os poderosos infligiram ao povo, teima em renascer. Vale lembrar que, depois da Comuna de Paris em 1871, nunca mais houve reis e monarquia na França.

Várias pequenas alusões nesse longo capítulo nos lembram essa ressurreição. Todos querem lutar, até mulheres e crianças. A extraordinária personagem que é o moleque Gavroche mantém-se em pé de guerra, embora seja pequeno demais para carregar um fuzil e tenha que se contentar com a pistola. Sua trajetória ocupa uma parte do enredo.

Em tempo: é dessa época (1833) o célebre quadro do pintor francês Delacroix A *Liberdade Guiando o Povo*, hoje no Louvre. No centro da tela a óleo de vastas dimensões, uma mulher portando o barrete frígio – alegoria da Revolução – galga a barricada juncada de mortos, empunhando numa das mãos um fuzil com baioneta calada e na outra a bandeira tricolor. Essa é a bandeira criada pela Revolução, extirpadas as insígnias da realeza, e que se tornaria a bandeira nacional. Ao lado dela, um menino avança, uma pistola em cada mão. Nada nos impede de pensar que seja um "retrato de Gavroche", que Victor Hugo homenagearia em seu romance.

Outras alusões surgem quando os insurretos cantam as canções da Revolução, como *Ça Ira* e *La Carmagnole* – aquelas que ameaçavam os aristocratas com o cadafalso – e a Marselhesa, apelo aos cidadãos para pegarem em armas contra os inimigos do povo, a qual se tornaria o hino nacional da França. E quando a bandeira vermelha dos revolucionários vem abaixo sob a fuzilaria inimiga, convoca-se alguém que queira enfrentar a morte certa subindo ao alto da barricada para alçar a bandeira de novo. Quem se apresenta é um velhinho, único por ali que participara da Revolução Francesa, tantos anos antes. Ele cumpre seu dever e tomba morto, baleado. Comenta um circunstante: "Que homens, esses regicidas!"

Desse modo, o livro vai superando as críticas que se poderiam fazer ao romance oitocentista pelo individualismo excessivo e pelo atrelamento ao projeto burguês. Aqui, o protagonista e o projeto burguês são postos pelo autor a serviço das lutas populares.

Entretanto, as barricadas parisienses, tão importantes na vida dos cidadãos e na obra de Victor Hugo, estavam com os dias contados[7]. Não escapara

---

7. Nas jornadas estudantis e operárias de 1968 foram novamente erguidas barricadas no Quartier Latin, quando os amotinados descalçaram o leito das ruas para utilizar os *pavés* tanto para empilhar quanto para atacar a polícia.

às autoridades que seu inesgotável nascedouro era o caldeirão dos bairros centrais de Paris onde se acotovelavam os *sans-culottes*, reduto de trabalhadores e marginais, refugo do corpo social. Ali nasciam as revoluções: becos e vielas, casas amontoadas, ruas em torcicolo apinhadas de gente, reino da insalubridade e das epidemias, miséria extrema, cadinho de motins. Medidas radicais se faziam urgentes, para dispersar e neutralizar essa população em perpétua sedição latente. Luís Bonaparte não teve dúvidas: chamou Haussmann para chefiar a prefeitura do Sena e lhe deu carta branca.

Em pouco tempo o centro de Paris estava demolido e sua população expulsa para a periferia, um padrão que outras cidades imitaram a partir de então, inclusive o Rio de Janeiro do prefeito Pereira Passos. Rasgaram-se amplas avenidas (os *boulevards*) que se irradiavam a partir de focos como os raios de uma roda. Todas as moradias vieram abaixo e foram substituídas por prédios homogêneos de seis andares.

Dois objetivos estratégicos comandaram a violência dessa intervenção. Primeiro, criar avenidas e ruas de amplitude exagerada, para impedir o erguimento de barricadas: becos e vielas, nunca mais. Segundo, desimpedir perspectivas de linha reta entre os bairros populares e os quartéis, para que as forças da repressão chegassem rapidamente.

É essa Paris imperial e monumental que vemos hoje e que foi criada nessa época, com esse intuito. A metamorfose foi longamente estudada por Walter Benjamin, no que ele chamou de "Paris, capital do século xix", no trabalho das *Passagens*[8].

---

8. Walter Benjamin, *Passagens*, Belo Horizonte/São Paulo, ufmg/Imprensa Oficial, 2006.

Alexandre Bebiano de Almeida

"Para Governar a França, É Preciso Mão de Ferro": As Ideias Feitas no Romance de Flaubert

INTRODUÇÃO

Gustave Flaubert é um daqueles escritores que têm uma consciência aguda do fazer literário. Em sua correspondência, essa lucidez é posta à prova. Sem constrangimentos, ele critica aí seus contemporâneos e estabelece seu projeto artístico. Assim, quando lê *Os Miseráveis*, o monumental romance social de Victor Hugo, Flaubert escreve a uma amiga de seu círculo literário, a amante de Louis Bouilhet:

Não encontro nesse livro nem verdade nem grandeza. Quanto ao estilo, ele me parece intencionalmente incorreto e baixo. É uma maneira de bajular o popular. [...] Há explicações enormes sobre coisas fora do assunto e nada sobre aquelas indispensáveis ao assunto. Mas, em compensação, sermões para dizer que o sufrágio universal é uma coisa muito bonita, que é necessário educar as massas; isso é repetido à saciedade. Decididamente o livro, malgrado os belos trechos, e eles são raros, é infantil. [...] ele [Hugo] resume a corrente, o conjunto das ideias banais de sua época – e com uma tal persistência que esquece sua obra e sua arte. Eis aí minha opinião. [...] Guardo-a para mim, bem entendido. Tudo o que toca uma pluma deve ter muito reconhecimento a Hugo para se permitir uma crítica. Mas acredito, pelo que vejo, que os deuses envelhecem. Que descuido com a beleza![1]

Os juízos são severos: "o estilo é incorreto e baixo", "uma maneira de bajular o popular", "o livro é infantil". Mas a crítica tem a vantagem de sublinhar o desacordo que se abriu entre duas gerações: a romântica e a realista. Hugo, um dos maiores representantes daquela, seria "um deus que envelheceu", porque escreve uma obra distante do belo e da verdade, falsificando a realidade[2]. É assim que Hugo esquece a intenção artística e passa a resumir o conjunto das ideias feitas de seu tempo. Mas o escritor acrescenta: "era um tema muito belo".

Alguns anos depois, Gustave Flaubert, ele próprio, decide escrever um romance social sobre um jovem vivendo em Paris. E podemos então nos perguntar: como fará o escritor para, no momento em que escreve seu romance parisiense, afastar-se dos equívocos que teria cometido o autor dos *Miseráveis*? Para compor seu romance sobre um jovem que vive a história da França, com suas lutas e reviravoltas políticas, como fará Flaubert para criticar as ideias banais de seu tempo? Enfim, que outro tipo de romance o escritor poderia inventar para abordar esse "tema muito belo", o romance de um jovem que conhece suas primeiras experiências amorosas enquanto vive as barricadas de 1848 na capital francesa? Estão aí expressas as dúvidas que afligem Flaubert enquanto escreve *A Educação Sentimental:* "Que forma

---

1. "Je ne trouve pas dans ce livre ni vérité ni grandeur. Quant au style, il me semble intentionnellement incorrect et bas. C'est une façon de flatter le populaire. [...] Des explications énormes données sur des choses en dehors du sujet et rien sur les choses qui sont indispensables au sujet. Mais en revanche des sermons, pour dire que le suffrage universel est une bien jolie chose, qu'il faut de l'instruction aux masses; cela est répété à satiété. Décidément ce livre, malgré de beaux morceaux, et ils sont rares, est enfantin. [...] il [Hugo] résume le courant, l'ensemble des idées banales de son époque, et avec une telle persistance qu'il en oublie son œuvre et son art. Voilà mon opinion; je la garde pour moi, bien entendu. Tout ce qui touche une plume doit avoir trop de reconnaissance à Hugo pour se permettre une critique; mais je trouve, extérieurement, que les dieux vieillissent" (Carta de 1862 endereçada a Edma Roger des Genetttes, em Gustave Flaubert, *Correspondance, choix e présentation de Bernard Masson*, Gallimard, France, 1999, collection "folio classique", pp. 418-419, tradução nossa).
2. É o que diz Flaubert na mesma carta: "A observação é uma qualidade secundária em literatura, mas não é permitido pintar de maneira tão falsa a sociedade quando se é contemporâneo de Balzac ou de Dickens" (Gustave Flaubert, *op. cit.*, p. 419, tradução nossa).

é preciso usar para exprimir às vezes sua opinião sobre as coisas do mundo, sem risco de ser tomado, mais tarde, por um imbecil?"[3] Neste ensaio vamos comentar alguns dos recursos formais que foram usados pelo escritor (herói negativo, enredo frouxo, voz narrativa, estilo indireto livre e, especialmente, a ironia com a ideia feita), para distanciar seu romance daqueles escritos por seus antecessores românticos.

HISTÓRIA DE UM RAPAZ

Conforme lembra seu subtítulo, *A Educação Sentimental* é a história de um rapaz. Ela começa em Paris, no dia 15 de setembro de 1840, quando Frédéric Moreau, um jovem de dezoito anos, embarca de volta a Nogent-sur-Seine, sua cidade de origem. A pedido de sua mãe, viajara para Le Havre; tinha ido visitar um tio, de quem a senhora Moreau esperava uma herança para o filho. Dali a dois meses, Frédéric retornará à capital para seguir o curso de Direito. Ele quer se tornar uma pessoa pública – um artista, quem sabe, um ministro de Estado, como sonha sua mãe. Mal tinha começado seus estudos e o jovem já "achava que a felicidade merecida pela excelência de sua alma custava a chegar"[4]. A história termina no inverno de 1869, quando lemos o balanço de sua vida: ele permaneceu um celibatário, não pintou quadros nem escreveu poemas ou livros de história como um dia na juventude se propôs, tampouco foi deputado ou ministro de Estado, como queria sua mãe. Agora, "leva a vida como um pequeno burguês"[5], e "suportava a ociosidade de sua inteligência e a inércia de seu coração"[6].

---

3. "Quelle forme faut-il prendre pour exprimer parfois son opinion sur les choses de ce monde, sans risquer de passer, plus tard, pour un imbécile ?". Carta a George Sand de 18 de dezembro de 1867 (Gustave Flaubert, *op. cit.*, p. 523, tradução nossa).

4. Gustave Flaubert, *A Educação Sentimental*, tradução e notas de Rosa Freire d'Aguiar, São Paulo, Cia. das Letras, Penguin Classics Companhia das Letras, 2017, p. 32; *L'Éducation Sentimentale*, texte établi et annoté par A. Thibaudet et R. Dumesnil, Paris, Gallimard [Pleiade], 1952, p. 34. Todas as citações do romance se referem a essas edições.

5. *Idem*, p. 532; *idem*, p. 453.

6. *Idem*, p. 526; *idem*, p. 449.

Essas são a situação inicial e final da história. Mas quais seriam os elementos capazes de desenvolver esse enredo? Os elementos que poderíamos chamar de motivos dinâmicos, pois caberia a eles aprofundar a situação inicial e desenvolver um conflito, cujo desenlace deve conduzir à situação final. A bem dizer, a *Educação* conhece dois motivos fundamentais. O primeiro é a busca do amor e surge logo na viagem que traz o protagonista de Paris. Como se a personagem fosse uma "aparição"[7], Frédéric reconhece na senhora Arnoux seus ideais de encanto e de poesia românticos: "Imaginava-a de origem andaluza, talvez nascida nas Antilhas; teria trazido das ilhas aquela negra?"[8] A personagem é mãe de uma pequena criança chamada Marthe e esposa do proprietário de um estabelecimento híbrido em Montmartre, loja de quadros e jornal artístico: a *Arte Industrial*. O segundo motivo se liga ao sucesso e reconhecimento público. Ele aparece na noite em que a personagem chega à sua cidade. Entre as pontes que descortinam Nogent para os viajantes, os amigos de colégio projetam o assalto a Paris. Deslauriers lembra a trajetória de Rastignac na *Comédia Humana* e aconselha Frédéric a visitar a casa de um rico capitalista, cuja entrada lhe seria aberta por uma carta de recomendação do senhor Roque, o administrador dos negócios do senhor Dambreuse na região. O amigo mais velho conclama o outro a conquistar a alta sociedade: "Você triunfará, tenho certeza!", depois de convencê-lo da conveniência de manter relações com o banqueiro ("Um homem que possui milhões, calcula!"[9]) e indicar os recursos para ter êxito na empreitada: "Dê um jeito de lhe agradar, e à mulher dele também. Torne-se amante dela"[10].

Temos aí os dois eixos ao redor dos quais gravita a vida de Frédéric: a busca do amor e do reconhecimento público. Contudo, tal como é de se esperar, não é raro a personagem de um campo transitar para outro. É o caso da senhora Arnoux, que encarna o ideal amoroso para o jovem. Ela vai se ligar forçosamente ao poder social graças aos negócios do marido, em que Frédéric se envolve com o intuito de ficar mais próximo de Marie Arnoux. Nesse sentido, a procu-

---

7. *Idem*, p. 35; *idem*, p. 36.
8. *Idem*, p. 36; *idem*, p. 37.
9. *Idem*, p. 50; *idem*, p. 49.
10. *Idem, ibidem; idem, ibidem.*

ra do amor se comunica de maneira indireta com a do poder, e os dois eixos podem perder seus limites e se confundir. Alcançar sucesso no amor seria também obter êxito em sociedade? É no que acredita Frédéric, sem no entanto explicar como isso seria possível. Assim, quando Deslauriers diz que ele deve se tornar o amante da senhora Dambreuse, o protagonista se incomoda de início com o conselho, mas termina por aceitá-lo sorrindo, "esquecendo a senhora Arnoux, ou incluindo-a na previsão feita para a outra"[11]. Afinal, o que importa à personagem é triunfar, na vida privada e na pública, uma vez que, por estranhos vasos comunicantes, as duas séries de motivos – é o que acredita Frédéric – o levariam a um mesmo lugar, como se cada um deles o ajudasse a atingir o outro. A verdade é que as duas causas, uma ligada diretamente à política e a outra aos sentimentos, vão embaralhar o destino do protagonista.

UM ENREDO QUE AVANÇA ENTRE ENTUSIASMO E MELANCOLIA

Seguindo de perto as ações de Frédéric, um tipo de herói negativo que vai se mostrar muitas vezes fraco para realizar suas ambições, a narrativa pode com frequência aproximar-se do esgotamento[12]. É o que vemos quando o protagonista chega a Paris. Ele visita a loja de Jacques Arnoux e a casa dos Dambreuse, mas, para sua frustração, não consegue ser admitido em nenhum dos círculos. Na incerteza do que fazer, tenta se absorver no curso de Direito, mas aí reencontrava "o cheiro poeirento das salas de aula, uma cadeira de forma parecida, o mesmo tédio"[13]. Na ociosidade que passa a viver, frequenta espetá-

---

11. Gustave Flaubert, *A Educaçao Sentimental*, p. 50; *L'Éducation Sentimentale*, p. 49.
12. Flaubert é um dos primeiros a reconhecer as dificuldades que um herói fraco produz em seu romance: "Há um mês me dedico a um romance de costumes modernos que se passará em Paris. Quero fazer a história moral dos homens de minha geração; 'sentimental' seria mais verdadeiro. É um livro de amor, de paixão; mas de paixão como pode existir hoje, isto é, inativa. O tema, como concebido por mim, é, acredito, profundamente verdadeiro, mas, por isso mesmo, pouco divertido provavelmente. Os fatos, o drama, faltam um pouco; e depois, a ação está estendida por um lapso de tempo muito considerável. Enfim, tenho muitas dificuldades e estou cheio de inquietudes" (Carta a Leroyer de Chantepie, 6 de outubro de 1864, em Flaubert, *Correspondance*, p. 459, tradução nossa).
13. Gustave Flaubert, *A Educação Sentimental*, p. 55; *L'Éducation Sentimentale*, p. 53.

culos e bailes, escreve uma carta de amor à Marie Arnoux, mas a rasga, "pelo medo do fracasso"[14]; redige também um romance, *Sylvio, le fils du pêcheur*, que não consegue terminar, devido ao excesso de confissões autobiográficas ("O herói era ele mesmo; a heroína, a senhora Arnoux"[15]); envia cartões aos Dambreuse, não recebendo nenhuma resposta; pede a Deslauriers que venha visitá-lo, mas em vão; finalmente, aluga um piano e passa a compor valsas românticas. A oração, que encerra o capítulo, oferece uma boa amostra não somente do estado da personagem, mas também da intriga: "ele tinha perdido a esperança de receber um convite dos Dambreuse; a sua grande paixão pela senhora Arnoux começava se extinguir"[16]. Enfim, pode-se dizer que o romance (e estamos ainda em suas primeiras páginas) não tem medo de suspender qualquer tipo de tensão dramática, quando os seus dois elementos dinâmicos, a busca do amor e do poder pelo protagonista, se mostram insuficientes para realizar o avanço da intriga.

Mas a história avança, como é de se esperar. Em meio a uma manifestação no Panthéon contra o governo de Luís Filipe, Frédéric encontra Hussonet, um jornalista que confecciona anúncios para a *Arte Industrial*. O herói conhece a partir daí todo o círculo de pessoas que frequenta a loja e será convidado, finalmente, para as reuniões nos Arnoux. Sua grande paixão renasce e ele decide escolher sua vocação ("Ele perguntou a si mesmo, seriamente, se seria um grande pintor ou um grande poeta"): "e se decidiu pela pintura", porque o ofício lhe garantiria a convivência com Marie Arnoux[17]. Em agosto de 1843, é aprovado em seu último exame e conclui seu curso. Nesse momento, ele se encontra casualmente com os Dambreuse e recebe, enfim, um convite. O narrador assim descreve o estado da personagem: "Nunca Paris lhe parecera tão bonita", pois "ele só avistava, no futuro, uma interminável série de anos plenos todos de amor"[18]. De volta a Nogent, contudo, Frédéric recebe a notícia de que sua família conhece uma situação financeira precária: não lhe restava mais do que 3 mil libras de rendimento, porque sua mãe estava

14. *Idem*, p. 56; *idem*, p. 54.
15. *Idem*, p. 58; *idem*, p. 56.
16. *Idem*, p. 60; *idem*, p. 58.
17. *Idem*, p. 89; *idem*, p. 82.
18. *Idem*, p. 135; *idem*, p. 120.

arruinada. A narrativa sofre uma violenta mudança em seu ritmo, seguindo de perto o abatimento do herói na província: "ele levantava-se muito tarde, e ficava a olhar da janela as atrelagens das empresas de transportes que passavam", porque, "considerando-se um homem morto, não fazia mais nada, absolutamente"[19]. Frédéric só recuperará o ânimo quando receber a notícia de que seu tio havia falecido e que, sendo o seu único herdeiro, passa a fruir de 27 mil libras de rendimento anuais. Em 12 de dezembro de 1845, recebe a carta que o informa da herança. Três dias depois está de volta a Paris, com ganas de se tornar um ministro: "pretendia-se lançar na diplomacia, que seus estudos e instintos o levavam a isso. Primeiro entraria para o Conselho de Estado"[20]. Começa agora a segunda parte da *Educação Sentimental*, começam agora as maiores aventuras amorosas e políticas de um Frédéric rentista, contemporâneo da Revolução de 48, das experiências sociais da Segunda República e do golpe de Estado que estabelecerá o Império de Napoleão III. Ele frequenta agora não apenas os Arnoux, mas também o círculo dos Dambreuse, o que vai levá-lo a se candidatar como deputado. Se Louise Roque viaja a Paris para se encontrar com ele e o encontra tentando seduzir a senhora Arnoux, ele se torna por fim o amante de uma *lorette*, a Marechala, mas também da senhora Dambreuse.

"AS TRÊS FACES DE DEUS ESTÃO EM PARIS"

Mas voltemos à primeira parte para os fins de nossa leitura, interessada no uso que Flaubert faz das ideias feitas de sua época. O sexto capítulo descreve as reações de Frédéric à notícia, que lhe foi transmitida por sua mãe em Nogent, da piora financeira da família:

Arruinado, espoliado, perdido!
Ele continuava no banco, como atordoado por uma comoção. Amaldiçoava a sorte, gostaria de bater em alguém; e para reforçar seu desespero, sentia pesar sobre

19. *Idem*, p. 140; *idem*, p. 124.
20. *Idem*, p. 147; *idem*, p. 130.

si uma espécie de ultraje, uma desonra; – pois Frédéric imaginara que sua fortuna paterna se elevaria um dia a quinze mil libras de rendimento, fizera os Arnoux saber disso, indiretamente. Portanto, ia passar por um fanfarrão, um pilantra, um desonesto qualquer, que se introduziu na casa deles com a esperança de algum proveito! E ela, a senhora Arnoux, como ia revê-la agora?

Isso, aliás, era completamente impossível, tendo somente três mil francos de renda! Teria que continuar morando num quarto andar, ter como doméstico o porteiro, e apresentar-se com pobres luvas pretas azuladas na ponta, um chapéu engordurado, a mesma sobrecasaca durante um ano! Não! Não! Jamais! No entanto, sem ela a existência era intolerável. Muitos que não tinham fortuna viviam bem, Deslauriers entre outros; – e achou-se covarde por dar tamanha importância a coisas medíocres. A miséria, talvez, lhe centuplicaria suas faculdades. Exaltou-se, pensando nos grandes homens que trabalham nas águas-furtadas. Uma alma como a da sra. Arnoux deveria se comover com esse espetáculo, e ela se enterneceria. Assim, essa catástrofe era, afinal, uma felicidade; como esses terremotos que deixam à mostra tesouros, ela lhe revelara as secretas opulências e sua natureza. Mas só existia no mundo um único lugar para valorizá-las: Paris! Pois, de acordo com suas ideias, a arte, a ciência e o amor (as três faces de Deus, como diria Pellerin) dependiam exclusivamente da capital.

À noite, declarou à mãe que voltaria para lá[21].

Por meio do discurso indireto livre, o trecho reproduz os pensamentos da personagem no momento em que descobre sua situação econômica. Frédéric não tem muita clareza do que lhe aconteceu. Ele se imagina "perdido", o que não é bem o caso, pode-se dizer, pois vai continuar a receber seus rendimentos. A verdade é que não chegarão às cifras que aguardava – e que havia sugerido aos Arnoux. Daí nasce o sentimento de desonra: prometeu que enriqueceria, mas agora teria direito apenas a "luvas desbotadas, um chapéu ensebado e a uma só sobrecasaca o ano todo", o que fazer? Na sequência, vai se considerar um covarde por dar valor a essas coisas insignificantes e, pensando "nos grandes homens que trabalham em mansardas", conclui que a miséria dobrará suas forças, mas que apenas em Paris iriam reconhecer seu esforço ("a arte, a ciência e o amor dependiam exclusivamente da capital"!). Assim, anuncia à mãe que voltaria para lá. A gama de sentimentos é confusa; ela acompanha os

---

21. Gustave Flaubert, *A Educação Sentimental*, pp. 138-139; *L'Éducation Sentimentale*, pp. 122-123.

pensamentos de Frédéric, que vão desde a ideia de que estaria arruinado financeiramente às afirmações românticas de que a pobreza fortalece o caráter. Por isso, as associações terminam com o projeto de retornar a Paris. Afinal, o que temos? Para Frédéric, a diminuição da renda é de início sua perda. Um momento depois, sua vitória. Como compreender essas reviravoltas? Claro, a sequência só mostra coerência como expressão de um jovem à procura de compensações simbólicas, porque suas esperanças de fortuna se frustraram. Frédéric quer formar um todo com sua vida, quer determiná-la. Mas, como esse esforço desanda, sua fala adquire o aspecto de construções fantasiosas (a cabeça romântica de Frédéric é um fértil e formidável campo para devaneios, deslocamentos e compensações de qualquer sorte). Esses sonhos não deixam, contudo, de tocar num aspecto sério: o entrave que a condição econômica representa. O rapaz imagina que, se *hoje* é pobre, poderá com esforço ser rico *amanhã*... Mas, no mundo que a *Educação* configura, nada parece mais equivocado. Se Frédéric vai receber no máximo três mil libras de rendimento, "seria melhor"[22], como diz sua mãe, que aceitasse o trabalho no cartório de província, pois não se pode mais fazer muita coisa por suas aspirações a artista, deputado, embaixador ou ministro de Estado. Na *Educação,* a situação econômica de pobreza não empresta um contexto amargo à vida; não fornece um contexto melancólico que se pode reformar na própria vida, como sugerem as ideias românticas de Frédéric. Ela é muito mais do que uma condição material[23], pois determina um rebaixamento das expectativas e mesmo do futuro garantidos à personagem. Diga-se de passagem que a imagem idealizada que Hugo oferece da pobreza é uma das principais críticas que Flaubert dirige ao autor dos *Miseráveis*: "Onde será que existem prostitutas como Fantine,

---

22. *Idem*, p. 139; *idem*, p. 123.

23. Sob esse aspecto, a sociedade fechada representada pela *Educação* parece anunciar um estado que ficará mais marcado nas sociedades do século xx: "Neste país [nos Estados Unidos], não há mais nenhuma diferença entre o ser humano e o destino econômico. Todo o mundo é o que representa sua fortuna, sua renda, sua posição, suas chances. Na consciência, a máscara econômica coincide perfeitamente com o fundo do caráter. Cada um vale o que ganha, cada um ganha o que vale. [...] Assim, os indivíduos julgam a si mesmos segundo o valor de mercado que têm e aprendem o que são com base no que lhes acontece na economia capitalista. [...] *I am a failure,* diz o norte-americano. – *And that is that*" (Theodor Adorno, "Deux mondes", em Theodor Adorno, *La Dialectique de la Raison*, Paris, Gallimard, 1974, p. 220, tradução nossa).

forçados como Valjean e políticos como os imbecis A, B, C? Não, ninguém os vê *sofrer,* uma só vez, no fundo da alma. São manequins; tipinhos feitos de açúcar, a começar pelo monsenhor Bienvenu. Por raiva socialista Hugo caluniou a igreja, assim como caluniou a miséria"[24].

"VOCÊ TRIUNFARÁ, TENHO CERTEZA!"

Esse duro fechamento de expectativas que as personagens da *Educação* conhecem fica ressaltado pela visão idealizada que Frédéric tem da alta sociedade. A ideia de que o mundo está aberto àqueles que sabem conquistá-lo está em absoluto contraste com o que vemos no romance. Ora, quando oferece conselhos a Frédéric para vencer, Deslauriers faz referência explícita a Balzac. Para os dois, os arrivistas balzaquianos são os exemplos que devem ser seguidos: "– Mas se estou lhe dizendo coisas clássicas! Lembra-se de Rastignac na *Comédia Humana!* Você triunfará, tenho certeza!"[25]

Eugène de Rastignac é o personagem principal d'*O Pai Goriot,* um romance em que a morte do personagem-título contrasta com o ingresso do jovem na alta sociedade de Paris[26] e com sua formação no arrivismo. Para sua aprendizagem, é decisivo o destino do velho Goriot. Pensando nele quase ao final da narrativa, o estudante se pergunta: "As belas almas não podem permanecer muito nesse mundo. Como os grandes sentimentos se aliariam, com efeito, a uma sociedade mesquinha, pequena, superficial?"[27]. É que, se o pai Goriot é por um lado um frio negociante, ele representa por outro a figura do grande pai, que dedica sua vida e sua fortuna aos filhos. O romance reserva, contudo, um triste destino para a personagem: a morte num quarto miserável da pensão burguesa, abandonado por aqueles a quem amou. Na hora do fim, o velho oferece ao estudante a última lição:

---

24. Carta a Edma Roger des Genettes (Flaubert, *Correspondance*, p. 418, tradução nossa).
25. Gustave Flaubert, *A Educação Sentimental*, p. 50; *L'Éducation Sentimentale*, p. 49.
26. Honoré de Balzac, *O Pai Goriot, Cenas da Vida Privada, Estudos de Costumes, A Comédia Humana*, tradução de Gomes da Silveira, 2. ed., Rio de Janeiro, Globo, 1954; *Le Pére Goriot, Scènes de la Vie Privée, Études de Moeurs, La Comédie Humaine*, France, Gallimard, 1976, v. III.
27. *Idem,* p. 213; *idem,* p. 270.

"PARA GOVERNAR A FRANÇA, É PRECISO MÃO DE FERRO"...   259

"O dinheiro dá tudo, até filhas"[28]. Com esse enredo dramático, o romance questionava os ideais de amor e de justiça do Romantismo. O desencanto com esses ideais é experimentado por Rastignac, cuja vontade era, em princípio, "como acontece às almas grandes, dever tudo a seu próprio mérito"[29]. A aprendizagem da frieza e do cálculo que o estudante faz em Paris[30], sua transformação numa personagem inescrupulosa, traz a desilusão para o cerne da narrativa: pela perspectiva do jovem, vemos os ideais de amor e de justiça social sendo atropelados pelo "carro da civilização", para falar como o autor da *Comédia Humana*[31].

Deslauriers, de seu lado, não tem medo de repetir os clichês que garantem o sucesso dos arrivistas balzaquianos: "ele acreditava nas cortesãs aconselhando os diplomatas, nos ricos casamentos obtidos por intrigas, no gênio dos condenados às galés, nas docilidades do acaso sob a mão dos fortes"[32]. Mas, a

28. *Idem*, p. 215; *idem*, p. 273.

29. *Idem*, p. 36; *idem*, p. 75.

30. Eis um dos conselhos da viscondessa de Beauseant a seu jovem primo: "Quanto mais friamente você calcular, mais longe irá. Fira e será temido. Considere os homens e as mulheres apenas como cavalos de posta que você abandonará estafados em cada estação de muda e assim atingirá o auge de suas ambições" (Honoré de Balzac, *O Pai Goriot, Cenas da Vida Privada, Estudos de Costumes, A Comédia Humana*, p. 73; *Le Pére Goriot, Scènes de la Vie Privée, Études de Moeurs, La Comédie Humaine*, vol. III, p. 116).

31. Se fosse necessário mostrar o que é a experiência de desilusão (e seus aspectos mais cínicos e sádicos), é exemplar esta passagem: "Encontram-se [em Paris], porém, aqui e ali, dores que a aglomeração dos vícios e das virtudes torna tão grandes e tão solenes que, diante delas, os egoísmos e os interesses se detêm e se compadecem; mas a impressão que delas recebem é como um fruto saboroso que imediatamente devoram. O carro da civilização, semelhante ao ídolo de Jaggernat, retardado apenas por um coração mais fácil de triturar que os outros e que lhe calça a roda, rapidamente o despedaça e continua sua marcha gloriosa" (*Idem* p. 7; *idem*, p. 16). Para uma análise desse trecho e do papel do dinheiro no romance de Balzac, é possível conferir o ensaio de Roberto Schwarz "Dinheiro, memória, beleza (*O Pai Goriot*)", em *A Sereia e o Desconfiado*, 2. ed., São Paulo, Paz e Terra, 1981, pp. 167-188.

32. "Nunca tendo visto a alta sociedade a não ser em meio à febre de suas invejas, Deslauriers a imaginava como uma criação artificial, funcionando em virtude de leis matemáticas. Um jantar em alguma casa, o encontro com um homem bem colocado, o sorriso de uma mulher bonita, podiam, por uma série de ações que se deduziam uma das outras, ter resultados gigantescos. Certos salões parisienses eram como essas máquinas que pegam a matéria em estado bruto e a devolvem com um valor cem vezes maior. Ele acreditava nas cortesãs aconselhando os diplomatas, nos ricos casamentos obtidos por intrigas, no gênio dos condenados às galés, nas docilidades do acaso sob a mão dos fortes. Enfim, considerava tão útil frequentar os Dambreuse, e falou tão bem, que Frédéric já não sabia mais que decisão tomar" (Gustave Flaubert, *A Educação Sentimental*, p. 124; *L'Éducation Sentimentale*, p. 111).

julgar pelo enredo da *Educação*, cujos eventos são incapazes de armar uma forte unidade dramática, nada seria mais distante da ascensão social do que "as leis matemáticas" que consagram os arrivistas balzaquianos. Essa visão idealizada acentua, por contraste, o horizonte fechado do romance de Flaubert. Aqui o destino das personagens parece como que estabelecido de antemão: assim, o romântico Frédéric não vai realizar seus ideais de amor nem o ambicioso Deslauriers se tornará uma figura política. Desmanchando a imagem da sociedade aberta como uma ilusão romântica, traindo-a como uma ideia feita, a *Educação* pretende, antes de tudo, denunciar os aspectos ingênuos e, por vezes, estúpidos que se escondem por detrás dessas convicções: "Mas o escrevente [Deslauriers] tinha teorias. Bastava, para obter as coisas, desejá-las intensamente"[33].

Pode-se dizer que o narrador de Flaubert não está mais interessado em contar de maneira dramática *a perda das ilusões românticas*, como fazia o narrador balzaquiano. Como essa experiência havia se tornado uma experiência comum e mesmo uma ideia feita[34], Flaubert cuida antes de assimilá-la à própria estrutura do romance, trazendo esse rebaixamento de horizontes para o próprio estilo, como um sentimento ou atmosfera a que o leitor estaria habituado. Com isso, o desencanto romântico fica incorporado aos recursos literários da *Educação*. Trata-se de uma substância implícita ao estilo e ao enredo, dando inclusive suporte ao indireto livre e às imagens do romance. Daí decorre também o herói fraco ou negativo, incapaz de tomar uma decisão enérgica e definidora, bem como o romance que arma de maneira proposi-tada um enredo frouxo, um girar em falso de agitação e melancolia, onde o tempo não enquadra mais nenhum confronto dramático. Enfim, todos esses recursos (herói negativo, intriga fraca, largo uso do indireto livre, emprego irônico das ideias feitas, para citar os mais importantes) reconheciam que a perda das ilusões tinha se tornado uma experiência comum, que vivemos da maneira mais cotidiana possível. Uma situação de rebaixamento que o leitor deveria também vivenciar no momento em que lê a *Educação*[35].

---

33. *Idem*, p. 120; *idem*, p. 107.

34. "ILUSÕES: Afetar ter tido muitas, lamentar havê-las perdido" (Gustave Flaubert, *Dictionnaire des Idées Reçues, Œuvres*, France, Gallimard, 1952, vol. II, p. 1013, tradução nossa).

35. Nessa linha, o autor de "Narrar ou descrever?" salienta o aspecto fechado dos romances de Flaubert: "Mesmo quando aparentemente descrevem um processo, como nos romances de desilusão, a vitória

"É PRECISO ESCREVER MAIS FRIAMENTE"[36]

A voz narrativa inventada por Flaubert tem uma feição bem particular. Tudo ocorre como se essa voz, situada na terceira pessoa, tivesse uma posição neutra e distanciada. No entanto, ela não se afasta da linguagem das personagens cujo dia a dia nos descreve; disso dependem os deslizamentos contínuos do discurso indireto livre[37]. Essa indiferenciação que, com frequência, o narrador consegue guardar entre sua voz e a das personagens é o maior atestado da presença e da força do indireto livre na *Educação*. Pode-se dizer, com efeito, que a voz narrativa do romance se apoia numa espécie de extensão do discurso indireto, cuja faculdade, em vez de ser intercalada, é permanente. Disso decorrem os contínuos deslizamentos entre a voz do narrador e as falas das personagens, bem como a impressão de *homogeneidade*. A generalização do indireto livre funciona como um nivelamento. Esse estilo indireto gera caráter de recorrência, ar regular às expressões marcantes, monotonia na composição. Ele é um dos recursos que garantem o funcionamento dessa "esteira

final da inumanidade capitalista está estabelecida por antecipação" (Georg Lukács, "Narrar ou descrever?", em Georg Lukács, *Ensaios Sobre Literatura*, Rio de Janeiro, Civilização Brasileira, 1965, p. 83). Para uma Crítica dos Juízos Estéticos de Lukács, ver Theodor Adorno, "Une réconciliation extorquée", em Theodor Adorno, *Notes sur la Littérature*, traduzido do alemão por Sibylle Muller, Paris, Flammarion, 1973, pp. 171-200.

36. É o que pede Flaubert: "É preciso escrever mais *friamente*. Desconfiemos dessa espécie de esquentamento, que chamamos de inspiração, onde entra com frequência mais emoção nervosa do que força muscular. [...] Conheço bem esses bailes mascarados da imaginação, donde se volta com a morte no coração, esgotado, tendo visto apenas farsas e vomitado besteiras. Tudo deve se fazer a frio, calmamente" (Carta a Louise Colet de 27 de fevereiro de 1853, em Gustave Flaubert, *Correspondance*, ed. Jean Bruneau, Paris, Gallimard, 1980, v. 2, p. 252, tradução nossa, grifo do autor).

37. De acordo com Proust, apenas um aspecto formal do romance flaubertiano seria irregular: "talvez não exista em toda a obra de Flaubert sequer uma única bela metáfora", pois, em que pese o largo uso do indireto livre, as imagens do narrador "são geralmente tão fracas que chegam a se elevar muito pouco acima daquelas que os seus personagens mais insignificantes poderiam encontrar" (p. 586). Cabe notar que o emprego das imagens fracas, assim como do estilo indireto livre, não são despropositados no estilo de Flaubert. O próprio ensaio de Proust acrescenta que o imperfeito eterno da *Educação* não se compõe apenas dos sentimentos e das reflexões das personagens. Assimilados pelo indireto livre, esses discursos se confundem com a própria paisagem que o narrador descreve – na *Educação*, como diz Proust, "as coisas têm tanto de vida quanto os seres humanos" (p. 589). Nesse sentido, tal como reconhece Proust, o imperfeito eterno "serve para conjugar não só as palavras, mas toda a vida das pessoas" (p. 590) (Marcel Proust, "À Propos du 'Style' de Flaubert", em Marcel Proust, *Contre Sainte-Beuve*, Paris, Gallimard, 1971, p. 587, tradução nossa).

rolante" que é a *Educação*, com seu "desenrolar contínuo, monótono, morno, indefinido", para repetir Proust.

Contra as ideias feitas, essa voz narrativa mobiliza um verdadeiro princípio de deslocamento. Tendo consciência do papel que desempenham em nossa sociedade[38], o narrador suspende o uso corrente que fazemos delas. Por meio da ironia, sua voz procura deslocar a todo momento o significado das falas impregnadas de ideias feitas. Tal deslocamento, uma manifestação de divergência entre a composição e as falas reportadas, produz um horizonte singular dentro do romance. A intermediação irônica faz com que as falas adquiram um sentido novo, às custas do que fica dito, como se elas se situassem num plano inferior ao da composição e tivessem de ceder o passo a esse fundo, que vai por fim desdizê-las ou restituí-las com um novo significado. Pode-se dizer que existe aqui uma noção pragmática ou performativa da linguagem. O narrador parece advertir o leitor (e, muitas vezes, a ironia de Flaubert, para indicar a estupidez que se esconde por detrás de uma ideia feita, será uma simples piscadela) de que, para saber o significado de uma fala, não basta apenas avaliá-la em abstrato ou por si mesma. Seria preciso antes examiná-la à luz do contexto em que é verbalizada, no interior das condições em que é produzida[39].

---

38. Para o tema, é possível conferir o que Flaubert tinha como o propósito de seu *Dicionário de Ideias Feitas*: "Iriam encontrar nele, em ordem alfabética, todos os temas possíveis, *tudo aquilo que se deve dizer em sociedade para ser um homem decente e amável*. [...] Mas seria preciso que, no livro todo, não houvesse uma só palavra de minha autoria, e que uma vez lido ninguém ousasse mais falar, com medo de dizer naturalmente uma das frases que nele se encontram" (Carta a Louise Colet de 16 de dezembro de 1852, em Gustave Flaubert, *Correspondance*, ed. cit., p. 213, tradução nossa, grifos do autor).

39. "*Entre os pressupostos do novo dispositivo literário está a falência de ideias ou intenções consideradas em abstrato*. Flaubert desenvolvera uma arte minuciosíssima do enredo, especializada na revelação da mentira ideológica" (Roberto Schwarz, *Um Mestre na Periferia do Capitalismo*, São Paulo, Duas cidades, 1990, p. 170, grifos do próprio autor). A bem dizer, essa *noção situacional da linguagem* segue uma das premissas elementares do materialismo: "E, assim como na vida privada distinguimos o que um homem pensa e diz de si mesmo do que ele realmente é e faz, é preciso mais ainda nas lutas históricas distinguir as pretensões dos partidos e sua fraseologia de sua formação e de seus interesses verdadeiros, o que imaginam ser do que são na realidade" (Karl Marx, *O Dezoito Brumário de Luís Bonaparte*, tradução de Leandro Konder e Renato Guimarães, 6. ed., São Paulo, Paz e Terra, 1997, p. 52).

AS IDEIAS FEITAS

No limite, há a ideia feita. Traço que serve para descrever as "ideias reinantes" na Segunda República[40]. Assim, a "questão dos haras" pode caracterizar o que se torna o debate político depois das lutas de junho. Nesse momento, a senhora Dambreuse é uma viúva interessada em se casar com Frédéric e conversa com ele: "Frédéric devia agora pensar em se lançar. Ela até lhe deu admiráveis conselhos sobre a sua candidatura. O primeiro ponto era saber duas ou três frases de economia política. Era preciso escolher uma especialidade, como os haras, por exemplo [...]"[41]

Os "admiráveis conselhos" para a candidatura, indo a par das "duas ou três frases de economia política" e da "questão dos cavalos"[42], indicam o gesto irônico, cujo aspecto sério é a desqualificação, não apenas do debate parlamentar, mas da própria esfera pública. A raiva que toma os proprietários durante a República também é descrita: "e se exaltavam os campos, pois o iletrado tinha naturalmente mais bom senso do que os outros!"[43]. A frase pode soar como um traço leve das conversas, mas o trecho continua assim:

> Os ódios pululavam: ódio contra os professores primários e contra os comerciantes de vinho, contra as aulas de filosofia, contra os cursos de história, contra os romances, os coletes vermelhos, as barbas compridas, contra qualquer independência, qualquer manifestação individual, pois era preciso "reconstituir o princípio de autoridade", para que esta se exercesse em nome de qualquer pessoa, que viesse de qualquer lugar, contanto que fosse a Força, a Autoridade![44]

O trecho oferece o tom dos discursos que vão legitimar o golpe de Estado e o fim da República, fazendo eco à ideia feita que então se difundia: "Para go-

---

40. Gustave Flaubert, *A Educação Sentimental*, p. 492; *L'Éducation Sentimentale*, p. 420.

41. *Idem*, p. 486; *idem*, p. 415.

42. "HARAS: a questão dos – belo tema de discussão parlamentar" (*Dictionnaire des Idées Reçues*, p. 1012, tradução nossa).

43. Gustave Flaubert, *A Educação Sentimental*, p. 492; *L'Éducation Sentimentale*, p. 420. Ver o verbete "CAMPO: As pessoas do campo são melhores do que as da cidade", em Gustave Flaubert, *Dictionnaire des Idées Reçues*, vol. II, p. 1009, tradução nossa.

44. *Idem*, p. 492; *idem*, p. 420.

vernar a França, é preciso mão de ferro"[45]. O rancor contra os socialistas fica por conta do industrial Fumichon, "cuja cabeça rodopiava de raiva ao ouvir a palavra 'propriedade'": "A propriedade é um direito escrito na natureza! As crianças têm apego a seus brinquedos; todos os povos são da minha opinião, todos os animais; até o leão, se pudesse falar, se declararia proprietário!"[46] A declaração resume a estupidez ideológica que grassa nos debates da Segunda República: a afirmação seria do político Adolphe Thiers, que Flaubert, sem citar a fonte, transcreve para a voz da personagem.

Outra ideia feita pode expor o tratamento a que o narrador submete seu protagonista. Quando as revoltas de junho começam, Frédéric decide partir com Rosanette a Fontainebleau, para visitar o palácio renascentista, os jardins e parques, a floresta ("a natureza eterna"[47], diz a personagem). A narrativa descreve o idílio dos amorosos: a atmosfera de sossego no hotel, as visitas ao patrimônio cultural, o prazer dos passeios pela natureza, o bom apetite no campo ("Serviram-lhes uma galinha com os quatro membros estendidos"[48]), as brincadeiras entre os amantes ("Divertiam-se com tudo; mostravam um ao outro, com curiosidade, teias de aranha"[49]), as trocas de carinhos ("Uma necessidade o impelia a dizer-lhe ternuras"[50]). O narrador resume assim o encontro amoroso: "Tudo isso aumentava o prazer, a ilusão. Quase acreditavam estar no meio de uma viagem, na Itália, em lua-de-mel"[51]. A comparação com a lua de mel na Itália deveria indicar o estado de felicidade das personagens, mas parece trair antes ("quase acreditavam"...) o que há de falso nessa união amorosa. As análises de Dolf Oehler, que seguimos, chamam pelo nome o denominador comum desses prazeres: *kitsch*[52]. Mas o estudioso acrescenta que isso seria mais do que inautenticidade. Na verdade, a fantasia seria desmen-

---

45. *Dictionnaire des Idées Reçues*, vol. II, p. 1002, tradução nossa.
46. Gustave Flaubert, *A Educação Sentimental*, pp. 440-441; *L'Éducation Sentimentale*, p. 376, citado por Dolf Oehler, *O Velho Mundo Desce aos Infernos*, São Paulo, Companhia das Letras, 1999, p. 329.
47. Gustave Flaubert, *A Educaçao Sentimental*, p. 419; *L'Éducation Sentimentale*, p. 359.
48. *Idem*, p. 418; *idem*, p. 358.
49. *Idem, ibidem*; *idem*, p. 357.
50. *Idem*, p. 419; *idem*, p. 358.
51. *Idem*, p. 418; *idem, ibidem* (*Dictionnaire des Idées Reçues*, ed. cit., p. 1014, "Itália: deve ser vista logo depois do casamento. Causa decepções, não é tão bela quanto se diz").
52. Dolf Oehler, *O Velho Mundo Desce aos Infernos*, p. 328.

tida pelos constantes inconvenientes que surgem aqui e ali: as vulgaridades da cocote ("A gente não se comportou direitinho! A gente foi pra caminha com a mulher dele"[53]), a timidez e a falta de tato de Frédéric ("pois, em meio às confidências mais íntimas, sempre há restrições"[54]), as manifestações de luta em Paris. Assim, o encantamento termina quando o protagonista, lendo um jornal, vê que o nome de Dussardier, um de seus amigos, consta de uma lista de feridos. Nesse momento, ele decide "voltar imediatamente"[55] e avalia o que foi sua escapada turística: "Tanta indiferença às desgraças da pátria tinha algo de mesquinho e burguês"[56]. À luz desses sinais irônicos, o episódio adquire sua efetiva dimensão. Um dos recursos mais fortes do narrador flaubertiano é deixar suas personagens se enredarem até o pescoço nos fios de suas mentiras, para que, assim se enforcando, exponham sua culpa e tolice, como Frédéric avaliando sua lua de mel: "seu amor lhe pesou como um crime"[57]. Seria desnecessário dizer que o narrador emprega os mais variados procedimentos, não apenas as ideias feitas, para lançar suas piscadelas irônicas ao leitor. Não seria demais lembrar que o acaso, para falar como Oehler, tem método em sua composição – e que, justamente quando a história da França explode com as Jornadas de Junho, Frédéric realiza sua utopia amorosa na "natureza eterna".

"A FALTA DE LINHA RETA"

Neste artigo procuramos chamar a atenção para alguns dos mais importantes recursos formais (herói negativo, enredo frouxo, indireto livre e, em especial, a ironia com as ideias feitas) de que Flaubert se serviu para realizar seu romance parisiense. Graças a esses procedimentos, Flaubert não somente distancia seu romance do Romantismo. Por meio da personagem imbuída de sonhos, o Romantismo é questionado em suas bases. Se Flaubert concentra sua

---

53. Gustave Flaubert, *A Educação Sentimental*, p. 422; *L'Éducation Sentimentale, Idem*, p. 362.
54. *Idem*, p. 423; *idem, ibidem*.
55. *Idem*, p. 424; *idem*, p. 363.
56. *Idem, ibidem; idem, ibidem.*
57. *Idem, ibidem; idem, ibidem.*

narrativa na vida inquieta levada por Frédéric Moreau, é porque a personagem seria emblemática de um movimento frustrado. Tal como diz o protagonista, ele errou pela "falta de linha reta"[58], não exercendo nenhuma atividade profissional, não fazendo carreira em nada. Dominado por idealizações, ele não consegue tampouco realizar seu ideal de amor e, no momento mesmo em que encontra a mulher de seus sonhos pela última vez, no fim do romance, em torno de 1867, decide rejeitar um caso amoroso, com medo de macular seu ideal e arrepender-se ("que embaraço isso seria!"[59]). Ele se porta, antes, como um rentista que desperdiça a fortuna herdada em todo tipo de moda burguesa de sua época: ambições artísticas, negócios malsucedidos, custoso vestuário, mobiliário luxuoso, cocotes, passeios, viagens etc. Nesse sentido, Frédéric, à semelhança de Emma Bovary, seria mais uma vítima das promessas do mundo moderno. Tal como a personagem feminina, ele "padece da ilusão, difundida pelo novo mundo erótico do consumo, de que se pode permitir tudo, de que se pode tomar posse de tudo ao mesmo tempo"[60]. Seu fracasso só pode adquirir, assim, um traço de pureza à luz das grosserias, infâmias e iniquidades que faz questão de denunciar nos outros ("A podridão daqueles velhos o exasperava; e, entusiasmado com a bravura que, por vezes, agarra os mais tímidos, atacou os financistas, os deputados, o Governo, o rei, tomou a defesa dos árabes"[61]), mas às quais ele próprio se submete no momento em que cava sua carreira nessa sociedade. Enfim, se Frédéric mostra algumas vezes um ponto de vista forte para criticar as ideias feitas de sua época, por outras ele pode se mostrar muito frágil para criticar suas idealizações, assim como sua própria atuação nessa ordem. É como se, fracassando em tudo, ele pudesse atenuar sua participação na estupidez geral – da qual, no entanto, é preciso reconhecer, ele participa no final das contas. Eis o arremate sombrio de suas peripécias.

---

58. *Idem*, p. 533; *idem*, p. 455.
59. *Idem*, p. 530; *idem*, p. 452.
60. Dolf Oehler, *op. cit.*, pp. 338-339.
61. Gustave Flaubert, *A Educação Sentimental*, p. 313; *L'Éducation Sentimentale*, p. 271.

Luís Bueno

Prontos de Nascença: A Formação do Homem Brasileiro de Elite em Machado de Assis

O processo de aprendizagem do jovem herói de Goethe, Wilhelm Meister, tem como ponto de partida íntimo uma insatisfação com o que lhe parece estar destinado: uma vida burguesa. Logo no início do romance, numa longa e entusiasmada arenga que lança sobre sua sonada amada Mariane, tratando de seu passado ele diz:

> Prosseguia os estudos com meus professores; haviam-me destinado ao comércio e pensavam em me colocar no balcão da casa comercial de nosso vizinho; mas, justamente por aquela época, afastava-se meu espírito com impetuosidade de tudo aquilo que eu considerava como uma ocupação inferior. Queria dedicar ao palco toda minha atividade, nele encontrar toda minha felicidade e satisfação[1].

Para ele o ideal é livrar-se do balcão da casa comercial para dedicar-se ao teatro, ou seja, sua aspiração é de crescimento espiritual a ser obtido por meio do exercício da arte, ou melhor, daquela que lhe parece a mais completa das formas de arte. Em um estudo sobre *Os Anos de Aprendizado de Wilhelm*

---

1. Johann Wolfgang von Goethe, *Os Anos de Aprendizado de Wilhelm Meister*, tradução de Nicolino Simone Neto, São Paulo, Ensaio, 1994, p. 30.

Meister escrito mais de vinte anos depois da publicação de *A Teoria do Romance*, Lukács trata da importância dada ao teatro como alternativa à vida burguesa na primeira versão do livro e, para explicá-la, evoca as reflexões do próprio Goethe:

> O motivo de sua decisão [de fazer do teatro elemento dominante no romance] provém de sua compreensão, à época, de que, nas condições sociais existentes, só o teatro lhe poderia proporcionar o pleno desenvolvimento de suas capacidades humanas[2].

Quem lê a versão definitiva da obra, escrita dez anos depois, notará que o teatro ali continua com seu papel de elemento humanizador privilegiado, *mas não mais suficiente*. Meister vem a descobrir que era preciso ascender mais para se realizar individualmente. Num dos capítulos mais conhecidos e citados do livro[3], uma carta endereçada ao amigo Werner, ele afirma:

> Para dizer-te em uma palavra: instruir-me a mim mesmo, tal como sou, tem sido obscuramente meu desejo e minha intenção desde a infância. Ainda conservo essa disposição, com a diferença que agora vislumbro com mais clareza os meios que me permitirão realizá-la. Tenho visto mais o mundo que tu crês [...].
>
> Fosse eu um nobre, e bem depressa estaria suprimida nossa desavença; mas como nada mais sou do que um burguês, devo seguir um caminho próprio, e espero que venhas a me compreender. Ignoro o que se passa em países estrangeiros, mas sei que na Alemanha só a um nobre é possível uma certa cultura geral, e pessoal, se me permites dizer. Um burguês pode adquirir méritos e desenvolver seu espírito a mais não poder, mas sua personalidade se perde, apresente-se ele como quiser. Enquanto para o nobre, que se relaciona com as mais distintas pessoas, é um dever conferir a

---

2. Georg Lukács, "Os Anos de Aprendizado de Wilhelm Meister", incluído como posfácio na edição brasileira do romance, também em tradução de Nicolino Simone Neto, p. 594.

3. Além da de Lukács, que passa pela leitura dessa carta, temos no Brasil o capítulo "*Os Anos de Aprendizado de Wilhelm Meister* como Protótipo do Romance de Formação", em Marcus Vinicius Mazzari, *Romance de Formação em Perspectiva Histórica – O Tambor de Lata de Günter Grass*, Cotia (SP), Ateliê Editorial, 1999 (é, aliás, como protótipo do romance de formação que aqui tomamos o livro de Goethe) e o capítulo "O Estabelecimento do Conceito" em Wilma Patricia Maas, *O Cânone Mínimo – O* Bildungsroman *na História da Literatura*, São Paulo, Editora Unesp, 1999.

si mesmo um porte distinto. [...] É uma pessoa pública, e quanto mais requintados seus gestos, mais sonora sua voz e mais comedida e discreta toda sua maneira, mais perfeito ele é. [...]

Imagina, agora, um burguês qualquer que pensasse ter uma certa pretensão a essas prerrogativas; haveria de fracassar por completo e seria tanto mais infeliz quanto mais sua natureza lhe tivesse dado capacidade e inclinação para tal.

Se, na vida corrente, o nobre não conhece limites, se é possível fazer-se dele um rei ou uma figura real, pode portanto apresentar-se onde quer que seja com uma consciência tranquila diante dos seus iguais, pode seguir adiante, para onde quer que seja, ao passo que ao burguês nada se ajusta melhor do que o puro e plácido sentimento do limite que lhe está traçado[4].

Como a carta deixa claro, seria redutor atribuir apenas a um projeto de realização pessoal as grandes aspirações do jovem filho de comerciantes, já que, para ele, a limitação dos valores burgueses também atinge a esfera coletiva. Nessa dimensão, o teatro continua tendo muito maior alcance do que o balcão – e não é por outro motivo que Shakespeare é o modelo de homem de teatro evocado pelo livro, já que o velho bardo é tanto o poeta quanto o ator, ou seja, tanto espírito intelectual e sensivelmente desenvolvido quanto homem público que sobe ao palco e assume a posição de dirigir-se diretamente às pessoas. Esse é o modelo perseguido por Wilhelm Meister, que igualmente se dedica à poesia e ao palco, chegando, a partir de uma leitura complexa, a dirigir uma montagem de *Hamlet*, na qual também atua.

De toda maneira, o teatro seria insuficiente, já que, mesmo que fosse artista, ao burguês faltariam as condições mínimas que lhe permitissem ser esse *homem público* em tempo integral, ou, dizendo de outra maneira, o homem que até em sua essência é público e que, portanto, tem legitimadas todas as suas aspirações e possibilidade concreta de atuar na sociedade, agindo e empreendendo.

A evocação desses elementos iniciais da aventura do herói goethiano pode servir de ponto de partida para uma reflexão sobre o processo de formação do homem brasileiro de elite do século XIX tal como ela se apresenta nos roman-

---

4. Goethe, *Os Anos de Aprendizado de Wilhelm Meister*, pp. 286-287.

ces de Machado de Assis. Romance de formação propriamente dito Machado de Assis não chegou a fazer. Basta pensar em dois elementos lembrados por Franco Moretti em seu livro sobre o *Bildungsroman* para se constatar isso. O primeiro é a valorização da juventude, concretizada pelo fato de que o herói deixa de ser um homem maduro, como era na epopeia, e passa a ser um moço:

> O arranque decisivo nesta direção é, como se sabe, a obra de Goethe e é sintomático que tome corpo exatamente naquele romance que codifica o novo paradigma e fixa na juventude a parte mais significativa da existência[5].

O segundo é o papel que o casamento teria no *Bildungsroman* clássico já que nos *Anos de Aprendizado* Meister atinge seu ideal ao casar-se com uma mulher nobre:

> Essa é uma tese muito plausível, e nos ajuda a entender o motivo pelo qual o *Bildungsroman* "deve" sempre terminar com casamentos. Não está em jogo somente a fundação do núcleo familiar, como também aquela do pacto entre indivíduo e mundo, aquele consenso recíproco que encontra no duplo "sim" da fórmula matrimonial uma concentração simbólica insuperável[6].

Machado de Assis tem clara preferência por heróis maduros, e seus romances não costumam terminar com casamento. É de notar que essas preferências começam a se manifestar já em *Ressurreição*, no qual Félix nos é apresentado como um homem que "entrava então nos seus trinta e seis anos, idade em que muitos já são pais de família, e alguns homens de estado"[7]. Trata-se, na verdade, de um anti-herói do romance de formação, alguém que recusa qualquer caminho de formação visto que, passados "os primeiros anos da mocidade", "caiu-lhe nas mãos uma inesperada herança, que o levantou da pobreza":

---

5. Franco Moretti, *O Romance de Formação*, São Paulo, Todavia, 2020, p. 27.

6. *Idem*, p. 52.

7. Nesse sentido, *A Mão e a Luva*, o mais austeniano dos romances de Machado, constitui uma exceção, com seus protagonistas jovens cheios de planos e um pacto matrimonial no desfecho, ainda que de sentido bem diferente do que se vê no desfecho da trajetória de Wilhelm Meister.

Félix conhecera o trabalho no tempo em que precisava dele para viver; mas desde que alcançou os meios de não pensar no dia seguinte, entregou-se de corpo e alma à serenidade do repouso. Mas entenda-se que não era esse repouso aquela existência apática e vegetativa dos ânimos indolentes; era, se assim posso me exprimir, um repouso ativo, composto de toda espécie de ocupações elegantes e intelectuais que um homem da posição dele podia ter[8].

Não é por preguiça que Félix não trabalha, e por isso se dedica a esse peculiar repouso ativo. Muito diferente de Meister, ele simplesmente não quer nada, está satisfeito, seja consigo mesmo seja com a posição que ocupa na sociedade. Não tem a menor necessidade de sair de onde está, visto que está num excelente lugar.

Por outro lado, é verdade que o enredo do romance está centrado num caso amoroso que envolve Félix e Lívia, uma viúva – mulher também já madura, portanto. Mas esse caso não dá em nada, e por vontade dessa mesma mulher que, embora ame o rapaz, é capaz de reconhecer nele essa falta absoluta de fibra que constitui, por assim dizer, sua natureza íntima. Dez anos depois do casamento frustrado, o que o narrador nos apresenta no capítulo final são dois solitários. Ninguém se transforma nesse processo. Lívia porque já está formada desde o início do romance e vive sua vida em tranquilo isolamento depois do fracasso dos planos de casamento e Félix porque não é capaz de se formar, e o romance se encerra afirmando tanto essa incapacidade quanto uma espécie de infelicidade na tranquilidade – ou "felicidade exterior" – que ela traz:

> Dispondo de todos os meios que o podiam tornar venturoso, segundo a sociedade, Félix é essencialmente infeliz. [...] Não se contentando com a felicidade exterior que o rodeia, quer haver essa outra das afeições íntimas, duráveis e consoladoras. Não a há de alcançar nunca, porque o seu coração, se ressurgiu por alguns dias, esqueceu na sepultura o sentimento da confiança e a memória das ilusões[9].

Ressurreição tem esse aspecto surpreendente, sobretudo num romance de estreia de seu tempo: nele, nada sai do lugar.

---

8. Machado de Assis, *Ressurreição*, *Obra Completa*, Rio de Janeiro, Nova Aguilar, 1992, vol. 1, p. 118.

9. *Idem*, p. 195.

E quando se fala em trajetórias que não saem do lugar, a que vem à mente do leitor de Machado de Assis de imediato é a de Brás Cubas, aquele que termina seu balanço de além-túmulo com um capítulo de negativas arrolando o que ele não fez, e não o que ele fez. O contraste com a abertura do romance é grande, já que sua *causa mortis* é assim descrita: "Morri de uma pneumonia; mas se lhe disser que foi menos a pneumonia, do que uma ideia grandiosa e útil, a causa da minha morte, é possível que o leitor me não creia, e todavia é verdade"[10].

A ideia grandiosa e útil, como todo leitor das *Memórias Póstumas* não esquece, "era nada mais nada menos que a invenção de um medicamento sublime, um emplasto anti-hipocondríaco, destinado a aliviar a nossa melancólica humanidade"[11]. Como se vê, a ideia é mesmo grandiosa, e em princípio útil, a de criar uma espécie de medicamento universal capaz de tratar tudo aquilo que aflige a humanidade, com potencial de realização tanto pessoal quanto coletiva de seu idealizador. O problema, evidentemente, é como fazer isso. Quando ficamos sabendo dessas coisas, não temos ideia de quem seja esse narrador – exceto que era rico, "possuía cerca de trezentos contos". A esta altura o leitor ainda poderia ter a ingenuidade de se perguntar: seria ele um médico? Um cientista? Um sábio? Afinal, em poucas páginas (estamos no início do segundo capítulo) esse homem já fez referência direta ou indireta pelo menos a Stendhal, Sterne, Xavier de Maistre, a Bíblia, Shakespeare, Chateaubriand e à mitologia grega, dando início a uma sequência delirante de demonstrações de erudição que só cessará com o final da narrativa.

Assim, por um segundo – não muito mais que isso – o leitor ingênuo poderia supor que vai ler a trajetória formativa de um indivíduo que, tendo em princípio adquirido os meios para pôr em prática ideia tão ambiciosa, morre tentando. Mas não. No mesmo parágrafo, com a sinceridade de quem não está mais entre nós, ele diz: "Agora, porém, que estou cá do outro lado da vida, posso confessar tudo: o que me influiu principalmente foi o gosto de ver

---

10. Machado de Assis, *Memórias Póstumas de Brás Cubas*, *Obra Completa*, Rio de Janeiro, Nova Aguilar, 1992, v. 1, p. 514.
11. *Idem*, p. 515.

impressas nos jornais, mostradores, folhetos, esquinas, e enfim nas caixinhas do remédio, estas três palavras: *Emplasto Brás Cubas*"[12].

Em suma, a ideia grandiosa era vazia não apenas por ser uma ideia banal (a cura universal para os males é sonho de qualquer um), inútil (porque irrealizável), leviana (por se tornar fixa para alguém que não está preparado para realizá-la), mas sobretudo por ser fútil, já que seu grande objetivo era satisfazer a "sede de nomeada"[13] de Brás Cubas.

De toda forma, entre a ideia grandiosa e o balanço positivo feito de nada, ficamos sabendo algo sobre a formação desse homem. E em nenhum momento ela se dá por qualquer tipo de desejo de aprimoramento pessoal ou de preocupação coletiva. Este é o caso do diploma que obteve em Coimbra. Antes de tudo, o estímulo para obtê-lo não vem de dentro, mas de fora. É o pai que decide por ele, ao tomar ciência dos gastos enormes que o filho tem com Marcela: "Desta vez – disse ele – vais para a Europa; vais cursar uma universidade, provavelmente Coimbra; quero-te para homem sério e não para arruador e gatuno"[14]. Acontece que, já a bordo, ele encontra algum entusiasmo no projeto. Tal entusiasmo nasce das relações que estabelece com o capitão do navio, o qual, depois de mostrar-lhe seus versos, que chama modestamente de "versos de marujo"[15] e de ser por ele adulado com a resposta de que eram "de marujo poeta"[16] vaticina que Brás Cubas terá "um grande futuro"[17], o que ele naturalmente compreende como grande nomeada. E não é à toa que ele dedicará apenas um curto capítulo para tratar desse grande futuro e de toda a sua formação universitária.

Depois, é preciso ver o meio de obter o diploma: viajar. Em busca tanto de realização pessoal como de inserção social decisiva, Wilhelm Meister deixa a casa do pai para começar uma grande viagem. Ainda que não ocorra a Wilhelm Meister que sua procura só é viável exatamente porque ele é um burguês rico, sem o deslocamento não há aprendizagem, só a rotina, mas a

---

12. *Idem, ibidem.*
13. *Idem, ibidem.*
14. *Idem*, p. 536.
15. *Idem*, p. 541.
16. *Idem, ibidem.*
17. *Idem, ibidem.*

sua viagem nasce exatamente da rotina burguesa e ele só pega a estrada porque recebe do pai a missão *comercial* de fazer cobranças. De toda forma, é na viagem que ele vai encontrar o seu destino digamos superior. Junta-se a uma companhia de teatro, expõe-se a perigos, enfim busca algo até encontrar a Sociedade da Torre.

A viagem de Brás Cubas é outra coisa e cabe, no que diz respeito à sua formação em Coimbra, em um capítulo de dois parágrafos intitulado significativamente "Bacharelo-me", indo direto ao fim sem que muito se revele dos meios. Tudo que sabemos é que ele estudou "muito mediocremente", "era um acadêmico estroina, superficial, tumultuário e petulante"[18]. Mas, de toda forma, o diploma vem:

> No dia em que a Universidade me atestou, em pergaminho, uma ciência que eu estava longe de trazer arraigada no cérebro, confesso que me achei de algum modo logrado, ainda que orgulhoso. Explico-me: o diploma era uma carta de alforria; se me dava a liberdade, dava-me a responsabilidade. Guardei-o, deixei as margens do Mondego, e vim por ali fora assaz desconsolado, mas sentindo já uns ímpetos, uma curiosidade, um desejo de acotovelar os outros, de influir, de gozar, de viver – de prolongar a Universidade pela vida adiante...[19]

Trata-se de uma formatura sem formação, por assim dizer. Se tinha como seguir adiante com seus próprios meios e em seus próprios termos, teria que assumir as responsabilidades daí decorrentes. E o que ele faz é exatamente o que desejava, ou seja, o oposto disso. Permanece na Europa e só retorna ao Rio porque atende às súplicas do pai para que venha ver a mãe doente. Se Wilhelm Meister encontra no passado da nobreza seu futuro mais rico, Brás Cubas mergulha imaginariamente num passado já morto:

> Note-se que eu estava em Veneza, ainda recendente aos versos de *lord* Byron; lá estava, mergulhado em pleno sonho, revivendo o pretérito, crendo-me na Sereníssima República. É verdade; uma vez aconteceu-me perguntar ao locandeiro se o doge

---

18. *Idem*, p. 542.
19. *Idem, ibidem.*

ia a passeio nesse dia. – Que doge, *signor mio*? – Caí em mim, mas não confessei a ilusão[20].

Vale a pena insistir na diferença deste encontro com a nobreza para Meister e Cubas. No caso do jovem alemão, a nobreza reporta a um conjunto de valores ainda ativos a que vale a pena dar continuidade num mundo em transformação. No do brasileiro, é passado extinto, devaneio sem lastro na vida presente.

A rapidez com que Brás Cubas narra sua viagem de formação é adequada, já que ela se constitui para ele num parêntese em sua vida tranquila no Brasil – aliás ambos, texto e parêntese, escritos no mesmo estilo. Nada acrescenta a sua vida, não a transforma, nem sequer desvia seu curso um pouquinho. É claro que, sendo quem é, ele tem uma boa formação intelectual. Mas é algo insignificante, a que o defunto narrador mal alude. Sabemos, por exemplo, que ele é poeta e frequenta as páginas dos jornais apenas porque se utiliza de sua posição – e sempre é essa posição que o interessa – para primeiro humilhar um pouco Luís Dutra, primo de Virgília, negaceando elogios aos versos que, por acaso "agradavam e valiam mais do que os meus"[21]. E depois, franqueando-lhe esses mesmos louvores, para garantir seu silêncio:

> Havia ainda o primo de Virgília, o Luís Dutra, que eu agora desarmava à força de lhe falar nos versos e prosas, e de o apresentar aos conhecidos. Quando estes, ligando o nome à pessoa, se mostravam contentes da apresentação, não há dúvida que Luís Dutra exultava de felicidade; mas eu curava-me da felicidade com a esperança de que ele nos não denunciasse nunca[22].

Luís Dutra tem obra, mas não tem presença social, o que Brás tem suficiente para, quando interessa, dar um pouco ao rapaz. Mas o ponto culminante deste passo do romance está noutra parte, naquela ideia de "curar-se da felicidade alheia". A expressão é forte e pode servir de sumário à figura de homem brasileiro de elite que o livro traça, a de alguém já formado de

20. *Idem*, p. 544.
21. *Idem*, p. 564.
22. *Idem*, p. 580.

nascença pela posição que ocupa. Nada mais interessa, nem como forma de aprimoramento pessoal – em seu ponto de vista simplesmente não há o que aprimorar – e muito menos de contribuir para algum tipo de aprimoramento coletivo. A felicidade já o habita à partida – e aqui a tal "felicidade exterior" do Félix de *Ressurreição* ganha estatuto de felicidade sem adjetivo –, mas ainda assim a felicidade do outro incomoda. A menos, é claro, que redunde na felicidade do próprio Brás Cubas.

E como seria o herói de *Dom Casmurro*? Trata-se, em certo sentido, de romance muito diferente das *Memórias Póstumas*. A começar pela situação em que cada um dos narradores em primeira pessoa está. Bentinho pode estar – ou declarar que está – na ponta final da vida, mas ainda não morreu. Seu método é muito mais sóbrio e ele tem algo ainda a dizer para os vivos, que só diz com todas as letras no final da narrativa. Não exatamente nos dois últimos capítulos (147 e 148), que são uma espécie de coda, mas nos dois que os precedem, fechando de fato a matéria que se narra (145 e 146) com as mortes de Capitu e Ezequiel – até porque no final mesmo, antes de anunciar o início dos trabalhos na "História dos Subúrbios", o que ele diz é "Que a terra lhes seja leve!"[23].

No início do capítulo 145, dá-se ao leitor a notícia da morte de Capitu em passagem muito lembrada do romance, arquitetada com grande laconismo e pouco-caso para dar dimensão à insignificância da mulher: "A mãe, – creio que ainda não disse que estava morta e enterrada. Estava; lá repousa na velha Suíça"[24]. A do filho – ou não-filho – é um pouco menos lacônica mas não menos desabrida. Ezequiel pede dinheiro para uma viagem científica e Bentinho aceita dar-lhe, mas não sem antes pensar: "antes lhe pagasse a lepra"[25]. Estamos no último parágrafo do mesmo capítulo. O seguinte se abre com outra afirmação que não hesita em ser expressão direta de ódio satisfeito: "Não houve lepra, mas há febres por todas essas terras humanas, sejam elas velhas ou novas. Onze meses depois morreu de uma febre tifoide"[26]. E vai um pou-

23. Machado de Assis, *Dom Casmurro, Obra Completa*, Rio de Janeiro, Nova Aguilar, 1992, v. 1, p. 944.
24. *Idem*, p. 942.
25. *Idem*, p. 943.
26. *Idem, ibidem*.

co além. Volta a tratar das despesas que teve, não mais com a viagem, mas sim com essa morte e acrescenta: "Pagaria o triplo para não tornar a vê-lo"[27]. Ótimo negócio, portanto. E o arremate deste capítulo 146 – que também é o arremate conjunto das vidas de Capitu e Ezequiel – tem a feição de verdadeira chave de ouro do cinismo a assinalar o impacto nenhum sobre o espírito e os hábitos de Bentinho: "Apesar de tudo, jantei bem e fui ao teatro"[28].

Mas, noutro sentido, há grandes semelhanças com *Memórias Póstumas*, no que diz respeito à construção do herói. A sinceridade cheia de segurança de quem não pode ser acusado de nada também pode ter o nome de "desfaçatez", para retomar o termo utilizado por Roberto Schwarz, e está embasada não apenas nas ações "indignas" de Capitu, que dariam plena razão a Bento, mas sobretudo na fidedignidade de sua voz, calcada na confiabilidade que ele, como membro da elite, encarna. É claro que ele mitiga o quanto pode essa posição, mas isso também Brás Cubas faz, ao tirar proveito de sua posição de morto, de suas reflexões sobre a "natureza humana" que universalizam suas maldades pessoais. Bentinho, ainda vivo, lança mão de outros recursos. Oculta sua verdadeira fortuna, referindo-se apenas vagamente àquilo que o pai lhe deixara. Inverte as posições desenhando uma Capitu sempre superior a ele, embora pobre. Elabora e apresenta argumentos que poderiam dar sustentação a uma visão oposta a sua – como apontar a semelhança entre a mãe de Sacha e Capitu, que tornaria possivelmente fortuita a semelhança entre Ezequiel e Escobar. Confessa maldades para garantir sua isenção, como admitir que desejou a morte da mãe como forma de se livrar do seminário. E note-se que o método é bem grosseiro, com Bentinho ansioso por se declarar bom, a ponto de exprimir este último pensamento num capítulo intitulado "Um Pecado", "Mamãe defunta, acaba o seminário"[29], para no início do capítulo seguinte, "Adiemos a virtude", dizer: "Poucos teriam ânimo de confessar aquele meu pensamento"[30]. Enfim, Bentinho dá tantas piruetas quanto Brás Cubas, mas são piruetas menos espetaculares. Sua estratégia não é a de passar

---

27. *Idem, ibidem.*
28. *Idem*, p. 944.
29. *Idem*, p. 879.
30. *Idem*, p. 880.

por quem diz tudo porque não participa mais das vaidades deste mundo, mas a de demonstrar que entende os limites, digamos éticos, do que se poderia dizer para ao final dizer tudo da mesma forma. Afinal, ele pode.

A formação de Bentinho também não é muito diferente da de Brás Cubas. Para se livrar do seminário, qualquer coisa serve, até sair do Rio e se afastar de Capitu por uns tempos para cursar Direito em São Paulo. É claro que ele preferia ficar e, em seus devaneios, o Imperador em pessoa viria a sua casa para convencer a pobre D. Glória a abandonar a ideia de fazê-lo padre e sugerir que fizesse medicina, sem a necessidade de viajar. Mas São Paulo serve, e para lá ele vai. O percurso acadêmico de Bento é narrado de forma ainda mais econômica do que o de Brás Cubas, em uma única linha: "Passei os dezoito anos, os dezenove, os vinte, os vinte e um; aos vinte e dois era bacharel em direito"[31]. É verdade que Bento chega a constituir banca, fazendo duas menções ao trabalho como advogado. Não ficamos sabendo o peso desse trabalho em sua vida econômica, mas, pela forma como ele se inicia na profissão, não é difícil inferir que não é a necessidade que o move. Afinal, pouco depois de dar a saber ao leitor, a propósito de mostrar a destreza de Escobar com os números (além de indicar que o amigo encontrou uma maneira indireta de saber algo sobre sua fortuna), que os imóveis pertencentes à mãe rendiam o montante nada desprezível de pouco mais de um conto de reis por mês (mais precisamente "1:070$000"[32]), ele nos diz que era "advogado de algumas casas ricas. Escobar contribuíra muito para minhas estreias no foro. Interveio com um advogado célebre para que me admitisse à sua banca"[33]. Numa curiosa inversão, é o menos aquinhoado que intercede pelo mais rico, demonstração de que Bento, como Brás Cubas, tem escassa preocupação com a vida prática, sendo iniciado na profissão pelo amigo que tem conhecidos no mundo do trabalho.

No campo da literatura, as ações de Bentinho são bem mirradas. Numa ocasião, vem-lhe à cabeça um verso, um decassílabo heroico perfeito banalíssimo: "Oh! Flor do céu! Oh! Flor cândida e pura!"[34]. Como ainda faltavam

31. *Idem*, p. 905.
32. *Idem*, p. 901.
33. *Idem*, p. 910.
34. *Idem*, p. 866.

treze versos para o soneto se completar, salta para o fecho de ouro: "Perde-se a vida, ganha-se a batalha!"[35]. Mas para os outros doze, não houve jeito: "Trabalhei em vão, busquei, catei, esperei, não vieram os versos"[36]. Mas isso não decorre de uma deficiência sua, é evidente. É que os sonetos não são escritos, mas "existem feitos" e concluí-lo é tarefa de pouca monta: "dou esses dous versos ao primeiro desocupado que os quiser. Ao domingo, ou se estiver chovendo, ou na roça, em qualquer ocasião de lazer, pode tentar ver se o soneto sai. Tudo é dar-lhe uma ideia e encher o centro que falta"[37]. Não falta nada, portanto, só algo a se dizer e a forma de o dizer, ou seja, o trabalho propriamente de fazer o soneto.

O leitor não se surpreende em nada com esse procedimento porque logo no segundo capítulo Bento nos conta que, antes de escrever seu relato autobiográfico, pensou em dedicar-se à redação de uma *História dos Subúrbios*. Mas o projeto não seguiu adiante porque, afinal, "era obra modesta, mas exigia documentos e datas, como preliminares, tudo árido e longo"[38]. É a mesma coisa, só estava faltando o trabalho de fazer. O fazer literário não lhe interessa também, embora faça parte de sua estratégia de obter a confiança de quem, sem conhecê-lo, o lê, e indicar que quem escreve o livro que está nas mãos do leitor tem autoridade para fazê-lo, dada pela escrita de 1/7 de um soneto, de um projeto de trabalho erudito e, é claro, depois do soneto que não chegou a ser, "[p]elo tempo adiante escrevi algumas páginas em prosa, e agora estou compondo esta narração, não achando maior dificuldade que escrever, bem ou mal"[39]. Nem é preciso acrescentar que essas páginas em prosa têm a mesma existência vaga dos versos de Brás Cubas.

Em suma, em nenhum dos dois romances o leitor acompanha um processo de formação, já de partida porque os narradores não sentem qualquer inquietação. Estão à vontade onde estão e não veem qualquer necessidade de atuar, exceto se algo ameaça seu bem-estar, o que é o caso, ao menos na perspectiva de Bento, de Capitu e Ezequiel. E não se diga que Bento não avisou seus leitores desde o segundo capítulo: "como bem e não durmo mal"[40].

---

35. *Idem*, p. 866.
36. *Idem*, p. 867.
37. *Idem, ibidem*.
38. Machado de Assis, *Dom Casmurro, Obra Completa*, Rio de Janeiro, Nova Aguilar, 1992, vol. 1, p. 810.
39. *Idem*, p. 867.
40. *Idem*, p. 810.

Ocorre que essa representação do homem de elite brasileiro não se restringe aos romances posteriores a *Memórias Póstumas*. Ela é uma constante, mesmo quando esse homem de elite não é alçado à condição de narrador, seja ainda na chamada primeira fase, seja nos romances finais. Se em *Ressurreição* as linhas gerais de seu comportamento estão esboçadas, em *Iaiá Garcia* o desenho já está bem definido na figura de Jorge. O mesmo se dá nas obras finais, e aqui trataremos de *Esaú e Jacó*, cuja trama acompanha o processo de formação – desde o útero materno até a vida adulta, quando têm seu destino já definido – dos gêmeos Pedro e Paulo.

Quando as ações de *Iaiá Garcia* começam, o jovem protagonista Jorge já está formado. Sua mãe, Valéria, interessada em que ele se afastasse de Estela, uma moça de condição inferior, imagina vê-lo alistar-se para ir à Guerra do Paraguai:

– Jorge está formado – disse ela, – mas não tem queda para a profissão de advogado nem para a de juiz. Goza por enquanto a vida; mas os dias passam, e a ociosidade faz-se natureza com o tempo. Eu quisera dar-lhe um nome ilustre. Se for para a guerra, poderá voltar coronel, tomar gosto às armas, segui-las e honrar assim o nome de seu pai[41].

Parece que Jorge formou-se sem formar-se, exatamente como Brás Cubas e Bento Santiago, e o narrador logo vai se alongar, cheio de boa vontade, sobre esse curioso fenômeno:

Valéria acertava quando dizia não achar no filho nenhum amor à profissão de advogado. Jorge sabia muita cousa do que aprendera; tinha inteligência pronta, rápida compreensão e memória vivíssima. Não era profundo; abrangia mais do que penetrava. Sobretudo, era uma inteligência teórica; para ele, o praxista representava o bárbaro. Possuindo muitos bens, que lhe davam para viver à farta, empregava uma partícula do tempo em advogar o menos que podia – apenas o bastante para ter o nome no portal do escritório e no *Almanaque* de Laemmert. Nenhuma experiência contrastava nele os ímpetos da juventude e os arroubos da imaginação. A imaginação era o seu lado fraco, porque não a tinha criadora e límpida, mas vaga, tumultuosa e

---

41. Machado de Assis, *Iaiá Garcia*, *Obra Completa*, Rio de Janeiro, Nova Aguilar, 1992, vol. 1, p. 400.

estéril. Era generoso e bom, mas padecia um pouco de fatuidade, que lhe diminuía a bondade nativa. Havia ali a massa de um homem futuro, à espera que os anos, cuja ação é lenta, oportuna e inevitável, lhe dessem fixidez ao caráter e virilidade à razão[42].

Não é que ele não tivesse talento. Mas era superficial, desprovido de imaginação. Um pouco como o Félix de *Ressurreição*, tinha garantidos os meios materiais para levar a vida muito bem – e exatamente essa sua superioridade fazia com que, sendo bom, não fosse tão bom assim. Mas alguma esperança ele parece produzir no narrador, que vê naquele rapaz a "massa do homem futuro". Vê, portanto, a possibilidade de um processo de formação se desenvolver. Ora, estamos no segundo capítulo do livro, e essa esperança cria no leitor a expectativa de que algo vai desencadear esse processo.

Logo ficamos sabendo que ele vai efetivamente à guerra. Viajará, portanto, como Wilhelm Meister, deixando a estabilidade de sua posição social para viver a mais incerta das experiências. E num primeiro momento as boas expectativas desse narrador parecem ter fundamento. Vinte dias depois ele já "obteve uma patente de capitão"[43] e está pronto para partir, ainda que contra a vontade. Mas o amigo Luís Garcia prevê que ele chegará a general ao fim da guerra, e então vemos que a imaginação não lhe é de todo estranha e já começa a trabalhar:

Dizendo isto, Jorge entrou a falar de suas esperanças e futuros. A imaginação começava a dissipar a melancolia. Ele via já naquilo uma aventura romanesca e misteriosa; sentia-se uma ressurreição de cavaleiro medievo, saindo a combater por amor de sua dama, castelã opulenta e formosa que o esperaria na varanda gótica, com a alma nos olhos e os olhos na ponte levadiça[44].

É ainda uma imaginação convencional, calcada num passado extinto como o dos doges de Veneza, mas para quem não tinha nada, poderia ser alguma fermentação na massa do homem futuro.

42. *Idem*, p. 403.
43. *Idem*, p. 406.
44. *Idem, ibidem.*

E a viagem vem. Num primeiro momento ele chora "menos silenciosamente que Valéria"[45], sua mãe. Ao perder de vista o Rio, "sentiu Jorge que dobrara a primeira lauda do destino e ia encetar outra, escrita com sangue"[46]. E a esse pensamento fica ainda mais abatido. E então descobrimos que ele não é mesmo desprovido de imaginação, pelo menos quando é o caso de prefigurar sua própria glória: "não a morte obscura ou ainda gloriosa, mas o triunfo e o laureado regresso. Bebido o primeiro hausto da campanha, Jorge sentiu-se homem. A hora das frivolidades acabara; a que começava era a do sacrifício austero e diuturno"[47].

Ele permaneceria na guerra por quatro anos. A viagem potencialmente formadora seria longa, portanto. E ele se entregaria à guerra, quase com vontade de morrer, ao menos com "desejo de trabalhar, de arriscar-se, de temperar a alma ao fogo do perigo"[48]. A motivação para tudo isso porém não é o sentimento coletivo, nacional, nem uma aspiração ao aprimoramento individual, mas sim o dado sentimental. Ele queria purgar seu amor por Estela. Está mais para Werther do que para Meister.

De toda forma, volta do Paraguai cheio de honras. Não volta general, é verdade, mas também não faz feio:

> Jorge teve parte nas jornadas de Peribebuí e Campo Grande, não já na qualidade de capitão, mas na de major, cuja patente lhe foi concedida depois de Lomas Valentinas. No fim do ano estava tenente-coronel, comandava um batalhão, e recebia os abraços de seu antigo comandante, contente de o ver sagrado herói[49].

Finda a jornada, chega a hora de vermos o homem já formado em ação, sobretudo porque "Um acontecimento inesperado e desastroso veio ainda golpeá-lo cruelmente, logo depois de março de 1870, quando, acabada a guerra, estava ele em Assunção. Valéria falecera"[50]. E é preciso admitir que o jo-

---

45. *Idem*, p. 419.
46. *Idem, ibidem.*
47. *Idem, ibidem.*
48. *Idem*, p. 420.
49. *Idem*, p. 423.
50. *Idem, ibidem.*

vem agiu com rapidez e deu demonstração clara do impacto que a experiência da guerra tivera nele:

Três meses depois da chegada ao Rio de Janeiro, tinha Jorge liquidado todos os negócios de família. Os haveres herdados podiam dispensá-lo de advogar ou de seguir qualquer outra profissão, uma vez que não fosse ambicioso e regesse com critério o uso de suas rendas. Tinha as qualidades precisas para isso, umas naturais, outras obtidas com o tempo. Os quatro anos de guerra, de mãos dadas com os sucessos imediatamente anteriores, fizeram-lhe perder certas preocupações que eram, em 1866, as únicas de seu espírito. A vida à rédea solta, o desperdício elegante, todas as seduções juvenis eram inteiramente passadas[51].

Sai de cena o moço elegante cheio de preocupações fúteis. Entra em seu lugar o homem sóbrio que já não sente necessidade do desperdício elegante. Trata-se, no entanto, de homem sem qualquer projeto a não ser o de viver bem sem fazer nada. Na qualidade de herdeiro único, transforma o que havia de socialmente ativo em seu patrimônio – os tais negócios – em dinheiro a ser usufruído. Não sabemos quanto dinheiro é esse, mas não deve ser pouco, e vem acompanhado por uma posição social proeminente que anula a modéstia de seu novo estilo de vida. Testemunho disso nos dá Procópio Dias, aquele que seria mais tarde uma espécie de seu rival no amor de Iaiá Garcia: "Jorge conheceu Procópio Dias no Paraguai, onde este fora negociar e triplicar os capitais, o que lhe permitiu colocar-se acima das viravoltas da fortuna"[52]. Esse homem esperto e a salvo de qualquer golpe da sorte exatamente por ser rico, vê-se em inferioridade em relação a Jorge, e admite isso diretamente ao consultá-lo sobre seu interesse pela moça: "Às vezes supunha que o senhor andava nas minhas fronteiras – concluiu ele –, ideia que me afligia, porque o senhor tem sobre mim vantagens incontestáveis"[53]. Note-se que ele não se refere a apenas uma vantagem óbvia desde a aparência, a juventude, dado Procópio já ter passado dos cinquenta, mas a várias, que incluem posição e fortuna.

51. *Idem*, p. 432.
52. *Idem*, p. 436.
53. *Idem*, p. 458.

É claro que o dinheiro não é tudo e Jorge poderia se dedicar a alguma outra coisa, já que dispõe de tempo. E ele, como Bentinho em relação à *História dos Subúrbios*, quer fazer isso:

A vida de Jorge foi então dividida entre o estudo e a sociedade à qual cabia somente uma parte mínima. Estudava muito e projetava ainda mais. Delineou várias obras durante algumas semanas. A primeira foi uma história da guerra, que deixou por mão, desde que encarou de frente o monte de documentos que teria de compulsar e as numerosas datas que seria obrigado a coligir. Veio depois um opúsculo sobre questões jurídicas e logo duas biografias de generais. Tão depressa escrevia o título da obra como a punha de lado. O espírito sôfrego colhia só as primícias da ideia, que aliás entrevia apenas. Uma vez, uma só vez, lembrou-se de escrever um romance, que era nada menos que o seu próprio; ao cabo de algumas páginas, reconheceu que a execução não correspondia ao pensamento, e que não saía das efusões líricas e das proporções da anedota[54].

Também como Bentinho, o peso das exigências que os projetos intelectuais impõem são insuportáveis. O trabalho intelectual é trabalho, embora em princípio talvez não pareça, e logo o abandona. E não é que faltem a Jorge os meios de letramento que possibilitassem a realização dos trabalhos. Sendo quem é, recebeu boa educação, o que se revela, por exemplo, num momento em que os problemas amorosos atrapalham sua concentração:

Gastou as primeiras horas da noite a folhear dez ou doze tomos, lendo a troncos duas ou três páginas de cada um, abertas ao acaso, e trinta vezes interrompido. Quando os olhos estavam mais atentos na página aberta, o espírito saía pé ante pé e deitava a correr pela infinita campanha dos sonhos vagos. Voltava de quando em quando; e os olhos que haviam chegado mecanicamente ao fim da página tornavam ao princípio, a reatar o fio da atenção. Como se a culpa fosse do livro, trocava-o por outro e ia da filosofia à história, da crítica à poesia, saltando de uma língua a outra, e de um século a outro século, sem outra lei mais que o acaso[55].

54. *Idem*, pp. 434-435.
55. *Idem*, p. 441.

Jorge tem biblioteca, lê em várias línguas, passeia por toda a história da cultura letrada do Ocidente, mas não encontra nada lá. Se, estando de posse de todos os meios, é incapaz de coligir os dados, como conseguiria enfrentar o trabalho ainda mais exigente de interpretar os tais dados? É preciso um projeto qualquer para que o salto intelectual se dê, e Jorge não tem projetos porque já nasceu realizado. Basta agora carregar vida afora essa sua realização.

O contraste com Luís Garcia torna ainda mais claro esse aspecto fundamental da figura de Jorge. Luís, o pai de Iaiá, nos é apresentado como um funcionário público modesto desejoso de viver longe do sistema de favorecimentos pessoais a que as pessoas como ele estão fatalmente submetidas numa sociedade em cujo topo estão pessoas como Jorge. Quando Iaiá demonstra interesse no piano, esforça-se para comprar-lhe um, mesmo sem reconhecer na filha grande talento musical. Sempre poderia ser professora de piano: "Uma profissão honesta aparava os golpes possíveis da adversidade. Não se podia dizer que Iaiá tivesse talento musical: que importa? Para ensinar a gramática da arte, era suficiente conhecê-la"[56].

Vive recluso em sua casa, mas nem sempre consegue escapar das exigências de Valéria, a mãe de Jorge, exímia na "arte de assediar as vontades alheias"[57]. De toda forma, procura equilibrar-se como pode. Se não tem grande instrução, tem "necessidade intelectual"[58] que, curiosamente, acaba por agradar a Jorge:

Jorge apreciava agora melhor as conversações que não eram puros nadas, e os dous trocavam ideias e observações. Luís Garcia era homem de escassa cultura, sobretudo irregular; mas tinha os dons naturais e a longa solidão dera-lhe o hábito de refletir. Também ele ia à casa de Jorge, cujos livros lia de empréstimo. Era tarde; já não estava moço; faltava-lhe tempo e sobrava-lhe fome; atirou-se sôfrego, sem grande método nem escrupulosa eleição; tinha vontade de colher a flor ao menos de cada cousa. E porque era leitor de boa casta, dos que casam a reflexão à impressão, quando acabava a leitura, recompunha o livro, incrustava-o, por assim dizer, no cérebro; em-

56. *Idem*, p. 398.
57. *Idem*, p. 408.
58. *Idem*, p. 445.

bora sem rigoroso método, essa leitura retificou-lhe algumas ideias e lhe completou outras, que só tinha por intuição[59].

Luís Garcia depende da biblioteca de Jorge, mas tem inteligência e hábito de refletir. Dessa maneira, o rapaz rico se sente melhor nessas conversas que, diferentemente do que era de se esperar, não são puros nadas, têm substância. É claro que nem o narrador nem Jorge se perguntam sobre a substância do que Jorge pensa ou diz – mais uma vez aparece como óbvio que a conversação do funcionário é que poderia ser puro nada, jamais a do sempre formado rapaz rico. Hábito de refletir, enfim, talvez não represente muita coisa – talvez não represente nada na sociedade em que Luís Garcia vive – mas de toda forma é algo que falta a Jorge, e essa diferença diz muito não só do pai de Iaiá como do filho de Valéria.

Em *Iaiá Garcia* todo reconhecimento reflui para Jorge. Todo dinheiro também, o que confirma aquele estado de absoluta segurança de que usufrui o menino rico. Vamos então seguir o dinheiro, ou uma pequena mas significativa parcela dele. Ainda quando Jorge está no Paraguai, sua mãe distingue financeiramente duas moças, "dotando-as". A guerra ainda estava no princípio quando Valéria chamou Antunes, o pai de Estela, e "[a]o cabo de dez palavras, pediu-lhe licença para dotar Estela"[60]. A moça recebe a notícia com amargor: "Nunca lhe pesara tanto a fatalidade da posição"[61]. Jorge, por insistência da mãe, fora para a guerra exatamente para que seus amores com Estela não fossem para frente. Estela que, amando verdadeiramente, mas também verdadeiramente repudiando a diferença de posição que a colocaria sempre em situação suspeita, não suportava a ideia de se casar com ele. Vê-se obrigada a aceitar o obséquio, mas não o faz sem repulsa:

Mas a ação da viúva, por mais espontânea que fosse, tinha aos olhos da moça a consequência de fazer decorrer o benefício da mesma origem da afronta. Estela não distinguia entre os bens da mãe e do filho. Era tudo a mesma bolsa; e dali é que lhe vinha o dote[62].

---

59. *Idem*, pp. 444-445.
60. *Idem*, p. 424.
61. *Idem*, p. 425.
62. *Idem*, p. 426.

"Era tudo a mesma bolsa", pensa ela, e não sabe como terá razão.

Mas voltemos aos dotes. A segunda dotada será Iaiá, lembrada no testamento de Valéria:

> Poucos legados deixara a viúva. Um deles interessa-nos, porque recaiu em favor de Iaiá Garcia. A viúva beneficiava assim, indiretamente, o marido de Estela. Jorge aprovou cordialmente o ato de sua mãe. Não aprovou menos o dote de Estela, mas o sentimento do vexame que experimentou, logo que dele teve notícia, honrava a delicadeza de seu coração[63].

Esse breve trecho traz sugestões importantes. Em primeiro lugar, diz algo do caráter do narrador, que não hesita em se colocar conservadoramente ao lado dos bons sentimentos. Durante toda a narrativa, aliás, ele está a postos para observar o que há de cálculo e de sinceridade nas ações e nos pensamentos das personagens desfavorecidas – não se pode esquecer que o esforço que Iaiá faz para conquistar Jorge é fruto de um cálculo sincero, por assim dizer, já que não é motivado por dinheiro ou posição, mas sim pela honestidade de Estela.

Tendo essa conformação, esse narrador não perde a oportunidade de chamar a atenção para as boas qualidades morais de Jorge – afinal, se a dotação vexara Estela, não deixara de vexar também o rapaz – realçando que sua formação está de fato completa e bem feita. Eis a segunda sugestão.

Adicionalmente, sendo assim atento para essas questões de cálculo e bom coração, esse narrador sugere que na verdade Luís Garcia seria o grande beneficiado pelo legado. Com isso nos incita a fazer o movimento que tentamos aqui, de seguir o dinheiro. Como se sabe, a dotada não aproveita diretamente o dote, dinheiro que vai para um terceiro. É certo que esse terceiro não é o pai – e sim o futuro marido. Mas isso não impede que o pai se cacife para obter um casamento vantajoso, o que pode representar mais vantagens do que o mero valor pecuniário do dote.

Lembre-se que, a esta altura, Luís Garcia já se beneficiara do dote de Estela e não de forma automática como se poderia esperar, mas por ação di-

---

63. *Idem*, p. 433.

reta da moça, como o próprio Luís conta a Jorge, assumindo que é o grande beneficiário:

Sim; falemos de minha mulher. Saiba que rematou dignamente a obra de sua mãe; e mais uma vez me fez compreender o benefício do casamento. Logo depois de casado, propôs-me aceitar, em favor de minha filha, a parte com que a Sra. D. Valéria lhe manifestara sua afeição. Gostei de a ouvir, porque era sinal de desinteresse, mas recusei, e recusei sem eficácia. Cedi, enfim; e não podia ser de outro modo. Folgo de lhe dizer essas cousas porque são raras...[64]

É uma espécie de cascata de benefícios. Valéria dota Iaiá e Valéria dota Estela que dota Iaiá – tudo refluindo portanto para benefício de Luís Garcia! A questão a investigar aqui é o destino final das águas de toda essa cascata de benefícios que parecem jorrar sobre o pacato funcionário.

Quando adoece, mais uma vez em conversa com Jorge, ao lhe pedir que cuide de Estela e Iaiá em sua ausência, Luís atualiza a importância dos dotes, agora convertidos num dote só, o de Iaiá: "Se eu morrer, minha mulher e minha filha ficam amparadas da fortuna, porque o dote de uma servirá para ambas, que se estimam muito; mas ficam sem mim"[65].

Ele melhora, retoma suas atividades normais, mas é tudo enganador. A enfermidade é grave e o acabará levando à morte. Antes, porém, há tempo para que Iaiá e Jorge se aproximem e um pedido de casamento seja feito, com Luís já em seu leito de morte, e ele evidentemente concede a mão de Iaiá, listando mentalmente as vantagens que a filha teria ao se casar com o rapaz:

Quanto ao noivo eleito, merecia-lhe todas as aprovações; era o único estranho que lhe penetrara um pouco mais na intimidade; amante, benquisto e opulento, podia dar à moça, além da felicidade do coração, todas as vantagens sociais, ainda as mais sólidas, ainda as mais frívolas: – e esse homem obscuro, enfastiado e céptico, saboreava a ventura que a filha iria achar no turbilhão das cousas, que ele não cobiçara nunca[66].

64. *Idem*, p. 434.
65. *Idem*, p. 443.
66. *Idem*, p. 491.

Os caminhos para que esse casamento finalmente se concretize tem turbulências. Luís Garcia morre, Iaiá desiste do casamento mas, graças à intervenção de Estela, tudo entra rapidamente nos eixos e o casamento se realiza, numa volta narrativa que só serve para demonstrar como é estável a posição de Jorge, sempre e em qualquer circunstância.

O que o narrador não explicita, mas o leitor pode concluir sem dificuldade, é o quanto Estela estava certa ao dizer que era tudo a mesma bolsa. Afinal, o dote de uma não dava para duas como se consolara por um instante Luís Garcia. Ele era só de Iaiá. E, sendo só de Iaiá, com o casamento passa a ser só de Jorge! Depois de um longo percurso, eis que o dinheiro entra na mesma bolsa de que saíra. Estela, que se recusa a depender de Jorge e vai para Minas trabalhar num colégio, pode até estar preservando sua autonomia, mas não deixa por isso de estar preservando os direitos intermináveis de Jorge e desimpedindo o caminho para que o dinheiro volte integralmente para ele. Lendo o romance dessa maneira, é tentador rever sua famosa frase final: "Alguma cousa escapa ao naufrágio das ilusões"[67]. O que escapa do naufrágio das ilusões só pode ser uma ilusão. E a única ilusão que Estela pode manter é a de ter resistido, com sua retirada voluntariosa de cena, a um sistema que a repugnava, quando na verdade apenas saiu do caminho para que ele funcionasse de forma mais azeitada.

Em suma, *Iaiá Garcia* desenha uma sociedade tão fechada quanto a que se vê nas *Memórias Póstumas de Brás Cubas* ou em *Dom Casmurro*. Seu funcionamento segue a uma lei inescapável. Nela, o homem de elite não precisa se formar, já está formado de nascença. E, de um jeito ou de outro, mesmo quando aparentemente as vantagens parecem recair sobre um outro, esboçando uma leve mudança de posição, eis que tudo se rearranja para permanecer exatamente onde sempre esteve, ou seja, para beneficiar quem sempre se beneficiou.

A segurança em que o homem da elite vive nos livros de Machado de Assis é absoluta. Note-se, nesse sentido, que, entre os ricos, apenas as mulheres eventualmente dão sinais de que pode ser necessário cuidar para manterem sua posição. Em *Iaiá Garcia*, Valéria luta contra a união desigual entre

---

67. *Idem*, p. 509.

seu filho e Estela, enquanto em nenhum momento isso perturba o próprio Jorge. Às mulheres, afinal, nunca se concedem as mesmas garantias que aos homens. Estes sabem que podem tudo. Se algo parece sair do controle, como acontece com Capitu, não é tão difícil assim resolver o problema de vez sem interromper o jantar ou a ida ao teatro, como nos mostra Bentinho, que ainda fica para contar a história. Ou como Brás Cubas, que fica para contar a história mesmo depois de morto.

Num mundo de garantias absolutas como esse não há surpresas nem mistérios. A seu respeito faz sentido falar em predestinação, portanto. E é sob o signo da predestinação que toda a trama de *Esaú e Jacó* se desenvolve – se é que se pode falar em trama nos dois romances finais de Machado de Assis, tão rarefeitos em termos de ação narrativa. Já a epígrafe coloca a ideia de predestinação no pórtico do livro: "Dico, che quando l'anima mal nata..."[68]. Nos capítulos 12 e 13 essa epígrafe será explorada, a partir de algo no campo da pura futilidade, mas exatamente em função dessa leitura fatalista que o período em suspenso sugere. No capítulo 12 se reproduz um trecho do diário do Conselheiro Aires em que ele, a propósito de uma noite aborrecida, passada ao lado de gente insípida, diz que eles não podem deixar de ser desinteressantes porque, afinal de contas, "[o] que o berço dá só a cova o tira, diz um velho adágio nosso"[69]. O verso de Dante, extraído do Canto V do *Inferno*, aparece, como acontece muitas vezes com Aires, para dar uma espécie de brilho erudito a uma formulação banal. É claro que ele adverte que estaria "truncando um verso"[70]. O narrador toma a sugestão como que ao acaso: "Ora, aí está justamente a epígrafe do livro, se eu lhe quisesse pôr uma e não me ocorresse outra"[71]. Ocorre que ele não está propriamente truncando o verso, integralmente citado. O que fica truncado é o pensamento, já que este verso abre um terceto, mas não traz a oração principal, sendo composto por uma subordinada – e, como se sabe, na falta da principal, pode-se dar à subordinada a interpretação que se queira. O leitor lê "quando a alma mal nascida..." e, se-

---

68. Machado de Assis, *Esaú e Jacó, Obra Completa*, Rio de Janeiro, Nova Aguilar, 1992, vol. 1, p. 947.
69. *Idem*, p. 966.
70. *Idem, ibidem.*
71. *Idem, ibidem.*

guindo a sugestão do adágio, imagina uma continuação fatalista. No texto da *Divina Comédia* estamos sendo introduzidos ao segundo círculo do Inferno, presidido pela figura de Minos que, diante do que fez o pecador, enrola sua cauda um número de vezes que especifica a que círculo do inferno a pobre alma seria mandada:

> Dico, che quando l'anima mal nata
> Li vien dinanzi, tutta si confessa[72].

Como se vê, nada do que fica sugerido pela suspensão do primeiro verso do terceto se confirma, já que a alma "mal nascida" simplesmente se apresenta diante de Minos e confessa. Resta olhar com um pouco mais de atenção para o *mal nata* em si e, nesse sentido, é instrutivo ler a passagem na tradução de Xavier Pinheiro, publicada em 1888 e, portanto, no universo mental do leitor de primeira hora do romance:

> Ante ele quando uma alma desditada
> Vem, seus crimes confessa-lhe em chegando,
> Com perícia em pecados consumada[73].

Mais uma vez, o peso da predestinação aqui é menor do que a epígrafe de *Esaú e Jacó* sugere. "Desditada" aponta muito mais para infelicidade do que para uma predestinação para o mal. Algo semelhante acontece noutra tradução brasileira do mesmo período, esta em prosa, publicada pela primeira vez em 1886, do Monsenhor Joaquim Pinto de Campos, onde se lê: "Quero dizer, que quando a alma prescrita comparece em sua presença, confessa-lhe seus pecados"[74]. A palavra escolhida, "prescrita", remete etimologicamente a algo escrito de antemão, mas em seu uso corrente quer dizer simplesmente algo de validade vencida ou algo que foi ordenado, como um medicamento é prescrito a um doente. De toda forma, como se trata de tradução comentada verso a verso, em seu comentário o tradutor afasta por completo a ideia de predes-

---

72. Dante Alighieri, *La Commedia*, Firenze, Sucessori Le Monier, 1888, p. 28.
73. Disponível em: http://www.dominiopublico.gov.br/download/texto/eb00002a.pdf, p. 46.
74. Dante Alighieri, *Obras Completas*, São Paulo, Editora das Américas, s.d., p. 187.

tinação, em observação aliás apoiada num famoso editor de Dante do século xviii, Pompeo Venturi: "*Mal nata*, infeliz, que por isso teria sido melhor não ter nascido: *meglio sarebe per lei non nascere* (Venturi)[75].

Numa tradução moderna, a de Italo Eugenio Mauro, a palavra escolhida é outra:

Digo, que quando a alma malfadada
se lhe apresenta, toda se confessa[76].

"Malfadada", como "prescrita", etimologicamente remete à predestinação como quer o conselheiro Aires, mas seu uso corrente também se afasta daí, já que o malfadado é simplesmente o infeliz, ou, como aparece no *Grande Dicionário Houaiss*, "desgraçado, desventurado, mal-aventurado"[77].

Enfim, o argumento já se alonga muito, mas o que importa é dizer que, seja no tempo dos leitores de primeira hora de *Esaú e Jacó*, seja em nosso tempo, a epígrafe vale menos pelo que diz do que pelo que deixa de dizer. Instaura sem instaurar, pode-se dizer, uma ideia de predestinação que cheira a sobrenatural. A abertura do romance contribui para manter esse clima, já que nele vemos uma consulta a uma vidente, a então famosa cabocla do Castelo. Vinte anos antes da publicação do romance, em 28 de novembro de 1884, Machado publicara na *Gazeta de Notícias* um conto que se tornaria célebre, "A Cartomante"[78], no qual o sobrenatural era de todo afastado. A cena da visita de Natividade e Perpétua à cabocla é menos categórica. Um clima semelhante, de mistério e de pobreza material acompanha as duas adivinhas, que também fazem perguntas e afirmações de caráter genérico. A ansiedade de Natividade, no entanto, é menor do que a de Camilo, de forma que este entrenarra à cartomante todo seu drama enquanto a cabocla tem apenas a pista de que a preocupação da moça elegante tem a ver com seus filhos pequenos, gêmeos, de forma que ela precisa arriscar uma pergunta ousada: "Sim, senhora,

---

75. *Idem*, pp. 199-200.
76. Dante Alighieri, *A Divina Comédia*, São Paulo, 34, 2004, p. 49. Publicada pela primeira vez em 1998.
77. Consultei a versão eletrônica: https://houaiss.uol.com.br, acesso em 20/04/2020.
78. A publicação original do conto pode ser vista em: http://memoria.bn.br/DocReader/103730_02/7879.

pergunto se não teriam brigado no ventre de sua mãe; não se lembra?"[79]. Para o crente, a pergunta já é em si uma adivinhação, afinal, se Camilo pensa que "o presente que se ignora vale o futuro", não seria diferente com o passado que se ignora para Natividade, pois ela se lembra de dificuldades na gestação. Para o cético, a pergunta não vale nada, já que se baseia num clichê bíblico – a história de Esaú e Jacó narrada no Gênesis – e no costume, dado que não é incomum a gravidez de gêmeos ser difícil.

À maneira da cartomante do conto, o que a cabocla faz, depois de, por meio da pergunta, mostrar que tem poder de ver o que não poderia saber, é proclamar um vaticínio animador: os meninos serão grandes. Grandes em que ela não sabe, só sabe que serão grandes: "Seus filhos serão gloriosos. É só o que lhe digo. Quanto à qualidade da glória, cousas futuras!"[80]. O fim das duas consultas é semelhante, já que as boas predições despertam a generosidade e a paga é alta. Camilo dá uma nota de dez mil-réis, quando o preço da consulta é de dois mil-réis. No caso de Natividade, "bastou saber que as cousas futuras seriam bonitas, e os filhos, grandes e gloriosos para ficar alegre e tirar da bolsa uma nota de cinquenta mil-réis. Era cinco vezes o preço do costume"[81].

Mas há diferenças fundamentais na maneira como as duas consultas prosseguem. A cartomante do conto observa longamente Camilo que, aliás, lhe fornece as informações básicas que lhe permitem perceber tratar-se de um conflito amoroso. A cabocla vira de costas para a cliente. Ela já sabe o suficiente e, como integra a ponta desfavorecida da mesma sociedade que tem na extremidade favorecida a cliente, sabe a que os meninos estão predestinados, não por conta de forças sobrenaturais, mas pelo desenho da sociedade que o romance vai desdobrar para seus leitores nos capítulos seguintes – ou seja, a sociedade brasileira que temos descrito até agora, na qual não parece nada in-

---

79. Machado de Assis, *Esaú e Jacó*, *Obra Completa*, Rio de Janeiro, Nova Aguilar, 1992, v. 1, p. 949.

80. *Idem*, p. 950.

81. *Idem, ibidem*. Por aí se vê o prestígio da cabocla. A ação do conto se passa em 1869, apenas dois anos antes da ação inicial de *Esaú e Jacó*, e sua consulta custava já de saída dez vezes o que cobrava a cartomante. E não se trata de desvalorização da moeda, já que, segundo Heitor Pinto de Moura Filho, "Daí [início do Segundo Império] até o início da década de 1870 há um período de grande estabilidade, durante o qual o câmbio se desvaloriza a somente 0,3% ao ano". Ver: "Câmbio de Longo Prazo do Mil-reis: Uma Abordagem Empírica Referente às Taxas Contra a Libra Esterlina e o Dólar (1795-1913)", em *Cadernos de História*, Belo Horizonte, vol. 11, n. 15, p. 20, 2º semestre de 2010.

verossímil prever que os rapazes da elite têm um futuro grandioso garantido em algum campo, mesmo que não escolham de fato nenhum. E a cabocla, que pertence a essa sociedade pode ver perfeitamente essa espécie de fato consumado antes de ele se consumar.

A trajetória dos irmãos se assemelha à dos outros homens de elite que acompanhamos até aqui. Como eles, os gêmeos Paulo e Pedro não demonstram qualquer desejo de ação ou de formação. A infância dos gêmeos mal se conhece além do "iam mamando" e tudo o que se diz sobre eles é que se opõem em todo e qualquer aspecto. A primeira das situações em que os temos de fato à boca de cena é a do famoso caso do retrato, no capítulo 24. No capítulo anterior sabemos que estudavam no Colégio Pedro II, mas é na loja de gravuras que, como esperado, ficamos sabendo que tinham a educação em dia. A divergência entre a grandeza de Luís XVII e Robespierre indica que sabem o básico da história europeia e a conversa sobre D. Pedro I e sobre D. Miguel mostra que sabem o básico da história do Brasil e de Portugal. É pouco, mas já é alguma coisa para rapazes que ainda não tinham barbas.

A exemplo do que acontece com Brás Cubas e com Bentinho, são os pais que decidem por eles quais estudos devem seguir – aliás, se nos lembramos de que os gêmeos nascem em 1870, Bentinho em 1842 e Brás Cubas em 1805, o que esses romances desenham em conjunto é uma continuidade inquietante que talvez possamos chamar mesmo de predestinação. É assim que Paulo vai estudar direito em São Paulo enquanto Pedro fica no Rio para cursar medicina, e quem define isso é a mãe, precocemente, no mesmo capítulo dos retratos, como forma de mitigar o desacordo entre eles: "Foi um recurso hábil separá-los; um ficava no Rio, estudando Medicina, outro ia para São Paulo, estudar Direito"[82]. Também ficamos sabendo pouquíssimo desse período, apenas que esse regime dava ocasião para Flora conviver com Pedro sentindo falta de Paulo e, sobretudo, projetando o ausente no presente. No final de 1891 os rapazes estão formados, e, como Jorge, não iniciam carreira alguma, pois ficamos sabendo que "eles eram já doutores, posto não houvessem ainda

---

82. Machado de Assis, *Esaú e Jacó*, *Obra Completa*, Rio de Janeiro, Nova Aguilar, 1992, vol. 1, p. 982.

encetado a carreira de advogado nem de médico. Viviam do amor da mãe e da bolsa do pai, inesgotáveis ambos"[83].

Os estudos só aparecem como importantes para os gêmeos como desculpa para não ir para Petrópolis:

– Justamente; eu tenho que fazer uns estudos de clínica na Santa Casa – respondeu Pedro.

Paulo explicou-se. Não ia praticar a advocacia, mas precisava de consultar certos documentos do século XVIII na Biblioteca Nacional; ia escrever uma história das terras possuídas.

Nada era verdade, mas nem só a verdade se deve dizer às mães[84].

Acompanhar a trajetória dos gêmeos, para quem leu os romances anteriores de Machado de Assis, é uma revisita. Tanto que a esta altura, esses elementos são cada vez mais laterais na narrativa, e ficam apontados ainda mais de passagem que nos romances anteriores. Os rapazes não se preocupam nem com a profissão nem com sua futura grandeza. E, mais uma vez, serão as mulheres, a mãe e a tia, que alimentarão dúvidas a respeito de tal grandeza. A própria visita à cabocla e o contentamento delas com o vaticínio já demonstram essas dúvidas, mas as demonstrações prosseguem livro afora. Logo depois dessa visita, o narrador compara a idade de Natividade com a de sua possível leitora, afirmando que esta terá de vinte a vinte e dois anos enquanto "Natividade, de si para si, confessava os trinta e um, e temia não ver a grandeza dos filhos. Podia ser que a visse, pois também se morre velha, e alguma vez de velhice, mas acaso teria o mesmo gosto?"[85]. Com a proclamação da República, é a vez de Perpétua contar a predição da cabocla a Flora e cogitar alguma coisa: "Perpétua acrescentou que, mudado o regímen, era natural que Paulo chegasse primeiro à grandeza"[86].

A mudança de regime não tem o mesmo efeito sobre Natividade, que imagina grandes dificuldades para os filhos se tornarem importantes na polí-

83. *Idem*, p. 1046.
84. *Idem*, p. 1062.
85. *Idem*, p. 960.
86. *Idem*, p. 1055.

tica nesse novo contexto e até vê com bons olhos a insistência dos rapazes em não irem para Petrópolis:

> Natividade não teimou. Mais depressa ficaria esperando que os filhos acabassem os documentos da Biblioteca e a clínica da Santa Casa. Esta ideia fê-la atentar para a necessidade de ver estabelecidos o jovem médico e o jovem advogado. Trabalhariam com outros profissionais de reputação e iriam adiante e acima. Talvez a carreira científica lhes desse a grandeza anunciada pela cabocla do Castelo, e não a política ou outra. Em tudo se podia resplandecer e subir. Aqui fez a crítica de si mesma, quando imaginou que Batista abriria a carreira política de algum deles, sem advertir que o pai de Flora mal continuaria a própria carreira, aliás obscura. Mas a ideia do mando tornava a ocupar a cabeça da mãe, e cheios dela os olhos fitavam ora Pedro, ora Paulo[87].

O trecho é significativo porque dá conta de um duplo movimento no espírito da mãe. Por um lado, vê na medicina e nas leis um caminho mais seguro para a grandeza, já que a política em tempos de transição não ofereceria segurança. De todo jeito, a carreira científica pressupõe um trabalho *ao lado* de profissionais de reputação. Fica claro também que uma carreira profissional bem-sucedida parece, no pensamento de Natividade, uma espécie de prêmio de consolação, já que em "tudo se podia resplandecer e subir". O caminho da política é mais visível, expõe muito mais a grandeza, com a vantagem de não exigir árduo trabalho, apenas ocupar um espaço *aberto por uma outra pessoa*. E fica nítido que este último é claramente preferido por ela, pois a ideia do mando é a que ocupa a sua mente.

Mais adiante, já ao final do livro, no capítulo que narra a cerimônia de posse dos rapazes como deputados, aos vinte quatro anos de idade, diante da observação do Conselheiro Aires de que podiam ser grandes na ciência, "Natividade não quis confessar que a ciência não bastava. A glória científica parecia-lhe comparativamente obscura; era calada, de gabinete, entendida de poucos. Política, não"[88].

Natividade teve, portanto, tempo – e antes de ficar velha – para testemunhar o acerto da cabocla quanto à grandeza dos filhos. E a melhor grandeza,

---

87. *Idem*, p. 1063.
88. *Idem*, p. 1088.

se não a única verdadeira – a da nomeada. E eis que mais uma vez voltamos a Brás Cubas. E mais uma vez o leitor está diante de uma história que não sai do lugar. Apenas que em *Esaú e Jacó* já não há sutileza nenhuma e o não sair do lugar é o elemento estruturador do enredo.

Aqui o narrador revela uma verdadeira obsessão pelas datas. Não que elas sejam referidas diretamente, o que também acontece, mas não o tempo todo, e sim pela constante evocação daquilo que o leitor reconhece como acontecimentos históricos. O círculo temporal da ação do romance, aliás, vai de 1871, ano da visita à cabocla e da Lei Rio Branco (ou Lei do Ventre Livre), mencionada no capítulo 9, a 1894, quando os gêmeos tomam posse de suas cadeiras de deputado, um ano depois do enterro de Flora, "que teve a circunstância de percorrer as ruas em estado de sítio"[89] – ou seja, em 10 de setembro de 1893, quando Floriano Peixoto decretou o estado de sítio por três dias. Entre um extremo e outro são referidos no texto pelo menos a Abolição, o baile da Ilha Fiscal, a Proclamação da República, o Encilhamento, a queda de Deodoro da Fonseca e a posse de Floriano Peixoto, a Revolta da Armada e a Revolução Federalista.

Dizer que um romance concentra suas ações num período tão turbulento, com transformações institucionais tão profundas no país, poderia fazer supor que se trata de obra de caráter épico, supostamente a única capaz de dar conta de mudanças tão radicais. Quem lê *Esaú e Jacó* sabe, no entanto, que não pode haver nada mais distante de, por exemplo, *Guerra e Paz*. Sim, no penúltimo romance de Machado de Assis, o Brasil se convulsiona no fundo da cena, mas nada se modifica no mundo da elite em que vivem seus personagens centrais.

A Lei Rio Branco aparece porque Santos, o pai dos gêmeos, é banqueiro e preocupado "credor da lavoura"[90]. A consequência da Abolição é a frase inqualificável com que o republicano Paulo fecha um discurso uma semana depois, aliás num capítulo intitulado "Desacordo no Acordo": "A abolição é a aurora da liberdade; esperemos o sol; emancipado o preto, resta emancipar o branco"[91]. A Proclamação da República aparece integrada à vida cotidiana,

---

89. *Idem*, p. 1080.
90. *Idem*, p. 961.
91. *Idem*, p. 992.

passando quase despercebida, para em seguida criar grandes expectativas de fuzilamentos que afinal não ocorrem – quem tem problema mesmo é o Custódio, vizinho de Aires e dono da Confeitaria do Império, que vai ter que trocar a placa do estabelecimento justamente quando acabara de mandar pintar uma nova, ou seja, tendo dupla despesa. O Encilhamento dá assunto a um capítulo chamado "Um Eldorado" e sabemos que Santos anda muito ocupado.

Nada disso, no entanto, atinge os personagens cujas vidas ou não mudam ou mudam para continuar como eram. Esse paradoxo se monta no cerne da narrativa, ou seja, com as diferenças radicais que separam dois irmãos também radicalmente semelhantes, gêmeos. É um paradoxo aparente, de fácil resolução para Aires e de resolução impossível para Flora, embora não seja exagero afirmar que os dois veem o mesmo fenômeno. Vejamos que paradoxo é esse.

O republicano Paulo, instalada a República, começa a se desgostar dela. O monarquista Pedro, ao contrário, começa a estimá-la. A inversão de posições é explicada pela mãe de Flora, d. Cláudia, da seguinte maneira "era cálculo de ambos para se não juntarem nunca; – opinião que Natividade aceitaria, finalmente, se não fora a de Aires"[92]. Quanto à de Aires, é a de que a inversão não muda nada, é pura aparência. Eles trocam de opiniões, para evocar o título do capítulo, para ficarem exatamente onde sempre estiveram:

> Um já se contenta do que está, outro acha que é pouco e pouquíssimo, e quisera ir ao ponto a que não foram homens. Em suma, não lhes importam formas de governo, contanto que a sociedade fique firme ou se atire para diante[93].

É sem dúvida perspicaz a leitura do conselheiro, mas algo escapa-lhe. Para compreender essa limitação de visão de Aires, passemos por uma opinião sua assinalada apenas uma vez pelo narrador em todo o romance e que contraria o retrato de desinteressado equilíbrio que todos atribuem a ele. Diz respeito a Santos:

92. *Idem*, p. 1086.
93. *Idem, ibidem*.

Aires não podia negar a si mesmo a aversão que este lhe inspirava. Não lhe queria mal, decerto; podia até querer-lhe bem, se houvesse um muro entre ambos. Era a pessoa, eram as sensações, os dizeres, os gestos, o riso, a alma toda que lhe fazia mal[94]

Quanto a Santos, não há conciliação possível com o homem que consegue conciliar tudo. Seria possível atribuir essa aversão ao fato de que Santos se casou com Natividade, por quem Aires sentiu alguma coisa na juventude. Mas deve-se admitir que isso não explica tudo. É preciso ver quem é Santos. Ora, ele pode ser um homem riquíssimo, mas veio do nada, ou seja, foi de Maricá para a capital em 1855 e em quatro anos estava casado e rico. Poderíamos aproximá-lo, nesse sentido, a Procópio Dias, de *Iaiá Garcia*, também novo-rico e, na opinião tanto do narrador quanto dos personagens em geral, vil. A riqueza de Santos é como a de Dias e, portanto, diferente da de Jorge, de Bentinho e de Brás Cubas. Aires não tem fortuna, mas pertence ao mesmo meio dos ricos consolidados, participa da mesma visão deles. Santos é, como o Cristiano Palha de *Quincas Borba*, um rico moderno, de fortuna obtida com o comércio ou a banca ou ambos. Nada a ver com o pai de Bentinho, que deixa fazenda e vasta escravaria de herança – o que, aliás, é liquidado pela mãe assim que o inventário se faz, mais ou menos como Jorge liquida os seus negócios depois da morte de Valéria.

O que poderia parecer estranho é que a aversão de Aires ao pai não se estende aos filhos, a quem ele estima. Feita a fortuna pelo pai, os gêmeos podem ser ricos do mesmo jeito que Brás Cubas, ou Bentinho, ou Jorge eram. Afinal, eles puderam ser ilustrados e ler grego, como, aliás, o próprio conselheiro. Note-se que para Brás Cubas não é problema reconhecer a origem plebeia da família simplesmente porque ele está morto e a morte anula qualquer vaidade, e sim porque, ainda vivo, ele nada tem com essa origem baixa, sempre viveu na posição que viveu.

Aires tem dificuldade para aceitar a figura do homem pobre que se faz rico e é feito barão pelo mesmo imperador que o fez conselheiro, já que ele parece estar num lugar a que não pertence, ou seja, parece sugerir uma *mudança*. Os gêmeos, por sua vez, crescem dentro da velha lógica – jamais pisam

---

94. *Idem*, p. 1012.

no banco do pai, por exemplo – e pertencem naturalmente à mesma lógica social na qual Aires nascera. A isso Aires não sente aversão nenhuma, já que os meninos, sendo quem são, já estão formados de nascença.

Em suma, as coisas mudam para permanecer iguais – e Aires gosta disso. Tem olho para localizar a permanência do que importa por trás das aparentes mudanças e por isso reconhece com facilidade a permanência do que os gêmeos sempre foram na grande mudança aparente em torno da República. O que lhe escapa é a percepção de que ele não está fora da equação. A afirmação que ele faz a Natividade parece ser a de um bom observador, o diplomata olímpico que vê tudo de uma posição elevada e neutra, mas, na verdade, ele está implicado numa situação que, afinal de contas, é terrível. Sua autossatisfação é a mesma de Paulo, de Pedro (e de Bentinho, e de Brás Cubas, e de Jorge). Em suma, ele vê a permanência e gosta dela porque ela o beneficia, como a todos os outros personagens bem posicionados do romance, para quem tanto faz se há ou não escravidão, se o regime é monárquico ou republicano, se o presidente é Deodoro ou Floriano, se os marinheiros estão insatisfeitos ou se o sul do país quer um outro pacto federativo.

Comparemos o destino de Aires com o da cabocla, figura que domina a abertura do romance. Passados vinte anos, a grande celebridade da moça acabou, ninguém sabe e nem quer saber dela, e de fato a narrativa não esclarece que fim levou. Nada disso anula o fato de que a tal criatura insignificante teve maior percepção do que o letrado conselheiro, e exatamente por ser uma criatura insignificante. Estando na outra ponta da sociedade que nunca muda, implicada na mesma equação, mas em outra posição, percebe o fatalismo que garantirá a glória dos bebês ricos e a ela apenas, com muita sorte, cinquenta mil-réis para tratar das necessidades mais imediatas.

Quanto aos meninos, estão bem, sempre bem. A oposição entre os irmãos, como não tem efeitos práticos para eles próprios, *não existe*. Ambos podem ser o que quiserem, em qualquer situação. Tudo muda e eles permanecem exatamente onde estão. Da Lei do Ventre Livre às crises econômicas e políticas do início da República um mundo inteiro se modificou, mas eles encerram as ações do romance entrando de braços dados no Parlamento, ainda que em partidos opostos – opostos pelo que, exatamente?

Quanto a Flora, não é exagero dizer que ela morre de indecisão exatamente porque ama uma pessoa que são duas ou duas pessoas que são uma. Formulando de outra maneira, mesmo vendo as diferenças que há entre os dois irmãos, aliás óbvias e repisadas o tempo todo, como Aires ela percebe que tais diferenças encobrem grande semelhança. Diferente é o Nóbrega, novo-rico como Santos, que merece o mesmo desprezo que Aires devota ao pai de Pedro e de Paulo, demonstrado pela reação que tem diante da proposta de casamento que ele lhe faz: "[o] natural é que Flora ficasse espantada. Ficou, mas não tardou que risse, de um riso franco e sonoro, como ainda não rira em Andaraí"[95]. A pretensão de Nóbrega, bem-sucedido mas "de fora", parece ser tão ridícula quanto a de Procópio Dias em relação a Iaiá Garcia.

Os gêmeos, não: não há por onde pegá-los, e casar-se com um ou com outro levaria a um mesmo impasse. Como nesse caso não é possível assumir, mesmo que apenas na aparência, o lugar de observador distante como faz Aires, ela não tem como se casar com um deles nem como definir seus próprios sentimentos. É um impasse que se encena, e de forma trágica com a morte inútil e estéril da moça, mas não apenas o impasse pessoal, e sim o imobilismo geral que representa tudo mudar para permanecer a mesma coisa.

Esse é o paradoxo que *Esaú e Jacó*, sozinho ou em conjunto com *Dom Casmurro*, *Memórias Póstumas de Brás Cubas* e *Iaiá Garcia*, desenha aos olhos do leitor. A de um país que muda, passando pela Independência, pela Guerra do Paraguai, pela Lei do Ventre Livre, pela Lei Áurea, pela Proclamação da República. Mas que ao mesmo tempo não muda, pois esses rapazes bem-nascidos permanecem seguros em sua posição de mando, assim como a cabocla do Castelo permanece em sua posição de precariedade. É uma espécie de fatalismo, mas nada que venha dos desígnios inescapáveis da divindade ou da natureza. Trata-se de um fatalismo construído e cuidadosamente mantido que não busca qualquer resultado a não ser a própria manutenção. E isso fica claro na constante representação da esterilidade nesses romances. Não pode ser coincidência que Brás Cubas não seja o único a não transmitir a nenhuma criatura o legado da miséria humana. Nesses livros, nenhuma continuidade se desenha, ninguém tem filhos, nem Jorge, nem os gêmeos, já que Flora,

95. *Idem*, p. 1075.

coitada, morre antes mesmo de se casar. O único a ter é Bentinho, que só fica contente quando vê sua morte.

Olhar para a obra de Machado de Assis a partir da maneira como ela recusa o romance de formação, mas ao mesmo tempo, por contraste, representa o tempo todo a formação – ou a "não formação" – do homem de elite brasileiro, permite que vejamos a inteireza de uma obra que tensionou, também na forma, as fronteiras entre continuidade e descontinuidade.

WILLI BOLLE

Crise do Romance – Crise de um País:
Berlin Alexanderplatz, de Alfred Döblin

Alfred Döblin (1878-1957) é, ao lado de Franz Kafka, Bertolt Brecht, Thomas Mann e Robert Musil, um dos principais escritores de língua alemã do século XX. Durante a República de Weimar, ele foi uma das personalidades mais importantes da cena literária alemã. Depois da tomada do poder pelos nacional--socialistas, Döblin saiu da Alemanha para o exílio, retornando somente após o término da Segunda Guerra Mundial. A sua obra *Berlin Alexanderplatz,* publicada em 1929[1], é a principal contribuição alemã à literatura universal, enquanto retrato da metrópole moderna com os meios da ficção. Ela inspirou um filme, em 1931, dirigido por Piel Jutzi, e, em 1979/1980, um seriado de televisão, produzido por Rainer Werner Fassbinder.

ROMANCE DE FORMAÇÃO OU EPOPEIA MODERNA?

Essa questão, que é fundamental para a interpretação do livro publicado por Döblin em 1929, foi levantada por Walter Benjamin em sua resenha inti-

---

1. Usei aqui a edição *Berlin Alexanderplatz,* München, dtv, 1965; e a tradução de Irene Aron, São Paulo, Martins Fontes, 2009. A esta versão brasileira referem-se daqui em diante todas as citações. Nesta e nas demais traduções do alemão aqui citadas tomei a liberdade de fazer às vezes algumas alterações.

tulada "Crise do Romance" (1930): "Por que o livro se chama *Berlin Alexanderplatz*, enquanto *A História de Franz Biberkopf* só aparece como subtítulo?"[2] Como será explicado, a obra tem dois eixos de composição que estão entrelaçados. Enquanto história de um indivíduo chamado Franz Biberkopf, o livro filia-se à tradição do gênero romance, especificamente do romance de formação. Ao mesmo tempo, ao escolher Alexanderplatz – a praça emblemática da capital da Alemanha – como lugar central do enredo e como cenário da história desse país, num de seus momentos cruciais, o autor reatualiza o gênero antigo da epopeia, que focaliza a história de um povo. O próprio Döblin, num retrospecto em 1932, refere-se ao seu livro como "obra épica", reiterando a sua concepção de escrita que ele tinha explicado numa conferência de 1928, intitulada "A Construção da Obra Épica"[3]. Analisaremos aqui o livro *Berlin Alexanderplatz* simultaneamente nos seus dois níveis de composição.

No prólogo, o narrador nos introduz à história do operário Franz Biberkopf, que acaba de sair da cadeia. Ele cumpriu uma pena de quatro anos, por ter matado, num ataque de raiva, a sua noiva. Ao procurar retomar as suas atividades cotidianas, ele se propõe "levar uma vida decente"[4]. Mas, como anuncia o narrador, esse plano de vida acaba não dando certo. Franz vai sofrendo uma tripla derrota, que resumo aqui com as minhas palavras: *1*. Como vendedor ambulante, ele é enganado por um colega. *2*. Ao participar da ação de uma quadrilha, sem ter noção disso, ele é atirado por um falso amigo para fora de um carro, perdendo com isso o braço direito. *3*. A sua namorada, que sempre lhe foi fiel, é assassinada por esse mesmo falso amigo. No final, Franz é internado num manicômio, onde vive oscilando entre um estado de catatonia e de inconsciência. Aparece-lhe então a figura alegórica da Morte, que lhe explica quais foram as causas de sua derrota: a ingenuidade e a soberba, o atrevimento misturado com a covardia, e uma fraqueza geral.

---

2. Walter Benjamin, "Crise do Romance: Sobre *Berlin Alexanderplatz*, de Döblin", *Obras Escolhidas I*, São Paulo, Brasiliense, 1985, p. 57.

3. Alfred Döblin, "Der Bau des epischen Werkes", *Die Neue Rundschau 4* (1929), pp. 527-551. Características épicas marcam também várias outras obras do autor: *Die drei Sprünge des Wanglun* (1915), sobre a China; *Manas* (1927), sobre a Índia; e a chamada "Trilogia do Amazonas" (1937/38), composta pelos livros *Das Land ohne Tod, Der blaue Tiger* e *Der neue Urwald*.

4. Alfred Döblin, *Berlin Alexanderplatz*, tradução de Irene Aron, São Paulo, Martins Fontes, 2009, p. 9.

CRISE DO ROMANCE – CRISE DE UM PAÍS...

O personagem de Franz morre, e é substituído por um novo protagonista chamado Franz Karl, moralmente "endireitado" e que trabalha numa fábrica como porteiro. O prólogo conclui com uma frase moralizante, típica das antigas narrativas populares: "Observar e ouvir isto valerá a pena para muitos que, como Franz Biberkopf, habitam uma pele humana e aos quais acontece o mesmo que a ele"[5].

Para o leitor poder ter, desde o início, uma visão de conjunto da história do protagonista, eis

UM BREVE RESUMO DA HISTÓRIA DE FRANZ BIBERKOPF

Prólogo (pp. 9-10):
O narrador explica que se trata de uma história moralizante.

Primeiro Livro (pp. 11-47):
Franz Biberkopf sai da prisão após quatro anos. Ele procura reorientar-se na metrópole de Berlim. Propõe-se levar dali em diante uma vida decente.

Segundo Livro (pp. 49-114):
Como ganhar a vida? Franz Biberkopf vende jornais nazistas, embora não tenha nada contra os judeus. Por causa da suástica que ele usa, é provocado por militantes comunistas.

Terceiro Livro (pp. 115-132):
Conhece Lüders, um desempregado. Franz lhe conta como ganhou 20 marcos de uma viúva. Lüders vai lá e extorque dinheiro dela. Franz percebe que foi enganado e rompe com Lüders.

Quarto Livro (pp. 133-182):
Franz frequenta bares e vive cochilando e bebendo. É a época da grande inflação na Alemanha. Franz precisa de dinheiro, mas não consegue ajuda.

---

5. *Idem*, p. 10.

Quinto Livro (pp. 183-243):

Franz continua vendendo o jornal nazista. Num boteco, conhece Reinhold, que ele admira. Junto com Reinhold e uma quadrilha, participa de um roubo. Na fuga, Reinhold atira Franz para fora do carro.

Sexto Livro (pp. 245-344):

Franz recebe ajuda do casal Herbert e Eva. Submetido a uma cirurgia, tem um braço amputado. Eva arruma para Franz uma namorada, Mieze, que lhe é fiel e trabalha para ele como prostituta.

Sétimo Livro (pp. 345-406):

Franz participa de mais um roubo da quadrilha chefiada por Pums. Ele gaba-se de Mieze diante de Reinhold. Este marca um encontro com Mieze e a assassina.

Oitavo Livro (pp. 407-470):

Desentendimento na quadrilha de Pums: Reinhold é denunciado. Numa batida da polícia nos botecos, Franz é preso.

Nono Livro (pp. 471-521):

Franz é internado num manicômio e está definhando. A figura alegórica da Morte lhe explica quais foram as causas da sua derrota. Franz Biberkopf morre, e surge um novo protagonista, de nome Franz Karl, moralmente "endireitado".

INTRODUÇÃO AO AMBIENTE DA METRÓPOLE

Ao acompanhar os passos do protagonista Franz Biberkopf, somos introduzidos ao espaço central do enredo: Alexanderplatz, a praça que simboliza a capital alemã e passa a ser a superpersonagem do livro. Deve-se lembrar que Berlim, no final dos anos 1920, com quatro milhões de habitantes, era, depois de Nova York, Londres e Paris, a quarta maior cidade do mundo.

No segundo dos nove capítulos ou "livros", a cidade de Berlim é apresentada graficamente por dez ícones (além do emblema principal, que é o

Urso): Comércio e Indústria; Limpeza e Transportes Urbanos; Serviço de Saúde; Construção Subterrânea; Arte e Educação; Trânsito; Caixa Econômica e Banco Municipal; Companhia de Gás; Corpo de Bombeiros; e Finanças e Impostos. É nesse espaço urbano, de organização complexa e, ao mesmo tempo, com características labirínticas e caóticas, que as pessoas precisam se orientar. Pois é aqui que elas têm que viver e sobreviver, o que significa: trabalhar para ganhar o dinheiro necessário para o seu sustento. Existe uma correspondência latente entre o nome do protagonista – *Biberkopf* = "Cabeça de Castor" – e a superprotagonista, que é a "Capital" ou "Cabeça do país"; ambos sendo derivados do latim *caput*. O castor representa o animal que constrói e ao mesmo tempo destrói, desmonta e monta. Com isso, é um ser que simboliza também a Alexanderplatz como canteiro de obras, o que ela foi, de fato, naquele final dos anos 1920: "Na Alexanderplatz, estão quebrando a rua para o metrô. Caminha-se sobre tábuas"[6]. E mais adiante diz o texto: "Brumm, brumm, moureja o bate-estacas a vapor diante do [restaurante] Aschinger na Alex. Tem a altura de um andar e crava as estacas no chão como se fossem nada"[7]. Com a onomatopeia "brumm, brumm", o narrador reforça o fascínio que a técnica moderna, representada aqui pelo bate-estacas que domina e subjuga o material, exerce sobre os transeuntes: "Ali, homens, mulheres e sobretudo os jovens ficam parados, contentes de ver como aquilo funciona perfeitamente: zás, a viga leva um golpe na cabeça"[8].

Um canteiro de obras é também o romance no qual está descrita essa cena. Muito apropriadamente, Walter Benjamin observa em sua resenha que "o princípio estilístico desse livro é a montagem". E "a verdadeira montagem", que "se baseia no documento", "faz explodir o 'romance', estrutural e estilisticamente, e abre novas possibilidades, de caráter épico"[9]. Quais são – além do já referido conjunto de ícones mostrando a capital alemã como um complexo *network* de serviços administrativos, industriais, comerciais e culturais, e da caracterização de Alexanderplatz como canteiro de obras – os

---

6. Alfred Döblin, *Berlin Alexanderplatz*, p. 135.
7. *Idem*, p. 185.
8. *Idem, ibidem*.
9. Walter Benjamin, "Crise do Romance: Sobre *Berlin Alexanderplatz*, de Döblin", *Obras Escolhidas I*, p. 56.

demais materiais e as técnicas de construção utilizados por Döblin em sua montagem da fisionomia da metrópole?

Um fator importante é o registro das múltiplas impressões sensoriais que o ambiente urbano causa nos habitantes da metrópole: a circulação de milhares e milhares de pessoas, o agito e o barulho do trânsito, os anúncios comerciais, os chamados dos jornais, a propaganda política, as histórias de acidentes e escândalos e as músicas de sucesso. Além da descrição de algumas moradias, o narrador focaliza sobretudo os botecos como lugares de encontros e conversas entre as pessoas. Muito importantes são também os meios de comunicação de massas. Através de notícias da imprensa e trechos de discursos políticos, o romance traça um retrato da capital alemã como lugar de graves problemas sociais e de acirradas lutas ideológicas e partidárias. Um lugar emblemático para mostrar a metrópole como lugar de perigo e de violência é também a descrição do matadouro, sugerindo analogias entre o destino dos animais que são abatidos e dos soldados que são enviados para os campos de batalha como "material humano" a ser desgastado. A grande cidade é associada também à "Grande Puta Babilônia". E, não por último, ela é o lugar onde circulam todos os tipos de linguagem: desde os gritos dos animais e as vozes das crianças, passando por canções populares e falas tipicamente berlinenses, até citações de obras literárias, versículos da Bíblia e expressões científicas, artísticas e filosóficas. Com essa quantidade enciclopédica de informações, o escritor transforma a sua obra numa oficina e num laboratório de linguagem, um dispositivo para perceber a metrópole moderna em toda a sua complexidade.

Alfred Döblin, que foi morar em Berlim a partir de seus dez anos, conhecia perfeitamente essa cidade e seus habitantes, sobretudo a parte central e a zona Leste, onde se concentrava a população operária. Vejamos mais de perto alguns dos elementos da topografia e da composição da obra.

NOS BOTECOS: CONVERSAS SOBRE MOMENTOS DECISIVOS DA POLÍTICA E DA HISTÓRIA ALEMÃ

Muitos dos episódios de *Berlin Alexanderplatz* passam-se em botecos. Estes costumam ser fundamentais como lugares de encontro para os habitantes da cidade e também para o nosso Franz Biberkopf. Aqui estabelecem-se contatos, travam-se conversas, iniciam-se namoros, discutem-se negócios e outros assuntos, planejam-se crimes (como acontece em diversos capítulos do livro), e também se pode ter uma ideia de como era a atmosfera política na República de Weimar.

Num dos botecos ocorre um confronto ideológico, que era típico daqueles anos por volta de 1928 e 1929: o enfrentamento entre militantes da extrema direita e da extrema esquerda. Para ganhar dinheiro, Franz vende jornais, no caso, *Der Völkische Beobachter* (*O Observador do Povo*), que era publicado pelo Partido Nacional-Socialista. Por causa de sua braçadeira com a suástica, Franz é provocado, num dos botecos, por um grupo de militantes comunistas que cantam o hino da *Internacional*[10]. Franz replica com a canção nacionalista *A Guarda do Reno*: "Ressoa um brado como um trovão, o retinir de espadas e o embate das ondas: Ao Reno, ao Reno, o Reno alemão, que queremos todos guardar! [...]"[11].

Essas canções políticas estabelecem uma ligação entre os dois eixos de construção da obra: a história de Franz Biberkopf e a história alemã, representada por Alexanderplatz. O nome dado a essa praça, em 1805, foi uma homenagem ao Czar Alexandre I, que governou a Rússia de 1801 a 1825, e cujo exército derrotou em 1812 a Grande Armée de Napoleão. A batalha decisiva, na travessia do rio Beresina, é evocada no capítulo final da obra de Döblin. Com o referido confronto entre a canção *A Guarda do Reno* (escrita em 1840 e musicada em 1854) e o hino da *Internacional* (1871), são evocados os conflitos militares entre a Alemanha e a França. A fundação do II Reich alemão ocorreu em 1871, após a vitória do exército dos vários estados alemães sobre as tropas francesas. É instrutivo lembrar a esse respeito um comentário crítico publicado em 1873 por Friedrich Nietzsche:

> Uma grande vitória é um grande perigo. [...] De todas as consequências prejudiciais que a última guerra contra a França trouxe, a pior seja talvez [...] o erro da opinião pública [...] que também a cultura alemã tenha vencido nessa guerra. [...]

10. Alfred Döblin, *Berlin Alexanderplatz*, p. 97.
11. *Idem*, p. 100.

Esse desvario é altamente nefasto [...], porque é capaz de transformar a nossa vitória numa completa derrota: na derrota ou mesmo extirpação do espírito alemão em prol do "Reich" alemão[12].

Essas palavras de alerta, e mesmo proféticas, acabaram sendo faladas ao vento. Na opinião pública alemã, sobretudo na classe dominante e entre os militares, prevaleceu a ideia, reforçada a partir de 1888 pelo governo do Imperador Guilherme II, de que para o Reich alemão teria chegado o momento de começar a luta para "tornar-se uma potência mundial"[13]. Nesse contexto, vem ao caso citar a expressão "den dicken Wilhelm rausbeißen", que foi traduzida por "contar bravatas", e que significa literalmente "bancar o balofo Guilherme". Diz Reinhold sobre Franz: "esse tonto, o atrevido, com aquele único braço, contando bravatas"[14]. Com a caracterização de Franz Biberkopf por meio do modo irônico com o qual os berlinenses se referiam ao rei da Prússia, Friedrich Wilhelm II (1786-1799), que tinha fama de paspalhão, Döblin conecta mais uma vez a trajetória do seu protagonista com a história da Alemanha.

Durante as conversas que Franz mantém nos botecos com seus antigos companheiros, são evocados também alguns acontecimentos históricos que acabaram levando à criação da República de Weimar e influíram decisivamente no seu destino. Antes de mais nada: a Guerra Mundial de 1914-1918, que foi perdida pela Alemanha, uma derrota que repercutiu traumaticamente na população do país. O narrador evoca as batalhas de Langemarck (1914) e do Chemin des Dames (1917): "estrondo de canhões, estouro de granadas de mão, fogo cerrado"; "as trincheiras soterradas, sepultados os soldados"[15]. E um companheiro de trabalho de Franz lhe faz relembrar a situação deles nos campos de batalha: "Eu conheço você de longa data, desde Arras e Kowno" (batalhas de 1917). "Nós simplesmente não conseguimos nada [...], não havia disciplina. [...] Eu saí correndo da trincheira e você junto comigo". Essa fuga,

---

12. Friedrich Nietzsche, *Unzeitgemäße Betrachtungen*, Stuttgart, Alfred Kröner Verlag, 1964, p. 3. Tradução minha.

13. Conforme Fritz Fischer, *Griff nach der Weltmacht: Die Kriegszielpolitik des kaiserlichen Deutschland 1914/18*, Düsseldorf, Droste Verlag, 2009 (1. ed., 1961).

14. Alfred Döblin, *Berlin Alexanderplatz*, p. 371.

15. *Idem*, p. 508.

CRISE DO ROMANCE – CRISE DE UM PAÍS...

segundo ele, ocorreu "porque fomos traídos, Franz, em 1918 e 1919, pelos che-fões, que trucidaram a Rosa e o Karl Liebknecht"[16].

O argumento da traição, dos alemães por alemães, foi usado tanto pela ideologia da direita quanto pela esquerda. Segundo o Comando Supremo das Forças Armadas, o exército alemão não foi vencido nos campos de ba-talha pelas tropas inimigas, mas "apunhalado pelas costas" por militantes do Partido Democrático Social e comunistas. Os militantes de esquerda, por outro lado, como o referido companheiro de Franz, atribuíram a sua derrota aos chefões capitalistas, aliados dos militares e dos grupos paramili-tares. A um desses grupos pertenciam os assassinos dos líderes comunistas Rosa Luxemburg e Karl Liebknecht, que organizaram em janeiro de 1919 com o grupo Spartakus uma revolta contra o governo, predominantemente burguês, da incipiente república, criada a partir da Revolução de Novembro de 1918. Ao longo de toda a década de 1920, a política interna na Alemanha foi fortemente determinada pelas organizações paramilitares: Freikorps, Stahlhelm, a S.A. nazista, e a Rotfront comunista.

ATRAVÉS DOS JORNAIS: UMA IMERSÃO NA ATMOSFERA DA REPÚBLICA DE WEIMAR

Complementando as conversas nos botecos, também as notícias da im-prensa proporcionam um mergulho na atmosfera social e política da Repú-blica de Weimar. Depois de ter sido malsucedido como vendedor ambulan-te, Franz Biberkopf, postado na Alexanderplatz, ganha o seu sustento com a venda do jornal *Der Völkische Beobachter*. É por mera necessidade finan-ceira, não por motivos ideológicos, como observa ironicamente o narrador, que caracteriza a ingenuidade política do protagonista nestes termos: "Franz não tem nada contra os judeus, mas é a favor da ordem. Pois é preciso haver ordem no paraíso, isto qualquer um tem de reconhecer. E o Capacete-de-Aço [a organização paramilitar *Stahlhelm*] é uma coisa e tanto"[17]. Através de vá-

16. *Idem*, p. 94.
17. *Idem*, p. 89.

rias citações de notícias de jornais, montadas na narrativa, são apresentadas amostras da ideologia e da propaganda nacional-socialista:

> Enquanto são escritas estas linhas, acontece a audiência de um processo contra os cavaleiros da Bandeira do Reich que [...] atacaram um punhado de nacional-socialistas, surrando-os e matando de maneira brutal o nosso companheiro de partido Hirschmann. [...] Federalismo verdadeiro é antissemitismo, luta contra o judaísmo. [...]. Até a abertura da reunião, a nossa vigorosa banda da S.A. [a *Sturm-Abteilung*, tropa de choque nazista] alegrava o público com a briosa execução de marchas e melodias ligeiras[18].

As consequências que a guerra perdida e o Tratado de Versalhes, assinado em junho de 1919, tiveram para a situação econômica da Alemanha nos anos subsequentes são assim resumidas por um companheiro operário de Franz:

> Quatro anos depois de 1918, estive em Berlim. [...] Tivemos inflação, dinheiro de papel, milhões, bilhões, nada de carne, nada de manteiga, pior do que antes. [...] Não havia nada. [...] Só andamos por aí e roubamos batatas dos camponeses[19].

Uma das manchetes citadas – estamos no início de 1928 – é esta: "Alarme de crise no Reichstag, fala-se de eleições, em março, provavelmente abril; qual será o rumo, Josef Wirth"[20]. O referido político, do Partido do Centro, tinha sido chanceler da República, de maio de 1921 a novembro de 1922. Ele saiu do cargo porque seu engajamento no sentido de cumprir as exigências do Tratado de Versalhes causou um pesado endividamento ao Estado alemão e a hiperinflação de 1923, que foi traumática para o povo. Desde o começo de 1928, o número de desempregados na Alemanha aumentou cada vez mais. O narrador observa: "Krupp deixa seus aposentados morrerem de fome, um milhão e meio de desempregados, em quinze dias houve um crescimento de 226 mil"[21]. Como é sabido, nas grandes cidades alemãs daquela época era comum encontrar pessoas que carregavam cartazes dizendo: "Procuro trabalho. Faço

---

18. *Idem*, pp. 89-90.
19. *Idem*, p. 92.
20. *Idem*, p. 190.
21. *Idem*, p. 105.

qualquer coisa". Era uma situação histórica na qual a confiança num estado de justiça social estava profundamente abalada e se aguçaram os confrontos entre os militantes da extrema esquerda e da extrema direita.

A referida notícia sobre novas eleições no parlamento alemão e as lutas partidárias é seguida, na mesma frase, por uma notícia sobre um crime cotidiano: "assalto na Tempelherrenstrasse"[22]. Esse tipo de justaposição, de notícias sobre "crimes comuns", tais como aparecem todo dia nas páginas policiais, com informações sobre o que se passa nas altas esferas políticas é um procedimento estratégico de composição na obra de Döblin. De fato, em 1929, quando termina a história de Franz Biberkopf e quando o romance foi publicado, o crime na Alemanha não se limitava à ação de delinquentes praticando roubos e assaltos a residências, estabelecimentos comerciais, bancos etc. – crimes que as instâncias policiais e jurídicas estavam preparadas para combater. A referida crise nas instituições governamentais, fortemente agravada a partir de 1929 pelo crescente desemprego, causado pela crise econômica mundial, foi aproveitada por um bando de criminosos que se preparava para conquistar o poder político no país.

Mas vejamos primeiro como o indivíduo Franz Biberkopf é atraído para dentro do mundo do crime.

DOS CRIMES COMUNS, NOTICIADOS NA PÁGINA POLICIAL,...

Como sobreviver na metrópole? Como ganhar dinheiro? Esta pergunta se coloca, de forma reiterada, também para o protagonista: "Franz Biberkopf sai à procura, é preciso ganhar dinheiro, sem dinheiro o homem não vive"[23]. "Franz Biberkopf marcha pela Rosenthaler Platz, está contente e diz: [...] preciso ganhar dinheiro, [...] tenho de arranjar dinheiro. Vocês teriam de ver Franz Biberkopf, como foi à caça de dinheiro"[24].

22. *Idem*, p. 190.
23. *Idem*, p. 62.
24. *Idem*, p. 274.

Depois de suas experiências como vendedor de quinquilharias e de jornais, abre-se para Franz ainda uma terceira possibilidade. Num dos botecos, um lugar de encontro dos comerciantes de frutas e de gado, ele chega a conhecer o Reinhold e o Sr. Pums, que é chefe de uma quadrilha, o que Franz não sabe. Como, nesse dia, um dos bandidos não compareceu, Pums faz uma proposta: "O senhor vai no lugar dele, Biberkopf. [...] Às nove horas precisamos pegar a mercadoria. [...] Hoje é domingo, e o senhor não tem mesmo o que fazer. Compenso suas despesas e ainda lhe pago um extra"[25]. Franz aceita.

O seu motivo principal não é a vantagem pecuniária, mas a vontade de estar ao lado de Reinhold, que faz parte da quadrilha e que Franz admira. O personagem de *Reinhold* – literalmente, "o puro e o atraente" –, cujo nome é irônico, não é nenhum exemplo de pureza moral, mas Franz "sentia-se fascinado por ele"[26]. A expressão original "fühlte sich mächtig von ihm angezogen" contém uma alusão ao *opus magnum* de Goethe, quando o Gênio, que aparece dentro de uma labareda, declara a Fausto: "Du hast mich mächtig angezogen" ("Me atraíste poderosamente")[27]. Reinhold ganha a simpatia de Franz através de um "próspero tráfico de moças"[28], ou seja, ele lhe passa uma série de mulheres, que ele já não quer mais: primeiro a Fränze, depois a Cilly, e em seguida a Trude. O resultado: "Com admiração e prazer, Franz agora sempre encontrava seu Reinhold"[29].

Quanto à oferta de Pums, de Franz ajudar a "pegar a mercadoria", o nosso protagonista ingênuo percebe que se trata de um roubo apenas quando já está inteiramente envolvido na ação criminosa. Quando os bandidos, fugindo de carro, são perseguidos por um outro carro, Reinhold atira Franz para fora do veículo. No capítulo final, o personagem de Reinhold é descrito pelo narrador com atributos diabólicos: "o fogo infernal lampeja-lhe dos olhos e crescem-lhe chifres na cabeça"[30]. E muito antes, quando Franz olha fascinado para o

---

25. *Idem*, p. 234.
26. *Idem*, p. 199.
27. Cf. Johann Wolfgang von Goethe, *Fausto: Uma Tragédia*, parte I, ed. bilíngue, São Paulo, Editora 34, 2004, p. 70.
28. Alfred Döblin, *Berlin Alexanderplatz*, p. 200.
29. *Idem*, p. 205.
30. *Idem*, p. 502.

Reinhold e sorri para ele, enquanto este "não sorri nada", as ações futuras de Reinhold são anunciadas pelo narrador, que associa esse criminoso com a figura da Morte, através de uma canção popular da época barroca: "Existe uma ceifadeira, chamada Morte; do grande Deus vem o seu poder. Hoje afia a foice, que já corta muito melhor; não tardará a ceifar, vamos ter que suportar"[31].

Os crimes cotidianos comuns – roubos, assaltos e outras ações violentas –, noticiados na página policial dos jornais, com vários exemplos citados em *Berlin Alexanderplatz*, aparecem diante do pano de fundo de uma grave crise política.

... AOS CRIMES POLÍTICOS, QUE PODEM DECIDIR O RUMO DE UM PAÍS

A respeito do crime na sociedade alemã, Alfred Döblin, no seu retrospecto de 1932, informa:

> Minha atividade profissional como médico proporcionou-me contatos frequentes com criminosos. Alguns anos atrás trabalhei também num centro de observação para infratores. Advém disso muita coisa interessante e digna de ser mencionada. E quando encontrava essas pessoas e outras semelhantes, do lado de fora, adquiria então uma imagem singular da nossa sociedade: não existe nela uma fronteira rigidamente detectável entre elementos criminosos e não-criminosos; em todas as camadas possíveis a sociedade [...] está subvertida pela criminalidade[32].

De fato, especialmente naqueles anos entre 1929 e 1932 – quando, em consequência da crise econômica mundial, o número de desempregados na Alemanha subiu para a cifra alarmante de seis milhões de pessoas –, um bando de criminosos conseguiu, por meio de discursos demagógicos e ações de grupos paramilitares, assumir o poder político no país. Em 30 de janeiro de 1933, o chefe desse bando, Adolf Hitler, foi nomeado chanceler do Reich. Como uma visão divinatória desse país que estava caminhando para a ditadura aparece

---

31. *Idem*, p. 208.
32. *Idem*, p. 523.

esta observação sarcástica do narrador: "O Reich alemão é uma república, e quem não acredita nisso, recebe um golpe na nuca"[33].

Um estudo que complementa as informações de *Berlin Alexanderplatz* sobre a presença das ideias de Hitler na Alemanha daquela época é o livro de Hans Ulrich Gumbrecht, *In 1926: Living at the Edge of Time* (1997)[34]. Ele descreve como Hitler, em *Mein Kampf* (1926), mostrou compaixão com "a trágica miséria dos operários"[35]. Nessa situação, argumenta Hitler, o povo deve confiar no "instinto de preservação da espécie", no sentido de um darwinismo social, e nos "poderes supremos". O racismo é justificado por ele como "lei da natureza" e "vontade de Deus"[36]. A tarefa mais importante do Líder, que se considera um gênio e um profeta, é "colocar as massas em movimento"[37]. Como chefe político, ele até justifica os crimes, contanto que sejam cometidos "em nome da nação":

> Anunciar e liderar uma "guerra de extermínio" na esfera pública, cometer assassinato em nome da nação – estas são opções que nascem do colapso da relação entre o indivíduo e a sociedade. Se o fascínio pelo assassinato é o sintoma mais óbvio da desintegração da ordem, o papel do líder político carismático como promotor da síntese entre a individualidade e a coletividade se torna a solução mais amplamente aceita para essa crise. Líderes assim têm o poder de declarar o assassinato como legítimo[38].

AMPUTAÇÃO E ANESTESIA

Como e por que Franz Biberkopf perdeu o seu braço direito é um enigma tanto para o casal que lhe ajuda, Herbert e Eva, quanto para a sua namorada Mieze, uma vez que Franz não denuncia o perpetrador Reinhold, que ele continua admirando. Mieze fica sabendo do acontecido apenas por parte do

33. Alfred Döblin, *Berlin Alexanderplatz*, p. 304.
34. Hans Ulrich Gumbrecht, *Em 1926: Vivendo no Limite do Tempo*, tradução de Luciano Trigo, Rio de Janeiro e São Paulo, Record, 1999.
35. *Idem*, p. 397.
36. *Idem*, pp. 351 e 323.
37. *Idem*, pp. 343 e 435.
38. *Idem*, pp. 42-43.

CRISE DO ROMANCE – CRISE DE UM PAÍS...

próprio Reinhold durante um passeio na floresta, sendo logo em seguida assassinada por ele:

Uma vez Franz ficou de tocaia lá onde tínhamos um trabalho. E ele diz que não vai participar de nada, que é um homem decente. [...] Digo então que ele tem que ir junto com a gente. E ele tem que ir junto no carro, e eu ainda não sei o que fazer com o sujeito, sempre falou demais, então lá vem um carro atrás de nós e penso, agora vê se toma cuidado rapaz, você com essa fanfarronice de ser decente. E fora do carro. Agora você sabe onde foi parar o braço dele[39].

Depois de Franz ter sido levado pelos seus amigos Herbert e Eva para uma clínica, ele foi submetido a uma cirurgia: "O braço direito é amputado à altura da articulação do ombro"[40]. Com o estado da anestesia, que é necessária para uma amputação, o protagonista já tinha se familiarizado antes. "Biberkopf anestesiado": assim começa um subcapítulo do Quarto Livro, quando Franz, após ter sido enganado por Otto Lüders, se retira e não quer ver mais nada, ficando "sempre deitado no quarto, e nada além de beber, cochilar e cochilar!"[41] A amputação e a anestesia do protagonista de *Berlin Alexanderplatz* tornam-se histórica e politicamente significativas, *a posteriori*, quando lemos paralelamente um relato sobre a Alemanha, escrito em 1934 pelo etnólogo Curt Nimuendajú. Nascido em 1883 na cidade de Iena, com o nome de Curt Unckel, ele emigrou em 1903 para o Brasil, onde se dedicou ao estudo da cultura dos indígenas, dos quais recebeu também o seu nome definitivo. Em 1934 fez uma breve estadia no seu país de origem, enviando de lá para o diretor do Museu Goeldi em Belém o seguinte relato:

O nacional-socialismo [= NS] exige do indivíduo que ele mergulhe no rebanho e odeia o individualismo do qual o cientista, por sua natureza, é o representante. Ciência ele só compreende e admite até onde ela se relaciona com os problemas do NS. [...] Causou-me pena o aspecto atual das vitrines das livrarias na Alemanha, porque elas formam um índice para o nível intelectual de um povo. Hoje são transformadas

39. Alfred Döblin, *Berlin Alexanderplatz*, pp. 402-403.
40. *Idem*, p. 253.
41. *Idem*, p. 141.

em meras agências de propaganda do NS, formando um contraste desagradável com o que se vê na Inglaterra, na Dinamarca e na Suécia. [...].

O NS me parece um fenômeno patológico. Permita-me uma comparação: Um homem recebe um ferimento grave numa perna. [...] Surge um médico, que leva o paciente para a mesa de operação, anestesia-o, corta-lhe a perna e o homem está salvo. Muito bem. Mas o que não se concebe é que aquele médico queira agora sugerir ao paciente que doravante não só o seu estado normal, mas a condição ideal para ele seja a da anestesia ou da narcose. É o que Hitler está fazendo [com a Alemanha][42].

ASSASSINATO E GUERRA

Voltando ao assassinato de Mieze, a namorada de Franz. Da palavra alemã *Mordtat* (assassinato) originou-se provavelmente a *Moritat*, que designa uma canção ou história exemplar, contendo um ensinamento moral. Como Walter Benjamin observou em sua resenha, Döblin estruturou os capítulos de sua obra com "anúncios no estilo das narrações populares moralizantes"[43]. Depois do assassinato de Mieze por Reinhold, numa floresta nos arredores de Berlim, a parte final do episódio é apresentada por meio de uma montagem de sons horripilantes:

Uu, u, u-uu-u, a tempestade retorna, é noite. [...]

Agora é isso que acontece: rumm, rumm. [...] As árvores balançam para a direita e para a esquerda. Rumm, rumm. Mas não conseguem manter o ritmo [...], elas se vergam, estalam, estalejam, rangem, estouram, crepitam. Rumm faz a tempestade. [...] Uuuuu, u, uu [...]. Rumm, lá vem ela outra vez. Atenção, rumm, rumm, rumm, são bombas aéreas, ela quer arrancar a floresta, quer esmagar a floresta inteira.

As árvores gemem [...], elas racham [...], a vida é atingida, rumm, rumm. [...] Sou sua, venha, logo chegaremos, sou sua. Rumm, rumm[44].

---

42. Curt Nimuendajú, "Carta para Carlos Estevão, de 10/05/1934", citada por Elena M. Welper, *Curt Unckel Nimuendajú: Um Capítulo Alemão na Tradição Etnográfica Brasileira*, Rio de Janeiro, UFRJ, 2002, p. 74, Dissertação de Mestrado.

43. Walter Benjamin, "Crise do Romance: Sobre *Berlin Alexanderplatz*, de Döblin", *Obras Escolhidas I*, p. 57.

44. Alfred Döblin, *Berlin Alexanderplatz*, pp. 405-406.

CRISE DO ROMANCE – CRISE DE UM PAÍS...

A sequência dos verbos – "elas se vergam, estalam, estalejam, rangem, estouram, crepitam" – sugere uma onda de violência, representada pelas forças da natureza e o uso da moderna técnica bélica. O assassinato da moça é transportado para o ambiente de uma guerra: um ataque aéreo com bombas. E em baixo: um sussurro de palavras de amor, a saudade de ter um último encontro, antes que tudo acabe.

O fim da história mostra o novo personagem, Franz Karl, assistindo, como porteiro de uma fábrica, a tropas que "passam marchando, com bandeiras e música e canto". Franz reflete: "Se houver guerra e eles me convocarem e eu não souber por quê [...], então terei culpa e será bem feito para mim". Por isso, ele se propõe: "Ficar desperto, olhos abertos, atenção [...], quem não despertar será ridicularizado ou aniquilado". Em meio ao rufar dos tambores e à marcha dos soldados, o narrador conclui: "Biberkopf é um pequeno operário. Sabemos o que sabemos, tivemos de pagar caro por isso"[45].

"Marchamos para a guerra"[46] está escrito na última frase do livro. Com isso, a história do indivíduo Franz Biberkopf e a história da Alemanha mais uma vez se entrelaçam. Tudo indica que o autor de *Berlin Alexanderplatz* tinha um nítido pressentimento de que a guerra de 1914-1918 teria continuidade numa segunda guerra mundial.

BURRICE DE UM INDIVÍDUO E BURRICE DE UM POVO

La sottise (a burrice), a palavra com a qual Baudelaire começa as *Fleurs du Mal* (1861), o mais importante livro de poemas sobre a metrópole moderna, poderia ser a epígrafe desta nossa leitura de *Berlin Alexanderplatz*. A moral da história de Franz Biberkopf é que ele próprio foi o principal culpado por toda a sua desgraça. Os personagens que opinam sobre ele, e também o narrador, que no final toma a palavra atrás da máscara da figura alegórica da Morte, concordam que o principal traço de caráter do protagonista é a sua burrice. Reinhold, numa conversa com Pums, traça de Franz este retrato: "Esse

45. *Idem*, pp. 520-521.
46. *Idem*, p. 521.

cara é um idiota [...], sempre rindo e sorrindo, ele é burro demais, deve ter um parafuso solto. [...] Imagine só, eu atiro o homem fora do carro, e ele reaparece aqui. [...] Não está regulando direito. Esse Biberkopf é um idiota, um paspalho"[47].

Diante de tamanha burrice, com a qual Franz se apresenta diante dele, Reinhold se vê motivado a " brincar com esse cara". A própria Mieze, que ama o seu Franz, nota nele os sintomas de burrice: "fizeram o Franz fazer o papel de bobo"; "o Franz é um bocadinho tonto, ele deixa que usem e abusem dele"[48]. O julgamento inicial do narrador, de que o protagonista é "arrogante e ingênuo"[49], é confirmado e agravado no final pela figura da Morte: "Três vezes vergonha. Ela [Mieze] veio até junto de ti, era encantadora, te protegia, ficava alegre contigo, e tu? [...] Tu vais e te gabas dela diante do Reinhold [...], atiçando-o com ela. Pensa bem se não é tu mesmo o culpado por ela não estar viva. E nenhuma lágrima derramaste por ela, que morreu por ti"[50].

À limitação da inteligência – Franz se exibe com sua namorada diante do seu pior inimigo, motivando-o com isso a tirá-la dele – acrescenta-se a pobreza do sentimento.

É instrutivo ler a história do tolo Franz Biberkopf da perspectiva de um discurso que o romancista Robert Musil proferiu em março de 1937 em Viena com o título "Sobre a burrice"[51]. À luz desse texto pode ser realçada a sugestão subliminarmente presente no livro de Döblin, de que existe uma relação entre a burrice do indivíduo e o caminho de um povo rumo à burrice. De forma semelhante a Döblin, também Musil aponta para uma inter-relação entre burrice e a soberba, especialmente no plano coletivo e político:

O homem público atuante, desde que está com o poder, diz [...] que foi escolhido por Deus e destinado a atuar na História. Isso se mostra sobretudo quando uma certa

---

47. *Idem*, pp. 355-356.
48. *Idem*, p. 377.
49. *Idem*, p. 9.
50. *Idem*, p. 497.
51. Robert Musil, "Über die Dummheit", em *Gesammelte Werke*, vol. 8, *Essays und Reden*, ed. por Adolf Frisé, Reinbek bei Hamburg, Rowohlt, 1978, pp. 1270-1291. Tradução minha.

CRISE DO ROMANCE – CRISE DE UM PAÍS...

camada inferior da classe média – em termos intelectuais e morais – se manifesta protegida por um partido, uma nação ou uma seita e se sente autorizada a dizer "nós" em vez de "eu"[52].

Essa passagem é uma alusão ao partido de Adolf Hitler, que se preparou para anexar a Áustria ao Reich alemão, o que aconteceu em março de 1938. No seu texto, Musil explica também que a burrice coletiva, quando entra em ação, assume a forma da bruteza. Em "pessoas, quando aparecem em grande quantidade", numa "maioria, que quer viver tudo o que deseja", ele observa "uma tendência de se permitir tudo o que lhes é proibido enquanto indivíduos"[53]. Numa referência mais acima, ao livro *Minha Luta*, de Hitler, vimos que este considerou crimes como justificados, quando eram cometidos "em nome da nação"[54]. Musil conclui o diagnóstico de sua época com a observação de que "a burrice ocasional de um indivíduo pode facilmente se transformar numa burrice constitucional de todos", e acrescenta que "os exemplos para essa situação saltam aos olhos"[55].

Podemos encontrar exemplos concretos disso, consultando o *Volume Complementar*, editado em 1935, sob o regime nazista, e acrescentado aos 20 volumes anteriormente publicados da enciclopédia *Der Große Brockhaus*[56]. No verbete "Brecht, Bertolt", encontra-se esta informação lacônica: "Escritor, expatriado em 1935, vive no exterior". E no verbete "Einstein, Albert" está escrito: "Foi demitido em 1933, como diretor do Instituto Kaiser-Wilhelm de Física, foi expatriado e desde então vive no exterior". Assim, a Alemanha daquela época liquidou com a sua inteligência.

---

52. *Idem*, p. 1275.

53. *Idem*, p. 1276.

54. Cf. *supra*, nota 38.

55. Robert Musil, "Über die Dummheit", p. 1289. Nesse contexto deve ser lembrada também a obra principal desse escritor: o romance épico *Der Mann ohne Eigenschaften*. Depois de Musil ter publicado, em 1931 e 1933, as partes I e II, ele trabalhou até o fim de sua vida (em 1942) na terceira parte do romance, à qual deu o título "Ins Tausendjährige Reich [Die Verbrecher]" – uma referência explícita ao "Império de Mil Anos", planejado por Adolf Hitler e seu bando de criminosos.

56. *Der Große Brockhaus: Handbuch des Wissens in zwanzig Bänden*, vol. 21, *Ergänzungsband A-Z*, Leipzig, 1935.

UMA VERSÃO TRAPACEIRA DO ROMANCE DE FORMAÇÃO?

Walter Benjamin conclui a sua resenha de *Berlin Alexanderplatz* com esta observação: "A história desse Franz Biberkopf [...] é o estágio extremo, *schwindelnd*, último, mais avançado do antigo romance burguês de formação"[57]. O epíteto propositalmente ambíguo "schwindelnd" pode significar tanto "vertiginoso" quanto "trapaceiro". Com este segundo significado, a obra de Döblin acaba sendo avaliada de forma bastante severa. Também nas suas observações anteriores, Benjamin se manifesta de forma um tanto oscilante. Por um lado, ele acha que o fato de Döblin ter criado um segundo protagonista, de nome Franz Karl, foi "um grande lance artístico". Pouco depois, ele afirma: "No momento em que o herói ajuda a si mesmo, a sua existência não ajuda mais a nós, como leitores".

Existe de fato uma ambiguidade na concepção dessa obra, que continua se filiando à tradição do romance de formação, mas ao mesmo tempo procura renovar esse gênero através da opção por uma epopeia moderna.

Se avaliamos a obra da perspectiva do romance de formação, existe uma contradição no modo como ela é construída. A liberdade de o leitor fazer a sua própria aprendizagem diante das dificuldades do protagonista de levar uma vida decente naquela época conturbada é tolhida pelo narrador onisciente, que se coloca numa posição superior em relação ao protagonista e lhe ministra conselhos. Essa concepção de o personagem "ser conduzido", no sentido etimológico da *e-duca-ção* (do latim *ducor*, "eu sou conduzido"), não é uma "formação" (*Bildung*) e nem um "romance de formação" (*Bildungsroman*), no sentido de o indivíduo poder se desenvolver livremente, podendo cometer erros e aprender autonomamente a corrigir os seus erros.

Uma vez que o próprio Döblin optou por duas diferentes versões finais de sua história – na primeira, Franz Biberkopf morre; na segunda, ele renasce como o personagem Franz Karl – e que, além disso, na conferência "A Construção da Obra Épica", ele defende a ideia de uma participação ativa do leitor, eu proponho uma terceira versão final para a ideia de formação, que não é trapaceira, mas é avançada, no sentido de desafiar o indivíduo a cuidar

---

57. Walter Benjamin, "Crise do Romance: Sobre *Berlin Alexanderplatz*, de Döblin", *Obras Escolhidas* I, p. 57.

ele próprio de sua aprendizagem. Trata-se de um texto que tomo emprestado a um outro autor daqueles anos 1920. O narrador e o protagonista são idênticos. Trata-se de um indivíduo que, assim como Franz Biberkopf, se vê confrontado com a grande cidade moderna e não sabe qual é o caminho que ele deve tomar:

Eu ainda não sabia me orientar naquela cidade. Felizmente estava ali perto um guarda. Corri até ele e, já sem fôlego, perguntei pelo caminho. Ele sorriu e disse "É de mim que você quer saber o caminho?" "Sim", eu disse, "pois eu próprio não consigo encontrá-lo". "Desista", ele disse, "desista", e virou-se para o outro lado, como fazem pessoas que querem ficar a sós com a sua risada.

Certamente, todo o mundo conhece o autor que acabo de citar. O seu nome é idêntico ao do protagonista de *Berlin Alexanderplatz*: Franz. O sobrenome é: Kafka[58].

---

58. Franz Kafka, "Gibs auf!", *Sämtliche Erzählungen*, Frankfurt a. M., S. Fischer, 1969, pp. 410-411; "Desista!", *Essencial Franz Kafka*, tradução, seleção e comentários de Modesto Carone, São Paulo, Companhia das Letras, 2011, p. 183.

EDUARDO DE ASSIS DUARTE

O *Bildungsroman* Proletário
de Jorge Amado*

Em 1935, dá-se o auge do chamado "romance proletário" no Brasil, concomitante à campanha da Aliança Nacional Libertadora e às agitações em torno da insurreição deflagrada em novembro. Para o jovem de 23 anos, que experimentara uma recepção crítica polêmica em torno de seus primeiros livros, impunha-se um salto de qualidade, visando não apenas uma obra mais estruturada e duradoura, mas sobretudo com alcance social mais amplo, dentro do propósito de "falar às massas" e marcar posição no processo histórico--cultural.

Para cumprir o projeto que o momento político e a opção pela literatura engajada lhe solicitavam, Jorge Amado envereda pelos ramos ancestrais da narrativa e tempera o intuito realista de narrar a evolução do oprimido na direção da consciência de classe com toda uma gama de recursos construtivos de grande repercussão popular. Para tanto, abandona o esquema fragmentário de *Suor* (1934), em favor de um enredo convencional, centrado na formação do herói. O diálogo com a tradição narrativa segue a tendência marxista de dialetizar a herança cultural, tanto burguesa quanto popular. A apropria-

---

* Versão condensada do capítulo 2 de *Jorge Amado: Romance em Tempo de Utopia*, 2. ed., Rio de Janeiro, Record, 1996.

ção crítica das formas estabelecidas de manifestação cultural, presentes nas formulações de Marx, Engels, Lênin, Trotski e tantos outros, torna-se um imperativo e, mesmo, um traço primordial de toda a arte que se comprometeu com o ideal socialista ao longo do século xx.

Em *Jubiabá,* vemos materializar-se esse encontro com o popular não apenas enquanto matéria ficcional, mas igualmente na direção das formas consagradas de sua expressão: os *causos* da tradição oral, os folhetos de cordel, os ABC dos heróis sertanejos. A estrutura do romance assimila e combina essas formas, de sorte que é possível discernir elementos seus no enredo cheio de façanhas, no ritmo marcado pelas repetições, no tom próximo da oralidade. A própria concepção do enredo, fundada na narração dos feitos de um herói, inspira-se no cordel e, mesmo, na mais longínqua herança narrativa. Daí, as imagens arquetípicas, as referências lendárias e o substrato mitológico que permeiam diversas passagens, aproximando o texto dos padrões do velho *romance* ou "estória romanesca"[1].

Por outro lado, o autor incorpora também a herança da narrativa burguesa que se difundiu e arraigou entre nós e constrói um romance de aprendizagem em que se evidenciam as relações com os motivos e tratamentos folhetinescos. O emprego da repetição como princípio construtivo, as inúmeras barreiras colocadas no caminho triunfante do protagonista, o ritmo ágil e a variedade das ações demonstram que as convenções do folhetim também se fazem presentes. E, junto com elas, as emanações melodramáticas visíveis nos exageros mórbidos, nas coincidências, nas mudanças bruscas do destino, no maniqueísmo de situações e personagens.

O resultado dessa mistura de formas e linguagens é o que denomino *romance romanesco,* fruto da combinação do *popular* com o *popularizado*: dos componentes primitivos incrustados na tradição da narrativa oral com as formas consagradas da herança romanesca dos séculos XVIII e XIX. O objetivo

---

1. Segundo Northrop Frye, *Anatomia da Crítica,* São Paulo, Cultrix, s.d., pp. 185, 138-139, a estória romanesca "é, de todas as formas literárias, a mais próxima do sonho que realiza o desejo". Isto ocorre em função do predomínio da subjetividade e das abstrações arquetípicas sobre a concretude do real. A estória romanesca situa-se entre os "dois extremos da invenção literária", o mito e o naturalismo, tendo a propriedade de "deslocar o mito numa direção humana e, todavia, em contraste com o 'realismo', de convencionalizar o conteúdo numa direção idealizada".

O *BILDUNGSROMAN* PROLETÁRIO DE JORGE AMADO

dessa combinação de formas é difundir a mensagem partidária de elevação do oprimido, materializada em *Jubiabá* no processo de construção do herói proletário.

Esse herói é Antônio Balduíno, o Baldo de *Suor*, antes figura meramente decorativa nas histórias fragmentárias do casarão, agora figura central do novo romance. Este se divide em três partes, abrangendo a formação do personagem, desde a infância no "Morro do Capa-Negro" até seu desabrochar como líder proletário: "Bahia de Todos os Santos" e "Do Pai-de-Santo Jubiabá" (infância e adolescência), "Diário de um Negro em Fuga" (juventude) e "ABC de Antônio Balduíno" (idade adulta).

O começo do romance é cinematográfico. Em pleno Largo da Sé, a multidão assiste a uma luta de boxe na qual se batem o alemão Ergin, "campeão da Europa Central" e Baldo, o "campeão baiano". A narração é precisa, a cena se desenvolve num suceder de frases curtas que mais parecem tomadas de vários *cameramen*, dando conta ora da vantagem do brasileiro, ora do alemão; ora enfocando as reações da plateia, ora as interferências do juiz. O livro se abre *in medias res* e só mais tarde o leitor ficará sabendo quem é este Baldo que já por duas vezes derrubou o oponente, para delírio da plateia de estudantes, estivadores, soldados e operários. Eles se exaltam com seu campeão, mas o vaiam sem piedade quando Ergin toma a frente da luta e Balduíno se agarra às cordas para não cair: "Negro fêmea! Mulher com calça! Aí loiro! Dá nele"[2].

Os primeiros movimentos da narrativa indicam que o personagem tem uma vida pública, que se expõe nas ruas para delas ter de volta rejeição ou aplauso. A cena antecipa o traço de "artista da vida" que o acompanhará por boa parte do texto: órfão, mendigo, malandro, capoeira, boxeador, sambista, artista de circo, poeta de ABC. Balduíno quase sempre está em público: junto aos moleques do morro, chefiando pivetes nas ruas, expondo-se nos ringues e picadeiros, envolvendo-se em pancadarias nas feiras, encantando as mulheres com sua voz. E mais tarde, no decorrer da greve, participando dos piquetes, discursando nas assembleias, tentando esvaziar a macumba do pai-de-santo Jubiabá.

No tablado da praça, ele retoma a iniciativa e a luta se aproxima do fim:

---

2. Jorge Amado, *Jubiabá*, Rio de Janeiro, Record, 1984, p. 16.

Foi quando o alemão voou para cima dele querendo acertar no outro olho de Balduíno. O negro livrou o corpo com um gesto rápido e como a *mola de uma máquina que se houvesse partido* distendeu o braço bem por baixo do queixo de Ergin, o alemão. O campeão da Europa Central descreveu uma curva com o corpo e caiu com todo o peso.

A multidão, rouca, aplaudia em coro:

– BAL-DO... BAL-DO... BAL-DO...

O juiz contava:

– Seis... sete... oito...

Antônio Balduíno olhava satisfeito o branco estendido aos seus pés[3].

A rapidez com que o personagem desvia de um golpe para desfechar outro logo em seguida se insere na dimensão de intensa mobilidade que o caracteriza em toda a narrativa. A imagem da *mola* é significativa não apenas do gesto decisivo para a definição do combate inicial, mas aponta para o procedimento básico de condicionar aos constantes deslocamentos a vitória nas lutas maiores que irão se seguir. Metáfora privilegiada, a *mola* representa a positividade impulsionadora que move *Jubiabá* e aponta para a concepção de percurso ascensional entranhada na própria estrutura do romance. Quanto a Balduíno, a agilidade não está só no corpo do personagem ou nos vários papéis que desempenha. Está também nas transformações de uma vida que vai ter a *rebeldia* como meio e a *procura* como fim. Sua vitória, logo na abertura do livro, assinala a opção e a postura do romance proletário de Jorge Amado em favor dos marginalizados. E o fato de um afro-brasileiro vencer um ariano num embate físico ganha um sentido especial frente ao contexto racista da época, em que pontilhavam os mitos arianistas e as teorias eugênicas propagadas pelo nazismo[4].

Por outro lado, é preciso ressaltar o ineditismo de um romance cujo protagonista é negro, pobre e favelado. Acrescente-se a isso a condição de ganhar a vida no trabalho braçal, seja nas plantações de tabaco ou no cais do porto. A passagem acima pertence a um momento fugaz, em que Balduíno vende

---

3. *Idem*, p. 17 (grifos nossos).

4. Nesta cena, Jorge Amado antecipa em um ano o que ocorreria em Berlim nas Olimpíadas de 1936, quando o afro-americano Jesse Owens desmentiu a propaganda nazista derrotando os europeus e arrebatando quatro medalhas de ouro no atletismo.

sua força física a um empresário de boxe. O fato desta cena abrir o romance confere a ela um sentido emblemático, fundado na conjunção do *trabalho manual* com a *luta*. Por aí já se revela o propósito de abalar o preconceito que relegava esse tipo de trabalho aos descendentes de escravos. A trajetória do personagem visa demonstrar não só que estes podem conquistar de fato a cidadania, bem como tomar nas mãos o próprio futuro.

O sentido de *luta* vai marcar muito mais do que o primeiro contato do personagem com o leitor. Balduíno surge como alguém que bate e vence, mas que também sofre revezes. Sua vitória não ocorre sem o sacrifício dos socos no rosto, dado que já aponta para a faceta heroica com a qual o texto irá re-cobrir sua figura. Assim será nos demais confrontos que irão pontear seu per-curso e isto confere um sentido bem definido à cena de abertura. Ela demarca o traço primordial do sujeito-lutador e passa a presidir com seu simbolismo toda a trajetória que se seguirá.

Jubiabá possui um enredo em espiral, marcado por avanços e recuos, e es-truturado de forma a abranger o percurso evolutivo do personagem em suas vá-rias etapas. Estas constituem sete momentos bem delineados na narrativa, abaixo resenhados. Cada um deles tem uma localização espacial definida, com ações e situações que evidenciam o processo de crescimento embutido na peregrinação.

O primeiro momento é o da infância no "Morro do Capa-Negro", onde Balduíno surge aos oito anos já chefiando um bando de moleques e envolvendo--se em "traquinagens inconfessáveis". O texto enfatiza a vida solta, sem pai nem mãe, os controles débeis da tia. A cidade surge como lugar mítico onde mais tarde ele terá que provar sua força. Vista do alto, ganha traços de animal me-donho que ruge, chora, inquieta e seduz. O morro representa o espaço elevado da pobreza honesta e da pureza infantil. Abaixo dele, a cidade se assemelha ao mundo demoníaco, labiríntico, que Balduíno terá que dominar para firmar sua virtude sobre as ambições mesquinhas, as intrigas e os perigos que o ameaçam. No romanesco popular, a urbe tem o sentido imemorial de lugar destinado à convergência não só dos seres errantes, mas de todos os acasos e coincidências (benéficas ou funestas) impelindo ao deslocamento e à aventura[5].

---

5. Jean-Louis Bory, "Premiers Élements pour une Esthétique du Roman-Feuilleton", *Tout feu tout flame*, Paris, Julliard, 1966, pp. 31-32.

A trama do livro pode ser lida como variação de um modelo arquetípico – o do *mythos* da procura – em suas quatro fases: o conflito (*ágon*), a
luta de morte (*pathos*), o despedaçamento (*sparagmós*) e o reconhecimento
(*anagnórisis*)[6]. Essa estrutura primitiva, largamente absorvida pelo romance popular, simplifica e encaminha a aventura de Antônio Balduíno para o
campo da empatia imediata com o público. O autor adota o procedimento
romanesco de fazer a narrativa cumprir um caminho previamente anunciado. No caso, um caminho marcado pelo apego à liberdade e disposição do
personagem em "não ser escravo". No entanto, com a doença da tia, Baldo
sai do morro para "ser criado" na casa do Comendador. Deste modo, arma-se
o conflito, gerador da procura, e a infância termina marcada pela despedida
do pai-de-santo: "quando crescer venha cá, quando tiver homem"[7]. O personagem é impulsionado para fora do espaço original sabendo que a ele deverá
retornar. Com isto, temos anunciado o enredo helicoidal, ao mesmo tempo
circular – pelos constantes retornos; e *linear* – pela progressiva transformação
do protagonista.

A permanência junto à família do comerciante configura o segundo momento da trajetória. Dos 12 aos 15 anos, Balduíno presta pequenos serviços, frequenta a escola e aprende a dissimular e mentir, quando necessário. Criadinho
e menino de recados, desfruta a companhia meiga de Lindinalva e daí surge o
amor platônico que o acompanha em todo o romance. O conflito se coloca nas
agressões e mentiras de Amélia, a superior hierárquica que cumpre na história
a velha função da mexeriqueira invejosa e má. Logo uma acusação infundada
interrompe a relativa estabilidade que opunha o carinho de Lindinalva às surras
de Amélia. A ruptura se completa com o *pathos* da morte de Luíza, a tia que
fazia as vezes de mãe. Perdem-se as referências femininas, perde-se a inocência;
morre a criança e o herói se desloca rumo à nova *persona*. Crescido, ele parte e
vai habitar os becos sinuosos da cidade, cai no ventre do Leviatã.

O espaço da rua inaugura o período da liberdade malandra, num certo
sentido um retorno à molecagem da infância: Balduíno chefia o bando de
adolescentes que vive de esmolas e pequenos delitos. "Imperador das ruas", a

---

6. Valemo-nos da teorização de Northrop Frye, *Anatomia da Crítica*, pp. 185-191.

7. Jorge Amado, *Jubiabá*, p. 52.

O BILDUNGSROMAN PROLETÁRIO DE JORGE AMADO

"cidade da Bahia" é seu reino[8]. A narrativa se enriquece com a chegada dessa "corte", na qual se destacam o anão Viriato e o patético Gordo, que vai cumprir o papel de escudeiro e amigo fiel, com suas rezas e estampas de santos. O desajuste que cada um dos moleques retrata é atenuado pela idealização romanesca e o narrador mais de uma vez se refere à "gargalhada que estrugia pelas ruas ladeiras e becos da cidade"[9], em oposição às tensões da vida marginal. Mas o conflito está sempre presente e se adensando no *pathos* da prisão e tortura do grupo e na morte de "Felipe, o Belo"[10].

O episódio marca o fim do período, o personagem volta ao espaço de origem, dando início ao quarto momento da peregrinação. Não é mais o menino que partiu; está crescido e adere à herança malandra do pai, aprimora-se no violão e na capoeira. A recusa do trabalho é inscrita como afirmação de liberdade numa perspectiva romanesca de idealização da vadiagem. A música e a capoeira emolduram o cenário de aventura juvenil: o herói se envolve em namoros e brigas e, numa delas, é descoberto por Luigi, que o traz para o boxe, transformando-o logo em "campeão baiano de todos os pesos". A "Lanterna dos Afogados" ganha destaque como espaço de celebrações e encontros do lumpesinato boêmio.

Essa fase se encaixa à perfeição no modelo romanesco de juventude despreocupada e inocente, marcada pelo companheirismo. O caráter ingênuo e sonhador de Balduíno tem um contraponto trágico na figura de Viriato, o amigo que surge nos momentos de farra para lembrar a miséria da condição lúmpen. A tristeza vem da consciência da marginalização e o herói reitera que Viriato "sabe mais" do que todos eles. O anão cumpre um papel semelhante ao do bobo ou bufão, qual seja, o de porta-voz da verdade e do bom senso. Segundo Frye, tal figura "representa, no mundo de sonhos da estória romanesca, a forma encolhida e murcha da realidade prática que desperta"[11]. Além

8. O epíteto se encaixa nas convenções adotadas em *Jubiabá*. Segundo Frye, o herói romanesco vive num "mundo superior" ao dos homens comuns, daí se justificando a superposição do personagem ao arquétipo do Imperador.

9. Jorge Amado, *Jubiabá*, p. 70.

10. Novamente o texto recorre a uma variante arquetípica, agregando à figura do menino a imagem lendária do Rei da França.

11. Northrop Frye, *Anatomia da Crítica*, p. 195.

disso, o suicídio de Viriato é importante também para a atualização do significado arquetípico do mar como espaço da morte e mundo demoníaco. O anão é tragado pelas ondas porque "era sozinho" e "tava procurando acertar o caminho de casa"[12].

Esse novo *pathos* corresponde ao anúncio de nova barreira entre o personagem e a heroína, que se prepara para casar com outro. O mal de amor leva à derrota no boxe e ao fim do "campeão baiano de todos os pesos". Temos, então, o momento do *sparagmós*, Balduíno mergulha no desespero e se afasta em busca do "caminho do mar", embarcando no saveiro de mestre Manoel. O simbolismo de errância e aventura é reforçado pela figura de Maria Clara, de forte descendência mitológica. Qual deusa marinha, a companheira do mestre domina os ventos, "compra o mar" com sua música e guia o "Viajante Sem Porto" por sobre as águas revoltas.

Pelo mar, o Balduíno chega ao universo das plantações de tabaco do interior baiano, onde conhece a fome e a exploração. Após as etapas vadias, essa é uma fase de reclusão e sofrimentos. Por outro lado, o tempo vivido na fazenda (recebendo "destões" por dia e dormindo em cama de varas) é parte importante da formação que o levará a se identificar e se integrar ao proletariado emergente. O mundo do trabalho alienado tenta enquadrar o jovem pouco afeito à disciplina. Em vão. Logo uma rixa amorosa leva-o à luta de morte com o capataz e provoca nova fuga. O herói se arrisca, mas vence e isto expressa o *ágon* romanesco predominando sobre o *pathos* e o *sparagmós*, ao mesmo tempo que os relativiza. Perseguido, Balduíno se oculta no labirinto da mata para logo depois ressurgir corajoso, navalha em punho, amedrontando os que o cercavam. Ele foge, corre, ganha um talho no rosto, mas é salvo por um velho sem nome – *deus ex machina* – que o esconde e cura a ferida.

O sexto momento do enredo é o que melhor condensa o aspecto de mobilidade imposto à vida do personagem, pois começa num vagão de trem e acaba num barco, de volta a Salvador. É uma errância ainda labiríntica, onde, novamente por acaso, Balduíno encontra o ex-empresário de boxe, que o leva à existência itinerante do circo, trabalhando ora como lutador, ora como coadjuvante de pantomimas. A precariedade dessa situação, expressa na in-

---

12. Jorge Amado, *Jubiabá*, p. 100.

digência financeira do personagem e na decadência do circo, confere a este momento um sentido de *via-crucis*: a cada novo lugarejo o circo chega menor e com menos componentes, até se extinguir a partir da morte de Giuseppe, nome mais importante do elenco.

Nos seis momentos aqui resenhados, temos a repetição da mesma estrutura: o conflito se agrava, rompe-se o débil equilíbrio existente, sobrevém o *pathos* e o herói renasce crescido e revigorado no estágio seguinte, estabelecendo-se um novo equilíbrio, a que se segue novo conflito. A mobilidade e a capacidade de adaptação marcam fortemente o personagem.

Nesse instante, Baldo vive o ponto máximo da crise de identidade e de uma procura que ficará momentaneamente sem sentido, pois que a amada se transforma em anjo caído. É o momento infernal no qual o *pathos* (que ao longo do percurso vai envolvendo o herói, mas sem atingi-lo diretamente) mais se aproxima. A visão da amada prostituída impele-o ao desespero mórbido, mal apaziguado pelos poderes de pai Jubiabá[13]. Lindinalva, à beira da morte, consegue, porém, recuperá-lo para a vida ao se arrepender e reconhecer as virtudes de Balduíno confiando-lhe a criação do filho. É também o momento em que este se afirma perante a amada, demonstrando nobreza de sentimentos e de caráter.

Nessa variante do *mythos*, a *anagnórisis* se antecipa ao *pathos*. A morte de Lindinalva salva a vida do herói ao lhe destinar uma nova missão. Ou melhor, *pathos* e *anagnórisis* ocorrem juntos, romanescamente simultâneos: morre o rapaz, o malandro, a rebeldia ingênua; surge o adulto, o "pai" e, posteriormente, a consciência de classe. Na greve, Balduíno se sente "nascendo de novo" e, na assembleia, ele não vai discursar, mas "contar" a história de sua procura para em seguida ser consagrado/reconhecido como líder. O renascimento e o triunfo final do herói configuram o ponto máximo da *anagnórisis*. Todavia, o encontro da amada e da identidade virtuosa e combativa não o confina à passividade dos vencedores. O espírito do *ágon* se repropõe e o romance termina com o personagem querendo sair para fazer a "greve em todos os portos".

---

13. No âmbito da estória romanesca é comum que o herói órfão encontre um novo pai na figura de um "velho sábio" (Jung). Frye lembra os papéis desempenhados por Merlim e Próspero, nessa linha (*Anatomia da Crítica*, p. 193).

Em *Jubiabá,* ocorre, pois, a diluição do *pathos* nas sete "histórias" que compõem a narrativa, a morte se espraiando justamente para não recair sobre o corpo do protagonista: Luíza, Felipe, Viriato, Giuseppe, Lindinalva e outros são entes mais ou menos queridos sacrificados pelo texto em favor do crescimento/renascimento de Balduíno. Dentro desse simbolismo de vida e morte, começo e fim, vai surgir a nova identidade do personagem, que vê seu destino cruzar-se com o da criança e, ao mesmo tempo, com o de sua classe.

Temos, portanto, o enredo consecutivo e progressivo do velho romance medieval deslocado para a narrativa da emancipação individual e política típica da modernidade. As idas e vindas do personagem, a combinação de circularidade com linearidade ascensional revelam a trajetória em espiral da narrativa, como se esta funcionasse como ampliação da *mola* propulsora da cena inicial, a impelir reiteradamente o personagem rumo à formação da consciência. No momento em que se atenta para o formato helicoidal do enredo, mais se percebe a carga emblemática da cena inicial e da imagem da *mola,* na configuração de uma perfeita homologia entre expressão e pensamento. O sentido impulsionador de *Jubiabá* está presente tanto nas ações narradas, quanto na própria estrutura do romance. O que se vê é um contínuo arremesso à ação, espécie de soco na inércia do leitor, enfatizado, inclusive, pelo retorno de Balduíno em escritos posteriores, sempre alçado a situações de protesto ou confronto.

Em *Estética da Criação Verbal,* Mikhail Bakhtin estuda a tradição do *Bildungsroman* desde os clássicos segundo o critério da "assimilação do tempo histórico real e do homem histórico nesse tempo", estabelecendo cinco tipos principais. O primeiro, ligado à tradição idílica do século xviii, "representado por Hippel, Jean-Paul e, em parte, por Sterne", constrói a temporalidade em forma de ciclos; o segundo, feito, entre outros, por Wieland e Wetzel, toma a vida como aprendizado e conduz sempre à desilusão diante do "mundo-escola"; no terceiro, de tipo biográfico, o destino do personagem estaria ligado a um conjunto de circunstâncias ou acontecimentos que modificam uma vida, como em *David Copperfield.* O quarto tipo seria o do *Bildungsroman* didático-pedagógico, exemplificado no *Émile,* de Rousseau. E, por fim, o exemplar realista, de todos o mais importante: aquele em que "a evolução do homem se apresenta em indissolúvel relação com a formação histórica", e cujos protótipos poderiam ser tanto *Pantagruel* ou *Gargântua*, como *Simplicissimus* ou *Wilhelm Meister*[14].

Os vínculos de *Jubiabá* com essa tradição evidenciam-se a partir da evolução do personagem, não só em termos de seu aprimoramento enquanto indivíduo, mas também na medida de sua inserção no devir histórico, na crescente organização e participação dos trabalhadores no processo político brasileiro. Da infância lúmpen à maturidade proletária, *Jubiabá* expõe a formação de seu protagonista através dos "sete tempos", que funcionam como ciclos do *Bildungsroman*. Ao lado disso, é possível constatar a heterogeneidade de seu modelo construtivo: na aprendizagem de Balduíno há elementos tanto do *Wilhelm Meister* goethiano quanto do *David Copperfield*, de Dickens, mesclados ao tom de elevação do proletariado oriundo das narrativas soviéticas e do neorrealismo dos anos 1930.

Para Lukács, o livro de Goethe tematiza a "reconciliação do homem problemático – dirigido por um ideal que para ele é experiência vivida – com a realidade concreta e social". Lembra em seguida que essa reconciliação "não pode nem deve ser um simples acomodamento", nem muito menos uma "harmonia pré-estabelecida", sendo o personagem "forçado a procurá-la à custa de difíceis combates e de penosas vagabundagens, ao mesmo tempo em que deva estar, contudo, em condições de a alcançar"[15].

Em *Jubiabá*, essa integração ao todo social passa por mediações inexistentes na obra goethiana, a começar pela origem burguesa de Wilhelm, bastante diferente da quase indigência que marca a condição lúmpen de Balduíno. De início, o ideal de vida expresso no romance amadiano conflita inteiramente com a aludida reconciliação, ao propor a "liberdade" do marginal como alternativa à "escravidão" das ocupações proletárias. O caráter de Balduíno vai sendo delineado a partir de situações sociais bastante distintas das que produziram a ascensão burguesa na Alemanha. Ele cresce tomando ciência de uma memória familiar marcada pela tradição da rebeldia social e de uma memória comunitária que denuncia a permanência, em novos moldes, da exploração vivida pelos antepassados.

---

14. Mikhail Bakhtin, *Estética da Criação Verbal*, tradução de Paulo Bezerra, São Paulo, Martins Fontes, 2003, pp. 217-222.
15. Georg Lukács, *A Teoria do Romance*, Lisboa, Presença, s.d., p. 155.

A aproximação entre os dois romances começa a se delinear a partir da recusa dos protagonistas a uma integração social pacífica e sem traumas. O ideal malandro aponta para a recusa dos caminhos proletários existentes no Brasil da década de 1930; da mesma forma que o ideal artístico do jovem Wilhelm Meister para a recusa do destino burguês que a vontade do pai lhe apontava. Os dois textos, ao serem confrontados, expõem um jogo de semelhanças e diferenças. No romance de formação burguês, o personagem se preocupa com seu destino individual e com a concretização plena de suas potencialidades. Na carta dirigida ao amigo Werner (terceiro capítulo do quinto livro) Wilhelm deixa claros seus propósitos de ascensão social, mostrando-se consciente das dificuldades que aí se colocavam em função de sua origem não aristocrática.

Pois bem, tenho justamente uma inclinação irresistível para essa formação harmônica de minha natureza, negada a mim por meu nascimento. [...] Mas não vou negar-te que a cada dia se torna mais irresistível meu impulso de me tornar uma *pessoa pública*, de agradar e atuar num círculo mais amplo. [...] Já percebes que só no *teatro* posso encontrar tudo isso e que só nesse elemento posso mover-me e cultivar-me à vontade. Sobre os palcos, o homem culto aparece tão bem pessoalmente em seu brilho quanto nas classes superiores[16].

O texto evidencia a opção artística como alternativa para uma formação que eleve o jovem ao mesmo patamar de reconhecimento social desfrutado pela classe dominante. Sem abdicar de seu ideal humanista, Wilhelm quer subir no palco como quem sobe na vida. Esse desejo de ascensão tipicamente burguês não existe em Balduíno. Tudo o que o personagem amadiano quer é "não ser escravo" e essa busca de liberdade leva-o primeiro à rebeldia malandra e, em seguida, à militância operária. Quanto a seu pai, ficamos sabendo que Valentim foi, na mocidade, jagunço de Antônio Conselheiro e amante de muitas mulheres, que bebia bastante e que morreu "debaixo de um bon-

---

16. Johann Wolfgang von Goethe, *Os Anos de Aprendizado de Wilhelm Meister*, tradução de Nicolino Simone Neto, São Paulo, Editora 34, 2006, p. 286 (grifos nossos). Essa carta é analisada por Marcus Vinicius Mazzari, "Metamorfoses de Wilhelm Meister: *O Verde Henrique* na Tradição do *Bildungsroman*", *Labirintos da Aprendizagem Pacto – Fáustico, Romance de Formação e Outros Temas de Literatura Comparada*, São Paulo, Editora 34, 2010, pp. 109-113.

de num dia de farra grossa". A rebeldia "primitiva" do pai (no sentido de Hobsbawm), sua vida boêmia e a morte prematura levam o pequeno Baldo a tomá-lo como exemplo:

Tudo que ouvia contar de grande e rocambolesco julgava logo que o pai fizera a mesma coisa ou coisa melhor. Quando ele e os outros negros do morro iam brincar de quadrilha, e o interrogavam sobre quem ele queria ser, ele, que não fora ainda ao cinema, não queria ser Eddie Polo, nem Elmo, nem Maciste.
– Quero ser meu pai...[17]

Valentim surge como expressão da valentia, do inconformismo e de tudo quanto há de heroico na mente infantil. Esse paradigma de comportamento, ligado aos padrões romanescos, irá sendo paulatinamente assumido pelo filho, que também cultua os feitos de Zumbi dos Palmares e dos cangaceiros nordestinos.

Como Wilhelm, Balduíno irá se tornar uma pessoa pública, mas em função da necessidade social e não da racionalidade que move o personagem goethiano. Além disso, vai exibir-se em tablados de ringue e de circo, nunca num teatro. Em lugar dos dramas alemães, encenará o melodrama *Os Três Sargentos*; ao invés da formação letrada, terá a escola das ruas. O personagem de Goethe evolui do teatro para a medicina e finda sua peregrinação integrado ao avanço econômico e social da burguesia. O personagem amadiano sai do tablado para a estiva e termina liderando uma greve cujo referencial é a utopia socialista, e não a "ideologia da filantropia burguesa em sua formação utópica" que permeia o *Wilhelm Meister*[18].

Tais diferenças colocam *Jubiabá* como apropriação do modelo do romance de formação burguês. Balduíno se integra à realidade, mas para transformá-la "por dentro", exercendo o papel subversivo de ajudar a romper estruturas estagnadas. Já Wilhelm assume o tecnicismo implícito à vitória da revolução industrial, torna-se médico e ocupa uma função valorizada na nova sociedade. Inclui-se, portanto, no novo equilíbrio estabelecido. Enquan-

---

17. Jorge Amado, *Jubiabá*, p. 22.
18. Walter Benjamin, *Documentos de Cultura, Documentos de Barbárie*, São Paulo, Cultrix/Edusp, 1986, p. 59.

to isso, Balduíno vai também assumir a ascensão de sua classe, mas ainda na fase reivindicatória, basicamente voltada para o questionamento e abalo da ordem vigente.

Assim, o *Bildungsroman* amadiano afasta-se e, mesmo, opõe-se a seu correspondente europeu pelo encaminhamento dado ao desenrolar da trama. Ao contrário de Wilhelm, Balduíno não sofre o processo de acomodação diante da vida e de reflexão sobre o passado que marca a maturidade experiente do personagem de Goethe. Acrescente-se o fato de que este transita por um processo de formação basicamente individual (apesar de todo o envolvimento com a Sociedade da Torre) e sai da crise para o cômodo enquadramento final.

Enquanto se restringe a esta recusa malandra do sistema, *Jubiabá* aproxima-se mais do romance de aventuras do tipo *Tom Jones* ou *David Copperfield*. Não deixa de ser uma narrativa de aprendizagem, mas centrada nas peripécias que compõem a biografia de um pequeno *outsider*. Trata-se de um percurso todo ele pessoal, conforme atestam as considerações de Mikhail Bakhtin: "a formação se processa no tempo biográfico, passa por etapas individuais, singulares. Ela pode ser típica, mas esta já não é uma tipicidade cíclica. Aqui a formação é o resultado de todo um conjunto de mutatórias condições de vida e acontecimentos, de atividade e de trabalho"[19].

Nos seis primeiros momentos de sua trajetória, o protagonista vai sendo levado pelas circunstâncias e não tem sobre elas o poder do livre arbítrio. A nosso ver, o lado ingênuo de sua identidade não deriva do racismo autoral, como quer a interpretação de David Brookshaw[20]. Trata-se de uma identidade em construção. A imaturidade do jovem é enfatizada justamente para se contrapor ao novo Balduíno que vai surgir na fase do engajamento e que percebe, com a greve, quão falsa era a liberdade da vida lúmpen. A sucessão de espaços, ocupações e deslocamentos a que o personagem é submetido visa ressaltar seu vazio interior como preço da vadiagem na formação do caráter. Apesar da "boa vida" de samba, mulher e cachaça, que viveu desde o período das ruas até o final do circo, Balduíno, ao voltar dessa última etapa, começa a

---

19. Mikhail Bakhtin, *Estética da Criaçao Verbal*, p. 221.
20. David Brookshaw, *Raça & Cor na Literatura Brasileira*, Porto Alegre, Mercado Aberto, 1983, pp. 133-137.

se dar conta de que "já foi tudo e não é nada"[21]. Inicia-se, então, a fase crucial do questionamento que anuncia a passagem para a idade adulta.

O personagem está envolvido num processo de idealização da consciência coletiva de nítida coloração épico-romanesca. Sua formação é mais política e comunitária do que propriamente individual: é toda uma classe que se levanta e luta por direitos mínimos de cidadania. Entre a formação do homem burguês e a do proletariado insurgente existe a distância que vai da postura reflexiva, mas enquadrada, do Wilhelm maduro para a busca permanente de uma ação desequilibradora por parte de Balduíno.

Quanto à aprendizagem no sentido restrito de formação cultural, vale lembrar que o *Bildungsroman* já tinha marcado sua presença na literatura brasileira do século XIX, podendo-se encontrar elementos seus na obra de Machado e em *O Ateneu*, de Raul Pompeia. Em ambos, persiste uma atitude crítica, concomitante ao processo de crescimento e integração social dos personagens, o que coloca seus textos como variantes da tradição do *Bildungsroman*. Em Machado, essa variação é acidamente paródica, como se pode ler em *Memórias Póstumas de Brás Cubas*; já em *O Ateneu*, tende à estilização. No caso de *Jubiabá*, no entanto, não cremos haver uma intenção consciente de parodiar, mas sim a adesão a um padrão romanesco – o da formação do herói – já adotado, inclusive, em *País do Carnaval* e *Cacau*.

Da mesma forma que neste último, em *Jubiabá*, a questão da aprendizagem é deslocada para o universo das classes populares, afastadas da educação convencional. O saber que por aí perpassa vem da experiência vivida, do testemunho ou da literatura oral. Trata-se de um saber prático, imediatista, nascido das dificuldades cotidianas e dos exemplos de luta e resistência. A história dos bandidos é um exemplo. Balduíno as conhece através dos *causos* contados nas conversas dos adultos. Os feitos dos cangaceiros surgem hipertrofiados em meio às histórias de assombrações, contos de fadas e casos da escravidão. O narrador enfatiza que o personagem "dava a vida por uma história e melhor ainda se esta história fosse em verso"[22] e, assim, já aponta a face poética do futuro sambista e poeta de ABC. Por outro lado, há as narrativas

21. Jorge Amado, *Jubiabá*, p. 245.
22. *Idem*, p. 26.

que denunciam a vida dos moradores e a miséria responsável pelas reduzidas possibilidades de inserção social das crianças:

> Antônio Balduíno ouvia e aprendia. Aquela era a sua aula proveitosa. Única escola que ele e as outras crianças do morro possuíam. Assim se educavam e escolhiam carreiras. Carreiras estranhas aquelas dos filhos do morro. E carreiras que não exigiam muita lição: malandragem, desordeiro, ladrão. Havia também outra carreira: a escravidão das fábricas do campo, dos ofícios proletários.
> Antônio Balduíno ouvia e aprendia[23].

Mais adiante, o texto recoloca o problema da destinação social dos habitantes da favela:

> A vida no morro do Capa-Negro era difícil e dura. Aqueles homens todos trabalhavam muito, alguns no cais, carregando e descarregando navios, ou conduzindo malas de viajantes, outros em fábricas distantes e em ofícios pobres: sapateiro, alfaiate, barbeiro. Negras vendiam arroz-doce, munguzá, sarapatel, acarajé nas ruas tortuosas da cidade, [...] lavavam roupa, [...] eram cozinheiras em casas dos bairros chiques. Muitos dos garotos trabalhavam também. Eram engraxates, levavam recados, vendiam jornais. [...] E não se revoltavam porque desde há muitos anos vinha sendo assim: os meninos das ruas bonitas e arborizadas iam ser médicos, advogados, engenheiros, comerciantes, homens ricos. E eles iam ser criados destes homens. Para isto é que existia o morro e os moradores do morro[24].

Fica patente a rigidez de uma estratificação social que nega aos remanescentes de escravos acesso a atividades que lhes possibilitem alcançar um outro nível de vida. O morro, enquanto espaço lúmpen-proletário, é dominado pela "tradição da escravidão ao senhor branco e rico", configurando-se a marginalidade como opção única ao *status quo*.

Raros eram os homens livres do morro: Jubiabá, Zé Camarão. Mas ambos eram perseguidos: um por ser macumbeiro, outro por malandragem. *Antônio Balduíno aprendeu muito nas histórias heroicas que contavam ao povo do morro* e esqueceu

---

23. *Idem*, p. 35.
24. *Idem*, p. 39.

O *BILDUNGSROMAN* PROLETÁRIO DE JORGE AMADO

a tradição de servir. *Resolveu ser do número dos livres, dos que depois teriam* ABC *e modinhas e serviriam de exemplo* aos homens negros, brancos e mulatos, que se escravizavam sem remédio[25].

Eis a gênese do ideal de liberdade que subjaz à rebeldia do protagonista. Ela está nos exemplos do pai e dos cangaceiros; do pai-de-santo e do capoeirista. Exemplos que tanto são narrados nas epopeias caboclas dos ABCs, quanto vividos ou testemunhados pelo herói. Desta forma, revela-se mais uma vez a crença autoral no poder formador da literatura, já que tanto a narrativa popular quanto o caso "real" servem de referência à decisão do menino. A atração de Balduíno pela poesia que seduz e ensina é a mesma de Jorge Amado perante seu próprio engajamento[26].

A poesia de cordel conta a história dos cangaceiros, colocando-os como homens insubmissos ao mandonismo nordestino e, quase sempre, ocultando sua vinculação às próprias oligarquias. Nas toadas, desafios e ABCs, Lampião ou Antônio Silvino têm seus prodígios hipertrofiados, tanto no campo da valentia, quanto no da crueldade. Há as biografias de puro heroísmo e há, por exemplo, o cordel da *Chegada de Lampião no Inferno*. É dentro dessa ambiguidade que os bandidos são captados pela massa analfabeta que identifica, nesses folhetos, uma forma de "historiografia" do oprimido[27].

Mas *Jubiabá*, ao contrário de *Seara Vermelha* ou da biografia de Prestes, restringe-se ao heroísmo idealizante, enfatizando apenas o exemplo de insurreição, representado pelos cangaceiros e seu papel na formação do futuro líder. Mais interessante ainda é o encanto demonstrado pelo autor (e por seu personagem) diante de uma poesia cujos heróis têm a mesma origem social de seus leitores; e que, por isto mesmo, "desce" a ponto de promover a identificação do leitor/ouvinte não com o herói burguês, mas com um semelhante glorioso.

---

25. *Idem*, pp. 39-40 (grifos nossos).
26. Na antiga "Apresentação" a *Capitães da Areia*, retirada das edições posteriores, o autor opunha de forma maniqueísta seu "sadio panfletarismo" ao "misticismo falso" e à "inutilidade do pessimismo reacionário".
27. Maria Isaura Pereira de Queiroz, *Os Cangaceiros*, São Paulo, Duas Cidades, 1977. E ainda Rui Facó, *Cangaceiros e Fanáticos*, Rio de Janeiro, Civilização Brasileira, 1972.

Essa chegada do oprimido ao primeiro plano da cena narrativa corresponde à sua emergência na cena social. Isto se dá tanto através de fenômenos pré-políticos como o messianismo ou o banditismo social do interior nordestino, quanto pela mão da crescente presença proletária no cenário político dos centros urbanos. Não é de modo algum fortuito que mais tarde Balduíno faça o "ABC de Zumbi dos Palmares" e Jorge Amado o "ABC de Antônio Balduíno". Na tentativa de identificar o personagem ao maior herói negro do Brasil, o autor faz mais do que um resgate, uma apropriação; traz do passado o exemplo de Palmares para servir de referência às lutas do presente, utilizando a poesia popular como elemento mediador. Mais uma vez, temos revelado o intuito que move o romance proletário em se configurar enquanto história do oprimido, contraposta à história oficial[28].

Nesse apego a fatos ausentes na historiografia dos vencedores e mesmo na literatura regionalista anterior reside a grande força e a razão do impacto causado pelo romance de 30. Pela primeira vez, o subalterno vai ser não apenas o protagonista, mas também o indivíduo que luta contra a opressão. Surge, portanto, um novo sentido para o *Bildungsroman*, cujo desburguesamento leva à construção do herói proletário e camponês, contribuindo assim para a edificação de uma perspectiva crítica. Esse aspecto questionador existe não só nos textos amadianos mais diretamente políticos, mas em quase todo o romance dos anos 1930. A respeito da repercussão social dessas obras, Antonio Candido nos dá seu depoimento de jovem leitor daquela época:

A grande descoberta que a classe média alfabetizada estava fazendo era a do próprio povo que vivia a seu lado; *estávamos aprendendo, através da literatura*, a respeitar e identificar o camarada da fazenda, o rachador de lenha de pé no chão, porque naquele tempo a maior parte do brasileiro andava sem sapato. *Essa literatura nos ensinava* a dar um certo *status* de dignidade humana a essa gente[29].

---

28. Em artigo de 1927, Walter Benjamin encontra papel semelhante na prosa soviética daquela década: "a literatura russa atual é muito mais precursora de uma nova historiografia do que de uma nova beletrística. Mas sobretudo ela é um fato moral e um dos acessos ao fenômeno moral da Revolução Russa" (*Documentos de Cultura, Documentos de Barbárie*, São Paulo, Cultrix/Edusp, 1986, p. 105).

29. Em José Carlos Garbuglio, Alfredo Bosi e Valentim Facioli (orgs.), *Graciliano Ramos*, São Paulo, Ática, 1987, p. 426 (grifos nossos).

Aí está a comprovação do efeito pedagógico do romance de 30 na demolição de preconceitos oriundos da mentalidade patriarcal. Se nessas camadas pessoas passam a respeitar e reconhecer dignidade no homem do povo, o proletariado das grandes cidades encontra, nesses romances, estímulos para reivindicar. Assim, fecham-se dois grandes circuitos: o que parte da História para o texto e deste para a intervenção na realidade presente; e o que parte da formação do herói para a formação do leitor.

No romance, a greve é encenada enquanto acontecimento acima de tudo pedagógico:

> Antônio Balduíno fala. Ele não está fazendo discurso, gente. Está é contando o que viu na sua vida de malandro. Narra a vida dos camponeses nas plantações de fumo, o trabalho dos homens sem mulheres, o trabalho das mulheres nas fábricas de charuto. Perguntem ao Gordo se é mentira. Conta o que viu. Conta que não gostava de operário, de gente que trabalhava. Mas foi trabalhar por causa do filho. E agora via que os operários se quisessem não seriam escravos. Se os homens das plantações de fumo soubessem, também fariam greve...[30]

O personagem reencontra seu destino de líder, agora dimensionado ao projeto de uma classe que se levanta. Fala dos que estão ausentes e pelos que estão ausentes. Além de representar a superação de barreiras intrínsecas à sua formação, o gesto simboliza a integração a um segmento específico da sociedade e à vanguarda operária que "toma" a cidade. No momento em que descobre a força do companheirismo proletário, o personagem "nasce de novo" e esse simbolismo utópico vai unir o nascimento do novo homem com o da nova classe, sob a égide da nova consciência.

O discurso do herói, na medida em que mostra o narrador pequeno-burguês doando uma consciência ao operário, desvela um movimento característico de quase toda obra engajada: o de *dar/tomar* a palavra. É curioso ver o narrador *compagnon de route* abrindo espaço aos interesses e reclamos do oprimido, ao mesmo tempo em que, ciente de sua postura de vanguarda do proletariado, literalmente fala por ele através do discurso indireto livre.

---

30. Jorge Amado, *Jubiabá*, p. 296.

Se isto é positivo em termos de desalienação da literatura no Brasil daquela época, por outro lado implica muitas vezes uma relação paternalista que idealiza o personagem. Ao referir-se à vida nas plantações de fumo, o narrador se trai e afirma que Balduíno conta o que *viu* (não o que *viveu...*). O deslize é revelador da contradição formal inerente à postura de dar voz ao oprimido, mantendo, porém, o foco narrativo na terceira pessoa. Com isto, o poder de verdade da voz que narra continua externo ao universo narrado e submetido à onisciência autoral.

Já a questão da negritude – entendida aqui em sentido amplo, como expressão política e cultural dos direitos e valores do povo negro – aflora toda vez que se pensa o papel do narrador, já que não se trata simplesmente de falar do proletário, mas do proletário negro. O narrador de *Jubiabá*, aliás, como o de toda a literatura socialista da época, toma para si o discurso do oprimido ou o que julga serem os clamores das classes oprimidas. A postura do escritor é a de *vanguarda do proletariado* e, como tal, fala desta classe segundo a visão que o partido expressa como correta. Apropriação implica em superação e o texto amadiano, embora representando a umbanda como uma forma de resistência cultural dos negros e mesmo denunciando a perseguição religiosa de que são vítimas, termina por enquadrar a negritude no discurso partidário, pelo qual a determinação econômica iguala os indivíduos, independente de credo ou cor. Depois de odiar e querer matar "todos os brancos", Balduíno se sente irmão dos brancos pobres e vê nos ricos os verdadeiros inimigos.

É, pois, no contexto de uma apropriação marxista da negritude que Jorge Amado faz de Antônio Balduíno um dos primeiros, senão o *primeiro herói negro da literatura brasileira*. Referimo-nos a herói no sentido estrito do conceito, oriundo da tradição épica, e não a protagonistas como o de *O Moleque Ricardo*[31], de José Lins do Rêgo; ou, recuando um pouco mais no tempo, o de *Rei Negro*, de Coelho Neto[32]; ou o de *O Feiticeiro*, de

---

31. Ricardo aparece em *Menino de Engenho* como um dos companheiros de Carlinhos. Sua formação de adulto será objeto dos romances *Moleque Ricardo* e *Usina*.

32. O "romance bárbaro" de Coelho Neto, escrito em 1914, conta a história de Macambira, feitor de uma fazenda de escravos no século XIX. Pertencente a uma linhagem de reis em sua terra de origem, faz a figura do "escravo de sangue azul", moralista e subserviente ao senhor. Tratado com especial deferên-

Xavier Marques[33]. Em sua constituição romanesca, o personagem amadiano ultrapassa a todos esses, destacando-se frente à sua raça/etnia e à sua classe, no momento em que se inaugura uma etapa nova das lutas sociais no Brasil.

O personagem de José Lins do Rêgo também vive esse momento, mas dele sai derrotado. A greve para ele só lhe rende a experiência da prisão e do fracassado retorno ao engenho, onde é tragado pela derrocada da velha economia açucareira. Temos, em *O Moleque Ricardo* e *Usina*, exemplos de romances de formação, mas inteiramente circulares, com o personagem regredindo ao invés de tocar para frente o seu destino. Um paralelo com *Jubiabá* se impõe devido às muitas relações existentes entre as narrativas, sobretudo no que toca ao processo de desenvolvimento social dos protagonistas. O "ciclo da cana-de-açúcar" pode até ser mais "fiel" à realidade nordestina da época, mas não escapa à perspectiva conservadora e saudosista, pela qual era melhor ser escravo no Santa Rosa do que proletário na cidade. Neste sentido, o romance romanesco de Jorge Amado afigura-se mais progressista que o neorrealismo de José Lins do Rêgo.

Ao refletir sobre a trajetória de lutas representada no livro, Oswald de Andrade chega a classificar *Jubiabá* como "ilíada negra", e nisto não está sozinho[34]. Exageros à parte, é visível a colocação (mais delineada no último segmento do livro, não por acaso denominado "ABC de Antônio Balduíno") do personagem como herói do proletariado emergente, tomando-se o termo pela acepção que tem na épica clássica ou nos ABCs do cordel nordestino, de

---

cia em função do posto que ocupa e do respeito que lhe devotam os negros, Macambira abre mão das regalias e se revolta ao saber que a mulata que o fazendeiro lhe arranjara em casamento dá à luz um filho do "sinhozinho". O "rei negro", em vez de formar um quilombo, se vinga matando o rapaz no final do romance. Assim, todo o processo de libertação fica restrito ao plano individual (Coelho Neto, *Rei Negro*, Lisboa, Lello & Irmão, s.d).

33. O baiano Xavier Marques publica *O Feiticeiro* em 1922, como resultado da reescritura de um romance anterior, *Boto & Cia.*, de 1897. De todos os citados este é o que menos se aproxima do clima de revolta social representado em *Jubiabá*. Tematizam-se as tradições africanas em sua coexistência com a cultura dominante na Bahia do início do século, mas a umbanda é reduzida a "feitiços" encomendados visando prejudicar as vítimas (Xavier Marques, *O Feiticeiro*, Bahia, Livraria Catilina, s.d.).

34. Oswald de Andrade, *Ponta de Lança*, Rio de Janeiro, Civilização Brasileira, 1971, p. 31. A afirmação da presença de um substrato épico na fase anterior a *Gabriela Cravo e Canela* é uma constante na recepção crítica da obra amadiana.

figura humana síntese das qualidades de seu povo. Este esforço de identificação está presente no movimento textual de interligação do crescimento de Balduíno com o próprio crescimento da greve. Em primeiro lugar, é dele o voto que decide a adesão dos estivadores. Mais tarde, quando a assembleia se divide frente à proposta que atendia à metade das reivindicações, sua fala tosca convence a muitos da necessidade de prosseguir o movimento. E, por fim, é dele a iniciativa de sequestrar o diretor da Companhia, em represália à prisão de alguns grevistas.

Mais importante que o papel de líder é o processo de educação política resultante do confronto entre as classes. Balduíno aprende a domar seus instintos agressivos, substituídos paulatinamente pelo trabalho de convencimento e pelo acato à vontade da maioria. Assim, o *ex-boxeur* conclui, a certa altura, que "na greve não é um homem que manda" e que ali "todos são chefes"[35]. Tudo isto vai ocorrendo junto com o crescimento da paralisação, e ao mesmo tempo que um movimento semelhante ocorre com outros companheiros.

Da mesma forma que ressalta a postura de liderança do herói nos momentos-chave citados, o texto relativiza essa liderança numa atitude de democratização do mérito, própria à tradição do *Bildungsroman*. E surgem as vozes e ações do ponderado Severino, do eloquente Pedro Corumba (tomado de empréstimo ao romance de Amando Fontes) e de outros líderes que "partilham das mesmas aspirações"[36]. Ao final, a greve é vencedora devido também à ameaça de outras categorias de transformá-la em greve geral.

A rápida transformação de Balduíno apresenta traços fortes de idealização, na medida que se mostra carente de um embasamento maior na prática de vida do personagem. Entendemo-la como uma licença poética do romance romanesco que, mesmo arranhando a verossimilhança, faz parte das convenções e procedimentos adotados textualmente. O salto qualitativo de Balduíno expressa também a postura ideológica do autor, de crença nas potencialidades de evolução política do lumpesinato brasileiro daquele tempo.

Assim, a partir do progressivo entrelaçamento da biografia do personagem com a evolução do proletariado baiano, o romance cresce e acentua sua

---

35. Jorge Amado, *Jubiabá*, p. 312.
36. Georg Lukács, *A Teoria do Romance*, p. 158.

faceta realista. O Balduíno, merecedor de ABC, é o novo homem que "agora sabe por que luta" e que "foi salvo" pela greve. O realismo dessa última fase é ainda acanhado, com as determinações históricas só perceptíveis nas franjas do romanesco, mas, com certeza, capaz de afastar o texto da mera sucessão de peripécias ou episódios da malandragem. O personagem se identifica com sua classe e deixa para trás as aventuras individuais para encarar a ação coletiva:

> Em romances como *Gargântua e Pantagruel, Simplicissimus, Wilhelm Meister*, a formação do homem apresenta-se de modo diferente. Já não é um assunto particular. O homem se forma *concomitantemente com* o mundo, reflete em si mesmo a formação histórica do mundo. O homem já não se situa no interior de uma época, mas na fronteira de duas épocas, no ponto de transição de uma época a outra. Essa transição se efetua nele e através dele. Ele é obrigado a tornar-se um novo tipo de homem, ainda inédito. Trata-se precisamente da formação do novo homem; por isso, a força organizadora do futuro é aqui imensa, e evidentemente não se trata do futuro em termos privado-biográficos mas históricos. Mudam justamente os *fundamentos* do mundo, cabendo ao homem mudar com eles[37].

Deste modo Bakhtin define o romance de formação realista. Ao combinar o percurso do personagem com o nascimento do operariado combativo, que inaugura uma etapa nova nas relações entre capital e trabalho na Bahia, *Jubiabá* se aproxima desse modelo. Antônio Balduíno passa a simbolizar o homem novo que surge com a inserção cada vez maior dos trabalhadores na cena política brasileira. A greve retratada no livro pertence à tradição das lutas populares baianas e sua vitória é fato acontecido e documentado[38]. Temos aí mais uma apropriação, agora do próprio devir histórico. O romance toma para si uma fatia do real e faz coincidir a primeira grande greve com o nascimento do protagonista adulto, antes "herói malandro", agora "herói positivo".

---

37. Mikhail Bakhtin, *Estética da Criação Verbal*, p. 223 (grifos do autor).
38. Trata-se da vitoriosa paralisação de 1919, que, em verdade, não foi *tão* reprimida como na versão romanceada, nem pretendiam os operários aumentos de 100%… A greve tornou-se um marco nas contendas do incipiente proletariado nordestino e teve como um de seus desdobramentos a criação do Partido Socialista Baiano (Moniz Bandeira *et alii, O Ano Vermelho: A Revolução Russa e seus Reflexos no Brasil*, São Paulo, Brasiliense, 1980, pp. 148-149 e 175-179).

O trunfo realista de *Jubiabá* está situado justamente na representação do movimento ascensional do homem do povo, que é o dado histórico mais importante da década de 1930. O romance soube captar essa transformação através de sua expressão maior. A greve é o ponto culminante do livro (como será também em *Capitães da Areia*) porque as antenas do escritor estavam ligadas ao que era fundamental em termos das aspirações dos trabalhadores. A questão institucional, a Constituinte de 1934, a própria Aliança Nacional Libertadora e a preparação do levante de 27 de novembro, ausentes do livro, situavam-se muito mais entre as preocupações da classe média politizada e das lideranças de oposição ao varguismo, do que entre as das massas. Para estas, o fato novo estava na conquista dos direitos trabalhistas e na passagem de um estágio de anomia entre patrões e empregados para o estágio de efetiva organização obreira, com tudo que isto implicava.

O final do texto é revelador da nova ética e da nova postura assumida pelo personagem. Ele, que começara o livro derrubando o branco europeu, levanta "a mão calosa e grande" não mais para agredir, mas para responder feliz ao aceno de outro anglo-saxônico – o marinheiro Hans – certo de que um dia também partirá num navio... Risonho e vencedor, Balduíno é fiel à sua natureza e quer ganhar o mundo para se juntar "a todos os mulatos, todos os negros, todos os brancos, que na terra, no bojo dos navios sobre o mar, são escravos que estão rebentando as cadeias"[39].

A conquista da consciência e da solidariedade proletária conforma o sentido político do romance, que se inclui no contexto da chegada definitiva dos trabalhadores à equação política brasileira. *Jubiabá* é otimista, solidário, romanesco. Politiza a malandragem ao libertar seu herói da circularidade obsedante que marca a tradição picaresca ou a moderna literatura do *outsider*, de que é exemplo *Berlin Alexanderplatz*, de Döblin. *Jubiabá* quer impulsionar o leitor com a mesma mola que projeta Balduíno. Ignora a adversidade e os muitos desvãos do próprio real para, no dizer de Antonio Candido, "erguer até às estrelas o gesto do trabalhador brasileiro"[40].

---

39. Jorge Amado, *Jubiabá*, p. 329.

40. Antonio Candido, "Poesia, Documento e História", *Brigada Ligeira*, São Paulo, Martins Editora, 1945, p. 52.

HORST ROLF NITSCHACK

Quarup: Uma Educação
Sentimental pelo Povo*

> *O romance Quarup, de Antonio Callado, talvez seja o exemplo mais representativo da utopia revolucionária do período, no qual se valorizava acima de tudo a ação organizada das pessoas para mudar a história.*
>
> MARCELO RIDENTI[1]

A década de 1960 é um período em que ocorrem profundas mudanças em todas as áreas, em todo o mundo. Nas áreas política, econômica, técnica e cultural foram liberadas forças que, tanto provocaram mudanças concretas em todos os âmbitos, quanto liberaram simultaneamente um potencial utópico. Ambos esses aspectos levaram a reações drásticas por parte das forças tradicionais que se empenhavam em manter sob controle os processos históricos de transformação. Os movimentos de independência política na África (Argélia) e na Ásia (Vietnã) foram combatidos com força militar. Nos Estados Unidos, na França, Itália, Alemanha, Tchecoslováquia e também no México (Tlatelolko), os movimentos das massas, preponderantemente de estudantes e jovens, contra a política estatal foram logo controlados pelos aparatos repressivos desses estados. O potencial crítico-cultural da nova cultura da juventude, sobretudo da cultura musical (festivais de música como o da legendária Woodstock), foi rapidamente absorvido por uma indústria de consumo

---

* Traduzido do original em alemão por Roberto H. Seidel.
1. Marcelo Ridenti, "Que História É Essa?", em Daniel Aarão Reis Filho *et alli*, *Versões e Ficções: O Sequestro da História*, São Paulo, Editora Fundação Perseu Abramo, 1997, pp. 11-30.

crescente. As possibilidades de esclarecimento das novidades técnicas na área da comunicação – o rádio com transistores e a TV – foram transformadas de uma indústria cultural orientada para o lucro em uma cultura de massas afirmativa. Mesmo com tantas possibilidades, tantas medidas disciplinadoras e controladoras, depois da década de 1960, o mundo claramente se transformou em um outro. A modernidade e a modernização não podiam ser detidas, mas lhes foi dada uma fisionomia que nós hoje ainda conhecemos. O capitalismo e as sociedades capitalistas demonstraram uma flexibilidade e uma abertura à inovação que claramente mostrou superada a alternativa histórica que nesses anos ainda vigorava, o socialismo. O pano de fundo da política e do poder, diante do qual se desenrolaram todos os conflitos dessa década e por intermédio do qual arrecadaram sua importância política, foi o da Guerra Fria, o da constante confrontação entre as duas potências mundiais, a União Soviética e os Estados Unidos, sob o perigo permanente da irrupção de uma nova guerra mundial com uso de armas atômicas. No contexto das duas potências mundiais se contrapunham dois modelos econômicos e políticos opostos irreconciliáveis: o socialismo contra o capitalismo. O modelo socialista alcançou um desenvolvimento da industrialização controlado e regulado pelo estado e pela política, com base na estatização dos meios de produção e da posse da terra (reforma agrária e desapropriação), com uma economia planificada e uma democratização policiada e dirigida por um partido único, que se orientava na igualdade de todos os seus cidadãos e, de acordo com isso, procurava garantir a ordem social. Em contraposição, o modelo capitalista da livre concorrência, cujo sucesso – mas também as suas consequências negativas – nós vivenciamos nas últimas décadas. Esse modelo se assenta na liberdade e não na igualdade; consequentemente significa economia de mercado livre, sociedade de consumo, internacionalização e globalização.

Naquela década, decidir-se-ia qual viria a ser o caminho para a modernidade e sob quais signos o próximo projeto histórico da modernização viria a ser executado. O iminente triunfo do sistema capitalista a partir dos anos 1970 levou, então, a um crescimento intensivo da economia, apenas regulado pela rentabilidade capitalista; levou a uma modernização técnica acelerada; a uma redistribuição da riqueza; a movimentos migratórios regionais abrangentes, em cujo bojo os fatores "puxa" (*pull*) e "empurra" (*push*) ainda estavam em equilíbrio, de forma que era possível, ao menos no médio prazo, a integração dos migrantes[2]. As consequências foram o crescimento das metrópoles; a redistribuição drástica da população de espaços rurais para espaços urbanos, assim como a transformação dos espaços rurais em urbanos; a tecnologização do cotidiano; a aceleração de todos os processos sociais – o anonimato, de um lado, e a constituição de um novo sujeito social, de outro.

Os anos 1960 configuram-se, portanto, como uma época de transformação: os países afetados pela Segunda Guerra Mundial superam a fase do "pós-guerra"; o mercado capitalista e os novos meios tecnológicos aceleram a integração internacional; o aprimoramento da tecnologia aérea encurta os tempos de viagem entre os continentes, e também entre a América do Sul e a América do Norte; a indústria televisiva invade as salas de estar e os quartos de dormir do mundo assim chamado "subdesenvolvido" com imagens das metrópoles desenvolvidas. Do rádio de pilha portátil ecoa "mundo afora" a mesma música (desse "mundo afora" ainda estão excluídas grandes porções do mundo, sem que isso seja tematizado: "mundo" é aquele que encontrou a sua ligação à eletricidade, às novas mídias e sua produção, o "resto" se encontra no esquecimento). As demonstrações em massa nos Estados Unidos, na França, Itália e Alemanha aceleram uma "revolução" cultural.

O conflito entre a via capitalista e a socialista se concentrava na pergunta pelo sujeito da história. Ao "estado de trabalhadores e camponeses" da sociedade socialista se contrapunha a pouco visível e difusa comunidade civil de indivíduos livres do mundo ocidental, cujo sujeito de fato é o capital. Dentre aqueles que se colocavam de forma crítica contra o "mundo ocidental livre", da maximização dos lucros, encontravam-se poucos, aos quais surgia como desejável um estado de trabalhadores e camponeses, com suas organizações centradas em um partido único, por intermédio do qual a capacidade de decisão e a espontaneidade individuais se tornam impossíveis[3]. Por conta disso,

---

2. É o que distingue as migrações daquela época das da contemporaneidade. Atualmente os fatores "empurra" (*push*) – pobreza, catástrofes, guerras civis, incerteza política – nos países de origem são sensivelmente maiores do que os fatores "puxa" (*pull*) – vagas de emprego, estabilidade política e social – nos países de destino das migrações.

3. Isso também se demonstra entre os grupos revolucionários do Brasil, bem como a relativamente pequena importância que o PCB teve na resistência contra o governo militar. Ver Marcelo Ridenti, *op. cit.*,

até mesmo o modelo cubano rapidamente perdeu a sua atratividade. Ao modelo chileno, que no início da década de 1970 se transformou mais uma vez na esperança de todos aqueles que simpatizavam com uma sociedade socialista, foi concedida apenas uma curta duração, antes que os militares lhe preparassem um fim violento.

Diante desse dilema, apareceu um outro sujeito, o qual, na representação de artistas e intelectuais, desde os tempos do romantismo, compensava as incertezas e o caráter imponderável da modernidade: o povo. O povo como um sujeito que significava igualdade, comunidade e estabilidade de valores. O povo como berço, contra a alienação cultural, contra o anonimato, contra a internacionalização capitalista. O povo como cerne essencial da nação, como a sua substância[4]. Roberto Schwarz observa, de forma um tanto irônica:

> Outra fase de engajamento intenso foram os anos de 1962 a 64, em que os impasses da política populista empurraram a Presidência da República a estimular a reivindicação popular como forma de pressionar os adversários. Partes da intelectualidade mais desperta, em especial os estudantes, começaram uma verdadeira "ida ao povo" e tomaram o partido da reforma social profunda, fora dos planos governamentais. [...] As novas alianças e simpatias de classe operavam transfusões também novas de forma e conteúdo: a cultura do cinéfilo dava de encontro com o movimento camponês, o estudante educado no verso modernista se arriscava na música popular etc.[5].

---

p. 14 e p. 21. Ver também Daniel Aarão Reis Filho, *op. cit.*, "Um Passado Imprevisível: a Construção da Memória da Esquerda nos Anos 60", p. 43. Para uma leitura mais aprofundada, recomenda-se a leitura de Daniel Aarão Reis Filho, "Versões e Ficções: a Luta pela Apropriação da Memória", em *op. cit.*, pp. 101-106.

4. Viviana Bosi distingue três correntes artísticas principais "a partir de meados dos anos 1950", que "entram em conflito ao longo da década de 1960 e deságuam, já transfiguradas, nos anos 1970" (p. 18): a "constructivista", de tendência "engajada" ou "nacional-popular" e a "contracultural" (p. 20). No entanto, ela destaca: "Por vezes, a arte engajada nem sequer provinha do próprio povo que julgava representar e sim de uma tipificação supostamente 'conscientizadora', mentada por intelectuais que se enleavam numa contradição: queriam acercar-se da cultura popular para na verdade convertê-la em instrumento ideológico, dela selecionando aspectos potencialmente politizadores" (p. 33). Viviana Bosi, "Sobrevoo entre as Artes (à Volta das Décadas de 1960 de 1970)", em Viviana Bosi e Renan Nuernberger, *Neste Instante. Novos Olhares sobre a Poesia Brasileira dos Anos 1970*, São Paulo, Humanitas/Fapesp, 2018, pp. 11-62.

5. Roberto Schwarz, "Nunca Fomos Tão Engajados", *Sequências Brasileiras*, São Paulo, Companhia das Letras, 1999, pp. 173-174.

QUARUP: UMA EDUCAÇÃO SENTIMENTAL PELO POVO

Em todos os casos, esse "povo" também não irá sair incólume das transformações da modernização, ou seja, dito de maneira mais precisa: por intermédio das transformações da modernização, quanto mais aqueles que viam no "povo" uma panaceia entraram em contato, seja com a população rural, seja com os habitantes das periferias pobres urbanas – ambos sendo o substrato do povo –, tanto mais o mito do povo foi sendo destruído.

Nesse aparte, há uma cena em *Terra em Transe* (1967), de Glauber Rocha, que pode servir de chave, sendo como tal interpretada, de maneiras bastante distintas, por Roberto Schwarz, por Fernando Gabeira e por Caetano Veloso – três intelectuais e artistas que estavam envolvidos de forma muito direta nas transformações sociais daquela década.

Caetano descreve, em *Verdade Tropical*, a cena que segue:

[...] durante uma manifestação popular – um comício – o poeta, que está entre os que discursam, chama para perto de si um dos que o ouvem, operário sindicalizado, e, para mostrar quão despreparado ele está para lutar por seus direitos, tapa-lhe violentamente a boca com a mão, gritando para os demais assistentes [...]: "Isto é o Povo! Um imbecil, um analfabeto, um despolitizado!"[6]

Trata-se de uma cena brutal, mas sobretudo é também uma cena muito emocionante, que desperta uma reação afetiva no poeta, a qual, por sua vez, assusta o público e provoca a discussão sobre sua razão de ser, mas também sobre sua causa. As expectativas do intelectual de esquerda no povo, de que, por meio de sua ação política, esse povo se tornasse o sujeito da história, não são preenchidas. Quanto a isso, a sua decepção provoca essa reação emocional.

Já com relação à cena final do filme *Terra em Transe*, a personagem principal acaba desfalecendo completamente sozinho, com a arma na mão, sob a amplidão do céu, ao som de fundo das sirenes dos carros da polícia. O povo ainda há poucos minutos estava sendo exibido aplaudindo o populista Felipe Vieira, este que no momento seguinte se rende aos novos donos do poder (a ditadura militar).

---

6. Caetano Veloso, *Verdade Tropical*, São Paulo, Companhia das Letras, 2008, p. 100. A primeira edição foi publicada em 1997.

Fernando Gabeira interpreta, em *O Que É Isso, Companheiro?*, o conflito entre o intelectual e o povo em *Terra em Transe* como a representação da questão de como o povo pode tomar o poder e de qual papel compete ao intelectual nesse contexto:

O caminho da tomada do poder é ou não é pacífico? [...] Lembro-me do debate sobre o filme *Terra em transe*, de Glauber Rocha. [...] tive ousadia de me opor às teses do filme [...] havia duas coisas no filme que era preciso combater [contra o público entusiasta], achava eu. O filme tinha uma concepção muito depreciativa do povo brasileiro e acabava com uma solução elitista, de quem não acredita mesmo na ação organizada das massas: o ator principal, Jardel Filho (o poeta Paulo Martins), saía com sua metralhadora dando tiros a esmo, simbolizando desta forma uma revolta quase pessoal e desesperada. Para mim essas duas coisas se harmonizaram [ou seja, o desapreço pelo povo e a decisão a favor da ação individual, anarquista]. Dentro mesmo do filme havia uma personagem, Sara, que propunha algo diferente: o trabalho paciente e cotidiano de organização para solucionar os problemas daquele País hipotético [Eldorado] que todos nós sabíamos ser o Brasil[7].

Naquele momento (1967), Gabeira, em sua crítica ao filme de Glauber Rocha, ainda estava bem convencido da possibilidade da "lenta e organizada ação da massa"[8], por intermédio da qual o povo se torna sujeito de sua história. Algum tempo depois, ele mesmo terá suas dúvidas quanto a essa possibilidade e vai se juntar ao Movimento Revolucionário 8 de Outubro (MR8) – 8 de Outubro é uma referência ao dia da morte de Che Guevara. As massas populares servirão, a partir de então, apenas como massa amorfa, na qual os guerrilheiros submergem para fugir da perseguição dos militares. É isso o que acontece de forma bem concreta no caso da libertação do embaixador norte-americano Elbrick, que havia sido sequestrado pelo Movimento: os guerrilheiros se aproveitam do final de um jogo de futebol no Rio de Janeiro para libertá-lo no meio da densa multidão e eles mesmos sumirem no meio dela.

---

7. Fernando Gabeira, *O Que É Isso, Companheiro?*, 18. ed., Rio de Janeiro, Editora Codecri, 1980, pp. 32--33. A primeira edição foi publicada em 1979.
8. *Idem*, p. 33.

O caminho para a clandestinidade e a luta armada apelam para o povo com a exigência radical por um "povo armado", contra uma exigência mais ponderada de um "povo organizado"[9]; em ambos os casos, no entanto, o povo somente é objeto da revolução, de uma elite revolucionária autoritária, não sujeito de sua própria libertação. "Povo" é a projeção de tudo aquilo que se acha que tenha sido perdido pela transformação radical do presente: comunitarismo e solidariedade, ordem harmônica, a sintonia com a natureza e as suas paisagens, o trabalho não-alienado do pescador e do pastor. Ao mesmo tempo, trata-se do horizonte daquilo que deve surgir no lugar de uma sociedade dominada por interesses capitalistas internacionais e por tecnologias desumanizadoras: uma sociedade socialista da igualdade, da liberdade individual e da autorrealização. Povo é o horizonte de todas as projeções dos desejos produtivos (Deleuze/Guattari), o espaço de todos os afetos construtivos.

Esse desenvolvimento demonstra que: quanto mais o povo for cobrado como sujeito, de forma duradoura e ideológica, tanto mais distantes do povo real estão aqueles que representam essas ideologias.

Roberto Schwarz, em sua análise dos anos 1960, também faz referência ao filme *Terra em Transe*. Ele aborda a crítica que Glauber Rocha faz ao populismo e à glorificação do povo, crítica essa que se abstém de distinguir entre grupos que são muito distintos do ponto de vista social, político e cultural.

No plano ideológico, resultava uma noção de "povo" apologética e sentimentalizável, que abarcava indistintamente as massas trabalhadoras, o lumpesinato, a *intelligentzia*, os magnatas nacionais e o exército. O símbolo desta salada está nas grandes festas de então, registradas por Glauber Rocha em *Terra em transe*, onde fraternizavam as mulheres do grande capital, o samba, o grande capital ele mesmo, a diplomacia dos países socialistas, os militares progressistas, católicos e padres de esquerda, intelectuais do Partido, poetas torrenciais, patriotas em geral, uns em traje de rigor, outros em *blue jeans*[10].

---

9. *Idem*, p. 72.
10. Roberto Schwarz, "Cultura e Política, 1964-1969", *O Pai de Família e Outros Estudos*, Rio de Janeiro, Paz e Terra, 1978, p. 76.

Trata-se de uma crítica a um populismo que não quer admitir em que medida esse "povo" se tornou alienado ele mesmo por intermédio de uma política e uma prática do colonialismo dos últimos séculos. Em consequência, "O artista precisava atualizar suas noções de 'nacional' e de 'popular'. A música da Tropicália, o teatro, a poesia, as artes plásticas, estavam sensíveis a este Brasil em mutação, propondo-se a adentrar criticamente a nova realidade: 'consumir o consumo'"[11].

Com a Tropicália, Caetano Veloso trilhou naqueles anos um caminho de resistência bem diferente, o qual também o levou a que fosse preso pela ditadura militar e, na sequência, ao exílio. Igualmente ele vai comentar a cena, à qual Fernando Gabeira já tinha se referido: "Vivi essa cena – [...] – como o núcleo de um grande acontecimento [...]: a morte do populismo. Sem dúvida, os demagogos populistas eram suntuosamente ridicularizados no filme"[12].

Caetano constata que Glauber Rocha põe em cena a morte do populismo e, nesse sentido, se mostra em concordância com o filme, mas critica que, ao mesmo tempo,

[...] era a própria fé nas forças populares – e o próprio respeito que os melhores sentiam pelos homens do povo – o que aqui era descartado como arma política ou valor ético em si. Essa hecatombe, eu estava preparado para enfrentá-la. E excitado para examinar-lhes os fenômenos íntimos e entrever-lhe as consequências. Nada de que veio a se chamar de 'tropicalismo' teria tido lugar sem esse momento traumático[13].

Caetano está assim decidido a manter a crença no potencial revolucionário do povo, o que, no final das contas, vai protegê-lo de um terrorismo revolucionário, cujo caminho Gabeira – se bem que por pouco tempo – vai trilhar. Em todo caso, essa força "natural" da resistência no povo faz com que uma organização revolucionária – enquanto partido ou enquanto sindicato, sempre sob a direção de intelectuais revolucionários – se torne supérflua[14].

---

11. Viviana Bosi, "Sobrevoo entre as Artes (à Volta das Décadas de 1960 de 1970)", em Viviana Bosi e Renan Nuernberger, *Neste Instante. Novos Olhares sobre a Poesia Brasileira dos Anos 1970*, p. 41.
12. Caetano Veloso, *Verdade Tropical*, p. 100.
13. *Idem, ibidem*.
14. Uma visada na discussão cubana desses anos é esclarecedora, já que ela servia de guia para muitos intelectuais latino-americanos desses anos. Refiro-me aqui à tese de doutorado de Matías Marambio, defendida na Universidade de Chile em 2019 e ainda não publicada, *Comunidad en la Polémica. Debates*

A mistificação política do povo, por parte dos intelectuais, teve o seu ponto máximo no início dos anos 1960, para então ruir em um curto espaço de tempo, ainda durante essa mesma década[15]. O único lugar em que o povo ainda vai ter reconhecimento inquestionável como sujeito é na Música Popular Brasileira (MPB). Ainda que não apareça como sujeito da emancipação política, é na MPB que ele permanece como garantia de uma autêntica cultura brasileira, o que certamente favoreceu para que a MPB se transformasse em um tipo de música de entretenimento de sucesso mundial. A Tropicália de Caetano Veloso será aqui um tanto mais radical e vai ousar um sincretismo de elementos da cultura popular brasileira com elementos da música pop e do jazz, assim como também vai utilizar textos que deixam para trás o "interior" brasileiro, de forma que vai, com isso, contribuir para uma reconstrução consciente da cultura popular. É o caso da conhecida *Soy Loco por ti América* (Gilbeto Gil e Caetano Veloso, 1968), uma canção em que se misturam português e espanhol, com referência à morte de Che Guevara, o qual é identificado com o povo, e com alusão à morte nos braços de uma camponesa, uma guerrilheira ou um manequim. Trata-se de uma canção em que a revolução ainda consta intacta no programa. (Caso se vá assistir a uma gravação de 1986, em que Chico Buarque e Caetano Veloso cantam juntos a canção, ver-se-á que, na estética dessa encenação, não resta mais nenhum vestígio daquele espírito revolucionário[16]).

---

en la *Crítica Cultural Latinoamericana Durante los Años Sesenta: Prácticas Intelectuales, Conceptos y Estrategias Retóricas*. Todas as citações a seguir são retiradas desse trabalho. Assim se lê no número 36/37 de *Casa de las Américas*: "No existe un nivel cultural homogéneo, que pueda ser cubierto por la palabra pueblo […] ¿hacia qué etapa de su desarrollo debíamos dirigirnos? ¿Hacia el nivel cultural en que [fue] dejado por la burguesía, o hacia el nivel hacia el que lo estaba elevando la Revolución?" […] "Vivir en un país subdesarrollado quiere decir vivir en un país que es […] saqueado, cuya población es semianalfabeta, a menudo con escasa confianza en sus valores, complejo de inferioridad y fascinación consecuente por otras formas de existencia" (*Casa* 40, p. 16). Essas posições obviamente debilitam o povo como sujeito revolucionário. O povo não é um sujeito revolucionário – mas como todos –, interpretamos assim o romance *Quarup*, o povo pode, por suas próprias experiências, transformar-se nesse sujeito.

15. Além do citado artigo de Viviana Bosi, ver também Flora Sussekind, "Coro, Contrários, Massa: A Experiência Tropicalista e o Brasil de Fins dos Anos 60", em Carlos Basualdo (org.), *Tropicália: Uma Revolução na Cultura Brasileira (1967-1972)*, São Paulo, Cosac Naify, 2007, pp. 31-56.

16. Disponível em: https://www.youtube.com.

Encarada a partir de uma distância temporal, fica evidente o quanto essa década estava carregada de emotividade por sentimentos que insistiam em uma modificação radical do existente. Os atos e as ações políticas eram motivados emocionalmente ou, ao menos, sempre prenhes de emoções, embora o julgamento emocional jamais tenha sido tomado como argumento. A necessidade e a justificativa da luta contra o "imperialismo americano", da luta pela libertação do próprio povo, assim como a luta por direitos – tudo isso sempre foi fundamentado por argumentos racionais. Era a "necessidade objetiva" que assim o exigia. Emoções apenas eram aceitas enquanto causa de uma avaliação racional e de um julgamento da situação, mas não enquanto razão de um agir político legítimo. Gabeira cita as argumentações daqueles tempos, da forma como eram divulgadas nos panfletos: "o capitalismo está numa crise agonizante e o socialismo avança em todo o mundo"[17]; ou ainda: "a realidade mais uma vez comprovou o acerto de nossas análises"[18].

Isso, contudo, não significa que provocar emoções não fosse também considerado como fazendo parte da estratégia revolucionária. A declaração do movimento MR-8, por ocasião do sequestro do embaixador dos Estados Unidos, em setembro de 1969, no Rio de Janeiro, o torna evidente: "Com o rapto do embaixador, queremos mostrar que é possível vencer a ditadura e a exploração, se nos armarmos e nos organizarmos. Apareceremos onde o inimigo menos nos espera e desapareceremos em seguida, desgastando a ditadura, levando *o terror e o medo* para os exploradores, *a esperança e a certeza da vitória* para o meio dos explorados[19].

O sujeito oprimido – o povo, as massas – deveria despertar e assumir seu papel histórico de sujeito revolucionário, como resultado de um processo de conscientização e da luta armada. Contudo, essas massas, conforme Fernando Gabeira, "[...] estão coladas no seu radinho de pilha, ouvindo os gritos do locutor, estão presas à televisão assistindo a uma partida decisiva"[20]. A consequência necessária dos grupos mais radicais era a convicção de que, para

---

17. Fernando Gabeira, *O Que É Isso, Companheiro?*, p. 102.
18. *Idem, ibidem.*
19. Declaração do grupo MR-8. Disponível na Wikipedia (grifos meus).
20. Fernando Gabeira, *O Que É Isso, Companheiro?*, p. 102.

essa revolução, não seriam necessários nem o povo, nem as massas: "Nesse momento da revolução, não precisamos das massas"[21]. "A guerrilha urbana conquistaria armas e dinheiro para a montagem da guerrilha rural. A guerrilha rural despertaria os camponeses, que despertariam os operários, que despertariam o povo em geral"[22].

A situação objetiva obrigava à ação e legitimava a ação – não a simpatia, a compaixão, a raiva ou o ódio, apesar de que as demonstrações massivas de solidariedade ou de resistência, também as reações violentas das autoridades do estado, assim como os festivais de música e as novas formas de vida em comunidade estivessem permeadas por emoções e sensações intensas ("*Soy loco por ti, América*"). Tais emoções e sensações eram o resultado de afetos e, ao mesmo tempo, a causa para novos afetos. Esses afetos eram provocados por novos espaços urbanos e suas dinâmicas, por diversos choques de uma modernidade ainda nova, ainda não transformada em hábito: os novos ritmos dos meios de transporte, a democratização do carro, a mudança célere de um lugar para outro, a multiplicidade de conhecidos e amigos, sua volatilidade, mas também sua intensidade. A transformação acelerada da sociedade brasileira desde a segunda metade da década de 1950, cujo símbolo monumental é a cidade de Brasília, a nova capital desde 1960, expõe todos aqueles que são atingidos por essa mudança a um turbilhão de afetos, que antes tem que ser novamente reordenado. O protagonista de *Quarup*[23], de Antonio Callado, – Nando – e a sua transformação de monge em guerrilheiro é um exemplo drástico dos efeitos desses afetos múltiplos, que surgem imprevisíveis e incontroláveis para o indivíduo, que agora precisa processá-los emocionalmente.

O "giro afetivo", que toma lugar desde a última década do século XX, também se torna o ensejo de agora revisitar a década de 1960 com um novo olhar. Provavelmente a consequência mais importante desse giro seja que ele consiste em que essas realidades psicofísicas – tradicionalmente colocadas do lado da irracionalidade e, desse modo, menosprezadas em sua importância na composição da sociabilidade – estejam sendo encaradas como forças de-

21. *Idem, ibidem.*
22. *Idem,* p. 95.
23. Antônio Callado, *Quarup*, 12. ed., Rio de Janeiro, Nova Fronteira, 1984.

cisivas nos processos sociais, políticos e culturais. E mais: descobre-se a sua potencialidade para constituir laços sociais criativos (é nesse contexto que M. Hardt fala de "trabalho afetivo"[24]).

Contudo, a relação entre estes quatro conceitos – afetos, sensações, emoções e sentimentos – é complexa e controvertida: alguns críticos preferem separá-los (como, por exemplo, Gilles Deleuze), enquanto outros tendem a misturá-los ou tomá-los como sinônimos. De toda forma, o conceito de "afetos" e o adjetivo "afetivo", em tais propostas teóricas, não possui o sentido de "amável", nem se refere a emoções "afetivas", no sentido estrito de "terno", "amoroso", "caloroso". A teoria dos afetos, em suas duas grandes linhas atuais – no pensamento filosófico representado principalmente por Gilles Deleuze[25] e na teoria política associada ao nome de Michael Hardt (mais conhecido pela obra *O Império*, publicada com Antonio Negri em 2000) –, retoma o conceito de afetos provindo do barroco e dos aportes filosóficos na *Ética* de Spinoza. Cito Michael Hardt:

One of the central challenges for research posed by this Spinozian perspective of the affects, then, resides in the fact the affects straddle these two divides: between the mind and the body, and between actions and passions. The affects pose a problematic correspondence across each of the divides: between the mind's power to think and the body´s power to act, and the power to act and the power to be affected[26].

Em outras palavras, afetos fazem uma ponte entre os dois extremos, entre duas realidades opostas: espírito (mente) e corpo, ação e paixão; entre o poder do espírito (da mente) para pensar e o poder do corpo para atuar, e o poder de atuar/agir e o poder de ser afetado.

A pretensão da teoria dos afetos de se situar no centro do debate antropológico e cultural contemporâneo é também expressa por Amanda Bailey e Mario DiGangi[27]: "In the past decade, new approaches to embodiment, po-

---

24. Michael Hardt, "Affective Labor", Boundary 2, Vol. 26, n. 2, pp. 89-100, Summer, 1999.
25. Gilles Deleuze, "Ética. Afección, Afecto y Esencia. Sexta clase de 'En Medio de Spinoza' por Gilles Deleuze", 2009. Disponível em: https://baruchspinoza.wordpress.com.
26. *Apud* Patricia Ticineto Clough e Jean Halley (eds.), *The Affective Turn: Theorizing the Social*, Durham, Duke University Press, 2007, pp. X-XI.
27. Amanda Bailey e Mario DiGangi (eds.), *Affect Theory and Early Modern Texts. Politics, Ecologies, and Form*, New York, Palgrave Macmillan, 2017, p. 1. De maneira muito parecida argumentam Melisa

wer, and materialism have transformed our understanding of the relation between subjects and objects, agency and causation, the individual and the collective, and the somatic and the social".

Afetos, portanto, não como algo secundário, ou ainda como emoções prejudiciais à luta política e à luta por transformações sociais, mas afetos como uma força social produtiva nas duas dimensões que lhes são características, segundo Spinoza e Deleuze: como forças de composição e decomposição. Eles podem resultar nas emoções de medo, ódio, raiva, mas também podem provocar as emoções de alegria, felicidade, amor.

Se os afetos, as sensações e as emoções por muito tempo não foram tematizados nos estudos teóricos, isso não significa que foram completamente deixados de lado. A mídia literatura – romances, memórias, autobiografias e também textos de testemunho – se apresentam como o meio privilegiado para representar e analisar o impacto das experiências afetivas nas disputas e nos conflitos políticos.

O romance de Antonio Callado deve ser lido como uma pré-história dessa mudança na esperança depositada no povo na década de 1960, que nós aqui delineamos com base na recepção e na discussão do filme *Terra em Transe* e nos comentários autocríticos de Fernando Gabeira em *O Que É Isso, Companheiro?*. A experiência de formação vivida por Nando, que é simultaneamente uma aprendizagem da ação política e da aceitação da violência política, é sobretudo o resultado de suas experiências emocionais e sentimentais. O diálogo que fecha o romance, entre Manuel e Nando no caminho para o sertão para se alistarem à guerrilha, não deixa dúvidas quanto a isso. Nando responde à pergunta de Manuel, sobre o fato de ele ter recebido uma carta de sua amada Francisca:

– Tinha, Manuel. Mas não é mais preciso. Sabe o que é que eu descobri?

– Diga, seu Nando.

– Que Francisca é apenas o centro de Francisca[28].

Gregg e Gregory Seighworth: "Affect, at its most anthropomorphic, is the name we give to those forces [...] that can serve to drive us toward movement, toward thought and extension, that can likewise suspend us (as if in neutral) across a barely registering accretion of force-relations, or that can even leave us overwhelmed by the world's apparent intractability. Indeed, affect is persistent proof of a body's never less than ongoing immersion in and among the world's obstinacies and rhythms, its refusals as much as its invitations" (*The Affect Theory Reader*, Durham, Duke University Press, 2010, p. 1).

28. Antônio Callado, *Quarup*, p. 600.

Sua luta para ganhar a mulher de sua vida se transformou inteiramente na luta política.

Antonio Callado escreve o romance *Quarup* durante os primeiros anos da ditadura militar brasileira (1964-1985). O enredo do romance termina em 1964 com o golpe militar. O romance é publicado em 1967, ainda durante a primeira fase da ditadura militar, que endurece drasticamente a partir do final de 1968, com o Ato Institucional número 5 (AI-5). A estrutura do romance poderia corresponder à de um romance de formação clássico, no qual indivíduo e sociedade estão em uma tensão conflituosa, mas que ao cabo não é trágica, ou seja, não surge como irreconciliável. A pressuposição, para fazer com que uma tal estrutura seja possível e, do ponto de vista da narrativa, verossímil, é uma compreensão hegeliana da história, com uma relação dialética entre os dois polos extremos indivíduo-sociedade: o indivíduo em sua particularidade representa a totalidade da sociedade, suas contradições históricas, econômicas e culturais. As experiências subjetivas do indivíduo refletem a realidade objetiva da sociedade. O protagonista do enredo literário transforma-se em herói na medida em que seus conflitos são determinados não por uma contingência pessoal, mas pela realidade social objetiva. Conforme o dito hegeliano, é o indivíduo quem retira para o espírito do mundo as castanhas do fogo.

Após uma primeira leitura, o leitor poderia ter a impressão de que o romance confirma essa estrutura. De fato, ele parece se desenrolar em um movimento dialético, ou melhor, a experiência educacional de Nando explicita um desenvolvimento dialético: a vida monástica de Nando e suas ambições messiânico-missionárias no início; a negação dessas ilusões por meio do contato com as distintas realidades brasileiras e a sua adequação a essas realidades; e, ao final, a negação da negação, a "suspensão" (*Aufhebung*) que se manifesta na sua decisão de assumir a luta revolucionária. Aqui a realidade concreta, mas limitada, vai ser superada por meio da intervenção revolucionária efetiva. Com essa decisão, as ideias messiânico-missionárias da sua primeira fase são suspensas e transformadas para um nível completamente novo, o qual revoluciona a história real.

Essa estrutura fundamental do romance, na qual a apropriação de uma compreensão hegeliana da história pode ser descoberta, é cruzada por uma história (ficcional) concreta de todas as pessoas, história essa em que nós não podemos encontrar uma estrutura dialética. Nesse nível, as experiências concretas das personagens são determinadas por um outro campo de forças, não pelas necessidades históricas, pois essas sempre surgem de fora para dentro de suas histórias individuais, ainda que de forma decisiva, mas elas não as fundamentam. As forças que determinam os destinos dessas pessoas são definidas pelos afetos, aos quais elas em certa medida estão entregues. Com e contra esses afetos elas constroem a sua individualidade. Por intermédio desses afetos é que elas estão enredadas em uma rede rizomática de eventos e ações, e, ao mesmo tempo, se movem dentro dessa rede, estando em dependência das condições concretas, mas também como atores em meio a essas condições, enquanto vítimas ou enquanto perpetradores. Elas são sujeitos na dupla significação do conceito: estão subordinadas a seus afetos, mas esses mesmos afetos simultaneamente lhes dão a possibilidade e a energia de se tornarem sujeitos de sua própria história. Compreender esses movimentos nos permite entender o acima já referido "giro afetivo". Não é possível descrever as personagens desse romance, sobretudo as personagens principais Nando e Francisca, como tipos no sentido de Lukács. Enquanto tipos, estariam muito pouco determinadas por seu ambiente social e histórico no romance e esse ambiente, além disso, é muito pouco representativo para o desenvolvimento geral do Brasil das décadas de 1950 e 1960. Elas não são representadas como corporificação do geral. Do ponto de vista histórico e social, Nando é definido de maneira bastante vaga – ele certamente provém da classe menos favorecida, provavelmente do campo. No romance, contudo, não ficamos sabendo nada acerca disso. O mesmo vale para Francisca, que provém de uma família abastada – seu pai é proprietário de uma fábrica de ladrilhos e azulejos[29]. No final do romance, quando os pais percebem o tamanho do perigo a que a filha está exposta, eles sem problemas financiam-lhe uma estadia na Europa, para fugir da ameaça. Não é a origem social o que determina a ação das pessoas, nem no caso de Nando, nem no de Francisca – o mesmo vale para todas as demais personagens do romance –, é o desejo delas, são as emoções delas, por meio das quais a ação delas é determinada. Em todos os casos, esse desejo e essas emoções não são o resultado de sua subjetividade, mas de afetos que são

29. Antônio Callado, *Quarup*, p. 46.

estimulados, de diferentes maneiras, pelos eventos e pelas condições concretas que, por sua vez, não se "refletem" dentro delas. Estes são processados nos afetos, simultaneamente transformados em vida, na vida dessas pessoas. Em comparação com o romance realista tradicional, ocorre uma inversão: o Brasil desse romance não é a tradução ficcional de discursos históricos, sociológicos ou até mesmo nacionalistas, por intermédio dos quais a "realidade" desse país fosse definida. O Brasil desse romance é constituído pelas experiências, expectativas, ações concretas ou ainda pela incapacidade de ação das personagens. Elas não são o resultado de uma "história brasileira", mas são o resultado de sua história concreta e é a partir desse ponto de vista que olham para a história do Brasil, a qual, com seus representantes e suas representações oficiais, está em tensão e contradição com a sua própria história, desta que é definida pelos seus próprios afetos. É isso que concede a esses personagens a sua liberdade de ação.

A história real do Brasil está presente no romance por intermédio de três momentos decisivos, os quais são significativos para o destino das pessoas, especialmente para Nando, mas não são a causa das transformações delas. Essas transformações são provocadas pelos três acontecimentos decisivos, mas não são determinadas em seu conteúdo por eles.

A primeira transformação é marcada pelo suicídio do presidente Getúlio Vargas, em 1954, que coincide com a festa do Quarup no alto Xingu, para a qual o presidente estava sendo esperado como convidado de honra.

O segundo ponto decisivo – igualmente um ponto significativo na política brasileira – é a inesperada renúncia do presidente Jânio Quadros no ano de 1961. Com isso, chega ao poder o vice-presidente João Goulart, cuja política decisiva de esquerda (reforma agrária, estatização, controle das empresas estrangeiras) levou ao golpe militar em 1964 – esta a última virada histórica do romance. Por meio desses eventos são marcadas as etapas do processo de formação de Nando. Tais eventos o guiam, desde o momento em que é monge, passando por missionário no Xingu, em 1954, até chegar a funcionário do Serviço de Proteção ao Índio (a partir de 1967 chamado de Funai) e integrante da expedição ao centro geográfico do Brasil, em 1961, para então, de volta ao Nordeste, durante a gestão do governador socialista de Pernambuco Miguel Arraes, fundar um coletivo anarquista de liberação sexual, até 1964, e, ao final, se alistar na resistência armada, no sertão, contra a ditadura militar.

Nesse percurso, é encenado para o leitor um processo de aprendizagem detalhado, processo esse que leva Nando a entender, desde as suas ideias messiânicas, passando pelas etapas que acabamos de referir, que violência apenas pode ser combatida com violência. Esse processo de aprendizagem ocorre em dois âmbitos extremamente distintos, os quais ao final acabam por coincidir ou por se fundirem um no outro: de um lado, no campo da aspiração social, pelo desejo por comunidade, pela procura pelo "povo"; e, por outro, no campo do desejo individual, da sexualidade. A dependência recíproca entre o desejo sexual e a ação social perpassa todo o enredo do romance, não só na personagem de Nando, mas também na da configuração de todas as demais personagens.

Já no primeiro dos sete capítulos, intitulado "O Ossuário", o tema que guia a narrativa – o *leitmotiv* – é, dentre constelações bem diversificadas, a tensão e a contradição entre o desejo sexual individual, por meio do qual a coletividade é questionada, e o desejo simultâneo pela comunidade. É o que ocorre no caso de Nando: sua decisão de se dedicar à missão da população indígena do Xingu, ainda quase que completamente sem ter tido contato com a civilização, é por ele (Nando) reiteradamente adiada, até que seu superior, D. Anselmo, lhe dá um ultimato. É o que ficamos sabendo a partir de uma conversa de Nando com Winifred, uma jornalista inglesa[30] que, junto com seu marido, está preparando um livro sobre o Brasil: a razão de Nando protelar a sua viagem é o medo de perder o controle da sua própria sexualidade diante da nudez dos índios. Winifred, uma mulher europeia esclarecida e sexualmente emancipada, vai seduzi-lo para tirar dele o seu medo sexual. A estadia de Nando no Rio de Janeiro, para os preparativos de sua viagem à reserva indígena, vai contribuir mais um tanto para livrá-lo de seus medos sexuais. Desse modo, o seu pré-requisito individual para se dedicar a seu projeto missionário está preenchido: a fundação de um novo estado indígena segundo o modelo das "missões", das reduções indígenas dos séculos XVII e XVIII na área que hoje é parte do Paraguai, do norte da Argentina e do sul do Brasil.

No decorrer do romance, essa constelação plena de tensão entre um anseio pessoal (o da sexualidade) e um anseio social (o desejo por uma comuni-

---

30. Antônio Callado, *Quarup*, p. 18.

dade ideal) vai se repetir reiteradamente para Nando, em correspondência a seu desenvolvimento ideológico e pessoal. A fundação de um estado indígena vai fracassar diante das condições e circunstâncias da realidade concreta e o projeto vai rapidamente após sua chegada se mostrar como uma utopia ilusória. Ao mesmo tempo, as eventuais aventuras sexuais com diferentes mulheres (mas nunca com índias) não vai de fato preencher o seu anseio.

Vários anos depois, em 1961, ele vai participar, junto com Francisca, da expedição ao centro geográfico do Brasil. Ela tinha sido engajada como documentarista, completamente por acaso, por Ramiro, o organizador da expedição. Nessa expedição, uma desilusão vai abater definitivamente Nando e, ao mesmo tempo, uma nova ilusão vai ser alimentada: a ideia de encontrar um centro do Brasil intacto, ainda virgem de civilização e pleno de energias naturais. Grande parte dos carregadores indígenas que os acompanhavam morre no caminho, por conta de alguma das muitas doenças introduzidas, contra as quais o seu sistema imunológico estava indefeso. O centro geográfico mesmo vai se mostrar um imenso cupinzeiro, em cima do qual Fontoura, o único membro da expedição que realmente defendeu as culturas indígenas, vai encontrar a morte. Simultaneamente, contudo, a expedição é para Nando a realização de seu amor – também no sentido sensual – por Francisca. Felicidade subjetiva e realidade objetiva colidem com toda energia e mostram-se inconciliáveis.

Depois da desilusão da expedição, Nando e Francisca retornam ao Nordeste. No contexto do legado de Levindo, Francisca vai se dedicar ao projeto de alfabetização política das populações do campo; Nando, depois que ele é dolorosamente forçado a aceitar que Francisca não consegue corresponder ao desejo dele por uma felicidade individual em meio à infelicidade e exploração social generalizada, vai se dedicar a um novo projeto: viver uma sexualidade liberada em uma nova sociedade livre de base anarquista. Junto com prostitutas, mendigos e pescadores pobres – os "lúmpen" urbanos –, eles vivem em uma "comunidade" aberta de amor ao próximo, de ajuda mútua e de amor livre. Esse projeto é tolerado, quase de forma compulsória, pela sociedade da cidade do Recife durante o período em que o governador socialista Miguel Arraes está no poder. Com a chegada da ditadura militar, eclode uma revolta da burguesia moralista contra essa comunidade. Nando é preso, torturado e vivencia agora no próprio corpo a violência política e as suas práticas.

Será salvo por Hosana, seu antigo confrade no mosteiro e assassino do abade Anselmo. Nesse meio tempo, Hosana foi solto da prisão, casou-se com uma prima e cultiva hortaliças no antigo jardim do mosteiro, as quais vende no mercado público. Nenhuma existência revolucionária, trata-se tão somente, segundo a sabedoria de vida de Candide, de um "cultiver son jardin" para sobreviver na paz privada.

Com isso se inicia a última fase formativa de Nando, que vai terminar como expresso no romance: "Sua deseducação estava completa"[31]. Essa "deseducação" leva-o a sua última descoberta, de que contra a violência apenas a violência ajuda e de que, no lugar de seu amor individual por Francisca, entra a sua identificação com o povo, com o povo concreto do interior do Brasil.

Esse entrecruzamento contraditório e cheio de conflitos da paixão individual e da identificação (problemática) com uma comunidade almejada é retomado, ao longo do enredo do romance, sob diferentes variações, em várias constelações de casais, que aqui apenas esboço brevemente:

Levindo e Francisca: neste caso, a sexualidade é completamente sacrificada em prol do projeto da revolução. O radicalismo revolucionário de Levindo, em favor da libertação do povo e da realização de uma nova sociedade, deixa Francisca intocada do ponto de vista sexual, apesar do seu amor por ela.

Ramiro e Sonja: a paixão de Ramiro por Sonja, a quem ele subordina toda a sua própria ação política, além de ser ela também o motivo de ele organizar a expedição ao centro do Brasil, na esperança de reencontrá-la nessa experiência.

Sonja e Anta: por ocasião da festa do Quarup, Sonja se afasta de Ramiro e, desse modo, também do mundo civilizado, e desaparece com o índio Anta nas florestas sem fim de um Brasil autêntico[32].

A relação de Nando e Francisca, dentre todos os pares do romance, é a que passa pelas transformações afetivas mais profundas. Nas representações do Juízo Final, na cripta do mosteiro, que são descritas logo no início, encontram-se monges franciscanos. São indícios de que se trata também de um mosteiro franciscano e que Nando pertence a essa ordem. No início, ambos,

---

31. Antônio Callado, *Quarup*, p. 599.
32. Sobre isso, ver o nome "Anta" e a referência ao manifesto do movimento vanguardista brasileiro "Verde-Amarelismo", assim como a personagem Alma do romance *Maíra*, de Darcy Ribeiro.

Nando e Francisca, são devotos da mística Santa Teresa. Francisca copia representações da Santa encontradas nos azulejos do claustro do mosteiro. No texto são citados versos da Santa mística espanhola, como se eles fossem um monólogo interior de Nando: "Vivo sin vivir en mí, / y de tal manera espero, / que muero porque no muero".

A identificação entre Nando e Francisca (a devoção de ambos à Santa; o nome da ordem se repete no nome da jovem) é retomada com a relação amorosa entre eles durante a expedição, em um novo patamar, agora de ordem sensual. Os versos de Dante oferecidos a Beatriz estão dedicados a seu modelo real e histórico, a Francesca de Rimini. Dessa forma se repete entre Nando e Francisca a história de Francesca e Paolo que, por sua vez, se identificam com Lancelot e Genebra. No entanto, o leitor se pergunta acerca do tipo de "adultério" de que se trata no caso do amor entre Nando e Francisca, já que ambos são solteiros. Trata-se da quebra simbólica da fidelidade – em todo caso, Francisca vai senti-lo assim – em relação ao Levindo dela, o qual foi assassinado na luta política pelo povo oprimido. A possibilidade do amor individual correspondido surge como uma traição em relação à luta política necessária. O fato de Nando se libertar da paixão por Francisca é, por isso, a pressuposição para a sua dedicação à luta armada.

Explicar conflitos históricos e sociais como contradição entre o desejo sexual individualizado e a ordem social e cultural, à qual todos estão presos, isso também se repete em outros contextos. O romance tem seu início no mundo do mosteiro. Ao se proceder a trabalhos arqueológicos nas abóbadas, descobre-se um corredor subterrâneo que levava ao mosteiro das freiras, localizado nas cercanias. Tais corredores naturalmente podem ser explicados como parte de uma rede oculta, através da qual os mosteiros trocavam informações ou, em momentos de perigo, poderiam vir a se ajudar mutuamente. De toda forma, essa explicação cai por terra diante do achado de ossos de recém-nascidos nos corredores! No trânsito entre os mosteiros, crianças aparentemente não só nasceram, mas também foram mortas.

Sujeito a tentações sexuais também está o confrade de Nando, Hosana. Seu comportamento em geral sensual para com a sua prima é proibido pelo abade e violentamente interrompido com a consequência de que Hosana, em um ataque de fúria, acaba por assassiná-lo. Energias sexuais e os afetos atrelados a elas, enquanto energias da criação, enquanto forças sociais construtivas, mas também enquanto energias da agressão e da destruição, isso era uma lição que a geração da década de 1960 tinha aprendido primeiro de Freud e depois também de W. Reich e H. Marcuse (*Eros e Civilização*). Essas energias não obedecem a um esquema mecânico de causa e efeito, mas antes abrem para si seus percursos em redes rizomáticas, segundo o modelo proposto por Deleuze e Guattari.

Não só a vida monástica está exposta às tensões sexuais, mas igualmente as relações de dominação social no Nordeste brasileiro são encenadas no romance pela arbitrariedade de abusos sexuais e por estupro. Por ocasião da visita ao Engenho Nossa Senhora do Ó, Lázaro Neguinho fala sobre o estupro de sua filha Maria do Egito pelo capataz Belmiro e a recusa do fazendeiro em responsabilizar o seu empregado pelo delito. O pai está decidido a matar a sua filha, caso ela tenha ficado grávida.

Ao final do romance, delineia-se, como solução, a esperança no ato revolucionário em nome do povo e a partir do povo. Trata-se de uma solução que, poucos anos mais tarde, vai sofrer uma dupla crítica. Ou – como mostrado na discussão da cena chave do filme *Terra em Transe* – será questionada por meio da descrença do intelectual no povo enquanto sujeito revolucionário ou – como descrito por Fernando Gabeira na obra *O Que É Isso, Companheiro?* – grupos políticos radicais vão reivindicar para si o papel de sujeito revolucionário para agir no lugar de um povo que não mais é reconhecido por esses grupos como "povo".

De certo, *Quarup* é o romance mais impressionante que, em meados da década de 1960, ainda mantém a crença de que seria possível uma experiência política em que potenciais com origens tão distintas, como as expectativas messiânicas (o milenarismo de Padre Vieira), o misticismo (a devoção a Santa Teresa), a história das reduções indígenas dos jesuítas, os sindicatos de trabalhadores rurais e a revolução sexual da época, pudessem ser transformadas em uma força que possibilitasse a transformação de toda a sociedade, na qual os intelectuais e o "povo" se tornariam juntos um único sujeito revolucionário.

A convicção de que não deveria haver contradição entre a realização da felicidade individual e a reivindicação coletiva por igualdade, justiça e bem-estar é a energia utópica desses anos. Contudo, de maneira muito rápida e no curso de poucos anos, tal energia utópica, em sua confrontação com os sujeitos reais da história e as suas reações prenhes de afetos (a confiança ilusória nas forças transformadoras contra os medos da mudança e da perda, mas também a solidariedade espontânea e os movimentos massivos contra o ódio e a ira, em contraposição) vai se reverter em incerteza e resignação. Com o seu romance seguinte, *Bar Don Juan* (1971), lançado quatro anos mais tarde, Antonio Callado vai abrir o próximo capítulo da resistência contra a ditadura militar: a malograda luta armada no interior do país (em Mato Grosso do Sul) e a reflexão sobre esse fracasso.

MÁRIO LUIZ FRUNGILLO

Um Herói de Duas Faces – Sobre as Ambiguidades do Impostor Felix Krull

Ao abrir o romance *Confissões do Impostor Felix Krull* (*Bekenntnisse des Hochstaplers Felix Krull*), de Thomas Mann, o leitor se depara, logo de início, com uma série de afirmações desconcertantes por parte do narrador. Ao mesmo tempo que se preocupa em afirmar seu pertencimento a uma classe social respeitável, ele acrescenta aos elementos que dão apoio a essa afirmação uma série de outros que a põem em dúvida: descende de uma família burguesa distinta, porém licenciosa. Esteve, juntamente com sua irmã, aos cuidados de uma preceptora suíça, mas esta teve de deixar a casa quando veio à tona seu relacionamento com o pai de ambos. Este, por sua vez, era produtor de um vinho espumante de apresentação pomposa, porém de qualidade suspeita. Se demonstra aspirações de gosto requintado, ficamos também sabendo que se evadiu da escola, viveu uma vida de fraudes e passou uma temporada na prisão[1].

Essa série inusitada de afirmações conflitantes nos prepara não tanto para a descrição de uma vida singular (pois a biografia de um impostor não seria propriamente uma raridade), mas para a forma peculiar que o protagonista

---

1. Thomas Mann, *Confissões do Impostor Felix Krull*, tradução e posfácio de Mário Luiz Frungillo, São Paulo, Companhia das Letras, 2018, pp. 11 e ss.

adota ao nos dar a conhecer sua biografia. Ele se apresenta como alguém que desde cedo aspira a fugir de seu ambiente estreito e opressivo, da cidadezinha mesquinha em que nasceu e da escola que frequenta, com seus professores autoritários e seus alunos medíocres. Ficamos desde logo conhecendo suas aspirações à nobreza, ditadas pela certeza de ter sido "talhado em madeira mais fina" e destinado a um futuro mais promissor do que aquele ambiente lhe pode proporcionar. Em suma: ao iniciar sua autobiografia, Felix Krull faz o possível para nos convencer de que a história de sua vida, contada por escrito, daria um belo romance, mas não um folhetim qualquer, e sim um exemplar da prestigiosa vertente do romance de formação, colocando-o na ilustre linhagem que tem como protótipo *Os Anos de Aprendizado de Wilhelm Meister* (1795-1796), de Goethe. Essa intenção fica visível logo no subtítulo do romance, *Der Memoiren erster Teil* (*Primeira Parte das Memórias*), vazado numa sintaxe meio antiquada, que evoca imediatamente a de Goethe no *Fausto*: *Der Tragödie erster / zweiter Teil* (*Primeira / Segunda Parte da Tragédia*). Assim também as circunstâncias de seu nascimento, parto difícil num dia favorável – a posição das estrelas no caso de Goethe, um domingo de maio no caso de Felix – evoca o início da autobiografia do maior poeta alemão, *De Minha Vida: Poesia e Verdade*. Não contente com isso, Felix como que se apropria, sem mencioná-la textualmente, de uma expressão paradoxal de Goethe para justificar suas pretensões de nobreza: a do mérito inato. De fato, assim como Goethe afirmava que, ao receber seu diploma de nobreza, seu sentimento fora o de que apenas estavam lhe dando aquilo que lhe cabia desde sempre[2], Felix chega a especular com uma possível irregularidade em sua linhagem que o colocasse na descendência em linha direta de algum nobre, pois ao examinar a galeria dos retratos de seus antepassados pendurados nas paredes da casa não encontra entre eles nenhum que pudesse ser responsável por um rebento daquela qualidade.

Ocorre que, no desenrolar de sua narrativa, ele sai da cidadezinha renana onde nasceu para uma temporada de vagabundagem em Frankfurt, dali para Paris, onde se exercita numa vida dupla de empregado de hotel e *bon-vivant*,

---

2. Johann Peter Eckermann, *Conversações com Goethe nos Últimos Anos de sua Vida: 1823-1832*, tradução de Mário Luiz Frungillo, São Paulo, Editora Unesp, 2016, pp. 608-609.

mantida à custa de fraudes e furtos e, por fim, trocando de identidade com um marquês frequentador do hotel, a Portugal, onde se faz passar por um jovem aristocrata no início de uma viagem de formação ao redor do mundo. Assim, o protagonista desse suposto romance de formação poderia também ser comparado a um pícaro, o que aparentemente nos colocaria diante de um novo paradoxo pois, se é inegável que há algo em comum entre o romance de formação e o romance picaresco, uma vez que ambos, em linhas gerais, descrevem o percurso rico em vicissitudes, experiências e aprendizado de uma personagem até o ponto em que ela encontra seu lugar no mundo, também se deve levar em conta que cada um deles tem características que os tornariam, em sua forma tradicional, inconciliáveis.

Tendo isso em vista, não se pode afirmar que as *Confissões do Impostor Felix Krull* são uma espécie de híbrido na qual se combinam tanto elementos do romance de formação quanto da novela picaresca sem antes resolver as dificuldades teóricas implicadas em tal afirmação. Ao empreender sua análise do romance, Helmut Koopmann chega mesmo a afirmar taxativamente que a ideia de formação e a prática da impostura se excluem mutuamente, e apresenta um sumário das dificuldades da crítica para classificar o romance. Quanto a ser um romance de formação temos que, de um lado, o próprio protagonista acrescenta um caráter formador às suas experiências, e indica a necessidade de uma socialização crescente (o que, no entanto, deveria ficar para o segundo volume, jamais publicado, do romance, quando o protagonista se casaria e se tornaria pai). Além disso, diálogos e aventuras teriam, no romance, as mesmas funções estruturais que têm num romance de formação tradicional. Por outro lado, a ideia da formação de um caráter individual estaria ausente das *Confissões*, e faltaria ao mundo e à sociedade descritas nelas a qualidade de pontos de orientação para a formação de um indivíduo excepcional. Também o acúmulo de cenas teatrais, nas quais Felix está continuamente desempenhando um papel, daria a suas aventuras apenas o caráter de mutações de seu próprio ser, pois apesar de todas as transformações ele permaneceria sempre o mesmo.

Como elementos da picaresca, a crítica apontou a busca de ascensão social a partir de uma posição inferior. Além disso, as viagens do protagonista, descritas de um modo um tanto exibicionista, teriam de fato algo da peregrinação de um pícaro. A isso viria se acrescentar o caráter episódico da narrativa, que apresenta uma série contínua de aventuras das quais o herói em geral se sai bem, aí incluídas suas experiências eróticas. Como argumentos contrários, as condições sociais de que Felix parte não correspondem às de um pícaro como o Lazarillo de Tormes, são de fato muito superiores a elas, e as dificuldades com que este tem de lutar são também muito maiores. Faltaria ainda a Felix uma atitude de oposição, pois ele reafirma o tempo todo sua perfeita concordância com os padrões sociais vigentes. Por isso, Koopmann considera que categorias como romance de formação, ou paródia deste, e novela picaresca são insuficientes para caracterizar a obra. Poderíamos encontrar nela traços isolados de tudo isso, sem que por isso ela pudesse constituir um exemplar de qualquer um desses gêneros[3].

O primeiro problema de considerações como essas é ignorar que a obra não pretende mesmo ser um representante tradicional nem de um nem de outro desses gêneros. Trata-se de um experimento com ambos, e é só o seu caráter experimental que permite ao autor realizar a síntese entre características tão díspares.

A abordagem de Koopmann também parece partir do princípio de que é possível estabelecer uma tipologia mais ou menos firme dessas duas vertentes do romance (ou de quaisquer outras). A primeira dificuldade surge quando tomamos cada caso em particular e tentamos enquadrá-lo nessa tipologia. O conceito de romance de formação tem uma história acidentada. Inicialmente foi tido como uma espécie exclusivamente alemã, mas com o correr do tempo foi atribuído a uma profusão tão grande de romances que por fim sua pertinência não podia deixar de ser questionada, a não ser que se admitisse uma abertura maior para o conceito a fim de poder situar nele a diversidade de exemplos que em maior ou menor grau se aproximam de seu protótipo e reivindicam seu parentesco com ele[4].

Do mesmo modo, o conceito de romance picaresco, que de início foi considerado uma espécie exclusivamente espanhola, surgiu das interpretações de

---

3. Helmut Koopmann, "Bekenntnisse des Hochstaplers Felix Krull", em Helmut Koopmann (org.), *Thomas Mann Handbuch*, Frankfurt, Fischer, pp. 529-530.
4. Para uma abordagem abrangente desse problema, ver Wilma Patricia Maas, *O Cânone Mínimo – O Bildungsroman na História da Literatura*, São Paulo, Editora Unesp, 2000, pp. 9-81.

duas obras que se situam em sua origem, o *Lazarillo de Tormes* (1554), de autor anônimo, e o *Guzmán de Alfarache* (1599-1604), de Mateo Alemán, e também foi utilizado para designar uma longa série de romances que em maior ou menor grau se aparentavam a elas. E uma tentativa de se estabelecer, *a posteriori* de seu largo emprego ao longo do tempo, uma caracterização muito rígida dessa vertente pode chegar a um resultado tão desconcertante quanto o de um especialista como Francisco Rico, para quem só há dois romances picarescos que mereçam de fato esse nome, justamente aqueles que estão no início de sua linhagem. Parece muito pouco para consolidar uma vertente dentro do gênero romance, além de ser uma resposta insatisfatória para o largo uso que se fez do conceito ao longo do tempo[5].

Além do mais, é preciso considerar que, na passagem da literatura espanhola para a alemã, quando, tomando por modelo o romance picaresco, se originou o que viria a ser chamado de *Schelmenroman*, algumas coisas se perderam, e outras se ganharam. Para citar um exemplo: ninguém deixará de reconhecer no *Schelmuffsky* (1696-1697) de Christian Reuter a reivindicação de ser um *Schelmenroman*, pois esta vem expressa não apenas no título do livro, como também no local de publicação informado no frontispício da primeira edição, a cidade fictícia de Schelmerode. No entanto, Reuter parece ter compreendido a picaresca como uma série de aventuras e burlas, não necessariamente no mesmo sentido das que ocorrem numa obra como o Lazarillo de Tormes. Ao seu Schelmuffsky falta a origem irregular, e suas aventuras, embora às vezes o levem a situações difíceis, não são determinadas pela pobreza extrema, devem-se antes ao seu desejo de viajar, de escapar à perspectiva de uma existência rotineira mergulhada no tédio de uma profissão convencional. Em lugar de servir a um amo por quem será explorado e maltratado, ele se associa a um duque, que o acompanha durante boa parte da narrativa, até morrer num naufrágio.

Claro que se poderia argumentar que Reuter não compreendeu de fato o que vem a ser um romance picaresco e, sendo assim, a filiação de sua obra a

---

5. Uma apresentação exaustiva do problema pode ser encontrada em Mario M. González, *A Saga do Anti--herói – Estudo sobre o Romance Picaresco Espanhol e Algumas de suas Correspondências na Literatura Brasileira*, São Paulo, Nova Alexandria, 1994, pp. 204-277.

essa vertente seria um equívoco, mas não se pode deixar de reconhecer que frequentemente, passando ao largo do anseio sistematizador da crítica, a história de como um gênero novo é assimilado, imitado e distorcido por outros autores em outros contextos dilui fronteiras e delimitações estreitas, criando dificuldades teóricas por vezes intransponíveis.

Quanto à filiação do *Felix Krull* a essas duas vertentes do romance, ela foi feita pelo próprio autor, mas em momentos diferentes e ao longo de um processo de composição dos mais acidentados[6]. Certamente a solução mais fácil para resolver a dificuldade de conciliar os dois seria tratar o caso como uma paródia do romance de formação. O próprio Thomas Mann o apresentou assim em texto escrito como introdução à leitura pública de um de seus capítulos. O *Felix Krull* seria, segundo o autor, produto de um processo que ele define como "da politização, da literarização, da intelectualização, da radicalização da Alemanha", o que significaria "sua 'humanização' no sentido ocidental político e sua desumanização no sentido alemão". Esse processo, visto de forma muito negativa, só seria representável por meio da paródia[7]. Mas, para além do fato de essa afirmação estar contaminada por seu trabalho, naquele mesmo período, nas *Considerações de um Apolítico*, visível no tom nacionalista e na desconfiança em relação à democracia que perpassam o texto, ele também se refere a um estágio da composição da obra em que esta avançara apenas até o Sexto Capítulo do Livro Segundo. Devemos levar em conta que o *Felix Krull* é obra de longuíssima gestação, iniciada por volta de 1905, ainda antes de *A Morte em Veneza* (1912), mas que estava destinada a ser a última publicada por Thomas Mann, em 1954. Planejada inicialmente como uma novela, foi crescendo ao longo da escrita, até se tornar um romance que teria possivelmente pelo menos o dobro da extensão atual, caso sua composição não fosse interrompida pela morte do autor.

---

6. Uma detalhada história da composição do romance se encontra nos comentários elaborados por Thomas Sprecher e Monica Bussmann em colaboração com Eckhard Heftrich para a *Große kommentierte Frankfurter Ausgabe*, publicada pela S. Fischer em 2012.

7. Thomas Mann, "O Romance de Formação", *Travessia Marítima com Dom Quixote: Ensaios sobre Homens e Artistas*, tradução de Kristina Michahelles e Samuel Titan Jr., Rio de Janeiro, Zahar, 2014, pp. 54-55.

Ao retomar o trabalho com vistas à sua conclusão, Mann menciona também seu débito para com o *Schelmenroman*, mas ao fazê-lo se refere expressamente ao romance *O Aventuroso Simplicissimus* (1668-1669), de Grimmelshausen. Contudo, embora seja comum considerá-lo como um *Schelmenroman*, o *Simplicissimus* é obra que encontramos citada como parte da genealogia do romance de formação com a mesma frequência com que a vemos filiada à picaresca. Pois seu herói Simplicius parte de uma situação de pobreza e ignorância para, através das tribulações da Guerra dos Trinta Anos, atingir de fato um grande conhecimento do mundo. Mas sua conclusão é um *desengaño*, abandonando o mundo para ir viver numa ilha deserta. Assim, o protagonista do romance também tem e não tem relações com o pícaro. É de origem pobre, porém não irregular: seus pais são camponeses de vida honrada. Mais que isso, como saberemos depois, ele é filho adotivo; seus verdadeiros pais pertenciam à nobreza e foram separados dele pelas vicissitudes da guerra. E será também à guerra que se deverão suas sucessivas ascensões e quedas, das quais não lhe virá, contudo, um entendimento com o mundo, e sim uma oposição a ele, muito diferente, porém, da de um pícaro em sentido estrito. Poderíamos chamar de formação a esse processo, embora não num sentido de estabelecer um equilíbrio entre eu e mundo, como seria de esperar num romance de formação em sentido estrito, e sim um afastamento intransponível entre eles.

Podemos, então, dizer que a filiação do *Felix Krull* à vertente da picaresca se dá tomando por referência um romance que transcende os limites daquela vertente, inclusive por uma ambientação social bem mais ampla e matizada do que a de seus modelos tradicionais. Tendo isso em vista, seria possível concluir que o *Felix Krull* não é mera paródia do romance de formação, seu herói não é meramente um pícaro travestido de burguês. A dimensão paródica desse romance atinge um grau de sofisticação e sutileza muito mais profundo. Não podemos afirmar que no seu protagonista o burguês seja mais ou menos falso do que o pícaro. Felix é as duas coisas ao mesmo tempo e na mesma medida.

Para compreender como o autor pôde operar essa fusão, será preciso primeiro considerar que, apesar de tudo, é possível apontar algumas semelhanças entre o romance de formação e a novela picaresca.

Como pontos em comum, podemos mencionar o início da narrativa na infância ou, pelo menos, na primeira juventude do protagonista, a busca de horizontes mais abertos, o abandono da casa paterna, uma série de aventuras que não sejam meramente uma sucessão de episódios, mas sim etapas de um processo de desenvolvimento, embora este não seja necessariamente linear, sendo antes marcado por erros, enganos e recuos antes de chegar a seu termo. Mas, dentro dessas semelhanças, as diferenças são fundamentais. O romance de formação, surgido em finais do século XVIII, nasce das aspirações burguesas a uma educação universalizante, que ultrapassasse as limitações a que seus protagonistas estariam de antemão condenados. Isso fica claro numa passagem chave de *Os Anos de Aprendizado de Wilhelm Meister*. Numa carta ao amigo Werner, seu futuro cunhado e antípoda no que se refere às aspirações na vida, Wilhelm afirma seu desejo de buscar essa formação universalizante, que ele considera apanágio da nobreza, em contraposição à educação utilitária que lhe estaria destinada como burguês cuja perspectiva mais imediata seria suceder o pai à frente dos negócios familiares. E é em busca de satisfazer essa sua aspiração que Wilhelm deixará a casa paterna para juntar-se a uma companhia teatral, primeira etapa e primeiro grande engano de sua trajetória. Mais tarde ele descobrirá que seu desenvolvimento vem sendo desde algum tempo monitorado pela Sociedade da Torre, uma associação de homens nobres e de aspirações elevadas que, fiéis à doutrina do aprendizado pelo erro, nos momentos decisivos intervêm para ajudá-lo a encontrar seu caminho. Por fim, seu casamento com a nobre Natalie lhe abre as portas do mundo da nobreza a que aspirava desde o início. Desse modo, num modelo tradicional, o protagonista de um romance de formação busca algo que se poderia classificar como um ideal. É verdade que, em sua busca, Wilhelm não deixa de recorrer à fraude, quando desvia o dinheiro que seu pai lhe confiara para as operações comerciais de que o encarregara para investir em sua carreira teatral. Nessa passagem do romance, como nota Wilma Patricia Maas, Wilhelm age como um pícaro, o que colocaria em xeque a afirmação de Koopmann de que a ideia de formação e a prática da impostura são mutuamente exclusivas[8].

---

8. Wilma Patricia Maas, *O Cânone Mínimo – O Bildungsroman na História da Literatura*, p. 73.

Mas Wilhelm justifica seu ato aos olhos do leitor com o elevado propósito por trás de sua fraude, e o desenrolar do romance parece confirmá-lo.

O pícaro genuíno é diferente. É desde o início alguém que se encontra à margem, o que vale dizer que seu lugar natural entre as personagens literárias seria antes a galeria dos anti-heróis. Isso significa que seu ponto de partida é consideravelmente inferior ao do protagonista de um romance de formação, e seu ponto de chegada, mesmo quando sua trajetória é apresentada como um sucesso, um ponto de equilíbrio entre eu e mundo, também fica muito aquém das aspirações deste, como podemos ver no *Lazarillo de Tormes*, obra em geral considerada como a fundadora do gênero. Lázaro descende de uma família bastante irregular, e ao fim de suas aventuras só consegue se estabilizar na profissão de pregoeiro, que o coloca numa das posições mais baixas da escala social[9]. Além disso, seu casamento, ao contrário do de Wilhelm Meister, não passa de uma fachada para esconder as relações ilícitas de sua esposa com o arcipreste de San Salvador, que se faz de seu protetor. Para o pícaro, portanto, as fraudes e burlas são um meio de sobrevivência indispensável, e a ascensão que propiciam é das mais modestas. Estão muito distantes de seu universo a aspiração burguesa de uma formação universal, com uma janela aberta para o mundo das artes, e a idealização das experiências eróticas como elevação intelectual, comuns nos romances de formação tradicionais[10].

Colocando as *Confissões do Impostor Felix Krull* sob essa perspectiva, podemos dizer, então, que desde sua origem a personagem traz consigo, combinadas, as marcas dos protagonistas de ambos os gêneros, dependendo do ângulo pelo qual os encararmos. Sua família "burguesa" é também "licenciosa", e não goza de respeitabilidade irrestrita junto à sociedade local, embora more numa *villa* luxuosa e suas recepções sejam sempre cheias e animadas. Todas as suas ambiguidades futuras serão decorrentes dessa primeira, tudo que ele fará terá duas faces. Se podemos chamar tranquilamente de fraudes algumas de suas atitudes, como falsificar a letra do pai para escrever cartas justificando sua ausência na escola ou encenar com perfeição uma doença para o mesmo

---

9. Mario M. Gonzáles, "*Lazarillo de Tormes*: Estudo Crítico", em *Lazarilho de Tormes*, tradução de Heloísa Costa Milton e Antonio R. Esteves, São Paulo, Editora 34, 2005, p. 215.

10. Wilma Patricia Maas, *O Cânone Mínimo – O* Bildungsroman *na História da Literatura*, p. 62.

fim, não podemos deixar de reconhecer nelas a manifestação de um talento de artista. O mesmo que, quando ele posa travestido de divindade, de personagem histórica ou mesmo nu para seu padrinho, o pintor Schimmelpreester, se manifesta com aparente inocência. Apenas aparente, pois antecipa seu empreendimento mais ousado: a troca de identidade com o marquês de Venosta.

Mais tarde, depois da falência da fábrica de espumante e do suicídio do pai, quando ele e sua mãe tentam se estabelecer em Frankfurt, Felix também desempenhará papéis dúbios. Vagando pelas ruas da grande cidade como um miserável que posa de *flanêur*, viverá diversas aventuras, entre elas o relacionamento com uma prostituta húngara, Rosza. Ao mesmo tempo que demonstra simpatia e afeto por todas as mulheres dessa condição, ele não deixa de aceitar o dinheiro dela, comportando-se como um gigolô, mas um gigolô que condena a violência que os outros de sua espécie praticam contra suas amantes. E não perde de vista o propósito de dar um caráter nobre à sua narrativa, referindo-se à relação entre ele e Rosza como uma "severa escola de amor".

Não são apenas manifestações de uma desfaçatez sem limites. Por trás de todas essas ambiguidades está um princípio filosófico, que Felix interpreta à sua própria maneira, assim como faz um uso muito peculiar do conceito goethiano de mérito inato. Segundo as palavras do próprio autor, nas origens do romance estão as considerações de Arthur Schopenhauer, em *O Mundo Como Vontade e Representação*, sobre o véu de Maya, que cobre os olhos dos mortais, fazendo-os ver um mundo que se assemelha ao sonho[11]. Comentando essa passagem num ensaio famoso, Thomas Mann tira daí a conclusão de que a variedade no tempo e no espaço é apenas aparência, e a diversidade e a diferença se tornam, sob esse ponto de vista, mera ilusão[12]. Na trama do romance, essa ideia encontra sua expressão mais acabada naquilo que poderíamos chamar a "teoria da permutabilidade" de Felix. Observando de seu posto de ascensorista e garçom a movimentação da sociedade que se hospeda num hotel de luxo em Paris, Felix chega à conclusão de que várias daquelas pessoas

---

11. Arthur Schopenhauer, *O Mundo como Vontade e Representação*, tradução de M. F. Sá Correia, Rio de Janeiro, Contraponto, 2001, p. 14.
12. Thomas Mann, "Schopenhauer", *Leiden und Größe der Meister*, Frankfurt, Fischer, 1957, p. 188.

poderiam permutar entre si suas posições sem que ninguém destoasse de seu papel. Assim, podemos dizer que sua descrição de si mesmo nas primeiras páginas do romance o apresenta como alguém que desde cedo se exercitou para praticar essa permutabilidade, e só então nos damos conta da extensão de seu aprendizado quando encenava estar doente para faltar à escola ou se travestia para servir de modelo ao pintor seu padrinho. Da mesma maneira, sua família tem tantos traços burgueses genuínos (a formação francesa do pai, a casa luxuosa sempre cheia de comensais) quanto os característicos da família de um pícaro (o pendor para a falcatrua do pai, a sensualidade exacerbada e algo grosseira da mãe e da irmã). E o protagonista, em especial, se esmera cada vez mais para desenvolver ambas as tendências em igual medida. Seus pendores para a encenação têm tanto a dimensão da arte quanto da impostura, e nos damos conta pela primeira vez de sua eficácia e do grau de perfeição a que chegou no capítulo em que Felix narra como conseguiu ser dispensado do serviço militar simulando sofrer um ataque devido a uma enfermidade que o tornaria inapto para ele, mas dando, mesmo ao leitor que está ciente da fraude, a impressão de que de fato sofre esse ataque, pois o efeito que alcança não parece de modo algum ser apenas fingido.

Similar é sua maneira de interpretar as passagens marcantes de sua vida. Logo ficará claro que a "severa escola de amor" que ele frequentara com Rosza será de grande valia para sua vida futura, embora o romance, em seu estado inacabado, só nos deixe conhecer uma dessas ocasiões: a noite passada nos braços de Diane Philibert. Ele roubara as joias dela quando ambos passavam pela inspeção da alfândega na fronteira francesa (o que, fiel ao seu método, em sua descrição ele transforma num ato imperceptível, guiado pelo acaso ou pelo destino que o favorece). Ao reencontrá-la no hotel, tem a oportunidade de viver uma aventura erótica com ela. Mas jamais poderia imaginar as surpresas que lhe estavam reservadas. Pois logo ela se revela como alguém que também vive em duas esferas distintas. De um lado, ela é Madame Houpflé, a burguesa casada com um rico fabricante de vasos sanitários (mais uma vez a riqueza adquire um tom farsesco); de outro, Diane Philibert, uma mulher lasciva com pendor para a perversão. Ajudando a evitar a vulgaridade dessa combinação tão batida, uma intensa imaginação poética: Diane é escritora de verdade, provavelmente uma típica representante do esteticismo *fin-de-siècle*.

A reunião desses elementos todos desnorteiam Felix, que primeiro se encanta com uma conquista tão fascinante, e logo depois se ofende quando ela o trata como um simples criado com o qual se entrega ao prazer infinito da degradação, num jogo erótico que ele não consegue compreender. Mas o leitor não pode deixar de notar que essa personagem tão exuberante confirma Felix em sua duplicidade. Pois se de início ela se excita ao saber que se trata de um ladrãozinho que lhe surrupiara as joias na alfândega, logo a seguir o envolve numa aura de poesia e o eleva às alturas de Hermes, o deus ladrão. Do mesmo modo, o produto do furto que ela o incentiva a fazer no escuro, enquanto se deleita em ouvi-lo remexer suas coisas, terá duas dimensões inseparáveis: será um "butim de roubo e arroubo", um fruto tanto do furto quanto do amor. Não lhe será dado em pagamento pelo prazer que ele lhe proporcionara e do qual também compartilha, "dando-lhe o seu melhor e desfrutando dela", ao contrário, será algo de que ele se apropriará porque tem o direito de fazê-lo.

Que Felix não é apenas um impostor vulgar buscando sobreviver de suas fraudes, prova-o sua atitude diante de outras personagens com as quais vai se relacionando ao longo da narrativa: Stanko, o colega de hotel, cuja proposta para assaltarem juntos uma casa ele recusa por considerá-la indigna de si, e, sobretudo, aquelas que lhe oferecem uma oportunidade de impostura aparentemente vantajosa: a jovem Eleanor Twentyman, que lhe propõe que fujam juntos e ele a engravide a fim de forçar o aceite da união desigual por parte dos pais dela, e Lord Kilmarnock, que lhe oferece fazer dele seu herdeiro caso aceite se tornar seu companheiro de vida sob o disfarce de um mordomo, ou mesmo de um filho adotivo. Em ambos os casos a impostura é por demais evidente, totalmente desprovida de qualquer possibilidade de se lhe atribuir uma dimensão positiva, pelo contrário, o marcaria para sempre como um aproveitador dos sentimentos que aquelas duas personagens infelizes demonstram por ele, e talvez por isso ele não se sente minimamente atraído por nenhuma dessas ofertas, embora, mais uma vez demonstrando seu caráter complexo, tenha plena consciência do sofrimento que causa aos dois pretendentes ao recusá-los, e sinta sincera compaixão por eles.

Vemos aí o quanto, à sua maneira peculiar, Felix está envolvido na esfera artística, própria de tantas personagens de Thomas Mann. Em suas obras, essa esfera é sempre duvidosa. Já em *Os Buddenbrook* era sinal de decadência.

Isso talvez ainda não fosse tão evidente no destino de Hanno Buddenbrook, porque este morre cedo demais. Mas se sobrevivesse seu destino decerto não seria diferente do de Tonio Kröger, com quem tem tanto em comum. E será Tonio Kröger, cujo nome o próprio Thomas Mann utilizava para assinar algumas de suas primeiras tentativas literárias, que afirmará ser o ofício de artista algo duvidoso, impróprio para um bom burguês. Segundo ele, "é preciso sentir-se em casa em algum tipo de prisão para se tornar um poeta"[13]. Felix dá um passo além: no seu desenvolvimento de artista da simulação, que poderia fazer dele um grande ator – e mais uma vez colocá-lo nas proximidades de Wilhelm Meister, cuja primeira tentativa de ampliação de seus horizontes se dá no teatro –, ele atravessa a fronteira que separa a arte do crime, e faz de suas fraudes uma arte. Aqui se revela por inteiro a extensão produtiva da teoria da permutabilidade de Felix. Pois ao assumir em todas essas ocasiões as duas faces – a do burguês e a do pícaro – ele de fato as coloca em prática, e suas imposturas são bem-sucedidas justamente porque ele encarna em si os dois princípios, ele contém em si todas as dimensões que podem ser permutadas entre si, e disso faz parte também sua bissexualidade declarada, embora não efetivamente vivida.

Demonstrando total confiança nessa teoria, Felix embarca em sua maior aventura: a troca de identidade com o Marquês de Venosta. Este era um frequentador assíduo do hotel Saint James and Albany, em que Felix trabalha. Originário de Luxemburgo, o marquês se encontra em Paris supostamente para estudar e desenvolver seus dotes artísticos. Envolve-se com Zaza, uma atriz de teatro de revista, e de bom grado a desposaria, não fosse a oposição decidida de seus pais, ciosos da posição que a família ocupa. Temendo que a situação se tornasse irremediável, estes imaginam um ardil para afastá-lo da amante. Propõem-lhe uma viagem de formação ao redor do mundo. O marquês, que não quer de modo algum se separar de Zaza, descobre em Felix o substituto ideal para empreender a viagem em seu lugar e enganar seus pais com uma correspondência enviada das diversas partes do mundo que deve visitar. As habilidades que ele desenvolvera assumindo identidades diferentes

---

13. Thomas Mann, "Tonio Kröger", *A Morte em Veneza e Tonio Kröger*, tradução de Herbert Caro (*A Morte em Veneza*) e Mário Luiz Frungillo, *Tonio Kröger*, São Paulo, Companhia das Letras, 2015, p. 112.

ao posar para seu padrinho e falsificando a caligrafia do pai serão aqui levadas a um novo grau de perfeição. Felix assume integralmente a identidade de Venosta e parte para Lisboa, a primeira etapa de sua viagem, de onde deveria embarcar num navio para a Argentina. Durante a viagem trava relações com o Professor Kuckuck, um paleontólogo alemão estabelecido na capital portuguesa, cuja ciência lhe desperta um interesse ainda não demonstrado anteriormente.

Durante a maior parte do tempo de sua estada em Lisboa, Felix orbitará em torno da família Kuckuck, fazendo-se passar pelo marquês de Venosta e cortejando a filha do casal, a bela e inacessível Zouzou. Em suas relações com a moça, veremos a que ponto Felix de fato encarnou o papel que assumiu: ele de certa forma projeta nela uma espécie de amor saudoso por Zaza, a amante do verdadeiro marquês, chegando a chamá-la assim por engano. Zouzou, por outro lado, parece intuir o que se passa com seu pretendente, pois desde o primeiro momento o trata com desdém e ironia. Não obstante, termina por sucumbir quando ele lhe mostra uns desenhos que fizera, supostamente inspirado por ela. São, na verdade, desenhos que o verdadeiro Venosta fizera de sua Zaza nua, aos quais Felix acrescenta traços de Zouzou. A visão deles a desarma e lhe vence a resistência. O triunfo de Felix só não se consuma porque ambos são surpreendidos pela mãe da moça que, numa reviravolta vertiginosa, o afasta dela e mais uma vez envolve Felix nas redes de uma aventura erótica inesperada. Com essa cena se encerra o que deveria ser apenas a primeira parte do romance, e ficamos privados de seu desenvolvimento posterior.

A conquista inesperada da Sra. Kuckuck não é o único grande triunfo de Felix em Lisboa. Antes disso ele fizera uma visita ao embaixador de Luxemburgo, que se oferecera para apresentá-lo ao rei de Portugal. A visita é tão bem-sucedida que lhe valerá uma condecoração e um título de nobreza genuíno, a Ordem do Leão Vermelho. Assim, Felix alcança sem maiores esforços aquilo que Wilhelm Meister busca ao longo de todos os seus anos de aprendizado, e só pode alcançar filiando-se à Sociedade da Torre e casando-se com a nobre Natalie. Mas aqui se revela ao leitor que o que se passa no romance de Thomas Mann é uma inversão daquilo que temos no de Goethe: durante a conversa em que Venosta lhe faz a proposta de assumir seu lugar, Felix afirma não conhecer muita mitologia, ao que o marquês lhe responde:

"E para que precisa disso? Erudição, sobretudo erudição profunda, não é para o *gentleman*. Isso ele tem em comum com o nobre. É uma boa tradição do tempo em que um membro da aristocracia só precisava saber montar um cavalo com dignidade, e não aprendia mais nada além disso, nem mesmo a ler e escrever"[14]. Ou seja: aquilo que Wilhelm Meister acredita ser apanágio da nobreza, uma formação universal, deixou de ser uma aspiração desta, tornando-se uma necessidade burguesa.

Aqui podemos ver o quão longe Thomas Mann leva a interpretação das considerações de Schopenhauer expressa pelo romance, e o significado mais profundo de sua teoria da permutabilidade. Para onde quer que olhe, Felix só vê pessoas agindo como atores desempenhando um papel. As pessoas com que se relaciona no hotel Saint James and Albany escondem, por baixo do brilho de uma vida de luxo e riqueza, abismos insondáveis e insatisfações de toda ordem. Madame Houpflé vive num acordo conjugal tácito com o marido: ele a trai com atrizes do teatro de revista, ela com os mocinhos, adolescentes com os quais satisfaz suas fantasias eróticas, e seu talento de escritora de romances "muito belos e inteligentes" faz submergir sob uma aura poética a sordidez da situação. A proposta da jovem Eleanor Twentyman de que ele, um simples empregado de hotel, a engravide para criar uma situação irreversível, resultaria numa história das mais vulgares, mas é produto de seu desejo torturante de viver uma aventura amorosa intensa, que rompa a estreiteza de seu horizonte familiar e social. A homossexualidade de Lord Kilmarnock o obriga a uma vida dissimulada, e seu desejo de constância e estabilidade amorosa não vê outra saída senão o sonho de perpetuar essa dissimulação numa relação com Felix que garantisse a aparência de respeitabilidade. Já Venosta parece querer evitar para o seu relacionamento com Zaza a solução mais corriqueira para alguém de sua classe, que seria embarcar num casamento de conveniência e manter com ela uma relação extraconjugal. Também a família Kuckuck, apesar da reputação científica do pai, da altivez da mãe e das veleidades de independência da filha, termina por revelar o seu outro lado. A Senhora trai o marido com Felix – já não o terá feito outras vezes? E a insolente Zouzou, por desejo expresso do pai, em breve se casará com o assistente dele, um arranjo dos mais convencionais.

14. Thomas Mann, *Confissões do Impostor Felix Krull*, p. 211.

O quadro composto por essas personagens não deixa dúvidas: o mundo descrito por Felix em sua autobiografia se assenta sobre bases muito instáveis. Se ao seu redor Felix só encontra uma sociedade feita de aparências, se o próprio brilho eterno da cidade de Paris não esconde suas misérias, como podemos ver pelo bando de excluídos que o assediam quando se senta num café, então sua teoria da permutabilidade encontra sua mais plena justificação.

As *Confissões do Impostor Felix Krull* compartilham com muitos romances publicados entre o final do século e o período entre-guerras a visão de uma sociedade desprovida de substância, fundada nas aparências ou agarrando-se a símbolos de estabilidade que disfarcem o solo movediço sobre o qual procura se equilibrar. Em *Effi Briest* (1894-1895), a obra-prima de Theodor Fontane, autor que deu o melhor de si já nos anos da velhice, o Barão von Instetten desafia e mata num duelo o sedutor de sua jovem esposa. É sem vontade que o faz, por puro apego às convenções e às aparências, e se não tivesse confidenciado a traição da esposa a um amigo, não podendo suportar a ideia de que alguém nesse mundo além das três pessoas diretamente envolvidas com a história tenha conhecimento dela, desistiria de bom grado de bater-se com o rival. Ao final do romance, depois da morte de Effi, ele confessa jamais ter deixado de amá-la, e que seu desejo era ter-lhe perdoado a traição e continuado a viver com ela. No primeiro volume da trilogia *Os Sonâmbulos* (1930--1932), de Hermann Broch, o major Von Pasenow, numa atmosfera evocadora dos romances de Fontane, busca no "romantismo da farda" um refúgio para as inseguranças da vida civil. No segundo o guarda-livros Esch busca opor à ameaça de anarquia da época uma honestidade e dignidade mais formais que reais. E Huguenau, o desertor do exército na Primeira Guerra Mundial, ato guiado por motivos muito distantes de um pacifismo consciente, será o novo homem dessa época, completamente desprovido de escrúpulos fundados em valores sólidos. Talvez nada seja mais evocativo do esvaziamento das aspirações burguesas de uma formação universal do que o protagonista de *O Anjo Azul* (1905), de Heinrich Mann. O professor a quem os alunos, num trocadilho com seu nome de família, deram a alcunha de "lixo" (*Unrat*) se serve da peça *A Donzela de Orleans*, de Friedrich Schiller, para preparar "pegadinhas" nas provas e levar os alunos à reprovação. Quando sua degradação atinge o auge, ele se utiliza do verso das folhas em que estava escrevendo um livro erudito sobre Homero para escrever cartas de amor à cantora de cabaré a cujos encantos sacrificara toda sua aura de respeitabilidade e sua carreira de tirano do magistério. Todas essas personagens estão à beira do abismo, buscando escapar dele agarrando-se às ruínas de uma concepção de mundo em profunda crise. E se fôssemos citar todos os exemplos, a lista se tornaria interminável.

Se é lícito tomarmos este como o diagnóstico a respeito de sua época realizado também por esta obra de Thomas Mann, então poderemos compreender como foi possível combinar numa só personagem as figuras do protagonista de um romance de formação e a de um pícaro, e o sentido de fazê-lo: tanto as aspirações burguesas de uma formação universal quanto o julgamento moral a respeito da sociedade presentes naquelas vertentes do romance europeu dependem de bases sólidas e valores bem definidos. Num cenário de esvaziamento e redução a mera aparência dos ideais burgueses que deram origem ao romance de formação, todas as aspirações das personagens que povoam as páginas dos vários representantes dessa vertente deixam de fazer sentido. Onde as aparências dominam e são a chave para o sucesso, o charlatão está mais em casa que um burguês cheio de aspirações nobres, as burlas e falcatruas de um pícaro também perdem seu aspecto condenável, e até ganham uma aura romântica que pode conferir uma aparência de ideal àquilo que em outras circunstâncias pareceria condenável. Num contexto desses, um romance de formação pode ser também uma novela picaresca, e vice-versa.

Dá mostras do progressivo esvaziamento dos valores e significados implicados na construção de um romance como o *Wilhelm Meister* o tema das *mésalliances*, que marca o ponto de chegada das errâncias do protagonista. Não se trata, como poderia parecer a um exame mais ligeiro, de uma solução forçada. Esse desfecho é cuidadosamente preparado pelas discussões a respeito do papel da nobreza e da hereditariedade de seus privilégios que ocupam boa parte do livro. Nem se pode também afirmar que com isso Goethe conceda toda a primazia à nobreza. Há críticas suficientes a ela, tanto nas "Confissões de uma Bela Alma", que constituem o Livro VI do romance, quanto nos retratos dos próprios membros da aristocracia que entram em cena no decorrer da história. Se lembrarmos também a afirmação de Goethe, segundo a qual o diploma de nobreza apenas lhe deu aquilo que ele já possuía, podemos pensar que o desfecho se deve, do mesmo modo, ao mérito inato de Wilhelm, e que conceder a ele o acesso à nobreza não deixa de ser uma maneira de afrontá-la nos seus direitos de hereditariedade. É como se Goethe compensasse em Wilhelm as humilhações sofridas por Werther na casa do conde seu amigo, quando é expulso de uma reunião social pela chegada de outros aristocratas. Goethe mesmo sentiu isso na pele, pois sendo íntimo do Duque de Weimar e ocupando o cargo de Conselheiro Privado, só pôde se sentar à mesa com ele depois de lhe terem arranjado o título de nobreza.

Contudo, é evidente também que a solução guarda algo de um desfecho idealizado, distante da realidade, e o tema dificilmente terá tido novamente um tratamento semelhante. No romance balzaquiano as *mésalliances* têm outro sentido, o de uma conjunção de interesses muito mais concretos do que a do *Wilhelm Meister*. Posteriormente, em folhetins românticos como, por exemplo, *O Salteador* (1857), de Alexandre Dumas, servem para costurar, de modo algo voluntarioso e arbitrário (para não dizer inverossímil) um *happy end* em que sejam corrigidas as injustiças cometidas contra o herói e a honra da heroína seja salva. Mais estranho ainda é o seu tratamento em outro folhetim, o *Romance de um Moço Pobre* (1858), de Octave Feuillet, no qual um nobre arruinado pela imprudência paterna toma sobre si a missão de salvar a honra e a situação da família pelo trabalho, recusando-se a buscar um casamento vantajoso que viesse a resolver a situação pelas vias mais curtas e costumeiras. Uma estranha atitude burguesa por parte de alguém educado como nobre. Diante da situação intrincada e quase insolúvel que criou, o autor por fim arranja ao rapaz uma inesperada herança que lhe permita se casar com a burguesa rica pela qual se apaixonara sem que seu ato mereça o conhecido epíteto pejorativo de um golpe do baú. Feuillet parece ter causado uma impressão profunda em José de Alencar, que o cita nominalmente, embora se referindo a outra de suas obras, em *Senhora* (1874), tentativa muito mais séria, embora quase desesperada, de purificar pelo amor um ato tão demonstrativo dos vícios da sociedade que ele quer denunciar. A uma distância ainda maior se encontra o final de *Em Busca do Tempo Perdido* (1913- 1927), de Marcel Proust: Charles Swann não pode levar a amante e futura esposa, a *cocotte* Odette de Clèrcy, às recepções em casa dos Guermantes. Por causa dela, começa a frequentar a casa dos Verdurin, onde ela é recebida de bom grado, inclusive porque os donos dessa casa gostam de fazer comentários desdenhosos sobre os salões aristocráticos, em especial o dos Guermantes. Mas durante uma longa ausência de Marcel, a Sra. Verdurin e o duque ficam viúvos e, quando regressa, já depois da Primeira Guerra Mundial, ele os encontra casados. Nada poderia falar de modo mais eloquente sobre a nova face daquela sociedade depois de 1918. Por fim, em *O Leopardo* (1958), de Lampedusa, a decisão do príncipe Tancredi de romper o acordo tácito de desposar sua prima Concetta para se casar com a bela e sedutora Angelica, plebeia até a medula dos ossos, é a continuação na vida civil de sua decisão militar de aderir às tropas de Garibaldi durante a luta pela unificação da Itália. Uma forma de garantir a permanência na mudança, ou, nos termos do romance, que "tudo mude, para que tudo permaneça como é".

Se o segundo volume do romance tivesse sido escrito, estava previsto que Felix se casaria e se tornaria pai. Mas não sabemos em que condições o faria. Em todo caso, naquilo que podemos conhecer da obra, ele não pensa em casamento. Quem pensa, e justamente numa *mésalliance*, é Venosta. Mas nem ele nem Zaza estão em busca de algo mais que viver seu amor algo insensato até o fim. O que ele quer, no final das contas, é um desfecho que a moralidade convencional sempre vedou a romances como *A Dama das Camélias* (1848) e *Lucíola* (1862), sob pena de se tornarem inverossímeis, e que os pais de Zouzou, controlando com decisão férrea os destinos matrimoniais da filha, não querem senão evitar.

Em todos esses casos, a *mésalliance* está longe de ser uma solução idealizada para os problemas propostos pelo enredo, como no *Wilhelm Meister*. Raramente, ou nunca, está desligada de considerações de ordem material. É antes um indício de que as aspirações expressas no romance de Goethe progressivamente deixaram de ser atuais.

As *Confissões do Impostor Felix Krull* nos evocam um mundo pretérito, mas que é a antessala das investigações em profundidade que Thomas Mann leva a cabo em sua impressionante obra de romancista das transformações e catástrofes que marcaram a primeira metade do século xx e continuam reverberando até hoje. Põe termo a essa obra e ao mesmo tempo, ao fazer o enredo recuar para o final do século xix, lhe serve de prelúdio. Sob sua aparência leve de farsa, não deixa de ser algo como um sismógrafo.

DANIEL R. BONOMO

Romances de Formação de Romance: Camilo Castelo Branco e a Trilogia de *Onde Está a Felicidade?*

Ao que parece, a relevância da obra de Camilo Castelo Branco para a afirmação do gênero romanesco em língua portuguesa não se compreende imediatamente nem por um único aspecto. Talvez a amplitude, a variedade dos títulos ou a redução de um conjunto difuso a formas envelhecidas, nem por isso menos saborosas; talvez a figura sedutora e controvertida do autor, que se impõe, ou a linguagem contrária ao gosto em geral prosaico da narrativa moderna; não faltariam hipóteses, enfim, defensáveis até certo ponto para a resistência ao reconhecimento comum do seu lugar no centro de um processo de definição do romance como gênero, embora fossem suposições secundárias diante do significado efetivo de *um acervo de ficções chamado Camilo*, mestre-prosador que, a sua maneira, remetendo para a instituição moderna da cultura romanesca, conjugou sentimentalismo e humorismo, Richardson com Sterne, como quis António José Saraiva[1], sem esquecer da proximidade com Balzac, não só porque lia e discutia o escritor francês, mas também porque, nos termos de Alexandre Cabral, foi "o primeiro homem de letras que em Portugal se atreveu a fazer da arte da escrita uma profissão – e profissão

---

1. Opinião repetida por Eduardo Lourenço em "Situação de Camilo", *O Canto do Signo – Existência e Literatura*, Lisboa, Presença, 1994, p. 224.

exclusiva, sem o recurso a uma outra atividade subsidiária de mais segura e estável remuneração"[2].

Além disso, a importância de Camilo para o estabelecimento do romance em língua portuguesa não se limita à influência de um único título ou à repetição de modalidade exclusiva. Antes, como profissional das letras, deve-se a uma proliferação discursiva em ficções líricas, trágicas, cômicas, históricas e novelescas; em polêmicas, críticas, traduções, profusão discursiva vinculada, se interessar, a uma vida de lances curiosos, dos amores de perdição às memórias de cárcere, da orfandade ao viscondado, à cegueira, ao suicídio. Não que o conjunto sofra por isso da ausência de unidade, antes pelo contrário, a diversidade estimula que se verifiquem as tendências frequentes que o amarram e organizam. Difícil, contudo, é fatiar esse todo em porções impermistas. É possível em Camilo, por exemplo, uma chocarrice em pleno andamento comovente e lacrimoso. Quer dizer, é possível divisar também por dentro a mesma instabilidade que circunscreve a obra por fora. Nesse sentido parece razoável estimar o valor de sua intervenção no desenvolvimento histórico do gênero romanesco desde uma aproximação atenta à natureza processual e compósita da obra. Assim, o objetivo deste ensaio consiste em observar um momento do processo novelístico camiliano ao que tudo indica decisivo para a afirmação do romance em língua portuguesa. Trata-se de interpretar a trilogia de *Onde Está a Felicidade?* (1856), *Um Homem de Brios* (1856) e *Memórias de Guilherme do Amaral* (1863) como "romances de romances", isto é, como narrativas da cultura do gênero em expansão em língua portuguesa, espécie de intervenção sobrecarregada de referências e insinuações, como que um acúmulo, em síntese, de formações romanescas no qual surge, inclusive, um esboço de romance de formação (*Bildungsroman*) entretecido nos descaminhos do herói. Que o "romance de formação" não se realize totalmente, aqui, só faz endossar na trilogia de Camilo este seu aspecto processual e composto.

---

2. Alexandre Cabral, *Camilo Castelo Branco. Roteiro Dramático dum Profissional das Letras*, 3. ed., Vila Nova de Famalicão, Centro de Estudos Camilianos, 1995, p. 16.

ONDE ESTÁ A FELICIDADE?

A afirmação do romance em Portugal foi tardia, se comparada com fenômenos anteriores de estabelecimento e legitimação do gênero em países como Inglaterra, França e Alemanha. Até meados do século XIX não houve naquele país uma organização literária assentada em produção e consumo autossuficientes de ficção romanesca. Circulavam traduções e romances em língua estrangeira, sobretudo em francês, mas exemplares nacionais eram poucos e as melhores realizações nesse campo – *Viagens na Minha Terra* (1846), de Almeida Garrett, e *Memórias de um Doido* (1849), de Lopes de Mendonça, por exemplo – permaneciam isoladas. Até então predominou a modalidade histórica, afim às expectativas do projeto nacionalista romântico, da qual são exemplos as narrativas de Alexandre Herculano. Quer dizer, a situação em Portugal até a metade do século XIX era de uma cultura romanesca incipiente, em especial na representação do ambiente contemporâneo. Camilo testemunhava tal condição em 1848 ao resenhar *O Cético*, de João de Azevedo, e constatar em Portugal uma "choruda gravidade" no romance histórico e no "de inventiva", pouco realismo e muito devaneio[3]. No mesmo ano, ele publicava um folheto anônimo e gritante: *Maria! Não me Mates, que Sou tua Mãe!*, impulso definitivo para o encaminhamento prático do que Abel Barros Baptista denominou "revolução camiliana", "movimento vasto e profundo de transformação da ordem do discurso oitocentista que tem como forma terminal a imposição do gênero romanesco como gênero dominante da hierarquia dos gêneros literários"[4]. Afinal, desde esse primeiro título, que logo se popularizou, a atuação literária e jornalística múltipla de Camilo investiu em frentes que se poderiam considerar romanescas em formação, articulações morais e realistas, de esferas pública e privada, de fato e ficção; conversas entre autor e leitor, promoção polêmica, autocrítica, mistura de língua culta e popular e emparelhamento e confusão de subgêneros, por exemplo[5].

---

3. Camilo Castelo Branco, *Esboços de Apreciações Literárias*, 4. ed., Lisboa, Parceria Antonio Maria Pereira, 1936.
4. Abel Barros Baptista, *Camilo e a Revolução Camiliana*, Lisboa, Quetzal, 1988, p. 51.
5. Para uma leitura de *Maria! Não me Mates, que Sou tua Mãe!* no contexto da afirmação do romance na literatura portuguesa ver Paulo Motta Oliveira, "Cartografia de Muitos Embates – A Ascensão do Romance em Portugal", *Floema*, n. 9, 2011, pp. 249-282.

A partir dos anos 1850, com a ascensão dos modelos passionais no romantismo português, o protagonismo seria das novelas e folhetins camilianos[6]. O primeiro título foi *Anátema*, em 1851. Em seguida, entre 1853 e 1855, surgia como que a base da obra romanesca de Camilo nos volumes dos *Mistérios de Lisboa*, continuados no *Livro Negro de Padre Dinis*, que tanto mostravam a sua filiação a Eugène Sue e Victor Hugo como atestavam a personalidade do autor escapando aos modelos, ainda mais nitidamente nas *Cenas Contemporâneas*, *A Filha do Arcediago* e *A Neta do Arcediago*, publicadas nesses mesmos anos. É porém em 1856, pelas razões que vêm adiante e no correr do ensaio, que se delineou um momento de particular interesse com a publicação de *Onde Está a Felicidade?* Não se destaca à toa esse título de uma obra em que, como se disse, vale o conjunto diverso, mas cabe sublinhar traços próprios desse romance para distingui-lo no estabelecimento do gênero, a começar por episódios da sua recepção.

Quanto à recepção contemporânea, é significativa uma espécie de balanço da produção romanesca em Portugal feito por Alexandre Herculano, em advertência à segunda edição das suas *Lendas e Narrativas*, em 1858. Herculano insiste aí no caráter inaugural dos seus próprios textos, situando, de um lado, a sua obra precursora, mas, de outro, culminante, o romance de Camilo publicado dois anos antes:

> Quinze a vinte anos são decorridos desde que se deu passo, bem que débil, decisivo, para quebrar as tradições de *Alívio de tristes* e do *Feliz independente*, tiranos que reinavam sem êmulos e sem conspirações na província do romance português. Nestes quinze ou vinte anos criou-se uma literatura, e pode dizer-se que não há ano que não lhe traga um progresso. Desde as *Lendas e narrativas* até o livro *Onde Está a Felicidade?* que vasto espaço transposto![7]

Com seu prestígio e juízo, Herculano atribuía um valor razoável para *Onde Está a Felicidade?* Simultaneamente, a menção a tradições anteriores

---

6. Ver entrada "Novela passional", de Maria Isabel Rocheta, no *Dicionário do Romantismo Literário Português*, Lisboa, Caminho, 1997, pp. 365-367.

7. Alexandre Herculano, *Lendas e Narrativas*, 21. ed., Lisboa, Rio de Janeiro, Bertrand, Francisco Alves, s.d., 1º vol., p. XII.

e à movimentação no presente sinalizava, em Herculano, espaço disputado próprio à coincidência de forças que deve animar a afirmação do gênero.

Quanto à recepção no âmbito da crítica posterior, Jacinto do Prado Coelho, em estudo seminal, fez enxergar em *Onde Está a Felicidade?* um ponto de inflexão na obra camiliana. Segundo o crítico, *Onde Está a Felicidade?* aponta para uma nova diretriz na ficção de Camilo caracterizada por certa "conversão ao natural". Seria a aproximação, portanto, das formas realistas mediante uma atenção maior à vida de costumes e por uma sensível mudança das temporalidades menos dependentes neste estágio da ação extraordinária, do rocambolesco e das muitas peripécias. "Com a simples história de abandono, encheu duzentas e cinquenta páginas, o que representa, na evolução de sua obra, uma conquista: antes de *Onde Está a Felicidade?* só com muitas peripécias exteriores encheria tanto papel"[8]. Já Alexandre Cabral viu exagero nesse destaque de *Onde Está a Felicidade?* por dois motivos: por ser romance anômalo "na harmonia do universo camiliano" e porque apenas após a segunda experiência carcerária do autor, como afirma o estudioso, "as virtuais qualidades romanescas de Camilo se depuram e robustecem"[9]. Mas, se não exagera na anomalia e problematiza a obra em si mesma, Alexandre Cabral também não favorece a situação do romance em contexto mais largo, para além da própria cronologia camiliana. Mesmo cotejando *Onde Está a Felicidade?* com os romances contemporâneos *Na Consciência*, de Coelho Lousada, e *Onde Está a Infelicidade?*, de Cunha Belém, diretamente vinculados ao título de Camilo, Alexandre Cabral prefere manter uma objetividade convencional de análise que, protegida pelo rigor pontilhista, prejudica o entendimento do principal: que *Onde Está a Felicidade?* é um romance de romances dentro e fora do romance, na história do protagonista Guilherme do Amaral e nas relações com romances que aproveitou ou influenciou[10].

---

8. Jacinto do Prado Coelho, *Introdução ao Estudo da Novela Camiliana*, 2. ed., Lisboa, INCM, 1983, 1º vol., p. 370.

9. A afirmação consta da "Nota Preliminar" à 11ª edição de *Onde Está a Felicidade?*, Lisboa, Parceria Antonio Maria Pereira, 1965, p. 5.

10. Alexandre Cabral agarra-se à hipótese de que não há influência do título de Camilo no de A. Coelho Lousada porque o início da publicação deste em folhetins precederia à do primeiro. Mas ele não chega a afirmar influências do título de Lousada no de Camilo, o que se esperaria dessa inversão de datas, já que se enfatizam semelhanças formais. Além disso, ele verifica interrupções na publicação dos folhe-

De resto, importa a continuação de *Onde Está a Felicidade?* em trilogia. Embora fosse comum a Camilo o desdobramento de suas histórias em mais de um volume, o seguimento de *Onde Está a Felicidade?* em *Um Homem de Brios* e nas *Memórias de Guilherme do Amaral* parece dizer algo de inédito à obra de Camilo e por consequência ao espaço romanesco português. Antes do mais, Camilo não planejou uma trilogia nem cultivou nunca projetos desse tipo, mas, dependendo das circunstâncias, continuou seus textos por dois, três ou cinco volumes. Se na sequência dos *Mistérios de Lisboa* era a narrativa que se espalhava em volumes, num tipo de prolongamento *consecutivo* que, fosse possível, se reproduziria indefinidamente; por sua vez, nas continuações de *Onde Está a Felicidade?* vê-se um tipo contraditório de prolongamento *retroativo*. Ou seja, nesta série, os livros segundo e terceiro animam um retorno ao primeiro, que assim engrandece, avulta em significado, enquanto os outros não se lhe equiparam, para afinal definir uma estética da emenda cujo resultado, se não piora o soneto, ao menos se esgota nas *Memórias de Guilherme do Amaral*. Por isso boa parte dos primeiros capítulos de *Um Homem de Brios* insiste na reposição de situações de *Onde Está a Felicidade?*; por isso as *Memórias* retrocedem de tal maneira que, no plano da ação, se antepõem a *Onde Está a Felicidade?*; por isso os enxertos imprevistos que estranham, sobretudo, a introdução da personagem Virgínia nas *Memórias*.

Finalmente, *Onde Está a Felicidade?* sobressai nas ressonâncias que têm lugar na própria obra de Camilo. Porque, ainda que a autorreferência seja comum em seus textos, é digna de nota a reincidência de alusões posteriores a *Onde Está a Felicidade?* e a personagens da trilogia inaugurada com esse romance em outros livros do escritor – *Vingança, Coração, Cabeça e Estômago, Anos de Prosa, Vinte Horas de Liteira, Novelas do Minho*, até no prefácio à quinta edição do *Amor de Perdição*, em 1879. Nesse ano, tanto *O Crime do*

---

tins de *Na Consciência*, as quais talvez permitissem modificações no enredo pautadas pelo romance de Camilo, entretanto publicado em folhetins. Alexandre Cabral cita ainda a posição contrária a sua hipótese de Júlio Dias da Costa, mas, curiosamente, não menciona o próprio Camilo, que, nas *Vinte Horas de Liteira*, não hesitava em dizer que *Na Consciência* foi uma resposta a *Onde Está a Felicidade?*. Em todo caso, mais relevante que a precedência é o diálogo, e seria ainda interessante pensar com Alexandre Cabral, ou a partir dele, que Camilo se aproveitou do romance de Coelho Lousada para interferir provocadora e diretamente na atividade literária local e depois alegar centralidade e precedência no campo.

Padre Amaro como *O Primo Basílio*, ambos de Eça de Queirós, já haviam transformado de novo a feição do romance português, mas começava por isso mesmo o envelhecimento que permitiria à distância avaliar o lugar histórico de *Onde Está a Felicidade?*[11].

ROMANCES DE ROMANCES

A afirmação tardia do gênero romanesco em Portugal deve possibilitar certa especificidade, como fazer dos romances de *Onde Está a Felicidade?* um comentário à cultura local do romance em formação, tematizar essa cultura e avançar desse modo sobre formas romanescas conhecidas de outros contextos. Na trilogia, portanto, esse comentário abrange os tempos de Camilo e os anteriores, atualização que, ela própria romanesca, se percebe em pelo menos quatro aspectos. Primeiro, um protagonista e personagens leitores de romances; segundo, um personagem romancista; em seguida, o narrador romancista determinado a citar romances específicos e às vezes discuti-los estruturalmente, e a predispor assim, quarto aspecto, um leitor exposto a referências variadas em apropriações e intervenções camilianas, lendo romances de romances.

O primeiro aspecto desse comentário romanesco à cultura do romance reside na caracterização do protagonista Guilherme do Amaral, moço educado na leitura de romances. Os romances em princípio estragaram Guilherme nos ideais[12]. Ele é um consumidor de romances perdido na contrafação, ridicularizado no arremedo dos seus personagens franceses favoritos, uns modelos de ceticismo, em geral, que o ensinaram cedo a fazer tipo pálido, melancólico, cansado, sonolento, aborrecido. Mas, além disso, esse encharcamento da personalidade nos romances permitirá a conversão da linguagem romanesca em língua comum dos personagens em torno de Guilherme. Assim, uma citação rápida e mais ou menos cifrada de *Notre-Dame de Paris*, feita pelo jornalista

---

11. Camilo Castelo Branco, *Onde Está a Felicidade?*, 6. ed., Lisboa, Parceria Antonio Maria Pereira, 1905. A ortografia foi atualizada.

12. Camilo Castelo Branco, *Memórias de Guilherme do Amaral*, 4. ed., Lisboa, Parceria Antonio Maria Pereira, 1905, p. 19. A ortografia foi atualizada.

seu amigo, desperta um sorriso e um olhar de entendimento em Guilherme e sua prima Leonor[13]. Assim também a personagem Augusta, educada em parte nos romances de Guilherme, ao pressentir o abandono do companheiro, vai aos romances consultar "numerosos exemplos"[14]. O jornalista/romancista, ao explicar ou relatar algo a Guilherme, recorre a casos vistos em personagens de Balzac e Charles de Bernard[15], ou troca uma história por outro enredo romanesco, como se a linguagem do romance fosse a primeira e mais fluente língua de Guilherme[16]. Nessas passagens, romances falam, operam e mediam significados, fazem entender e ainda economizam verbo, o que problematiza a questão dos efeitos da leitura de romances em Guilherme, que não é só leitor apalermado. As suas piores ações não decorrem essencialmente da má leitura de bons ou maus romances. Camilo não atribui ao romance tanta responsabilidade: "Está ao alcance da observação de todos que a maior parte dos doidos, dos tolos, e dos sujeitos ridículos por suas esquisitices, nunca leram ou nunca imitaram os personagens do mau romance, nem desautorizaram sua própria legitimidade de néscios atribuindo a este ou aquele autor o que é muito seu. Todo o tolo tem uma certa vaidade de o ser originalmente"[17].

Dos efeitos romanescos, os prediletos de Camilo devem ser a lágrima e o riso, ao passo que o hábito de macaquear personagens e situações romanescas restringe-se à esfera do ridículo, da frioleira menos ofensiva que basbaque. Nada disso resolverá Guilherme como leitor inepto. Nada ameniza a miséria própria do herói de Camilo. Sua tentativa de recuperação final poderá recusar os romances que lhe fizeram algum mal no passado, mas a última leitura, única à beira da demência, será a *Imitação de Cristo*. Tarde demais, porém, para reconciliar sua vocação mimética com livro adequado[18].

O segundo aspecto nesses romances de romances começados em *Onde Está a Felicidade?* deve-se à presença do personagem amigo de Guilherme,

---

13. Camilo Castelo Branco, *Onde Está a Felicidade?*, p. 172.
14. *Idem*, p. 178.
15. *Idem*, p. 193.
16. *Idem*, pp. 281-282.
17. Camilo Castelo Branco, *Memórias de Guilherme do Amaral*, p. 35.
18. Ver a respeito texto de Tânia Moreira, "O Mal de Ler no Ciclo da Felicidade", *Ficções do Mal em Camilo Castelo Branco*, organização de Sérgio Guimarães de Sousa e João Paulo Braga, Vila Nova de Famalicão, Casa de Camilo, Centro de Estudos, 2016, pp. 159-183.

simultaneamente um romancista, folhetinista, jornalista e poeta. Como a profissão aí significa mais que a identidade, só no terceiro volume ele ganha um nome: Ernesto Pinheiro, romancista sem romances nos romances de Camilo, antes uma figuração da atividade romanesca no ambiente cultural português, profissional como Camilo, jornalista e folhetinista do tipo que frequenta a sociedade, sabe os nomes e as histórias desses nomes, e dá à estampa, regularmente, notícias da vida e das relações que observa. Aqui entram em cena mais espelhamentos: os romances de romances ficam sendo a obra de um romancista de romancistas, Camilo romancista de um narrador romancista de um personagem romancista, Ernesto Pinheiro, que dá sequência ao jogo convertendo Guilherme do Amaral em personagem de romance dentro do romance. Quer dizer, Ernesto Pinheiro aproveita da proximidade com Guilherme e Augusta para fomentar a imaginação, faz apontamentos, escreve e publica folhetins baseados no casal e intitulados *Estudos do Coração Humano*[19]. Por fim, ele será a fonte do autor, narrador e editor para transmitir, como um romancista de bastidor, o que sabe do destino de Guilherme e entregar as memórias concludentes da trilogia. Nas *Memórias*, ele é já ex-poeta, ex--jornalista, ex-romancista, e maldiz a profissão literária ingrata em Portugal[20]. Uma segunda recusa do romance, portanto, nesses romances, que não são nenhuma homenagem singela, está claro, à cultura romanesca.

O terceiro aspecto respeita à discussão de romances pelo narrador, que muitas vezes delega essa função aos personagens. Nesse procedimento surgem comentários a clichês romanescos e referências à cultura mais ampla do romance que se difunde em Portugal. Por exemplo, se Guilherme diz à prima que receia morrer de amor, esta, que se criou na Bélgica, França e Inglaterra, pergunta se *Werther* é lido em Portugal[21]; se Augusta quer casar-se com Guilherme, "quer reabilitar-se como as heroínas dos romances, em que certas mulheres até ao penúltimo capítulo cambaleiam com a sua honra sobre

---

19. O título refere à cultura romanesca pelo vocabulário dos "estudos" de Balzac na *Comédia Humana* e dos *Estudos da Natureza* de Bernardin de Saint-Pierre, por exemplo. *Estudos do Coração*, além disso, é subtítulo do romance *Viver para Esquecer* (1855), de José Barbosa e Silva, prefaciado por Camilo.

20. Camilo Castelo Branco, *Memórias de Guilherme do Amaral*, p. 18.

21. Camilo Castelo Branco, *Onde Está a Felicidade?*, p. 186.

uma corda bamba"[22]. Mas, longe de ser descartáveis, clichês são mobilizados com mais fins. Camilo repete situações conhecidas de outros romances para demarcar o uso consciente citando os enredos que reprisa e assinalando a diferença para distinguir, primeiro, plágio e paródia, depois, paródia e comentário. Assim, quando Francisco, primo de Augusta, ensaia assassinar Guilherme, o jornalista pergunta se "andava ali paródia da *Linda de Chamounix*"[23], como repara em seguida, no suicídio frustrado do mesmo Francisco, que "a *Margarida*, de Emílio Girardin [*sic*], tem um conde que se mata assim, pouco mais ou menos"[24]. Quer dizer, nesses trechos, Camilo encarrega seus personagens tanto da paródia como do comentário que transforma a paródia em apropriação e crítica. No entanto, nem toda alusão a matéria romanesca reincidente aparece, como nesses casos, travestida de falsa farsa. Nas *Memórias de Guilherme do Amaral*, Virgínia associa à personagem Florinda, modelo conhecido do romance *Mathilde*, de Eugène Sue[25], para explicar, de um lado, a fascinação equívoca de Guilherme, mas também alertar, de outro, que aí não se copia nada, que leitor nenhum poderá acusar o plágio, porque a afinidade se explicita e se antecipa a qualquer suspeita dessa natureza para finalmente emparelhar os textos de Camilo com os dos colegas estrangeiros numa única, mesmo que diversificada, cultura do romance. Este é um recurso decisivo para desestabilizar as ameaças de hierarquia numa espécie de crise em andamento, na trilogia de Guilherme do Amaral, da subordinação do romance português à preferência do estrangeiro. Em *Onde Está a Felicidade?* e continuações, portanto, Camilo afirma o romance português em parte desafirmando a autoridade estrangeira, em parte assimilando sua influência e tradição inacabada.

---

22. *Idem*, p. 157.
23. *Linda di Chamounix*, ópera de Gaetano Donizetti estreada em 1842. *Onde Está a Felicidade?* também seria um romance de romances e óperas, nas menções a *Norma, Semiramis, Guilherme Tell, Barbeiro de Sevilha, Traviata*. À semelhança das citações romanescas, as referências a óperas efetuam sentidos implícitos, por exemplo, enquanto "o francês [amante de Leonor] cantava a cavatina da *Semiramis*, [...] o indiferente Amaral assobiava, com toda a *gaucherie* de provinciano, um rondó do *Guilherme Tell*" (Camilo Castelo Branco, *Onde Está a Felicidade?*, p. 174).
24. Camilo Castelo Branco, *Onde Está a Felicidade?*, p. 152. Trata-se na verdade de Delphine Gay, madame Émile de Girardin, esposa, pois, de Émile de Girardin, e autora de dramas e romances, entre eles *Marguerite ou deux amours* (1852).
25. Camilo Castelo Branco, *Memórias de Guilherme do Amaral*, p. 175.

Logo, são amplos os sentidos referenciais na trilogia de Guilherme do Amaral. A possibilidade última de refleti-los cabe à leitura, que nesse processo vai acumulando as coordenadas da cultura romanesca em apreço para então organizá-las a seu modo, com maior ou menor competência, neste quarto aspecto dos romances de romances, de romancistas, de personagens e leitores de romances. Dependentes da leitura, tais sentidos transformam--se no tempo, que os envelhece e renova. Ao leitor contemporâneo de Camilo possivelmente alguns sentidos eram mais claros que outros, como ao leitor de hoje parecerão outros mais evidentes; alguns faziam mais sentido, enquanto outros ganham sentido agora. Entretanto, vale dizer que o aproveitamento da leitura não depende atualmente, como nunca dependeu, do domínio de todas as referências incluídas nos seus romances. Há vários níveis de leitura e seria curioso até imaginar um nível completamente superficial, em que nenhuma referência ecoasse sentido algum. Porque, na profusão de citações que se apreendem parcialmente, com a indeterminação que aí desponta, Camilo sugere que as referências romanescas são já *parte* da cultura, não *a* cultura do tempo. Se nessas referências consta um verdadeiro catálogo de autores, títulos, personagens e situações romanescas, o leitor completa esse quadro com as referências não romanescas igualmente abundantes na trilogia, para afirmar de vez a cultura romanesca em contexto maior. Quer dizer, a afirmação do romance em Camilo, na trilogia de Guilherme do Amaral, não é o emparelhamento somente da própria ficção com a ficção estrangeira, mas a integração da cultura do romance na cultura mais ampla do tempo, do presente aos antigos. Por isso, ao lado das menções a Goethe, Balzac, Chateaubriand, Stendhal, Sue, Victor Hugo, Alexandre Dumas, a seus personagens e romances, aparecem óperas e cantoras líricas (Giulia Grisi, Rossi-Caccia), teatro contemporâneo (*Os Dois Renegados*, de Mendes Leal), poetas e dramaturgos, dos mais recentes aos antigos, Espronceda, Byron, Chatterton, Laurent Gilbert, Nicolau Tolentino, Boileau, Molière, Milton, Shakespeare, Camões, Horácio, Virgílio, Catulo, Homero; filósofos e cientistas, Herschel, Bentham, Buffon, recuando a Agostinho e Paulo de Tarso, a Epicuro, Aristóteles e Platão; personagens históricos e míticos, Luís XVI e Henrique VIII, Joana d'Arc e Messalina, Laocoonte, Anfião, Prometeu.

Nessa listagem de referências que se acumulam na leitura, destacam-se três ou quatro mais decisivas ao processo de legitimação do romance em Camilo e, com ele, do gênero em Portugal, a depender da atenção, claro, que o leitor lhes confira: a menção a Longo, na primeira página de *Onde Está a Felicidade?*, e em seguida à história do "grego Lucius metamorfoseado em jumento"[26], que evoca Apuleio, Luciano ou Pseudo-Luciano; a menção a Bernardim Ribeiro depois, em contexto idílico[27]; e por fim, em garrafais, na fala do jornalista que sugere um enigma ancorado em Victor Hugo, ANÁTEMA, palavra que disfarçada, mas obrigatoriamente ecoa o primeiro romance de Camilo[28]. Que a leitura corrida transponha essas referências como percorre as outras todas, sem fazer caso, é natural. Ao entendimento desses romances de romances, no entanto, fica aí patente um esquema fundamental: é que as referências a Sue e Balzac e Goethe não estariam completas nesse quadro sem que lhes acrescentassem as origens mais remotas do gênero, aliás, do sentimental-pastoril (Longo) e do cômico-realista (Apuleio), pelo marco das *Saudades* (Bernardim Ribeiro), como que definindo uma ascendência para o próprio Camilo, cujo primeiro título deve ser lembrado, ainda que indiretamente, no processo de estabelecimento do romance português em *Onde Está a Felicidade?* Se outros esquemas poderiam ser notados por outros leitores da trilogia, nenhum talvez possa competir, aqui, em sugestão.

FORMAÇÕES DE ROMANCE

O que ficou atrás como aspectos de interpretação da trilogia de Guilherme do Amaral enquanto romances de romances articula, como se viu, muitos conteúdos, mas também distribui tais conteúdos em formações romanescas em estados de realização diversa. Camilo "irregular e compósito" (José Régio)[29], Camilo "monstro a retalho" (Agustina Bessa-Luís)[30], Camilo "romancista do roman-

---

26. Camilo Castelo Branco, *Onde Está a Felicidade?*, p. 26.
27. *Idem*, p. 126.
28. *Idem*, p. 195.
29. José Régio, "Camilo, Romancista Português", *Ensaios de Interpretação Crítica*, Lisboa, Portugália, 1964, p. 89.
30. Agustina Bessa-Luís, *Camilo – Gênio e Figura*, Lisboa, Editorial Notícias, 1994, p. 7.

ce" (Eduardo Lourenço)[31] triplica no conjunto de *Onde Está a Felicidade?* um aglomerado de modalidades e recursos romanescos. Por alusões, a trilogia faz gravitar variedades em torno de si, mas acolhe e formaliza ela própria uma heterogeneidade discursiva notável: um prólogo em forma de narrativa histórica, cartas, folhetins, meditação e álbum, paródia e elegia amorosa, poesia trágica e erótica; advertências, citações e notas às vezes tão longas que devoram o principal; máximas, axiomas, reflexões, digressões, remissões, planos de romance, memórias, diário, até frontispício e necrológio.

As *Memórias de Guilherme do Amaral* são especialmente acidentadas e ainda arrematam os romances de romances com mais uma intervenção de peso na cultura do romance, desta vez com a reposição das *Lettres Portugaises* atribuídas a Mariana Alcoforado, personagem influente da tradição sentimental também sobre a formação do gênero, segundo Gonçalves Rodrigues, como "passagem do romanesco pastoral para o realismo psicológico"[32]. A personagem de Camilo para a imitação das cartas chama-se, ademais, Virgínia Filomena, sugestão dupla, que, não bastassem os sentidos próprios aos nomes, ainda traz reminiscências de personagens de Bernardin de Saint-Pierre e dos irmãos Goncourt[33]. Quanto à forma dos lamentos de Virgínia, ressoam ainda Ovídio (*Heróides*) e Boccaccio (*Fiammetta*) nas origens mais remotas. Entretanto, de todas as ressonâncias romanescas murmurantes na trilogia, a principal talvez seja a de *Adolfo*, de Benjamin Constant. Assim como no controvertido romance francês de 1816, em *Onde Está a Felicidade?* o protagonista Guilherme faz as vezes do jovem aborrecido após conquistar finalmente o amor que antes desejou com intensidade exagerada. Desloca-se nesse modelo, portanto, o foco da conquista amorosa para o tédio que sobrevém à conquista. Como resultado, Guilherme iniciará uma trajetória de fracassos cuja recusa do aborrecimento dá uma resposta impossível à interrogação do título que abre a trilogia. A sua imagem moral, nesse processo, fica deteriorada.

---

31. Eduardo Lourenço , "O Tempo de Camilo ou a Ficção no País das Lágrimas", *Proceedings of the Camilo Castelo Branco International Colloquium*, Santa Barbara, University of California, 1995, p. 14.
32. Gonçalves Rodrigues, *Mariana Alcoforado. História e Crítica de uma Fraude Literária*, Coimbra, Coimbra Editora, 1944.
33. Naturalmente *Paulo e Virgínia*, livro dileto de Camilo, e, quem sabe, *Soeur Philomene*, freira também, personagem-título do romance dos irmãos Goncourt publicado em 1861, dois anos antes das *Memórias*.

Guilherme do Amaral pertence à galeria dos heróis problemáticos de Camilo, na qual se destaca o famoso Simão Botelho. Foi António Sérgio que notou esse escrúpulo em *Amor de Perdição*, ou seja, que algo no texto incomodava a ação de resto acabada: era a antipatia do protagonista Simão[34]. Guilherme não poderia atrapalhar a estrutura compósita dos seus romances, mas, como Simão, dificulta a empatia no leitor. Mesmo o narrador incentiva essa impressão de um "espírito medíocre, sem tipo, sem caráter, coisa trivial no mais trivialíssimo dos gêneros"[35]. No entanto é a ação do próprio a principal causa do efeito antipático. Arrogante e egocêntrico, Guilherme age mal, relaciona-se mal com as mulheres, com as que diz amar e com as outras, que não ama. Não só com as mulheres. É exemplar a passagem em que, bêbado, dá um murro tão valente quanto imprevisto num cadeirinha[36], golpe especialmente bruto neste Guilherme do Amaral Tinoco de Albuquerque e Frias. Mas Guilherme é o herói, apesar de tudo, e não é pequeno o esforço do narrador em reverter a má figura que deixou em *Onde Está a Felicidade?*. No primeiro volume da trilogia, ele de certo modo ameniza a responsabilidade de Guilherme atribuindo sua maldade à "inconsequente natureza"[37]. É pouco, ele sabe, afinal será preciso dizer logo no início de *Um Homem de Brios* que Guilherme tem coração[38]. Todo o segundo volume da trilogia quer reabilitá-lo. O narrador tem que falar em amor, distrair o leitor, afagar a leitora, usar de imagens e sentenças de efeito, para seguir justificando Guilherme. O próprio Guilherme deve revisar seus valores[39]. Depois, o mundo corrompido deve melhorar Guilherme por contraste (capítulos 9 a 13). E outros lances mais, alguns nada convincentes, como a irritante partilha das culpas com Augusta, que ajoelha e pede perdão, e passa por boba e inverossímil[40]. Os brios do título tampouco recuperam sozinhos Guilherme. Mais eficaz será a paulada que o derruba e leva à casa de Augusta, para reconhecer suas dívidas[41]. E por fim

---

34. António Sérgio, "Monólogo do Vaqueiro ou Notazinha Problemática Sobre o *Amor de Perdição*", *Camiliana & Vária*, n. 1, 1951, pp. 2-4.
35. Camilo Castelo Branco, *Onde Está a Felicidade?*, p. 179.
36. Camilo Castelo Branco, *Um Homem de Brios*, p. 102.
37. Camilo Castelo Branco, *Onde Está a Felicidade?*, p. 124.
38. Camilo Castelo Branco, *Um Homem de Brios*, p. 12.
39. *Idem*, p. 65.
40. *Idem*, p. 196.
41. *Idem*, p. 186.

a religião e o remorso até a demência, que, se por amor a Augusta, se reconhe-cimento dos erros ou efeito retardado da pancada, não vem ao caso.

Interessante é perceber nisso tudo como são as contradições que animam por vezes os personagens de Camilo, que faz heróis antipáticos aqui, para dar bandidos simpáticos ali, como nos melhores exemplos das *Memórias do Cár-cere*. Sem linha reta: embora as *Memórias de Guilherme do Amaral* afirmem de saída que ele foi "perdoado pelo que muito penou"[42], na sequência só pio-ram sua imagem. O leitor já passou pela morte de Guilherme, quem sabe re-duzindo sua antipatia, mas o narrador, que parecia empenhado em melhorar o protagonista, até dizer que foi mártir e anjo, na verdade continua surrando o herói com peripécias passadas de reduzido mérito. Ao cabo das *Memórias*, repete o perdão, primeiro mediante Virgínia, depois mediante Augusta, por fim diz que Deus perdoou Guilherme, que vai perdoado como Fausto, mas talvez não convença o leitor disso, menos ainda a leitora.

Resta, para concluir, associar este percurso negativo do protagonista à ideia de um romance de formação embrionário, que não se realiza, mas que adquire significado no conjunto dos romances de romances de Camilo por incorporar negativamente essa espécie "típica-alemã", como dizia Thomas Mann[43]. A trilogia camiliana não é nenhum *Bildungsroman*, mas faz algo dessa ideia – num sentido genérico, de desenvolvimento intelectual, moral e afetivo de um personagem jovem confrontado com as relações em sociedade – em momentos importantes do trajeto de Guilherme do Amaral. Primeiro, no aprendizado pelo conselho de um mentor anônimo em Lisboa, "oficioso preceptor" que lhe ensina "um novo sistema de vida"[44], recomendando ade-quação às expectativas da vida em sociedade, conhecimento de que se deve separar o que somos do que encenamos, para ser menos tolos em público:

Ora, se o seu cansaço é uma ficção, um irrefletido amor de celebridade, como amigo lhe aconselho que se deixe disso. Viva como toda a outra gente. Coma, beba, durma, ame, aborreça, seduza, infame, defenda as mulheres infamadas pelos outros,

---

42. Camilo Castelo Branco, *Memórias de Guilherme do Amaral*, p. 5.
43. Thomas Mann, "O Romance de Evolução", tradução de Belina Couto, *Sobre o Romance no Século xx – A Reflexão dos Escritores Alemães*, organização de Teresa Seruya, Lisboa, Colibri, 1995, p. 36.
44. Camilo Castelo Branco, *Onde Está a Felicidade?*, p. 64.

bata-se com os maridos das suas condessas de Restaud, jogue a sua casa, indenize-se das perdas, imitando o seu censor, o signatário pseudônimo do folhetim em que v. s.ª é zombeteiramente pintado... Quer o meu amigo a celebridade do salão? Nada de convícios e recriminações contra as mulheres. Profundo silêncio com os homens; mas, com elas, uma eloquência lânguida, uma lamuriante saudade por um anjo, que sonhou aos quinze anos, de modo que, bem apurada a visão, o anjo venha a ser a mulher com quem falar, e pouco depois a outra, até a dona da casa, embora tenha cinquenta anos[45].

Ensinamento desassombrado, faz, na sequência, mudar Guilherme, embora não possa evitar dissabores futuros, uma vez que mudanças não melhoram o personagem de Camilo. Ele parece mudar para continuar o mesmo, ou piorar. Guilherme resiste a aprendizados teóricos e práticos. Outro conselheiro e amigo anônimo de Guilherme diz que "seus oráculos são o instante da sensação"[46]. Este princípio diz tudo: opõe-se à natureza do aprendizado, que pressupõe além do acúmulo, sedimentação, memória e experiência. Não faltam avisos do jornalista acerca dos prováveis passos em falso de Guilherme. Nada adianta. As vivências amorosas não educam os sentimentos desastrados até o fim. Sem contar alguns projetos interrompidos, que vetam, junto aos anos de aprendizagem, os anos de peregrinação: o aborto dos planos de viagem, ao conhecer Augusta, "que passou uma esponja sobre o mapa-múndi, que o viajante prometia trilhar em dez anos de peregrinação, atrás de um desenjoativo"[47]; o boicote da visita à Palestina, após o tédio declarado do décimo dia de reclusão na biblioteca clássica dos avós, na qual pretendia gastar seis anos[48]. Quer dizer, do romance de formação modelar, do corte goethiano, sobra pouco mais que o nome do protagonista, a correspondência, fortuita, entre *Guilherme* e *Wilhelm*.

Não que a matéria biográfica dimensionada segundo uma progressão não seja assunto camiliano. A ficção autobiográfica *Coração, Cabeça e Estômago* representa um caminho assim, isto é, de etapas rumo à "sabedoria" da matu-

---

45. *Idem*, p. 45
46. Camilo Castelo Branco, *Memórias de Guilherme do Amaral*, p. 103.
47. Camilo Castelo Branco, *Onde Está a Felicidade?*, p. 97.
48. Camilo Castelo Branco, *Memórias de Guilherme do Amaral*, p. 49.

ridade. Porém, diferença fundamental, o enquadramento dominante agora é cômico, o estômago como estágio anatômico culminante, aliás, já o denuncia[49]. Observou também Paulo Franchetti que, nesse título, nem a juventude do protagonista Silvestre da Silva ganha em retrospecto um sentido idealista de "pureza de caráter". São mais decisivas, por isso, as fases como passagem da inépcia jovem à acomodação funcional madura que, como diz o crítico, por corrosão irônica, antes "proclama uma espécie de lei do egoísmo e do casuísmo universal"[50]. Ironia maior, por sinal, lê-se na redundância do nome, Silvestre da Silva, já uma evidência para a possibilidade de avançar sem sair bem do lugar. Nos romances de Guilherme, por seu turno, avançar significa constantemente recuar, atestar de certo modo como os caminhos desdobram para certos indivíduos desvios incontornáveis e nenhum aperfeiçoamento.

De resto, o autodesconhecimento insistente tem outras consequências para um romance de romances. Se a trilogia iniciada em *Onde Está a Felicidade?* puder ser lida como urdidura de modalidades e recursos discursivos na forma de um comentário à cultura do romance que se afirma processualmente na literatura portuguesa, então o embargo da formação em Guilherme também deverá pressupor a inexistência aí de uma organização narrativa necessária ao seu desenvolvimento. Não seria, portanto, o arranjo negativo da trajetória do herói o principal responsável pelas interrupções que formalizam o distanciamento por assim dizer estrutural do *Bildungsroman* em Camilo. A diferença básica, em linhas ainda muito gerais, talvez resulte de temporalidades algo incompatíveis, a do romance de formação clássico e escola, cuja tendência é realista e psicológica, e tende assim para a coerência e o acabamento, ainda que negativos, em torno de uma personalidade; e a dos romances de romances na trilogia de *Onde Está a Felicidade?*, que, mesmo integrando realismo e psicologia, é inclusiva e instável, e, no conjunto, ao todo prefere as

---

49. Por essa razão João Camilo dos Santos qualificou recentemente em "Breves Reflexões sobre *Coração, Cabeça e Estômago*, de Camilo Castelo Branco", o romance de Silvestre da Silva como um "romance de formação picaresco", ainda que pareça mais sugestiva que exata a referência à categoria do pícaro (*Leituras da Natureza em Camilo Castelo Branco*, organização de Sérgio Guimarães de Sousa e João Paulo Braga, Vila Nova de Famalicão, Câmara Municipal de Vila Nova de Famalicão, Casa de Camilo – Centro de Estudos, 2018, pp. 119-136).

50. Paulo Franchetti, "Apresentação", em Camilo Castelo Branco, *Coração, Cabeça e Estômago*, 2. ed., São Paulo, Martins Fontes, 2016, p. xxxviii.

aberturas, à formação do personagem as formações do romance e mesmo as más-formações. Em Portugal esse ordenamento temporal típico do romance de formação talvez só apareça plenamente com Júlio Dinis e depois, com Eça de Queirós. No entanto, no momento anterior de afirmação do gênero em língua portuguesa, foi Camilo quem fez responder pela complexidade do processo e sintetizar como ninguém, na trilogia em apreço, as suas potencialidades.

GLORIA CARNEIRO DO AMARAL

Formação de Duas Jovens Esposas

O romance de Honoré de Balzac *Mémoires de Deux Jeunes Mariées* saiu em folhetim no jornal *La Presse* entre 26 de novembro de 1841 e 15 de janeiro de 1842, seguindo-se a publicação em livro em março de 1842, com dedicatória a George Sand e um prefácio do escritor que não figurava no folhetim. No conjunto da *Comédia Humana,* insere-se nas *Cenas da Vida Privada.* Podemos de imediato lembrar um "importante critério distintivo", segundo Marcus Mazzari[1], estabelecido por Wilhelm Dilthey, um dos primeiros a delinear teoricamente o *Bildungsroman,* para inserir um romance na categoria de formação: "Esses romances de formação expressam assim o individualismo de uma cultura restrita à esfera da vida privada"[2].

Como aponta Paulo Rónai[3], achando um pouco injusto, não se trata de um romance muito estudado. Alain (1868-1951), grande apreciador do romancista, afirma que "ce chef-d'oeuvre vaut par la perfection du détail"[4] e fecha seu

1. Marcus Vinicius Mazzari, *Labirintos da Aprendizagem – Pacto Fáustico, Romance de Formação e Outros Temas de Literatura Comparada,* São Paulo, Editora 34, 2010.
2. *Apud* Marcus Mazzari, *op. cit.,* p. 101.
3. Paulo Rónai, "Introdução", em Honoré de Balzac, *A Comédia Humana: Estudos de Costumes: Cenas da Vida Privada,* São Paulo, Globo, 2012, pp. 267-272.
4. "Esta obra-prima vale pela perfeição do detalhe" (Louise de Alain, "Louise de Chaulieu", *Balzac,* Paris, Gallimard, 1999, pp. 82-85) (trecho citado, p. 82).

artigo, que gira em torno da personagem Louise de Chaulieu, de forma ainda mais elogiosa: "On ne peut guère citer de roman mieux fait que celui-là, et qui, dans un bavardage si riche, compte des silences plus émouvants, de ces silences où l'on entend venir le malheur"[5]. André Gide considera-o "um livro confuso e pastoso", mas que, ao mesmo tempo, apresenta "lineamentos de uma obra-prima"[6]. Ao crítico dinamarquês Georg Brandes[7] parece chocante a oposição de sensualidade e de ascetismo apresentada no romance. De qualquer forma, não se trata de uma obra muito visitada: de 2000 a 2017, há só dois artigos consagrados ao romance na revista de publicação anual *Année Balzacienne.*

Em carta a Madame Hanska, de 26 de outubro de 1834, o romancista classifica a narrativa de "composição deliciosa", destinada a revelar "os últimos lineamentos do coração humano".

O romance começa a ser mencionado nessa correspondência por volta de 1834, o que nos permite calcular uma elaboração de cerca de sete anos. Essa lenta elaboração revela, em seu caminho, mudanças de perspectiva que podemos observar já a partir de três títulos sucessivos que indicavam uma só personagem – *Mémoires d'Une Jeune Femme, Mémoires d'Une Jeune Mariée, Mémoires d'Une Jeune Fille* – até chegar ao título definitivo, *Mémoires de Deux Jeunes Mariées.*

O romance narra a trajetória de duas jovens, Louise de Chaulieu e Renée de Maucombe, que estiveram juntas durante vários anos num convento das carmelitas. Ficaram grandes amigas, "des soeurs d'élection", para usar um termo que aparece mais de uma vez no romance, e trocavam as mais íntimas confidências sobre a vida, suas aspirações e seus sentimentos. Inicia-se quando as duas jovens saem do convento, passam a viver separadas, o que as leva a encetar uma correspondência para continuar o relacionamento e a troca de ideias.

As duas jovens se preparam para a vida em sociedade, o que significa encaminhar-se para o casamento. Estamos assim diante de um tema caro a

---

5. "Não se pode conceber romance melhor elaborado do que este, e que, meio a uma loquacidade tão rica, apresenta os silêncios muito comoventes, silêncios em que se ouve aproximar o infortúnio" (Louise de Alain, *op. cit.,* p. 85).

6. *Apud* Paulo Rónai, *op. cit.,* p. 27.

7. Georg Brandes (1842-1927) crítico dinamarquês e acadêmico, influente na literatura escandinava.

Balzac e podemos inclusive lembrar uma afirmativa de Otto Maria Carpeaux, que atribui a essa perspectiva a função de um divisor de águas na trajetória da forma romanesca: "Os romances antes de Balzac terminam com o casamento; os romances de Balzac começam com o casamento que lança os fundamentos de uma nova firma"[8].

Acrescentemos que ambas as personagens iniciam suas trajetórias sem o grande trunfo do casamento no período de 1823-1835, no qual se passa o romance: o dote.

Na primeira carta de Louise, já a vemos às voltas com a situação financeira da família, da qual toma conhecimento de forma curiosa, através do velho mordomo que, ao ver seu espanto diante das salas desguarnecidas do espaço ocupado pela avó, lhe diz que, para restaurá-las, espera-se a lei que devolverá aos emigrados suas antigas fortunas. A avó deixara-lhe considerável herança; mas sua saída do convento veio alterar os planos familiares. Numa conversa de recepção, digamos assim, o pai participa-lhe que essa herança será destinada a estabelecer seu segundo irmão e que ela ficará com uma quantia para se sustentar por um ano. Situação colocada imediatamente após sua chegada, com todas as cifras explicitadas, em bom estilo balzaquiano.

Não muito diferente é a situação de Renée que também fica sem dote por causa do irmão caçula. Seu único trunfo é pertencer a uma família nobre, o que lhe abre as portas para casar-se com um vizinho de posses. Analisa a situação com bastante lucidez, fazendo-se porta-voz da opinião de Balzac sobre a questão: "Voilà comment les familles nobles de la Provence éludent l'infâme Code civil du sieur de Buanaparte, qui fera mettre au couvent autant de filles nobles qu'il en fait marier. La noblesse française est d'après le peu que j'ai entendu dire à ce sujet, très divisée sur ces graves matières"[9] [10].

---

8. Otto Maria Carpeaux, *História da Literatura Ocidental*, Rio de Janeiro, Ed. O Cruzeiro, 1963, vol. v, p. 2119.

9. Honoré de Balzac, *Mémoires de Deux Jeunes Mariées*, Paris, Gallimard, 1969, p. 64. "Eis como as famílias nobres da Provença sofismam o Código Civil do Sr. De Bonaparte, o qual fará com que metam no convento tantas moças nobres quantas ele fez casarem. A nobreza francesa, segundo o pouco que ouvi a respeito do assunto, está muito dividida sobre tão grave matéria" (Balzac, "Memórias de Duas Jovens Esposas", *A Comédia Humana*, p. 303).

10. Todas as citações em francês são da edição: Honoré de Balzac, *Mémoires de Deux Jeunes Mariées*, Paris, Gallimard, 1969. As em português são da edição: Honoré de Balzac, "Memórias de Duas Jovens Esposas", *A Comédia Humana: Estudos de Costumes: Cenas da Vida Privada*, São Paulo, Globo, 2012.

Assim, devidamente espoliadas, iniciam as duas jovens seus passos na sociedade e a narrativa, gradativamente, centraliza-se na oposição entre o casamento e a paixão, a qual inviabilizaria uma união nos moldes propostos pela sociedade. Com essa tese a ser analisada, percebe-se por que o romance que, nos seus primórdios, estruturava-se em torno de uma só personagem, introduz uma segunda para criar a dinâmica de dois pontos de vista acintosamente conflitantes. A realização de Louise de Chaulieu projeta-se numa busca incessante pelo amor paixão e Renée de Maucombe, após a saída do convento, mergulha instantaneamente num casamento de conveniência articulado pela família e baseado num pacato e comedido afeto conjugal. Sob pontos de vistas opostos, as duas protagonistas empreendem um aprendizado de inserção na sociedade, o que nos coloca diante de um romance de formação de enunciação feminina.

Atentemos para dois princípios que Marcus Mazzari aponta como "fundamentais" no romance de formação – a "poesia do coração" e a "prosa adversa das relações sociais": "Se, de fato, é procedente considerar *Os Anos de Aprendizado* como paradigma do 'romance de formação', então seria forçoso esperar de qualquer outro exemplar do gênero – e não só da literatura alemã – a ocorrência, mesmo que apenas em estado latente, desses dois princípios fundamentais"[11].

No romance de Balzac, acredito que podemos considerar não um "estado latente", mas um desdobramento da "poesia do coração" e das relações sociais através da busca existencial de cada uma das duas heroínas.

Aliás, num ensaio sobre *O Verde Henrique*, de Gottfried Keller, Georg Lukács amplia o conceito de romance de formação com uma menção direta ao romancista francês:

Considerado de maneira mais ampla e abstrata, quase todo romance burguês moderno e significativo contém a história de uma educação. Uma vez que os choques entre indivíduo e sociedade, uma vez que a vitória final desta (pelo menos exteriormente) constituem o conteúdo do autêntico romance, então o indivíduo tem de ser conduzido sempre à compreensão da realidade social. [...] As obras de Balzac e Stendhal são romances de educação nesse sentido mais amplo e geral[12].

---

11. Marcus Vinicius Mazzari, *Labirintos da Aprendizagem*, p. 109.
12. *Apud* Marcus Vinicius Mazzari, *op. cit.*, p. 148.

Vimos como a observação sobre "os choques entre indivíduo e sociedade" aplica-se à trajetória das duas jovens esposas e qual a saída que se apresenta às duas protagonistas.

A forma epistolar, exceção na *Comédia Humana*, é bastante adequada, pois propicia a confidência e permite descortinar, sem véus, com convincente naturalidade, o foro íntimo das personagens. Disso tinha consciência Balzac, que declara no *Avant-Propos* da *Comédia Humana*: "A chaque oeuvre sa forme". No prefácio da primeira edição, define o gênero epistolar como "ce mode si vrai de la pensée", frequente no século XVIII, nos diz ele, mas agora "inusité". Jean Rousset, mais tarde, considera-o "peut-être le dernier des véritables romans par lettres"[13]. Seguindo uma constante do gênero, Balzac confessa ter interferido só na organização e na escolha das cartas, mas "son travail ne va pas au-delà de celui du metteur en scène"[14]. Quem está habituado à arte dramática sabe bem a que ponto pode ir a interferência de um *metteur en scène* sobre o texto... Podemos evocar o paradigmático romance epistolar de Laclos, *Ligações Perigosas*, em que o Redator também diz, no seu prefácio, ter conservado apenas as cartas necessárias para a compreensão dos acontecimentos e para a composição das personagens.

A estrutura do romance parece indicar a concentração na oposição entre as duas posições. Estendendo-se pelo período de treze anos – no início Louise tem dezessete anos e ao término está com trinta anos – a narrativa está dividida em duas partes de dimensões diferentes: a primeira com 47 cartas e a segunda, com dez cartas. Diferentemente de *Ligações Perigosas*, em que há vários correspondentes, neste conjunto de 57 cartas os correspondentes são escassos. Louise escreve uma carta a Felipe, seu primeiro marido, que lhe responde também uma só vez; não se trata, portanto, de uma correspondência amorosa. Ele escreve uma vez ao seu irmão Don Fernand, recebendo uma resposta curta. Muito formalmente, o marido de Renée envia uma rápida missiva para participar o nascimento do primeiro filho do casal, alegando

---

13. "talvez o último dos verdadeiros romances epistolares" (Jean Rousset, "Les Mémoires de Deux Jeunes Mariées", *Forme et Signification*, Paris, José Corti, 1979, p. 101).

14. Honoré de Balzac, *Mémoires de Deux Jeunes Mariées*, p. 326: "seu trabalho não vai além do de um metteur em scène" (tradução minha).

que um *faire-part* soaria frio para participar um acontecimento de tal monta. Marie Gaston, segundo marido de Louise, escreve a Daniel d'Arthez, escritor seu amigo e velho conhecido do leitor de *Ilusões Perdidas*, para convidá-lo, de forma muito discreta, para ser seu padrinho; duas cartas com uma finalidade prática e pontual, embora em torno de dois acontecimentos capitais na narrativa. Na última carta, Renée conta ao seu marido os últimos dias de Louise e sua morte. Trata-se, portanto, essencialmente da correspondência entre as duas amigas, nas quais Renée aparece apenas três vezes nomeada com seu nome de solteira, Renée de Maucombe, sendo a partir daí, significativamente, Madame de l'Estorade, aquela que assumiu de forma definitiva e completa a condição de mulher casada. Na primeira parte, Louise escreve 26 cartas contra 16 de Renée; na segunda, empate de quatro a quatro.

A epistológrafa mais prolixa é certamente Louise: trinta cartas contra vinte de Renée. E se a vida da segunda é, num certo sentido, sair de um convento para entrar noutro, a da primeira segue vias bem mais movimentadas, pedindo mais espaço e elaboração no delineamento de sua formação. A carta inicial é longa, expressiva, reveladora de suas inclinações e aspirações, anunciando a vida intensa que escolheu. Louise classifica enfaticamente sua saída do convento de "minha libertação". Lança-se imediata e intensamente na conquista de "ce monde fort désiré"[15], empreitada que classifica como "minha metamorfose".

Há que se ressaltar a liberdade e autonomia concedidas à personagem pelo seu entorno familiar. Louise passará a ocupar os apartamentos da avó, sua ligação familiar mais forte e a quem acredita dever a formação de seu temperamento. Era a avó a princesa de Vaurémont, personalidade marcante, de pensamento independente, que antes de sua partida para o convento lhe dissera: "tu seras indépendante et même libre de marier qui tu voudras"[16]; o que certamente repercute nas atitudes da jovem ao longo da vida. A mãe faz a mesma observação, deixando-a livre, mas também sozinha para se lançar no mundo. O pai indica claramente que não vai interferir na sua vida. É do mesmo teor a relação que se estabelece entre ela e sua governanta inglesa Miss

---

15. *Idem*, p. 36; "nesse mundo tão desejado" (tradução minha).
16. *Idem*, p. 42; "serás independente e livre para casar com quem quiseres" (Balzac, "Memórias de Duas Jovens Esposas", p. 284).

FORMAÇÃO DE DUAS JOVENS ESPOSAS

Griffith, em quem percebe poder mandar; comando consciente e claramente explicitado: "J'ai vu sur le champ que je gouvernerais ma gouvernante"[17]. De passagem, podemos observar o mesmo critério de comando nas relações de Aurélia Camargo com seu tutor, tio Lemos, num romance brasileiro que também não deixa de ter seu lado de romance de formação, cujo autor é confessadamente leitor de Balzac, em que a protagonista se conduz de forma muito independente para a época, estabelecendo inclusive um preço para um marido do seu agrado.

Louise dedica-se então ao que classifica "occupations sérieuses"[18], sem que se consiga avaliar se o termo é usado com ironia, pois o que se segue são encontros com o luveiro, a modista, o chapeleiro etc. O pai apresta-se em colaborar, fornecendo os objetos indispensáveis para uma *jeune fille* e que merecem pelo menos um rápido olhar: *nécessaire*, leque, *ombrelle*, livro de rezas. Promete também aulas de equitação. Embora haja referência a teatros e a conhecimentos literários, a transformação concentra-se na aparência física e no que poderíamos chamar de futilidades: "Philippe [mordomo da avó e agora dela] a couru toute la journée chez les différents marchands et ouvriers qui vont être chargés de *ma métamorphose*"[19].

E, naturalmente, o *début* será em musseline branca, com guirlanda de rosas brancas, o que segundo ela, pode lhe conferir um "ar de madona", ao qual aliará uma expressão meio tonta, com o que ela, espertamente, pretende conquistar as mulheres. Já circulando pelo mundo, continua a observar os procedimentos femininos: "J'ai mesuré d'un coup d'oeil le vaste champ des dissimulations femelles"[20].

Embora palidamente e sem nenhuma perversidade, esse tipo de autoanálise tem precedentes na história literária francesa, na figura da Marquise de Merteuil, que, após a viuvez, se recolhe para se preparar para enfrentar o

---

17. Balzac, *Mémoires de Deux Jeunes Mariées*, p. 50; "Vi imediatamente que governaria minha governanta" (Balzac, "Memórias de Duas Jovens Esposas", p. 291).

18. Balzac, *Mémoires de Deux Jeunes Mariées*, p. 49; "nessas sérias ocupações" (Balzac, "Memórias de Duas Jovens Esposas", p. 290).

19. *Idem*, p. 48, grifo meu; "Filipe andou o dia inteiro a correr à casa dos vários fornecedores e obreiros que vão ser encarregados da minha metamorfose" (*idem*, pp. 289-290).

20. *Idem*, p. 61; "Num relance medi o vasto campo das dissimulações femininas" (*idem*, p. 301).

mundo, agora dona de seu destino, sem abrigar-se nem num convento nem na casa materna, conforme esperavam as regras sociais; elaboração também de uma formação para enfrentar o mundo, conquistando simultaneamente total independência de ação que conduz à satisfação plena dos seus desejos.

Após toda essa preparação, uma parte da formação de Louise, a da aparência e conduta no mundo social, está realizada. A consciência que a personagem tem da própria metamorfose é tão lúcida que vale citá-la: "Ma chérie, me voici prête à entrer dans le monde"[21].

O que o narrador de *O Ateneu* ouve de seu pai na abertura do romance é aqui declaração bastante consciente da própria personagem, evidenciando sua lucidez, que lhe mostra também que não é só a aparência física que merece atenção na preparação para debutar no mundo. A reflexão integra a formação e a jovem, muito observadora, repara que ninguém na casa, nem o pai, nem a mãe, nem o irmão têm como ela, dezesseis horas para se dedicar à reflexão. Mas isso não conduz forçosamente ao bom comportamento social.

Retomo e amplio a afirmativa solene e decidida da nossa debutante na língua original porque me parece que a tradução de Vidal de Oliveira, muito boa no seu conjunto, fez aqui duas pequenas modificações que, para a perspectiva do romance de formação merecem ser retomadas do francês: "Ma chérie, me voici prête à entrer dans le monde; aussi ai-je taché d'être bien folle avant de me composer pour lui. Ce matin après beaucoup d'essais, je me suis vue bien et dûment corseté, chaussée, serrée, coiffée, habillée, parée"[22].

"Monde" amplia o espaço no qual se lança Louise e, de fato, sua trajetória não se enquadra exclusivamente no âmbito da sociedade aristocrática para a qual ela se preparou com todas as adequações da moda; e, note-se, essa preparação condiz bem com "me composer pour lui", "me compor para ele" e a sucessão "espartilhada, calçada, apertada, penteada, vestida, enfeitada"[23] indica mais uma composição de fachada do que com um ajustamento de comportamento social.

---

21. *Idem*, p. 53, III; "Minha querida, eis-me pronta para entrar na sociedade" (*idem*, p. 294).
22. *Idem*, p. 53; "Minha querida, eis-me pronta para entrar na sociedade; por isso tratei de ser bem aloucada antes de me ajustar a ela. Hoje de manhã, após muitos ensaios, vi-me bem e devidamente espartilhada, calçada, apertada, penteada, vestida, enfeitada" (*idem*, p. 294).
23. Balzac, "Memórias de Duas Jovens Esposas", p. 294.

FORMAÇÃO DE DUAS JOVENS ESPOSAS

Mergulhando na vida social, lança-se Louise no que poderemos chamar de etapa seguinte de sua formação feminina: a busca de um amor, já descrito, impregnado de idealização e delirantes aspirações. De certa forma, sua tia do convento das carmelitas entrevira seu destino no primeiro esboço do retrato da jovem, com pinceladas premonitórias: "Dieu t'a marquée au front du sang des élus, tu as l'orgueil qui mène également au ciel et à l'enfer, mais tu as trop de noblesse pour descendre! Je te connais mieux que tu ne te connais toi-même: la passion ne sera pas chez toi ce qu'elle est chez les femmes ordinaires"[24].

Chocada com a escolha de caráter essencialmente prático da amiga, que se lança de imediato num casamento, Louise dá asas aos seus delírios na sua resposta: "A votre place, j'aimerais mieux aller me promener aux îles d'Hyères en caïque, jusqu'à ce qu'un corsaire algérien m'enlevât et me vendît au grand seigneur; je deviendrais sultane"[25].

Suas sugestões são inverossímeis, desprovidas de realidade. Há ainda que se notar o toque de orientalismo que impregna os sonhos de Louise, como atestado final de fantasias, inseridas no romantismo da época.

Não é, pois, de se estranhar que Louise não se interesse por nenhum dos moços casadouros com que cruza socialmente, achando todos os olhares muito "pálidos". E eis que, de repente, um "intruso" interpõe-se na correspondência das duas moças. Se não é oriental, vem de terras de Espanha, tem sangue mouro, passado de guerras e aventuras, aspira a um doce amor com que não lhe agraciou o destino. O destino reúne as duas almas românticas: "Nous avons pour maître un pauvre refugié forcé de se cacher à cause de sa participation à la révolution que le duc d'Angoulême est allé vaincre; succès au quel nous avons dû de belles fêtes. Quoique libéral et sans doute bourgeois, cet homme m'a intéressée: je me suis imaginé qu'il était condamné à mort"[26].

24. Balzac, *Mémoires de Deux Jeunes Mariées*, p. 36. "Deus marcou-te na fronte com o sinal dos eleitos; tens o orgulho que tanto leva ao céu como ao inferno, mas tens demasiada nobreza para descer! Conheço-te melhor do que tu a ti mesma: a paixão em ti não será o que é nas mulheres comuns" (Balzac, "Memórias de Duas Jovens Esposas", p. 278).
25. *Idem*, p. 75; "Em teu lugar, eu preferiria ir passear pelas ilhas de Hyères num caíque, até que um corsário argelino me raptasse e me vendesse ao grão-turco; tornar-me-ia sultana" (*idem*, p. 314).
26. *Idem*, p. 82. "Temos como professor de espanhol um pobre refugiado forçado a esconder-se por causa da sua participação na revolução que o duque de Angoulême foi vencer, sucesso ao qual devemos belas

O pai confirma – sorrindo – a impressão da filha, quatro cartas depois, atribuindo ao "pobre mestre" seu atual título de nobreza: barão de Macumer. O "condenado à morte" é uma espécie de emblema, cujo rastro pode ser seguido na literatura romântica francesa, antes e depois do romance de Balzac. Em *Le Rouge et le Noir* (1830), Mathilde de la Mole, sufocada de tédio no meio aristocrático que frequentava, fica fascinada pelo conde de Altamira que fora condenado à morte em seu país: parece-lhe ser a única coisa que distingue um homem, pois é a única coisa que não pode ser comprada. E, pouco depois, em 1845, encontramos a rainha Margot, no romance homônimo de Alexandre Dumas, indo buscar a cabeça decapitada de seu amante, La Mole, para colocá-la num saco perfumado e bordado de pérolas.

* * *

Enquanto uma se aparata para entrar na vida mundana e social, descrevendo sua "metamorfose" em uma longa carta, que começa em setembro e termina em 15 de dezembro, o que acontece com sua correspondente?

A sua primeira carta é a quinta, a única em que assina o nome de solteira, Renée de Maucombe. Depois da descrição detalhada do *début* de Louise, Renée explana sua trajetória numa só missiva, em que expressa claramente um desejo de segurança.

Renée não teve sua iniciação no mundo social parisiense e segue uma direção de formação bastante diferente da amiga; sua formação se faz no lar, na criação dos filhos, aprendendo a administrar com economia a casa e a organizar o patrimônio.

Depois de acompanhar os relacionamentos de Louise e a descrição de seus dois maridos, não se pode deixar de lado a descrição do marido de Renée, Louis de l'Estorade, que, feito prisioneiro nas guerras napoleônicas, volta para a França a pé, através da Rússia, Polônia e Alemanha:

L'exilé, ma chère mignonne, est comme une grille, bien maigre! Il est pâle, il a souffert, il est taciturne. A trente-sept ans [Renée tem 17 anos], il a l'air d'en avoir

festas. Embora liberal e, sem dúvida, burguês, esse homem me interessou: imaginei que ele fora condenado à morte" (*idem*, Carta VIII, p. 320).

FORMAÇÃO DE DUAS JOVENS ESPOSAS

cinquante. L'ébène de ses ex-beaux cheveux de jeune homme est mélangé de blanc comme l'aile d'une alouette. Ses beaux yeux bleus sont caves; il est un peu sourd, ce qui le fait ressembler au chevalier de la Triste Figure"[27].

Uma descrição que se insere na vasta galeria de retratos cruelmente realistas de Balzac, ao lado de Gobseck, père Séchard, ou mesmo de Madame Vauquer. O adjetivo *beaux* – positivo – é empregado duas vezes, mas imediatamente demolido pela descrição que se segue e relegado ao passado: *ex-beaux*.

Digamos que a descrição da candidata não é empolgada, é antes de uma implacável lucidez, irônica, radicalmente oposta aos enlevos das noivinhas românticas. O que motiva então a interlocutora da exaltada Louise? Continuemos a citação interrompida num ponto e vírgula para entender a opção da jovem esposa, que engata numa mesma frase a descrição do marido e as condições materiais do casamento: "; néanmoins, j'ai consenti gracieusement à devenir madame de l'Estorade, et à me laisser doter de deux cent cinquante mille livres, mais à la condition expresse d'être maîtresse d'arranger la bastide et d'y faire un parc"[28].

Uma boa renda e as rédeas da propriedade são suas condições, o que ela deixa bem claro para o futuro sogro. Em toda a *Comédia Humana*, não há praticamente personagem que não tenha sua renda declarada, com maior precisão do que junto ao fisco. A personagem que opta pelo casamento de conveniência não o faz tão ingenuamente quanto seria de se supor, considerando-se sua saída recente do convento. Arlette Michel[29], crítica que estuda especialmente o tema do casamento em Balzac, pergunta-se por qual

---

27. *Idem*, p. 65. "O exilado, querida mimosa, é como a grade, bem magro! É pálido, sofreu, é taciturno. Aos trinta e sete anos, parece ter cinquenta. O ébano dos seus ex-bonitos cabelos de rapaz está mesclado de branco como a asa de uma cotovia. Seus belos olhos azuis são encovados; é um pouco surdo, o que o faz parecer-se com o cavaleiro da Triste Figura" (*idem*, p. 304).

28. Balzac, *Mémoires de Deux Jeunes Mariées*, p. 65; "não obstante consenti graciosamente em me tornar sra. de l'Estorade, em me deixar dotar com duzentos e cinquenta mil libras, mas com a condição expressa de reformar o bastião e de fazer um parque. Exigi formalmente de meu pai que me concedesse um filete de água, que poderá vir de Maucombe até aqui" (Balzac, "Memórias de Duas Jovens Esposas", p. 304).

29. Arlette Michel, "Introduction", em Balzac, *Mémoires de Deux Jeunes Mariées*, Paris, Garnier-Flammarion, 1979, pp. 19-47.

educação estão preparadas essas duas jovens, lançadas na vida aos 17 anos, quase todos passados num convento. Cabe a pergunta formulada por ela, mas parece-me interessante colocá-la de outra perspectiva: como esta personagem diretamente saída de um convento consegue se posicionar com uma visão tão arguta da sociedade francesa da Restauração, com conhecimento inclusive sobre o Código Civil de Napoleão? A lucidez e o senso prático de Renée sobrepõem-se ao perfil de moça que saiu do convento, carreando ideias que entenderemos melhor se as atribuirmos ao autor.

Sua formação dar-se-á quanto à sua conduta de mulher casada que orienta o marido na vida política e diplomática, ditada em grande parte pelas ambições de projeção social que tem em relação à sua família. Como se pode ver, uma personagem muito balzaquiana.

Já assinando Madame de l'Estorade (Carta IX), afirma que "Ma vie est déterminée. La certitude d'aller dans un chemin tracé convient également à mon esprit et à mon caractère"[30].

E também as razões que a levam ao casamento não coincidem com as de Louise: "J'ai mieux aimer être mariée à M. de L'Estorade que de retourner au couvent. Voilà qui est clair"[31], dirá mais tarde. Confessando-se resignada, declara que vai tirar o melhor partido possível da situação. E a descrição do seu casamento, bastante objetiva e pouco sentimental, é, sobretudo, uma declaração prática e objetiva de posses, a gosto de muitas personagens balzaquianas: empregados satisfeitos, cavalos ingleses, coupé, tílburi, um sogro que, para agradá-la, deixou de lado a avareza e passou a se vestir segundo os costumes contemporâneos. Tudo já estava previsto e sem expectativas de mudanças: "Je sais déjà par avance l'histoire de ma vie"[32]. Muito similar à forma como Louise se refere à vida de uma carmelita: "Cette vie monotone où chaque heure amène un devoir, une prière, un travail, si exactement les mêmes, qu'en tous lieux on peut dire ce que fait une carmélite à telle ou telle heure du jour ou de la

---

30. Balzac, *Mémoires de Deux Jeunes Mariées*, p. 85; "Minha vida está agora determinada. A certeza de seguir por um caminho traçado convém igualmente ao meu espírito e ao meu caráter" (Balzac, "Memórias de Duas Jovens Esposas", p. 324).

31. *Idem*, p. 103; "Preferi desposar Luís de l'Estorade a voltar para o convento. Isso é claro" (*idem*, p. 341).

32. *Idem*, p. 67; "Já sei de antemão a história da minha vida" (*idem*, p. 305).

FORMAÇÃO DE DUAS JOVENS ESPOSAS

nuit"[33]. Na descrição que faz do seu casamento para a amiga emprega sempre o futuro na antevisão do que será sua vida, ratificando mais tarde essa visão ao defini-la "comme une grande route par un jour sans soleil"[34].

Renée deixa de lado, aparentemente com segurança e tranquilidade, as fantasias: "Adieu donc pour moi du moins, les romans et les situations bizarres dont nous nous faisons les heroïnes"[35].

E as fantasias são, desde essa época, apoiadas em leituras que entram sorrateiras nos conventos; perspectiva que se solidificará com a formação romântica de Emma Bovary, devorando romances que a solteirona de família aristocrática falida levava nos bolsos e passava para as moças; romances que "n'étaient qu'amours, amants, amantes, dames persécutées s'évanouissant"[36] etc., etc., citando só o começo da sequência de delírios românticos que povoavam a imaginação de Emma.

Mais uma vez a clarividência de Renée, que assimila outros modelos, se faz presente e ela compara as leituras das duas: Louise lê *Corinne* e ela, Bonald.

Corinne, de Madame de Staël, é um romance tido como "cosmopolita e europeu"; acrescentemos um romance romântico, cuja heroína é uma poeta que abre o debate sobre a condição feminina, reflete, como crítica, sobre as diversas artes, protagoniza uma relação amorosa e está deslocada socialmente. É identificada com frequência à própria autora; e serve, em parte, de modelo a Louise.

Visconde Louis de Bonald, autor apreciado por Balzac, é um pensador católico, contrarrevolucionário e anti-iluminista. Exilado na Alemanha, escreve livros de combate ao ideário da Revolução Francesa, visando em especial Rousseau e Montesquieu.

A distância entre as leituras é bastante significativa. Acrescentemos que enquanto o pai de Louise a equipou com todos os itens necessários para compor a aparência de uma jovem da aristocracia, o pai de Renée a fez ler Bonald,

---

33. *Idem*, p. 34; "Aquela vida monótona em que cada hora traz um dever, uma prece, um trabalho, tão exatamente os mesmos, que em toda parte se pode dizer o que uma carmelita faz a tal ou qual hora do dia ou da noite" (*idem*, p. 276).

34. *Idem*, p. 140; "como uma estrada real num dia sem sol" (*idem*, p. 373). Há uma incorreção na tradução que diz: "de sol".

35. *Idem*, p. 67. "Adeus, pois, pelo menos para mim, aos romances e às situações estranhas de que nos imaginávamos as heroínas" (*idem*, p. 305).

36. "eram só amores, amantes, damas perseguidas desmaiando", tradução minha.

que, segundo a moça, é um escritor sério, de convicções profundas, herdeiro de Bossuet. Tiveram uma mesma formação no convento, mas as famílias dirigiram-nas de forma diferente, uma inserida na aristocracia parisiense, outra na província. O que, em parte, explica as trajetórias e aspirações diferenciadas.

Mas essas certezas e a segurança material não impedem que Renée faça suas reflexões isolada, ao pé de um rochedo do parque, propiciando controladas reflexões, como uma dona de casa clariciana que afasta, prudentemente, aberturas para uma epifania. Fantasias, ela as viverá através da amiga, atribuindo-lhe o papel romanesco na sua vida. Esse tom fraternalmente conciliatório e resignado, delegando à amiga uma parte de sua existência, deixa, em vários outros momentos, escapar suspiros de frustrações.

Praticamente no centro do romance, após acompanharmos todos os movimentos amorosos de Louise, o cotidiano doméstico de Renée avoluma-se, ocupa toda a carta XXXI, manifestando-se de forma transparente: "me vi metamorfoseada em mãe feliz"[37].

A carta relata o fim da gravidez de Renée, do parto ao aleitamento, detalhadamente, com seus aspectos fisiológicos e a ternura que a mãe sente crescer pelo filho, de forma surpreendente; mais surpreendente se pensarmos que a maternidade é retratada por um homem e solteirão... As opiniões divergem sobre esse aspecto do romance. Mais de um crítico considerou de mau gosto o realismo excessivamente cru desse relato. Outros apreciam, como Jean Rousset, que, no seu curto texto sobre o romance, classifica essas páginas como "extraordinários momentos líricos"[38]. É preciso considerar que Renée apresenta a maternidade como talvez o único momento de conjunção entre as leis da Natureza e as da Sociedade para a mulher, o que nos remete às ideias expostas no *Avant-Propos* da *Comédia Humana* e a preocupações de Balzac.

George Sand, a quem o livro é dedicado, faz uma observação conclusiva a respeito da pintura do sentimento materno: "[...] il faut, mon cher, que vous

---

37. Balzac, "Memórias de Duas Jovens Esposas", 2012, p. 418.
38. Jean Rousset, "Les Mémoires de Deux Jeunes Mariées", *Forme et Signification*, p. 102.

FORMAÇÃO DE DUAS JOVENS ESPOSAS

ayez, suivant les idées de Leroux, un souvenir d'existence antérieure où vous auriez été femme et mère"[39].

Uma incursão biográfica talvez ajude a entender um pouco como o solteirão Balzac conseguiu traçar um retrato da maternidade tão intenso e fiel. A explicação seria – até certo ponto – a longa convivência com a amiga Zulma Carraud, ela mesma, como a Renée do romance, casada com um homem bem mais velho, traumatizado pela vivência das guerras napoleônicas, durante as quais fora feito prisioneiro.

A mesma George Sand acrescenta outro comentário para o qual devemos atentar, considerando-se o amplo espectro dos temas e assuntos da *Comédia Humana*: "Après tout vous savez tant de choses que personne ne sait"[40].

Na carta LI, na segunda parte do romance, após o casamento de Louise com Marie Gaston e um silêncio de dois anos da amiga, Renée faz um balanço da sua vida e seus planos para o futuro dos filhos, que ela chama de "sages calculs"[41] e que revelam o viés sociológico do romance balzaquiano. O mais velho destina-se à política e terá a maior parte da herança; o caçula deverá se encaminhar para a marinha e fará um casamento rico, igualando-se então sua fortuna à do irmão. Os filhos são louvados com qualidades inigualáveis e *tout va bien au meilleur des mondes...* No entanto, a mãe exultante precisa ressaltar que os filhos a cumulam de alegrias como se soubessem os sacrifícios que ela fez por eles e que isso supera a perda de todos os amores que poderia ter tido. Cabe perguntar: estará ela tão convicta de sua opção para ter que proclamá-la de forma tão reiterada? A quem tenta convencer?

A diferença entre as duas, explicitada de passagem nas primeiras cartas por Renée, toma um formato mais consistente após a vivência de dez anos: "De nous deux, je suis un peu la Raison comme tu es l'Imagination; je suis le grave Devoir comme tu es le fol Amour. Ce contraste d'esprit

---

39. Balzac, *Mémoires de Deux Jeunes Mariées*, p. 330. "[...] é preciso, meu caro, que você tenha, segundo as ideias de Leroux, uma lembrança de vidas passadas em que você teria sido mulher e mãe", tradução minha.

40. "No fim das contas, o senhor sabe tantas coisas que ninguém sabe", tradução minha.

41. Balzac, *Mémoires de Deux Jeunes Mariées*, p. 262.

n'existait que pour nous deux, le sort s'est plu à le continuer dans nos destinées"[42].

* * *

A partir do casamento de conveniência de Renée e do envolvimento de Louise com Felipe de Henares, que desemboca num casamento passional em ambiente bastante parisiense e mundano, a correspondência entre as duas agora jovens esposas, completando suas respectivas formações na sociedade e no mundo, passa a girar em torno das duas escolhas diferentes, diametralmente opostas e de incessantes cobranças mútuas, que, numa certa medida, questionam as respectivas escolhas.

O confronto se delineia de forma bastante evidente a partir da carta IX, quando Renée começa a fazer uma avaliação do seu recente casamento e a levantar uma das questões fundamentais discutidas no romance: a opção entre casamento e paixão, maternidade e amor: "la loi naturelle et le code sont ennemis"[43].

Há momentos em que o confronto das duas posições é explicitado: "Entre nous deux qui a tort, qui a raison? Peut-être avons nous également tort et raison toutes deux, et peut-être la société nous vend-elle fort cher nos dentelles, nos titres, nos enfants!"[44]

Mesmo no auge da alegria, que é difícil avaliar até que ponto é real ou aparente, Renée deixa escapar gritos de protesto contra a necessidade de silenciar o "instinto das coisas sublimes" (carta IX). Não consegue deixar de lado a comparação com a vida da amiga e a ostentar as vantagens da sua vida em relação à de Louise; e esta, por sua vez, vangloria-se incessantemente de sua intensa vida amorosa.

A argumentação de Renée reveste-se ainda de um caráter filosófico: "Si l'amour est la vie du monde, pourquoi d'austères philosophes le suppriment-ils

---

42. *Idem*, p. 206. "Das duas eu sou um pouco a Razão, como tu és a Imaginação; eu sou o grave Dever, como tu és o louco Amor. Esse contraste de espírito não existia senão para nós duas, à sorte aprouve continuá-lo nos nossos destinos" (Balzac, "Memórias de Duas Jovens Esposas", p. 432).

43. *Idem*, p. 129; "A lei natural e o código são dois inimigos" (*idem*, p. 363).

44. *Idem*, p. 131; "Das duas, quem tem razão, quem está errada? É bem possível que ambas estejamos em erro e tenhamos razão, e possivelmente a sociedade nos vende muito caro os nossos enfeites, os nossos títulos, nossos filhos!" (*idem*, p. 365).

dans le mariage? Pourquoi la Société prend-elle pour loi suprême de sacrifier la Femme à la Famille en créant ainsi nécessairement une lutte sourde au sein du mariage?"[45].

Ao que a amiga retruca, contrapondo-se frontalmente, que ela vive com muito amor e pouca filosofia, ao contrário de Renée, e que prefere os tumultos do coração a uma vida medida e calculada.

As cartas estão recheadas de expressões do gênero "meu anjo", "minha querida", "minha bela corça", "querida mimosa" e outras mais. Mas, defendendo posições tão opostas, em meio a cobranças incisivas e críticas mútuas e acerbas, o leitor se pergunta sobre a ambiguidade das relações entre os dois "anjos", que deixa aflorar uma concorrência acirrada. Não é de se estranhar, pois, que num determinado momento haja uma explosão de agressividade. E isso se dá na carta xxxv, durante a visita que Louise faz para conhecer o filho de Renée, único momento do romance em que as duas se encontram pessoalmente. A visitante parte bruscamente, sem se despedir, e explica por carta, "carta odiosa", segundo Renée, a razão da partida: ciúmes do marido e da amiga. Como em outros momentos, uma desequilibra-se e a outra mantém o controle de suas emoções.

A partir desse momento a narrativa toma um ritmo diferente e acelera-se, quase impaciente: o marido de Louise morre, ela se casa outra vez; Renée tem mais dois filhos, seu marido ascende na política. O segundo marido de Louise é poeta e mais moço do que ela. Consumida de ciúmes, numa outra atitude tresloucada, ela apanha frio à noite, acaba doente e morre. Por que o ritmo agora desabrido? A questão fundamental já fora satisfatoriamente colocada: o embate entre a natureza e o código social, o amor e o casamento. A narrativa parte dessas duas formações diferentes que permitem ao romancista discutir as questões que o interessavam.

A paixão desenfreada de Louise insere-se na formação acentuadamente romântica do primeiro Balzac e estabelece um contraste com as preocupações biológicas, fisiológicas que produzem quase completo recalque do sonho e do emocional.

---

45. *Idem*, p. 138. "Se o amor é a vida do mundo, por que motivos filósofos austeros o suprimem do casamento? Por que a sociedade torna por lei suprema sacrificar a mulher à família, criando por essa forma, necessariamente, uma luta surda no seio do casamento?" (*idem*, Carta xx, p. 371).

Marcus Mazzari[46] em seu estudo sobre as várias definições do romance de formação mostra que Morgenstern leva em consideração a temática do romance e também "sua função social".

Se o romance de formação deve, numa certa medida, repercutir na "formação do leitor", qual a posição de Balzac diante dessas duas trajetórias tão diferentes?

No desenlace, a partidária do amor paixão sucumbe depois de dois amores que, por razões diferentes, desembocam na morte e a partidária do casamento alcança seus objetivos de estruturação social da família. Parece ser esta a opção que retumba vitoriosa.

A primeira carta é de Louise, a última é de Renée, como a confirmar a vitória da sua opção. Qual o sentido oculto do grito pungente do final do romance em que, face à amiga morta, desesperada, pede para ver os filhos, como se fossem uma tábua de salvação?

As declarações de Balzac paralelas ao romance não parecem endossar a opção vitoriosa de Renée. Em carta de março de 1835 a Madame Hanska, quando a obra ainda se projetava em torno de uma única personagem, pronuncia-se com ironia: "J'ai à faire les *Mémoires d'une Jeune Mariée*, un ouvrage en filigrane qui sera une merveille pour ces petites femmes que les ailes de Séraphita trouveront incompréhensives"[47].

George Sand comove-se com as atitudes da mãe, o que não a impede de fechar uma carta sobre o romance de forma diferente: "J'admire celle qui procrée, mais *j'adore* [sic] celle qui meurt d'amour. Voilà tout ce que vous avez prouvé et c'est plus que vous n'avez voulu"[48].

A posição de Balzac em relação à questão que se propõe a discutir é bastante ambígua. No romance, a trajetória de Louise é marcada pelo fracasso, conferindo vitória às posições e previsões de Renée. Por outro lado, o autor dedica-o a George Sand, cuja existência, digamos, pouco tem a ver com a

---

46. Marcus Vinicius Mazzari, *Labirintos da Aprendizagem*, 2010.

47. Balzac, *Mémoires de Deux Jeunes Mariées*, 1969, p. 318. "Vou escrever as Memórias de uma jovem esposa, um trabalho em filigrana que será uma maravilha para as mulherzinhas que acharam incompreensíveis as asas de Sérafita" (tradução minha).

48. *Idem*, p. 330. "Admiro a que procria, mas adoro a que morre de amor. Eis o que o senhor provou e é mais do que o que o senhor tinha querido" (tradução minha).

trajetória racional de Renée. Ao receber a homenagem, a escritora, em carta provavelmente de fevereiro de 1842, expressou sua opinião.

Sem tardar, Balzac respondeu, em frase antológica sobre as duas personagens: "Soyez tranquille, nous sommes du même avis, j'aimerais mieux être tué par Louise que de vivre longtemps avec Renée"[49].

Observação que pode deixar o leitor contrafeito e em dúvida sobre qual formação endossada pelo escritor: os arroubos do coração ou a estrada aplainada das convenções sociais? Ou, nos termos colocados pelo romance: deve--se seguir a natureza ou o código social? Na filosofia de Renée encontramos brechas que questionam sua própria opção, que aparece como vitoriosa em seus propósitos.

Mesmo sendo Balzac um defensor do casamento, tal posição não impede que seja também seduzido pela paixão, ficando difícil conciliar as opções antagônicas de suas duas personagens. Essa posição ambivalente – ou por isso mesmo – confere especial relevo a essas duas formações que, desembocando em destinos opostos, recolocam questões que continuam atuais. E o que nosso escritor propõe talvez não seja uma escolha categórica, mas uma reflexão sobre o casamento burguês e a paixão.

---

49. *Idem*, p. 321; "Fique tranqüila, somos da mesma opinião, eu preferiria ser morto por Louise do que viver muito tempo com Renée" (tradução minha).

CINTIA ACOSTA KÜTTER

Balada de Amor ao Vento, de Paulina Chiziane: *Bildungsroman* Feminino

Longa é a arte, breve a vida, difícil o juízo, fugaz a ocasião. Agir é fácil, difícil é pensar; incômodo é agir de acordo com o pensamento.

JOHANN WOLFGANG VON GOETHE[1]

O romance de formação, *Bildungsroman*[2], ou romance de educação, *Erziehungsroman*, termos empregados no estudo da literatura ocidental, remetem, como afirma Bakhtin[3], à "imagem do homem em formação no romance". O termo *Bildungsroman* foi usado pela primeira vez em 1819, pelo professor de Filologia Clássica Karl Morgenstern (1770-1852), para caracterizar um tipo de romance. Ele lecionava estética, retórica e outras disciplinas na Universidade Imperial de Dorpat (atual Tartu, capital da Estônia) e referiu-se diretamente ao termo *Bildungsroman* na conferência intitulada "O Espírito e as Correlações de uma Série de Romances Filosóficos"[4]:

1. Johann Wolfgang von Goethe, *Os Anos de Aprendizado de Wilhelm Meister,* São Paulo, Editora 34, 2006, p. 472.
2. Como afirma Flávio Quintale Neto: "Rolf Selbmann explica que *Bildung* (alto-alemão arcaico. Bildunga, alto-alemão médio, *Bildunge*) circunscrevia primeiramente uma aura de valor, significava a Foto, o Retrato, a Imagem (imago), mas também Imitação (imitativo), Forma (forma) e Formação (formatio). Ainda o modelo da imagem da divindade, cujo centro, é ocupado pelo homem". Flavio Quintale Neto, "Para uma Interpretação do Conceito de *Bildungsroman*", em *Pandaemonium germanicum – Revista de Estudos Germanísticos*, n. 9, USP, pp. 185-205, 2005, disponível em www.revistas.usp.br.
3. Mikhail Bakhtin, *Estética da Criação Verbal,* 4. ed., São Paulo, Martins Fontes, 2003, p. 217.
4. Wilma Patricia Maas, *O Cânone Mínimo: O* Bildungsroman *na História da Literatura*, São Paulo, Editora Unesp, 2000, p. 42.

[Tal forma de romance] poderá ser chamada de *Bildungsroman*, sobretudo devido a seu conteúdo, porque ela representa a formação do protagonista em seu início e trajetória em direção a um grau determinado de perfectibilidade; em segundo lugar, também porque ela promove a formação do leitor através dessa representação, de uma maneira mais ampla do que qualquer outro tipo de romance[5].

Segundo a definição proposta por Morgenstern, o *Bildungsroman* é uma modalidade de romance tipicamente alemã, que visa acompanhar as experiências do indivíduo desde a infância e/ou adolescência até a idade madura, ou seja, quando podemos considerar como finda a sua formação. Esse é o mesmo teor da definição do pesquisador Massaud Moisés, por nós encontrada em seu *Dicionário de Termos Literários*[6].

Embora tenham significados bastante próximos, o que leva muitos críticos a considerá-los como um conceito *uno*, entendemos as especificidades de cada um dos conceitos – *romance de formação* e *romance de educação* –, pois o primeiro avalia a formação do homem na sociedade, desde a sua infância, ou adolescência, até sua vida adulta, enquanto o segundo tem como diferen-

---

5. *Idem*, p. 46.

6. Massaud Moisés, *Dicionário de Termos Literários*, São Paulo, Cultrix, 2004, p. 56. Segundo o verbete: "Al. Bildung, formação, Roman, romance; fr. Roman de formation, port. Romance de aprendizado; ing. "Educacional novel, novel of education, apprenticeship novel". Também se pode empregar, como sinônimo, o termo alemão *Erziehungsroman* (*Erziehung*, educação, Roman, romance). Quando gravita em torno da carreira de um artista, denomina-se *Künstlerroman*, 'romance de artista'. *Modalidade de romance tipicamente alemã, gira em torno das experiências que sofrem as personagens durante os anos de formação ou educação, rumo a maturidade, fundada na ideia de que 'a juventude é a parte mais significativa da vida* [...], é a 'essência' da modernidade, o sinal de um mundo que procura o seu significado no futuro, mais do que no passado' (MORETTI, 1987: 3, 5). Considera-se o pioneiro nessa matéria o *Agathon* (1766), de Wieland, e o ponto mais alto, o *Wilhelm Meister* (1795-1796), de Goethe, mas a palavra para designar esse gênero de narrativa, *Bildungsroman*, foi empregado pela primeira vez em 1820, por Karl Morgestern, e posta em circulação por Wilhelm Dilthey em 1870 na sua *Vida de Schleiermacher* (Miles 1974; Suleiman 1979). No fio da tradição germânica, outros ficcionistas cultivaram o tema: Tieck, Novalis. [...] Em Língua Inglesa, citam-se: Charlotte Brontë, Charles Dickens [...] James Joyce. [...] Em vernáculo, podem-se considerar romances de formação, até certo ponto, os seguintes: *O Ateneu* (1888), de Raul Pompeia, *Amar, Verbo Intransitivo* (1927), de Mário de Andrade, os romances do "ciclo do açúcar" (1933-1937), de José Lins do Rego, *Mundos Mortos* (1937), de Octavio de Faria, *Nome de Guerra* (1938), de Almada Negreiros, *Fanga* (1942), de Alves Redol, *Manhã Submersa* (1955), de Vergílio Ferreira, o ciclo *A Velha Casa* (1945-1966), de José Régio".

cial o cenário escolar, visando a educação formal, diferenças estas que, para nosso estudo, são bastante pertinentes, como verificaremos adiante.

O presente trabalho propõe uma leitura de um romance de origem moçambicana à luz do conceito tipicamente alemão, ou seja, tentaremos transpor um conceito europeu a um romance de procedência diferente com o objetivo de demonstrar que ele pode ser pertinente para o entendimento de obras pertencentes a outro sistema literário, que não fazem parte apenas de uma literatura específica.

O conceito de "romance de formação", portanto, diz respeito à formação do indivíduo, não apenas no que concerne à sua vida na instituição escolar, mas, sobretudo, à formação do caráter do ser humano e seu desenvolvimento global, contemplando os aspectos físicos, morais e psicológicos, desde a infância até a idade adulta, o momento em que se pode considerar como finda sua formação. Por outro lado, os romances considerados apenas como de "educação" centram-se, em particular, no ambiente escolar da personagem, onde a maior parte da diegese se desenvolve e acaba por se tornar o eixo central do estudo.

Considerando o *Bildungsroman* um subgênero do gênero romance, afirma a pesquisadora Cíntia Schwantes:

O *Bildungsroman* é um subgênero do gênero romance, podendo portanto ser delimitado pelo critério do tema, uma vez que suas marcas formais, como o hibridismo, por exemplo, se confundem com as do próprio romance; sua realização é a mais das vezes imperfeita, de um ponto de vista estritamente formal, e sua grande importância, atualmente, como durante o Romantismo, reside no fato de que ele é um espaço privilegiado de discussão dos flutuantes valores de suas épocas, da modificação do papéis sexuais (masculino e feminino), da culturalidade (ou não) do nosso gênero, nossa identidade, nossa humanidade[7].

Portanto, o *Bildungsroman*, apontado como um subgênero, na verdade pode ser percebido como algo que ultrapassa os seus limites temáticos, não

---

7. Cíntia Schwantes, *Interferindo no Cânone: A Questão do* Bildungsroman *Feminino com Elementos Góticos*, Tese de Doutorado em Estudos de Literatura, Universidade Federal do Rio Grande do Sul, Porto Alegre, 1998, p. 24.

só englobando aspectos sociais de determinada época, mas também constituindo-se como esse *espaço privilegiado,* de que fala Schwantes, no qual se discutem as mudanças de valores de uma determinada sociedade, de maneira a contribuir para uma reflexão acerca dos papéis sexuais e da visão que temos a respeito de nosso gênero (*gender*), bem como, em sentido mais amplo, do que compõe a nossa identidade.

Vale ressaltar que o *Erziehungsroman* e o *Bildungsroman,* embora aparentem tratar de um mesmo conceito, como mencionamos anteriormente, revelam suas particularidades no desenvolver da diegese. O romance de formação, *Bildungsroman,* contempla a formação da personagem desde a infância, ou adolescência, até a vida adulta, no que concerne aos aspectos físicos, psicológicos e filosóficos, enquanto o *Erziehungsroman* busca trilhar o mesmo caminho, mas tendo como pano de fundo o cenário escolar.

É importante, para fundamentar nossa reflexão, destacar dois exemplos. O primeiro deles, presente na literatura brasileira e caracteristicamente um romance de educação, é *O Ateneu*[8], de Raul Pompeia, escrito em 1888, cujo cenário é a escola que dá título ao livro. Será nesse local que o protagonista Sérgio fará suas maiores descobertas, sejam elas físicas, sentimentais ou sexuais, levando o aprendizado que se iniciara dentro dos muros do Ateneu para a sua vida. Outro exemplo que vale ser aqui recordado é o primeiro, e único, romance do cabo-verdiano Baltazar Lopes, intitulado *Chiquinho*[9], de 1947. Trata-se de um romance cujo pano de fundo e seu enredo enovelam-se a outras questões, como o deslocamento do protagonista de seu lugar de origem para continuar a estudar e os problemas mais amplos que cercam a ilha, por exemplo, a seca. O texto possui um cunho político engajado velado em seu decorrer, pois o protagonista, mais do que a educação escolar, busca a educação política e social que lhe será de maior valia em sua vida adulta. Trata-se, portanto, de um romance de formação que vai além do ambiente escolar para refletir acerca do amadurecimento da personagem em termos gerais, de forma a apontar as bases de sua atuação naquela sociedade em anos vindouros.

---

8. Raul Pompeia, *O Ateneu*, 21. ed., São Paulo, Editora Ática, 2005.
9. Baltazar Lopes, *Chiquinho*, Lisboa, Prelo, 1974.

Refletindo sobre o romance dentro da tradição do *Bildungsroman*, partimos do pressuposto de que a obra *Balada de Amor ao Vento*[10] pode ser lida como um romance de formação, pois, ao longo de sua leitura, percebemos que, embora esteja ancorado na tradição oral moçambicana e retire dessa tradição elementos que o constituem, ele também estabelece um diálogo com a tradição do *Bildungsroman* ao propor-se como narrativa de uma vida em formação. É esse diálogo que nos permite estabelecer interessantes pontos de contato entre tradições tão diversas. Iniciemos nessa senda lembrando que,

A tradição oral, patrimônio da poesia épica, tem uma natureza fundamentalmente distinta da que caracteriza o romance. O que distingue o romance de todas as outras formas de prosa – contos de fada, lendas e mesmo novelas – é que ele nem procede da tradição oral nem a alimenta. [...] O narrador retira da experiência o que ele conta: sua própria experiência ou a relatada pelos outros. E incorpora as coisas narradas à experiência dos seus ouvintes. [...] Escrever um romance significa, na descrição de uma vida humana, levar o incomensurável a seus últimos limites[11].

Se "escrever um romance significa [...] levar o incomensurável a seus últimos limites", não podemos desconsiderar que Paulina Chiziane, ao escrever o seu primeiro, o faz baseando-se nas experiências de outrem que lhe foram narradas, ou ainda, em histórias da tradição oral que ouvira quando criança à beira da fogueira nos contados dos mais velhos. Em suas narrativas, de modo geral, a escritora cunha sua voz através da letra, justificando a si mesma como uma contadora de histórias que tem como objetivo perpetuar o legado instituído por sua avó. Seu jogo, portanto, é aquele em que a tradição escrita do romance necessariamente é testada pela insurgência da oralidade, não apenas como modo de narrar, mas como um conjunto de valores e traços que desestabilizam o modelo europeu para alcançar uma forma outra, terceira, que, trazendo em si tanto o romance quanto a narrativa oral, é mais do que a soma dos dois. No entanto, parece-nos que esse processo não inviabiliza uma

---

10. Paulina Chiziane, *Balada de Amor ao Vento*, Lisboa, Caminho, 2003. O romance teve sua primeira edição lançada no ano de 1999, em Moçambique. Apontamos nesse estudo o ano da edição portuguesa (2003) com a qual trabalhamos.

11. Walter Benjamin, *Magia e Técnica, Arte e Política*, 7. ed., São Paulo, Brasiliense, 1994, p. 201.

reflexão que tenta dar conta das relações entre a matéria literária produzida por Paulina Chiziane e a formulação geral do romance de formação, já que, em um sentido amplo, o texto não apenas percorre temporalmente a vida da protagonista Sarnau, da adolescência à fase adulta, mas também – e sobretudo – procura apontar as transformações que ela sofre em virtude do seu amadurecimento. A vida, para Sarnau, é espaço de aprendizagem, da mesma forma que o fora para Chiquinho, de Lopes, ou para o Wilhelm Meister, de Goethe.

Se a heroína moçambicana vive uma fase na qual o amadurecimento integral é o seu propósito último, visto que esse processo de desenvolvimento deve ser encarado como algo natural para o seu próprio crescimento, isso não é suficiente – ela necessita principalmente tomar consciência do seu papel de indivíduo que se encontra em um determinado tipo de busca: a busca de si mesmo. Segundo Wilma Patricia Maas, no estabelecimento do romance de aprendizagem, três características devem ser levadas em consideração:

• o protagonista deve ter uma consciência *mais ou menos* explícita de que ele próprio percorre não uma sequência mais ou menos aleatória de aventuras, mas sim um processo de autodescobrimento e de orientação no mundo;

• a imagem que o protagonista tem do objetivo de sua trajetória de vida é, em regra, determinada por enganos e avaliações equivocadas, devendo ser corrigidas apenas no transcorrer de seu desenvolvimento;

• além disso, o protagonista tem como experiências típicas a separação em relação à casa paterna, a atuação de mentores e de instituições educacionais, o encontro com a esfera da arte, experiências intelectuais e eróticas, experiência em um campo profissional e eventualmente também contato com a vida pública e política[12].

Em *Balada de Amor ao Vento*, Sarnau busca autodescobrir-se a todo instante. Ela procura por seu lugar, e diversas vezes se equivoca nesse caminho; os enganos que sofre durante a jornada, porém, servem como degrau rumo à aprendizagem e à vida madura. Os mentores e tutores, nesse caso específico, estão vestidos com roupas africanas, serão chamados de mais velhos, curandeiros ou *griots*.

---

12. Wilma Patricia Maas, *O Cânone Mínimo: O* Bildungsroman *na História da Literatura*, p. 62.

Seria a trajetória seu próprio aprendizado, mas o processo de formação é também de interação com o meio, o que verificamos, por exemplo, no já referido *Os Anos de Aprendizado de Wilhelm Meister*, cujo protagonista não só se vê e se analisa, mas também é visto e analisado pelo outro. O protagonista do romance, que é tido como o "cânone mínimo", como afirma Maas, inicia seu percurso abandonando o abastado núcleo familiar, que desejava ao jovem a carreira do comércio, e junta-se a um grupo de teatro, em busca de liberdade e de si mesmo. Todo esse processo colaborará para sua formação, pois ele passa de filho, no início do romance, a pai, no final deste, encerrando temporariamente seu ciclo de aprendizagem. É fundamental lembrar, todavia, que sua formação será acompanhada por um tutor – Jarno, membro da Sociedade da Torre –, e que sua aprendizagem completa, ou melhor, especializada, *Ausbildung*, se dará apenas no último volume da trilogia goethiana, *Os Anos de Peregrinação de Wilhelm Meister*, publicado em 1829.

Regressando à cena moçambicana, em *Balada de Amor ao Vento*, a protagonista, assim como ocorre com a personagem de Goethe, também abandona a casa paterna, mas para casar-se com o príncipe Nguila, seguindo a sua viagem rumo à vida adulta, tema bastante frequente nesse gênero. Iniciemos nosso percurso juntamente com a personagem Sarnau. Acompanharemos a formação de Sarnau desde sua adolescência; sua paixão e o abandono por parte do jovem Mwando; o casamento com Nguila, o retorno de Mwando à sua vida; a maternidade, seus percalços e instabilidades, e ainda o seu desfecho como vendeira na Mafalala[13]. O romance é narrado em vinte capítulos, e sua protagonista inicia a jornada "no dia mais bonito do mundo"[14], na festa de circuncisão dos meninos, dia em que conhece e se apaixona pelo jovem Mwando, que, por sua vez, apesar de ser iniciado, era cristão e estudava para ser padre:

Num domingo, vesti-me com todo o esmero, enfeitei-me bem e parti para o ataque. Entrei na igreja com toda a solenidade, sentei-me à frente para que ele me visse bem, pois estava bonitinha só para ele. O coro apresentou uma canção bonita e, de todas as vozes, só ouvia o Mwando. Depois o padre disse ámen, levantei-me pronta

---

13. Bairro da periferia de Maputo, Moçambique.
14. Paulina Chiziane, *Balada de Amor ao Vento*, p. 12.

para o combate. Ou hoje, ou nunca, dizia de mim para mim. Arrastei o Mwando num passeio até às margens do rio Save. Falávamos de muitas coisinhas. Ele falava dos seus planos de futuro, pois queria ser padre, pregar o Evangelho, baptizar, cristianizar. Adeus meus planos, meu tempo perdido, ai de mim, o rapaz não quer nada comigo, só pensa em ser padre[15].

Sarnau, perdidamente apaixonada, tenta persuadir o jovem aspirante a padre, que, além do fato de ser cristão, ainda estudava em colégio católico, fator complicador, pois a religiosidade era uma forte concorrente aos seus sedutores intentos. Ainda que Mwando resistisse, acabou por deixar-se fisgar: "Mwando está embasbacado com a descoberta do insólito do mundo. Como Adão no Paraíso, a voz da serpente sugeriu-lhe a maçã, que lhe arrancou brutalmente a venda de todos os mistérios. Sim, escuto os lábios de uma mulher pronunciando em sussurros o seu nome, despertando-o do ventre fecundo da inocência. Mwando nasceu. Sente o coração a bater com força, mesmo à maneira do primeiro amor"[16].

Inicia-se a viagem amorosa e iniciática de Mwando e Sarnau, em que ambos descobrem juntos o amor e as responsabilidades que ele acarreta, além das modificações físicas que ambos sofrem no decorrer desse processo. Em Mwando, as mudanças são mais evidentes, ao passo que Sarnau não apenas nota as transformações como se preocupa com elas antes dele: "O vinco dos calções passou a ser bem demarcado, a carapinha penteada mil vezes, os calcanhares, esfregados com pedra-pomes e besuntados com óleo de coco, competiam no brilho com a luz do sol. Estas modificações não passaram despercebidas aos companheiros do colégio, que lhe espiavam todos os movimentos, acompanhando-o com olhares trocistas que bailavam em todos os olhos"[17].

O casal, ainda muito jovem e susceptível às instabilidades típicas dessa fase, acaba por ter a sua primeira relação sexual, que teve como consequência uma gravidez, sucedida de um aborto. A partir daí, a personagem se vê abandonada por seu amor, cuja família já havia escolhido uma outra mulher que a substituiria no coração de seu amado. Ele descende de uma família católica,

---

15. *Idem*, p. 16.
16. *Idem*, p. 19.
17. *Idem*, p. 20.

o que Sarnau não é, motivo suficiente para que não fosse aceita como sua futura esposa. Em seu lugar, a família de Mwando escolhe uma jovem chamada Sumbi, também católica, para com ele se casar.

Em sua caminhada rumo ao amadurecimento, Sarnau, assim como Meister, busca a formação de si mesma. É importante lembrar, com Otto Maria Carpeaux[18], do "conceito goethiano de *Bildung*, de 'formação': a transformação do caos de experiências e conhecimentos em uma estrutura orgânica". É esta a opção da protagonista: rever o caos de suas experiências para transformá-lo em aprendizado. A partir dessa reflexão, podemos melhor compreender o percurso por ela estabelecido, visto que tal trajeto experiencial é rico no que se refere às suas alegrias e decepções. Sarnau conhece muito bem o que Carpeaux chama de "caos de experiências", pois em grande parte de sua vida experimenta diversos traumas, como as agressões físicas impostas pelo marido; os abandonos de Mwando; o aborto nas águas do rio Save; o abandono dos filhos; a doença da filha Phati; a prostituição e a decadência social. Todos esses fatores fomentam a sua formação. Mesmo que muitas vezes suas vivências sejam percebidas apenas como sofrimento, na verdade vão além disso, pois é através dessa dor que a protagonista consegue sobreviver a todas as agruras impostas pela vida e seguir adiante. Como o romance inicia sua escrita em *flashback*, já no início do contado notamos que a protagonista, além de contar sua história, se propõe a passá-la em revista, a fim de analisá-la. Nas palavras de Jacobs:

> Se o gênero romance de formação se define pelo fato de que as obras que lhe são atribuídas narram a história de um jovem que, passando por uma sequência de erros e decepções, chega a um equilíbrio entre as suas ambições e as exigências de seu meio, então fica evidente que o herói de uma tal história, confrontado com as inevitáveis experiências da desilusão, tem necessariamente de tornar-se problemático para si mesmo. Não basta que ele percorra um determinado desenvolvimento como se fosse um processo natural de crescimento; muito mais do que isso, ele tem de conscientizar-se expressamente de seu papel como indivíduo que se constitui na busca. Decorre daí

---

18. Otto Maria Carpeaux, *História da Literatura Ocidental*, São Paulo, Leya, 2011, p. 1395. Volume único digital.

que esse jovem, a exemplo de Wilhelm Meister, sinta-se compelido, nas diversas fases de seu desenvolvimento, a "passar em revista sua própria história" [...][19]

O que diferencia *Balada de Amor ao Vento* dos *Bildungsromane* tradicionais – na senda de *Ciropédia*, de Xenofonte; *Parzival*, de Wolfram von Eschenbach; *Gargântua e Pantagruel*, de Rabelais; *Simplicissimus*, de Grimmelshausen; *Telêmaco*, de Fénelon; *Agathon*, de Wieland; *David Copperfield*, de Dickens; *Henrique, o Verde*, de Gottfried Keller; *A Montanha Mágica*, de Thomans Mann, e *O Tambor*, de Günter Grass, seguindo uma ordem cronológica da antiguidade ao neoclassicismo, e apenas para citar os clássicos – é o fato de que esses romances foram escritos sob uma retórica clássica europeia, e seus heróis, em sua maioria, além de serem todos homens, burgueses e pertencentes à classe social mais abastada, finalizam sua aprendizagem da maneira esperada: após passarem por percalços e dificuldades, eles as superam e alcançam a formação humanista de forma completa. Todos chegam ao fim dos textos já adultos e inseridos na sociedade, uma vez que seus questionamentos juvenis com relação à vida, à política e à sexualidade, típicos da juventude, encontram-se resolvidos na vida madura, o que determinaria o fim da sua aprendizagem. Não é esse o perfil de *Balada de Amor ao Vento*. Se, por um lado, como já apontamos, o texto é eivado por elementos próprios das narrativas orais tradicionais, o que estabelece um outro nível de discursividade, é importante percebermos o que representa a opção por Sarnau como protagonista. Assim, se não nos furtamos a indicar a participação da obra de Paulina Chiziane no paradigma do romance de formação – por considerarmos que ela contempla o desenvolvimento da protagonista desde a adolescência até a idade adulta e que o narrado parte de uma postura avaliativa, em que se reflete acerca de todas as intenções subjacentes aos atos da personagem –, não poderemos deixar de notar que Sarnau, ao fim do texto, irá ocupar um lugar diferenciado em relação àquilo que ela mesma e a sociedade esperavam de seu percurso. Sem nunca ter amado seu marido, a aprendiz abre mão da posição de rainha a partir do momento em que o título já nada significava

---

19. Jürgen Jacobs *apud* Marcus Vinicius Mazzari, *Labirintos da Aprendizagem – Pacto Fáustico, Romance de Formação e Outros Temas de Literatura Comparada*, São Paulo, Editora 34, 2010, p. 123.

para ela. Além disso, ao perceber-se, no fim da obra, após tornar-se prostituta, como alguém que pode aproveitar uma vida simples, porém "satisfatória" na Mafalala, com dois de seus filhos e Mwando, Sarnau ocupa um lugar que pode gerar questionamentos em relação ao seu "sucesso" no percurso da aprendizagem, já que, socialmente, habita a margem. No entanto, o aprendizado vivido por ela materializa-se em um outro nível, no espaço dos afetos e na capacidade de autodeterminar-se.

O romance destaca, portanto, as dificuldades que a jovem Sarnau precisou ultrapassar, não só para ser feliz, mas para sobreviver. O sofrimento é constantemente assinalado como um símbolo da superação, pois sua história é marcada pelos opostos – sofrimento *versus* felicidade. Será esse sentimento o *leitmotiv* de sua formação. Se, com o passar dos anos e a repetição de suas decepções e frustrações, abandonou a inocência e a inexperiência da juventude, que deram lugar a uma mulher forte, capaz de passar por um parto sozinha e criar dois filhos na Mafalala, sem nenhum tipo de ajuda, é importante percebermos, por outro lado, que o amor por Mwando atravessa sua vida, resistindo, ainda, ao final da história, quando o aceita de volta. Sarnau aprende pelo caminho da renúncia e da marginalidade. Se na tradição ocidental, sobretudo de matriz romântica, a mulher que transgride o modelo patriarcal é punida, a personagem moçambicana tem um aprendizado outro, contrariando não apenas esse modelo, mas as próprias tradições de seu povo. De certa forma, podemos afirmar que ela caminha por sobre o fio de uma navalha e, ao optar pela transgressão, consegue sobreviver a isso tudo.

Lembramos ainda que Mwando também passa por um processo de formação em paralelo ao de Sarnau, fazendo, porém, escolhas diferentes, que afetarão seu resultado final. A personagem, que é cristã e estuda em uma escola católica, logo no início do romance cumpre seu rito iniciático, momento em que a protagonista apaixona-se por ele. No conflito entre tradição e catolicismo, acaba por travar um embate contra si mesmo, entre o desejo de seguir seu coração e ficar com Sarnau e o de obedecer a tradição catótlica que adotara.

A autora propõe uma releitura dos personagens bíblicos Adão e Eva, expulsos do Paraíso, através dos personagens Sarnau e Mwando, tomando como base o modelo cristão, vestígio evidente do sincretismo que permeia a narrativa. Esse modelo, como se sabe, está relacionado aos valores de pecado e punição: "Como Adão no paraíso, a voz da serpente sugeriu-lhe a maçã, que lhe arrancou brutalmente a venda de todos os mistérios. Sim, escutou os lábios de uma mulher pronunciando em sussurros o seu nome, despertando-o do ventre fecundo da inocência. Mwando nasceu"[20].

Tal como Eva, Sarnau induz esse Adão, Mwando, ao pecado. Quando a narradora diz: *Mwando nasceu*, ela nos remete à questão da sexualidade. Com base nessa descoberta, a personagem modifica seu comportamento físico e psicológico. Percebemos que, assim como Sarnau, ele também vivencia seu processo de formação (educação): "Ao andar cego, descompassado, colocou uma suavidade, um ritmo, passando a usar um caminhar altivo, soberano, característico dos vencedores"[21]. Percebemos aqui o crescimento, não apenas físico, mas também psicológico da personagem, que passa a ser suspeito diante dos olhos do padre.

Ainda que Mwando tema ser expulso do colégio, como Adão do Paraíso, caso o padre tome conhecimento do verdadeiro motivo dessas modificações, não consegue escapar a esse destino, pois ele é expulso junto com Salomão, quando o religioso encontra seu colega em pleno ato sexual com a cozinheira da escola e desconfia que as transformações de Mwando também se deviam à descoberta da sexualidade. Primeiro, o padre se dirige a Salomão e diz: "Agora saberás o que é a fúria de um leão!"[22] – em sugestiva e oportuna relação de seu nome (Apocalipse 5:5), ao Leão de Judá. Após sua fuga, afirma: "– Agora, o Mwando!" e dirige-se ao seu quarto para dar-lhe "uma sova tão grande até lhe doerem os socos"[23].

Por outro lado, a partir do casamento de Sarnau com Nguila, evidencia-se no texto o enfoque dirigido às questões sociais, morais e religiosas relacionadas aos casamentos comunitários e cristãos, em seus diferentes aspectos. No que diz respeito à poligamia, Sarnau toma consciência do peso que esta terá em sua vida, pois, embora a tradição poligâmica atribua direitos e deveres a ambos, lembramos que a sociedade em que a personagem está inserida

20. Paulina Chiziane, *Balada de Amor ao Vento*, p. 19.
21. *Idem*, p. 20.
22. *Idem*, p. 23.
23. *Idem, ibidem.*

é patriarcal e, por isso, nela os homens detêm o poder. Caso a mulher deseje usufruir do mesmo direito, será condenada por adultério, visto que não existe poligamia para mulheres.

Homens e mulheres não possuem os mesmos direitos: "com a poligamia, com a monogamia ou mesmo solitária, a vida da mulher é sempre dura"[24]. Para a personagem Mwando, o fato de ser católico o impede de ser polígamo:

Mwando também é cristão, mas abandonou-me com uma criança no ventre. Ser cristão é uma coisa, mas a perversão e o afastamento dos deveres paternais porque se é cristão, é coisa que ainda não entendo bem. A poligamia tem todos os males, lá isso é verdade, as mulheres disputam pela posse do homem, matam-se, enfeitiçam-se, não chegam a conhecer o prazer do amor, mas tem uma coisa maravilhosa: não há filhos bastardos nem crianças sozinhas na rua. Todos têm um nome, um lar, uma família. Não há nada mais belo neste mundo que um lar para cada criança[25].

Enquanto a poligamia possui os dois lados da moeda, *pile ou face*, a violência tem apenas um, privilégio daquele que detém o poder ou a força física, ou ambas, como no caso de Nguila, que espanca sua mais nova esposa ao seu bel-prazer, com a justificativa de "educá-la". Já a personagem Mwando teve sua mulher e futura esposa escolhida pela família, uma personagem secundária, mas não menos importante, pois a ela Mwando se submete e é através dela que tomamos conhecimento da transgressão a todos os costumes. Sua esposa "sentava-se na cadeira como os homens, recusando o seu lugar na esteira ao lado das sogras e das cunhadas"[26] e ele "[...] já sentia que era um brinquedo nas mãos da esposa e não só, mas também toda a comunidade [...]"[27]. Ele assume tarefas domésticas (cozinhar e lavar, por exemplo) e cobre a insaciável mulher de luxo, tolerando inclusive os presentes que os admiradores enviam para ela. Sumbi subverte, assim, a ordem tradicional de submissão da mulher, tornando seu homem submisso e vítima de humilhação.

24. *Idem*, p. 137.
25. *Idem, ibidem*.
26. *Idem*, p. 61.
27. *Idem*, p. 64.

Mwando acaba passando por mais uma etapa em sua formação longe de todos, porque durante sua fuga do rei Nguila é condenado ao exílio, devendo cumprir trabalhos forçados em terra distante. Nesse momento, ele se vê em Angola – terra do degredo –, e explica o motivo de sua prisão:

> – Foi por causa de uma mulher. Entendi-me com ela. Era evidente que se tratava de uma mulher da vida, pois recebia mais homens além de mim. Ela tratava-me bem, eu estava desempregado e alimentava-me. Um sipaio, que era o seu chulo, não gostou. Andou a fazer emboscadas e tramou-me. Levou-me à esquadra, apresentou-me como um ladrão e ainda por cima disse que violei a esposa. Defendi-me com bom português. Mandaram-me fazer uma declaração, o que fiz com boa caligrafia que até enfureceu o branco da esquadra. Exigiram-me a caderneta de indígena. [...] Amigo, sabe bem escrever, mas agora vai ver, saber escrever sem documento não é nada. Levaram-me para uma sala escura, maltrataram-me e condenaram-me à deportação[28].

Encaminhando-se para a conclusão de seu aprendizado, já em Angola, e atendendo pelo nome de Padre Moçambique, Mwando auxilia espiritualmente seus colegas, misturando os conhecimentos adquiridos nos ritos de iniciação aos da escola católica, intervindo principalmente nos rituais de passagem (ou enterros).

Assim, pesados os méritos e deméritos, vimos como o romance é conduzido pelas veredas do *Bildungsroman*, verificando o desenvolvimento físico, psicológico, histórico-social e suas implicações na vida da personagem Sarnau, a fim de assinalarmos essa obra como um romance de formação. Levando em consideração as diferenças em relação ao cânone alemão e às outras vertentes europeias – francesa e inglesa –, tentamos justificar que o desenlace de *Balada do Amor ao Vento*, guardadas as devidas especificidades, deságua no mesmo mar.

O *BILDUNGSROMAN* FEMININO: EXPERIÊNCIA E APRENDIZAGEM

A tradição do *Bildungsroman* nos conduz a diversas vertentes que o gênero abarca. Sem esquecermos sua origem alemã, o termo, embora aplicado

---

28. Paulina Chiziane, *Balada de Amor ao Vento*, p. 118.

a contextos diferentes, não se distancia de seu objeto último, o de verificar-mos a formação do indivíduo em questão. Muitas foram as variantes por nós pesquisadas, dentre elas o *Bildungsroman proletário*, objeto de estudo do pesquisador Eduardo Assis Duarte, em seu *Jorge Amado: Romance em Tempo de Utopia*[29], cuja temática é centrada na análise da obra do autor de *Capitães da Areia*, em especial no romance *Jubiabá*. Duarte constata, em sua pesquisa, tratar-se o texto do escritor baiano de um romance de formação proletário, pelo fato de que, além de dar conta do desenvolvimento do personagem Balduíno, ele ainda o faz cercando os estereótipos presentes na esfera social em que está inserido. O protagonista, que em sua caminhada rumo à aprendizagem nos é apresentado como um homem pobre, negro, percorre diversos guetos e, por onde passa, vai de mendigo a boxeador, fazedor de sambas, desordeiro, chegando a líder grevista, sobressaindo-se e guiando a massa operária a dizer não à "escravidão", econômica e socialmente falando, uma vez que ele representa as classes sociais populares no Brasil dos anos 1930. O herói possui ainda uma espécie de tutor que o guiará desde sua infância, o pai de santo Jubiabá, que dá título ao romance. Eduardo de Assis Duarte nos revela ainda que,

> Amado se apropria da tradição do romance de aprendizagem, para situá-la no nível das classes populares no Brasil dos anos 30. A trama é armada tendo como núcleo as peripécias e andanças do protagonista, desde a infância pobre e rebelde na favela de Salvador, até a maturidade consciente do líder proletário em que se transforma. Jubiabá constitui-se num dos pontos altos da linhagem do "romance proletário" vigente à época, combinando o realismo da denúncia social com uma intensa idealização do oprimido. Amado recorre aos modelos ancestrais da narrativa para construir um personagem-síntese de uma geração que luta por elevar-se da marginalidade à cidadania. E então vemos surgir Antônio Balduíno, primeiro herói negro do romance brasileiro[30].

Com base nesse estudo, *Jubiabá*, assim como *O Ateneu*, povoa a senda brasileira dos *Bildungsromane*, sejam eles proletários ou de educação. Voltando

---

29. Eduardo Assis Duarte, *Jorge Amado: Romance em Tempo de Utopia*, Rio de Janeiro/Natal, Record/ Ed. Universitária, 1996. Ver neste volume o ensaio "O *Bildungsroman* Proletário de Jorge Amado", de Eduardo de Assis Duarte (pp. 325-348).

30. *Idem*, p. 158.

à tipologia do romance de formação, verificamos que o gênero ainda agrega o romance de formação do artista, nomeado como *Künstlerroman*[31], considerado como subgênero específico do *Bildungsroman*. A investigadora Eliane Campello desmistifica o conceito com base na acepção do termo *Künstlerroman*: "Palavra alemã que significa 'romance de artista' e se reporta a um tipo de narração que nos conta a vida e formação do autor (ou duma personagem que se lhe assemelhe) desde a infância à maturidade [...]. A maioria desses romances descreve a luta duma criança de temperamento artístico e delicado para se libertar da incompreensão e das atitudes burguesas da família e das suas relações da juventude"[32].

Seguindo a tradição do *Bildungsroman*, o *romance de artista*, com a devida e explícita diferença que dá nome ao tipo, também privilegia a formação da personagem, assim como no romance de Jorge Amado o protagonista é um proletário. Vale ainda lembrar que o gênero do romance de formação privilegia o "herói", ou seja, do sexo masculino.

Após essa breve consideração sobre algumas tipologias de *Bildungsroman*, adentramos em nosso propósito: o *Bildungsroman* feminino, a partir do olhar da pesquisadora Cristina Ferreira Pinto, umas das pioneiras no tratamento do tema, autora de *O Bildungsroman Feminino: Quatro Exemplos Brasileiros*[33], que nos guiará neste movimento. Nosso objetivo, além de evidenciar o romance *Balada de Amor ao Vento* como um romance de formação moçambicano, é revelá-lo como um *Bildungsroman* feminino. Para tal devemos lembrar que, "Embora tivesse havido sempre 'romances de aprendizagem' feminina, essa aprendizagem se restringia à preparação da personagem para o casamento e a maternidade. Seu desenvolvimento era retratado em termos de crescimento físico, da infância e adolescência até o momento em que estivesse 'madura' para casar e ter filhos"[34]. E, adiante, diz-nos agora a própria Cristina Ferreira Pinto:

---

31. Eliane T. A. Campello, *O Künstlerroman de Autoria Feminina: A Poética da Artista em Atwood, Tyler, Piñon e Valenzuela*, Rio Grande, Editora da FURG, 2003.

32. *Idem*, p. 25.

33. Cristina Ferreira Pinto, *O Bildungsroman Feminino: Quatro Exemplos Brasileiros*, São Paulo, Perspectiva, 1990.

34. Morgan *apud* Cristina Ferreira Pinto, *op. cit.*, p. 13.

Enquanto o herói do *Bildungsroman* passa por processo durante o qual se educa, descobre uma vocação e uma filosofia de vida e as realiza, a protagonista feminina que tentasse o mesmo caminho tornava-se uma ameaça ao *status quo*, colocando-se em uma posição marginal. Segundo as expectativas que a sociedade tinha em relação à mulher, portanto, seu "aprendizado" se daria dentro de um espaço bem delimitado. O "mundo exterior" responsável pela formação do herói do *Bildungsroman* seria, no caso da protagonista feminina, os limites do lar e da família, não havendo margem para o seu crescimento interior[35].

A protagonista de *Balada de Amor ao Vento* inscreve-se nesse panorama, uma vez que ela é, de fato, a heroína do romance. Mesmo que Sarnau seja criada e educada segundo a cultura e tradição bantu, que "ensina" em seus rituais de iniciação como a mulher deve proceder com relação à família, ao casamento, à machamba, sobre como e o que cozinhar para o marido e sua família, como servir-lhe, sobre o "dever obediência" ao marido e sobre sua vida sexual, ela transgride, burla e escapa diversas vezes dos problemas que se vão apresentando ao longo da narrativa, pois a personagem cria, reiteradamente, estratégias para exercer sua liberdade de escolha, malgrado o constrangimento e as imposições da tradição e da família patriarcal.

Outro elemento importante a ser destacado é a forma como, mesmo ao dialogar com o modelo do *Bildungsroman* feminino, o romance de Paulina Chiziane subverte a sua fórmula a partir das características de sua personagem central. Considerando-se que esse tipo específico de romance de formação tem como singularidade o fato de a protagonista feminina não desenvolver sua aprendizagem de forma completa – ou, dito de outra forma, ela não possui nenhuma autoridade sobre si mesma, devendo apenas servir aqueles que a cercam[36] –, não podemos deixar de notar que Sarnau segue um caminho

---

35. Cristina Ferreira Pinto, *op. cit.*, p. 13.
36. Com relação à questão de a protagonista feminina não vir a ter êxito em seu intento formativo, no *Bildungsroman* feminino, devido às diferenciações entre os gêneros, verificamos que, "[a]o nível de revisão do gênero, o 'romance de aprendizagem' feminino distancia-se do modelo masculino principalmente quanto ao desfecho da narrativa. Enquanto em *Bildungsromane* masculinos – mesmo em exemplos modernos – o protagonista alcança integração social e um certo nível de coerência, o final da narrativa feminina resulta sempre ou no fracasso ou, quando muito, em um sentido de coerência

diferenciado. Vejamos: é notório que ela, ao se casar com o príncipe Nguila, tenta aprender com as mais velhas, durante o ritual de preparação para o casamento, sobre o respeito e a obediência ao marido, mesmo quando sob violência, pois a mulher, primeiro, deveria submeter-se ao pai e, após o casamento, o "açoite" mudaria de mãos, passando a pertencer ao marido. No entanto, para além de destacarmos as mudanças que se dão no momento em que ela renuncia ao casamento, acreditamos ser válido indicar que, mesmo ao seguir as orientações recebidas, manifesta sua revolta e desacordo em relação àquela ordem social, indiciando o caminho de transgressão pelo qual iria optar.

Nesse sentido, e tentando avançar em nossa reflexão, se no romance de formação feminino ocidental há a presença característica de protagonistas que não obtêm êxito por completo em sua formação e tendem a terminar o romance de uma forma trágica, podemos observar que:

O suicídio, a loucura, a alienação imposta ou voluntária, são elementos constantes na experiência feminina, tanto em sua literatura como na vida real. [...] Assim, tanto a morte como a loucura podem ser entendidas como uma forma de punição da mulher que tentou ir além dos limites sociais normalmente aceitos, ou como a única forma de rejeição desses mesmos limites; como tentativas fracassadas de escapar às imposições do grupo social, ou como fugas realizadas com êxito, recusas que se afirmam através dos únicos canais de expressão que a mulher (escritora e personagem) via abertos[37].

Em *Balada de Amor ao Vento*, Sarnau, de certa forma, finaliza seu percurso à margem da sociedade pelo fato de ter se tornado uma prostituta, mas, por outro lado, também se vê como vitoriosa, pois adquire independência financeira como vendeira na Mafalala em que vive com seus dois filhos, os quais mantém sem ajuda dos pais. Além de receber de volta em sua casa Mwando, que retorna mais uma vez ao seu convívio, sustenta-o. Dessa forma, a personagem desestabiliza o modelo tradicional de *Bildungsroman* feminino, pois, se aparentemente ocupa um lugar à margem da sociedade, sobretudo segun-

---

pessoal que se torna possível somente com a *não* integração da personagem no seu grupo social" (Cristina Ferreira Pinto, *O Bildungsroman Feminino: Quatro Exemplos Brasileiros*, p. 27).

37. Cristina Ferreira Pinto, *op. cit.*, p. 18.

do valores ocidentais, tornou-se uma mulher madura e independente em todos os sentidos, com exceção do emocional.

Paulina Chiziane tece e destece o tecido com o qual compõe Sarnau, em sua relação delicada com a escrita, como nos afirma o pesquisador Lourenço do Rosário[38]:

> Uma das coisas que me surpreende em Paulina é a sua profunda feminilidade. Não basta ser-se mulher para se escrever no feminino, nem tão pouco é suficiente povoar a narrativa com protagonistas deste sexo. A escrita no feminino pressupõe, em primeiro lugar, um corte com a predominância dos cenários a que estamos habituados, quer no dia a dia, quer no plano da escrita, nos quais a ordem social, familiar e mental se encontram organizadas.

Na delicadeza de sua oratura, ela afirma – e reafirma – que escreve sobre mulheres e para mulheres, em entrevista a Patrick Chabal:

> É um livro que fala da condição feminina e da África em geral. Tenho um mundo de informações sobre África, sei muito bem o que é... os nossos problemas, o amor, o adultério, a poligamia. E eu sinto que a visão do mundo existente hoje, pelo menos em termos de escrita, é o ponto de vista masculino. Comecei a senti-lo a partir do momento em que me casei, comecei a viver a condição de mulher, com filhos, com casa. A experiência não foi boa, o casamento não durou, mas isso criou-me a vontade de querer observar o mundo: "O que é que acontece com as outras mulheres, o que é que pensam, que é que sentem?" [...] falam muito da libertação da mulher, mas o que se verifica realmente é que a mulher, com a mania de emancipação, pelas mesmas condições em que nós nos encontrávamos, está cada vez mais escrava. Essa é a minha opinião. Então, posso dizer, de certo modo – não gosto muito de dizer isso mas é uma realidade – é um livro feminista. Portanto a minha mensagem é uma espécie de denúncia, é um grito de protesto[39].

Através desse "grito de protesto", a autora nos convoca a direcionar nosso olhar para a condição da mulher moçambicana, representada aqui pela pro-

---

38. Lourenço do Rosário, *Moçambique: Histórias, Culturas, Sociedade e Literatura*, Belo Horizonte, Nandyala, 2010, p. 144.

39. Patrick Chabal, *Vozes Moçambicanas*, Lisboa, Editora Veja, 1994, p. 298.

tagonista Sarnau. No avesso do bordado, encontramos Sumbi, personagem marcada por um misto de luxúria e orgulho. Muito inteligente, ela guia e ma- nipula o marido à sua vontade, como, por exemplo, quando Mwando esvazia os celeiros da família para comprar capulanas novas para a esposa, além de cumprir com todo o trabalho doméstico, o que não era bem visto aos olhos dos mais velhos e dos moradores de sua comunidade: "Onde já se viu um homem colar-se como um piolho nas capulanas da mulher"[40]. Sumbi trans- figura-se na emblemática Emma, de *Madame Bovary*, de Gustave Flaubert, portando-se como uma dama virtuosa que, além de ostentar o luxo, mantém a atitude de moça frágil, quando na verdade ela é o oposto disso. Assim,

> Quando os celeiros da família já se esvaziaram, ela começou a receber presentes dos seus admiradores. O amor ao luxo levaram-na algumas vezes a tomar atitudes condená- veis e o marido, apanhando-a em flagrante, em vão tentava assumir o papel de homem ofendido, digno e honrado. Quando ele a repreendia, ela chorava de mansinho pedindo mil desculpas. Quando a fúria o impelia à agressão física, ela clamava por piedade, pois era tão doentinha, fraquinha, sensível. Enquanto ele sofria, a mulher oferecia sorrisinhos bonitos, dominando-o completamente. Quem pode levantar a mão para um anjo?[41]

De forma semelhante à protagonista, Sumbi não hesita em abandonar o marido logo após a morte de seu único filho, mas o faz para viver com um ho- mem mais velho e mais rico. Os valores que a movem são outros, distintos da- queles que direcionam Sarnau uma segunda vez para o caminho de Mwando. Sumbi vem esclarecer que o movimento de Paulina com relação à inversão de papéis entre os personagens masculino – Mwando – e feminino – Sumbi – é possível mesmo tendo como pano de fundo uma sociedade patriarcal, daí o estranhamento com a mulher promíscua e ao mesmo tempo "virtuosa".

Sarnau, ao contrário de Sumbi, foi marcada pela violência e, por meio de diversas fugas, a personagem chega à idade adulta. No romance ela relembra um fato marcante: o parto de sua filha Phati, que era ainda gestada quando Mwando a abandonou: "Primeiro empreguei-me como criada numa casa de comerciantes indianos. Dormia no armazém de carvão onde também dor-

---

40. Paulina Chiziane, *Balada de Amor ao Vento*, p. 62.
41. *Idem*, p. 63.

miam os cães. Foi nesse ambiente que a criança nasceu, saudável mas raquítica. Dei-lhe o nome de Chivite, para marcar a angústia que me torturava"[42].

Chivite é a assinatura da dor e do ressentimento que a protagonista sente em relação ao amor que lhe abandonara e ao mundo, pois nesse momento, que deveria ser celebrado, como fora o nascimento de seus outros filhos (as gêmeas filhas de Nguila e seu filho homem, filho de Mwando, mas criado pelo rei, como príncipe do Mambone), ela se sente apenas desamparada e sofre ao dar à luz sozinha em ambiente tão insalubre. A magia e a religiosidade, que sempre fizeram parte de sua formação, continuam presentes, em especial nesse momento de aflição materna:

A criança viveu bem nos primeiros dias mas quando chegou ao segundo mês, foi acometida por doenças estranhas, e cada dia que passava a situação piorava. No terceiro mês já não chorava, não comia, e o coração batia cada vez menos. Passei noites em lágrimas: o fogo da vida apagava-se e eu não tinha dinheiro para ir ao hospital. Numa dessas noites parti desesperada para casa de uma curandeira e esta acudiu-me prontamente. [...] Escutou os oráculos e disse-me, minha filha, há um espírito maligno que te persegue, que está apostado em destruir toda a tua felicidade. [...] É a Phati, é a Phati, a quinta esposa do meu marido, que foi morta recentemente. [...] a criança devia ter o nome desse espírito maligno. [...] Então a velha pegou na criança e erguendo-a pelos ares proferiu a prece da ressurreição; [...] Kenguelekezêêê!...[43]

O cunho religioso mantém-se presente desde o início do romance, seja pelos ritos de iniciação, casamentos, nascimentos, cerimônias fúnebres, seja pelas preces de ressurreição. É a religião que fornece a Sarnau o amparo necessário nos momentos cruciais de sua existência para que ela possa sobreviver a todas as intempéries impostas pela vida e pelo tempo. Ainda com relação a seus filhos, Sarnau tivera um último, Joãozinho, filho de um homem casado e cristão que, assim como Mwando, não assumiu sua paternidade e não permite seu convívio com os irmãos, fruto de seu casamento monogâmico.

Mais uma vez, a vida de Sarnau vai sofrer as interferências advindas da formação religiosa de seus homens. Em um primeiro momento do romance, Mwando

---

42. *Idem*, p. 134.
43. *Idem*, p. 135.

a abandona porque deve casar-se com uma cristã; ao fim do romance, o pai não nomeado de Joãzinho não pode assumir o filho por já ser casado e sua família, cristã, não aceitar a poligamia. Encaminhando-nos para a última etapa, por assim dizer, da formação de nossa protagonista, agora adulta, mãe e vendeira, é ela quem faz um balanço de sua caminhada nos últimos anos: "A vida não me corre mal. Já lá vão os tempos em que vivi de miséria e morte, mas hoje existe em mim bem demarcada a realidade e o sonho. Mas para quê, recordar isso agora? Passaram já dezasseis anos que o Mwando me abandonou e talvez já tenha morrido"[44].

Porém, o destino mais uma vez lhe surpreende. Mwando, que retornara do degredo e, em seu exílio, tendo percebido que o amor de Sarnau era seu bem mais caro – vindo mesmo a reconhecê-lo: "Sarnau, passei a vida a procurar-te. Compreendi que é impossível viver sem ti"[45] –, ao retornar a Lourenço Marques, por ela procura:

> O homem fugindo da chuva dá passos em falso e derruba-me; [...] O homem curva o tronco, apanha o tomate enquanto ele pronuncia o pedido de perdão numa voz que me parece familiar. [...] Assustei-me, olhei e reconheci-o. Mwando, é ele mesmo, mas que barriga enorme ele tem. É ele mesmo, o meu amor perdido. Senti-me transtornada, enlouquecida, com desejo de morrer e viver. É ele mesmo, não há dúvidas que é o homem da minha desgraça, valha-me Deus![46]

Logo após o reencontro, verificamos uma inversão de papéis: no início do romance, Sarnau é a jovem moça apaixonada e inocente que chora às margens do rio Save, ao ser abandonada pela primeira vez por seu amor. Agora, madura, ela cobra o seu preço. Impõe a Mwando que pague o lobolo, pois Sarnau, mesmo tendo fugido com ele, trabalhou e o devolveu ao rei. Ela o quer de volta e, caso ele a queira, como afirma, deverá honrar a tradição; o preço fora contabilizado em vinte e quatro casamentos:

> Esse é o meu verdadeiro preço, o preço da minha honra. O meu lobolo foi com trinta e seis vacas novas e virgens. Com as vacas do meu lobolo, os meus dois irmãos

---

44. *Idem*, p. 134.
45. *Idem*, p. 140.
46. *Idem*, pp. 139-140.

casaram seis mulheres. Os irmãos das minhas seis cunhadas usaram o mesmo gado para casarem as suas esposas, e por aí adiante. Só as vacas do meu lobolo fizeram outros vinte e quatro lobolos. Tiraste-me do lar, abandonaste-me, tive que lutar sozinha para devolver as trinta e seis vacas, pois se não o fizesse, todas seriam recolhidas em cada família, o que significa vinte e quatro divórcios. Fiz o impossível e consegui resolver o problema. Ainda me queres? Paga-me, quero o preço da minha honra[47].

Após esse episódio, Mwando percebe que Sarnau não é mais a jovem que ele abandonara, nem mesmo a rainha que deixara sua coroa para com ele fugir: ela é uma nova mulher, que neste momento se apresenta amadurecida por seu duro aprendizado, impondo-se frente a ele e à vida. Porém, seu antigo pecado torna a bater em sua porta e ataca-a de forma indigna, através dos filhos:

O homem curvou solenemente o seu tronco alto como quem se inclina numa reverência, entrou pela porta baixa da barraca de duas divisões. Sentou-se. – É o meu pai, mamã? – Sim, minha filha, é o teu pai. [...] – Papá, fica conosco!

– Sim, João, ficarei se a tua mãe quiser.

– A mãe quer. Fica conosco, papá! [...]

– Sarnau, as crianças precisam de um pai.

– E eu preciso de um homem, e deste homem que está aqui ao meu lado. Venceu-me. Atacou-me com a arma que extermina todas as fêmeas do mundo. Colocou-se ao lado dos filhos, fez a guerra e venceu. Viverá comigo. Tenho casa, tenho negócio, tenho dinheiro. Hei de alimentá-lo. Não será fácil para ele arranjar um posto de trabalho nesta terra. Embora vencida, ainda me resta o orgulho, mas orgulho de quê? O orgulho cega-me e destrói-me, preciso ser feliz, estou vencida e perdida[48].

Depois de reatar com Mwando, e abrir mão do lobolo que ela mesma havia imposto a ele, Sarnau, já cansada, decide pela felicidade, não mais pelo orgulho que só lhe corroera nesses dezesseis anos de abandono. Se anteriormente haviam vaticinado que os defuntos dela e de Mwando brigavam, e que por isso eles nunca obtiveram sucesso em seu relacionamento, desta vez a natureza – sempre sua cúmplice – abençoa o novo recomeço. Todo o reencon-

---

47. Paulina Chiziane, *Balada de Amor ao Vento*, p. 144.
48. *Idem*, p. 149.

tro entre ambos se dá sob uma forte chuva, que faz com que Sarnau renasça, enterrando definitivamente o passado. Através do perdão dado a Mwando, a protagonista instaura o apagamento dessa memória antiga e repleta de dores para, enfim, iniciar uma nova vida.

Assim, verificamos que o romance *Balada de Amor ao Vento* pode ser lido como um *Bildungsroman* feminino, conquanto a protagonista Sarnau, diferentemente dos demais exemplos desse subgênero, tenha alçado voo rumo à sua formação e a tenha concluído. A seu modo – de rainha a prostituta –, ela finaliza a viagem em busca de si mesma e se encontra: uma mulher forte e capaz de sobreviver a todas as dificuldades impostas pelo tempo e pela sociedade em que vive sem se deixar abater.

VALÉRIA SABRINA PEREIRA E HELMUT GALLE

A Formação do Indivíduo em Tempos do Darwinismo. O Romance *O Pescoço da Girafa*, de Judith Schalansky

O PESCOÇO DA GIRAFA E O MODELO DO GÊNERO LITERÁRIO *WILHELM MEISTER*

Publicado em 2011, *O Pescoço da Girafa* é o segundo romance de Judith Schalansky, escritora, editora e *designer* de livros alemã. A versão original da obra carrega o subtítulo *Bildungsroman* (romance de formação), que infelizmente não foi adotado na tradução do livro para o português, lançada em 2016 pela editora Alfaguara. Sobre as razões para a omissão do subtítulo só é possível especular: se foi ocasionada pela crença em uma possível falta de familiaridade dos leitores brasileiros com o termo ou por julgar que o subtítulo não correspondia devidamente à obra. O fato é que a subtração da menção ao romance de formação empobrece a obra por oferecer um impulso de reflexão a menos para o leitor, como será arguido no presente artigo.

Como notado por Anja Lemke[1], as resenhas publicadas por ocasião do lançamento do livro defendem que essa definição não passaria de uma nota

---

1. Anja Lemke, *"Bildung als formatio vitae – Zum Verhältnis von Leben und Form in Judith Schalanskys Der Hals der Giraffe"*, em Internationales Archiv für Sozialgeschichte der deutschen Literatur, vol. 41, n. 2, p. 395, 2016.

irônica da autora – opinião que não é dividida por estudiosos que se dedicam ao livro, como a própria Lemke ou Yvonne Delhey[2]. À primeira vista, o que se vê em *O Pescoço da Girafa* é, de fato, uma narrativa que vai de encontro às principais características do gênero. Geralmente toma-se o romance *Os Anos de Aprendizado de Wilhelm Meister* como modelo do gênero, como aconteceu pela primeira vez nos livros de Johann Karl Simon Morgenstern sobre *A Natureza do Romance de Formação* (1820) e *A História do Romance de Formação* (1824)[3]. O que se espera, nesse sentido, de um típico romance de formação é que a narrativa seja conduzida por um protagonista jovem, preferencialmente um homem, cujo profundo ímpeto em desenvolver sua própria individualidade o leva ao abandono do lar paterno e a uma jornada de autoconhecimento. Tipicamente, o jovem encontrará diversos mentores, e também viverá aventuras eróticas que o conduzirão ao amadurecimento. Durante esse processo, ele aprenderá a fazer concessões e a conciliar sua individualidade com a realidade na qual está inserido, por fim, retornando ao lar capaz de se apresentar como um membro atuante da sociedade. Nessa trajetória, o romance "representa a formação do herói no seu início e sua continuação até um certo grau de perfeição"[4]. O romance de Schalansky desafia cada uma dessas características, a começar pela protagonista, Inge Lohmark, uma mulher de meia idade, que não se vê imbuída de um desejo de grandes mudanças, mas sim convencida de que sua vida útil já encontrou seu final, como ela própria expressa ao refletir sobre a questão reprodutiva: "O fim da vida aos quarenta. [...] Isso era para todos. Ao menos para qualquer mulher. Um terço de toda uma vida em vão. Sobrevivência pós-reprodutora"[5]. Para Lohmark, a casa dos próprios pais evidentemente não é mais um tema, mas sim a filha adulta que há muitos anos se mudou para os Estados Unidos, cujo retorno é ansiado pela mãe, mas sem qualquer sinal de que isso ainda possa

---

2. Yvonne Delhey, "Was heißt Bildung des Individuums? Judith Schalanskys Der Hals der Giraffe (2011)", em Elisabeth Böhm e Katrin Dennerlein (orgs.), *Der Bildungsroman im literarischen Feld: Neue Perspektiven auf eine Gattung*, Berlin, Boston, de Gruyter, 2016.

3. Uwe Steiner, "Wilhelm Meisters Lehrjahre", em Bernd Witte e Peter Schmidt (orgs.), *Goethe Handbuch Bd. 3 Prosaschriften*, Stuttgart, Metzler, 1997, pp. 138 e s.

4. Morgenstern *apud* Lemke, *op. cit.*, p. 396.

5. Judith Schalansky, *O Pescoço da Girafa*, Rio de Janeiro, Alfaguara, 2016, p. 114.

ocorrer. Além disso, Lohmark é a própria "mentora", pois atua como professora de biologia e educação física em uma escola de uma pequena cidade em Vorpommern, no norte da ex-República Democrática Alemã, região que mais sofreu com o colapso econômico no final do regime socialista e a consequente debandada de jovens, de forma que a escola na qual Lohmark trabalha está condenada a ser fechada por falta de alunos.

O Pescoço da Girafa está, de fato, longe de ser uma história sobre a reconciliação de um indivíduo com a sociedade na qual está inserido. Trata-se muito mais de uma representação do lento declínio que foi vivenciado por diversos vilarejos da ex-Alemanha Oriental e da não adaptação dos indivíduos à sua realidade social. No contexto da literatura de língua alemã, o livro de Schalansky pertence ao conjunto de obras que têm sido produzidas sobre a República Democrática Alemã após a reunificação. Tais tipos de representação na literatura contemporânea são diversos. Muitos contam histórias que se passam antes da queda do muro, e podem variar de obras que são especialmente marcadas por um clima de nostalgia de uma época que passou e não volta mais – como é o caso do livro de Thomas Brussig *Am kürzeren Ende der Sonnenallee*, de 1999, traduzido para o português com o título *O Charuto Apagado de Churchill* – a obras que, mesmo apresentando os bons momentos antes da reunificação, focam em aspectos mais obscuros, como *Kruso* (2014) de Lutz Seiler, que se passa na ilha Hiddensee, importante ponto turístico, mas também local de diversos afogamentos de fugitivos da RDA. Uma outra parcela de livros apresenta o impacto da reunificação principalmente em pequenas cidades que sofrem com crescente *deficit* populacional, como *Antes da Festa* (2014) de Saša Stanišić, no qual são narrados os acontecimentos de uma pequena cidade da região de Uckermarck um dia antes de uma grande festa popular. *O Pescoço da Girafa* está inserido nesse último grupo. O retrato pintado a partir da perspectiva da rígida e sarcástica Inge Lohmark não é positivo nem traz qualquer esperança, seja para seus alunos ou para ela própria. Como professora de biologia, Lohmark observa a vida através de um prisma darwinista, considera natural que os mais fracos pereçam e que também a cidade na qual vive e leciona encontre seu fim, abrindo assim caminho para o novo e mais forte. O atípico para o gênero do romance de formação é a passividade e o fatalismo de Lohmark. Mesmo identificando o fim, ela não vê a necessidade de fazer mudanças na escola, em seu método de ensino, ou de abandonar a cidade e procurar um novo caminho. A professora se resigna a observar com ironia o desenvolvimento das coisas. Para ela, não há uma diversidade de caminhos abertos esperando serem trilhados, nem a disposição de explorar suas poucas possibilidades de mudança.

Que Lohmark não esteja propensa a tentar novos caminhos não deixa de ser um efeito de sua criação dentro do sistema socialista. Como indica Yvonne Delhey[6], o socialismo não oferecia muitas opções de desenvolvimento individual para os seus membros. Delhey ainda aponta que isso se reflete inclusive nos romances de formação produzidos durante o regime na antiga RDA, onde o caminho trilhado pelos protagonistas já era dado, sem que houvesse qualquer espaço para questionamentos. A ideologia da RDA definiu, inclusive, que o Estado socialista oferecia as melhores condições de integração e participação para qualquer sujeito de boa vontade, o que praticamente proibiu a publicação de ficções literárias divergentes[7]. Que Lohmark não acredite na possibilidade de "realizar-se a si mesmo por completo", desejada por Wilhelm Meister[8], fica evidente quando ela rejeita essa ideia sarcasticamente: "Nos últimos tempos, todos insistiam na autorrealização. Era ridículo. Nada e ninguém era justo. Muito menos a sociedade. Apenas, talvez, a natureza. Não foi à toa que o princípio da seleção nos tornou o que somos hoje: o ser vivo com o cérebro mais profundamente temido"[9].

A principal diferença entre Inge Lohmark e o típico protagonista do romance de formação não é sua idade ou gênero, mas o tipo de fatalismo que caracteriza essa mulher criada na RDA. Se por um lado é possível observar que o protagonista de Goethe tem, inicialmente, uma forte tendência ao fatalismo, confiando que o destino conduziria seus passos de forma bem-sucedida, por outro, essa crença é fortemente criticada pelos emissários da Sociedade

---

6. Yvonne Delhey, *op. cit.*, p. 289.

7. Exceções foram os livros de Ulrich Plenzdorf (*Die neuen Leiden des jungen W.*, 1973) e Christoph Hein (*Der fremde Freund*, 1982), que conseguiram passar pela censura, mas causaram muita polêmica.

8. Johann Wolfgang Goethe, *Wilhelm Meisters theatralische Sendung; Wilhelm Meisters Lehrjahre; Unterhaltungen deutscher Ausgewanderten*, organizado por Wilhelm Voßkamp e Bernd Jaumann, Frankfurt a. M., Deutscher Klassiker Verlag, 1992, p. 657.

9. Judith Schalansky, *O Pescoço da Girafa*, p. 12.

da Torre. A diferença entre Wilhelm Meister e Inge Lohmark é que ela já não pode confiar na mão invisível de um destino benevolente. Sua submissão ao destino é profundamente pessimista e resignada.

O fatalismo de Lohmark não é motivado apenas por sua socialização em um sistema comunista, mas também pela crença naquilo que se ensina na escola: os conhecimentos biológicos pregados pela Teoria da Evolução. Note-se que, quando se trata do romance de Schalansky, o significado de "Bildung" deve ser entendido em vários sentidos. A palavra, assim como utilizada no conceito *Bildungsroman*, refere-se à formação do ser humano em amplo sentido, tocando suas características tanto culturais e sociais quanto espirituais. Por outro lado, a mesma palavra também se refere ao conhecimento adquirido em instituições de ensino, e *O Pescoço da Girafa* é um romance sobre uma instituição de ensino médio. Mais do que isso, o livro se apresenta como uma verdadeira obra didática de biologia. Toda a narrativa do livro, assim como cada uma das observações feitas pela professora Inge Lohmark, é acompanhada de explicações sobre os mais diversos tópicos de biologia, como fossilização, reprodução e mutação, entre outros. Não apenas os tópicos tratados correspondem à matéria que está sendo lecionada a um grupo do ensino médio, mas, como foi observado por vários críticos[10], o livro também se assemelha a uma obra didática em seu formato: a diegese se divide em três capítulos, intitulados "Ecossistema", "Processo de hereditariedade" e "Evolucionismo". Nas páginas à esquerda, um cabeçalho informa o título do capítulo no qual nos encontramos; à direita, o cabeçalho aponta qual é a temática de biologia que está sendo tratada no livro, mais especificamente, que aspectos da biologia a protagonista está considerando para refletir os acontecimentos da trama: extinção das espécies, hábitat, fermentação butírica etc. Além disso, a obra apresenta diversas ilustrações referentes aos assuntos de biologia tratados, como fósseis, águas-vivas e uma árvore genealógica. Em seu formato, o livro remete a uma enciclopédia. Elisabeth Heyne[11] ainda aponta que a ideia de que temos uma obra didática em mãos é enfatizada no começo

---

10. Lemke menciona, além de Heyne, mais dois autores, *op. cit.*, p. 399.
11. Elisabeth Heyne, "Nichts ging über die Radialsymmetrie" Zu einer bioästhetischen Poetik der Symmetrie zwischen Text und Bild in Judith Schalanskys "Der Hals der Giraffe", *Textpraxis*, vol. 9, n. 3. p. 6, 2014.

e no final do livro, quando, junto com os alunos, o leitor recebe ordens de abrir o livro exatamente na página que está lendo: "Sentem-se – disse Inge Lohmark, e a turma se sentou. Ela prosseguiu. – Abram o livro na página sete. – E eles abriram o livro na página sete, e começaram com os ecossistemas, as dependências e as inter-relações das espécies, dos seres e de seu ambiente, as interações entre comunidade e espaço[12].

Aqui não é mencionada apenas a página na qual o leitor se encontra, mas também o tema do capítulo em questão (Ecossistemas) e os assuntos que serão abordados por Lohmark em suas reflexões no decorrer do capítulo. A referência à página atual e tema do capítulo que está sendo lido (Evolucionismo), se repete no início do terceiro capítulo:

Sentem-se [...] Abram o livro na página cento e oitenta e quatro. – Em uma única página tinham diante de si o que ficara para trás: a marcha da vida através das eras da Terra, representada como a espiral de um caracol, do arqueozoico até o período quaternário, do nada até o presente, em seus diversos estágios evolutivos e manifestações [...][13].

É evidente que o fato de Lohmark ser professora de biologia e educação física não é acaso, e que o discurso evolucionista que ocupa seu trabalho, seus pensamentos e, assim, as páginas do livro, se relaciona de uma forma mais sutil com o subtítulo do romance (*Bildungsroman*); mas isso será tratado mais adiante.

A FORMAÇÃO DA MULHER DE IDADE AVANÇADA

A utilização do conceito de romance de formação para designar *O Pescoço da Girafa* não deve ser compreendida apenas como ironia ou trocadilho. Anja Lemke[14] defende que "*O Pescoço da Girafa* é muito mais uma disputa

---

12. Judith Schalansky, *O Pescoço da Girafa*, p. 7.
13. *Idem*, p. 184.
14. Anja Lemke, "*Bildung als formatio vitae – Zum Verhältnis von Leben und Form in Judith Schalanskys Der Hals der Giraffe*", em Internationales Archiv für Sozialgeschichte der deutschen Literatur, vol. 41, n. 2, p. 396, 2016. Tradução nossa.

sobre o cerne daquilo que é a essência do romance de formação – a dizer, a determinação da relação entre vida e forma". Ela prossegue afirmando que:

> Se não se compreender [...] o romance de formação principalmente como o gênero no qual um indivíduo autônomo reage a uma formação social alterada, mas sim como o local no qual a matéria do romance de formação, a "vida humana", é questionada através de diversos discursos sobre seus pré-requisitos de reprodução, então o subtítulo "romance de formação" não designa mais *O Pescoço da Girafa* como uma ruptura irônica com o gênero. Como através de uma lupa, esse texto debate os saberes que definem aquilo que é "vida" no século XX[15].

Se, por um lado, a escolha de uma protagonista professora de biologia de meia idade garante que questões como reprodutividade e sobrevivência sejam discutidas através de um discurso marcadamente darwinista, por outro, esse discurso é feito através de uma perspectiva feminina que enfatiza o quanto a priorização da funcionalidade da reprodução pode ser dura para o desenvolvimento (e amadurecimento) de uma mulher. Por um lado, Lohmark cumpriu sua "função", teve uma filha, garantindo a continuação da espécie e de seus genes. Por outro, ela não está mais em fase reprodutiva, e se encontra cada vez mais solitária, com uma filha distante e um marido com o qual mal dialoga. Todas suas ponderações sobre seu destino são feitas através do discurso biológico. Ela atendeu à sua obrigação reprodutora, gerando uma filha: Claudia. Contudo, Lohmark tinha o fator Rh negativo, e Claudia positivo, de forma que uma segunda gravidez poderia resultar em parto de risco e, assim, uma única filha deveria lhe bastar[16]. Mas as possibilidades de manutenção dos próprios genes são reduzidas para Lohmark: "As perspectivas de netos eram ruins. Claudia já estava com trinta e cinco anos. A ovulação já não acontecia regularmente"[17]. Com a filha distante, sem qualquer sinal de que ela tenha interesse de retornar dos Estados Unidos, Lohmark apenas consegue vislumbrar a possibilidade hipotética de um destino diferente se a genética houvesse providenciado uma outra realidade. A professora relembra que a obstetra

---

15. *Idem*, p. 397. Tradução nossa.
16. Judith Schalansky, *O Pescoço da Girafa*, p.137.
17. *Idem*, p. 74.

havia cogitado a possibilidade de gêmeos devido ao tamanho de sua barriga e pondera que "se Claudia tivesse uma irmã gêmea, talvez tivesse ficado aqui"[18].

As condições de reprodução masculina são outras. Lohmark observa que seu marido teve filhos com duas mulheres. Não sem ironia, ela compara a árvore genealógica produzida pelo marido com o acasalamento dos avestruzes que ele cultiva nas terras baldias de Vorpommern. O acasalamento das aves sempre se dá em trios de duas fêmeas e um macho. Nesse padrão, Lohmark não é nada especial, apenas um dos dois círculos em volta do quadrado, que é a representação masculina na árvore genealógica. Mais uma vez, ela se lembra que a possibilidade de netos é reduzida, e se desfaz do sentimentalismo com mais uma comparação com o reino animal:

> Mas os avestruzes também não voltavam a olhar seus filhotes. No reino animal, ninguém passava aos domingos para um cafezinho. [...] Sem proximidade. Nem compreensão. Muito menos semelhança. A distribuição acontecia por acaso. Nunca se sabia o que surgiria dali. A maioria das crianças não tinha semelhança com seus pais, exceto por um, talvez dois atributos. O restante era desvio. [...] Claudia tinha os cabelos castanhos e rebeldes de Wolfgang e os olhos verde-claros da mãe dele. Era claro que Inge não conseguira impor nada de si na filha. [...] Às vezes pensava que Claudia não era sua filha. Embora estivesse lá na hora do nascimento[19].

Se Lohmark, por um lado, não consegue se desfazer dos pensamentos sobre a filha, mesmo tendo evidentes dificuldades de se reconhecer nela, seu marido, por outro lado, funciona de maneira distinta, mais próxima ao mundo animal descrito por ela. Wolfgang não apenas não sente falta de Claudia, como se distanciou completamente dos filhos do casamento anterior, os quais chegaram a assinar um documento afirmando que não tinham interesse em manter qualquer contato com o pai[20]. Esse desprendimento masculino corresponderia a uma atitude geral no reino animal. Mesmo em um casamento sem amor e sem diálogo, abandonada pela filha, Lohmark não hesita em jul-

---

18. *Idem*, p. 111.
19. *Idem*, pp. 117 e ss.
20. Judith Schalansky, *Der Hals der Giraffe – Bildungsroman*, Berlin, Suhrkamp Verlag, 2011, p. 123, tradução nossa. Infelizmente, foram encontrados vários trechos nos quais a tradução para o português não corresponde ao texto original. Sempre que esse for o caso, será citada a obra original em alemão, de 2011.

gar relacionamentos através da sua funcionalidade em vista da procriação. Ao reconhecer que ela e seu marido nunca foram apaixonados um pelo outro, pondera: "E o que era mesmo o amor? Um álibi aparentemente impermeável para simbioses doentias. Joachim e Astrid, por exemplo. Sem filhos. Nunca deu certo"[21].

FORMAÇÃO EM DEBATE

Essa perspectiva fatalista de Lohmark também é reproduzida em suas considerações sobre os alunos. Lohmark não acredita que deva ajudar alunos com dificuldades, pois apenas estaria atrasando a progressão natural das coisas, em que os melhores se destacarão. A professora Schwanneke, sua colega de trabalho, é apresentada como antítese de Lohmark por seguir métodos completamente distintos. Schwanneke é a professora que aposta na criatividade dos alunos, que busca se enturmar com os mais jovens e adota métodos inclusivos, como organizar as carteiras em círculo para que não haja distinção hierárquica entre alunos e professor. Lohmark despreza os métodos de Schwanneke e tudo que ela representa. Seu discurso sobre os jovens serem o futuro é brutalmente ironizado por Lohmark, que tem em vista o fechamento próximo da escola: "De jeito nenhum o futuro! Essas crianças aqui não eram o futuro. Mais precisamente, elas eram o passado: diante dela estava sentado o nono ano. Era o último que haveria na Escola Charles Darwin"[22].

Lohmark não apenas acredita que manter os alunos à distância é o método mais adequado, como algumas de suas ações apresentam traços de sadismo, por exemplo, quando ela pede aos alunos que tragam o próprio grupo sanguíneo e o dos pais para que possam fazer um exercício sobre genética, e pensa com ironia: "Veremos se vai haver de novo uma criança que não vai mais ter pai depois disso"[23]. Como a frase bem indica, a professora já havia em outra ocasião revelado para algum aluno que ele era fruto de adultério, uma

---

21. Judith Schalansky, *O Pescoço da Girafa*, p. 98.
22. Judith Schalansky, *Der Hals der Giraffe – Bildungsroman*, p. 14, tradução nossa.
23. *Idem*, p. 135.

experiência certamente traumática, o que ela não vê como impedimento para repetir o experimento. Pelo contrário, Lohmark se alegra pela possibilidade de poder causar esse dano novamente. Em outra ocasião, a professora testemunha dois alunos maltratando uma aluna no ponto de ônibus. Apesar das súplicas da menina, Lohmark não interfere. Suas justificativas incluem desde o fato de ela não estar em sala de aula e, por isso, não dever dirigir a palavra aos alunos, até a lei do mais forte: a aluna deveria aprender a se defender sozinha, ou nunca mais conseguiria sair desse ciclo de maus-tratos[24].

É essa pedagogia que Lohmark aplicou inclusive na educação de sua filha, que, na turma da própria mãe, sofria *bullying* como agora a aluna Ellen[25]. É compreensível que Claudia não sinta saudade de uma mãe que não lhe prestou auxílio quando foi atormentada por outras crianças. A própria infância de Inge Lohmark, por sua vez, parece ter sido marcada por dureza e frieza, pois ela chama sua mãe de "Eiskönigin" (rainha do gelo) e resume a reminiscência com "Felizmente estava morta"[26]. Isso introduz um aspecto interessante: para Lohmark, sua atitude pedagógica resulta de raciocínio e decisão. Porém, se ela já havia recebido uma educação carente de emoções, sua atitude brutal seria muito mais a reprodução de um comportamento de gerações anteriores; ou seja, seu estilo pedagógico depende de uma transmissão cultural, e não da genética. Como consequência, sua filha chega a recusar a maternidade.

Ao mesmo tempo, sua atitude fria diante dos alunos poderia ser atribuída ao sistema escolar da RDA, conhecido por suas estruturas autoritárias. Por outro lado, para a professora, toda atividade humana, incluindo a educação, deve se dar a partir das doutrinas do evolucionismo darwinista[27] – que não era a doutrina oficial do estado da RDA. Pelo contrário, como insinua uma conversa na sala dos professores, o mundo socialista seguia, até os anos cinquenta, as teorias de Lamarck. A diferença central entre Charles Darwin (1809-1881) e seu "antecessor" Jean-Baptiste de Lamarck (1744-1829) é a ideia do último de que a evolução se realiza através da adaptação dos indivíduos de uma espécie

---

24. Judith Schalansky, *O Pescoço da Girafa*, pp. 72 e ss.
25. *Idem*, p. 220.
26. *Idem*, p. 124.
27. Anja Lemke, *op, cit.*, p. 404.

cujas qualidades adquiridas seriam herdadas pela prole: o pescoço da girafa que figura no título do livro é o exemplo mais famoso dessa teoria, chamada também de "soft inheritance", em contraste com a teoria da seleção "dura". Diferentemente de Lamarck, Darwin reconheceu que a evolução das espécies não acontece mediante os "esforços" individuais, herdados pelas futuras gerações, mas pela vantagem dos indivíduos mais bem-sucedidos na procriação. Ou seja, não são os esforços de uma girafa de estender sua cabeça para as folhas das árvores altas que levaram à formação da espécie, mas o fato de que aqueles exemplares que, por acaso, tiveram pescoço mais longo não morreram de fome antes de ter prole. Outra ideia importante de Lamarck, rejeitada por Darwin, é que esse processo de adaptação resulta numa complexidade progressiva e que os vertebrados são, por isso, a espécie mais avançada.

No final do século XIX e o início do XX, muitos evolucionistas, como o alemão Ernst Haeckel, não descartaram as ideias de Lamarck e acharam a possibilidade da transmissão hereditária de qualidades adquiridas compatível com a teoria de Darwin. As pesquisas genéticas, começando com as descobertas de Hugo de Vries (1900), porém, comprovaram que qualidades adquiridas não podem alterar a estrutura do DNA e, desde então, o lamarckismo virou paulatinamente uma doutrina ultrapassada. Para os nazistas, que se esforçaram em defender a descendência biológica linear e homogênea das raças, o lamarckismo constituiu uma doutrina perigosa, uma vez que assumia que um indivíduo de uma determinada raça poderia adquirir qualidades e transmiti-las aos seus filhos. Sigmund Freud e muitos teóricos liberais e socialistas, no entanto, acharam as ideias de Lamarck mais atrativas[28]. Assim, o darwinismo foi condenado como "ciência burguesa" na União Soviética[29] e Lamarck inspirou um grupo de biólogos que recebeu apoio oficial. Entre eles o agrônomo Trofim Lysenko (1898-1976), cuja influência continuou por mais uma década após a morte de Stalin.

No livro de Schalansky, essa fase histórica da RDA é debatida explicitamente pelos professores Inge Lohmark e Thiele, um partidário nostálgico do antigo regime que defende os biólogos russos Lysenko e Michurin. Diferen-

---

28. Eliza Slavet, "Freud's Lamarckism and the Politics of Racial Science", *Journal of the History of Biology*, vol. 41, n. 1, pp. 37-80, 2008.
29. *Idem*, p. 51.

temente de Lohmark, ele não compreende que, cientificamente, essa vertente foi um desvio protegido pelo partido e seu líder Stalin. Thiele defende os pretensos sucessos de Lysenko, pois não deseja abandonar a utopia socialista e a pedagogia relacionada a ela. Ignorando que a ideologia socialista era a causa do equívoco científico, Thiele prefere acreditar que a teoria darwinista seja consequência da prática capitalista: "Digo, é algo como a concorrência dentro das espécies... apenas uma sociedade na qual ela é aplicada diariamente pode afirmar algo assim. Não é uma lei da natureza, mas um consumo da cosmovisão capitalista"[30]. Lohmark, por sua vez, se lembra das analogias feitas na época de uma prática agronômica supostamente produtiva para a educação:

Brotos mutantes. A mistura de sucos. Uma forma de refinamento. O princípio era apreciado inclusive na escola. Sentava-se um idiota ao lado de um estudioso e esperava-se que este tivesse sobre aquele alguma influência positiva. O professor como jardineiro. [...] Só que as cabeças dos mais espertos infelizmente não cresciam nas cabeças tapadas. Neste caso, o enxerto era inútil[31].

O leitor atento pode perceber que ambos estão enganados: Thiele defende a posição de Lamarck – cientificamente obsoleta – porque considera o (socio-)darwinismo nocivo para a vida humana. Lohmark, por sua vez, sabe que Darwin estava certo no tocante à evolução das espécies, mas não percebe que a civilização é regulada por mecanismos mais complexos do que os reinos das plantas e dos animais.

A representação das diferentes abordagens pedagógicas é completada pelo apelo do diretor do colégio, "importado" da Alemanha Ocidental, predicando um "otimismo neoliberal"[32] que se esgota em fórmulas retóricas que apelam por reforma e progresso. Os discursos dessas vertentes são colocados em debate sem que qualquer um deles seja elencado como solução. A pedagogia alternativa da jovem colega Schwanneke, inclusive, aparece ironizada como sabujice fútil e autossuficiente. Da maneira como o leitor acompanha a protagonista em seus pensamentos, ele pode, durante um certo tempo, estar

30. Judith Schalansky, *O Pescoço da Girafa*, p.146.
31. *Idem*, p.140.
32. Anja Lemke, *op. cit.*, p. 405.

A FORMAÇÃO DO INDIVÍDUO EM TEMPOS DO DARWINISMO...

disposto a acreditar que a atitude de Lohmark é a mais honesta e séria, baseada incorruptivelmente em "verdades" científicas. Mas o tratamento duro e até cruel, o sadismo com os alunos, que pode ser observado em seu comportamento, também denunciam essa representante veterana de um sistema de educação em vias de extinção. O que coloca em destaque a "falta de confiabilidade" dessas reflexões é, particularmente, o colapso do Darwinismo de Lohmark ao final do romance.

AMOR E FORMAÇÃO

Como mencionado anteriormente, a indicação de romance de formação no subtítulo cria expectativas na leitura. Já foi enfatizado que Lohmark, mulher de meia idade, não está em situação de vivenciar grandes aventuras e descobertas como se fosse um jovem rapaz. Por outro lado, cria-se a expectativa de que vá acontecer alguma alteração no comportamento de Lohmark, de que se realize um dos princípios mínimos do romance de formação, a dizer, que a protagonista alcance harmonia na realidade na qual está inserida através do confronto com suas crises. O impulso necessário para que Lohmark se corrija viria, a princípio, do interesse especial que nutre por uma de suas alunas, Erika. Inicialmente incipiente, essa atração se desenvolve a ponto de Lohmark se questionar se há casos de pedofilia feminina[33], como quem ao mesmo tempo duvida daquilo que está sentindo e se culpa pelo desejo por uma aluna adolescente.

O amadurecimento através de enlaces amorosos é uma das características típicas do romance de formação[34], mas é evidente que Lohmark não chegará a concretizar qualquer envolvimento com a aluna. Entretanto, a aproximação que Lohmark faz em relação à Erika causa, inicialmente, simpatia. Ainda não declaradamente marcada pelo desejo sexual, Lohmark oferece a Erika um tratamento humano que é recusado a qualquer outro aluno. Essa predileção por Erika, que ela considera uma aluna bonita, fica evidente pela primeira vez quando ela questiona seus alunos sobre animais de estimação. Ao questionar

---

33. Judith Schalansky, *O Pescoço da Girafa*, p.182.
34. Ortrud Gutjahr, *Einführung in den Bildungsroman*, Darmstadt, Wissenschaftliche Buchgesellschaft, 2007, p. 46.

Erika se ela tinha algum, a moça responde que seu cachorro morreu recentemente e demonstra ainda estar abalada. Lohmark troca imediatamente de assunto[35]. Que sua atuação foi diferenciada é algo que se reconhece através da reação de Erika, que agradece a professora discretamente ao final da aula[36].

O tratamento especial dispensado à Erika se repete quando Lohmark se dirige à escola de carro em um dia no qual o ônibus escolar quebrou. Lohmark vê o ônibus quebrado e uma de suas alunas acenando para que ela pare o carro, o que ela ignora completamente, seguindo os seus princípios de não ter contato com alunos fora da sala de aula. Mais adiante, quando vê Erika à espera do ônibus, lhe oferece carona. Nesse momento, o leitor identifica que mesmo a atração pela aluna não é capaz de transformar Lohmark. Por um lado, é positivo que ela consiga desenvolver algum tipo de afeto por uma representante de um grupo que ela despreza. Por outro, a rigidez adquirida por Lohmark durante todos esses anos impede qualquer mudança. Não apenas Erika reage com estranheza a essa tentativa de aproximação, mas Lohmark se percebe em situação frágil e reage com o seu sarcasmo habitual ao pensar quais seriam as suas possibilidades nesse momento:

Inge poderia fazer tudo com ela. O que seria tudo? [...] O que queria fazer com ela? Na floresta, nas torres de observação, nos laguinhos. De mãos dadas. Querendo ela ou não. Prender. Expor. Em qualquer lugar. Simples assim. Sequestro de criança. Ela era criança? De qualquer forma, menor de idade. Não era especialmente bonita. Estava à sua mercê. Quem havia feito uma armadilha para quem? Por que ela levava uma aluna? O que vinha em seguida? Não poderia jogá-la para fora dali. Havia se equivocado. Falsos pretextos. Colaboração insuficiente. Ela não se interessava por nada. Não era melhor que todos os outros. [...] Ela deveria! Prendê-la a uma árvore. Obrigá-la a observar com atenção. A finalmente dar uma resposta[37].

Lohmark se vê tão presa em uma armadilha quanto sua aluna. Também ela se encontra em situação frágil por não estar seguindo seus princípios de manter distância absoluta de seus alunos e de tratar todos com a mesma du-

---

35. Judith Schalansky, *O Pescoço da Girafa*, p. 134.
36. *Idem*, p. 137.
37. *Idem*, p. 182.

reza. Ao imaginar desfechos sádicos para o passeio de carro com a aluna, Lohmark busca reestabelecer o equilíbrio das coisas. Com pensamentos imorais, ela descarta a validade dos sentimentos que nutre por Erika.

Se o livro fosse um romance de formação do tipo *Os Anos de Aprendizado de Wilhelm Meister*, Lohmark, de fato, não deveria chegar a concretizar seus desejos com Erika, ela deveria renunciar ao desejo, a mesma atitude que toma o protagonista de Goethe diante dos estranhos avanços eróticos de Mignon[38]. Seu desejo é moralmente condenável, mas poderia servir como impulso para ver os alunos de outra forma, ou até mesmo para encarar seu casamento falido e a necessidade de buscar outras formas de amor. Nada disso acontece. Note-se, contudo, que em uma obra que tem todo o seu discurso marcado pela funcionalidade das relações humanas em prol da procriação, Lohmark se apaixona não apenas por um aluno, mas por uma menina. Trata-se de um desejo homoafetivo que não pode ser explicado através dos padrões evolutivos tão prezados por Lohmark. A paixão que se apodera da protagonista contradiz diametralmente suas convicções biológicas. Mesmo que isso não desencadeie um processo de aprendizagem nela, o leitor pode compreender que a verdade humana não coincide com a doutrina darwinista.

É possível identificar três eixos que guiam a vida de Lohmark em *O Pescoço da Girafa*: a pedagogia, a procriação e a questão amorosa. Essa estrutura se assemelha à do mencionado *Wilhelm Meister*, que compartilha os mesmos eixos temáticos. O romance de Goethe não trata simplesmente da formação de seu protagonista. Sua formação é guiada pela Sociedade da Torre, e os encontros e desencontros amorosos de Meister desempenham um aspecto importante em sua formação, chegando a lhe gerar um filho, o pequeno Felix. No que diz respeito aos eixos que guiam ambas as narrativas, a única diferença é que o quarto eixo, a arte, representada especialmente pelo teatro, é substituído em *O Pescoço da Girafa* pela biologia, uma vez que, para Lohmark, a única beleza reside nas formas arquetípicas das plantas e dos animais, o que

---

38. De fato, a configuração de Erika apresenta paralelos com Mignon; diferentemente dos outros alunos, Lohmark desconhece sua origem e família, ela era como que "caída para fora do tempo" ("aus der Zeit gefallen", cfe edição alemã, p. 134), parece introvertida e apartada dos outros jovens e apresenta traços andróginos: "A primeira era a folha de Erika. Sua letra de menino. Grande e angulosa. Quase não havia arredondamentos e floreios" (edição brasileira, p. 138).

fica evidente quando ela defende suas gravuras de medusas de Ernst Haeckel contra reproduções das ninfeias de Monet que a colega Schwanneke quer expor no corredor do colégio[39].

Wilhelm Meister utiliza esse conjunto de eixos para desenvolver uma história que, ao mesmo tempo em que dá destacado valor a uma educação supervisionada, como a proporcionada através da Sociedade da Torre, também entende que erros e desvios são parte importante, não apenas do aprendizado, mas da vida e de sua manutenção. Isso se deixa ilustrar pela passagem na qual se crê que o filho de Meister, Felix, teria sido envenenado por ter bebido água do copo preparado pelo velho harpista Augustin, o qual desejava acabar com a própria vida. A criança afirma ter bebido do copo, como haviam lhe ensinado diversas vezes a fazer – ação que o teria condenado à morte, devido a seu conteúdo. Quando o menino finalmente confessa que bebeu da garrafa, contrariando os ensinamentos dos adultos, o desvio do menino é celebrado nas palavras de Natalie: "Ele bebeu da garrafa, e seus maus modos o salvaram"[40]. O romance de Goethe não prega que se siga cegamente os ensinamentos ou regras rígidas. O equilíbrio só pode ser encontrado com a sua parcela de desvio. Por meio do contraexemplo, *O Pescoço da Girafa* traz o mesmo ensinamento.

A professora Inge Lohmark guia suas ações exclusivamente através de princípios pedagógicos rígidos e pela fé de que todos os fenômenos da vida possam ser explicados pela Teoria da Evolução. Ela não está pronta a abrir concessões. Mas não é verdadeiro afirmar que ela não passe por nenhuma mudança no decorrer da história. Ao final do livro, quando ensina a evolução do pescoço da girafa, a professora é chamada para uma conversa com o diretor. Neste ponto da história, o diretor acaba de tomar conhecimento de que uma das alunas de Lohmark está sofrendo *bullying* há meses (a mesma que Lohmark havia ignorado no ponto de ônibus) e se enfurece, porque a professora não interveio em nenhum momento. Aqui é anunciado que Lohmark não permanecerá no quadro de professores da escola, sua demissão está próxima. Na sequência, Lohmark recorda que a própria filha sofria maus-tratos

---

39. Judith Schalansky, *O Pescoço da Girafa*, p. 34.
40. Johann Wolfgang von Goethe, *Os Anos de Aprendizado de Wilhelm Meister,* São Paulo, Editora 34, 2006, p. 570.

na escola e que, em determinada ocasião, Claudia teria corrido aos prantos para a mãe, que, instintivamente, a teria empurrado em direção ao chão para que não se pensasse que ela gozava de algum privilégio. Como Lemke[41] aponta, essa cena é descrita sem qualquer tom emocional. O que nos deixa perceber que alguma mudança se passa em Lohmark é a forma como ela prossegue a aula. Lohmark explica a questão da evolução do pescoço da girafa não através do evolucionismo de Darwin, mas pela lei do uso e desuso de Lamarck:

> É muito simples: quem tem o pescoço um pouco mais longo tem chances maiores de sobrevivência. E quanto mais se vive, maior é a probabilidade de que se consiga procriar. E, obviamente muitos animais se esforçarão para alcançar essas folhas, inclusive aqueles que não têm pescoços longos. Todo o dia farão novas tentativas. [...] Todo o dia treinarão e se acostumarão a esticar-se na direção das folhas. E esse costume se tornará aos poucos, mas com certeza, um modo de vida. E, em algum momento compensará. Para os filhos e os filhos dos filhos[42].

A hipótese da transmissão de características adquiridas já foi provada falsa, mas agora Lohmark faz uso desse ensinamento para reiterar que os alunos devem se esforçar em seus estudos, que esses esforços serão recompensados:

> Sua formação levará a uma certa direção. Claro, à desejada. Pois a formação é o alfa e o ômega! As influências externas têm consequências. Tudo influencia o caráter, as tendências, as atividades e a estrutura corporal, tudo. E tudo leva a algo. [...] Tudo é bom para alguma coisa. Seja para viver ou para morrer. E todo esse esforço não pode ser em vão. Energia não se perde! Claro que nosso entorno nos influencia. Adaptação é tudo[43].

Lemke[44] interpreta a aula de Lohmark como uma progressão na personagem que é, em termos da biologia, um passo para trás, porque ela estaria se afiliando, novamente, ao discurso educacional socialista. Por outro lado, esse é o único momento em todo o livro no qual Lohmark tem uma mensagem positiva, que revela empatia com os alunos, e ela parece estar realmente engajada

---

41. Anja Lemke, *op. cit.*, p. 408.
42. Judith Schalansky, *O Pescoço da Girafa*, p. 211.
43. *Idem*, p. 212.
44. Anja Lemke, *op. cit.*, p.409.

no desenvolvimento deles. Além disso, seu discurso também é sobre adaptação ao meio no qual se encontram, e esse meio já não é mais o estático regime socialista. Esses jovens devem aprender a se adaptar às transformações dinâmicas pelas quais a cidade e o país no qual vivem estão passando. Se Lohmark não conseguirá mais encontrar o equilíbrio, seus alunos ainda podem se adaptar às mudanças que estão ocorrendo. Algumas páginas adiante, perdida em pensamentos, Lohmark ainda chega a afirmar "Quem disse que desenvolvimento era algo bom? Desenvolvimento era desenvolvimento. Nada mais"[45].

Se, por um lado, Lohmark talvez não tenha conseguido adquirir muitos novos conhecimentos em sua breve jornada, não devemos nos esquecer de que o leitor de *O Pescoço da Girafa* tem, por sua vez, um livro em formato de obra didática em mãos. De forma que é possível se colocar a questão sobre qual é o ensinamento que se leva dessa leitura. O leitor não aprende (ou revisa) simplesmente a biologia que aprendeu na escola, mas aprende, através dos erros de Lohmark, que o aspecto emocional está muito acima da funcionalidade da evolução e da reprodução. Relacionamentos, seja com filhos, alunos ou amorosos, ao contrário do que prega Lohmark, não devem ser guiados apenas pela funcionalidade. A falta de amor e carinho, elemento não considerado nas regras da evolução tão citadas por Lohmark, estragou sua relação com a filha, impedindo tanto que esta se tornasse uma companhia para a mãe em idade avançada, quanto causando traumas que nunca poderão ser compreendidos em uma narrativa que parte do ponto de vista de Lohmark. No que diz respeito à continuidade dos genes, Lohmark aparentemente falhou, apesar de ter se casado sem amor, pensando apenas na funcionalidade da união.

OPRESSÃO E BELEZA DA ORDEM

Mais chamativo do que a formação (quase ausente) do caráter da protagonista e a formação proporcionada por ela e os outros pedagogos aos alunos de uma região periférica com seus traços tendencialmente distópicos é o fato de Lohmark pensar exclusivamente em moldes biológicos. Não há

---

45. Judith Schalansky, *O Pescoço da Girafa*, p. 215.

praticamente nenhuma observação e reflexão que não seja colocada em relação causal ou analógica ao discurso evolucionista, que exerce uma verdadeira hegemonia sobre o pensamento dela. Isso atinge tal nível que o livro, como mencionado anteriormente, pode ser lido como um manual de biologia, sendo até estruturado pelos temas da ciência e não da história da protagonista.

Julgando a partir de padrões de realismo literário – que são seguidos de uma forma geral por essa narrativa – a protagonista poderia até mesmo ser classificada como inverossímil devido à sua obsessão pela doutrina de Darwin. Nesse sentido, ela seria claramente "construída" pela autora para criar um discurso permeado de forma consequente pela visão biológica do mundo. Ou, considerando que tanto a fábula quanto a personagem "funcionam" bem e ganham plasticidade, apesar da sobreposição do discurso científico, pode-se dizer que Lohmark apresenta uma deformação profissional extrema, não sendo mais capaz de abstrair da doutrina darwinista, ou seja: sua formação profissional causou uma "de-formação". Nesse sentido, ela mesma desenvolveu algo como um pescoço da girafa: uma adaptação monstruosa às necessidades do seu ambiente profissional. E seria só no final que ela encontra uma saída desse universo fechado, quando ela desvia, em sala de aula, do caminho de Darwin para o caminho de Lamarck: do determinismo para a adaptação. A estratégia adaptável, mobilizada por ela durante a vida inteira, seria finalmente a doutrina ensinada para os alunos. Apesar de saber que Darwin, na ciência biológica, tem razão, ela passa a pregar Lamarck para a prática da vida, porque isso é mais adequado ao ser humano em seu ambiente. A semelhança de seu sobrenome (em alemão também uma referência a uma paisagem silvestre)[46] com o nome do cientista francês – foneticamente apenas a primeira vogal e o acento mudam – se cumpre quando ela adota a teoria dele. Afinal, ela passou por uma aprendizagem.

Mas, diferentemente da visão idealista de Goethe, a sociedade representada na ficção de Schalansky é uma que não permite o desdobramento indi-

---

46. O dicionário Grimm indica que "loh" provém de uma mesma raiz com "Loch" e significa algo como "várzea arborizada"; "Mark" está relacionado com a palavra "margem" em português, no sentido de "fronteira" ou "região fronteiriça" (*Deutsches Wörterbuch von Jacob Grimm und Wilhelm Grimm (DWB)*, vol. 12, col. 1128 e col. 1633 e ss). Disponível em: http://woerterbuchnetz.de/.

vidual na interação entre sujeito e ambiente. Como na maioria dos romances que tentaram seguir o modelo de *Wilhelm Meister*, a integração não pode ser realizada como processo harmonioso e feliz. Em *O Pescoço da Girafa*, fica evidente como o próprio discurso se apropria do pensamento da pessoa e praticamente não lhe permite escapar da lógica estabelecida.

Para o leitor, isso se torna uma experiência quase física, uma vez que a história é contada por um narrador heterodiegético com focalização interna na protagonista. Isso significa que tudo o que acontece é visto pela perspectiva de Inge Lohmark. E tudo que ela vê e ouve é comentado por ela, isto é: através de Darwin[47]. A estrutura narrativa permite criar um universo tão claustrofóbico e angustiante como o do *Processo* de Kafka, só que não se trata de um mundo fantástico, incompreensível, mas de um mundo real, onde tudo já encontrou sua explicação evolucionista. O livro coloca em evidência as implicações desumanas tanto para a vida da protagonista, quanto para a sociedade na qual está inserida.

GOETHE, LAMARCK, DARWIN, HAECKEL, LOHMARK

Voltando ao conceito da formação como aparece no subtítulo do romance, é necessário lembrar que, para Goethe, o significado de "Bildung" estava vinculado intimamente a suas pesquisas naturalistas. Já em 1785, ele observou, no microscópio, protozoários numa infusão de feno[48] – igual ao experimento mencionado no romance: "E lamentavam pelos paramécios na infusão de feno, quando finalmente despejavam o caldo fedorento na privada"[49]. Na metade dos anos 1780, quando abandonou a primeira versão do romance, ainda dedicada à *Missão Teatral de Wilhelm Meister*, Goethe intensificou seus estudos botânicos e zoológicos, que tiveram reflexo na nova concepção do

---

47. Yvonne Delhey, "Was heißt Bildung des Individuums? Judith Schalanskys Der Hals der Giraffe (2011)", em Elisabeth Böhm e Katrin Dennerlein (orgs.), *Der Bildungsroman im literarischen Feld: Neue Perspektiven auf eine Gattung*, Berlin, Boston, de Gruyter, 2016, p. 292.

48. Manfred Wenzel (org.), *Goethe-Handbuch. Supplemente 2. Naturwissenschaften*, Stuttgart, Weimar, Metzler, 2012, p. 394.

49. Judith Schalansky, *O Pescoço da Girafa*, p. 48.

romance, a partir de 1794, conforme Voßkamp[50], e que resultaram, em 1790, na publicação da "Metamorfose das Plantas", um ensaio para explicar as formas múltiplas do reino botânico a partir de uma estrutura comum, que se desdobraria de maneira particular em cada uma das espécies. "Formação" ("Bildung"), nesse contexto naturalista, era tanto o processo do desdobramento da semente até a figura desenvolvida, quanto o resultado do processo. A "formação", portanto, segue regras e um programa interno de cada espécie, necessitando adaptar-se ao ambiente no qual ela transcorre concretamente.

Isso corresponderia na cosmologia de Goethe ao percurso do ser humano – não só por analogia intelectual, mas pela ordem real subjacente a todos os fenômenos do mundo. Como Andreas Gailus[51] enfatiza, "*Bildung* had become a founding concept of the emerging life sciences" desde a publicação do livro *Über den Bildungstrieb und das Zeugungsgeschäft* [*Sobre o Impulso Formativo e o Negócio da Procriação*] de Johann Friedrich Blumenbach, em 1781. Blumenbach foi uma das personalidades centrais na teoria da evolução no final do século XVIII, e o próprio Goethe participou ativamente do processo que levou, cinquenta anos depois, à teoria darwinista, apesar da reduzida ressonância que os escritos científicos do poeta alemão tiveram à sua época[52]. No centro da discussão setecentista, porém, ainda não estavam a "origem das espécies" e a descendência filogenética. Para Blumenbach, Goethe e a maioria dos biólogos contemporâneos, "evolução" significava o desdobramento de um organismo a partir de seus estados embrionários. "Bildung", a formação da figura adulta, foi pensada, nesse contexto, como propulsionada por uma força interna do indivíduo, o "Bildungstrieb" (força propulsora), que seguia um programa interno da espécie, a chamada "pré-formação". Essa teoria da pré-formação supunha, então, que cada organismo estaria pré-formado no ovo e no esperma, e concorria com a teoria da epigênese que afirmava o

---

50. Johann Wolfgang Goethe, *Wilhelm Meisters theatralische Sendung; Wilhelm Meisters Lehrjahre; Unterhaltungen deutscher Ausgewanderten*, organizado por Wilhelm Voßkamp e Bernd Jaumann, Frankfurt a. M., Deutscher Klassiker Verlag, 1992, p. 1364.

51. Andreas Gailus, "Forms of Life. Nature, Culture, and Art in Goethe's Wilhelm Meister's Apprenticeship", em *The Germanic Review: Literature, Culture, Theory*, vol. 87, n. 2, p. 141, 2012.

52. Dorothea E. Von Mücke, "Goethe's Metamorphosis: Changing Forms in Nature, the Life Sciences, and Authorship", em *Representations*, vol. 95, n. 1, p. 29, 2006.

desenvolvimento dos órgãos durante o crescimento do organismo. Goethe mostrava inclinação pela posição de Blumenbach, mas não se pronunciava definitivamente por nenhuma das duas vertentes, também porque sua ideia da morfologia podia, até certo ponto, dispensar uma decisão[53]. Para ele, em cada espécie e cada indivíduo encontrava-se estabelecida a lei subjacente a toda vida, que abarca todos os fenômenos vitais[54].

Essa lei não se limita ao mundo biológico, mas permeia todas as esferas da vida orgânica, como o poeta comentou posteriormente:

Eu estava completamente convencido de que um tipo comum, constituído por metamorfose, passaria por todos os seres orgânicos, e poderia ser observado em todas as suas partes em determinados níveis intermediários, devendo ser reconhecido ainda no momento quando ele, no nível mais alto da humanidade, se recolhe modestamente para o encoberto[55].

Esse pensamento perpassa tanto a vida como a obra científica e literária de Goethe, e sua aplicação à formação do indivíduo humano se expressa de maneira mais explícita num esboço para o prefácio da terceira parte da sua autobiografia *Poesia e Verdade* que, para muitos críticos, é a narrativa da própria vida em formato de um romance de formação:

Antes de eu começar os três volumes, agora publicados, eu pensei em formá-los de acordo com aquelas leis que nos ensina a metamorfose das plantas. No primeiro, a criança devia bracejar raízes para todos os lados e desenvolver apenas poucos cotilédones. No segundo, o moço devia bracejar galhos gradualmente mais diversificados, com um verde mais vivo, e no terceiro volume correr com espigas e panículas para a flor e representar o jovem esperançoso. Os amigos da jardinagem, porém, sabem bem que uma planta não floresce em todo solo e, no mesmo solo, não em todo verão, e que o esforço aplicado nem sempre é remunerado à larga; e assim, essa representação teria tido uma forma mais fresca e serena, se tivesse sido empreendida alguns anos mais cedo ou a um tempo mais favorável. [...] E quantos frutos caem ainda antes da

---

53. Sobre o papel de Goethe na história da biologia, cf. sobretudo os diversos artigos em Wenzel, 2012.
54. Dorothea E. Von Mücke, *op. cit.*, p. 36.
55. Johann Wolfgang von Goethe *apud* Andreas Gailus, *op. cit.*, p. 141.

maturação por causa de contingências diversas e o desfrute, que já parecia ao alcance, é frustrado[56].

O fato de Goethe participar, com seus escritos sobre morfologia, da formação da teoria moderna sobre a evolução não significa que ele era um darwinista antes da letra ou um precursor do darwinismo. Essa ideia enganosa foi formulada por contemporâneos, repetida pelo próprio Darwin[57] e desenvolvida por seus apologistas alemães no final do século XIX, que invocaram a autoridade de Goethe para defender o evolucionismo contra criacionistas, cientistas céticos e outros críticos. O mais conhecido e produtivo foi o médico Ernst Haeckel, que publicou, entre muitos outros livros, *A Visão da Natureza de Goethe, Darwin e Lamarck*[58], no qual ele estabelece uma linha reta entre a morfologia goethiana, a teoria de Lamarck e Darwin; hoje em dia a crítica concorda que essa interpretação das concepções de Goethe era equivocada[59]. A recepção de um outro livro

56. Johann Wolfgang von Goethe, *Aus meinem Leben. Dichtung und Wahrheit*, organizado por Klaus-Detlef Müller, Frankfurt a. M., Deutscher Klassiker Verlag, 1986, pp. 971 e s.

57. No prefácio da terceira à sexta edição de *On the Origin of Species*, Darwin escreveu: "According to Isid. Geoffroy there is no doubt that Goethe was an extreme partisan of similar views". A citação encontra-se em Werner A. Müller: *R-Evolution - des biologischen Weltbildes bei Goethe, Kant und ihren Zeitgenossen*, Berlin, Springer Spektrum, 2015, p. 4. Para o biólogo Müller (p. 66), Goethe não é um fundador, mas um "precursor" ("Wegbereiter") da teoria da evolução, apesar das diferenças do conceito "evolução" em Darwin. De acordo com esse autor, certas afirmações de Goethe podem ser interpretadas no sentido de transformações de uma espécie para outra. Müller cita o exemplo de uma palestra de 1795 (p. 67): "Dies also hätten wir gewonnen, ungescheut behaupten zu dürfen: dass alle vollkommneren organischen Naturen, worunter wir Fische, Amphibien, Vögel, Säugetiere und an der Spitze der letzten den Menschen sehen, alle nach einem Urbilde geformt seien, das nur in seinen sehr beständigen Teilen mehr oder weniger hin- und herweicht, und sich noch täglich durch Fortpflanzung aus- und umbildet." ("Teríamos, portanto, ganhado isto, podendo afirmar sem temor: que todas as naturezas orgânicas mais perfeitas, entre as quais vemos os peixes, anfíbios, aves, mamíferos e, no cume, o ser humano, sejam formadas de acordo com um arquétipo, que apenas nas suas partes mais constantes oscila para cá e para lá, e ainda se desdobra e transforma, cotidianamente, por meio da reprodução." Tradução nossa).

58. Ernst Haeckel, *Die Naturanschauung von Goethe, Darwin und Lamarck. Vortrag in der ersten öffentlichen Sitzung der fünfundfünfzigsten Versammlung Deutscher Naturforscher und Aerzte*, Jena, Gustav Fischer, 1882.

59. Manfred Wenzel (org.), *Goethe-Handbuch. Supplemente 2. Naturwissenschaften*, Stuttgart, Weimar, Metzler, 2012, p. 395. A posição de Müller, citada na nota 57, não reabilita Haeckel, mesmo que se oponha, de forma geral, aos autores das ciências humanas. Müller enfatiza que certos trechos de Goethe (assim como outros de Herder e Kant) permitem observar que a ideia de uma evolução histórica das espécies de uma origem comum não era completamente impensável antes de Charles Darwin. No entanto, não se pode atribuir a Goethe a introdução dessa ideia no pensamento biológico, baseando-se em algumas formulações ambíguas.

de Haeckel, lançado poucos anos depois, continua até hoje: *Kunstformen der Natur (Formas Artísticas da Natureza)*, de 1899[60], apresenta a beleza da natureza em gravuras coloridas e constitui a fonte usada por Schalansky para várias imagens no seu livro. Ainda que seu conteúdo possa ser obsoleto para a ciência, no âmbito da estética, tanto as ilustrações quanto os conceitos de Goethe e Lamarck podem preencher uma função importante: apresentar um material do arquivo da memória cultural que nos permita identificar a historicidade das teorias hegemônicas do nosso tempo e colocá-las em contraste com os erros de épocas passadas.

Concluímos que a forma como Schalansky vincula seu romance sobre a formação e a vida de uma professora fracassada com o discurso evolucionista pode ser vista como uma atualização do modelo de Goethe em termos muito mais abrangentes do que a maioria dos leitores e críticos perceberam no primeiro instante. Mais do que narrar o desenvolvimento bem-sucedido de um indivíduo, o romance de formação trata da adaptação do ser humano ao seu meio, ao seu hábitat. *O Pescoço da Girafa* mostra como o emprego de padrões e métodos pré-moldados e pouco flexíveis está fadado ao fracasso, e o faz sem oferecer uma resposta pronta sobre qual seria o caminho certo a ser seguido: o leitor deve continuar aberto a novas experimentações que lhe possibilitem a adaptação a uma sociedade em movimento.

---

60. Ernst Haeckel, *Kunstformen der Natur - Kunstformen aus dem Meer*, Hg. v. Olaf Breidbach, 3, Auflage, München, Prestel, 2016.

MONA LISA BEZERRA TEIXEIRA

A Educação pela Linguagem em *Perto do Coração Selvagem* e *A Maçã no Escuro*

A reflexão crítica a respeito do romance e de sua forma esteve vinculada a uma trajetória, desde os seus primórdios até as primeiras décadas do século xx, ligada à realidade objetiva, configurada em ambientes e espaços geográficos precisos e bem delimitados. Aspectos históricos, personagens baseadas em figuras reais, peripécias envolvendo viagens, guerras e disputas pelo poder predominaram por um período significativo de sua expansão, privilegiando, na maioria das abordagens, o foco em uma detalhada trajetória cronológica do indivíduo, expondo fases de sua vida. Mas escritores como James Joyce, Virginia Woolf, Franz Kafka e William Faulkner deram expressão às inquietações da modernidade com um modo de narrar mais próximo à intimidade e ao imaginário do indivíduo comum, distante de grandes feitos e preso a amarras insólitas da realidade. Seguindo esse modo de escrever a respeito das experiências dos indivíduos em face à existência, que parece ter intenção de dar conta de tudo que os envolve, o que se pretende analisar nas duas obras de Clarice Lispector são aspectos estéticos que alcançam um grau de expressividade distinto de obras como *Os Anos de Aprendizado de Wilhelm Meister*, mas que de certa forma dão continuidade a esse ciclo histórico e evolutivo do romance relacionado aos infortúnios da condição humana.

Em seus estudos sobre o romance, Mikhail Bakhtin analisa a importância da palavra nesse tipo de narrativa, carregada de significação social e de ideologia, portanto, de visões de mundo, crenças, comportamentos, tradições e mitos vinculados à linguagem. E como Bakhtin destaca, o romance não representa somente o falante, pois o próprio homem não é representado apenas como falante: "No romance, o homem pode agir tanto quanto no drama ou na epopeia, mas essa ação é sempre ideologicamente iluminada, sempre conjugada com a palavra (ainda que apenas possível), com um motivo ideológico, materializa certa posição ideológica. A ação e os atos do herói no romance são necessários tanto para revelar quanto para experimentar sua posição ideológica, suas palavras"[1].

Com relação ao Brasil, o surgimento de escritores que apresentavam em suas narrativas movimentos da consciência numa abordagem incomum das palavras, da sociedade e da representação da linguagem começava a se manifestar no período dos anos 1930 e no começo da década de 1940. Alguns escritores como Dyonélio Machado, Lúcio Cardoso e Graciliano Ramos produziram romances que destacavam de modo mais denso a interioridade de suas personagens, como se prenunciassem o advento da obra de Clarice Lispector, cujo primeiro romance, *Perto do Coração Selvagem*, publicado em 1943, realizou uma busca obsessiva pela manifestação plena das palavras, seja no plano da consciência, seja na perspectiva da lida com o real.

A personagem Joana, na obra citada, como também Martim, em *A Maçã no Escuro*, publicado em 1961, o quarto romance da escritora, são representações de uma estética baseada na linguagem que tudo quer dizer e que pretende expandir a condição humana para além de um circuito de comunicação baseado no uso da língua de maneira uniforme e esquematizada. A ausência de diálogos em boa parte de suas narrativas, a alternância radical do tempo cronológico, assim como o enfoque no sujeito coagido diante da existência e das normas reguladoras de comportamento reforçam uma espécie de busca incessante para entender a nossa condição diante do mundo.

---

1. Mikhail Bakhtin, *Teoria do Romance I: A Estilística*, tradução de Paulo Bezerra, São Paulo, Editora 34, 2015, p. 125.

Benedito Nunes, em "O Mundo Imaginário de Clarice Lispector"[2], no tópico sobre "A estrutura dos personagens", observa que Martim e Joana se aproximam pela transcendência dos nexos objetivos, sociais e históricos estabelecidos, para revelarem uma força dominadora, primitiva e caótica diante dos outros indivíduos e dos espaços que os envolvem. Partindo dessa constatação do crítico, é possível pensar em um outro aspecto que tem presença significativa no percurso dos protagonistas desses romances: a presença da palavra como extensão das suas existências. A aprendizagem, a formação sempre incompleta de suas trajetórias ocorre pela expressão, muitas vezes incomum, da fala, como também se manifesta pela carência do diálogo. Essa combinação resulta em personagens que estão mais além de certos traços psicológicos e representações de comportamentos inseridos em uma estrutura social delimitada, pois revelam nas suas histórias, como condição humana, o fardo e a felicidade de nomear as coisas.

Walter Benjamin em "Sobre a Linguagem em Geral e sobre a Linguagem do Homem" observa a respeito da sua dimensão: "Não há evento ou coisa, tanto na natureza animada, quanto na inanimada, que não tenha, de alguma maneira, participação na linguagem, pois é essencial a tudo comunicar seu conteúdo espiritual"[3].

Na concepção de Benjamin, a linguagem é extensiva a tudo que nos envolve, e a comunicação pela palavra é umas das manifestações dessa força desveladora. Refletindo sobre esse aspecto, a forma do romance seria uma das manifestações mais favoráveis à exploração de suas potencialidades. Joana, desde menina, inventa palavras, pergunta sobre o significado dos nomes, questiona, ainda criança, o princípio da ideia de felicidade: "Ser feliz é para se conseguir o quê?", pergunta desorientando a professora. Um outro aspecto característico dessa narrativa, que tanto ressalta o nominar, é a estruturação dos capítulos, que apresenta seus títulos sem identificar nomes próprios: "O Pai", "A Tia", "A Mulher da Voz", "O Professor", "O Homem". Todos esses indivíduos terão posições significativas na formação e na aprendizagem de

---

2. Benedito Nunes, *O Dorso do Tigre*, São Paulo, Editora 34, 2009, p. 115.
3. Walter Benjamin, *Escritos Sobre Mito e Linguagem*, tradução de Susana K. Lages e Ernani Chaves, São Paulo, Duas Cidades/Editora 34, 2011, p. 51.

Joana. Com relação ao pai, que é nomeado somente assim, ele é a figura mais presente nos primeiros anos de sua vida, anos fundamentais para a aquisição da linguagem e interação social, mas devido ao trabalho solitário deste, sempre à máquina de escrever, a menina fica entregue por conta própria à descoberta do poder inventivo do uso da palavra, quando, por exemplo, dá voz aos seus brinquedos, trocando experiências com esses objetos que só criam vida a partir da sua interferência.

No primeiro e terceiro capítulos, que retratam a sua infância, Joana observa o espaço da casa e interage com ele numa espécie de escola solitária, frente à convivência com o pai sempre atarefado. Ela inicia o seu aprendizado fantasiando com os seus brinquedos, observando o quintal do vizinho onde estavam as galinhas-que-não-sabiam-que-iam-morrer, imaginando a boneca Arlete morrer ao ser atropelada. Esses traços revelam um contato com a realidade trágica de sua condição sem a mãe, que já estava morta. Joana, como toda criança em seu divertimento, pode matar e dar vida aos objetos, movimento extraordinário da imaginação que já não pode realizar com a figura materna. No capítulo "A Mãe", ela irá escutar a conversa do pai com um amigo:

– Chamava-se... – olhou para Joana – chamava-se Elza. Me lembro que até lhe disse: Elza é um nome como um saco vazio. [...] E mesmo aquela cor seca – felizmente a guria não puxou, –, aquela cor não combinava com uma camisola... [...] Ela não precisava de mim. Nem eu dela, é verdade. Mas vivíamos juntos. O que eu ainda agora queria saber, dava tudo para saber, é o que ela tanto pensava[4].

Contrariando o que desejava o pai, Joana terá a mesma sina da mãe. E vai percorrer um caminho de experiências da infância à vida adulta sempre demonstrando inquietude e insatisfação diante do convívio com outros indivíduos. Não há paz na sua existência. O seu conjunto de ações durante o romance será pautado pela contestação no ambiente escolar, nas relações familiares, no casamento com Otávio, nas formalidades sociais e até mesmo nas suas transgressões. O contato com "o homem" realiza-se alheio às expectativas amorosas do senso comum, uma vez que Joana não vivencia a relação em um plano de

---

4. Clarice Lispector, *Perto do Coração Selvagem*, Rio de Janeiro, Rocco, 1998, pp. 27-28.

idealização da figura masculina, limitando sua aventura a um laboratório com o sexo oposto, para ouvir suas histórias e observar o seu comportamento, o seu envolvimento com outra mulher. E em cada uma das partes do romance o modo de se expressar da personagem nos diálogos evidencia a sua personalidade argumentativa, como nos capítulos "Otávio", seu marido, e "A víbora":

> – Sim, eu sei, continuava Joana. A distância que separa os sentimentos das palavras. Já pensei nisso. E o mais curioso é que no momento em que tento falar não só não exprimo o que sinto como o que sinto se transforma lentamente no que eu digo. Ou pelo menos o que me faz agir não é, seguramente, o que eu sinto mas o que eu digo[5].
>
> – Quando eu me aproximei, disse ele sardônico, pensava que você ia me ensinar alguma coisa a mais do que isso. Eu precisava, prosseguiu mais baixo, daquilo que adivinhava em você e que você sempre negou[6].

Como analisa Antonio Candido em "Uma Tentativa de Renovação"[7], a autora inicia sua carreira literária dando continuidade às inovações manifestadas por nomes como Oswald de Andrade e Mário de Andrade, com relação à exploração estilística da língua portuguesa. Para o crítico, até aquele momento na literatura brasileira, os romancistas não haviam encontrado "a verdadeira exploração vocabular, a verdadeira aventura de expressão", conformando-se a padrões já estabelecidos. Sendo assim, Clarice Lispector o surpreende por evidenciar processos mentais de assimilação e reelaboração da língua na composição de sua protagonista, Joana.

Com efeito, este romance é uma tentativa impressionante de levar a nossa língua canhestra para domínios pouco explorados, forçando-a a adaptar-se a um pensamento cheio de mistério, para o qual, se sente, a ficção não é um exercício ou aventura afetiva, mas um instrumento real do espírito, apto a nos fazer penetrar em alguns dos labirintos mais retorcidos da mente[8].

---

5. *Idem*, p. 95.
6. *Idem*, p. 179.
7. Antonio Candido, *Brigada Ligeira*, São Paulo, Editora Unesp, 1992, p. 93-102. Esse ensaio, publicado originalmente em duas partes no jornal *Folha da Manhã*, em 1944, também esteve presente nas primeiras edições de *Vários Escritos* (1970), com algumas supressões, sob o título "No Raiar de Clarice Lispector".
8. Antonio Candido, *op. cit.*, p. 98.

Para Candido, a trajetória de Joana se configura perante um caminho que tem como objetivo evidenciar mais a essência do que a existência, mais o ser do que o estar, dando ênfase ao tempo psicológico – o que permite ao crítico qualificar *Perto do Coração Selvagem* como um "romance de aproximação". Constata que há um ritmo de procura, e para isso os vocábulos abandonam o seu sentido usual para se ajustarem "às necessidades de uma expressão muito sutil e muito tensa". Daí o caráter dramático de sua linguagem expressiva.

A aprendizagem da personagem acontece pela impossibilidade de completude, o que a aproxima da condição da língua, fonte inesgotável de sentido e formulação, além de conduzi-la sempre adiante do sentido gramatical padrão utilizado pelos outros indivíduos. E, como está dito na narrativa, "as palavras são seixos rolando nos rios", mas Joana também as inventa, e mesmo em silêncio não consegue se desvincular de uma espécie de compulsão verbal e da aflição diante do que está por vir: "– Palavras muito puras, gotas de cristal. Sinto a forma brilhante e úmida debatendo-se diante de mim. Mas onde está o que quero dizer, onde está o que devo dizer?"[9]

A configuração de Joana dentro da narrativa é sempre de distanciamento diante dos outros personagens mesmo quando estão no mesmo espaço físico, como no período em que convive com os parentes após a morte de seu pai. O ambiente descrito é sufocante, com o tio sempre preocupado com os seus negócios e a tia vivendo em função das aparências sociais. Mas contrariando uma posição de gratidão a esses familiares, devido a sua condição de menoridade, que a torna incapacitada para gerir a herança do pai, ela não se mostra subjugada e os enfrenta até o momento de ser mandada para o internato: "O tio e a tia já estavam à mesa. Mas a quem deles ela diria: tenho cada vez mais força, estou crescendo, serei moça? Nem a eles, nem a ninguém. Porque também a nenhum poderei perguntar: diga-me, como são as coisas? e ouvir: também não sei, como o professor respondera"[10].

Nos momentos em que o período da vida escolar é retratado, Joana se enxerga numa condição de superioridade com relação às suas colegas: ela comanda as ações do grupo e revela "maturidade" ao interpretar uma lingua-

---

9. Clarice Lispector, *Perto do Coração Selvagem*, p. 69.
10. *Idem*, p. 61.

gem de expressões faciais, sob sua concepção, a respeito de algumas pessoas ao redor, como no momento cômico em que as outras meninas, ingenuamente, mostram-se admiradas com sua capacidade de adivinhar o comportamento daqueles desconhecidos:

> – Olhem aquele homem... Toma café com leite de manhã, bem devagar, molhando o pão na xícara, deixando escorrer, mordendo-o, levantando-se depois pesado, triste... [...] As colegas riam, mas aos poucos nascia alguma coisa de inquieto, doloroso e incômodo na cena[11].

Para Antonio Candido, assim como a vida, *Perto do Coração Selvagem* é um romance de relação, mesmo que Joana insista no seu isolamento e na sua força de exceção, afirmando: "Eu posso tudo". Na verdade, ela nada pode, pois "os outros vivem mais do que ela, porque são capazes de se esquecerem"[12]. Essa afirmação do crítico é muito instigante pelo fato de destacar a condição de Joana com relação aos demais personagens, que reprimem suas experiências mal vividas e outras situações de angústia. Mas Joana está fadada ao desassossego porque parece não desejar esquecer nada do que viveu, seja pelo pensamento compulsivo vinculado à imaginação, seja na transformação desse pensamento em palavras que sempre controvertem. Não há descanso em seu caminho, o passado é sempre retomado, o presente está sempre em embate com suas fantasias, e quanto ao futuro, o último capítulo da narrativa, "A Viagem", revela: o tormento dessa linguagem, que quanto mais tem mais quer, vai continuar.

Em *A Maçã no Escuro*[13], preso a essas mesmas inquietações, em comunhão com o plano das ideias e da presença da linguagem como um fator de aprendizagem, Martim, o único protagonista masculino nos romances da autora, talvez seja o personagem mais dinâmico nas narrativas de Clarice Lispector. A sua história começa a ser contada a partir de sua fuga, após ter cometido um crime, delito cuja caracterização somente será revelada quase ao final da narrativa. O personagem tem como objetivo esquecer o seu passado, buscan-

---

11. *Idem*, p. 146.
12. Antonio Candido, *op. cit.*, pp. 100-101.
13. Clarice Lispector, *A Maçã no Escuro*, Rio de Janeiro, Rocco, 1998.

do uma outra existência através de disfarces e comportamentos sobre os quais ele acredita ter controle, o que mais adiante se mostrará como uma expectativa frustrada. Como Joana, Martim no decorrer dos acontecimentos vai revelar sua personalidade solitária, mesmo quando interage com outras pessoas.

Nos *romances de formação (Bildungsroman)*[14], o caminho percorrido pelo herói começa na infância e se estende até a maturidade. Existe um predomínio da presença de mentores, de localidades circunscritas, de personagens que se movimentam no enredo de maneira relevante, impulsionando ou retendo as ações do protagonista. Mas acima de tudo, a formação desses indivíduos se dá através da experiência, dos tormentos e júbilos que envolvem a existência. Em meio a isso, os romancistas, através da ficção, acabam revelando mecanismos da sociedade à qual pertenciam, padrões de comportamento e a face histórica do seu tempo. Além dos romances alemães como *Os Anos de Aprendizado de Wilhelm Meister*, obras como *David Copperfield* e *As Aventuras de Huckleberry Finn* podem ser associadas a esses aspectos.

Sobre a complexidade de experiências que as personagens vivenciam no espaço do romance, Bakhtin observa, em "As Duas Linhas Estilísticas do Romance Europeu", que os conceitos de formação, educação e provação (*Prüfugsroman*) não se excluem no âmbito do romance moderno. Essas três concepções "podem entrar numa união profunda e orgânica", que, para o teórico, já se configuravam em obras bem anteriores à modernidade, como *Parsifal*, por exemplo:

> A maioria dos grandes modelos de romance europeu combina organicamente em si ambas as ideias (sobretudo no século XIX, quando os modelos puros do romance de educação e do romance de formação se tornam bastante raros). Assim, o *Parsifal* já combina a ideia de provação (que é dominante) com a ideia de formação. O mesmo ocorre com *Simplicissimus*. Cabe dizer a mesma coisa sobre o romance de educação clássico – o *Wilhelm Meister*, no qual a ideia de educação (aqui já dominante) combina-se com a ideia da provação[15].

---

14. Termo divulgado por Karl Morgenstern e utilizado para qualificar, destacadamente, a obra de Goethe *Os Anos de Aprendizado de Wilhelm Meister*. Ver discussão e histórico detalhado sobre a complexidade do tema em Marcus Vinicius Mazzari, *Labirintos da Aprendizagem – Pacto Fáustico, Romance de Formação e Outros Temas de Literatura Comparada*, São Paulo, Editora 34, 2010.

15. Mikhail Bakhtin, *Teoria do Romance I: A Estilística*, p. 201.

A EDUCAÇÃO PELA LINGUAGEM EM *PERTO DO CORAÇÃO SELVAGEM...*   485

Vemos, assim, que as características do que poderia ser um romance de formação em Clarice Lispector são revertidas da exterioridade do real para dentro de uma "tentativa de renovação" (Antonio Candido) da linguagem. Em *A Maçã no Escuro,* a narrativa começa em um ritmo de peripécia, numa noite qualquer de março, com o personagem principal, Martim, fugindo de um hotel, depois de suspeitar que o dono do local, cismado com o seu comportamento arredio, teria ido denunciá-lo à polícia. Há duas semanas em fuga, agora o homem era "O único próprio ponto de partida"[16]. Avançava caminhando terra adentro, mas com o intuito de alcançar o mar, e nesse percurso chega a um campo vasto coberto de pedras. Nele acontece uma espécie de aprendizagem autossuficiente, pois o homem, que "a vida inteira tivera medo de um dia levar uma queda numa ocasião solene"[17], tenta criar uma nova maneira de conduzir sua existência no campo da linguagem, sem ater-se às normas de convívio social. Para Martim é preciso elaborar uma nova existência que possibilite uma vivência distanciada de seu passado. Essa condição imaginada pelo personagem pode ser, dentro do foco narrativo do romance de Clarice Lispector, aproximada do que diz Theodor Adorno em seu ensaio "Posição do Narrador no Romance Contemporâneo"[18]: "O momento antirrealista do romance moderno, sua dimensão metafísica, amadurece em si mesmo pelo seu objeto real, uma sociedade em que os homens estão apartados uns dos outros e de si mesmos. Na transcendência estética reflete-se o desencantamento do mundo".

Nessa travessia solitária, Martim captura um passarinho, que consegue fugir por alguns instantes, mas depois é novamente aprisionado pelas mãos do homem. Sem soltá-lo, começa a dialogar com o animal, com as pedras, e também consigo, parecendo moldar-se à natureza para se expressar sem censura, e diz não saber mais falar, que perdeu a linguagem dos outros. E, assim, "com enorme coragem, aquele homem deixara enfim de ser inteligente"[19]. Desaprendendo a viver sob um mundo ambientado em linguagens estandardizadas e de imitação, agora ele reflete sobre a fuga com o peso da liberdade,

16. Clarice Lispector, *A Maçã no Escuro,* p. 23.
17. *Idem,* p. 25.
18. Theodor W. Adorno, *Notas de Literatura,* tradução de Jorge de Almeida, São Paulo, Editora 34, 2003, p. 58.
19. Clarice Lispector, *A Maçã no Escuro,* p. 33.

pois vale salientar que o modo como Clarice Lispector elabora as manifestações de liberdade de Martim não é revestido de sensações harmoniosas – pelo contrário, como Joana durante sua jornada de conhecimento, sua rotina é obsedante:

"Na verdade", pensou então experimentando com cuidado esse truque de defesa, "na verdade apenas imitei a inteligência assim como poderia nadar como um peixe sem o ser!" [...]. Na verdade, concluiu então muito interessado, apenas imitara a inteligência com aquela falta essencial de respeito que faz com que uma pessoa imite. E com ele, milhões de homens que copiavam com enorme esforço a ideia que se fazia de um homem, ao lado de milhares de mulheres que copiavam atentas a ideia que se fazia de mulher e milhares de pessoas de boa vontade copiavam com esforço sobre--humano a própria cara e a ideia de existir. [...] Mas tão distanciados estamos pela imitação que aquilo que ouvimos nos vem tão sem som como se fosse uma visão que fosse tão invisível como se estivesse nas trevas que estas são tão compactas que mãos são inúteis. Porque mesmo a compreensão, a pessoa imitava. A compreensão que nunca fora feita senão da linguagem alheia e de palavras[20].

Rejeitando a linguagem dos outros, e tentando elaborar a sua linguagem própria, Martim nomeia o sentido da palavra crime, não mais como uma infração, delito ou falta imputáveis, mas como um gesto de coragem, de rebeldia e libertação: o seu "grande pulo", "a espantada vitória"[21]. Com essa única ação ele fez os inimigos que desejava ter: os outros. Agora, no intento de construir outra consciência, não poderia se comportar como antes, pois, se fizesse isso, ele seria seu próprio inimigo, "uma vez que na linguagem de que até então vivera ele simplesmente não poderia ser amigo de um criminoso"[22].

Nessa primeira parte do romance, com o título "Como se Faz um Homem", o passado vai sendo revelado, muito mais a partir de suas reflexões do que propriamente por uma sequência de fatos rememorados. Evidencia-se que ele pretende esquecer as anterioridades e tencionar-se para o futuro, mas, ainda preso à tradição da trajetória romanesca, agora acirrada, o herói não

20. Clarice Lispector, *A Maçã no Escuro*, p. 34.
21. *Idem*, p. 36.
22. *Idem, ibidem.*

tem controle sobre o seu destino. Durante um curto espaço de tempo, quando está à solta no "deserto de pedras", Martim assume uma altivez que logo será suprimida ao chegar à propriedade de Vitória. Neste local, depois de muita insistência com a dona da fazenda, emprega-se fazendo trabalhos braçais, mesmo dizendo, para o espanto da mulher, ser engenheiro. Assim começa o seu estranho convívio com os outros moradores do lugar.

Daí, sua aprendizagem se dará no contato que terá com os animais, nos diálogos com Vitória e Ermelinda, e diante de todas as atividades que terá de fazer no local. O espaço decadente e mal cuidado da fazenda será a sua nova escola. E da labuta com a enxada aos cuidados com as plantas, da colocação de cercas à limpeza do curral, o homem terá que fazer tudo sozinho. E, nesses instantes, o silêncio se apresenta como uma espécie de linguagem:

E se a visibilidade atingia o terreno, revelavam-se folhas mortas se decompondo, pardais que se confundiam com o chão como se fossem feitos de terra. [...] A planta grudava uma boca no chão. [...] E o sentido daquilo era o sentido mais primeiro daquele homem[23].

Martim vivencia as experiências temporais e espaciais de maneira distinta dos outros moradores da fazenda, que parecem estar tão acostumados a uma ligação com a natureza que não a observam mais. Quando o lugar é descrito, é possível notar que a estrutura física da fazenda está deteriorada, mas a natureza que a envolve é vicejante. Isso será notado pelo homem, que fará desta última uma aliada para suportar o silenciamento a respeito de sua verdadeira identidade.

Ernest Cassirer, em "O Mundo Humano do Espaço e do Tempo"[24], considera que há dois níveis de experiências relacionadas ao espaço. A primeira estaria relacionada ao espaço orgânico, característico de seres vivos menos desenvolvidos intelectualmente. Mas dentro desse espaço orgânico há o "espaço de ação", em que os animais, por exemplo, por sua natureza instintiva, são superiores ao homem. A segunda experiência estaria relacionada ao espaço perceptual, característico da diversidade de sentidos: óptico, táctil, ci-

---

23. *Idem*, pp. 82-83.
24. Ernest Cassirer, *Ensaio sobre o Homem – Introdução a uma Filosofia da Cultura Humana*, tradução de Tomás Rosa Bueno, São Paulo, Martins Fontes, 2016, p. 73.

nestésico, acústico. Nesse aspecto, o homem supera as limitações orgânicas através da capacidade de pensar, e é pelo pensamento que o ser humano alcança a ideia de um espaço abstrato, extrapolando a compreensão da existência apenas pela relação com os objetos sensíveis. Na sua situação de fugitivo, o personagem apura os seus sentidos, começa a perceber sinais da natureza antes desprezados pela sua atividade limitada a lidar com dados numéricos, pois a verdadeira profissão de Martim era a de estatístico. No seu caminho de aprendizagem, além do alheamento proposital da convivência com os outros homens, o mundo passa a ser interpretado também pelos impulsos interiores.

No período em que vive na fazenda, Martim lida com o concreto através dos trabalhos braçais no campo, no depósito de lenha, na manutenção dos objetos, mas sempre escapa da realidade concreta pela potência do pensamento, imaginando e articulando suas reflexões. Nessa realidade mais objetiva, ele tem o contato da linguagem interativa com Ermelinda e Vitória. Entretanto, como observou Benedito Nunes em "*A Maçã no Escuro* ou o Drama da Linguagem"[25], esses diálogos mais distanciam do que aproximam tais personagens. Ainda assim temos explícitas as relações baseadas na articulação dos raciocínios e nos pontos de vista, mesmo divergentes em sua predominância.

Para escapar dessa concepção racional, Martim se aproxima mais uma vez do espaço da natureza, como no começo da narrativa. Os animais, as montanhas, as árvores, o vento, a terra, todas as manifestações advindas do que não é humano serão a ponte para uma realidade paralela à sua existência solitária. Durante sua trajetória ele se animaliza para também aprender sobre a existência, pois a linguagem humana não é suficiente para compreender o mundo corrente, que aos seus olhos perdeu a magia. Essa espécie de inversão da ordem dos saberes mantém, sob a nova chave exasperada do aprendizado da linguagem, a fissura sujeito-objeto cuja expressão, no romance, Lukács viu como forma do "desterro transcendental"[26], e que Anatol Rosenfeld[27] encon-

---

25. Benedito Nunes, *O Drama da Linguagem – Uma Leitura de Clarice Lispector*, São Paulo, Ática, 1995.
26. Georg Lukács, *A Teoria do Romance – Um Ensaio Histórico-Filosófico Sobre as Formas da Grande Épica*, tradução, posfácio e notas de José Marcos Mariani de Macedo, São Paulo, Duas Cidades/Editora 34, 2000, pp. 61 e 127.
27. Anatol Rosenfeld, *Texto/Contexto – Ensaios*, São Paulo, Perspectiva, 1985, p. 76.

trou na modernidade como "desrealização" das formas artísticas com o desmanche da perspectiva e do figurativismo.

Assim, na crise da modernidade em meados do século xx, os caminhos das personagens de Clarice Lispector serão colhidos pela interioridade. Ao limpar o curral pela primeira vez, Martim parece ter uma revelação. É nesse ambiente escuro, fétido e habitado pelos bichos que o homem se identifica com uma essência mais primitiva.

> E, ofuscado, estacou. No começo nada viu, como quando se entra numa grota. Mas as vacas habituadas à obscuridade haviam percebido o estranho. E ele sentiu no corpo todo que seu corpo estava sendo experimentado pelas vacas: estas começaram a mugir devagar e moviam as patas sem ao menos olhá-lo – com aquela falta de necessidade de ver para saber que os animais têm, como se já tivessem atravessado a infinita extensão da própria subjetividade a ponto de alcançarem o outro lado: a perfeita objetividade que não precisa mais ser demonstrada. [...] Em júbilo trêmulo, o homem sentiu que alguma coisa enfim acontecera. Deu-lhe então uma aflição intensa como quando se é feliz e não se tem em que aplicar a felicidade, e se olha ao redor e não há como dar esse instante de felicidade[28].

Retomando a análise de Mikhail Bakhtin, em oposição a traços predominantes nos romances de cavalaria, nos romances barrocos e nos romances de provação, que ressaltavam uma espécie de nobreza de comportamento em seus heróis, escritores como Wieland, Wetzel, Blankenburg e Goethe iniciam o caminho para a nova ideia do "romance de formação" e do "romance de educação".

A isso o novo romance opõe a formação do homem, por um lado, e certa duplicidade, certa incompletude do homem vivo e, neste, a mistura do bem e do mal, da força e da fraqueza, por outro. A vida, com seus acontecimentos, já não é a pedra de toque nem o meio de provação do herói pronto (ou, no melhor dos casos, o fator estimulante da já pré-formada e predeterminada essência do herói); agora, a vida, com seus acontecimentos, é iluminada pela ideia de formação, revela-se como experiência do herói, como escola, como meio, fatores que pela primeira vez formam e modelam seu caráter

---

28. Clarice Lispector, *A Maçã no Escuro*, p. 96.

490 ROMANCE DE FORMAÇÃO

e sua visão de mundo. A ideia de formação e educação permite organizar de modo novo o material em torno do herói e revelar aspectos completamente novos nesse material[29].

Martim vai realizando de modo sucessivo os trabalhos na fazenda, como uma espécie de continuidade de sua fuga para não se aproximar de Vitória, da prima Ermelinda e dos outros empregados do lugar. Mas mesmo interagindo e aprendendo com os animais e o universo natural da fazenda, sente a necessidade da comunicação. Suas pretensões de isolamento são quebradas em muitos momentos, e sua fragilidade é cada vez mais exposta, principalmente a partir da segunda parte do romance, "Nascimento do Herói", em que ele recorda momentos vividos com o filho pequeno, aproxima-se mais de Ermelinda e tem diálogos cada vez mais ásperos com Vitória. Tenta escrever quando está sozinho no depósito de lenha, mas a linguagem que elabora não tem como se desprender das estruturas que, pretensiosamente, intenciona superar, pois não há como comunicar sem se fazer entendido pelo outro. E esses outros estão estabelecidos numa vivência medida pela manutenção dos costumes. Como aponta Benedito Nunes[30], esse herói rebelde, que foi gerado pela palavra transformadora, tem características de poeta e de apóstolo. É um infrator tanto do código moral, pelo seu crime, quanto do código linguístico, pois quer colocar-se acima da linguagem comum. Mas essa tarefa é impossível de ser cumprida pelo homem:

> Quando o homem releu a sua obra, já com os olhos piscando de sono, a realidade deu uma reviravolta, e ele se defrontou no papel com a concretização física e humilde de um pensamento, e teve um riso vazio e largo – onde pela primeira vez o senso do ridículo apareceu, solapando pela primeira vez a sua grandeza [...] esbarrou com o fato de que ele era apenas uma pessoa confusa que esquecera os livros que lera mas deles haviam ficado muitas imagens dúbias que ele perseguia, sua terminologia estava fora de moda, ele ficara nas suas primeiras leituras[31].

A inabilidade do homem para concretizar a dimensão experimental da linguagem em forma de função representativa revela, como de hábito, o ca-

---

29. Mikhail Bakhtin, *Teoria do Romance I: A Estilística*, p. 201.
30. Benedito Nunes, *O Drama da Linguagem – Uma leitura de Clarice Lispector*, p. 46.
31. Clarice Lispector, *A Maçã no Escuro*, p. 178.

ráter malogrado das ações dos protagonistas ao final dos romances de Clarice Lispector. O que foi exposto aqui em *Perto do Coração Selvagem,* com relação a Joana e sua tendência semiplena, ocorre com outras personagens, como Lucrécia, em *A Cidade Sitiada.* Nessa mesma trajetória de consternação se encontra Virgínia, em *O Lustre,* que ao final da narrativa encontra a morte. Em *A Paixão Segundo G.H.,* esta revela uma experiência solitária dramática que não pode oferecer outra alternativa que não seja o isolamento. Como uma das raras exceções na obra da escritora, temos a ausência de desfecho adverso em *Uma Aprendizagem ou o Livro dos Prazeres,* obra muito insólita no percurso criativo da autora, repleta de clichês nos diálogos amorosos entre Lóri e Ulisses, quase insuportáveis pelo seu didatismo. E na novela *A Hora da Estrela,* a 'incompetência' de Macabéa para uma vida regrada por normas de conduta que visam à integração social já é anunciada de antemão pelo narrador, Rodrigo S.M.

Ainda em "O Mundo Humano do Espaço e do Tempo", Ernest Cassirer considera que o ser humano vive muito mais em função de suas dúvidas e temores, das ansiedades e esperanças com relação ao futuro. As lembranças, assim como as experiências no presente vivido não têm a mesma importância na totalidade do sujeito. Essa percepção do filósofo evidencia que a sensação de incerteza só existe na nossa condição, e esse aspecto está diretamente ligado à capacidade de pensar e elaborar formas de linguagem. Isso possibilita uma pretensa autonomia, assim como uma problemática sensação de domínio e superioridade mediante as outras formas de vida no mundo, mas em muitos momentos essa mesma potencialidade é uma condenação pelo estado de expectativa gerado em torno de uma existência reflexiva.

Na última parte de *A Maçã no Escuro,* é possível notar a ansiedade de Martim diante dos acontecimentos, pois ele vive sob tensão quanto ao futuro. A história que contou para conseguir ficar na fazenda sempre foi vista com suspeita por Vitória, que acabou cedendo aos pedidos de trabalho e abrigo feitos por ele, impressionada desde os primeiros momentos com a beleza e obstinação do homem. Mas para reprimir o amor que sentia pelo forasteiro, acaba entregando-o às autoridades, com a ajuda de um professor e do prefeito da cidade. Não deixa de ser simbólico, nessa trajetória de aprendizagem, que Martim seja levado à prisão por intermédio de um educador, que é retratado com uma postura conservadora e punitiva, e também pela maior autoridade da cidade, que representa o poder de fiscalizar alguma anormalidade nas terras de Vila Baixa.

Descoberto então o seu crime, a tentativa de matar a mulher, Martim segue agora para o castigo do Estado, legitimado pelas figuras repressivas dos dois policiais, para cumprir as normas de educação através da restrição de sua liberdade. Ele constata que não é possível consolidar a sua linguagem de oposição além da perspectiva da imaginação, que não é possível desligar-se da sociedade e das estruturas que a regulam. Agora para o herói fracassado só resta a desobediência no plano das ideias, disfarçada e silenciosa, como um simples homem impotente no embate com os poderes instituídos.

ÉRICA GONÇALVES DE CASTRO

"Uma História das Ideias em Vez de uma História do Mundo" – A Dimensão da Formação em *O Homem Sem Qualidades*

> *A explicação real dos eventos não me interessa. Minha memória é ruim. [...] O que me interessa é o intelectualmente típico – ou, simplesmente: o que há de espectral no que acontece.*
>
> ROBERT MUSIL, em entrevista de 1926

O ROMANCE ENQUANTO TAL

Tendo como temática o desenvolvimento do indivíduo burguês dentro das condições sociais e históricas de seu tempo, o romance de formação ou de aprendizagem será uma modalidade que já nasce sujeita a transformações essenciais. Nesse sentido, sua obra icônica, *Os Anos de Aprendizado de Wilhelm Meister* (1795-1796), surge como um expoente único, por explorar a noção de formação (*Bildung*) à luz de um modelo utópico, no qual cabe uma integração harmônica do indivíduo ao seu meio. No entanto, as contingências históricas viriam a dificultar cada vez mais o ideal de uma formação plena dos indivíduos. Já é possível observar ecos desse processo na própria continuação dos "anos de aprendizado" – *Os Anos de Peregrinação de Wilhelm Meister*, escrito cerca de vinte anos depois –, em que a formação plena e de viés profundamente humanista assume contornos mais especializados. Em vez de uma comunhão com o todo, a finalidade formativa do protagonista volta-se, agora, para uma autoafirmação pessoal e profissional.

À medida que a sociedade burguesa atesta a falência de seus valores e o mundo mergulha numa crise sem precedentes, ocorre necessariamente uma retomada crítica e radical desse modelo literário. Assim, nas primeiras décadas do século XX, sobretudo na literatura de expressão alemã, surgem romances que questionam, ou mesmo invertem, a proposta formativa do *Meister* – naquele momento da história, o esforço de adequar-se à ordem vigente parecia representar o caminho mais curto para a aniquilação do sujeito. Pensemos em Hans Castorp descendo da *Montanha Mágica* para encontrar a morte no campo de batalha, ou em Franz Bieberkopf, cuja "reintegração" à sociedade o converte numa figura apática, quase um morto-vivo em meio à pulsante metrópole berlinense dos anos 1920[1]. Contemporâneo dessas duas figuras, Ulrich, o protagonista de *O Homem Sem Qualidades*, adota uma postura mais radical: antes de ser massacrado pelo rumo do que se convencionou chamar de "história", ele decide tirar "férias da vida", a fim de viver "uma história das ideias em vez de uma história do mundo"[2].

É notório que Musil foi um leitor atento da obra de Goethe, como atestam as várias referências a esse autor nas anotações e cartas que compõem seu vasto espólio. Sobre o *Wilhelm Meister*, chamam a atenção algumas linhas que ele escrevera para um projeto de aforismos que alimentou em seus últimos anos de vida. Diz o fragmento intitulado "Romance":

1. Quando se diz romance de formação, pensa-se logo no *Meister*. O percurso de uma formação pessoal. Ver formação.

No entanto, também existe formação num sentido, ao mesmo tempo, mais estrito e mais abrangente: em toda vivência importante forma-se um ser espiritual. É a plasticidade orgânica do homem. Nesse sentido, todo romance digno desse nome é um romance de formação. [...]

2. O romance de formação de uma pessoa é um tipo de romance. O romance de formação de uma ideia é o romance enquanto tal[3].

---

1. *A Montanha Mágica*, de Thomas Mann, foi publicado em 1924 e *Berlim Alexanderplatz*, de Alfred Döblin, em 1929. O primeiro volume de *O Homem Sem Qualidades* sai em 1930.
2. Robert Musil, *O Homem Sem Qualidades*, tradução de Lya Luft e Carlos Abbenseth, Rio de Janeiro, Nova Fronteira, 2006, pp. 66 e 395, respectivamente.
3. Robert Musil, *Prosa und Stücke, Kleine Prosa, Aphorismen, autobiographisches Essays und Reden, Kritik*, Reinbeck b. Hamburg, Rowohlt, 1978, pp. 830-831.

"UMA HISTÓRIA DAS IDEIAS EM VEZ DE UMA HISTÓRIA DO MUNDO"... 495

À primeira vista, chama a atenção que, apesar da referência ao *Wilhelm Meister*, o tema do fragmento é o "romance" em sentido amplo. Ainda que reconheça a autoridade do modelo goethiano, Musil observa a existência de um elemento intrínseco à toda empresa romanesca, que é o "percurso de uma formação pessoal". Como observa Lukács, a "alma que sai a campo para conhecer a si mesma"[4], é a busca clássica de todo herói romanesco. A segunda parte do fragmento vem confirmar uma espécie de subdivisão do modelo do *Bildungsroman* que havia sido apenas aludida, e que corresponde à concepção de romance que Musil leva a termo no *Homem Sem Qualidades*: o "romance enquanto tal" é o romance de formação de uma *ideia*. Ou seja: para Musil, é no mundo das ideias, e não no da realidade empírica, que reside a possibilidade de um autoaperfeiçoamento do indivíduo.

A proposta de Musil é, portanto, desviar a representação do "destino individual" do herói e da sociedade que o cerca para a representação das "ideias". Ulrich, o homem sem qualidades que dá título ao romance, busca por uma outra forma de vida, mais legítima, dentro dos limites impostos pela realidade empírica. Essa busca será apresentada pela primeira vez por Musil em uma entrevista de 1926 – quando o romance finalmente começava a adquirir a forma definitiva:

> Introduzo um homem que é versado nas principais disciplinas de seu tempo, nos dias de hoje – pois, mais uma vez, meu romance não deve fornecer o que também não seria válido hoje em dia. E que, portanto, percebe, para seu espanto, que a realidade está ao menos 100 anos atrás do que pensamos. Dessa diferença de fases tiro meu tema principal: como um ser espiritual deve comportar-se hoje diante da realidade?[5]

A tentativa de responder a essa questão resultaria em um projeto romanesco dos mais ambiciosos, que se inicia por volta de 1910 e que só será publicado em 1930 (o primeiro volume) e 1932 (o segundo). Com a morte repentina de Musil, em 1942, o terceiro e último volume permaneceu inacabado, inter-

---

4. Georg Lukács, *A Teoria do Romance*, tradução de José Marcos M. de Macedo, São Paulo, Duas Cidades/Editora 34, 2000, p. 91.

5. Robert Musil, *Prosa und Stücke, Kleine Prosa, Aphorismen, autobiographisches Essays und Reden, Kritik*, p. 940, tradução nossa.

rompendo sua intenção de "contribuir para o desenvolvimento espiritual do mundo" – eis como ele encarava o trabalho no romance (cf. a entrevista referida acima). Nesse sentido, é significativo que o fragmento sobre o romance tenha sido escrito num momento de impasse criativo de Musil: coagido pelo editor e pelas urgências da vida no exílio a concluir uma obra que, por suas próprias premissas, parecia fadada ao inacabamento, ele vê no aforismo uma espécie de contraponto ao imenso material reunido para o romance. No entanto, o inacabamento de ambos os projetos não impede que relações se estabeleçam. Vamos a elas.

A FORMAÇÃO DAS IDEIAS

Como observa Musil no mesmo fragmento, o aspecto intelectual é de importância crucial no conceito de formação. Ao redimensionar esse conceito à luz das exigências impostas pelo curso da história, seu romance se engaja no questionamento dos limites e das possibilidades da razão moderna e na busca por uma reflexão original, que se vinculasse tanto a critérios racionais quanto subjetivos e que fosse condizente com a "plasticidade orgânica do homem". Eis o processo formativo possível – e urgente – nos novos tempos.

Enquanto "romance de formação de uma ideia", *O Homem Sem Qualidades* assume o desafio de adotar a forma romanesca para narrar uma aventura intelectual; seu objetivo é justamente representar, por meio de um romance, a inviabilidade da épica tradicional: o conflito de Ulrich é perceber que perdeu o "fio narrativo" de sua existência, "a repetição arrebatadora da vida numa única dimensão"[6]. A seu modo, a obra de Musil evoca a afirmação lapidar de Walter Benjamin no célebre ensaio sobre "O Narrador": "A arte de narrar está definhando porque a sabedoria – o lado épico da verdade – está em extinção"[7]. Seu protagonista partilha da desorientação do narrador moderno, que não recebe conselhos nem tampouco sabe dá-los:

---

6. Robert Musil, *O Homem Sem Qualidades*, p. 689.
7. Walter Benjamin, "O Narrador. Considerações sobre a Obra de N. Leskov", em *Magia, Técnica, Arte e Política*, tradução de Sérgio Paulo Rouanet, São Paulo, Brasiliense, 1985, pp. 200-201.

"UMA HISTÓRIA DAS IDEIAS EM VEZ DE UMA HISTÓRIA DO MUNDO"... 497

A verdade que conheço, será a minha verdade? Os objetivos, vozes, realidades, tudo isso que me seduz, me atrai e me leva, que sigo e em que me precipito... será a verdade real ou dela se mostra apenas um sopro inacessível, pousado sobre a realidade oferecida?[8]

Enquanto "romance de formação de uma ideia", *O Homem Sem Qualidades* não encena propriamente a vida de um herói, mas, antes, o que se passa dentro dele, ou sua busca por possibilidades paralelas à realidade efetiva. Devido às inserções de longos trechos ensaísticos que impedem uma narração linear dos eventos, a crítica literária costuma caracterizar essa obra como "romance ensaístico", no qual o mundo da reflexão corre paralelo ao dos eventos e, muitas vezes, sobrepõe-se a ele. No caso de Musil, o ensaísmo não é só um princípio construtivo, mas também crítico. Mais do que um recurso formal, ele consiste numa atitude, ou mesmo numa filosofia que envolve tanto o autor quanto a personagem – a ponto de Ulrich definir a aventura a que se propõe como a "utopia do ensaísmo".

Na verdade, aquilo que a terminologia crítica classifica como "romance ensaístico" equivale, para Musil, ao processo de "formação das ideias" no interior do romance – uma das poucas qualidades atribuídas a Ulrich é seu aguçado "senso de possibilidade", a "capacidade de pensar tudo aquilo que também poderia ser, e não julgar que aquilo que é seja mais importante do que aquilo que não é"[9]. Já a alegada ausência de qualidades que caracterizaria o herói e dá título ao romance relaciona-se diretamente à noção de experiência. A ausência de motivação pessoal para viver as próprias experiências, a imposição de assumir determinados papéis fez com que surgisse "um mundo de qualidades sem homem": "as vivências agora independem das pessoas" – conclui Ulrich a certa altura[10]. As experiências nos determinam, "ainda que não sejamos identificados com elas"[11]. Ulrich sente que as coisas ligam-se "muito mais umas às outras do que a ele"[12] e não conhece suas qualidades próprias, "pois, como muitas pessoas, nunca se analisara senão no cumpri-

8. Robert Musil, *O Homem Sem Qualidades*, p. 151.
9. *Idem*, p. 34.
10. *Idem*, p. 173.
11. *Idem*, p. 172.
12. *Idem*, p. 171.

mento de alguma tarefa, e em relação a ela"[13]. A falta de qualidades se coloca, na verdade, como um problema ético-moral: se não temos experiências autênticas, não podemos conhecer e, por conseguinte, caberia questionar o que conhecemos de fato e, ainda, qual a relação daquilo que supostamente conhecemos com nossa subjetividade ou essência? A dificuldade de estabelecer essa relação deve-se à separação entre as esferas do sentimento (ou da alma) e do intelecto.

O principal problema do homem moderno, segundo Musil, é que seu sentimento ainda não aprendeu a se servir de seu entendimento. A solução desse problema dependeria de uma redução da distância entre os polos da razão e do sentimento. A importância atribuída à esfera do sentimento está relacionada a uma tentativa de transformação da ordem que funda a objetividade. Em um artigo de 1922, "A Europa Desamparada"[14], Musil reflete sobre a deficiência humana em lidar adequadamente com suas experiências, ou de aprender algo com elas: o homem moderno teria perdido a capacidade de se modificar, tendo se tornando uma "massa moldável" por fenômenos que são estranhos às suas inclinações mais pessoais. Haveria um desequilíbrio entre fatos e ideais. O indivíduo tem a falsa impressão de viver numa realidade ordenada porque está habituado a ela, o que lhe foi imposto pelas contingências e não faz parte de sua essência; portanto, do que lhe é característico[15]. O protagonista de seu romance, na medida em que é um representante de sua época, é necessariamente alguém que não sabe de fato quem é e nem por onde começar seu processo de autoconhecimento ou de atribuir alguma pessoalidade às suas experiências.

Antes de assumir a disposição de um ser que experimenta, buscando romper com o esquema de uma realidade sempre tornada ficção, Ulrich empreende três tentativas de se tornar um homem "importante", ou "com quali-

---

13. *Idem, ibidem.*

14. Robert Musil, *Prosa und Stücke, Kleine Prosa, Aphorismen, autobiographisches Essays und Reden, Kritik*, pp. 1075 e ss.

15. Em alemão: *eigen*, de onde se origina o substantivo *Eigenschaft* que surge no título do romance: *Der Mann ohne Eigenschaften*. O "homem sem qualidades" deve ser entendido, pois, não como um juízo moral, mas como definição de alguém sem "atributos" (como aparece na tradução espanhola) ou sem características próprias.

dades". Sua expectativa é a de que alguma qualidade se cole nele, fazendo com que possa ser reconhecido por uma determinada função. Assim, ele tenta as carreiras de soldado, engenheiro e, finalmente, matemático. Nenhuma das tentativas se conclui porque, no decorrer das experiências, Ulrich sempre se ressente de uma ligação entre pensamento e vida, reflexão e ação. Se a profissão de soldado lhe parecia, de início, "um palco de aventuras que abalassem o mundo, cujo herói seria ele próprio"[16], Ulrich não demora a perceber que, àquela altura da história, a carreira militar tornou-se tão burocrática e entediante quanto qualquer outra.

A técnica e a exatidão o atraem para a carreira de engenheiro, que ele logo abandona ao constatar que essas instâncias se limitam à existência profissional. E então a matemática lhe surge como uma nova possibilidade, até mesmo a de uma transformação moral. Enquanto um engenheiro se deixa "absorver por sua especialidade, em vez de entregar-se à liberdade e amplidão do mundo dos pensamentos", a matemática parece ser o caminho para "a nova lógica, o próprio espírito"; nela residem "as fontes do tempo e a origem de uma extraordinária transformação"[17]. É ao tentar o caminho da matemática que Ulrich percebe o valor da ciência em seu sentido original.

Musil atribui à ciência um papel determinante no tratamento de temas subjetivos. No crescente processo de abstração da vida, os assuntos da existência passam a demandar o mesmo tratamento que as ciências da natureza dispensam aos fenômenos que analisam[18]. Mas Ulrich ainda não atingiu, no início da obra, essa maturidade analítica. Por enquanto, ele apenas "sente" – "*ahnen*" em alemão, verbo que por vezes aparece no romance em substituição a "pensar" – que existe uma outra forma de associar ciência e vida, que ele mesmo ainda vai aprender:

[...] mas na ciência acontece periodicamente que algo que até então era considerado erro, de repente inverte todas as ideias ou que um pensamento insignificante

---

16. Robert Musil, *O Homem sem Qualidades*, p. 55.
17. *Idem*, p. 57.
18. A esse respeito, vale citar uma passagem do próprio romance: "É de se pensar que conduzimos muito irracionalmente nossos assuntos humanos, se não os atacamos conforme a ciência, que teve um progresso tão exemplar" (Robert Musil, *O Homem Sem Qualidades*, p. 272).

e desprezado comece a dominar todo um novo reino de ideias; e esses fatos não são apenas revoluções, mas constituem um caminho ascendente, como uma escada para o céu. [...] E Ulrich sentia [*ahnte*]: as pessoas apenas não sabem disso; não têm ideia de como se pode pensar; se pudéssemos ensiná-las a pensar diferente, também viveriam de modo diferente[19].

A imagem da ciência esboçada por Ulrich nessa passagem difere da que vigora em um mundo "de qualidades sem homens para vivê-las", que lida com fatos e verdades definitivas, pois o que é exaltado aqui é o caráter genuinamente experimental da ciência, que se submete a *ensaios*, num "caminho ascendente" – o mesmo caminho a ser trilhado pelo herói. E assim como a imagem de uma "escada para o céu" já alude à experiência do outro estado, a noção de ciência esboçada aqui também evoca as utopias do ensaísmo e da exatidão que Ulrich, à medida em que "aprende a pensar", consegue formular de forma mais direta. Como "era menos um cientista do que alguém apaixonado pela ciência"[20], essa terceira tentativa de Ulrich também fracassa, mas apenas pelo fato de que ele não se torna um cientista profissional. Dentre as três, essa é a tentativa mais importante, como se lê no título do capítulo, não só porque significa que ele faz "de um objetivo profissional uma forma de existência"[21], mas também porque Ulrich percebe que possui apenas "fragmentos de uma nova maneira de pensar e sentir", suas reflexões sempre se perdem "em detalhes cada vez mais abundantes", o que o faz sentir-se como "um homem que escalou uma montanha após a outra sem avistar seu objetivo"[22].

Uma vez que as três tentativas não renderam o objetivo esperado – Ulrich não se torna "importante" nem adquire "qualidades" –, só lhe resta tirar férias da vida, assumindo definitivamente uma postura passiva diante da realidade. Assim, se o leitor supõe que essa terceira tentativa será a derradeira, significando a conciliação do herói com seu meio, ele se frustrará. Além de romper com a expectativa de que a narração enfim se desenrole nos moldes

---

19. Robert Musil, *O Homem Sem Qualidades*, p. 59, grifos meus.
20. *Idem, ibidem*.
21. Helmut Arntzen, *Musil. Kommentar zum Roman "Der Mann ohne Eigenschaften"*, München, Winkler, 1982, p. 111.
22. Robert Musil, *O Homem Sem Qualidades*, p. 65.

"UMA HISTÓRIA DAS IDEIAS EM VEZ DE UMA HISTÓRIA DO MUNDO"... 501

tradicionais, essa sequência de tentativas também permite a Musil inverter a tópica do romance de formação tradicional[23]: pois é ao abandoná-las que Ulrich decide engajar-se num autêntico processo "formativo" – o de suas ideias.

Subliminar ao fracasso das tentativas está o fato de que, num mundo em que a subjetividade não tem mais lugar, o esforço de se tornar alguém importante sempre será em vão. Ulrich não pode se tornar um herói romanesco porque isso supõe uma relação entre sua personalidade e os acontecimentos. Musil, porém, busca naquilo que parece inviabilizar por completo o papel da narração o ponto de partida para o surgimento de uma nova forma de narrar: não se trata mais de descrever fatos reais ou que poderiam sê-lo, mas de explorar possibilidades. O comportamento de Ulrich é pautado por uma dialética de passividade ativa e atividade passiva[24]: enquanto atividade passiva leva a um agir irrefletido, a passividade ativa se liga ao senso de possibilidade, e ambos se opõem ao senso de realidade, constituindo-se como um pensamento no conjuntivo, em que a realidade é vista como a realização momentânea de uma entre várias possibilidades.

Tocamos agora na questão central no romance – a de "um mundo de qualidades sem homens para vivê-las" –, uma consequência do anonimato do pensamento, de nossa impossibilidade de identificar o que há de pessoal e de impessoal no que pensamos. Pois toda experiência elevada ao nível do pensamento se encontra inscrita num complexo de elementos que, na medida em que tem bases objetivas, sai da esfera do ser puramente subjetivo. O homem não faz experiências privadas porque o *eu* perde sua importância, não é mais o soberano que decreta as leis, numa antecipação do que viria a ser o descentramento do sujeito, que não tem como organizar as experiências num campo homogêneo nem como fundar sua continuidade de um outro modo que não "estatístico".

---

23. Rosmarie Zeller, "Musils künstlerische Lösungen zur Darstellung der Krise des Wertsystems und in der Ideologie der Moderne", em *Musil an der Schwelle zum 21. Jahrhundert*, Marie-Louise Roth & Pierre Béhar (orgs.), Musiliana 10, Bern, Peter Lang, 2005, pp. 62-63.

24. Loredana Marini, *Der Dichter als Fragmentist. Geschichte und Geschichten in Robert Musils Roman "Der Mann ohne Eigenschaften"*, Musiliana 8, Bern, Peter Lang, 2001, pp. 137 e ss.

Não se trata de outra coisa a não ser de um mal-entendido, uma confusão entre entendimento e alma. Não é que temos muito entendimento e pouca alma, mas temos pouco entendimento nas questões da alma, [...] não agimos nem pensamos acerca do nosso eu. Nisso reside a essência de nossa objetividade, ela relaciona as coisas entre elas mesmas. [...] Daí a objetividade não fundar uma ordem humana, mas sim objetiva[25].

Essas reflexões que Musil desenvolve no já citado "A Europa Desamparada" encontram várias passagens análogas no romance, sendo a principal delas no capítulo 28, que, segundo diz seu título, "pode ser omitido pelos que não tiverem opinião favorável sobre a atividade de pensar":

[...] sentimos com um vago espanto que os pensamentos se fizeram por si, em vez de esperarem pelo seu autor. Essa sensação de assombro é o que muita gente chama hoje em dia de intuição, [...] e acreditam dever enxergar nela algo de supra-pessoal, mas é apenas algo impessoal, isto é, a afinidade e solidariedade das próprias coisas que se encontram dentro de uma cabeça. [...] o pensamento, enquanto não está acabado, é um estado muito miserável, [...] e quando fica concluído já não tem a forma de um pensamento, como se experimentou, mas de algo pensado, o que infelizmente é impessoal, pois o pensamento se dirige para fora e se comunica com o mundo. Praticamente não se consegue surpreender o momento entre o pessoal e o impessoal, quando alguém pensa, e por isso o pensamento é um fato tão embaraçoso para os escritores que estes o preferem evitar[26].

Esse "instante de passagem" do pensamento, de um "estado miserável" até a sua comunicação para o mundo, representa, de fato, um desafio para o escritor: o de expressar um encadeamento de ideias sem adotar um discurso abstrato como o filosófico. O que torna possível essa expressão é o fato de esse encadeamento ser concebido como uma compreensão fugaz, uma apreensão momentânea, que escapa às contingências do tempo e às limitações da linguagem conceitual. Nesse sentido, o herói é alguém predisposto à reflexão, mas, antes, segundo o espírito ensaístico predominante na forma: "Ele não

---

25. Robert Musil, *Prosa und Stücke, Kleine Prosa, Aphorismen, autobiographisches Essays und Reden, Kritik*, p. 1092, tradução nossa.
26. Robert Musil, *O Homem Sem Qualidades*, p. 134.

era filósofo. Filósofos são déspotas que não dispõem de nenhum exército, por isso submetem o mundo todo encerrando-o em um sistema"[27]. Se fosse filósofo, ou mesmo um escritor, Ulrich cumpriria mais uma atividade "especializada", e não estaria mais em condições de estendê-la a todos os domínios da existência. Assim, legitima-se o esforço empreendido pelo romance de surpreender o "momento entre o pessoal e o impessoal", no qual reflexão e realidade empírica se sobrepõem no pensamento do protagonista. Nesse processo, o romance acena com a possibilidade de reescrituras da história ou da própria realidade que não se subordinam à lógica causal ou cronológica. A possibilidade de novas contextualizações de uma obra que se pretende um *experimento* em sentido pleno confirma a ideia de que a realidade é apenas uma versão entre várias possíveis.

Mais do que realizar uma crítica da razão histórica, a obra de Musil pretendeu instrumentalizá-la para que conservasse seu potencial crítico e criativo em meio ao processo de massificação da cultura moderna e, para tanto, fez da literatura seu médium. Sendo a arte uma renúncia consciente à totalidade, um processo de regeneração do poder figurativo original da linguagem, o esforço de suspender o pensamento em formação pode ser mesmo muito "embaraçoso", e mesmo fadado ao inacabamento – fenômeno de que o próprio romance será testemunha.

Como foi demonstrado, o que aproxima o ensaio do conhecimento é o esforço do intelecto em articular o sentimento, fazer dele objeto de uma experiência comunicável. No romance "ensaístico", cabe ao narrador articular as reflexões que atingem Ulrich "involuntariamente" ou "de repente" – advérbios que, não por acaso, são frequentes no romance. Nesses momentos, podemos perceber com mais nitidez como se realiza a vida interior de Ulrich – um processo que só poderia ser expresso numa forma literária.

Na natureza de Ulrich havia algo que agia de modo distraído, paralisante e desarmante, contra toda a ordem lógica, contra a vontade clara, contra os ordenados impulsos da ambição; também isso se ligava ao nome que ele escolhera: ensaísmo [...]

27. *Idem*, p. 280.

pois um ensaio não é a expressão secundária nem provisória de uma convicção que em melhores condições poderá ser considerada verdade ou reconhecida como erro [...] mas um ensaio é a forma única, e irrevogável, que a vida interior de uma pessoa assume num pensamento decisivo[28].

Esse "modo distraído", que se opõe à "ordem lógica" não é, pois, índice de arbitrariedade ou de subjetivismo acentuado; ao contrário, a natureza aberta de Ulrich é a tradução de uma busca por uma forma autêntica de se colocar no mundo – o que ele tenta a partir do próprio pensamento.

UMA DANÇA SILENCIOSA

O papel fundamental da narração na constituição da identidade foi devidamente explorado por Ricœur[29]: o sujeito se conhece a partir do que conta e daquilo que contam dele. Quase um século antes, Musil já observava que o romance moderno não podia mais se interessar por "destinos individuais" porque, àquela altura da história, o indivíduo passou a ser apenas mais um elemento num grande todo, suas "forças morais" se tornaram muito frágeis em relação ao mundo que o cerca, e a literatura não poderia correr o risco de "reforçar seu enquadramento" nessa ordem opressora[30]. É nesse sentido que ele se empenha numa tentativa de salvar o indivíduo – começando pelo herói romanesco – desse processo de massificação. Para que o indivíduo volte a ser tema de um romance, é preciso encontrar um caminho que o mostre como parte de um todo e, ao mesmo tempo, acene com a possibilidade de uma desvinculação dessa mesma ordem. Esta terceira possibilidade, em que "as esferas interior e exterior se condicionam mutuamente"[31] é o programa que uma obra como *O Homem Sem Qualidades* pretende cumprir, ao subordinar a narração de eventos – ou a representação de situações e personagens num

---

28. *Idem, ibidem.*
29. Paul Ricœur, *Temps et récit 1*, Paris, Gallimard, 1983.
30. Robert Musil, *Prosa und Stücke, Kleine Prosa, Aphorismen, autobiographisches Essays und Reden, Kritik*, p. 1246.
31. *Idem*, p. 1249.

"UMA HISTÓRIA DAS IDEIAS EM VEZ DE UMA HISTÓRIA DO MUNDO"... 505

contexto específico – à narração de uma aventura intelectual de um herói que tenta escapar dos perigos da razão moderna.

A verdadeira tentativa de Ulrich de se tornar "importante" não se desenvolve no âmbito da realidade, mas no da reflexão: é quando formula as utopias da exatidão e do ensaísmo. Já afirmamos que ele não busca suas respostas na filosofia, mas num caminho intermediário entre esta e a ciência. Assim, a exatidão será, paradoxalmente, o reconhecimento da imprecisão dos fatos e da impossibilidade de verdades definitivas. Exatidão e espírito ensaístico supõem a convivência entre os âmbitos objetivo e subjetivo, sem que um se sobreponha sobre o outro. Nesse sentido, as utopias do ensaísmo e da exatidão se configuram como um campo intermediário entre pensamento e alma, ou ciência e arte; além de uma legitimação do senso de possibilidade, uma vez que o sujeito mantém sua autonomia, mas sem desligar-se por completo da realidade empírica. A atitude ensaística diante da realidade é o que resta de ético ao indivíduo, em um mundo que insiste em simplificar os fenômenos, em que domina a ideia de que "acontece sempre a mesma coisa"[32].

A utopia do ensaísmo se configura no romance como condição para uma experiência de si e do mundo ao mesmo tempo positiva – quando alude a uma possibilidade de experiência – e negativa – por permanecer na impossibilidade dessa realização. Contudo, é investindo no caráter utópico da postura de Ulrich que o romance atinge a realidade. As personagens que circundam Ulrich são todas vítimas de uma confusão geral de valores, dessa ordem objetiva que "sacrifica a interioridade das coisas". E todas elas, inclusive Ulrich, representam diferentes manifestações de um mesmo processo: um esforço coletivo de remediar uma ausência de sentido.

No que se refere ao "mundo dos eventos" no romance, temos uma "ação" que se situa às vésperas da Primeira Guerra Mundial, entre os anos 1913-1914, e que conta com dois eixos principais: a "Ação Paralela" e o processo de julgamento do carpinteiro Moosbrugger. Na composição inicial do romance, a ação romanesca propriamente dita se concentraria na figura de Moosbrugger,

---

32. "A mesma coisa acontece" é o título da segunda parte do primeiro volume. No original: *"Seinesgleichen geschieht"*. Vale observar que, na crítica musiliana de língua alemã, o termo *"Seinesgleichen"* acabou adquirindo o estatuto de um conceito, que se refere à história enquanto repetição ou eterno retorno.

cuja condenação à morte por causa do assassinato de uma prostituta mobiliza a opinião pública e, em especial, os pensamentos de Ulrich. Nos primeiros esboços do romance, quando este ainda tinha como título provisório *O Espião* (*Der Spion*), Musil anota que apenas a figura de Moosbrugger lhe parecia insuficiente para desenvolver o número de personagens do qual necessitava para conferir ao romance uma dimensão multíplice, que permitisse as mais variadas associações entre eventos e reflexões. Foi a partir de então que surgiu a ideia de uma "ação paralela" que complementasse os episódios dedicados ao processo de Moosbrugger. A "Ação Paralela" – uma iniciativa da elite vienense para celebrar o jubileu de setenta anos do reinado do imperador habsburgo Friedrich Joseph, que ocorreria em 1918 – corresponde ao princípio do real e do possível no romance: ela é a "mesma coisa que acontece", o modelo de realidade recusado por Ulrich. Seus membros visam a uma ação definitiva, não são caudatários do senso de possibilidade que embala o herói nem questionam o processo de transmissão da história. A partir do entrecruzamento dos perfis, da mistura de discursos inteligentes e vazios, Ulrich percebe seu abandono e decide desligar-se desse meio: e assim como a ação é "paralela"[33], sua participação no comitê também será. Enquanto secretário do comitê organizador – função conseguida por seu pai, incomodado com suas "férias" – Ulrich assume a postura de um "espião". Contudo, não se trata de uma espionagem que tenha por objetivo contribuir para o malogro da "Ação"; a despeito da imposição paterna, Ulrich acaba tomando parte das reuniões não por convicções ideológicas ou pessoais, mas tão somente como forma de tomar uma medida de si mesmo, na posição de livre observador. Vemos assim que, num primeiro momento, Ulrich estaria adotando a postura típica de herói que se "forma" no sentido tradicional, que se insere "no encadeamento do

---

33. No que tange ao mundo dos eventos, a "Ação" será batizada de "Paralela" por se tratar de uma festividade que pretende concorrer com a comemoração que aconteceria na Alemanha no mesmo ano de 1918, pelo trigésimo jubileu do reinado de Wilhelm II. Do ponto de vista da estrutura da obra, no entanto, trata-se de uma ação paralela em sentido literal – em relação ao outro mundo do romance, o da reflexão – e, de modo mais abrangente, a qualquer possibilidade de intervenção na realidade. Assim como o leitor tem a ilusão de que esses capítulos imprimirão um ritmo linear à narrativa, as personagens envolvidas nessa "Ação" esperam, com sua iniciativa, movimentar o curso de suas existências e da história da Áustria.

"UMA HISTÓRIA DAS IDEIAS EM VEZ DE UMA HISTÓRIA DO MUNDO"...   507

mundo e adquire nele um ponto de vista adequado"[34]. No entanto, o ponto de vista adquirido não lhe agrada, e ele decide manter-se distante desse esforço de "encadeamento". Pois as personagens da "Ação Paralela" encarnam de modo emblemático o ridículo e as contradições de um mundo que não sabe mais para onde vai. A ideia redentora que não ocorre a ninguém, contrariando a esperança de atribuir um fio narrativo-lógico à história, é sintoma de uma crise da qual a Áustria era, naquele momento, o exemplo mais eminente.

Como contraponto a essa sociedade presa a valores já sem sentido, surge a figura de Moosbrugger. Antes instintivo do que racional, é de sua natureza alterar estados de loucura, realidade e sonho. Num primeiro momento, esta personagem parece representar a barbárie oculta por trás da máscara de civilidade da sociedade burguesa; no entanto, seu processo de julgamento é emblemático da confusão de valores que o romance busca tematizar. Sua condenação capital pelo assassinato de uma prostituta que o assediou é apenas mais um dos vértices de um processo de objetivação que atinge todos os âmbitos da vida. Moosbrugger, essa criatura singular, quase primitiva, para quem o assédio verbal representa a mais cruel das violências, precisa ser "objetivado" perante a opinião pública porque sua existência representa um impasse: nem a liberdade, nem a prisão e nem o hospício solucionam seu problema. Juristas, religiosos e médicos fracassam na tentativa de encontrar uma terminologia adequada para seu comportamento fora dos padrões de conduta preestabelecidos. Ulrich verá a sala do tribunal como um "retrato da vida": é o hábito de "racionalizar tudo o que está a seu alcance" que faz com que os jurados, reflexo da opinião pública, optem pela solução que lhes parece a mais plausível, seja por ser a única que conhecem, seja por serem incapazes de pensar na "possibilidade de agir de outra maneira"[35], ainda que a própria realidade lhes ofereça situações atípicas que pudessem despertá-los para essa possibilidade[36].

---

34. G. W. F. Hegel, "O romanesco", em *Cursos de Estética II*, São Paulo, Edusp, 2000, p. 329.
35. Robert Musil, *O Homem Sem Qualidades*, p. 275.
36. A imagem do julgamento também será evocada por Lukács em seu conhecido escrito sobre o ensaio, só que justamente para ilustrar o caráter inacabado deste: "O ensaio é um tribunal; no entanto, o essencial nele não é o veredicto, mas sim o processo de julgar", Georg Lukács, *Die Seele und die Formen*, Berlin /Neuwid Luchterhand, 1971, p. 31, tradução nossa. Da mesma forma, no romance, Ulrich atribui

508   ROMANCE DE FORMAÇÃO

Enquanto para as demais personagens o processo de Moosbrugger representa a encarnação distorcida de elementos próprios à nossa existência – e é sabido que Musil compôs esta personagem a partir de um caso verídico que teve grande repercussão na Áustria do início do século xx –, Ulrich se identificará com ele justamente por sua resistência à realidade empírica e seu isolamento em relação a uma ordem à qual não consegue aderir totalmente. Na verdade, Moosbrugger representa, de forma radical, o sentimento de falta de qualidades de Ulrich. Ambos fazem a mesma experiência, a despeito da diferença de suas capacidades intelectuais distintas[37]. Em Moosbrugger, aflora aquilo que, nas pessoas ditas normais, é dissolvido pelas convenções sociais e pela exigência de ordem:

> Essa debilidade das conexões, a crueldade de um pensamento, que opera com conceitos que lhe agradam, sem se importar com o peso da dor e da vida que dificulta qualquer decisão: era isso que a alma geral tinha em comum com a dele; mas o que em sua mente de louco era sonho, lenda, aquele ponto falho ou confuso no espelho de sua consciência que já não devolvia a imagem do mundo, mas deixava passar a luz, isso faltava a ela, ou quando muito aparecia, aqui e ali, em algum indivíduo em sua difusa excitação[38].

E, nesse momento, o narrador se refere a ele como "esse *exato* Moosbrugger". Seu déficit intelectual em relação a Ulrich não o impede de ter as mesmas percepções que aquele. Ambos sentem a realidade como um eterno retorno; a ordem que, para Ulrich, liga as coisas "muito mais umas às outras do que a ele"[39], Moosbrugger a sente como "uma armadilha, recoberta da sensação de que tem de ser assim"[40]. A diferença é que ele apreende o mun-

---

    importância maior ao processo de julgamento de Moosbrugger e a todas as suas implicações do que à sentença final – que sequer chega a ser definida na primeira parte da obra.

37. Isso explicaria porque o julgamento de Moosbrugger é o ponto de partida de um dos capítulos centrais do livro, no qual Ulrich consegue enfim formular a utopia do ensaísmo. Da mesma forma, sua natureza inadaptada já alude às experiências de Ulrich com o "outro estado" (no segundo volume da obra), quando este projeta um estágio em que as conquistas do intelecto não eliminassem o contato com um mundo não conceitual, em que sentir fosse tão essencial quanto compreender ou descrever.

38. Robert Musil, *O Homem Sem Qualidades*, p. 567.

39. *Idem*, p. 171.

40. *Idem*, p. 425. É interessante mencionar a passagem em que Moosbrugger percebe a realidade como repetição, pois é um dos momentos do livro em que seus pensamentos praticamente parafraseiam os

do de modo mais intuitivo e imediato, sem o aprofundamento próprio a uma consciência reflexiva como a de Ulrich. Moosbrugger não consegue se colocar num horizonte hipotético, pois ele é "exato", é "apenas dentro e fora"[41]; ou ele se entrega a seus devaneios ou é chamado à realidade pelas contingências desta. Nesse sentido, ele não vê diferença entre vida e morte; a intenção de executá-lo não o afeta, porque já sente que não vive: "E tudo estava de alguma forma unido numa só coisa: as estradas, as cidades, os guardas e os pássaros, os mortos e a morte dele"[42]. Moosbrugger é um exemplo de que a exatidão como fato, e não como utopia, sucumbe diante da realidade. Quando ela tem o ensaísmo como contraponto, funda-se uma variação entre agir e pensar, que substitui o ser exato pelo ser em potencial.

Albertsen[43] observa que ambos, Moosbrugger e Ulrich, são "homens sem qualidades", sendo que o primeiro o é no "indicativo"; enquanto o segundo o é no "subjuntivo": se o primeiro é um homem sem qualidades porque *possui* e *é* todas as qualidades ao mesmo tempo, Ulrich o é porque sabe que poderia assumir qualquer qualidade que quisesse. Por isso os pensamentos de Ulrich sempre o conduzem a um sentimento paradoxal de, ao ansiar por uma unidade, constatar o quanto está distante desta. Porém, enquanto "subjuntivo", Ulrich se encaminhará para uma apreensão ensaística do mundo; por sua vez, o "indicativo" Moosbrugger só conseguirá aproximar-se de uma unidade quando dança, ao atingir um estágio muito próximo de um transe. Como reunião de todas as qualidades, será apenas dançando que ele encontra uma forma de equilíbrio.

Uma dança silenciosa substituía aquele zumbido insuportável com que o mundo costumava atormentá-lo. [...] Uma dança digna e invisível, ele que na vida nunca dançara com ninguém, levado por uma música que se tornava cada vez mais recolhi-

---

de Ulrich: "Não queria mais saber o que acontecia lá fora. Havia guerra em algum lugar. Em algum lugar, celebrava-se um grande casamento. [...] Por toda parte, os soldados faziam exercícios, as prostitutas vagavam, os carpinteiros estavam parados sob as armações dos telhados. [...] As mulheres são todas iguais. Os médicos nos hospitais são todos iguais. Quando voltamos do trabalho à noite, as pessoas estão nas ruas e não fazem nada. Sempre e por toda parte a mesma coisa; as pessoas não têm ideias novas" (Robert Musil, *O Homem Sem Qualidades*, p. 566).

41. Robert Musil, *O Homem Sem Qualidades*, p. 426.

42. *Idem*, p. 429.

43. Elisabeth Albertsen, *Ratio und "Mystik" im Werk Robert Musils*, München, Nymphenberger, 1997, p. 89.

mento e sono, regaço da mãe de Deus e, por fim, a própria paz de Deus, um estado maravilhosamente inacreditável, dissolvido como a morte; dançava dias a fio, sem que ninguém visse, até tudo sair dele, ficar do lado de fora como uma teia de aranha arruinada pela geada, pendendo das coisas[44].

Moosbrugger tem vontade de dançar quando seus pensamentos o incomodam como um mal-estar físico: eles "comicham debaixo do crânio"[45] e depois se transformam num "zumbido insuportável", que é a forma pela qual ele expressa seu desconforto em existir. A passagem desse desconforto para a ausência total de pensamento, quando "tudo sai dele", será definida por ele como um "feitiço" – uma outra imagem que substitui o raciocínio que não conseguiria formular.

Ulrich também tenta definir a sensação de começar a pensar e o faz, de início, em termos muito próximos dos de Moosbrugger: "o pensamento, enquanto não está acabado, é um estado muito miserável, parecido com uma cólica de todas as volutas do cérebro..."[46]. O que o difere do carpinteiro é que, à medida em que se esforça, Ulrich consegue aprofundar sua reflexão: "...e quando fica concluído já não tem a forma de um pensamento, como se experimentou, mas de algo pensado, o que infelizmente é impessoal, pois o pensamento se dirige para fora e se comunica com o mundo"[47].

A natureza de Ulrich não lhe permite esvaziar-se como a de Moosbrugger. Em vez de dançar, Ulrich caminha, como que para se deixar invadir por pensamentos[48]. Só uma personagem como ele poderia oferecer este "instante de passagem" que faz da leitura do romance um processo de conhecimento que não é imediato. Ao tentar surpreender o "momento entre o pessoal e o impessoal", sobrepondo reflexão e realidade empírica, o romance acena com a possibilida-

---

44. Robert Musil, *O Homem Sem Qualidades*, p. 428.

45. *Idem*, p. 427.

46. *Idem*, p. 134.

47. *Idem, ibidem*.

48. É oportuno aqui lembrar o título do capítulo crucial da primeira parte, "A caminho de casa", que tanto alude à ideia de que Ulrich está em vias de completar seu percurso reflexivo (já no penúltimo capítulo desse tomo), quanto chama a atenção para a situação concreta da caminhada, já que a descrição do espaço percorrido pela personagem, neste e em outros momentos da obra, mostra o quanto este influencia no ritmo de seus pensamentos.

"UMA HISTÓRIA DAS IDEIAS EM VEZ DE UMA HISTÓRIA DO MUNDO"... 511

de de reescrituras da história ou da própria realidade que não se subordinam à lógica causal ou cronológica, que mais se assemelha ao "perder-se por aí"[49] de um pensamento que se ensaia.

CONSIDERAÇÕES FINAIS: A REALIDADE COMO ESPECTRO

A esta altura, vale um breve excurso pelo momento inaugural dessa concepção de obra de que estamos tratando. É no primeiro romantismo alemão que aflora a consciência do presente como uma época sem coesão ou identidade pré-definida e que se funda uma estética caracterizada por obras de cunho fragmentário, projetadas com vistas a um acabamento futuro. Em vez da tentativa de imitação da beleza e da perfeição do passado, a obra de arte, desde a época romântica, passa a refletir a insuficiência do sujeito moderno, tornando-se expressão da verdade íntima de seu criador. É nesse sentido que o primeiro romantismo alemão inaugura a modernidade autorreflexiva, cujo pensamento se move em direção à unidade, à transmissão de uma ideia e ao seu acabamento, mas sem nunca perder a consciência de si e de seu caráter fragmentário. Trata-se, enfim, do florescimento da dinâmica própria de toda *mise en forme* da produção poética da modernidade – ou, ainda, da produção de "algo inédito", cujo nome, como observam Nancy e Lacoue-Labarthe, os próprios românticos ignoram: "eles falam tanto de poesia, quanto de obra, de romance, de... romantismo. E acabarão mesmo por chamá-lo... de *literatura*"[50].

Ora, a constante possibilidade de recontextualização de uma obra que se pretende ensaística confirma a ideia de que a realidade é apenas uma versão entre várias possíveis. Vimos que o romance de Musil descreve a situação precária do sujeito, mas dá um passo além ao se propor a experiência de descobrir "no seio mesmo daquilo que parece constituir sua negação mais irrefutável, uma utopia viável, isto é, novas fontes éticas que ainda estariam aí adormecidas"[51].

---

49. Robert Musil, *O Homem Sem Qualidades*, p. 392.
50. Nancy e Lacoue-Labarthe, *L'Absolu Littéraire*, Paris, Seuil, 1978, p. 21.
51. Jean-Pierre Cometti, *Musil Philosophe. L'Utopie de l'Essayisme*, Paris, Seuil, 2001, pp. 156-157.

Como foi demonstrado, a fonte dessa descoberta é a reflexão, a "ideia de como se pode pensar" que a obra se propõe a transmitir; voltando-se para si mesmo, Ulrich mantém sua subjetividade livre de qualquer determinação. Assim, se por um lado esse processo evidencia cada vez mais sua insuficiência e dissonância em relação ao todo; por outro, é só ao tornar-se objeto de si mesmo que Ulrich se aproxima de sua verdade. Talvez seja este o mais intransponível de todos os paradoxos musilianos: "o homem sem qualidades, aquele que se retira da vida e da ação, é um autêntico expoente de uma tentativa de mudar o mundo"[52]. Ora, é somente ao colocar em primeiro plano a formação das ideias de Ulrich, e não de seu caráter "burguês", que Musil permite ao seu herói que este desenvolva suas potencialidades sob as condições históricas dadas[53]. E sob esse aspecto, a "falta de qualidades" converge, também paradoxalmente, na mais importante das qualidades que Ulrich poderia desenvolver, pois é isso que o liberta para "*viver uma história das ideias em vez de uma história do mundo*"[54].

Como apontam, entre outros, Obaldia[55], Renner[56] e Moser[57], o romance que Musil deixou inconclusivo será, ironicamente, o representante mais "bem acabado" de tendências que se perpetuarão ao longo da literatura moderna e pós-moderna. Talvez à sua revelia, ele parece incorporar *à la lettre* não só a noção de obra autorreflexiva, como também a própria tese musiliana de que o "romance de formação de uma ideia" é o romance enquanto tal.

Ensaio e literatura estão destinados a se complementarem. Ambos são, a seu modo, momentos em que "todos os sentimentos e experiências que estavam aquém e além da forma, recebem uma forma"[58] – momentos inacabados mas que aludem a um acabamento futuro. O autor moderno, herdeiro da dis-

---

52. Dieter Bachmann, *Essay und Essayismus*, Stuttgart, Kohlhammer, 1969, p. 189.

53. Como se lê no tópico da *Estética* hegeliana que trata do *Bildungsroman*, "O Romanesco", São Paulo, Edusp, 2000, pp. 328-329.

54. Robert Musil, *O Homem Sem Qualidades*, p. 395.

55. Claire Obaldia, *L'Esprit de l'Essai – De Montaigne a Borges*, Paris, Seuil, 2005.

56. Rolf Renner, "Postmoderne Perspektiven im Text der klassichen Moderne: Robert Musil", em *Die postmoderne Konstellation. Theorie, Text und Kunst im Ausgang der Moderne*, Freiburg, Rombach, 1989, pp. 124-144.

57. Walter Moser, "La Mise à l'Essai des Discours dans *L'Homme Sans Qualités* de Robert Musil", *Canadian Review of Comparative Literature / Revue Canadienne de Littérature Comparée*, March/Mars 1985, pp. 12-45.

58. Georg Lukács, *Die Seele und die formen*, Berlin, Neuwid Luchterhand, 1971, p. 17.

"UMA HISTÓRIA DAS IDEIAS EM VEZ DE UMA HISTÓRIA DO MUNDO"... 513

posição ensaística de Montaigne[59], tem consciência de que seu material será sempre um recorte de um todo extremamente complexo e, por isso, não ousa "impor à vida uma ordem que ela própria já não oferece"[60]. É natural, portanto, que o ensaísmo adquira um novo fôlego no romance, quando o discurso estabelecido não se adapta mais à representação da realidade.

A presença de extratos ensaísticos no seio da ficção conduz inevitavelmente a uma interrupção mútua da teoria e da ficção, tendendo para a realização de um romance fragmentário. Nesse sentido, o pressuposto original do romance de formação – o indivíduo isolado que, ao aperfeiçoar plenamente suas capacidades, representa a humanidade como um todo – será contestado no romance moderno e, de modo mais radical, pelo ensaísmo.

[...] o ensaio rivaliza com e limita a possibilidade de narrar, de dar à experiência descrita um sentido definitivo. Essa limitação é representada na dupla desintegração do sintagma narrativo da unidade (cartesiana) do sujeito. O mundo moderno não se concebe mais nos termos de uma narrativa hegeliana, com começo, meio e fim, e o esforço do homem em atribuir um sentido ao mundo e à história ao "informar" uma série arbitrária de eventos, nesse sentido, só pode revelar-se vão[61].

Não basta, porém, identificar a forma literária adotada por Musil como mais um exemplo de uma "crise do romance", ou da fragmentação da forma romanesca, tal como se observa em diversos autores do início do xx; no caso do *Homem Sem Qualidades*, trata-se, antes, do "espelhamento de uma crise externa no médium do romance"[62]. O leitor é levado a romper com o hábito de uma representação "explicada" de um recorte da realidade. Ao abrir mão de um fio narrativo linear, a obra se aproxima da incoerência da história e da impossibilidade de explicar o enredamento dos diferentes aspectos da existência. E assim, o pressuposto de composição da obra se converte na grande revelação de Ulrich: a de ter perdido o "fio narrativo" da própria vida – essa ne-

---

59. Tratei mais detidamente da relação entre experiência e ensaio em Montaigne e Musil em "A Arte de Recitar o Homem. Aspectos da Relação entre Ensaio e Experiência em Montaigne e Musil", *Remate de Males*, Capinas, Unicamp, 2011, pp. 78-93.
60. Erich Auerbach, *Mimesis*, São Paulo, Perspectiva, 1987, p. 494.
61. Claire Obaldia, *L'Esprit de l'Essai – De Montaigne a Borges*, p. 290, tradução nossa.
62. Dieter Bachmann, *Essay und Essayismus*, p. 180.

cessidade de "enfileiramento de tudo que acontece no tempo e no espaço"[63] que não é apenas uma convenção literária. Deste modo, o *Homem Sem Qualidades* traz para o primeiro plano uma dinâmica que, ainda seguindo com Obaldia, subjaz a todo romance ensaístico: a arte surge como força capaz de reconciliar e transcender os polos opostos do cognitivo e do estético. Nesse sentido, o romance ensaístico realiza o ideal romântico de uma "poesia da poesia":

> A predileção dos primeiros românticos pelo romance liga-se às potencialidades poéticas do gênero e à sua aptidão constitutiva para a autorreflexão. Todo escritor deve refletir ou filosofar sobre sua arte, e todo romance deve incluir uma filosofia do romance. Essa filosofia [...] culmina em uma teoria do romance que deve "representar a representação", tornando-se, ela mesma, um romance. A indivisibilidade da questão da verdade e da verdade na arte sublinha assim o desvio de um método crítico que consiste no retorno da ficção narrativa para o ensaio, atribuindo a esse último um estatuto independente ou extratextual[64].

Na modernidade ainda presa ao modelo das grandes narrativas, a arte precisa ser (auto)reflexiva para conservar seu poder interventor; nesse sentido, todo romance será necessariamente um *Bildungsroman* porque sempre representa um desenvolvimento humano dentro das condições historicamente dadas. E será um romance de formação das ideias quando, furtando-se a reproduzir essa realidade tal como ela se apresenta – como eterno retorno e como causalidade forjada – tentar decifrar seu caráter "espectral" – enfim, aquilo que ela poderia ser.

Poderíamos afirmar com Chardin[65] que Musil inverte o *topos* do romance de formação tradicional: do ponto de vista "formativo", a leitura de *O Homem Sem Qualidades* pode ser mesmo frustrante, uma vez que seu "herói" é de uma passividade calculada e seu processo de autoconhecimento não se completa. Porém, como não se trata de uma forma convencional, mas, antes, de uma releitura à luz das contingências do presente, o esforço formativo se desloca do herói para o leitor, convidado a "viver uma história das ideias em vez de uma história do mundo" e a abrir caminho para um aperfeiçoamento do espírito, a partir dele mesmo.

---

63. Robert Musil, *O Homem Sem Qualidades*, p. 689.
64. Claire Obaldia, *op. cit.*, p. 296, tradução nossa.
65. Philippe Chardin, *Musil et la Littérature Européenne*, Paris, PUF, 1998, pp. 235 e ss.

FLAVIO QUINTALE

James Joyce e o Romance de Formação:
Um Retrato do Artista Quando Jovem

*Nunca se anunciou um novo evangelho sobre a terra sem
que o mundo recorresse imediatamente às velhas profecias.*

JENS PETER JACOBSEN, *Niels Lyhne*

A ideia de *Bildungsroman*[1] iniciada por Goethe ganhou variações ao longo do tempo. Uma delas foi o *Künstlerroman* ou *Romance do artista*. O *Bildungsroman* de Goethe é apresentado em *Wilhelm Meisters Lehrjahre*[2] quando o protagonista Wilhelm enuncia: "Instruir-me a mim mesmo, tal como sou, tem sido obscuramente meu desejo e minha intenção, desde a infância"[3]. Instruir-se a si mesmo, "auto-formar-se", *sich auszubilden*, é a busca de Wilhelm. Sua formação, ainda que interior, é para a vida exterior, para a ação. Lembra Lukács que "o momento de transição para a educação de Wilhelm Meister consiste precisamente no afastamento dessa pura interioridade (Bela Alma), que Goethe condena como vazia e abstrata, como também Hegel mais tarde em sua Fenomenologia do Espírito. É certo que essa crítica à canonista é le-

---

1. Para um estudo mais aprofundado do *Bildungsroman* ver o ensaio "Para uma Interpretação do Conceito de *Bildungsroman*", de Flavio Quintale, *Revista Pandaemonium Germanicum*, n. 9, 2005, e *O Cânone Mínimo – O* Bildungsroman *na História da Literatura*, de Wilma Patricia Maas, São Paulo, Editora Unesp, 2000.
2. Johann Wolfgang von Goethe, *Wilhelm Meister Lehrjahre*, em *Werke*, Hamburger Ausgabe, Band VII, München, Deutscher Taschenbuch Verlag, 1988.
3. Johann Wolfgang von Goethe, *Os Anos de Aprendizado de Wilhelm Meister*, tradução de Nicolino Simone Neto, São Paulo, Ensaio, 1994, p. 286, "mich selbst, ganz wie ich da bin, auszubilden, das war dunkel von Jugend auf mein Wunsch und meine Absicht".

vada a cabo por Goethe com acentos muito leves e sutis"[4]. Isso se confirma na *Carta de Aprendizado*:

> Longa é a arte, breve a vida, difícil o juízo, fugaz a ocasião. Agir é fácil, difícil é pensar; incômodo é agir de acordo com o pensamento. [...] As palavras são boas, mas não são o melhor. O melhor não se manifesta pelas palavras. O espírito, pelo qual agimos, é o que há de mais elevado. Só o espírito compreende e representa a ação. [...] O ensinamento do verdadeiro artista abre o espírito, pois onde faltam as palavras, fala a ação[5].

O verdadeiro ensinamento não é a autocontemplação, mas o agir no mundo. O artista é o homem da práxis, do agir na natureza e no mundo para a formação e o conhecimento de si mesmo e de toda a humanidade, "a personalidade humana só pode desenvolver-se agindo. Mas agir significa sempre uma interação ativa dos homens na sociedade"[6], lembra Lukács. A ação é que cria, recria e move o mundo e não a palavra. A mensagem humanista resume-se na ideia de que *No princípio era a Ação* e não *o Verbo*.

A formação no romance de Goethe reside nessa tentativa de conciliação entre espírito e matéria. Não se nega a busca da interioridade no processo de formação humanista, mas claramente se acentua a atividade do homem na sociedade, como sujeito da história. Promoveria, assim, a fusão da ideia hegeliana do absoluto que toma *consciência de si* através da reflexão subjetiva interior com a filosofia da *práxis* marxista, voltada para a esfera da ação. Entre o caminho do conhecimento reflexivo e da ação, se apresenta como mediadora da formação, a *Bildung*.

Assim, mais que uma formação nos princípios humanistas presentes no *Bildungsroman*, no *Künstlerroman* o aprendiz ou aluno é um artista potencial

---

4. Georg Lukács, "Os Anos de Aprendizado de Wilhelm Meister", em *Os Anos de Aprendizado de Wilhelm Meister, op. cit.*, p. 602.

5. Johann W. Goethe, *Os Anos de Aprendizado de Wilhelm Meister, op. cit.*, p. 482. "Die Kunst ist lang, das Leben kurz, das Urteil schwierig, die Gelegenheit flüchtig. Handeln ist leicht, Denken schwer; nach dem Gedanken handeln unbequem. [...] Die Worte sind gut, sie sind aber nicht das Beste. Das Beste wird nicht deutlich durch Worte. Der Geist, aus dem wir handeln, ist das Höchste. Die Handlung wird nur vom Geiste begriffen und wieder dargestellt. [...] Des echten Künstlers Lehre schließt den Sinn auf; denn wo die Worte fehlen, spricht die Tat."

6. Georg Lukács, *op. cit.*, p. 600.

que desenvolve, ao longo da narrativa, as concepções artísticas que moldarão sua arte. No *Künstlerroman*, contudo, o enfoque se dá no indivíduo acima da média que se tornará um gênio artístico, não importa se da literatura, da música ou da pintura. Esse indivíduo excepcional é o jovem artista que está em fase de formação. No dicionário de literatura Metzler lê-se que no *Künstlerroman* e na *Künstlernovelle*, trata-se do destino e da criação do artista. Ursula Mahlendorf, ao elencar as características fundamentais do *Künstlerroman*, complementa:

A *Künstlernovelle* e o *Künstlerroman* contém a criação de uma obra de arte como o evento central de seu enredo. Baseado na obra criativa e na psicologia de um escultor, pintor, poeta ou músico fictício, as "histórias de artistas" fascinaram os autores e os leitores alemães continuamente desde os românticos do início do século XIX. [...] Eles normalmente lidam com artistas imaginários ou de pouca expressão; e seus enredos são de acordo com a visão pessoal do escritor sobre o sentido da existência artística e das origens das conquistas artísticas. [...] Durante sua formação, o futuro artista pode preferir um meio específico, uma forma de arte ou modalidade de sentido. [...] Nas histórias sobre artistas, os escritores tendem a usar o herói para retratar suas próprias lutas com a criação[7].

Assim como o *Bildungsroman*, o *Künstlerroman* é um produto tipicamente alemão[8]. Daí a grande facilidade de encontrar histórias de artistas na tradição de língua alemã. Entretanto, isso evidentemente não exclui as outras tradições, que embora em menor frequência, também possuem histórias de

---

7. Ursula R. Mahlendorf, *The Wellsprings of Literary Creation*, Columbia, Camden House, 1985, pp. XIII-
-XV. "A Künstlernovelle and Künstlerroman contains the creation of a work of art as central event of its plot. Based on the creative work and psychology of a fictitious sculptor, painter, poet or musician, 'artist stories' have fascinated German authors and readers continuously since the Romantics of the early 19th century [...] They usually deal with imaginary or little-known artists and their plot accords with the writer's personal vision of the meaning of artistic existence and the origins of artistic achievement [...] In the course of development, the future artist may come to prefer a specific medium, art form, or sense modality [...] In fiction about artists, writers tend to use the hero to portray aspects of their own creative struggle" (tradução minha).

8. Sobre o tema ver Marcus V. Mazzari, *Romance de Formação em Perspectiva Histórica – O Tambor de Lata de Günter Grass*, Cotia (SP), Ateliê Editorial, 1999, e *Labirintos da Aprendizagem – Pacto Fáustico, Romance de Formação e Outros Temas de Literatura Comparada*, São Paulo, Editora 34, 2010, especialmente o capítulo "'Um ABC do Terror': Representações Literárias da Escola", pp. 159-196.

artistas como *Um Retrato do Artista Quando Jovem*. Esse futuro artista luta com a própria arte, assim como o autor luta com a própria criação artística que se propõe a fazer. Nesse processo, continua Ursula Mahlendorf,

sua vida é uma transição, podemos observar a intrusão de uma nova dimensão na vida do artista, um distúrbio de seu equilíbrio, uma ruptura das fronteiras do ego, uma experiência de crise subjetiva que desencadeia uma sequência de eventos para a produção da obra. O protagonista, frequentemente, vive distante de casa, em trânsito, em uma viagem[9].

Em *Um Retrato do Artista Quando Jovem* há a intrusão de uma "nova dimensão": a entrada no colégio. O aluno protagonista, que sofre uma crise e busca sua identidade, além de estar sendo formado para a vida, desenvolve os princípios que nortearão sua formação como artista, afastado do lar.

UM RETRATO DO ARTISTA QUANDO JOVEM

Para se identificar a relação desse romance de Joyce com o *Bildungsroman* é importante lembrar que o narrador de *Um Retrato* diz que Stephen "estava destinado a aprender sua própria sabedoria separado dos outros ou a aprender sozinho a sabedoria dos outros, errando por entre as ciladas do mundo"[10]. Stephen estava destinado a adquirir sabedoria aprendendo sozinho ou, então, com os outros, nas armadilhas do mundo. Esse pensamento aparentemente sem pretensão é um dos principais fios condutores de *Um Retrato*. O romance contará a formação do artista que rompe com seu passado e aposta no futuro. O artista peregrino da sabedoria vai em busca do conhecimento de si mesmo.

---

9. Ursula R. Mahlendorf, *op. cit.*, p. 188. "His life is in transition, we can observe the intrusion of a new dimension into the life of the artist, a disturbance of his equilibrium, a disruption of ego boundaries, a subjective crisis experience that triggers the chain of events related to the production of work. The protagonist is often away from home, on the move, on a journey" (tradução minha).

10. James Joyce, *Um Retrato do Artista Quando Jovem*, tradução de Caetano W. Galindo, São Paulo, Companhia das Letras, 2016; *A Portrait of the Artist as a Young Man*, em *James Joyce Reader*, London, Penguin Books, 1993, p. 423. "He was destined to learn his own wisdom apart from others or to learn the wisdom of others himself wandering among the snares of the world."

A própria forma do romance já sugere isso. O romance inicia-se como um conto de fadas, "Era uma vez e foi muito bom dessa vez"[11] e termina em forma de diário quando, comenta Caetano Galindo, "Dedalus se julga maduro e, portanto, dispensa um narrador"[12]. O Stephen da infância é ingênuo e passivo. Sua formação é extremamente dependente do exterior. Já no final, tendo vivido o bastante para completar sua formação, o diário lhe é suficiente. A própria vivência e o próprio eu já se bastam. É como se Stephen passasse de criatura a criador. Para Weldon Thornton, considerar *Um Retrato* como um exemplo de *Bildungsroman* é fundamental "não só devido a origem e o desenvolvimento do *Bildungsroman*, que pode clarear certos temas relevantes 'antimodernos' da literatura moderna, mas também porque *Um Retrato* preenche tão maravilhosamente bem certas potencialidades do gênero"[13]. Karl Ove Knausgård diz que se trata "talvez do melhor exemplo do gênero na literatura de língua inglesa"[14]. Harry Levin[15] vai além. Sustenta que a obra poder ser entendida, em larga escala, não só como *Bildungsroman*, mas também, e mais propriamente, como *Künstlerroman* no sentido de que é um romance de formação do artista:

O tema desse romance de Joyce é a formação do caráter; seu parceiro habitual é o aprendizado ou a educação; e isso o enquadra na categoria que foi distinguida, pelo menos pela crítica alemã, como *Bildungsroman*. O romance de desenvolvimento ou formação, quando confinado à esfera profissional do romancista, torna-se romance do artista, um *Künstlerroman*. *Wilhelm Meister* de Goethe, *Vie d'Henri Bulard* de Stendhal e *Way of All Flesh* de Butler sugerem amplamente as potencialidades da forma[16].

11. James Joyce, *Um Retrato do Artista Quando Jovem*, p. 19; *A Portrait of the Artist as a Young Man*, p. 245. "Once upon a time and a very good time it was."

12. Caetano Galindo, "Nota do Tradutor", em James Joyce, *Um Retrato do Artista Quando Jovem*, tradução de Caetano W. Galindo, São Paulo, Companhia das Letras, 2016, p. 7.

13. Weldon Thornton, *The Antimodernism of Joyce's Portrait of the Artist as a Young Man*, p. 65. "Both because the origin and development of the Bildungsroman can clarify certain relevant 'antimodern' themes of modern literature, and because Portrait so wonderfully fulfills certain potentialities of the genre." Tradução minha.

14. Karl Ove Knausgård, "O Longo Caminho de Volta", em James Joyce, *Um Retrato do Artista Quando Jovem*, São Paulo, Companhia das Letras, 2016, p. 12.

15. Harry Levin, *James Joyce*, New York, New Directions Book, 1960.

16. *Idem*, p. 41. "The theme of his novel is the formation of character; its habitual pattern is that of apprenticeship or education; and it falls into that category which has been distinguished, by German criticism at least, as the Bildungsroman. The novel of development, when it confines itself to the professional sphere of the

De qualquer maneira, *Um Retrato* pode ser apreendido como um romance de formação ou, mais especificamente, como romance de formação do artista, um *Bildungsroman des Künstlers*.

A obra é plena de antecipações. Na parte inicial do primeiro capítulo, mais especificamente nas duas páginas introdutórias, já se antecipa o *leitmotiv* do romance. Contudo, a percepção dessa antecipação só é possível com um *close reading*. Logo no primeiro parágrafo, aparentemente despretensioso, tem-se: "Era uma vez, e foi muito bom dessa vez que a vaquinha mumu veio descendo a rua e não é que essa vaquinha mumu que vinha descendo a rua me encontra um menino bem fofo chamado 'bebê tuckoo'"[17]. A linguagem é tendenciosamente oral, e a abertura, como nos contos de fada, "Era uma vez", indica o ambiente da infância que moldará o futuro artista. Logo depois, uma passagem que nos propicia duas interpretações nada excludentes: primeiramente, como ironia, deboche aos contos de fadas, "e como era bom esse tempo", quebrando o ritmo característico de um conto de fadas; a seguir, como nostalgia da infância, como um momento de felicidade na vida do artista. A palavra *tuckoo* é um neologismo com importante valor simbólico. O tradutor José Geraldo Vieira optou por *Pequerrucho Fuça-Fuça* e Caetano W. Galindo por *Pitoco*. Manteremos *bebê tuckoo* para explorar sua simbologia. Para interpretarmos o sentido de *tuckoo*, podemos pensar em *tuck*, que equivale a embrulhar, dobrar. Dessa maneira o garoto "embrulhado", preso, será encontrado pela *moocow* para ser libertado; ou ainda *tuckin*, gíria do inglês irlandês: festa, banquete. De qualquer maneira, o bebê tuckoo é o pequeno Stephen, já que dois parágrafos depois diz o narrador: "Ele era o bebê tuckoo"[18]. O fato apresentado figura o encontro da *moocow* com o *nice's little boy, baby tuckoo*, o próprio Stephen Dedalus, que mais tarde será o *Bous Stephenoumenos*. Aqui identificamos duas interpretações sobre a *moocow*. A primeira baseia-se no folclore irlandês, "a vaca sobrenatural (branca) pega crianças e as leva para um reino insular onde elas são aliviadas do trivial

---

novelist, becomes a novel of the artist, a Künstlerroman. Goethes's Wilhelm Meister, Stendhal's Vie d'Henri Brulard, and Butler's Way of All Flesh amply suggest the potentialities of the form" (tradução minha).

17. James Joyce, *Um Retrato do Artista Quando Jovem*, p. 19; *A Portrait of the Artist as a Young Man*, p. 245. "Once upon a time and a very good time it was there was a moocow coming down along the road and this moocow that was coming down along the road met a nice's little boy named baby tuckoo...."

18. *Idem, ibidem*. "He was baby tuckoo."

controle e das dependências da infância e magicamente instruídas como heróis antes de voltarem para seus pais surpreendidos e para a comunidade"[19], comenta Don Gifford. Assim, o pequeno Stephen é "magicamente" instruído na infância pela *moocow*. Através dela o artista é aliviado de suas dependências e do controle de todos para criar. Quando crescer irá deixar seus pais surpreendidos e será o novo herói de seu povo, o novo messias de sua raça. A segunda, relaciona-se com a mitologia grega. A *moocow* associa-se à Pasífae. Como se sabe, Dédalo construiu o labirinto onde foi encarcerado o Minotauro pelo rei Minos. Dédalo também será enviado ao labirinto por revelar à Ariadne a artimanha (o novelo de fio) para Teseu sair do labirinto. Pasífae, mulher de Minos, apaixonou-se por um touro. Não conseguindo controlar sua paixão, pediu conselho ao artista Dédalo. Ele fabricou um simulacro. Uma vaca oca de carne e osso para enganar o touro. Pasífae entrou no simulacro e a cópula foi efetuada. Da união nasce o Minotauro. Dédalo é também condenado ao labirinto por cumplicidade. Pasífae, detentora de dotes de feiticeira, retribui a ajuda auxiliando Dédalo na fuga do labirinto.

Desse modo, a *moocow*, Pasífae, encontra o *baby tuckoo*, Dedalus. A primeira é cúmplice da fuga de Dédalo do labirinto, o segundo, cúmplice do sensualismo desregrado de Pasífae. A *moocow* é, ao mesmo tempo, símbolo do amor carnal e da sabedoria mágica. Instrui Stephen Dedalus intelectual e sensualmente. Ao longo do romance, Stephen fugirá de seu labirinto: a consciência católica e a libertação do corpo pelo pecado. Stephen revoltar-se-á, também intelectual e sexualmente, contra os dogmas católicos. O simbolismo da *moocow* identifica-se com Pasífae e a vaca do folclore irlandês, e as duas relações não se excluem, pelo contrário, se complementam.

FUGA DO LABIRINTO

Toda a formação escolar de James Joyce foi guiada por jesuítas; primeiro no internato Clongowes Wood College, no condado de Kildare; depois no

---

19. Don Gifford, *Joyce Annotated*, Bekerley e Los Angeles, University of California Press, 1982, p. 131. "The supernatural (white) cow take children across to an island realm where they are relieved of the petty restrains and dependencies of childhood and magically schooled as heroes before they are returned to their astonished parents and community" (tradução minha).

Belvedere College, em Dublin, e finalmente no University College, a Universidade Católica local[20]. Toda a sua vida e obra foram marcadas pela guerra espiritual contra a religião, a família e o país que o educou. Em *Um Retrato* isso aparece claramente. J. I. M. Stewart comenta que *"Um Retrato do Artista Quando Jovem,* essencialmente a história da própria ruptura de Joyce com a igreja católica e da descoberta de sua verdadeira vocação, foi publicado em 1916, terminando um processo de gestação que durou muitos anos"[21]. De fato, o romance foi escrito em dez anos. No final da obra o próprio autor revela que o começou a escrever no ano de 1904, em Dublin, terminando-o dez anos depois em Trieste. O romance ilustra o desenvolvimento do artista dos 6 aos 22 anos, período que corresponde aos anos de estudo de Joyce, desde o primeiro colégio, Clongowes, até a University College.

O pequeno Stephen terá formação católica em Clongowes. Seu caráter e personalidade são moldados pela doutrina ensinada pelos jesuítas. Seu primeiro vacilo na fé é a descoberta da sensualidade. "É estabelecida na mente de Stephen uma associação simbólica entre arte e sexo, e essa revelação precoce o ajuda a decidir seu conflito posterior entre arte e religião"[22], observa Harry Levin. A primeira substituição é a da devoção à virgem Maria pela musa, uma moça comum.

O primeiro momento de substituição do culto à virgem Maria para o culto a uma moça comum dá-se já no primeiro capítulo. "Eileen tinha as mãos brancas, longas, finas e macias porque era uma garota. Eram como o marfim; somente macias. Esse era o significado de Torre de Marfim, mas os protestantes não conseguiam entender isso e ficavam tirando sarro"[23]. As mãos de Eileen são como marfim. Uma das denominações dadas à virgem Maria pelos

---

20. Sobre o tema ver *Joyce Among the Jesuits* de Kevin Sullivan.

21. J.I.M. Stewart, "A Portrait of the Artist as a Young Man", em William M. Schutte, *Twentieth Century Interpretations of A portrait of the artist as a young man*, p. 21. "A Portrait of the Artist as a Young Man, essentially the story of Joyce's own break with the Catholic Church and discovery of his true vocation, was published in 1916, at the end of a process of gestation covering many years."

22. Harry Levin, *op. cit.*, p. 57. "In Stephen's mind a symbolic association between art and sex is established, and that precocious revelation helps him to decide his later conflict between art and religion."

23. James Joyce, *Um Retrato do Artista Quando Jovem*, p. 60; *A Portrait of the Artist as a Young Man*, p. 286. "Eileen had long thin cool white hands too because she was a girl. They were like ivory; only soft. That was the meaning of Tower of Ivory but Protestants could not understand it and made fun of it."

católicos é justamente *Torre de Marfim*. Depois, Stephen mesmo diz *Torre de Marfim* não se referindo à virgem Maria, mas a Eileen. Além disso, o jovem sugere a incompreensão dos protestantes que debocham da devoção à Maria porque não entenderam o verdadeiro sentido da expressão *Torre de Marfim*, ou seja, Eileen. A passagem, ambígua, mostra um tom crítico e de sátira com relação aos protestantes, típico de Joyce, e ao mesmo tempo a profanação do culto à virgem Maria, culto que transfere à garota das mãos de marfim.

Terminado o período escolar em Clongowes, Stephen volta para casa para passar as férias. O garoto não irá resistir às tentações. Sua primeira queda será através da perda da castidade, a revolta do corpo contra as doutrinas ensinadas pelos jesuítas.

Queria encontrar no mundo real a imagem insubstancial que sua alma contemplava com tanta constância. Não sabia onde procurar, nem como, mas uma premonição que o impulsionava lhe dizia que esta imagem, sem qualquer ato declarado de sua parte, acabaria por encontrá-lo. Eles se encontrariam silenciosamente como se já se conhecessem e tivessem combinado, talvez diante de um dos portões ou em algum lugar mais secreto. Estariam sós, cercados por trevas e silêncio: e naquele momento de supremo carinho ele seria transfigurado. [...] Fraqueza e timidez e inexperiência o abandonariam naquele momento mágico[24]. [...] de jardim em jardim em busca de Mercedes[25].

O jardim que Stephen procura é o das delícias, tomado aqui no sentido de prazer sexual. Passado o período infanto-juvenil, Stephen transfere-se de escola, mas continua com os jesuítas. Belvedere College será onde o jovem passará sua adolescência dos 13 aos 16 anos provavelmente. Nesse ínterim que

---

24. *Idem*, p. 86; *idem*, p. 311. "He wanted to meet in the real world the unsubstantial image which his soul so constantly beheld. He did not know where to seek it or how: but a premonition which led him or told him that this image would, without any overt act of his, encounter him. They would meet quietly as if they had known each other and had made their trust, perhaps at one of the gates or in some more secret place. They would be alone, surrounded by darkness and silence: and in that moment of supreme tenderness he would be transfigured. [...] Weakness and timidity and inexperience would fall from him in that magic moment." Sobre a relação entre Mercedes de Stephen e a personagem do romance *O Conde de Monte Cristo* de Alexandre Dumas ver a dissertação de mestrado *A Revolta Luciferina* de Flavio Quintale Neto.

25. *Idem*, p. 88; *idem*, p. 313, "garden to garden in search of Mercedes".

524 · ROMANCE DE FORMAÇÃO

sinaliza a mudança de colégio, Stephen está em férias. É quando o jovem estudante terá a sua iniciação sexual, primeiro sintoma de sua futura apostasia. Ele já não se importava mais em viver em pecado: "pouco se lhe dava estar em pecado mortal, que sua vida tivesse passado a ser uma colcha de subterfúgios e falsidades"[26]. Stephen dirige-se então à rua de prostituição, *red light district*, e inicia sua vida sexual. No entanto, Stephen fica perturbado com o seu estado de pecado e teme as punições do inferno. "Tinha pecado mortalmente não uma, mas várias vezes, e sabia que, por mais que corresse o risco da danação eterna apenas por causa do primeiro pecado, cada pecado seguinte multiplicava sua culpa e seu castigo"[27]. As palavras do Padre Arnall no retiro espiritual onde se aplicam os *Exercícios Espirituais* de Inácio de Loyola ressoam e perturbam a mente do jovem artista:

Como, por ordem de Deus, o fogo da fornalha da Babilônia perdeu o calor mas não a luz, assim, por ordem de Deus, o fogo do inferno, ainda que mantendo a intensidade de seu calor, arde eternamente no escuro. É uma tempestade infinita de trevas, chamas negras e fumaça negra do enxofre em chamas, entre as quais os corpos se empilham sem nem uma réstia de ar. De todas as pragas com que foi amaldiçoada a terra dos Faraós apenas uma, a das trevas, foi chamada de horrível. Que nome, então, podemos dar às trevas do inferno que não hão de durar apenas três dias, mas toda a eternidade?[28] [...] O enxofre, também, que arde ali em quantidades tão prodigiosas, toma todo o inferno com seu fedor intolerável; e os corpos dos próprios condenados exalam um odor tão pestilento que, como diz são Boaventura, um único deles bastaria para contaminar o mundo todo. O próprio ar deste nosso mundo, elemento

---

26. *Idem*, p. 125; *idem*, p. 350. "He cared little that he was in mortal sin, that his life had grown to be a tissue of subterfuge and falsehood."

27. *Idem*, p. 131; *idem*, p. 355. "He had sinned mortally not once but many times and he knew that, while he stood in danger of eternal damnation for the first sin alone, by every succeeding sin he multiplied his guilt and his punishment."

28. *Idem*, p. 150; *idem*, p. 374. "As, at the command of God, the fire of Babylonian furnace lost its heat but not its light so, at the command of God, the fire of hell, while retaining the intensity of its heat, burns eternally in darkness. It is a never-ending storm of darkness, dark flames and dark smoke of burning brimstone, amid which the bodies are heaped one upon another without even a glimpse of air. Of all the plagues with which the land of Pharaohs was smitten one plague alone, that of darkness, was called horrible. What name, then, shall we give to the darkness of hell which is to last not three days alone but for all eternity?"

tão puro, torna-se fétido e impossível de respirar quando fica tanto tempo fechado. Considerai então o que deve ser o fedor do ar do inferno. Imaginai que um cadáver nojento e pútrido ficou apodrecendo e se decompondo na cova, massa gelatinosa de líquida degradação. Imaginai esse cadáver jogado às chamas, devorado pelo fogo do enxofre ardente e soltando densa fumaça asfixiante de decomposição nauseabunda e repulsiva. E então imaginai tal fedor repugnante multiplicado por um milhão e novamente multiplicado por um milhão pelos milhões de milhões de fétidas carcaças amontoadas na escuridão fedorenta, imenso fungo humano que apodrece. Imaginai isso tudo, e tereis alguma ideia do horror que é o fedor do inferno[29].

O inferno, nas palavras do padre, é a pior punição que o homem pode receber. Sua descrição é terrível e gera o medo e o temor que perturbam Stephen. Queima sem iluminar, cheira mal e não deixa nem um mínimo de espaço para se acomodar e para respirar. É pior que todas as maldições do Egito, que viveu nas trevas por três dias como é narrado no Êxodo, pois as trevas são eternas. Na retórica do Padre Arnall, os jovens, em não se preocupando com a salvação da própria alma, sofrerão o terror do inferno. Mas o discurso não tem efeito. A resposta de Stephen não deixa dúvida. É a mesma de Lúcifer: "*non serviam* – não servirei"[30].

A ARTE COMO NOVA RELIGIÃO

A servidão passa a ser à arte. Sua conversão é à beleza. O resultado é a constituição de uma poética que fundamente sua produção literária, *the priest*

---

29. James Joyce, *Um Retrato do Artista Quando Jovem*, pp. 150-151; *A Portrait of the Artist as a Young Man* pp. 374-375. "The brimstone too which burns there in such prodigious quantity fills all hell with its intolerable stench; and the bodies of the damned themselves exhale such a pestilential odour that as saint Bonaventure says, one of them alone would suffice to infect the whole world. The very air of this world, that pure element, becomes foul and unbreathable when it has been long enclosed. Consider then what must be the foulness of the air of hell. Imagine some foul and putrid corpse that has lain rotting and decomposing in the grave, a jellylike mass of liquid corruption. Imagine such a corpse a prey to flames, devoured by the fire of burning brimstone and giving off dense choking fumes of nauseous loathsome decomposition. And then imagine this sickening stench, multiplied a millionfold and millionfold again from the millions upon millions of fetid carcasses massed together in the reeking darkness, a huge and rotting human fungus. Imagine all this and you will have some idea of the horror of the stench of hell."

30. *Idem*, p. 147; *idem*, p. 371, "non serviam: I will not serve".

of imagination. O sacerdote da imaginação é chamado para outra vocação, "venha aqui, Dedalus! Bous Stephanoumenos!"[31] O *Baby-tuckoo* do início agora é *Bous Stephanoumenos*. Em grego *Bous* significa boi. Stephen será a oferenda do sacrifício, como faziam os judeus do Antigo Testamento. *Bous Stephanoumenos* é o aluno de alma-boi. Isso indica uma clara referência a Tomás de Aquino, conhecido como o boi mudo da Sicília. Stephen Dedalus é o novo doutor angélico às avessas.

A poética do jovem artista é baseada fundamentalmente, mas não apenas, em Tomás de Aquino, Gabriele D'Annunzio e Gustave Flaubert. O primeiro lhe dá fundamentação metafísica, o segundo, estética, e o terceiro, a forma.

O aristotelismo tomista está enraizado em Stephen. "Ele perdeu a fé, mas permaneceu fiel ao sistema ortodoxo"[32], comenta Umberto Eco, "é de se perguntar quanto o escolasticismo do jovem Joyce seja substancial e quanto não seja aparente (menos formal, portanto), simplesmente devido ao gosto malicioso da contaminação, ou ainda à tentativa de contrabandear ideias revolucionárias sob o manto do Doutor Angélico"[33]. Esse "gosto malicioso da contaminação" e o contrabando de "ideias revolucionárias sob o manto do Doutor Angélico" podem ser entendidos vendo até que ponto Stephen incorpora a concepção tomista à sua estética.

"Para a beleza requere-se o seguinte", expõe Tomás de Aquino, "primeiro, a integridade ou perfeição, pois o inacabado, por ser inacabado, é feio. Também se requere a devida proporção ou harmonia. Por último, precisa-se da claridade, daí o que tem nitidez de cor chama-se belo"[34]. A beleza seria a união da integridade com a proporção e com a clareza – juntas formam a beleza. O belo é aquilo que é acabado, proporcional e claro. Essas três características devem pertencer à unidade intrínseca do objeto, como a Trindade ou Deus-Pai, Filho e Espírito Santo, sendo Um só Ser em três Pessoas distintas. Stephen, ao con-

---

31. *Idem*, p. 205; *idem*, p. 429. "Come along, Dedalus! Bous Stephanoumenos!"

32. Umberto Eco, *Le Poetiche di Joyce*, 3. ed., Milano, Bompiani, 1994, p. 16. "Egli perdette la sua fede ma rimase fedele al sistema ortodosso." Ver também de Umberto Eco, *Il Problema Estetico in Tommaso D'Aquino*.

33. *Idem*, p. 17. "quanto lo scolasticismo del primo Joyce sai sostanziale e quanto non sai apparente (meno, dunque, che formale), semplicemente dovuto al gusto malizioso della contaminazione, o ancora al tentativo di contrabbandare idee rivoluzionarie sotto la cappa del Dottore Angelico."

34. Tomás de Aquino, *Suma de Teologia*, 2. ed., Madrid, BAC, 1994, I, q.39, a8, 5 vols.

trário de Aquino, vê essas características como fases da apreensão ou maneiras de o sujeito representar o objeto. Nisso está a diferença fundamental. Enquanto para Aquino a apreensão é a partir do objeto, para Stephen é a partir do sujeito:

Três coisas são necessárias para a beleza, integridade, harmonia e radiância. [...] A primeira fase da apreensão é uma linha delimitadora desenhada em torno do objeto a ser apreendido. Uma imagem estética nos é apresentada ou no espaço ou no tempo. [...] Você a apreende como uma coisa. Você a vê como um todo íntegro. Você apreende a sua integridade. Isso é a integritas. [...] Tendo primeiro sentido que ela é uma coisa você agora sente que ela é uma coisa. Você a apreende como algo complexo, múltiplo, divisível, separável, composto por suas partes, resultado de suas partes e soma delas, harmonioso. Isso é a consonantia. [...] A conotação da palavra – Stephen disse – é algo vaga. Aquino usa um termo que parece ser inexato. Ele me deixou desorientado muito tempo. Você poderia ser levado a pensar que ele tinha em mente o simbolismo ou o idealismo, sendo a suprema qualidade do ser uma luz vinda de algum outro mundo, de cuja ideia a matéria é mera sombra, de cuja realidade ela é simples símbolo. Eu achei que ele podia querer dizer que claritas é a descoberta e a representação artística do propósito divino em qualquer coisa ou uma força ou generalização que faria a imagem estética se universalizar, fazer que brilhasse mais que suas condições próprias. Mas isso é conversa literária. Eu entendo assim. Depois de apreender aquele cesto como uma coisa só e depois o analisar segundo sua forma e o apreender como coisa você faz a única síntese que é lógica e esteticamente permissível. Você vê que ele é o que é e nada mais. A radiância de que ele fala é a quidditas escolástica, a coisidade da coisa. Essa qualidade suprema é sentida pelo artista quando a imagem estética é originalmente concebida em sua imaginação. A mente naquele misterioso instante que Shelley assemelhou lindamente a uma brasa que se apaga. O instante em que aquela suprema qualidade do belo, a clara radiância da imagem estética, é apreendida de maneira luminosa pela mente que foi detida por sua integridade e fascinada por sua harmonia é a luminosa estase silente do prazer estético, um estado espiritual muito afim à condição cardíaca que o fisiologista italiano Luigi Galvani, empregando uma expressão quase tão linda quanto a de Shelley, chamou de encantamento do coração[35].

35. James Joyce, *Um Retrato do Artista Quando Jovem*, pp. 259-261; *A Portrait of the Artist as a Young Man*, pp. 479-481. "Three things are needed for beauty, wholeness, harmony and radiance. [...] The first phase of apprehension is a bounding line drawn about the object to be apprehended. Aa esthetic image is presented to us either in space or in time. [...] You apprehend it as one thing. You see it as one whole thing. You apprehend its wholenees. That is integritas. [...] Having first felt that it is one thing you feel

Para Stephen, ao contrário de Tomás de Aquino, *integritas, consonantia* e *claritas* seriam três fases distintas e sucessivas de apreensão do belo. Enquanto o *integritas* de Aquino é a obra acabada, completa, para Stephen é a apreensão total da obra por parte do sujeito. Aquino parte do objeto para o sujeito, e Stephen, do sujeito para o objeto. Em Joyce é uma questão puramente espacial, já no tomismo se trata da integridade do ser enquanto uno, ou seja, aquilo que torna o ente um ser em ato. Já com relação ao conceito de *consonantia*, Aquino refere-se à proporção que deve estar presente nas coisas para elas serem belas, entretanto, para Stephen é, simplesmente, a apreensão da coisa como uma composição de partes distintas em harmonia. A propósito do termo *claritas*, a distinção é ainda maior. Aquino refere-se à clareza que deve existir na coisa para ela ser compreendida e ser chamada de bela. Para Stephen, Aquino é impreciso, pois o conceito não teria ficado claro. Assim, para o jovem, a ideia de *claritas* seria simplesmente perceber que a coisa é a própria coisa e não outra. Além disso, Stephen relaciona sua releitura dos conceitos tomistas ao instante do êxtase estético que sente o artista no momento de sua criação. Para tanto, vale-se da comparação feita por Shelley entre o instante misterioso em que o poeta capta uma imagem estética e a brasa se extinguindo, *fading coal*. "O integritas, consonantia e claritas

now that it is a thing. You apprehend it as complex, multiple, divisible, separable, made up of its parts, the result of its parts and their sum, harmonious. That is consonantia. [...] The connotation of the word (claritas), Stephen said, is rather vague. Aquinas uses a term which seems to be inexact. It baffled me for a long time. It would lead you to believe that he had in mind symbolism or idealism, the supreme quality of beauty being a light from some other world, the idea of which the matter is but the shadow, the reality of which its is but the symbol. I thought he might mean that claritas is the artistic discovery and representation of the divine purpose in anything or a force of generalisation which would madie the esthetic image a universal one, make it outshine its proper conditions. But thats literary talk. I understand it so. When you have apprehended that basket as one thing and have then analysed it according to its form and apprehend it as a thing you make the only synthesis which is logically and esthetically permissible. You see that it is that thing which it is and no other thing. The radiance of which he speaks is the scholastic quidditas, the whatness of a thing. This supreme quality is felt by the artist when the esthetic image is first conceived in his imagination. The mind in that mystery instant Shelly likened beautifully to a fading coal. The instant wherein that supreme quality of beauty, the clear radiance of the esthetic image, is apprehended luminously by the mind which has been arrested by its wholeness and fascinated by its harmony is the luminous silent statis of esthetic pleasure, a spiritual state very like to that cardiac condition which the Italian physiologist Luigi Galvani, using a phrase almost as beautiful as Shelly's, called the enchantment of the heart."

(que Stephen fala em nome de Aquino) são concebidas por Aquino como qualidades das coisas que a mente vem a conhecer, não como 'etapas' no ato de apreensão da mente"[36], argumenta William Noon. Assim, Joyce apropria-se do termo tomista e o revoluciona incluindo seu conceito de iluminação próximo ao simbolismo e ao idealismo. Joyce rompe com a identidade do ser aristotélico-tomista para introduzir sua própria concepção dialética do ser, tese, antítese e síntese. Aqui Joyce é muito mais hegeliano do que tomista.

De D'Annunzio, Stephen incorpora a ideia de epifania, ou revelação, já tão cara a Percy B. Shelley. Stephen quer explorar a ideia de manifestação da divindade, de revelação, de epifania do fogo. O poeta seria uma espécie de profeta, mensageiro da divindade, que recebe a revelação por meio de um êxtase místico.

No romance *Il Fuoco*[37] de Gabriele D'Annunzio, ao final do primeiro capítulo, lê-se:

Gloria ao milagre! Um sentimento sobre-humano de poder e de liberdade soprou no coração do jovem como o vento soprou a vela por ele transfigurada. No esplendor púrpuro da vela ele esteve como no esplendor de seu próprio sangue. Parecia-lhe que todo o mistério daquela beleza pedia o ato triunfal. Se for capaz de compreendê-lo. "Criar com alegria!" E o mundo será seu[38].

E em *Um Retrato*: "Sua alma se erguera da tumba da infância, recusando sua mortalha. Sim! Sim! Sim! Ele criaria altivamente a partir da liberdade e do poder de sua alma, como o grande artífice cujo nome carregava, uma coisa viva, nova e alcandorada e linda, impalpável, imperecível"[39].

---

36. William T. Noon, *Joyce and Aquinas*, New Haven, Yale U.P., 1957, p. 22. "The integritas, consonantia, and claritas (of which Stephen speaks in Aquinas' name) are conceived by Aquinas as qualities of things which the mind comes to know, not as 'stages' in the mind's own act of knowing" (tradução minha).

37. Gabriele D'Annunzio, *Il Fuoco*, Milano, Mondadori, 1996.

38. *Idem*, p. 126. "Gloria al Miracolo! Un sentimento sovrumano di potenza e di libertà gonfiò il cuore del giovine come il vento gonfiò la vela per lui transfigurata. Nello splendore purpereo della vela egli stette come nello splendore del suo proprio sangue. Gli parve che tutto il misterio di quella bellezza gli chiedesse l'atto trionfale. Si sentì capace di compierlo. 'Creare con gioia!' E il mondo era suo" (tradução minha).

39. James Joyce, *Um Retrato do Artista Quando Jovem*, p. 207; *A Portrait of the Artist as a Young Man*, pp. 431-432. "His soul had arisen from the grave of boyhood, spurning her graveclothes. Yes! Yes! Yes! He

A comparação desses trechos permite depreender que o artista, num momento de êxtase poético, concebe a sua criação como um sopro, ou melhor, como um sopro da divindade, revelador do segredo mais profundo do Belo. Em D'Annunzio o êxtase estético é chama e epifania, em Joyce, a epifania "é a sensação que o artista nota quando sua imaginação começa a conceber a imagem estética"[40]. A imagem, porém, de "fading coal" usada por Shelley e incorporada por Stephen enfatiza a ideia de revelação, presente no poeta inglês, no sentido de o poeta ser um profeta ao receber a revelação da divindade e expressá-la sob a forma de arte. Diz Shelley:

A poesia é, na verdade, algo divino. É, simultaneamente, o centro e a circunferência do conhecimento; é aquilo que compreende toda ciência e a que toda ciência deve ser referida. É, ao mesmo tempo, a raiz e a flor de todos os outros sistemas de pensamento; é aquilo de onde tudo emerge e que tudo adorna; é aquilo que, maculado, nega o fruto e a semente, e priva o mundo estéril do sustento e da sucessão da árvore da vida. [...] Ninguém pode dizer: "Vou compor poesia". Nem o maior poeta o pode dizer, pois o espírito em criação é como brasa que vai se apagando e que uma influência invisível, como o vento inconstante, desperta para um brilho transitório; esta força surge de dentro, como a cor de uma flor que murcha e muda à medida que vai crescendo; e a parte consciente da nossa natureza não pode profetizar, quer a sua aproximação quer o seu afastamento. [...] A poesia redime da queda as visitações da divindade no homem[41].

---

would create proudly out of the freedom and power of his soul, as the great artificer whose name he bore, a living thing, new and soaring and beautiful, impalpable, imperishable."

40. Umberto Eco, "Sobre uma Noção Joyceana", em *Joyce e o Romance Moderno*, São Paulo, Editora Documentos, 1969, p. 55. Tradução minha.

41. P. B. Shelley, "A Defence of Poetry", em *Poems and Prose*, pp. 273-275. "Poetry is indeed something divine. It is at once the centre and circumference of knowledge; it is that which comprehends all science, and that to which all science must be referred. It is at the same time the root and blossom of all other systems of thought; it is that from which all spring, and that which adorns all; and that which if blighted denies the fruit and seed, and withholds from the barren world the nourishment and succession of the scions of the tree of life. [...] A man cannot say, I will compose poetry. The greatest poet even cannot say it: for the mind in creation is as a fading coal which some invisible influence, like an inconstant wind, awakens to transitory brightness: this power arises from within, like the color of a flower which fades and changes as it is developed, and the conscious portions of our nature are unprophetic either of its approach or its departure. [...] Poetry redeems from decay the visitations of the divinity in Man".

Só o poeta seria capaz de obter essa iluminação, essa epifania, e transformá-la em revelação do Belo. Ele é propriamente o profeta, mensageiro da manifestação espiritual da beleza. É a epifania que revelaria a *coisa em si*.

De Flaubert, finalmente, Stephen herda a concepção de forma a dar à sua arte. O artista, sendo criador, tem de ser como Deus, onipotente, onisciente e onipresente em sua obra. Gustave Flaubert na famosa carta de 18 de março de 1857 endereçada à Mademoiselle Leroyer de Chantepie escreve que "o artista deve estar em sua obra como Deus na criação, invisível, e todo-poderoso; que se sente por toda parte, mas que não se vê"[42]. A influência de Flaubert em Stephen é clara quando diz que "o artista, como o Deus da criação, permanece no interior, ou atrás, ou para além, ou acima da sua obra, invisível, subtilizado, evaporado da existência, indiferente, entregue à limpeza das unhas"[43]. A ideia do artista como criador, brincando de Deus, insere-se na tradição poeta-profeta divino, porta-voz da religião da "arte". Sacerdote da palavra divina.

Estabelecidos os princípios fundamentais de sua arte, o jovem escritor, Dédalo, já está pronto para alçar voo e deixar família, pátria e fé: "Não continuarei a servir aquilo em que já não acredito, meu lar, minha pátria ou minha religião. E tratarei de exprimir-me em algum modo de vida ou de arte tão livremente como possa, tão plenamente como possa, usando para minha defesa as únicas armas que me permito usar: silêncio, exílio e astúcia"[44]. A primeira etapa da sua formação de artista está concluída. O que segue já é *Ulysses*.

---

42. Gustave Flaubert, *Correspondance*, Paris, Folio, 1998, p. 324. "L'artiste doit être dans son ouvre comme Dieu dans la création, invisible, et tout-puissant; qu'on le sente partout, mais qu'on ne le voie pas" (tradução minha).

43. James Joyce, *Um Retrato do Artista Quando Jovem*, p. 263; *A Portrait of the Artist as a Young Man*, p. 483. "The artist, like the God of the creation, remains within or behind or beyond or above his handiwork, invisible, refined out of existence, indifferent, paring his fingernails."

44. *Idem*, p. 301; *idem*, p. 519. "I will not serve that in which I no longer believe whether it call itself my home, my fatherland or my church: and I will try to express myself in some mode of life or art as freely as I can and as wholly as I can, using for my defence the only arms I allow myself to use – silence, exile and cunning."

FÁBIO DE SOUZA ANDRADE

O Último Cigarro, o Primeiro Lápis: A Vida como Rascunho em *A Consciência de Zeno*, de Italo Svevo

PREÂMBULO

A propósito do protagonista de *A Consciência de Zeno* (1923), o triestino Italo Svevo, um dos inventores do moderno romance italiano, afirmava que "o destino de todos os homens é o de enganar a si mesmos sobre a natureza das próprias preferências para atenuar a dor dos desenganos que a vida traz". No confronto entre os propósitos heroicos e a realidade pouco enaltecedora, o sabor negativo desse juízo, fazendo coro a Freud e Schopenhauer, norteou não apenas o personagem, mas também seu autor, o fino observador e ironista de sua classe Ettore Schmitz (1861-1928), nome civil de Svevo, em sua dupla vocação de negociante abastado e artista, esquadrinhador das existências burguesas de seu tempo[1].

---

1. Para além da conferência no ciclo consagrado ao romance de formação na Biblioteca Municipal Mário de Andrade (São Paulo/SP, 2013) que está em sua base e lhe confere certo tom de oralidade (com suas redundâncias e hesitações, devidamente gravadas em vídeo, cuja localização, aliás, agradeço a Aryanna Oliveira) que decidi preservar, este artigo retoma, parcialmente e sob novo aspecto, abordagens anteriores do mesmo tema, em textos produzidos e falas proferidas em circunstâncias diversas, caso, por exemplo, de artigo publicado no suplemento *mais!* (*Folha de S. Paulo*, 5.2.2002) e de aulas em curso de extensão no Centro Universitário Maria Antônia (USP), em 2010.

A história de Trieste, como a de Svevo, confunde-se com um pendor comercial e certa má consciência daí derivada. Filho de um judeu austríaco de língua alemã e mãe italiana, o autor de *Uma Vida* (1892) e *Senilidade* (1898) cresceu no então principal porto do Império Austro-Húngaro, cujas raízes culturais estavam, porém, na civilização italiana, berço da língua franca em que eslavos, vienenses e itálicos se entendiam e desentendiam. A confusão babélica atraiu à cidade James Joyce, que lá teve seus filhos e sobreviveu das aulas de inglês, enquanto se dedicava ao *Ulisses*. Os dois, Svevo e Joyce, evoluíram da relação entre professor e aluno (o negociante afiava o inglês nas aulas em que traduzia os contos de juventude do irlandês) para a de amigos próximos; a confirmação crítica do autor de *Dubliners*, depois endossada pela admiração de Eugenio Montale, Benjamin Crémieux e Valéry Larbaud, por ele intermediada, foi decisiva para que Svevo reatasse com a literatura, depois da recepção fria aos romances e contos de juventude e um hiato de mais de 20 anos, ocupados pelos negócios em sociedade com o sogro, pai de Lívia, também sua prima que, aliás, inspirou os cabelos loiros e longos de Anna Lívia em *Finnegans Wake*[2].

O resultado foi a obra-prima na qual, sob a forma de um relato autobiográfico, escrito por encomenda de um analista, somos apresentados ao esforço de compreensão e relativo apaziguamento dos conflitos íntimos de Zeno Cosini, respeitável, abastado e provecto cidadão triestino. Em meio a uma rotina desoladoramente previsível, protegida pela fortuna, pontuada e dividida pela recapitulação de crises espaçadas, mais ou menos cotidianas (uma internação para cura de um vício trivial; a morte do pai; a corte à esposa; como conciliar mulher e amante; a rivalidade com o cunhado), assistimos às contorções morais de uma natureza sensível, mas não a ponto de sacrificar o conforto às exigências da consciência em foco, que se enrodilha ao redor de uma única e prosaica obsessão, suma de todos os outros projetos de aprimoramento: deixar de fumar.

Da linhagem moderna dos anti-heróis, Zeno encarna como poucos os hábitos (ou tiques?) de sua classe. A vida, desde o casamento com a única

---

2. Vale conferir o depoimento de Svevo sobre esse encontro e sua relação com Joyce, registrado no ensaio "Uma Visão de Ulisses", em *Joyce e o Romance Moderno: Michel Butor – Italo Svevo – Umberto Eco (série L'ARC)*, Editora Documentos, [s. d.].

de quatro herdeiras-irmãs que não lhe despertara interesse até a relação culpada com a desnecessidade de trabalhar, é a história das soluções possíveis, da conciliação – um pouco forçada, um pouco comodista – com um mundo em que o prazer e a fantasia não têm mínima chance contra a fatura cobrada pela realidade. Procurar resistir ao destino, traduzido sob a forma de comportamentos que, de tão esperados, se convertem em compulsões, é alimentar quimeras. Das intenções aos gestos, Zeno constata as pernas curtas das grandes resoluções: a pusilanimidade é seu traço distintivo; sua tormenta e sua diversão estão em racionalizar e relativizar o fracasso, sofrer a decepção (no melhor dos mundos, rindo de si mesmo) e seguir vivendo uma vida comicamente inviável. Tudo isto, às portas do colapso sombrio que a cronologia da narrativa, encerrando-se à eclosão da Grande Guerra, em 1914, anuncia.

Nos três maiores romances de Svevo, o precário equilíbrio entre artista e burguês, entre disposição prática e sensibilidade estetizante, é o foco constante, conferindo um ar de família a seus narradores-narrados: o já mencionado Zeno; Alfonso, o bancário com veleidades literárias, protagonista de *Uma Vida*, seu primeiro romance – escrito sob impacto das leituras de Zola e Flaubert –, que, incapaz de administrar os baques do mundo, se suicida; e Emílio, de *Senilidade*, precocemente abúlico aos 30 anos, condenado a uma vida afetiva de migalhas, disfarçando seu desejo por uma costureirinha em filantropia ou amor romântico, recriados literariamente[3].

As marcas de um estilo ainda muito preso a esquemas de filiação naturalista (destrinchando destinos exemplares, moldados por uma força opressiva do meio), mesmo que refinados por um senso de nuances muito desenvolvido, inibem, em parte, na estreia, a ironia de matriz sterniana que vigora, plena, no romance final. O salto dado por *A Consciência de Zeno* está na forma renovada que confere ao realismo, a começar pela escavação exemplar do narrador em primeira pessoa, entre lapsos e atos falhos, que levou a crítica a aproximá-lo de Proust e Pirandello, lembrando o parentesco da psicopato-

---

3. Italo Svevo, *Uma Vida*, tradução de Aurora F. Bernardini e Homero F. Andrade, São Paulo, Nova Alexandria, 1993; *Senilidade*, tradução de Ivo Barroso, Rio de Janeiro, Nova Fronteira, 1982. Cf. *Romanzi e "continuazioni"* (ed. crítica, aparato genético e notas de Nunzia Palimieri e Fabio Vittorini), Milão, Mondadori, 2004.

logia do cotidiano que ali se esboça com o projeto freudiano. A sombra das leituras do médico vienense na obra de Svevo, bem como a presença da psicanálise em sua vida não podem, de fato, ser ignoradas; as alfinetadas que o autor desfere nos analistas e seu empenho na denegação só fazem confirmá-la.

Não faltam os que, escorados na semelhança entre a biografia de Ettore Schmitz e as experiências atribuídas a suas criaturas, postulem leituras edipianas clássicas das neuroses que habitam seus personagens. Para estes, a correspondência do autor, o *Diário para a Noiva* (registros publicados postumamente, mantidos num caderno que a futura esposa, Lívia, lhe ofereceu na ocasião do noivado) e outros papéis autobiográficos são documentos preciosos. Aos demais, o romance mais do que se basta, mostrando como todos engordamos diariamente o sempre aposentado "envelope dos bons propósitos" e sentimos "o caráter efêmero e inconsistente da nossa vontade e dos nossos desejos" como uma espécie muito peculiar de doença, a vida como a conhecemos e Svevo nos apresenta. Como esta dinâmica confere um aspecto precursor e inventivamente ligado à matéria narrativa e à renovação técnica da prosa de ficção modernas, e mesmo modernistas, é o que procuro examinar no próximo passo deste artigo.

ZENO E SVEVO, DOIS (?) PERCURSOS FORMATIVOS

Falar em *A Consciência de Zeno* no contexto do romance de formação implica, se não licença poética, ao menos um alargamento do conceito estrito do gênero, já que essa "confissão literária", "autobiografia mas não de mim mesmo" é antes um romance de *deformação*, de avaliação tardia, racionalização e reinvenção permanente, e permanentemente insatisfeita, da vida através da escrita. Narrativa que surge como uma dobradiça pivotante, entre o século XIX e o século XX, a *Consciência* é um livro clássico na forma e enganosamente simples que se deixa ler em camadas muito variadas, derivadas seja da percepção precoce (e decisiva) nele conferida à linguagem enquanto véu e veículo de investigação do real, seja de sua estrutura narrativa singular, jogando com múltiplas molduras, gêneros e vozes narrativas incrustadas no romance. Ponto alto da produção sveviana, desdobrado em posteriores novelas que prolongam as agudezas e fecundas contradições de seu material narrativo, o drama cômico de Zeno Cosini se destaca na investigação dos desencontros modernos entre o sujeito e o mundo, tratados, aqui, em chave quase farsesca, vizinha das pequenas tragédias[4].

Ainda que a relação do romance de Zeno com o modelo clássico do romance de formação seja antes interrogativa, é notável como os elementos basilares do gênero nele aparecem em novo arranjo, em negativo. Estão lá de maneira condensada as estações canônicas do percurso formativo: a consideração atenta dos decisivos anos escolares, das relações amorosas como ocasião de aperfeiçoamento individual, dos encontros necessários disfarçados sob a casualidade com mestres de formação que forçam a reconsideração das teimas e certezas idiossincráticas, a alternativa entre o ceder ao mundo restritivo da utilidade prática e a promessa de liberdade anunciada pela atividade artística, precocemente formulada, de berço, e resolvida positivamente, em última análise, a favor do primeiro.

Em seu esforço autobiográfico encomendado, parte substancial do romance, Zeno Cosini rememora os anos de estudos de química e direito, período de que salva apenas a cicatriz da decepção; a morte traumática do pai e o encontro de uma nova figura de autoridade, sob a forma de um homem de negócios e sogro em potencial, o sr. Malfenti, caricatura dos mestres de formação que o conduz ao mundo de restrições. No espaço modesto de um salão burguês, o do mesmo Malfenti, conhece a diversidade dos temperamentos femininos, concentrado no buquê de irmãs que decide cortejar; na rivalidade com o futuro cunhado, experimenta suas possibilidades, acanhadas, seja no violino, seja no mundo das finanças. Falta-lhe uma viagem formativa, seu mundo é o da restrição crescente, espacial e imaginativa a um só tempo.

No embate entre a "prosa do mundo" burguês e a "poesia do coração", no transcurso do tempo, o protagonista de Svevo experimenta em versão con-

---

4. A impressão de que, em *A Consciência de Zeno*, Svevo tocou o centro nervoso de seu problema artístico (a recriação ficcional da realidade como potência e resistência ao mundo torto) se reforça pelas múltiplas voltas ao personagem, retomado em estágios posteriores da sua elaboração fabuladora da existência, mais ou menos tal qual ou ligeiramente disfarçado. Cf. *Un contratto, Le confessioni del vegliardo* e *Il mio ozio*, por exemplo, em *Romanzi, op. cit.* Sobre a força cômica de Svevo (cf. J. Wood, "Italo Svevo's Unreliable Comedy", *The Irresponsible Self*, New York, Picador, 2004) [ebook: Abril 2011].

densada e invertida, irônica, não a realização sábia e plena de sua potencialidade individual pelo caminho de uma integração concessiva, mais ou menos
harmônica, ao meio social, como nos *Anos de Aprendizado de Wilhelm Meister*, mas a evidência de sua progressiva atrofia moral no processo de amadurecimento, um amesquinhamento pessoal apenas minimamente reversível
através da mentira, do autoengano e da racionalização, no polo inferior, ou
da ficção, no polo oposto.

Como a contraface desse amesquinhamento paulatino do herói (e da revisão moderna do gênero) é um todo social, um mundo burguês cada vez mais
reconhecido por traços como a inautenticidade de valores e falsidade totali-
tária, ordem social na qual escasseiam atributos emancipatórios, o efeito final
é de denúncia tácita, atualização, algo paródica, do *Bildungsroman* que não é
exclusiva a Svevo, mas frequente em suas múltiplas versões mais contemporâneas ao longo do século xx[5].

Comecemos do começo, a forma talvez menos engenhosa mas, possivelmente, a mais produtiva de se começar.

Rever a minha infância? Já lá se vão mais de dez lustros, mas minha vista cansada
talvez pudesse ver a luz que dela ainda dimana, não fosse a interposição de obstáculos
de toda espécie, verdadeiras montanhas: todos esses anos e algumas horas de minha
vida.

O doutor recomendou-me que não me obstinasse em perscrutar longe demais.
Os fatos recentes são igualmente preciosos, sobretudo as imagens e os sonhos da
noite anterior. Mas é preciso estabelecer uma certa ordem para poder começar *ab
ovo*. Mal deixei o consultório do médico, que deverá se ausentar de Trieste por algum
tempo, corri a comprar um compêndio de psicanálise e li-o no intuito de facilitar-
-me a tarefa. Não o achei difícil de entender, embora bastante enfadonho. Depois

---

5. Apesar da importância da cultura alemã na formação de Italo Svevo, a presença do modelo goethiano
em seu romance é mais discreta e, apesar de traços paródicos, a relação entre a *Consciência* e *Os Anos de
Aprendizado de Wilhelm Meister*, modelo arquetípico do gênero, não chega a caracterizar uma paródia,
ao menos não na dimensão de um diálogo intertextual tão miúdo e constante como o que Marcus Mazzari mostra estar presente na caracterização de Oskar Mazerath, o protagonista de *O Tambor de Lata*,
de Günter Grass. Marcus Mazzari, *Romance de Formação em Perspectiva Histórica: O Tambor de Lata,
de Günter Grass*, Cotia (SP), Ateliê Editorial, 1999. Ainda assim, não há como negar o quanto a tradição
dos romances de formação pulsa sob a pele do romance sveviano.

O ÚLTIMO CIGARRO, O PRIMEIRO LÁPIS: A VIDA COMO RASCUNHO...

do almoço, comodamente esparramado numa poltrona de braços, eis-me de lápis e papel na mão. Tenho a fronte completamente descontraída, pois eliminei da mente todo e qualquer esforço. Meu pensamento parece dissociado de mim. Chego a vê-lo. Ergue-se, torna a baixar... e esta é sua única atividade. Para recordar-lhe que é meu pensamento e que tem por obrigação manifestar-se, empunho o lápis. Eis que minha fronte se enruga ao pensar nas palavras que são compostas de tantas letras. O presente imperioso ressurge e ofusca o passado[6].

Já nas primeiras linhas, salta aos olhos a confusão temporal de alguém que, passados dez lustros de vida, entrado nos 50 anos (exatamente a idade de Svevo quando escreve *Consciência*), se volta para uma racionalização do próprio percurso, separação de joio e trigo, organização e compreensão dos impasses e obstáculos que o constituem e, nesse processo, se enfrenta consigo mesmo. A divisão interior do protagonista, ajuste de contas entre mundo prático e abismos interiores, entre a memória e o lápis, constitui o movimento contínuo do romance, sempre abordado a partir de um plano temporal que abrevia a distância entre os fatos passados e o instante presente de sua reatualização. O narrador se percebe e se constitui a partir das possibilidades e das angústias inauguradas por esse presente da enunciação, no encontro e desencontro com as muitas outras versões de si mesmo que as lembranças e a imaginação lhe propõem. O leitor segue na permanente companhia dessa cisão, ora distinguindo, ora confundindo Zeno, protagonista dos acontecimentos, e Zeno, deles analista. Um hermeneuta evidentemente interessado e suspeito,

---

6. Italo Svevo, *A Consciência de Zeno*, tradução de Ivo Barroso, Rio de Janeiro, Nova Fronteira, 2001, p. 9. "Vedere la mia infanzia? Più di dieci lustri me ne separano e i miei occhi presbiti forse potrebbero arrivarci se la luce che ancora ne reverbera non fosse tagliata da ostacoli d'ogni genere, vere alte montagne: i miei anni e qualche mia ora.//Il dottore mi raccomandò di non ostinarmi a guardare tanto lontano. Anche le cose recenti sono preziose per essi e sopra tutto le immaginazioni e i sogni della notte prima. Ma un po' d'ordine pur dovrebb'esserci e per poter cominciare *ab ovo*, appena abbandonato il dottore che di questi giorni e per lungo tempo lascia Trieste, solo per facilitargli il compito, comperai e lessi un trattato di psico-analisi. Non è difficile d'intenderlo, ma molto noioso.//Dopo pranzato, sdraiato comodamente su una poltrona Club, ho la matita e un pezzo di carta in mano. La mia fronte è spianata perché dalla mia mente eliminai ogni sforzo. Il mio pensiero mi appare isolato da me. Io lo vedo. S'alza, s'abbassa...ma è la sua sola attività. Per ricordargli ch'esso è il pensiero e che sarebbe suo compito di manifestarsi, afferro la matita. Ecco che la mia fronte si corruga perché ogni parola è composta di tante lettere e il presente imperioso risorge ed offusca il passato" (*La Coscienza di Zeno*, em *Romanzi*, *op. cit.*, p. 626).

observador participante cuja tendência natural é organizá-los de forma a se reconhecer no retrato mais favorável possível de si mesmo.

Notável ainda tratar-se de um romance em que a primeira pessoa assume o primeiro plano, artifício muito comum nas narrativas da origem do romance, mas distante de ser a norma na evolução posterior do gênero. Quem acompanha a evolução do gênero encontra em Stendhal, Balzac e Flaubert a predominância progressiva de um modelo de narrador impassível, tudo considerando do ponto de vista exterior, garantidor de certa serenidade épica, distância regulamentar entre a matéria narrada e aquele que a organiza, profundamente determinante na arquitetura do romance oitocentista.

No século xx, a narrativa torna a ganhar uma dose considerável de instabilidade e emocionalização da matéria narrada em grande parte localizável na (se não atribuível a) volta do narrador em primeira pessoa, forma espontânea de narrar. Um *ricorso* que, depois do estágio intermediário de distanciamento garantido pelo narrador onisciente neutro oitocentista, ressignifica o "eu" narrador em novos termos, nada clássicos. Prismatizados por esse novo ponto de vista, subjetivo, os fatos narrados assumem uma dimensão expressionista, subordinados a uma consciência única, propensa à divisão e redivisão infinita, coisa que em livro que se proclama autobiografia, ainda que tão particular dentro dessa categoria, parece ser decisivo.

Do romance de formação, encontramos na *Consciência*, portanto, o enfrentamento contínuo do conflito entre propósitos heroicos e uma realidade pouco enaltecedora. Na companhia de Freud e Schopenhauer, o sabor negativo desse embate em Svevo se reflete na natureza cindida por trás do romance, antecipada na disputa entre prenome e nome, tanto no seu pseudônimo de escriba, quanto em seu registro civil, ambos remetendo a sua dividida origem ítalo-germânica (Italo Svevo, Ettore Schmitz), e reduplicada na própria situação de Trieste, também ela repartida entre as vocações de porto estratégico, lugar de trocas econômicas e cadinho cultural por excelência.

Claro está que Svevo não é primeiro nem único nessa tradição, outros grandes autores também se nutrem desse trânsito e choque formador de identidades culturais; cabe, contudo, registrar o quanto ela está profundamente inscrita em seu destino pessoal e em sua biografia. Em termos pessoais, lutavam em Svevo as exigências do artista e do negociante abastado, do esquadrinhador de existências burguesas e do protagonista desse tipo de existência. O chamamento comercial, no seu caso desenvolvido numa carreira de muito sucesso, sempre resultou em certa má consciência que pede para ser tematizada, o que nos remete de imediato à questão central e cara a uma modalidade particular dos romances de formação, o *Künstlerroman*, o romance de formação do artista, certamente a mais adequada à caracterização da *Consciência*.

Se arriscássemos um paralelo entre Zeno e *Tonio Kroeger*, de Thomas Mann, por exemplo, encontraríamos neste último o tipo burguês a quem a arte impede a identificação plena com a rotina e o cotidiano absorventes, submetido a um canto de sereia que o arrasta, sem descanso, para longe dos hábitos convencionais de classe, enquanto Ettore Schmitz/Italo Svevo, por sua vez, cumpriria uma trajetória simétrica e oposta: aqui, estamos às voltas com um artista a quem a vida burguesa o tempo todo ameaçou calar, mas cuja voz hesitante acabou por prevalecer, ao termo do percurso[7].

E do que se constrói a singularidade da *Consciência*, livro tardio e admirável? Se Oswald de Andrade escreve a sua autobiografia sob as ordens de mamãe, o protagonista de Svevo o faz sob as ordens do doutor, um psicanalista que procura e despreza, autor do prefácio-moldura que antecede seu relato, elaborado como tentativa dos conflitos íntimos que nele se manifestam somaticamente. Trata-se, portanto, da narrativa de um respeitável, abastado e, nas linhas de superfície, bem-sucedido cidadão triestino, mas também de um insatisfeito, um doente imaginário. Em meio a uma rotina muito previsível, de hábitos sedimentados, sem grandes choques ou abalos, o narrador nos conduzirá, com o método de que é capaz, afetado por lapsos ou associações fortuitas, por uma trajetória fragmentária, pontuada por crises espaçadas, todas mais ou menos cotidianas e administráveis, mas que assumem para ele

---

7. Claudio Magris, soberbo ensaísta e ficcionista de não menos interesse, como podem atestar, por exemplo, a coletânea *Alfabetos: Ensaios de Literatura*, Curitiba, Editora da UFPR, 2012, ou seu romance de viagem, *Danúbio*, São Paulo, Companhia das Letras, 2008, é também tributário dessa experiência mediadora entre as culturas da Europa Central e a civilização mediterrânea que, em Trieste, tanto se facilita. Sua leitura pessoal da obra de Svevo, muito sugestiva e largamente acompanhada aqui, muito deve a essa herança comum (cf. Claudio Magris, "La 'Coscienza di Zeno' di Italo Svevo", em *La Coscienza di Svevo*, Roma, Ministero per i Beni e le Attività Culturali, Direzione Generale per i Beni Librari e gli Istituti Culturali / De Luca Editori d'Arte, 2002).

dimensões inabordáveis, entre as quais a mais decisiva é a suscitada por uma internação para a cura do hábito do cigarro.

O romance resultante, aliás, é todo ele tecido em torno desta obsessão, a de se livrar do fumo, lugar de concentração das muitas ansiedades e insatisfações do Zeno. A ele, e ao esforço autobiográfico que precipita, se liga em constelação e arranjo associativo relativamente arbitrário um número restrito de episódios díspares, mas muito reveladores do caráter de Zeno, os quais em mosaico o rascunham. Ao mesmo tempo, além do papel decisivo de temas herdados do século XIX, como o adultério ou os desafios de conciliar a esposa e a amante, tem importância estruturadora no livro a relação do protagonista com um duplo seu, o cunhado, Guido Spahler, rival na corte às filhas do comerciante de que se fará sogro. Spahler faz as vezes do espelho distorcido em que Zeno evita, a todo custo, se reconhecer e, involuntariamente, acaba se prestando à formulação inconsciente, não admitida, de uma avaliação nada simpática, mordaz, de si mesmo.

Pelas mãos desse narrador pouco confiável, o leitor acompanha de muito perto, sismograficamente, os dilemas morais e as torsões de linguagem que os incidentes pouco edificantes de que participa provocam em sua natureza, sensível e cismada. Força decisiva no gênero como um todo, e nesse romance em particular, a autoanálise introspectiva – compreendidas suas duas fases, primeiro, a autoinspeção, em seguida, o autodesprezo a que convida – é força dominante no romance e, embora suscite no herói um desconforto íntimo não negligenciável, incômodo e persistente, jamais alcança mudá-lo substancialmente. Projetos de aprimoramento, boas intenções, nobres propósitos acabam fatalmente aposentados antes da hora, mantendo a personagem em estado de contínua e indefinida inquietude.

A trajetória que o romance esboça, portanto, é a das soluções possíveis, como no romance de formação paradigmático, trajetória de uma conciliação entre forçada e acanhada, comodista. No protagonista, a pouca resistência ao conformismo anunciado com força de inelutável tende a se manifestar em comportamentos pouco meditados, que acabam se materializando nas compulsões, tentativas infrutíferas e descontroladas de sustentar o insustentável.

Zeno é supérfluo, sem qualidades, timorato, um insatisfeito de si disfarçado em seu avesso, e vice-versa. Sob um registro cômico, enganosamente ligeiro e ridículo que acompanha seu mal-estar na civilização, o romance encaminha um diagnóstico duro e preciso do mundo burguês, sem se abster de algum teor profético, quase apocalíptico, sublinhado na cena alegórica que o encerra: a do protagonista, envelhecido, apanhado de surpresa, durante passeio ocioso pelo campo, pelo deslocamento de tropas invasoras, inaugurando o massacre por vir da Grande Guerra de 1914.

O que muda radicalmente esse quadro malparado é a centralidade da literatura na caracterização dessa consciência, dobra autorreflexiva que faz de Zeno um narrador-narrado, personagem para o qual não há real sem sua contraparte inventada, nem confissão sem ficção. Nele, a escrita representa uma negação do princípio da realidade vitorioso, espécie de tímida e vicária rebelião possível, reversão dos limites em vantagens. No caminho de reexame da acidentalidade da vida, soma de momentos esparsos e desconexos, na tentativa de compreensão da origem dos males, na busca pela caixa de Pandora, a fabulação literária insinua a estreita margem de ultrapassagem da mera constatação das pernas curtas das boas intenções, ao que se resumiria a recomposição retrospectiva de Zeno, fosse-lhe cassada a esfera potencial aberta pela palavra. É ela sua última trincheira, último reduto de resistência, câmara de tortura, mas também porta de salvação.

Os bons propósitos aparecem, e se desvanecem, muitas vezes marcados por esse enfrentamento entre o papel e a caneta. Zeno Cosini é um homem que anota tudo, suas resoluções demandam o registro escrito para que não se percam no dia a dia, papéis colecionados e ocasionalmente reencontrados. São eles próprios que se encarregam de suscitar os remordimentos, testemunhas de sua incapacidade de mantê-las e se encarregando da denúncia da sua pusilanimidade, um dos traços marcantes dessa personagem. Trata-se de registros que crescem pela casa, Zeno literalmente habita esse cemitério de votos descumpridos. Vai escrevendo pelas paredes a longa canção dos últimos cigarros, a ponto de ter de apagar a procissão de fiascos pintando novamente a parede do quarto, coberta por essas intenções não realizadas. A tormenta e a divisão de Svevo está em, ao revisitar esse percurso, racionalizar e relativizar esses fracassos, sofrer a decepção, no melhor dos mundos, rindo de si próprio, numa vida que se pode classificar como "comicamente inviável".

Assim, é também da ordem da técnica narrativa, protomodernista, o salto de qualidade que Svevo logra em *Consciência*: uma primeira pessoa enunciativa renovada pelas vivências hipotéticas, que transforma a inépcia em vantagem estratégica e permite à "longa sucessão de cadáveres" (Beckett *dixit*), às várias versões do eu durante uma vida, uma convivência conflitiva e renovadora num tempo perturbado, o da escrita. Antecipa o *topos* modernista de um eu fragmentário, que se divide em muitos, condomínio de vozes dissonantes, sempre em disputa. E as raízes desse salto deixam-se rastrear na história pregressa do escritor.

DE *UMA VIDA* À *CONSCIÊNCIA*: UM NARRADOR EM FORMAÇÃO

Em Svevo, o mundo habitado e ressignificado pela escrita não é novidade, nem exclusividade de *Consciência*. Os dois romances que precedem sua obra-prima também tratam desse equilíbrio precário entre artista e burguês, disposição prática e sensibilidade estetizante. Há, portanto, um ar de família entre seus três principais protagonistas romanescos: Zeno é descendente remoto do literato Alfonso Nitti, de *Uma Vida*, típico herói do romance do século XIX, moço da província engolido pela cidade, e do melancólico Emílio, de *Senilidade*, que persegue na fantasia e na compensação simbólica dos livros algo além do mundo cinzento do cotidiano.

Nos primeiros ensaios do romancista, predominam ainda as marcas de esquemas construtivos e estilo muito presos à régua naturalista, movidos pelo empenho em destrinchar destinos exemplares moldados a ferro e fogo pelo meio opressivo. O narrador de *Uma Vida*, por exemplo, se pauta pelo mandamento da impessoalidade, recusando o que brota diretamente da sensibilidade e evitando a todo custo a expressão franca e direta. Essa vontade de isenção revoga sua prerrogativa de intervir, comentar ou fazer juízos morais, subordinando-o a um ordenamento da fábula muito regrado. Sua dificuldade é o desafio flaubertiano de saber bem o que não dizer, antes de saber o que dizer.

Dessa perspectiva, são evidentes as afinidades com *A Educação Sentimental*, de Flaubert, economizados o pano de fundo ideológico em que se move

Fréderic Moreau, o descritivismo pontual e preciso, a filigrana que dá conta dos objetos, dos ambientes, das personagens. A dívida do ponto de vista da composição da trajetória do protagonista, contudo, é profunda: um jovem provinciano que se acerca da cidade e que se movimenta por entre poucos cenários, todos marcados por natureza social muito variada, cujo vínculo é estabelecido pela sua própria mobilidade, nos deslocamentos da casa dos burgueses abastados para os vilarejos do campo, passando pelo ambiente burocrático e desinteressante do banco. São espaços independentes em seu funcionamento que apenas ações e desejos do herói articulam entre si.

Como em *A Educação Sentimental*, a dificuldade do narrador (e do escritor) é a de lidar com um personagem desfibrado, excessivamente amorfo, incapaz de carregar sozinho a história e manter o interesse do público, desprovido de gestos decisivos ou grandes resoluções. De alguma forma, um continuador da linhagem dos humilhados e ofendidos, heróis do romance russo do XIX que oscilam entre a bravata desafiadora e a anulação completa ante a prosa do mundo. De Flaubert, portanto, nesse livro de estreia, Svevo herda a propensão a refrear os comentários editoriais, o gosto pela cronologia sem saltos e uma história que se conta a partir do momento que se inicia, sem pré-história direta das personagens, sem retrospectos, pré-história recuperada apenas de modo disseminado e fragmentário ao longo do romance.

Uma Vida transcorre no ano que separa duas cartas (a que comunica à mãe de Alfonso Nitti seu suicídio e aquela em que ele mesmo narra a ela suas primeiras impressões da cidade), demarcando um intervalo muito preciso, em flagrante contraste com esquema temporal e arquitetura estrutural da *Consciência*, muito mais complexos. Nesses termos, do aproveitamento de uma convenção já muito trabalhada, lidamos com um romance de rendimento estético mais acanhado, muito previsível. O leitor sabe que Alfonso Nitti se encaminha para um desastre e o interesse que lhe resta é o de acompanhar o modo pelo qual ele ganhará corpo[8].

Mas já aqui, nos primórdios do romancista, o tema que confere singularidade à obra de Svevo, o caráter peculiar que a experiência assume quando

---

8. Para as afinidades de projeto entre o primeiro Svevo e o Flaubert da *Educação Sentimental* (cf. M. Lavagetto, "Il Romanzo Oltre la Fine del Mondo", em *Romanzi, op. cit.*).

revista pela literatura, já demonstra sua centralidade, a exemplo do que se passa na evolução da obra de outro narrador em que ficção e confissão se entrelaçam[9]. Ainda como (limitada) compensação simbólica ao descolorido do mundo, o território da escrita já aparece em *Vida* ligado à corte de Alfonso Nitti à filha do patrão, Annetta. Quando decidem escrever um romance a quatro mãos, suas diferenças essenciais saltam à vista: enquanto o protagonista, no figurino flaubertiano, agarra-se a uma espécie de romance familiar dos neuróticos, preso à superfície cinzenta da própria vida e refém de uma imaginação sem asas, Annetta, moça caprichosa, mas feliz em sua pele, de quem um abismo de classe o separa, decididamente prefere enredos movimentados e francamente fantasiosos. O contraste de perspectivas tão díspares justapostas já carrega *in nuce* os termos que compõem o tema da vida passada a limpo, reequacionada pela escrita, tão fundamental no Svevo tardio.

– Era uma vez um jovenzinho, que chega a uma aldeia e que tinha umas ideias bem estranhas sobre os hábitos da cidade. Achando-os bem diferentes dos que tinha imaginado, ficou amargurado. Depois vamos pôr um amor, também. Já esteve apaixonado?

– Eu...– e unicamente de medo bateu mais forte seu coração. Quase lhe fizera uma declaração! [...]

– Precisaremos de caneta e tinteiro... mas prefiro confiar na memória, para as primeiras ideias. Depois colocaremos o preto no branco. Como é então que escreveria o romance?

– Seria preciso refletir bastante.

– Como assim? Vamos contar sua vida – e até aqui ainda estava perfeitamente na primeira ideia. – Naturalmente, em lugar de funcionário será rico e nobre, ou melhor, apenas nobre. Deixemos a riqueza para o fim.

Com um único toque a primeira ideia fora completamente abandonada[10].

---

9. Em contexto brasileiro, a tematização da literatura como reduto da experiência autêntica possível, ausente no mundo, marca presença na trajetória do conjunto dos narradores de Graciliano Ramos, desde aqueles mais presos ao modelo naturalista, como o de *Caetés*, até os finais, memorialistas (cf. Antonio Candido, *Ficção e Confissão: Ensaios sobre Graciliano Ramos*, São Paulo, Editora 34, 1992).

10. Italo Svevo, *Uma Vida*, pp. 119-120. "– C'era una volta un giovinetto che venne da un villaggio in una città e il quale s'era fatto delle idee ben starne sui costumi della città. Trovandoli in fatti differenti di quanto aveva ideato si rammaricò. Poi ci metteremo un amore. Ella è stato talvolta innamorato?// –

O romance seguinte, *Senilidade*, Svevo escreve aos 37 anos. Como Alfonso Nitti, seu novo protagonista é outro inepto, mal entrado na casa dos trinta e já envelhecido, apático e abúlico. Emilio Brentani é também ele escritor, agora não um pequeno bancário com pretensões literárias, mas um burguês intelectualizado que divide genuínas ambições estéticas com um amigo escultor – percurso que guarda, aliás, alguma afinidade com a trajetória biográfica do próprio Svevo. Brentani se mete em um caso amoroso que busca disfarçar em respeitável filantropia, como o próprio Zeno posteriormente fará. Aproxima--se de Angiolina, uma costureira órfã, e disfarça seu interesse por ela na tarefa digna da educação de uma moça pobre, benemerência típica que se espera de gente de sua condição.

Faz dela o objeto de seu empenho pedagógico, travestindo o galanteio em projeto de reconstrução humana, moral, pessoal e social e, malogrando na conquista, a converte em obsessão literária. Quando se mete a escrever, para desvendar o que não vislumbra no calor da ação, Emilio/autor descobre que dizer a verdade não tem tanta importância assim na escrita: a verdade é menos crível do que os sonhos que, teimosa e inconscientemente, se recusa a transcrever para o papel; insatisfeito com a receita de narrativa que tinha abraçado, a naturalista, abandona a literatura por inércia, pela incapacidade de fazer nascer um novo modo de criar esperança e reconstruí-la de maneira literária. Um estágio além de Alfonso, o narrador falido que aqui encontramos já tenta fazer da escrita um ato de reparação, de ressarcimento das injustiças que alega ter recebido do mundo, mas ainda não logra o salto que, valendo-se das vidas literárias paralelas, converte a inépcia em vantagem, as limitações em possibilidades, a desistência em resistência.

Os propósitos inconfessáveis que Brentani alimenta em relação a ela, e vice-versa, a difícil e melindrada intimidade entre ambos levam a um jogo de

---

Io... – e unicamente per la paura gli batté più forte il cuore.// Aveva avuto l'intenzione di fare una dichiarazone. [...] – Ci occorrerebbe penna e calamaio...ma preferisco affidarmi per le prime idee alla memoria. Metteremo poi il nero sul bianco. Come farebbe dunque lei a svolgere questo romanzo?// – Bisognerebbe riflettere a lungo. // – Ci vuole tanto? Racconteremo la sua vita, – e qui si trovava ancora perfettamente nella prima idea. – Naturalmente invece impiegato la faremo ricco e nobile, anzi soltanto nobile. La ricchezza serbiamo per la chiuza del romanzo.// Con un solo balzo leggero la prima idea era stata abbandonata del tutto" (*Romanzi, op. cit.,* pp. 134-135).

fingimento de lado a lado, cuja dialética é reveladora da dinâmica de revelação e encobrimento que anima a literatura em si. O romance faz do protagonista a única consciência refletora através do qual temos acesso, sempre oblíquo, à figura da moça; as agruras que experimenta empenhado em alcançar uma imagem confiável e recortada, um retrato fixo e apaziguador de Angiolina, objeto renitente de seus desejos, se revelam inteiramente, portanto, apenas a quem o lê.

Por mais econômico e parcimonioso que seja, o narrador arma uma espécie de cruel máquina retórica que, do ponto de vista do leitor, resulta na oportunidade única que a ele, leitor, se oferece de entrever aquilo que o protagonista teria pavor de constatar: o esfarrapado das traquitanas de respeitabilidade que a amante cria para encobrir sua falsa inocência, o postiço de seu interesse no benfeitor, seus inúmeros interesses amorosos.

Pelo tratamento que confere ao ciúme, retrospectivo inclusive, *Senilidade* está atravessado de ponta a ponta pela consideração da verdade e da mentira, da impostura e da simulação, tema que repercute diretamente tanto sobre a representação do sujeito moderno, quanto sobre a noção de literatura que a sustenta. No romance, a mentira aparece diversa no protagonista e em sua amante; para ela, a mentira é uma espécie de segunda natureza exercida com absoluta liberdade com a intenção de agradar ou de ocultar – Angiolina mente com integridade, com o corpo, antes de mentir com as palavras, mente sem divisão interior, por omissão para se fazer valorizar, e segura de que suas mentiras são tão bem arquitetadas que lógica alguma será capaz de revelar a presença da vontade de iludir em suas palavras.

Mente, de resto, contando com a cumplicidade do destinatário, pois Emilio é alguém que quer se fazer enganar pelas palavras doces que ela profere. O narrador, por sua vez, mente literariamente, com certa má consciência, vítima da dobra interior daquele que não pode evitar observar-se de fora, capaz, ainda que de maneira fugaz e dolorosa, a alto custo, de notar o quanto lhe convém ser enganado, deliberadamente ignorando detalhes da arquitetura mentirosa de sua amante. Emilio, portanto, mente de maneira elaborada e interessada para si mesmo, mas ainda aquém do passo decisivo da troca da fabulação aprisionadora e torturante por uma fantasia literária como marco de liberdade. Esse laboratório ficcional menos melancólico, animado pela permanente reconfiguração dos acontecimentos passados em novas realidades, vidas paralelas em que a impotência se converte em seu avesso, denúncia, deverá esperar por Zeno.

Tanto *Uma Vida* como *Senilidade,* se não preparam teleologicamente, encaminham, antecipando temas e procedimentos, o romance que os supera em complexidade, interesse e realização. Para esse salto em *Consciência* contribui significativamente o frescor da estrutura narrativa deste último, mais contrapontística e nuançada. Três intervenções textuais bastante diversas entre si, seja na extensão, seja nos modelos literários que evocam, criam um jogo entre múltiplos gêneros discursivos interno ao livro, instabilizando a autoridade relativa de cada um em si e comunicando parte dessa instabilidade essencial à própria arquitetura geral.

Antes de mais nada, temos um brevíssimo prefácio, paratexto dentro do texto, reminiscência das convenções dos primeiros romances e tributário da ideia do manuscrito encontrado que um editor (capaz de afiançar sua verdade ou denunciar sua falsidade) toma a si introduzir. Esse suposto depoimento do psicanalista define a natureza das memórias que o leitor tem em mãos, escritas, segundo ele, a pedidos, por um paciente recalcitrante e resistente ao processo da cura.

Segue-se a parte mais longa e central do livro, a autobiografia do protagonista propriamente, outra vez precedida por um preâmbulo, desta vez do interessado direto, nova versão para a origem e dinâmica do relato, descrito agora como um esforço pessoal e sincero de compreender o enfrentamento contínuo entre lembranças e linguagem, passado e presente, a consciência e a página em branco que responde por sua identidade.

Por fim, uma seção final, composta por três entradas em um diário, encimadas por datas precisas, nas quais o herói empreende um balanço final, pelo menos até segunda ordem, *ex post* e tempos depois, tanto da aventura psicanalítica, como da relação pessoal com seu analista e desafeto, colocando uma pedra sobre as hipóteses edipianas levantadas para explicar suas dores, imaginárias ou não, e registrando, inadvertidamente, sua aproximação máxima da tragédia contemporânea, ao ser apanhado, a um só tempo, pela irrupção da guerra e pelo ponto final do romance.

O tema da fabulação que se impõe sobre o real, já presente no preâmbulo, ressurge nas suas tentativas de se mostrar desejável aos olhos das demais personagens e do leitor de suas lembranças. No episódio da corte às irmãs entre as quais se conta sua futura esposa, por exemplo, os esforços de maquiar e melhorar sua autobiografia representam parte significativa da conversação, Zeno reformando os dados de sua existência anterior de maneira a apresentá--los mais extravagantes, mais coloridos. Confessa que era um procedimento ao qual já havia recorrido várias vezes, tentar impressionar as beldades com episódios deslocados do banal de sua vida, caracterizando-se, aos olhos do leitor (que certamente intuirá que o processo pode estar se renovando no ato da escrita da autobiografia), como um narrador mentiroso, na linhagem do Barão de Münchausen ou de Luciano de Samóstata, da *História Verdadeira*. E registra: aquelas eram mentiras tão sedutoras que, quando depois tenta contar à mulher que lhes impingira versões retocadas da verdade, invenções suas, esta, enfadada, se recusa terminantemente a lhe dar crédito. A conclusão a que chega é de que a verdade não reside na vida, mas habita sua reescrita, convencendo-se aos poucos da superioridade de uma verdade de recusa e de afirmação, inventada, ainda que negativa, impossibilidade verossímil.

A corte evolui para seu casamento justamente com aquela das filhas, a estrábica, que lhe parecera a menos interessante das quatro. Importante notar que tudo isso alcança o leitor por intermédio da parte interessada que é Zeno, que desde logo se prova um narrador dos menos confiáveis, de cujos exageros e interesses aprendemos rapidamente a desconfiar, mas um tipo particular de narrador não confiável, porque tem a boa-fé de discutir os limites da im- postura e da verdade. Que, portanto, silencia, omite e reconstrói as histórias segundo um misto de boa e má-fé que lhe é singular.

A *Consciência*, então, se tece a partir desse acúmulo de lapsos ressignifi- cados, de atos falhos organizados em rede, vedando ao leitor a manutenção de qualquer ilusão referencial, mantendo-o sempre suspeitoso de que Zeno esteja mentindo, sem nada oferecer em substituição à versão do protagonista, sem outra válvula de escape narrativo que não a autobiográfica[11]. Enquanto

---

11. "Disguidi, malintesi e atti mancati scandiscono il destino di Svevo, della sua fama e della sua riflessione critica; d'altra parte egli è il grandissimo scrittore che ha fatto del malinteso e dell'atto mancato un cifra per capire con straordinaria profondità l'esistenza dell'uomo, la vita e la storia. La coscienza di Zeno è un romanzo intessuto di questa stratificazione in cui il disguido gioca un ruolo principale; un romanzo di tanti piani, ognuno dei quali sembra contenere un diverso messaggio, come la vita, diversa

personagem, Zeno é fruto das consequências paradoxais desta forma, a autobiografia, que ele próprio modaliza, quando qualifica seu texto como "uma autobiografia, mas não a minha" ou lembra, em seu corpo, que "uma confissão escrita é sempre mentirosa"[12]. Da confissão, expressão literária de um processo religioso de expiação cujos modelos canônicos são Santo Agostinho e Rousseau, Svevo conserva, sob aspecto secularizado, apenas a perseguição sem fim de uma miragem: uma consciência inocente impossível, sempre adiada. Reverter essa inquietude a seu favor é o que seu narrador tardio buscará.

BATENDO EM RETIRADA: O RECUO ESTRATÉGICO
DO NARRADOR

Desde os primeiros livros de Svevo, vemo-nos às voltas com um cansaço vital e existencial, sintoma, indício e cristalização, singular e concreta, da cultura europeia e da inteligência burguesa àquela altura, vividas no plano imediato dos sentimentos, das pulsões, do amor e do ciúme no cotidiano. A grande virada da *Consciência* em sua trajetória está em marcar o estágio em que seu autor deixa de se sentir uma vítima desse contexto que inibe as possibilidades, as ambições de mudança de mundo, e se torna mais um agente de dissolução dessa ordem burguesa, agente infiltrado na medida em que participa de todas as ações. Como já dito, são contradições profundamente inscritas em sua biografia[13].

---

e contraddittoria in ogni sua espressione. Svevo è il poeta dell'ambiguità inestricabile nascosta nei gesti quotidiani anche più inappariscenti e vivrà, del resto, la sua stessa esistenza, perfino il successo tardivo, come un malinteso" (Claudio Magris, *op. cit.*, p. 15).

12. A importância para Svevo da vida repartida e multiplicada na experiência efetiva e cotidiana do plurilinguismo – o dialeto triestino no dia a dia, o alemão da formação acadêmica e das transações comerciais, o francês da correspondência com a mulher, o italiano da criação literária – como reveladora da natureza proporcional da verdade, da linguagem enquanto formadora do mundo, não pode ser menosprezada e ganha estatuto de tema em seus romances, particularmente na *Consciência*.

13. Seu pai fora um próspero comerciante de vidros, morto precocemente, o que o forçou a assumir os negócios da família mais cedo. É no enterro do pai, aliás, que conhece a futura mulher, uma prima de segundo grau; depois do casamento, foi levado a assumir também as fábricas de verniz naval de propriedade da família da esposa, próxima dos círculos fascistas do poder, destoando de sua simpatia pelos ideais socialistas.

A partir de Zeno, a inércia dos seus narradores-narrados, a doença de seu cotidiano, a inação tornam-se uma espécie de remédio em si, são apropriadas e se transformam numa forma de resistência que se recusa a compartilhar ou participar desse mundo de ruínas. São as armas de que se dispõem na batalha por uma vida outra, mais autêntica que não seja essa dos hábitos, espécie de surdina da existência, como diz Beckett, "coleira que ata o cão a seu próprio vômito", impedimentos a que se viva uma certa integridade individual, hábitos que assumem o aspecto enganoso de amor *per se* à existência[14].

Este é um escritor dominado pela paixão da análise que passa a fazer parte de uma tradição literária que transforma a literatura numa espécie de "glossário do declínio contemporâneo" (Magris), um manual dessa participação nas trevas que é a existência moderna, e que assume que a representação da vida possível na arte de nossos tempos está fadada à incompletude, à obscuridade, à parcialidade individual. Quando o psicanalista descarta o esforço compreensivo que resultou no romance, descrevendo-o como uma série de mentiras, torna-se ele, uma caricatura de hermeneuta, míope às próprias virtudes do esforço de racionalização que gerou. Zeno afirma "lembro de tudo, mas não entendo nada" e sua narrativa-ação se dá totalmente neste intervalo, entre o que se recorda e o como o interpreta. A cada momento, o jogo é sobre a interpretação de um gesto, de uma palavra, de uma lembrança, que refuta se subsumir a um sistema racionalmente administrado: é da ordem daquilo que escapa à razão o que interessa ao narrador, por extensão, ao leitor, a (in)capacidade (rebelde) de se submeter a um sistema.

Em "Argo e seu dono", um cão narrador empenha-se na construção de um conjunto de categorias epistemológicas abrangentes, capazes de apreender o mundo a partir dos cheiros: "Existem três cheiros neste mundo: O cheiro do dono, o cheiro dos outros homens, o cheiro de Titi, o cheiro de diversas raças de animais (lebres que às vezes, mas raramente, são grandes e com chifres, e pássaros e gatos) e enfim o cheiro das coisas"[15]. A classificação, tão atraente e

---

14. Cf. Samuel Beckett, *Proust*, tradução de Artur Nestróvski, São Paulo, Cosac Naify, 2003.
15. Italo Svevo, *Argo e seu Dono*, tradução de Liliana Laganà, São Paulo, Berlendis e Vertecchia, p. 30. "Esistono tre odori a questo mondo: L'odore del padrone, l'odore degli altri uomini, l'odore di Titì, l'odore di diverse razze do bestie (lepri che sono talvolta ma raramente cornute e grandi, e uccelli e gatti) e infine l'odore delle cose" (Italo Svevo, *Racconti e Scritti Autobiofrafici*, ed. crítica, aparato genético e notas de Clotilde Bertoni, Milão, Mondadori, 2004, pp. 100-101).

desconcertante quanto a do verso de *Altazór*, poema do chileno Vicente Huidobro ("Los cuatro puntos cardinales son tres: el sur y el norte"), desenha um sistema de ordenamento que se desarticula à medida que vai se construindo. A impossibilidade de nomear as coisas de maneira estável deriva da ideia de que o próprio sujeito é uma soma de fragmentos, reunião precária de eus em disputa, sempre prestes a serem silenciados e de novo convocados, tornando a reivindicar o controle sobre o todo.

A vontade de ordem que subsiste à ideia do romance de formação, a vontade do compromisso administrável que da travessia do sujeito problemático pela vida extrai uma lição, por mais melancólica que seja, e confere um caráter inteligível a essa travessia que tudo teve de acidental e administrada pelo acaso, se espelha na forma deste romance que é a de um pensamento fragmentário e conflitivo, em busca de uma unidade impossível e incapaz de resolver as contradições da vida. A consciência que escreve não ordena, nem hierarquiza as experiências, antes confunde e altera as ordens que existiam antes desse esforço. Portanto, a autobiografia não resulta em *uma* vida, mas na possibilidade de múltiplas vidas, nem resulta em coisa acabada, mas em abertura permanente. Que no âmbito da obra Svevo jamais abandone Zeno, retomado repetidas vezes em narrativas posteriores – mesmo personagem, impasse e compulsões que exibe ao cabo da *Consciência* – só confirma a tipicidade moderna de sua condição.

Até o fim de seus dias, Svevo acalentou o projeto de um quarto romance com Zeno em foco, lamentando seu estado de acabamento provisório, o da edição de *Consciência*, agora rigidez morta da escrita fossilizada, reclamando para si outras possibilidades. Para Svevo, a velhice encarna um crepúsculo do sujeito paradoxalmente promissor. Como muitos dos autores modernos, escolheu os ineptos, os fracos, os velhos, os acídicos, encarnações do indivíduo por excelência para ele, sobrevivente graças à estratégia de retirada para os microespaços privados, onde a escrita permite driblar o jogo de limitações práticas da vida e a descoberta do novo onde aparentemente novo não há. Há uma insistência grande ao longo da *Consciência* em qualificar a vida como uma doença da matéria, como ela também aparece, por exemplo, em *A Montanha Mágica* de Thomas Mann; a velhice se apresenta, então, como a máscara mais veraz dessa vida entendida como doença, processo entrópico de evolução para a perda, segundo uma ótica cinzenta de um intelectual que observa também um processo de declínio da civilização e não se permite ilusões.

Em uma incursão dramática, transposição aos palcos desse universo da obra final, *A Regeneração* (*La Rigenerazione*), Svevo lida com um duplo fáustico de Zeno, em idade ainda mais avançada: à meia-noite, a esposa dormindo, o velho aventa a possibilidade de um pacto que lhe concedesse algo faltante, uma dimensão essencial que não sabe definir. Descarta de pronto a juventude que, recuperada, lhe tiraria justamente a força de ser débil, poder que deriva da impotência, de não estar envolvido nas engrenagens sociais e ganhar a liberdade de fazer o que quiser. O desfecho traz um Mefistófeles desorientado, tentando encontrar o que de sedutor oferecer a esse homem que já tem a força da fraqueza.

Quem são, pois, os velhos de Svevo? São protagonistas como o *Molloy*, de Samuel Beckett, ineptos que escrevinham diariamente como uma medida de higiene. Para eles, a velhice é uma libertação de um presente espinhoso propiciando um salto em um outro presente, o de um tempo indeterminado em que todos os tempos se encontram, presente da autografia, da enunciação, da linguagem. O regime temporal da ficção tardia sveviana, *Consciência* em particular, é um regime complexo. Ainda que seu livro se deixe ler como um romance tradicional, em que as etapas da vida de um homem ganham corpo (formação, morte do pai, os negócios, o casamento e a velhice), o movimento fabulatório deixa claro que o personagem não se traduz naquilo que viveu, mas sim no que escreve, ambiguidade que lhe confere interesse particular.

Inventar pela palavra passa a ser território da criação, deixa de ser uma mentira para alçar-se a modo de refazer os dados da experiência. Em seu discurso de autoanálise, Zeno emite sinais constantes e dispersos nessa direção; afirma, por exemplo, que quando ocasionalmente lhe acontece de dizer a verdade, o faz plantando sinais ambíguos e contraditórios em relação ao que afirma ("diz a verdade, mas com um sorriso de quem quer fazer crer que está mentindo") e são esses indícios que guardam o que de mais interessante existe a ser colhido no livro. Ou, no mesmo sentido, declara que a ele não importa a verdade, mas ao mesmo tempo se dá ao trabalho de desfazer o engano daqueles que acreditam na sua versão, chegando a desmentir-se em alguns momentos. Ou ainda confessa que altera levemente suas histórias, mas apenas o bastante para torná-las mais expressivas. Verdade e seu contrário habitam, como deus, nos detalhes e é com eles que Svevo lida muitíssimo, os detalhes expressivos que podem conferir verossimilhança para uma mentira. Em que ponto o mentiroso deve estancar sua fantasia fabulatória? Onde começa a se trair, até onde sua versão ainda se sustenta?

Zeno se apresenta como um homem mentiroso e, diferentemente do mentiroso ingênuo, concede sua falsidade ao se analisar; contudo, mesmo caída a máscara, exposta essa natureza dissimulada, segue sendo incapaz de renunciar ao hábito de defender, com unhas e dentes e fadado ao fracasso, a veracidade das mentiras de pernas curtas, mas elaboradíssimas na linguagem, que inventa. E nesses termos é um homem moderno, o homem cindido e fragmentado, um representante da pluralidade do eu e da ironia moderna, portador da capacidade de observar-se de fora, ruína de qualquer possibilidade da espontaneidade ingênua, presente e ausente a um só tempo. Tudo isso sob um estilo que se apresenta como clássico, na verdade, ambíguo e dificílimo em decorrência desse esquema temporal e da torsão que Svevo aplica ao narrador não confiável do romance, como se houvesse um romance dentro do outro, vários romances. Há uma técnica experimental ali que dissolve as convenções narrativas do romance, dissolve-o enquanto uma história de vida, fórmula que aqui não mais se sustenta depois de nos darmos conta do quanto está enredado o protagonista no cadinho da escrita.

A retirada do personagem para o tempo da escrita e da velhice não visa a aposentadoria precoce, a tranquilidade, a imobilidade, mas seu avesso. Trata-se do portal para uma mobilidade irrequieta que escapa às pressões sufocantes do real. Apenas a partir dela, o narrador passa a exercer uma margem de liberdade, ocupado com um exercício de conversão de uma realidade baça, cinzenta, sem virtualidade, em algo novo que preserve alguma chama de pulsões de vida, eróticas e irônicas, inclusive. Esse é o presente que o protagonista de Svevo valoriza e é a ele que quer estar associado. A novela "O Meu Ócio", que traz em primeiro plano novamente Zeno, se abre em um elogio a esse presente compósito e móvel:

Já o presente, não se pode burlá-lo nem no calendário, nem no relógio, que se olham apenas para estabelecer a própria relação com o passado ou para nos encaminhar para uma aparência de consciência rumo ao futuro. Eu, as coisas e as pessoas que nos cercam somos o verdadeiro presente.

Meu presente se compõe de vários tempos. O primeiro, longuíssimo presente, o abandono dos negócios, dura oito anos, uma inércia comovente; vêm em seguida acontecimentos importantíssimos que o fracionam. O matrimônio de minha filha, por exemplo, um acontecimento do passado que se insere num outro longo presente interrompido, ou talvez renovado, ou melhor, corrigido pela morte de seu marido. O nascimento de meu netinho Umberto, também longínquo, porque o presente real em relação a Umberto é o afeto que sinto por ele agora, na sua conquista, de que ele nada sabe, e acredita ser-lhe de direito por nascimento. Ou será que acredita em alguma outra coisa, de modo geral, aquela minúscula alma? Meu presente em relação a ele é exatamente seu passo pequeno e seguro, interrompido por medos angustiantes, logo curados pela companhia dos brinquedos, quando não consegue conquistar a assistência da mãe, ou a minha, o avô. Meu presente também é Augusta como ela é agora, coitadinha, com seus bichos, cães, gatos e pássaros, e sua eterna indisposição da qual não quer se curar com a mínima energia. Faz aquele pouco que lhe prescreve o dr. Hauling e não quer ouvir nem a mim que com força descomunal consegui vencer a mesma tendência, a descompensação do coração, nem a Carlo, nosso sobrinho, o filho de Guido, que voltou há pouco da universidade e conhece, portanto, os mais modernos medicamentos.

Claro, grande parte do meu presente provém da farmácia[16].

---

16. Italo Svevo, "O Meu Ócio", em *Argo e o seu Dono*, pp. 82-83. "Già il presente non si può andar a cercare né sul calendario né sull'orologio che si guardano solo per stabilire la propria relazione al passato o per avviarci con una parvenza di coscienza al futuro. Io e le cose e le persone che mi circondano siamo il vero presente.// Il mio presente si compone di varii tempi anch'esso. Ecco un primo lunghissimo presente: l'abbandono degli affari. Dura da otto anni. Un'inerzia commovente. Poi ci sono avvenimenti importantissimi che lo frazionano: Il matrimonio di mia figlia p.e., un avvenimento ben passato che s'inserisce nell'altro lungo presente, interrotto – o forse rinnovato o, meglio, corretto – dalla morte del marito. La nascita del mio nipotino Umberto anch'essa lontana perché il presente vero in rapporto ad Umberto è l'affetto che oramai gli porto, una sua conquista di cui egli non sa neppure e che crede spettargli per nascita. O crede qualche cosa in genere quel minuscolo animo? Il suo, il mio presente in rapporto a lui, è proprio il suo piccolo passo sicuro interrotto da paure dolorose che sono però curate dalla compagnia di pupattoli quando non sa conquistarsi l'assistenza della mamma o la mia, del nonno. Il mio presente è anche Augusta com'è ora – poverina!- con le sue bestie cani, gatti e uccelli e la sua indisposizione eterna di cui non vuole curarsi con l'energia voluta. Fa quel poco che le prescrive il dottor Raulli e non vuole ascoltare né me – che con forza sovrumana seppi vincere la stessa tendenza, la decompensazione del cuore – né Carlo, nostro nipote (il figlio di Guido) ritornato da poco dall'Università e che perciò conosce i medicinali più moderni.// Certo, gran parte del mio presente, proviene dalla farmacia" (*Romanzi e "Continuazioni", op. cit.*, p. 1197).

Essa multiplicidade de planos do concreto interessa, mas ganha verdadeiro relevo apenas o tempo da escrita, único, distinto de todos os outros possíveis, porque maleável e continuamente novo e responsável por manter acesa a tensão vital que o mundo cotidiano impede e a velhice possibilita, tornando o homem disponível para rigorosamente tudo. Trata-se do tempo análogo ao da aventura erótica do velho, essa segunda adolescência que também aparece, por exemplo, na obra tardia de Drummond ou Yeats, do desejo em tempos de madureza. Convicto de que é da natureza da morte reclamar tudo que é estéril, acabar com o tempo de quem não mais procria, o personagem sai em busca de uma moça em semelhança insuspeita com os contos de lograr a Indesejada da tradição popular brasileira, transposto a uma perspectiva muito darwiniana e schopenhaueriana, no espírito do tempo.

Velhice e escrita são, então, não agentes de conformismo, mas de corrosão anárquica de toda organização pré-definida da existência, são os lugares em que se possibilita algum protesto tímido e negativo que culmina não no momento de alguma realização que se cristalize e engesse, mas na possibilidade de manter uma tensão produtiva aberta. Do ponto de vista da economia psicológica, os heróis de Svevo não têm medo de não serem amados, mas de não mais conseguirem amar. A ameaça é a felicidade numa espécie de acomodação morna do cotidiano. O que interessa é notar como esses agentes, indecisos entre a mulher e a amante, entre a saúde e a doença, o fumo e a desintoxicação, a moral e a transgressão, o imaginado e o existente, recusam-se à perda que representa uma escolha feita, adiando-a *sine die*. O potencial da fantasia em aberto leva-os a eleger esse espaço de indecisão como estratégia de resistência contra o achatamento das possibilidades vitais que o universo, racionalizado e reificado, impõe. Cultivam o sentido da possibilidade justamente onde se parece renunciar a ele: na acídia, no ócio, no instinto protelatório (o último cigarro, reiteradas vezes, o último encontro com a amante). A escrita é um projeto que contém uma dimensão infinita, a da eterna revisão da própria vida, o que faz da *Consciência* uma autobiografia *sui generis*, porque ironicamente em suspenso, sem epílogo, sem a chave de ouro ou lata que confere inteligibilidade ao indivíduo, transformando-o numa unidade que não mais se esboroa na sucessão desconexa de experiências.

NARRADORES INEPTOS: DESDOBRAMENTOS
E DESCENDÊNCIA

À guisa de *coda* e possível nova abertura, gostaria de assinalar a sobre-vivência e renovação do narrador sveviano na obra de dois autores, Samuel Beckett e J. M. Coetzee, em que o tema da velhice e da escrita como espaços interligados de reinvenção ficcional da vida tem papel de destaque. Dois autores que se podem qualificar experimentais, no sentido de aportarem ambos uma contribuição formal muito significativa ao que o gênero romance tem a dizer sobre a questão não da formação, mas da deformação na idade provecta.

J. M. Coetzee, em *Diário de um Ano Ruim*, trabalha com registros simultâneos da escrita, construindo um romance de três faixas narrativas paralelas que literalmente dividem entre si a página impressa. Na primeira delas, no topo da página, um escritor em idade avançada se ocupa em elaborar um livro sob encomenda de um editor; o que lemos nessa faixa superior é um conjunto de opiniões fortes, ensaísticas, vazadas em uma terceira pessoa opinativa, tendendo à primeira, no qual o autor assume posições polêmicas em relação ao mundo presente, uma narrativa de uma objetividade demarcada a partir do indivíduo, em suma. Esse escritor carrega o mesmo nome do autor, Coetzee, e com ele compartilha afinidades biográficas: em idade avançada, goza de consagração e relativo isolamento, morando na Austrália, longe de seu país natal, a África do Sul, além de ser autor de livros que o próprio autor biográfico, Coetzee, assinou. Uma segunda faixa narrativa dá conta desse sopro de vida tardio, segunda adolescência tomada de expectativas eróticas inesperadas nesse homem velho, narrando seu encontro com uma jovem da Indonésia que contrata, em princípio, a pretexto da necessidade de transcrição e digitação dos textos que redige, mas que ocupa o lugar de um interesse amoroso seu. A forma assumida por essa segunda faixa é a de um diário da moça sobre o encontro e a aproximação entre ambos, lançando observações indiretas sobre o homem das opiniões fortes. Nela, se concentra o registro da primeira pessoa e sua mobilidade contra as certezas da terceira pessoa da primeira banda. Por fim, uma terceira faixa narrativa que traz as conversas entre a moça e seu companheiro, comentando em foro íntimo sua relação com o escritor famoso. Ao longo do livro, as três faixas vão progressivamente se interpenetrando e se confundindo, rompendo com as certezas e produzindo, por um expediente técnico, de manipulação de pontos de vista da narrativa, abalos na terceira pessoa impassível, na primeira pessoa confessional e criando uma instabilidade inédita para a forma do romance, também no contexto da liberdade especulativa, de recriação do mundo, propiciada pela idade avançada, pela velhice.

As questões da verdade, da ficção, da autorrepresentação, da representação indireta, dos espelhos distorcidos têm a mesma centralidade que carregam na obra de Svevo, guardando ainda notável semelhança com o diagnóstico que o autor de Zeno traça da relação entre a psicopatologia da vida cotidiana e o mundo presente que volta e meia eclode em sintomas e indícios de impasses mal administrados.

Já falar de autor tão central à modernidade quanto o autor de *Godot*, no contexto de uma leitura de Svevo, equivale a propor um curto-circuito, um embaralhamento matricial entre duas equações muito naturais e recorrentes, as que levam de Svevo a Joyce, e de Joyce a Beckett. Trata-se de um caminho nada natural, poucas vezes percorrido, mas longe de impertinência idiossincrática: são muitas e surpreendentes as afinidades e pontos de contato que ligam tanto matéria narrada, quanto procedimentos técnicos de ambos, fazendo-os, a meu ver, coparticipantes de uma vertente singularmente importante no romance do século xx, guardadas as proporções relativas das posições que ocupam na história literária moderna[17].

Desde logo, Beckett não parece ter sido leitor de Svevo, nem vice-versa, até onde se conhece. Portanto, nada de influência direta, empréstimos e citações mediadas pelo amigo comum. Mas ambos se inscrevem com destaque numa linhagem que se menciona acima, a de narradores-narrados, linhagem que não iniciam, mas que os atravessa e se prolonga, forte, até os dias de hoje, desaguando no destaque contemporâneo da melhor autoficção. A importância do encurtamento da distância e da serenidade épicas, que a narrativa em

---

17. Figura axial na modernidade, Beckett cria seus precursores à maneira de Eliot e Borges, constitui-se em marco obrigando à releitura e reorganização da história literária, para frente e para trás de seu aparecimento; a recepção da obra de Svevo, de outra geração e momento, permanece muito mais ambígua, oscilando entre celebração e silêncio (cf. Peter Boxall, *Since Beckett: Contemporary Writing in the Wake of Modernism*, London, Continuum, 2012).

primeira pessoa (vital a romances como *A Consciência de Zeno*, *Molloy* ou *Malone Morre*) traz, conduz a uma relativização dos lugares da verdade e da mentira, da referencialidade e dos mundos imaginários, da memória e da re-criação imaginosa do real, que é central na pergunta pelo lugar do romance enquanto gênero onívoro, enciclopédico, híbrido e proteico, gato de sete ago-nias, na literatura contemporânea.

A percepção da memória como lugar de desintegração e nova forja da experiência, da linguagem como obstáculo e veículo do conhecimento pos-sível de si e do mundo, o jogo com múltiplos planos narrativos colocando o todo sob o signo do perspectivismo e da incerteza, revogando a inteireza de qualquer relato; a mescla de farsa e tragédia, o lugar destacado da impotên-cia e da acídia, as racionalizações malogradas, e o gosto pelo ponto de vista excêntrico, à margem, que a errância de um *clochard* ou o retiro da velhice garantem, tudo isso aproxima a ficção do burguês triestino e do exilado du-blinense numa instabilidade estrutural comum, construída e cultivada, corda bamba moderna a que Hugh Kenner faz alusão para definir a família artística beckettiana. Assunto vasto, que ora mais vale reservar intocado, objeto de artigo futuro, ainda por ser escrito, ou mesmo indefinidamente adiado, em estratégia sveviana de lograr a morte.

Sobre os Autores

ALEXANDRE BEBIANO DE ALMEIDA é, desde 2010, professor de literatura francesa na Universidade de São Paulo. Na mesma universidade, formou-se em História e obteve o diploma de mestre e doutor em Teoria Literária e Literatura Comparada. Com o apoio da Fapesp, realizou três estágios de pós-doutoramento na École Normale Supérieure, de Paris. Em sua dissertação de mestrado, estudou *A Educação Sentimental*, de Gustave Flaubert. Desde sua tese de doutoramento, dedica-se à leitura do romance proustiano. Atualmente, orienta e desenvolve pesquisas na área de estudos literários franceses e comparados.

CÍNTIA ACOSTA KÜTTER é pós-doutoranda da Universidade Federal do Pará; doutora em Letras Vernáculas – Literaturas Portuguesa e Africanas, pela Universidade Federal do Rio de Janeiro (UFRJ); e mestre em Estudos Literários – Literatura Portuguesa e Literaturas Africanas de Língua Portuguesa, pela Universidade Federal Fluminense (UFF) e licenciada em Letras Português/Francês, pela Fundação Universidade do Rio Grande (FURG). Seu interesse está voltado principalmente aos seguintes temas: gênero, *Bildungsroman* feminino, memória, trauma e literatura produzida por escritoras africanas, portuguesas e afro-brasileiras. Atualmente integra os Grupos de Pesquisa *Escritas do Corpo Feminino* (UFRJ/UNILAB) e *Sobre o Corpo Feminino – Literaturas Africanas e Afro-brasileira* (UNILAB).

DANIEL R. BONOMO é professor adjunto da Faculdade de Letras da Universidade Federal de Minas Gerais (UFMG) e membro integrado ao Instituto de Estudos de Literatura e Tradição da Universidade Nova de Lisboa. Doutorado em Língua e Literatura Alemã pela Universidade de São Paulo, com estágio na Universidade de Leipzig, Alemanha, com a tese *Impaciência do Conhecimento — Aproximações aos* Sonâmbulos *de Hermann Broch*. Artigos mais recentes: "O Médio e o Monstro: Hibridismo Mínimo em *Effi Briest*, de Theodor Fontane" (*Gragoatá*, vol. 23, n. 47, 2018), e "*Experimentum in insula*: *Robinson Crusoé* nas Origens do Aborrecimento" (*Literatura e Sociedade*, vol. 22, n. 25, 2017).

EDUARDO DE ASSIS DUARTE integra o Programa de Pós-graduação em Letras – Estudos Literários e o Núcleo de Estudos Interdisciplinares da Alteridade – NEIA, da Faculdade de Letras da UFMG. Autor de *Jorge Amado, Romance em Tempo de Utopia* (1996) e de *Literatura, Política, Identidades* (2005). Organizador, entre outros, de *Machado de Assis Afrodescendente – Escritos de Caramujo* (2007) e da coleção Literatura e Afrodescendência no Brasil – Antologia Crítica (4 vols., 2011).

ÉRICA GONÇALVES DE CASTRO é doutora em Literatura Alemã pela Universidade de São Paulo. Possui pós-doutorados em Teoria Literária (2013) e Filosofia (2016) pela mesma universidade. É tradutora, tendo vertido para o português obras de autores como Erich Auerbach, Robert Musil e Arthur Schopenhauer. É autora de *A Aprendizagem da Crítica. Literatura e História em Walter Benjamin e Antonio Candido* (Intermeios, 2014).

FÁBIO DE SOUZA ANDRADE é professor de Teoria Literária e Literatura Comparada na Universidade de São Paulo, onde coordena o Grupo de Pesquisa Estudos sobre Samuel Beckett USP/CNPq. Colunista da *Folha de S.Paulo* entre 2005 e 2009, publicou regularmente artigos de crítica literária na imprensa paulistana (*O Estado de S.Paulo, Jornal da Tarde, Entrelivros, Cult*). É autor de *O Engenheiro Noturno: A Lírica Final de Jorge de Lima* (Edusp, 1997); *Samuel Beckett: O Silêncio Possível* (Ateliê Editorial, 2001); *Échos et Representations de Samuel Beckett au Portugal et au Brésil* (Firmo&Andrade, Travaux et Documents, Université Paris 8, 2013), entre outros. De Beckett, traduziu e apresentou *Esperando Godot* (Companhia das Letras), *Fim de Partida, Dias Felizes, Murphy* (Cosac Naify) e *Watt* (Companhia das Letras, no prelo). Atualmente, trabalha na tradução do teatro completo de Samuel Beckett.

FLÁVIO QUINTALE é tradutor literário, doutor em Teoria Literária e Literatura Comparada pela Universidade de São Paulo e pela Universität Konstanz, Alemanha.

SOBRE OS AUTORES

Entre outras instituições de ensino superior, foi professor de literatura comparada na Universidade de Aachen (Alemanha). Traduziu diversas obras, tais como *As Palavras Não São Deste Mundo*, de Hugo von Hofmannsthal; *Reflexões Sobre o Nacional-Socialismo*, de Robert Musil; *Memórias de um Editor*, de Kurt Wolff; e *Ocidente Sem Utopia*, de Massimo Cacciari.

GLORIA CARNEIRO DO AMARAL é graduada em Língua e Literatura Francesa pela Universidade de São Paulo; mestre e doutora em Letras (Língua e Literatura Francesa) pela mesma universidade, na qual se tornou livre-docente em 2006. Atualmente é professora aposentada da USP e atua no Programa de Pós-Graduação em Letras da Universidade Presbiteriana Mackenzie. Tem experiência na área de Letras, com ênfase em Literaturas Estrangeiras Modernas e Literatura Comparada. É pesquisadora principalmente nas áreas de literatura comparada, literatura brasileira e francesa.

GUNTER KARL PRESSLER é professor de Teoria Literária da Universidade Federal do Pará. Doutor em Letras Modernas pela Universidade de São Paulo (USP); pós-doutor pelas Universidades de Constança e de Hamburgo, Alemanha. Ocupou a Cátedra de Estudos Brasileiros Sérgio Buarque de Holanda na Universidade Livre de Berlim (Universidade Livre de Berlim e Deutscher Akademischer Austauschdienst – DAAD). Dedica-se a pesquisas sobre Walter Benjamin, Dalcídio Jurandir, Literatura da e sobre a Amazônia, Teoria da Recepção, Ficcionalidade/ Factualidade, Narratologia e Filosofia da Linguagem.

HELMUT GALLE é professor de literatura alemã na Universidade de São Paulo desde 2001. Nasceu em 1954 em Wittenberg (RDA) e tem doutorado em Literatura Alemã pela Universidade Livre de Berlim. Em 2011, defendeu sua tese de livre-docência sobre a teoria da autobiografia na Faculdade de Filosofia, Letras e Ciências Humanas da Universidade de São Paulo. Foi professor visitante do Serviço Alemão de Intercâmbio Acadêmico (DAAD) em Portugal, Brasil e Argentina. Publicou as coletâneas *Escrever a Vida. Novas Abordagens de uma Teoria da Autobiografia* (2007), *Fausto e a América Latina* (2010) e *Ficcionalidade. Uma Prática Cultural e seus Contextos* (2018). Suas áreas de pesquisa são a autobiografia, o testemunho, a literatura sobre o Holocausto e literatura contemporânea alemã.

HORST ROLF NITSCHACK é professor do Centro de Estudos Culturais Latino-Americanos (CECLA) e do Departamento de Literatura na Faculdade de Filosofia e Ciências Humanas da Universidade de Chile. Doutor pela Universidade de Freiburg,

Alemanha, lecionou, como professor ou professor visitante, em universidades da Alemanha, França, Estados Unidos, Brasil, México, Costa Rica, Colômbia, Peru e Chile. Tem numerosos artigos e capítulos sobre cultura comparativa e literatura latino-americana em revistas e livros. Em 2018 publicou, no Chile, seu livro mais recente: *Incursiones en la Literatura Brasileña: De la Colonia a la Marginalidad*.

JEAN PIERRE CHAUVIN leciona Cultura e Literatura Brasileira na Escola de Comunicações e Artes e na Faculdade de Filosofia, Letras e Ciências Humanas, ambas da Universidade de São Paulo. É autor de *O Poder pelo Avesso na Literatura Brasileira: Manuel Antônio de Almeida, Machado de Assis e Lima Barreto* (2013). Cotejou e prefaciou os romances *Quincas Borba* (2016), de Machado de Assis, e *Coração, Cabeça e Estômago* (2017), de Camilo Castelo Branco, ambos pela Ateliê Editorial. Atualmente, realiza pesquisas em torno da poesia produzida no universo luso--brasileiro, entre os séculos XVIII e XIX e é membro associado ao CLEPUL, em Lisboa, onde colabora com o Projeto Pombalia.

JOSÉ FERES SABINO é doutorando no departamento de filosofia da Universidade de São Paulo (USP), área de estética. Na mesma universidade concluiu sua graduação em filosofia e fez seu mestrado, com uma dissertação sobre Karl Philipp Moritz. Já publicou artigos nas revistas *Estudos Avançados, Limiar, Rapsódia* e *Sísifo*, sendo o mais recente "Rubem Fonseca: Modalidades de Encarceramento". Traduziu diversas obras, entre as quais *Anton Reiser: Um Romance Psicológico*, de Karl Philipp Moritz; *O Enteado*, de Juan José Saer; *Filmar o Que Não se Vê*, de Patricio Guzmán; *A Arte de Voar* escrito por Antonio Altarriba e desenhado por Kim. Traduziu também obras de literatura infantil e infanto-juvenil.

LUÍS BUENO, mestre e doutor em Teoria e História Literária pela Unicamp, é professor de Literatura Brasileira e Teoria da Literatura na Universidade Federal do Paraná desde 1996. Publicou, entre outros, os livros: *Uma História do Romance de 30* (Edusp/Unicamp, 2006, 2. ed. 2015); *A Tradição Literária Brasileira: Entre a Periferia e o Centro* (com Germana Salles e Valéria Augusti, Argos, 2013); *Capas de Santa Rosa* (Ateliê Editorial/Senac, 2016); *O Hábito da Perfeição: Poemas de Gerard Manley Hopkins* (Jabuticaba, 2018) e *A Trágica História do Doutor Fausto de Christopher Marlowe e A História do Doutor João Fausto de 1587: O Nascimento de uma Tradição Literária* (Ateliê Editorial/Unicamp, 2018). Publicou também diversos artigos em periódicos e capítulos de livros no Brasil, em Portugal, na França e nos Estados Unidos.

SOBRE OS AUTORES

MARCOS NATALI possui Mestrado e Doutorado em Literatura Comparada pela Universidade de Chicago e Pós-Doutorado em Literatura Hispano-Americana pela Universidade de São Paulo, onde é professor livre-docente de Teoria Literária e Literatura Comparada e pesquisador do CNPq, com projeto sobre a narrativa breve de Roberto Bolaño. Foi professor visitante na UNAM (México) e na UAM (Azcapotzalco-México). Publicou o livro *A Política da Nostalgia: Um Estudo das Formas do Passado* e textos sobre Roberto Bolaño, Juan Rulfo, Tununa Mercado, José María Arguedas, Mario Bellatin, o conceito de fetichismo, o racismo na obra de Monteiro Lobato e a noção de sacrifício em Jacques Derrida.

MARCUS VINICIUS MAZZARI é professor de Teoria Literária e Literatura Comparada na Universidade de São Paulo. Traduziu para o português textos de Adelbert von Chamisso, Bertolt Brecht, Gottfried Keller, Heinrich Heine, Karl Marx, Walter Benjamin, Jeremias Gotthelf e outros. Entre suas publicações estão *Romance de Formação em Perspectiva Histórica* (1999), *Labirintos da Aprendizagem* (2010) e *A Dupla Noite das Tílias. História e Natureza no Fausto de Goethe* (2019). Elaborou comentários, notas, apresentações e posfácios para o *Fausto* de Goethe (Primeira e Segunda Parte), em tradução de Jenny Klabin Segall.

MARIA AUGUSTA DA COSTA VIEIRA é professora Titular de Literatura Espanhola da Faculdade de Filosofia, Letras e Ciências Humanas da Universidade de São Paulo e pesquisadora do CNPq. Em 2013 recebeu o Prêmio Jabuti pela publicação de *A Narrativa Engenhosa de Miguel de Cervantes: Estudos Cervantinos e Recepção do Quixote no Brasil* (Edusp/Fapesp). Foi membro da diretoria da Asociación de Cervantistas e atualmente é membro da diretoria da Asociación Internacional de Hispanistas e membro correspondente da Real Academia Española.

MARIA CECILIA MARKS é mestre e doutora em Letras – Teoria Literária e Literatura Comparada – pela Faculdade de Filosofia, Letras e Ciências Humanas da Universidade de São Paulo (FFLCH/USP). Desenvolve uma linha de estudos comparativistas em torno da obra de Guimarães Rosa, em diálogo com autores como Goethe, Rabelais, Thomas Mann e Dostoiévski, entre outros. Já publicou artigos em revistas acadêmicas tais como *RUS* e *Literatura e Sociedade*. É editora de periódicos e livros e atua como mediadora de leitura com grupos dedicados ao estudo de obras de Guimarães Rosa e Robert Musil.

MÁRIO LUIZ FRUNGILLO é doutor em Teoria e História Literária pela Universidade Estadual de Campinas (Unicamp). Foi professor da Faculdade de Letras da Universidade Federal de Goiás de 1997 a 2006. Atualmente leciona no Departamento de Teoria Literária da Universidade Estadual de Campinas. Traduziu, entre outras obras, *O Aventuroso Simplicissimus*, de Hans Jacob Christoffel von Grimmelshausen (Ed. UFPR, 1998); *Effi Briest*, de Theodor Fontane (Estação Liberdade, 2013); *Tonio Kröger*, de Thomas Mann (Companhia das Letras, 2015); *Conversações com Goethe nos Últimos Anos de sua Vida*, de Johann Peter Eckermann (Ed. Unesp, 2016); e *Confissões do Impostor Felix Krull*, de Thomas Mann (Companhia das Letras, 2018).

MONA LISA BEZERRA TEIXEIRA possui graduação em Letras pela Universidade Federal do Rio Grande do Norte (UFRN), mestrado na mesma instituição pelo Programa de Pós-graduação em Estudos da Linguagem, e doutorado pelo programa de Pós-graduação em Teoria Literária e Literatura Comparada na Faculdade de Filosofia, Letras e Ciências Humanas da Universidade de São Paulo. Em 2010, publicou *O Orvalho Áspero de Clarice Lispector*, pela Editora Ideia, de João Pessoa.

PAULO BEZERRA é professor livre-docente pela Faculdade de Filosofia, Letras e Ciências Humanas da Universidade de São Paulo (FFLCH/USP). Atuou como professor de Teoria da Literatura na Universidade Estadual do Rio de Janeiro (UERJ), de Língua e Literatura Russa na USP e de Literatura Brasileira e Teoria da Literatura na Universidade Federal Fluminense (UFF). Já traduziu dezenas de obras diretamente do russo para o português, incluindo títulos de diversos escritores, como Dostoiévski, Gógol e Púschkin, e do teórico Mikhail Bakhtin, entre outros autores.

RAFAEL ROCCA DOS SANTOS é pesquisador junto ao departamento de Teoria Literária e Literatura Comparada da Faculdade de Filosofia, Letras e Ciências Humanas da Universidade de São Paulo (FFLCH/USP). Escreveu a dissertação de Mestrado sobre as manifestações do duplo (*Doppelgänger*) na obra de E. T. A. Hoffmann e no romantismo. Seus principais temas de pesquisa são literatura germanófona, literatura brasileira, literatura de testemunho da Shoá, manifestações da violência na ficção, memória e literatura latina. Traduziu, entre outras obras, *Questões Homéricas*, de Gregory Nagy e *Judeus de Aldeia*, de Heinrich Kurtzig. Publicou *Ensaios – volume 1* (Editora LiberArs), em co-organização com Caio Cesar Esteves de Souza. Colabora com textos e traduções para diversas revistas acadêmicas e de divulgação.

SANDRA GUARDINI TEIXEIRA VASCONCELOS é professora titular de Literatura Inglesa e Comparada na Universidade de São Paulo. Nos últimos anos, desenvolve pesquisa sobre as relações entre o romance inglês dos séculos XVIII e XIX e o romance brasileiro do século XIX. Além de traduções e da organização de vários livros, tem artigos e capítulos de livros publicados no Brasil e no exterior e é autora de *Puras Misturas. Estórias em Guimarães Rosa* (Hucitec/Fapesp, 1997); *Dez Lições sobre o Romance Inglês do Século XVIII* (Boitempo, 2002); e *A Formação do Romance Inglês: Ensaios Teóricos* (Hucitec/Fapesp, 2007). Recebeu o Prêmio Jabuti de Teoria/Crítica Literária de 2008. Desde 2006, é curadora do Arquivo João Guimarães Rosa do Instituto de Estudos Brasileiros (USP).

VALÉRIA SABRINA PEREIRA é professora de Língua Alemã e Prática de Ensino na Faculdade de Letras da Universidade Federal de Minas Gerais desde 2018 e credenciada na pós-graduação de literatura da mesma faculdade. Em 2006, defendeu seu mestrado sobre o papel das personagens femininas em *A Canção dos Nibelungos* e *A Saga dos Volsungos* e, em 2011, concluiu a tese sobre *Das Echolot*, de Walter Kempowski, um "diário coletivo" sobre a Segunda Guerra – ambos na Universidade de São Paulo. Publicou a coletânea *Ficcionalidade. Uma Prática Cultural e seus Contextos* (2018), além de artigos em revistas acadêmicas. Atualmente, sua pesquisa é voltada para a literatura alemã contemporânea, em especial suas intersecções com a ficção científica.

WALNICE NOGUEIRA GALVÃO é professora emérita de Teoria Literária e Literatura Comparada da Faculdade de Filosofia, Letras e Ciências Humanas da Universidade de São Paulo (FFLCH/USP). Foi professora visitante nas universidades de Austin, Iowa City e Columbia, nos Estados Unidos; na Europa, nas universidades Paris VIII, Freie Universität Berlin, Poitiers, Colônia, École Normale Supérieure, Oxford, Berlin 2. Tem 45 livros publicados, sobre Guimarães Rosa, Euclides da Cunha, crítica da literatura e da cultura. Escreve assiduamente em jornais e revistas.

WILLI BOLLE nasceu em 1944, perto de Berlim, veio para o Brasil em 1966, a fim de estudar este país à luz do romance *Grande Sertão: Veredas*. Em 1971, na Universidade de Bochum: doutorado sobre a evolução da técnica narrativa nos contos de J. G. Rosa. Em 1984, na USP: livre-docência sobre Walter Benjamin e a cultura da República de Weimar. Desde 1990 é professor titular de Literatura Alemã na USP; depois de aposentado em 2009, exerce a função de professor sênior. Principais publicações: *Fisiognomia da Metrópole Moderna* (1994), *grandesertão.br – O Romance de Formação do Brasil* (2004) e *Amazônia: Região Universal e Teatro do Mundo* (org., 2010). É também coorganizador de *Cinco Séculos de Relações Brasileiras e Alemãs* (2013) e *Relações entre Brasil e Alemanha na Época Contemporânea* (2015).

WILMA PATRICIA MAAS é doutora em literatura alemã pela Faculdade de Filosofia, Letras e Ciências Humanas da Universidade de São Paulo (FFLCH/USP) e livre--docente em literatura alemã pela Universidade Estadual Paulista (Unesp), Araraquara (SP), onde é professora do Programa de Pós-Graduação em Estudos Literários. Fez estágio de pós-doutorado na Universidade de Colônia e na Friedrich Schiller Universität, em Jena, ambas na Alemanha. Foi pesquisadora visitante no Departamento de Filosofia da Johns Hopkins University. É autora de *O Cânone Mínimo*: O Bildungsroman *na História da Literatura* (2000, Editora Unesp) e de vários artigos sobre hermenêutica literária, estética e a chamada "Goethezeit" (Época de Goethe). Traduziu *Viagem à Itália*, de Goethe (2017, Editora Unesp).

Título	*Romance de Formação –*
	Caminhos e Descaminhos do Herói
Organizadores	Marcus Vinicius Mazzari
	Maria Cecilia Marks
Editor	Plinio Martins Filho
Produção editorial	Aline Sato
	Aryanna Oliveira
	Eliana Takara
Capa	Camyle Cosentino (projeto)
	freepik.com (imagens)
Revisão	Maria Cecilia Marks
Editoração eletrônica	Camyle Cosentino
Formato	16 × 23 cm
Tipologia	Minion Pro
Papel	Chambril Avena 80 g/m² (miolo)
	Cartão Supremo 250 g/m² (capa)
Número de páginas	576
Impressão e acabamento	Lis Gráfica